적천수천미

滴天髓闡微

滴적天천髓수闡천微미

劉伯溫 原註 · 任鐵樵 增註
김기승 · 나혁진 편역

다산글방

원서(袁序) - 원수산(袁樹珊) 서문

壬申年 맹동(孟冬) 亥月, 구장(句章)의 형원주인(蘅園主人, 손형보)이 그의 총명한 아들 보재(簠齋)와 오랜 친구인 진신장(陳莘莊), 임여향(林茹香)과 함께 일 때문에 진강(鎭江)에 왔다. 그들은 나의 헛된 명성을 잘못 알고 명리학을 잘 아는 사람으로 여겨, 이씨(李氏)의 읍강루(挹江樓)로 나를 초대하여 연회를 베풀었다. 나는 그들을 한눈에 보고 마음이 끌렸고 호걸 같은 선비들임을 알았다.

내가 그들에게 준 시에서 "오랜 친구를 해후하는 기분으로 한가로이 음양을 논하며 하늘의 이치를 즐기네"라는 구절을 써 건냈더니, 시와 글에 능했던 보재(簠齋)가 답시에 쓰기를 "부끄럽게도 이제 10년 역학을 공부한 초학자인데, 소강절 선생을 모신 듯 기쁘니 배우고 따르겠습니다"라고 화답하였다. 나는 그의 겸손하고 깊은 마음에 감동했다.

다음날 손군(孫君)이 우연히 임철초(任鐵樵) 선생이 증주(增註)한 『적천수천미(滴天髓闡微)』의 정교한 필사본을 보여주었다. 내가 몇 번이고 읽어보았더니, 옛 『적천수(滴天髓)』의 정문(正文)을 뼈대로 삼고, 옛 주석을 목차로 삼았으며, 옛 주석 외에 새로운 주석을 덧붙여 핵심을 명확히 밝혔다는 것을 알게 되었다. 또한 각 조항마다 알맞게 명조(命造)를 배치하고 나열하여 증거로 삼고 있었다. 학문은 진소암(陳素庵)과 심효첨(沈孝瞻) 선생의 학파를 따르고 있으며, 문장은 담금질하듯 다듬고 다듬어져 있고, 이치는 깊이 있고 정밀했으며, 말에는 두리뭉실한 군소리가 없었다. 진실로 명리학 서적 가운데 보기 드문 귀한 책이었다.

관복거사(觀復居士)가 쓴 원래 발문(跋文)을 살펴보니, 이 책이 해녕(海甯)의 진씨(陣氏)가 집안에 소장한 책이었음을 알았고, '마음이 맞는 사람을 만나 이 책을 목판에 새겨 오래 보존하고 그 내용을 널리 세상에 전하고 싶다'라고 적혀 있었다. 이에 나는 자리에서 일어나 주인에게 말하였다.

"일찍이 장문양공(張文襄公)께서 말씀하시기를, '이름을 후대에 남기는 것에는 옛 서적을 간행하는 것만 한 것이 없다'고 하셨습니다. 그 책은 오래도록 없어지지 않을 것이고, 책을 펴낸 사람은 선철(先哲)의 정수를 전하여 후학(後學)의 무지함을 깨우치고, 이를 통해 세상을 이롭게 하는 첫째가는 일이자 선행을 쌓는 일일 것입니다. 그대께서 이 일에 뜻 두시기를 바랍니다."

내 말이 채 끝나기도 전에 주인이 기뻐하며 "이 책은 명리를 논함에 도리(道理)가 있고, 글쓰기도 훌륭합니다. 저는 일찍이 영인(影印) 출판하여 뜻을 같이하는 사람들에게 공개할 마음이 있었습니다"라고 말하였다. 보재가 이어서 말하기를 "부친께서는 이 책을 간행할 계획을 세우시고 이미 충분히 준비하셨습니다." 진군과 임군도 나에게 말하길 "저희가 힘을 다해 교정(校正)을 맡을 터이니, 선생께서 서문을 써 주시면 어떻겠습니까?"라고 하였고 나는 그들의 청을 받아들였다.

올해 초여름에 보재가 과연 이 책의 영인본 4권을 우편으로 보내왔고, 지난 약속을 지켜달라며 서문을 요청하는 편지도 있었다. 나는 책을 반복해서 읽고 또 읽었다. 2권 45쪽(142번)에 임철초(任鐵樵) 선생의 명조가 실려 있는 것을 보았다. 사주는 癸巳 戊午 丙午 壬辰이었다. 비로소 임철초 선생이 건륭(乾隆) 38년(1773년) 4월 18일 辰時에 태어났음을 알게 되었다.

그가 자신에 대해 서술한 것을 보면, "위로는 부친의 뜻을 이어받아 이름을 날리지 못하였고, 아래로는 전답을 지키며 농사일에 힘쓰지도 못했다"라고 하셨는데, 이를 보면 선생의 선대는 분명 이름 있는 관리 집안이었고,

선생의 집안 재산은 중인(中人) 정도였음을 알겠다. 또 이르길, "卯 운에 이르러 壬水는 끊어지고 양인(陽刃)이 생을 만나 골육 간에 변고가 생겨 가산을 모두 탕진했다"고 하였고, 또한 "선친께서 돌아가신 후에 생계를 위해 명리학에 전념했다"고 하였으니 선생이 명리학을 공부하기 시작한 나이가 30세 이후인 것을 알았다.

또 "내가 성격이 고지식하고 옹졸하여 아첨을 하지 못하고 거만하여 왕래하는 사람들과 마음이 맞는 사람이 드물었고, 조부와 아버지의 충후(忠厚)한 가르침을 실추시키지 않으려고 조심할 뿐이었다"라고 했다. 이 구절을 보면 선생의 인격이 고매하고 지조가 높으며 안빈낙도하는 분임을 알 수 있다.

또 권3 12쪽(244번)에 실린 癸巳년생의 명조를 논하며, "내 사주와 연월일 모두 같고 시만 壬辰으로 바뀌었는데, 약한 칠살이 통제하지 못하여 여섯 명의 아우가 있었지만 능력있는 자는 일찍 죽고 나머지는 모두 불초하여 누를 끼치고 집안을 망쳤다"고 했다. 나는 이로써 선생님이 형제들과 우애가 깊어, 어려움이 닥치더라도 그들을 외면하지 않는다는 것을 알았다.

또 권2 74쪽(205번)에 실린 壬子년생 어떤 이의 명조를 논하며, "丁巳 운에 연달아 화재를 당했다"고 했는데, 56세부터 丁 운이고 이때가 도광 27년 丁未年이었다. 이를 통해 선생이 75세에도 여전히 장막을 쳐 놓고 정성스레 남의 운명을 풀어주고 있었음을 알 수 있다.

진군이 말하기를 관복거사의 발문에서 임철초 선생이 어느 때 사람인지 본인이 늦게 태어나 알지 못한다고 썼다고 했다. 이는 아마도 그가 책 전체를 다 읽지 않았고 명리학에 익숙하지 않은 까닭일 것이다. 임철초 선생이 어디 사람인지는 원서에 기록이 없어서 억측할 수는 없다. 하지만 책의 증주(增註)를 보면 『명리약언』과 『자평진전』에서 많은 이론을 채용하고 있는데, 『명리약언』은 해녕(海甯)의 상국(相國) 진소암(陳素菴)의 저서이고, 『자평진전』은 산음(山陰)의 진사(進士) 심효첨(沈孝瞻)의 저서이다. 두 분 모두 절강(浙江) 사람이다. 그들의 책은 세상에 나온 간행본이 없었고 간혹 개인들이 베껴 쓴 필사본만 있었는데, 이 역시 절강 사람들이 많이 가지고 있었을 것이다. 게다가 진소암은 강희 5년(1666년)에 세상을 떠났고, 심효첨은 건륭 4년(1739년)에 관직에 올랐으니, 임철초 선생이 건륭 38년(1773년)에 태어난 것을 계산하면, 멀게는 100년 남짓, 가깝게는 수십 년밖에 차이가 없다. 이로 미루어 보아 선생 역시 절강 사람일 것이다.

『명리약언』과 『자평진전』의 학설은 나도 항상 마음속으로 따르는 바가 있다. 이전에 『명리탐원(命理探原)』을 저술할 때도 적지 않게 인용하였다. 그러나 임철초 선생의 '천미'와 비교하여 보면 태산과 언덕의 차이가 있다. 선생이 정밀하게 연구하고 깊이 생각한 것이 하루 이틀의 일이 아니었기 때문에, 전체를 관통하여 글을 쓸 수 있었던 것이다.

그가 논한 오행의 생극과 쇠왕이 전도되는 이치는 매우 심오하고 오묘하다. 특히 '왕성한 것은 극하는 것이 좋고, 극도로 왕성한 것은 설기하는 것이 좋으며, 약한 것은 생조하는 것이 좋고, 극도로 약한 것은 극하는 것이 좋다'는 두 조항이 가장 정밀하고 깊이 있다. '사람에게는 후하고 박함이 있고, 산천이 같지 않다. 명(命)에는 귀함과 천함이 있고, 대대로 쌓아온 덕이 크게 다르다'고 말한 것은, 천명에 지리와 인사를 결합하여 논한 것이다.

명리학을 논할 때, '어떤 명조는 순수하고 중화되어 태평성대의 재상이 될 것이다'라고 하고, '어떤 명조는 벼슬길이 청렴하고 고결하며 재능이 뛰어나다'고 한다. '어떤 명조는 경영으로 이익을 얻고 근면과 검소로 성공한다'고도 하고, '어떤 명조는 고향을 등지고 떠나 다른 곳에서 부유하게 된다'고 한다. '어떤 명조는 탐욕스러워 만족할 줄 모르고 성정이 괴팍하다'고 하며, '어떤 명조는 돈을 흙처럼 써서 집안을 망치고 자신도 망하게 된다'고 한다. '어떤 명조는 생산에 힘쓰지 않아 반드시 후에 재앙이 있다'고 하고,

'어떤 명조는 출신이 빈한하나 현명하고 정숙하다'고 한다. '어떤 명조는 젊은 나이에 수절하며 자식을 훌륭하게 키워 이름을 얻는다'고 하며, '어떤 명조는 부유함을 좋아하고 가난을 싫어하여 남편을 등지고 자식을 버린다'고 한다. '어떤 명조는 급류에서 용감히 물러나지 않으니 예기치 못한 풍파가 없을 수 없다'고 하고, '어떤 명조는 버드나무가 가을을 맞아 시들지만, 어떤 명조는 소나무와 잣나무가 서리를 겪고 더욱 무성해진다'고 한다.

이처럼 칭찬과 비판을 명확하게 밝힐 수 있는 것은 모두 고심(苦心)하였기에 가능한 판단이다. 그 큰 뜻과 미묘한 말들은 세상의 도리와 모두 관련되어 있다. 옛 군자들은 이른바 몸은 죽어도 그 말이 길이 남는다고 하는데, 아마도 선생이 바로 그런 사람이 아닐까?

만약 독자들이 이 책을 단지 명리학으로만 본다면, 하나만 얻고 둘은 잃는 격이요, 한 치만 보고 한 자는 못 본 격이다. 이는 곧 형원(蘅園) 부자가 영인(影印)으로 책을 널리 퍼뜨리고자 한 훌륭한 뜻을 저버리는 일이 될 것이다.

民國 22年(1933년) 癸酉年 戊午月 庚戌日(음력 5월 21일)

진강(鎭江)의 원수산(袁樹珊) 찬(撰)

손서(孫序) - 손형보(孫衡甫) 서문

명리학(命理學)의 유래는 오래되었다. 옛날에 명(命)을 이야기했던 사람들은 간결하면서도 핵심을 담고 있었다. 그러므로 포희(庖羲, 복희)는 '정명(正命)'이라 했고, 중니(仲尼, 공자)는 '천명(天命)'이라 했으며, 노담(老聃, 노자)은 '복명(復命)'이라 했다. 이 모든 것은 하늘에서 부여받은 것이다. 하늘이 사람에게 부여한 것이므로 그 본성을 바르게 하고 그 이치를 따르며 그 명을 편안하게 하는 것일 뿐이라고 보았다.

후세 사람들은 천리(天理)의 자연스러움을 편안히 여기지 않고, 곁가지로 치우치거나 왜곡하여 당시 사람들의 비위를 맞추려 했다. 이는 대개 이치(理) 밖의 것에 몰두하여 술수(術數)로 흘러갔기 때문이다. 억지로 끌어다 붙이니, 배우는 사람들은 더욱더 갈라지고 혼란스러워졌다.

그렇지만 이치(理)로써 명(命)을 정하는 것은 소위 '간단함으로 복잡함을 다스리는 것'이니, 진실로 하늘에 순응하는 것이 올바른 길이다. 그리고 술수(術數)로써 이치에 합하는 것 역시, 만약 복잡함을 간단하게 만들 수 있다면 명(命)의 근원을 탐구하기에 충분하다. 다만 이 도를 정밀하게 파고든 사람이 많지 않을 뿐이다.

'적천수(滴天髓)'라는 책은 전해지기로는 경도(京圖)가 짓고, 유성의(劉誠意)가 주석을 달았다고 한다. '통신(通神)'과 '육친(六親)'을 두 개의 큰 강령으로 삼고, '천도(天道)'부터 '정원(貞元)'까지 모두 62장(현재 63장)으로 나누었다. 이치를 분석하고 근원을 파헤쳐 미묘한 경지에 이르렀다. 다만 그 문장과 뜻이 고풍스럽고 어려워 배우는 사람들이 괴로워했다.

나는 평소 오성학과 명리학을 좋아하여 여가 시간이 날 때마다 펼쳐 보았지만, 깨달음을 얻기 어려웠다. 지난 해에 어떤 사람이 이 책을 가져와 보여주었다. 임철초 선생의 증주(增註)를 읽고, 나는 그가 편을 나누어 풀이하고, 명조(命造)를 인용해 증명한 것에 기뻐했다. 천지 음양의 분화(分化)와 삼원(三元) 오행의 추선(推旋, 상호 순환)을 반복하여 풀어 설명하니, 문장은 명확하고 이치는 통했다. 예전에 막혔던 것들이 모두 유추하여 깨우치게 되었고, 이치에 합하게 되었다. 이 책이 원저자에게는 공신(功臣)이 되고 후학들에게 다리가 되는 것은 확실하다.

관복거사(觀復居士)의 발문을 읽고 나서야, 이 책이 해녕(海寧) 진씨(陳氏) 집안에 소장된 책이며, 관복이 진씨에게 빌려 직접 필사한 것임을 알게 되었다. 원래의 판본은 이미 불에 타서 사라졌으니, 이 책은 이제 천하의 유일한 책(孤本)이 되어 더욱더 보배롭다. 만약 진씨가 이 책을 비밀리에 소장하고 남에게 보여주지 않았거나, 보여주었더라도 관복처럼 즐겨 필사한 사람이 없었다면, 이 책은 어찌 다시 세상에 나타날 수 있었겠는가?

이제 다행히 이 책을 보게 되었으니, 만약 잘 영인하여 후세에 전하지 않는다면, 결국 진씨의 원본처럼 사라지게 될 것이다. 게다가 관복의 발문 속 말뜻을 미루어 짐작하건대, 널리 유포하여 목판에 새겨 출판하지 않는다면, 이는 곧 증주(增註)를 달아 옛 책의 정수를 밝히고, 손수 필사하여 후학들을 가르치려 한 그들의 고심을 크게 저버리는 것이 아니겠는가? 이에 나는 영인(影印)으로 책을 만들어 뜻을 같이하는 사람들에게 공개한다. 책의 이름을 '천미(闡微)'라 한 것은 보통의 책과 다르기 때문이다.

아쉽게도 관복거사의 시대와 성씨는 자세히 알 수는 없다. 다만 그가 남긴 글과 행적을 통해 짐작건대, 아마도 옛날에 운명에 순응(安命)하고 이치에 통달(達理)했으며, 술수(術數)를 좋아하고 학문에 조예가 깊었던 소위 '숨은 군자(隱君子)'와 같은 부류였을 것이다. 그 사람이 이 혼탁한 세상에서 하고자 했던 바는 독자들로 하여금 명리(命理)의 차고 기울고 사라지고 자라는 (盈虛消長) 이치를 깨닫게 하고, 하늘의 오묘한 운행을 보여주며, 은미한 곳에서 세상의 도리를 바로잡으려는 것이었다. 이로써 완고한 자는 경계하게 하고, 나약한 자는 분발하게 하였으니, 어찌 세상을 깨우치고 백성을 계도하는 데 도움이 됐다 하지 않겠는가?

천하의 일은 인연(緣法) 아닌 것이 없다. 이 책은 진씨 집안에 여러 해 동안 비밀리에 소장되어 있었다. 그러나 철초(鐵樵)의 증주(增註)를 얻고, 관복(觀復)이 손수 필사했으며, 다시 나에게 이르러 간행하게 되었으니, 이 사람들은 시대를 함께한 것은 아니지만 뜻과 도가 서로 같았으니, 이 모든 전전(展轉, 차례로 이어진)한 인연이 어찌 우연이겠는가?

中華民國 22年(1933년) 癸酉年 5月

형원주인(衡園主人) 식(識)

◈ 일러두기

가. 이 책은 1997년 무릉출판유한공사에서 발행한 임철초(任鐵樵) 증주, 원수산(袁樹珊) 찬집의 『滴天髓闡微』를 저본으로 삼아 번역하였습니다.

나. 본서의 목차에 수록된 통신, 간지, … 통변 등 10개 장의 분류는 원서에 존재하지 않습니다. 이는 역자가 원문의 내용을 토대로 독자의 편의를 위해 재분류한 것입니다.

다. 이 『滴天髓闡微』 번역서는 적천수의 원문과 유백온의 옛 주석은 한자와 한글 번역을 함께 수록했습니다. 하지만 임철초의 새로운 주석은 독자의 가독 편의성을 높이고자 한글 번역만을 실었습니다.

라. 본 역서에서는 임철초가 제시한 512개 명조에 일련번호[1~512]를 부여하였습니다. 각 명조 뒤의 강약, 격국, 조후, 병약, 전왕 등의 표시는 임철초의 통변 방식을 사주분석법에 따라 분류한 것입니다. 단, 분류는 역자의 관점에 따른 것이며 보는 이에 따라 분류 방식이 달라질 수 있습니다.

마. 적천수 원문 중 일부에는 각주를 통해 다른 한자 원문이 실려 있는 것이 있습니다. 『적천수집요(滴天髓輯要)』 판본의 원문입니다. 독자들의 학습에 참고가 되길 바랍니다.

바. 이 책의 임철초 주석은 한글 번역만 실려 있습니다. 한자 원문이 필요한 독자들을 위해 역자의 블로그(https://blog.naver.com/peter750504)에서 원문을 제공하고 있습니다.

목차

제1부 통신론(通神論)

제1부

通(통)神(신)論(론)

1장 통신(通神)

1. 천도(天道)
2. 지도(地道)
3. 인도(人道)
4. 지명(知命)
5. 이기(理氣)
6. 배합(配合)

1. 천도(天道)

욕 식 삼 원 만 법 종　선 관 제 재 여 신 공
欲識三元萬法宗 先觀帝載與神功[1)]

삼원(三元, 天地人)은 만물 법칙의 근원이니 이를 알고자 한다면, 먼저 제재(帝載, 천간)와 신공(神功, 지지)을 살펴라.

原注

天有陰陽, 故春木, 夏火, 秋金, 冬水, 季土. 隨時顯其神功, 命中天地人三元之理, 悉本於此.

- 하늘에는 음양(陰陽)이 있어 春木, 夏火, 秋金, 冬水, 季土가 생긴다. 이들이 수시로 신의 조화를 드러낸다. 명(命)에는 천원, 지원, 인원이라는 삼원의 이치가 있으니 여기에 모든 근본이 있다.

- (제재와 신공에 대하여 陰陽五行과 神之造化, 혹은 陰陽과 五行, 혹은 天干과 地支 등 여러 가지 설이 있다.)

1) 欲識三元萬物宗, 先觀帝載與神功.

임철초 日

천간(天干)은 천원(天元)이고, 지지(地支)는 지원(地元)이며, 지지에 감추어진 것이 인원(人元)이다. 사람의 명(命)을 부여받음이 모두 같지는 않지만, 이 삼원(三元)의 이치를 벗어나지는 않는다. 이것이 이른바 만법종(萬法宗)이다.

음양(陰陽)은 태극(太極)에 근본을 두니, 이를 제재(帝載)라 한다. 오행(五行)은 사시(四時)에 널리 퍼지니, 이를 신공(神功)이라 한다. 이들은 곧 천지인(天地人) 삼재(三才)의 근본이요, 만물의 근원이다. '적천수'는 먼저 천도(天道)를 이와 같이 밝히고 있다.

2. 지도(地道)

곤 원 합 덕 기 함 통　오 기 편 전 정 길 흉

坤元合德機緘通 五氣偏全定吉凶

땅(坤)은 본시 하늘의 덕(德)과 합하고, 그 기틀에 가두기도(緘) 통하기도(通) 하니, 오행(五氣)의 편중됨과 온전함을 살펴 길함과 흉함을 정한다.

原注

地有剛柔, 故五行生于東南西北中, 與天合德, 而感其機緘之妙。賦于人者, 有偏全之不一, 故吉凶定于此.

- 땅에는 강유(剛柔, 강함과 부드러움)가 있어 오행이 동서남북과 중앙에 생겨나고, 하늘의 덕과 합하고 기틀에 봉합하여 감응을 일으키는 묘함이 있다.
- 사람에게 명을 부여한다는 것은 편(偏)하고 전(全)한 것이 있으니 한가지 일리가 없고 이에 따라 길흉이 정해지는 것이다.
- (땅에는 하늘의 기운이 깃들어 흐르고 있는데, 땅에 내려와 그 안에 감춰져 있는 하늘의 기운을 지장간(地藏干)이라고 한다.)

임철초 日

크도다, 건원(乾元)이여! 만물이 이로 인해 비롯되었도다. 지극하도다, 곤원(坤元)이여! 만물이 이로 인해 생겨났도다.

건(乾, 하늘)은 굳건함을 주관하고, 곤(坤, 땅)은 순종함을 주관한다. 땅의 순종함은 하늘을 받들어 따르니, 그 덕(德)이 하늘과 합쳐지고, 만물을 따뜻하게 감싸 기르고, 그 기틀에 가두기도 통하기도 한다. 다만, 오행(五行)의 기운에 치우치거나 온전함이 있으므로, 만물의 명(命)에 길흉(吉凶)이 있게 된다.

3. 인도(人道)

대 천 리 지 인 위 귀 순 즉 길 혜 흉 즉 패
戴天覆地人爲貴 順則吉兮凶則悖[2)]

천지(天地) 사이에 존재하는 것 중 사람이 가장 귀하며, 순리(順理)에 맞는 것은 길하나, 흉한 것은 도리(道理)에 어긋난다.

原注

萬物莫不得五行, 而戴天履地, 惟人得五行之全, 故爲貴. 其有吉凶之不一者, 以其得于五行之順與悖也.

- 세상의 만물은 오행에 배속되지 않은 게 없으며, 하늘을 이고 땅을 밟고 서 있다. 하지만 오직 사람만이 오행의 온전함을 얻으니 고로 귀함이 있는 것이다.
- 그 길흉이 하나로 똑같지 않은 것은 오행의 순함과 패함에서 얻어지는 것이기 때문이다.
- (삼원(三元) 중 가장 귀한 것은 사람이고, 명의 순패(順悖)가 길흉을 결정한다.)

2) 戴天履地人爲貴, 順則吉兮悖則凶.

임철초 日

사람은 하늘과 땅 사이에 살고 있으며, 하늘을 이고 땅을 밟고 있다(戴天履地). 팔자(八字)는 천간(天干)과 지지(地支)가 순조롭고 거스르지 않음을 귀하게 여긴다. '순(順)'하다는 것은 서로 이어져 상생(相生)하는 것이고, '패(悖)'하다는 것은 반대로 극(剋)하여 해(害)가 되는 것이니, 이로써 길흉이 분명하게 나뉜다. 만일 천간의 기운이 약할 때 지지가 생조하고, 지지의 기운이 쇠약할 때 천간이 돕는다면, 모두 유정(有情)하여 순(順)한 것이니 길(吉)하다. 만약 천간이 쇠약한데 지지가 억누르고, 지지의 기운이 약한데 천간이 극한다면, 모두 무정(無情)하여 패(悖)한 것이니 흉(凶)하다.

예를 들어 천간이 木인데 金의 극을 두려워할 때, 지지에 亥子가 있어 木을 생하거나, 지지에 亥子가 없을 경우 천간에 壬癸가 있어 木을 돕거나, 천간에 壬癸가 없을 경우 지지에 寅卯가 있어 뿌리가 되어주거나, 지지에 寅卯가 없을 경우 천간에 丙丁이 있어 金을 제압하면, 木이 생기를 얻으니 길(吉)함을 알 수 있다. 그러나 천간에 壬癸가 없는데 오히려 戊己가 투출하고, 지지에 亥子寅卯가 없는데 오히려 辰戌丑未申酉가 더해져 庚辛의 金을 돕는다면, 木은 살 길이 없으니 흉(凶)함을 알 수 있다. 나머지도 이와 같이 유추할 수 있다.

무릇 만물은 오행(五行)의 기운을 얻어 하늘을 이고 땅을 밟고 존재한다. 새, 털 가진 짐승, 비늘 가진 물고기, 껍질 가진 동물들도 각각 오행의 전일한 기운을 얻어 태어난다. 예를 들어 깃털 달린 짐승은 火에 속하고, 털 가진 짐승은 木에 속하며, 비늘 가진 물고기는 水에 속하고, 껍질 가진 동물은 金에 속한다. 오직 사람만이 土에 속하는데, 土는 중앙에 있어 木火金水의 기운이 모여 이루어진다. 오직 사람만이 오행의 온전한 기운을 얻었으므로 귀한 존재가 되는 것이다.

그러므로 사람의 명은 사주(四柱)가 원만하게 흘러 오행이 서로 생하고 변화하는 것을 가장 좋게 여기고, 사주가 결함이 있어 오행이 치우치고 메마른 것을 크게 꺼린다. 어리석은 책에서는 함부로 '四戊午는 성제(聖帝, 제왕)의 사주이고, 四癸亥는 장환후(張桓侯, 장비)의 사주이다'라고 말하는데, 그 이치를 살펴보면 모두 후세 사람들이 잘못 전한 것이다. 한(漢)나라 때부터 지금까지 2천여 년 동안 육십갑자(六十甲子)가 순환했으니, 이러한 사주가 적지 않았을 것이다. 잘못된 이야기임을 알 수 있다.

내가 명리학을 펼친 이후로 四戊午, 四丁未, 四癸亥, 四乙酉, 四辛卯, 四庚辰, 四甲戌 등의 사주를 많이 보았다. 모두 편고(偏枯)한 사주로 논했는데, 하나도 틀리지 않고 모두 응험했다.

같은 고을에 사는 사(史)씨 성을 가진 사람의 사주가 四壬寅인데, 寅 중에는 火와 土가 장생(長生)하고 식신(食神)은 녹왕(祿旺)하여 그래도 상생하고 변화하는 정(情)이 있었다. 그러나 처(妻), 재물(財), 자식(子), 벼슬(祿)이 모두 온전하거나 아름답지는 못했다. 단지 寅 중의 火土 기운을 끌어낼 방법이 없어서 어린 시절에 고아의 고통을 겪고, 중년에는 굶주림과 추위를 겪었다. 서른 살이 지나 운(運)이 남방으로 흐르자, 寅 중의 火 기운이 이끌려 나와 좋은 기회를 얻고, 경영하여 재물을 모았다. 그러나 결국 자식이 없었고, 가업은 모두 빼앗겨 텅 비게 되었다. 이로 보아 여전히 편고(偏枯)한 사주로 논해야 함을 알 수 있다.

이로써 살펴보건대, 명(命)은 중화(中和)를 귀하게 여기고, 치우치고 메마른 것은 끝내 손상됨이 있다. 이치를 평정(平正)하게 구해야 하고, 기이한 것은 증거로 삼기에 부족하다.

4. 지명(知命)

요 여 인 간 개 농 외 순 역 지 기 수 리 회

要與人間開聾聵 順逆之機須理會[3)]

세상 사람들의 귀 먼 어리석음을 깨우치고자 한다면, 순역(順逆)의 기틀을 이치로써 반드시 깨달아야 한다.

原注

不知命者如聾聵, 知命于順逆之機而能理會之, 庶可以開天下之聾聵.

- 명(命)을 알지 못하는 사람은 농외(聾聵, 귀머거리)와 같은 것이다. 명을 안다는 것은 순역(順逆)의 기틀을 알고 이를 이회(理會)하는 능력이다. 천하의 귀머거리일지라도 귀를 열어 줄 수 있을 것이다.

- (명(命)의 이치를 모르는 자는 귀머거리와 장님(聾瞶, 농귀) 같다.)

---

3) 欲與人間開聾聵, 順悖之機須理會.

임철초 日

이 말에는 지극한 이치가 담겨 있다. 다만 후세에 명리학을 배우는 사람들이 순조롭고 거스르는 기틀(順悖之機)을 깊이 연구하지 않고 함부로 남의 명(命)을 논하여, 그르침이 적지 않을까 염려된다.

사람들이 이상한 격국(奇格異局)이나 온갖 신살(神殺)을 뒤섞어 황당하게 적용한다. 예를 들어 '도화(桃花)'나 '함지(咸池)'를 가지고 여자 사주에 음란(邪淫)함이 있다고 논하여 귀신의 꾸짖음을 논하고, '금쇄(金鎖)'나 '철사(鐵蛇)'를 가지고 아이의 관살(關殺)을 잘못 지목하여 부모를 걱정하게 한다.

일주(日主)의 쇠약함과 왕성함은 따지지 않고, 오로지 재성(財)과 관성(官)을 기뻐하고 상관(傷)과 칠살(殺)을 미워하여 한 사람의 평생을 단정한다. 또한 일주의 강약(强弱)은 생각지 않고, 식신(食神)과 인수(印綬)는 복(福)으로 여기고, 효신(梟神)과 겁재(劫財)는 재앙(殃)으로 여긴다.

재성 혹은 관성이라는 이름이 육친(六親)을 취하여 배열한 것임을 알지 못하고, 재성이 있으면 목숨을 부양할 수 있고, 관성이 있으면 일신을 빛낼 수 있다고 여기다니 얼마나 어리석은가? 만약 재성만으로 목숨을 부양할 수 있다면 재다신약(財多身弱)을 부잣집의 가난뱅이라고 하지 않고 거부로 성공한다고 할 것인가? 관성만으로 일신을 빛낼 수 있다면 신쇠관중(身衰官重)을 요절하거나 천하다고 하지 않고 아주 귀하게 될 거라고 할 것인가?

내가 옛 서적을 상세히 살펴보니, 자평(子平)의 법은 오로지 사주(四柱)와 오행(五行)에 있다. 그 쇠왕(衰旺)을 살피고, 그 순패(順悖)를 연구하며, 그 진퇴(進退)를 따지고, 그 희기(喜忌)를 논하는 것, 이것이 바로 '이치로써 깨닫는 것(理會)'이다.

기이한 격국(奇格異局), 신살(神殺), 납음(納音) 등의 여러 이름은 쓸데없는 일을 좋아하는 사람들이 함부로 만들어낸 것으로, 명리학의 길흉(休咎)과는 관련이 없다. 만약 이것에 의거하여 명(命)을 논하면, 반드시 올바른 것을 그르다고 하고, 옳은 것을 틀리다고 하여 잘못된 것을 와전하여 전하게 된다. 결국 길흉의 이치를 어둡고 알기 어렵게 만들 뿐이다.

책에서 이르기를 "재를 용(用)할 때는 겁재가 불가하고, 관을 용할 때는 상관이 불가하고, 인수를 용할 때는 괴인(壞印, 재성)이 불가하고, 식신을 용할 때는 탈식(奪食, 효신)이 불가하다"고 하였다. 이 네 구절에는 본래 지극한 이치가 있다. 그 핵심은 바로 '용(用)'이라는 한 글자에 있다. 그러나 명리학을 배우는 사람들이 '용(用)'의 근원을 연구하지 않고, 오직 재관(財官)만을 중요하게 여긴다. 그들은 '재성을 용하지 않을 때는 겁재도 마음껏 쓸 수 있고, 관성을 용하지 않을 때는 상관도 마음껏 쓸 수 있고, 인수를 용하지 않을 때는 재성도 마음껏 쓸 수 있고, 식신을 용하지 않을 때는 효신도 마음껏 쓸 수 있다'라는 것을 모른다.

순조롭고 거스르는 기틀(順悖之機)을 이치로써 깨닫지 못하면, 귀머거리(聾聵)와 무엇이 다르겠는가? 어찌 길흉을 논하고 현명함과 어리석음을 분별하여 세상에 공헌할 수 있겠는가? 도리어 세상을 그르치고 사람들을 현혹시키는 이가 많을 뿐이다.

丙	庚	丁	辛
子	午	酉	卯

己庚辛壬癸甲乙丙
丑寅卯辰巳午未申

[1] 강약 / 조후

고종순황제(高宗純皇帝, 청조 6대 황제)의 명조(御造)는 천간에 庚辛과 丙丁이 있어 잘 제련된 가을의 金과 火가 짝을 이루고, 지지에는 子午卯酉가 있어 다시 감리진태(坎離震兌)와 짝을 이룬다. 지지가 사정(四正, 사왕지)을 온전히 갖추어 기운이 팔방(八方)에 통한다. 다만 오행에 土가 없어, 비록 가을에 태어났으나 일간이 왕성하다고는 할 수 없다.

가장 좋은 점은 子午가 서로 충(冲)하여 水가 火를 극함으로써 午火가 酉金을 깨뜨리지 않으니 酉가 일주(日主)를 돕기에 충분하다는 것이다. 더욱 묘한 점은 卯酉가 서로 충(冲)하여 金이 木을 극함으로써 卯木이 午火를 돕지 못하게 하니, 제어하고 항복시키는 것이 적절하다.

卯酉는 진태(震兌)로서 인의(仁義)의 참된 기틀을 주관하고, 子午는 감리(坎離)로서 천지(天地)의 중기(中氣, 음양 조화)를 다스린다. 또한 감리(坎離)는 해와 달의 본체를 얻어 없어지거나 사라지지 않고, 한 번은 적시고 한 번은 따뜻하게 하니, 앉은 자리가 단문(端門, 궁궐의 정문)이며 수화기제(水火旣濟)를 이룬다.

그러므로 팔방의 오랑캐가 복종하고, 온 세상이 하나가 된다. 금마(金馬, 서남쪽 대리국)와 주연(朱鳶, 베트남 북부 교지)이 모두 판도(版圖) 안에 속하고, 백랑(白狼, 북방 유목 오랑캐)과 원토(元兎, 북방 몽골족)가 모두 그 품으로 돌아오니, 천하가 평화롭고 안정된다.

戊	戊	庚	庚
午	辰	辰	申

戊丁丙乙甲癸壬辛
子亥戌酉申未午巳

[2] 강약 / 조후

동중당(董中堂, 청말 정치인 董源華)의 명조(造)는 戊土가 계춘(季春) 辰月 午時에 태어나서 왕성한 것처럼 보인다. 그러나 봄철의 土는 6월(未)이나 9월(戌)의 흙처럼 실(實)하지는 않다. 게다가 두 개의 辰이 水를 축장(蓄藏)하고 있어 습윤하다. 이로 인해 午火의 기운을 충분히 설기하고 辰이 金을 생하고 있다.

천간에 두 개의 庚이 투출하고 지지는 申과 辰이 회합(會合)하여, 일주(日主)의 기운이 지나치게 설기되었다. 용신(用神)은 반드시 午에 있다. 다행스럽게도 水와 木이 보이지 않아 일주(日主)와 인성(印綬)이 상하지 않으니, 정신이 왕성하고 충족하여 순수하고 중화되었다.

庚	甲	壬	壬
午	寅	寅	辰

戊	丁	丙	乙	甲	癸
申	未	午	巳	辰	卯

[3] 강약

일생 동안 벼슬길에 흠이 없었고, 30여 년간 태평한 재상(宰相)의 업을 이루었다. 子 운에 이르러 水局을 이루면서 사망하였는데, 이때 나이가 이미 80세였다.

동향 사람 왕(王) 씨의 명조를 속된 견해로 보았을 때 '일주가 강하고 칠살이 약하다(身强殺淺)'고 논하여 庚金을 용신(用神)으로 삼고, '봄의 木이 金을 만나면 반드시 동량지재(棟樑之器, 기둥이 될 인재)가 된다'고 하여 그에게 독서를 하면 반드시 발달할 것이라고 권했다고 한다. 그런데 나이가 30세가 넘도록 그는 독서로 성공하지 못했을 뿐 아니라, 가업도 점점 쇠퇴하였다.

내가 그의 사주를 풀어보니, 지지에 두 개의 寅이 앉아 있어 甲이 권력을 잡고 때를 얻었으며, 천간에 두 개의 壬이 투출하여 왕성한 기운을 또 돕고 있었다. 연지의 辰은 水의 창고이자 木의 남은 기운으로, 水를 저장하고 木을 기를 수는 있지만 金을 생할 수는 없었다. 한 점의 庚金은 이미 쇠약함이 극에 달했고, 게다가 午火가 극하고 壬水가 기운을 설기(洩氣)하니, 쓸모가 없을 뿐만 아니라 오히려 水를 생하는 병(病)이 되었다.

대체로 기운이 지극히 왕성한 것은 설기하는 것이 마땅하고 극하는 것은 마땅하지 않으니, 그 기세에 순응하고 그 본성을 거스르지 말아야 한다. 나는 木을 설기하는 午火를 용신(用神)으로 삼아야 한다고 보았다. 앞으로 운이 火의 지지로 가면 비록 귀하게 이름을 날리지는 못할지라도 부로써 이득은 얻을 수 있을 것이니 명예를 버리고 이로움을 취하는 게 옳다. 만약 다시 서재에만 머물러 있으면 평생을 허비하게 될 것이라고 말해줬다.

그는 즉시 유생의 길을 버리고 장사에 뛰어들었고, 丙午 운에 이르러 庚金의 병(病)이 완전히 사라지자, 10년도 채 안 되어 십만 냥의 재물을 모았다. 이를 통해 庚金이 원래 병(病)이었음이 명확해졌다.

	辛	癸	甲	癸	
	酉	亥	子	酉	
戊	己	庚	辛	壬	癸
午	未	申	酉	戌	亥

[4] 강약 / 전왕

이 명조는 복건성(福建省) 사람으로 성씨는 모른다. 庚午年 겨울에 내가 그의 사주를 풀어주었다. 나는 金水 운이 크게 좋고, 火土 운은 좋지 않다고 보았다. 그는 말했다. "金水가 지극히 왕성한데 어찌 또 金水를 용신으로 취합니까? 그렇다면 명리 서적은 믿을 수 없는 것 아닙니까? 책에 이르기를, 왕성한 것은 설기(洩)하거나 상(傷)하게 하는 것이 마땅하다고 했는데, 제 사주에 金水가 가득한데도 다시 金水를 취하라 하시니, 그 명리서를 어떻게 믿겠습니까?"

내가 대답했다. "명리서를 어찌 못 믿겠다 하십니까? 이 모두 명 중 오행의 오묘함을 알지 못해서 생기는 생각입니다. 이 사주는 水가 왕성하고 金을 만나 그 기세가 세차게 흘러갑니다. 한 점의 甲木은 시들어 물에 뜨니, 水의 기운을 설기하기 어렵습니다. 만약 그 흐름을 막으려 하면 오히려 물난리(水患)를 일으키니, 그 흐름에 순응하는 것만 못합니다."

초년의 癸亥 운에는 왕성한 기운을 도와주니 조상의 음덕이 넉넉했다. 壬戌 운에 들어서자 水가 뿌리를 내리지 못하고 그 기세를 거역하게 되니, 형벌과 소모가 함께 나타났다. 辛酉와 庚申 운에는 처첩과 재물이 모두 왕성해졌다. 己未와 戊午 운에는 水의 성정을 거스르니, 반평생의 사업이 모두 동쪽 바다로 흘러가 버리듯 사라졌고, 아내를 극하고 자식을 해쳐 의지할 곳 없이 외롭고 고통스러워졌다.

이것이 이른바 "곤륜산의 물은 그 흐름에 순응해야지 거슬러서는 안 된다"는 것이며, 순응하고 거스르는 기틀(順逆之機)은 모르면 안 된다는 말이다.

5. 이기(理氣)

이 승 기 행 기 유 상 진 혜 퇴 혜 의 억 양
理乘氣行豈有常 進兮退兮宜抑揚[4]

이(理)가 기(氣)에 올라타 행하는 것인데 어찌 일정함만 있겠는가? 나아가기도 하고 물러서기도 하니 억제(抑制)와 발양(發揚)이 마땅하다.

原注

闔闢往來皆是氣, 而理行乎其間. 行之始而進, 進之極則爲退之機, 如三月之甲木是也; 行之盛而退, 退之極則爲進之機, 如九月之甲木是也. 學者宜抑揚其淺深, 斯可以言命也.

- 닫고(闔) 열고(闢) 가고(往) 오는(來) 것이 모두 기(氣)에 있는 것인데, 이(理)는 그 기(氣) 사이를 유행(流行)하고 있는 것이다.
- 행(行)이 시작되면 나아가는 것이고 나아감이 극에 이르면 물러남의 기틀이 된다. 예를 들어 辰月의 甲木이 그러하다.
- 행(行)이 왕성하면 물러나는 것이고 물러남이 극에 이르면 나아감의 기틀이 된다. 예를 들어 戌月의 甲木이 그러하다.
- 배우는 사람은 마땅히 그 억양(抑揚)의 얕고 깊음을 알아야 할 것이니 이로써 비로소 명(命)을 이야기할 수 있다.
- (진퇴억양(進退抑揚)의 원리가 십이운성의 핵심이 된다. 甲木은 辰에서 쇠(衰)하고 戌에서 양(養)한다.)

---

4) 理承氣行豈有常, 進兮退兮宜抑揚.

임철초 日

명리에서 진퇴(進退)의 기틀은 반드시 알고 있어야 한다. 장생(長生)이라고 해서 왕성한 것이 아니고, 사(死)와 절(絶)이라고 해서 쇠약한 것이 아니다. 이런 이기(理氣)의 진퇴(進退)를 깊이 연구하고 이해해야만 쇠왕(衰旺)의 참된 기틀을 깨달을 수 있다.

무릇 오행의 왕상휴수(旺相休囚)는 사계절에 안배하여 정해지는데, 장차 다가오는 기운은 나아감이니 이를 '상(相)'이라 하고, 나아가서 계절을 얻으면 이를 '왕(旺)'이라 하고, 공을 이룬 기운은 물러나니 이를 '휴(休)'라고 하고, 물러나서 기운이 없어지면 이를 '수(囚)'라고 한다. 모름지기 그 왕(旺), 상(相), 휴(休), 수(囚)를 분별함으로써, 진퇴(進退)의 기틀을 알게 된다.

일주(日主)와 희신(喜神)이라면 왕상해야지 휴수되면 마땅치 않고, 흉살(凶殺)과 기신(忌神)이라면 휴수돼야지 왕상하면 마땅치 않다.

그러나 상(相)이 왕(旺)보다 더 묘한 것이니, 왕(旺)은 왕성함이 극에 달한 것으로 물러남이 오히려 빠르고, 상(相)은 바야흐로 자라나는 기운이므로 나아감에 끝이 없다. 한편 휴(休)가 수(囚)보다 더 심한 것이니, 수(囚)는 물러남이 극에 달한 것으로 반드시 생이 시작될 것이지만, 휴(休)는 물러남이 이제 막 시작된 것이므로 바로 회복될 수는 없다. 이것이 이기(理氣)가 진퇴(進退)하는 올바른 논리이다. 이에 2개의 명조를 사례로 들어본다.

壬	甲	庚	丁
申	辰	戌	亥

甲	乙	丙	丁	戊	己
辰	巳	午	未	申	酉

[5] 강약 / 조후

일견 甲木은 휴수(休囚)가 이미 극에 달했고, 庚金은 녹(祿)이 왕성하여 일주를 극(剋)하는데, 한 점의 丁火로는 감당하기 어렵고, 게다가 두 개의 재성(財)이 칠살(殺)을 생하니, 마치 살중신경(殺重身輕)한 것처럼 보인다.

그러나 9월(戌)의 甲木은 그 기운이 나아가기 시작함을 알지 못해서 하는 말이다. 壬水가 일주에 붙어 서로 생조하며, 丁火를 상하게 하지 않는다. 丁火가 비록 약하나 몸의 창고에 뿌리를 내리고 있고, 戌은 조토(燥土)이니 火의 뿌리가 되고, 辰은 습토(濕土)이니 木의 여기가 된다.

천간에는 생조하는 것과 제압하는 것이 하나씩 있고, 지지(地支)에는 다시 장생(長生)을 만났으니, 사주의 생화(生化)가 유정하고, 오행이 서로 다투거나 질투하지 않는다.

丁 운에 이르러 과거에 연달아 급제하니, 火를 용신으로 삼아 칠살을 대적함이 분명해졌다. 오랫동안 서울에서 관직에 있으면서 모은 재물이 풍족했다. 이 모두 남방(南方)으로 운(運)이 흘렀기 때문이다.

壬 甲 庚 乙
申 戌 辰 亥

甲 乙 丙 丁 戊 己
戌 亥 子 丑 寅 卯

[6] 강약 / 조후

이 사주는 앞의 사주와 상당히 비슷하다. 속된 논의로 甲이 乙 누이를 庚의 처로 시집보내 흉이 길조가 되니 탐합망충(貪合忘沖)이라 할 것이다. 앞의 사주와 비교해 더 좋다고 할 것인데, 왜 앞 사주는 한림원까지 가고 이 사주는 가난한 선비로 사는가? 이는 乙庚이 합하여 金으로 변하니 도리어 칠살의 포악함이 가중됨을 몰라서 하는 말이다.

앞의 사주는 甲辰으로 辰 습토(濕土)가 木을 생해 주지만, 이 사주는 甲戌로 戌 조토(燥土)가 木을 생하지 못한다. 앞의 사주는 申辰이 子水를 끌고 오지만, 이 사주는 申戌이 함께 칠살을 생한다. 앞의 사주는 甲木이 나아감이고 庚金이 물러남인데, 이 사주는 庚金이 나아감이고 甲木이 물러남이다.

이 두 사주를 비교해 보면 하늘과 땅만큼 차이가 있다. 그래서 진퇴(進退)의 기틀을 알지 않으면 안 되는 것이다.

6. 배합(配合)

배 합 간 지 자 세 상 정 인 화 복 여 재 상
配合干支仔細詳 定人福禍與災祥[5)]

간지(干支)의 배합을 자세하고 상세하게 살펴보면, 인간의 불행과 행복, 재난과 상서를 단정할 수 있다.

原注

天干地支, 相爲配合, 仔細推詳其進退之機, 則可以斷人之禍福災祥矣.

- 천간과 지지가 서로 배합을 이뤄 만든 그 진퇴의 기틀을 상세히 살펴보면 사람의 화복과 재상을 판단할 수 있다.
- (간명(看命)한다는 것은 간지 배합과 진퇴를 살피는 것이다.)

---

5) 配合干支仔細詳, 斷人禍福與災祥.

임철초 日

이 문장은 잘못된 것을 바로잡는 요령을 말한 것이다. 간지(干支)의 배합(配合)이 절대적 이치에 해당하므로 여기서 쇠왕과 희기의 이치를 찾고 자세히 살펴야 한다.

사주 간지의 배합를 논하지 않고 오히려 기이하고 이상한 격국과 신살 등으로 망언을 일삼는 것은 안 될 일이다. 화복을 믿을 수가 없고 길흉을 예측할 수도 없게 된다.

명(命)의 지극한 이치는 오직 용신(用神)에 달려 있다. 재성, 관성, 인수, 비겁, 식상, 효신, 칠살 모두 용신이 될 수 있다. 십성의 이름이 좋다고 운이 좋고, 나쁘다고 운이 나쁜 게 아니다. 결과적으로는 일주의 쇠왕(衰旺)을 살피고, 용신의 희기(喜忌)를 살펴서 억제할 건 억제하고 생부할 건 생부한다. 이를 소위 '거류서배(去留舒配)'한다고 하는데 이 판단을 정확하게 내려야 한다. 그래야 운의 좋고 나쁨이 분명하게 드러나고, 화복과 재상을 맞출 수 있는 것이다.

壬 庚 戊 甲
午 申 辰 子

甲 癸 壬 辛 庚 己
戌 酉 申 未 午 巳

[7] 강약 / 조후

이 명조를 속된 견해로 논하면, 천간에 삼기(三奇, 甲戊庚)의 아름다움이 투출하고 지지에 공귀(拱貴, 공협 未가 귀인)의 영화로움이 있으며, 또 회국(會局)하여 서로 충(冲)하지 않으니 관성(官星)을 쓸 수 있어 명예와 이익을 모두 얻는다고 할 것이다.

그러나 庚申 일주가 계춘(季春) 辰月에 태어났고, 水 기운이 본래 휴수되어 있으므로, 원래는 관성(官星)을 용신(用神)으로 삼을 수 있다. 하지만 꺼리는 것은 지지가 水局을 이루니, 水의 기세가 다시 왕성해지고, 火의 위세는 힘을 잃는다는 것이다. 관성이 반드시 상할 것이므로 용신으로 삼기에는 부족하다.

강한 다수가 소수와 맞설 때(强衆敵寡) 다수를 돕는 방식으로 壬水를 용신으로 삼고자 해도, 꺼려지는 것은 삼기(三奇)의 戊土가 투출하고 뿌리가 깊어 식신(食神)을 빼앗으니, 이 또한 용신으로 삼기 어렵다.

甲木 재성을 용신으로 차용한다고 하면, 木이 土를 소토(疎土)하니 水를 보호하고, 상관을 설기하며 관을 생조하니 유정할 것 같다. 그러나 甲木 기운은 물러나고 있고 戊土는 당권하고 있으니 土를 소통하기 쉽지 않다. 甲木을 용신으로 삼아도 가신(假神)에 불과해서 그저 평범한 사람일 뿐이다.

운도 남서(南西)로 흘러 甲木이 휴수하는 지지이다. 일부 조상대 가업이 있었으나 한 번의 실패로 모두 날렸고 처자 형극을 면치 못하고 외로움과 고통을 견딜 수가 없었다.

이는 삼기(三奇)니 공귀(拱貴)니 하는 논리로 격을 논하면서 용신을 간명하지 않았기에 생긴 헛되고 그릇된 오류이다.

	壬	乙	己	丙	
	午	丑	亥	子	
乙	甲	癸	壬	辛	庚
巳	辰	卯	寅	丑	子

[8] 조후/병약

이 명조는 언뜻 보기엔 취할 것이 하나 없어 보인다. 천간에서 壬이 丙을 극하고, 지지에서 子午가 멀지만 충을 하고 있다. 차가운 木이 陽의 기운을 바라지만 水의 세력이 넘쳐흐르고 火의 기운이 극을 당해 끊어졌으니, 명예와 이익을 얻기 어려워 보인다.

내가 다시 추론해 보자면, 水가 셋, 土가 둘, 火가 둘이니 水가 분명 왕하고 金이 없는 게 낫다. 火는 휴수에 놓였지만 土가 호위해 주니 기쁜 일이다. 이를 아능구모(兒能救母, 자식이 어미를 구한다)라고 한다. 천간의 壬水는 乙木을 생하고, 丙火는 己土를 생한다. 각각의 기운이 문호를 세우고 상생하며 유정하니 싸우고 극할 뜻이 없다.

지지는 비록 북방(北方)이나, 己土가 丑의 원신으로 투출했고, 록(祿, 午)에 뿌리를 내려 왕성하며, 서로 보호하고 있으니, 그 기세는 水를 막고 火를 보호하기에 충분하다. 이는 바로 '병이 있는데 약을 얻었다(有病得藥)'는 것이다.

또한 '일양(一陽)이 회복된 후에 만물이 잉태된다'는 이치와 같이, 木과 火의 기운이 나아가니, 상관(丙)이 빼어난 기운이자 용신이 된다. 중년운이 동남(東南)으로 흐르니 용신이 생왕한 것으로, 반드시 과거에 급제하여 관직에 나아갈 운이다. 실제로 寅 운으로 바뀌었을 때 火가 생하고 木이 왕하니 연달아 과거에 합격하고 한림원에 입성하였다. 이로써 청운의 꿈을 향해 올라가 승승장구하였다.

위 두 사주를 살펴보건대 간지 배합의 이치를 어찌 소홀히 할 수 있겠는가?

2장 간지(干支)

7. 천간(天干)

8. 지지(地支)

9. 간지총론(干支總論)

7. 천간(天干)

오 양 개 양 병 위 최 오 음 개 음 계 위 지
五陽皆陽丙爲最 五陰皆陰癸爲至

다섯 양간(陽干)이 모두 양(陽)이지만 丙이 최고이고, 다섯 음간(陰干)이 모두 음(陰)이지만 癸가 가장 지극한 것이다.

原注

甲, 丙, 戊, 庚, 壬爲陽, 獨丙火秉陽之精, 而爲陽中之陽.
乙, 丁, 己, 辛, 癸爲陰, 獨癸水秉陰之精, 而爲陰中之陰.

- 甲丙戊庚壬은 모두 양이나 유독 丙火를 양의 정수라 하고 양 중의 양이라 한다.
- 乙丁己辛癸는 모두 음이나 유독 癸水를 음의 정수라 하고 음 중의 음이라 한다.

임철초 曰

丙은 순양(純陽)의 火로, 만물이 모두 이로 말미암아 발현되었다가 이를 얻어 수렴된다. 癸는 순음(純陰)의 水로, 만물은 이로 말미암아 태어났다가 이를 얻어 무성해진다.

양(陽)이 극에 이르면 음(陰)이 생겨나는 것이니 丙辛이 합하여 水가 되고, 음(陰)이 극에 이르면 양(陽)이 생겨나는 것이니 戊癸가 합하여 火가 된다. 음양이 서로 조화를 이루며 이를 통해 만물이 생성하고 변화하는 신비로움이 있는 것이다.

십간(十干)의 기(氣)는 선천(先天)으로 말하면 하나의 근원에서 함께 나온 것이고, 후천(後天)으로 말하면 역시 하나의 기가 서로 품고 있는 것이다. 甲과 乙은 하나의 木이고, 丙과 丁은 하나의 火이고, 戊와 己는 하나의 土이고, 庚과 辛은 하나의 金이고, 壬과 癸는 하나의 水이다. 이는 쓰임에 따라 나누어 보니 강하고 굳센 양의 기운과 부드럽고 순한 음의 기운으로 나누어진 것 뿐이다.

괴이한 생각을 하는 명리가들이 시를 짓거나 글을 쓸 때와 같은 비유가 지나쳐서 논리에 맞지 않은 경우가 많다. 甲은 기둥과 들보라 하고, 乙은 꽃과 열매라 하고, 丙은 태양이라 하고, 丁은 촛불이라 하고, 戊는 성벽이라 하고, 己는 논밭이라 하고, 庚은 굳센 철이라 하고, 辛은 구슬과 옥이라 하고, 壬은 강과 하천이라 하고, 癸는 비와 이슬이라 하였다. 오랫동안 이어져 내려와 누구나 옳다고 믿는 관습이나 이론이라 할지라도 그것을 이용해 명을 논하는 것은 매우 잘못된 일이다.

간혹 甲은 뿌리가 없으면 죽은 나무라 하고, 乙은 뿌리가 있으면 산 나무라 하는데, 똑같은 나무를 가지고 생사를 나누고 왜 양목(陽木)만 죽음의 기운을 타고나고, 음목(陰木)만 생명의 기운을 타고나는 것인가? 또 활목(活木,

乙)은 물이 범람하는 것을 두려워하고, 사목(死木, 甲)은 물이 범람하는 것을 두려워하지 않는다고 하는데, 어찌하여 살아있는 나무는 물을 만나면 떠내려가고, 말라죽은 나무는 물을 만나면 도리어 안정된단 말인가?

여러 천간을 이런 방식으로 논단하는 경우가 허다하니 마땅히 모두 버려야 하며 그래야 장래에 생길 수 있는 잘못을 끊어낼 수 있다.

오 양 종 기 부 종 세 오 음 종 세 무 정 의

五陽從氣不從勢 五陰從勢無情義

오양(五陽)은 기(氣)를 따르고 세(勢)를 따르지 않으며, 오음(五陰)은 세(勢)를 따르고 정(情)과 의리(義)가 없다.

原注

五陽得陽之氣, 卽能成乎陽剛之事, 不畏財殺之勢, 五陰得陰之氣, 卽能成乎陰順之義, 故木盛則從木, 火盛則從火, 土盛則從土, 金盛則從金, 水盛則從水. 於情義之所在者, 見其勢衰, 則忌之矣, 蓋婦人之情也. 如此, 若得氣順理正者, 亦未必從勢而忘義, 雖從亦必正矣.

- 오양(五陽)은 양의 기운을 득한 것으로 양강(陽剛)의 일을 능히 이룰 수 있고, 재성와 칠살의 세를 두려워하지 않는다.
- 오음(五陰)은 음의 기운을 득한 것으로 음순(陰順)한 의리를 능히 이룰 수 있고, 木이 왕성하면 木의 세를 따르고, 火가 왕성하면 火의 세를 따르고, 土가 왕성하면 土의 세를 따르고, 金이 왕성하면 金의 세를 따르고, 水가 왕성하면 水의 세를 따른다.
- 정(情)과 의리(義)가 있는 자라 할지라도 세력이 쇠퇴함을 보면 이를 멀리하고 꺼리는 것이 꼭 부녀자의 감정과 같다.
- 하지만 이런 경우라도 기운이 순조롭고 이치가 바른 자는 반드시 세력에 따라 의리를 잊는 일은 없을 것이며, 설령 세력을 따른다고 할지라도 반드시 바른길을 따를 것이다.

임철초 日

오양(五陽)은 기(氣)가 열려 있으니 빛이 통하고 형통하는 상이 쉽게 보이지만, 오음(五陰)은 기(氣)가 닫혀 있으니 담겨진 깊은 뜻을 헤아리기 어렵다. 오양의 성정은 강건하므로 재성과 칠살을 두려워하지 않고 측은한 마음도 가지고 있어 그 처세가 구차하지 않다. 하지만 오음의 성정은 유순하므로 세력을 만나면 의리를 망각하고 비루하고 인색한 마음을 드러내서 그 처세가 교만하고 아첨하는 일이 많다. 이런 까닭에 유함(陰)은 강함(陽)을 이길 수 있지만 강함은 유함을 이길 수 없다.

보통 이익을 좇고 의리를 버리는 사람들은 음기가 사납게 작용해서 그렇고, 호탕하고 용감한 사람들은 양기가 유독 집중되서 그런 것이다. 하지만 양 중에 음이 있고 음 중에 양이 있으며, 밖은 양, 안은 음 혹은 밖은 음, 안은 양인 경우도 있으니 다양한 것들을 역시 분별해야 한다.

양 중에 음이 있는 경우는 밖으로는 인자하고 의로운 듯하지만 안으로는 간사하고, 음 중에 양이 있는 경우는 밖으로는 흉하고 험한 듯하지만 안으로는 인자하다. 밖은 양, 안은 음인 경우는 화를 끼치려는 마음을 감추고 있고, 밖은 음, 안은 양인 경우는 바른 도리를 굳게 품고 있다.

이처럼 사람의 품성이 옳은지 그른지를 판별하는 것은 매우 중요하다. 여기서 중요한 것은 기세가 순하고 바르며, 사주의 오행이 균형이 맞고, 편고하고 기이하지 않아야 자기의 이기심 때문에 남에게 손해를 끼치지 않는 것이다. 무릇 인생을 살아가는 방법은 행동하기에 앞서 사람을 먼저 아는 것이 중요하다. 그래서 '좋은 사람을 택하여 따르라'라고 말하는 것은 그런 의미이다.

7-1. 갑목(甲木)

갑 목 참 천 탈 태 요 화 춘 불 용 금 추 불 용 토
甲木參天 脫胎要火 春不容金 秋不容土
화 치 승 룡 수 탈 기 호 지 윤 천 화 식 립 천 고
火熾乘龍 水宕騎虎 地潤天和 植立千古

甲木은 하늘 높이 치솟고, 새로 태어나려면 火가 필요하다. 봄의 甲木은 金을 용납하지 않고, 가을의 甲木은 土를 용납하지 않는다.
火가 왕성하면 용(辰)에 올라타고, 水가 범람하면 범(寅)에 올라탄다. 땅이 윤택하고 하늘이 온화하니, 천년의 세월 동안 곧게 세워진다.

原注

純陽之木, 參天雄壯. 火者木之子也, 旺木得火而愈敷榮. 生於春則欺金, 而不能容金也; 生於秋則助金, 而不能容土也. 寅午戌, 丙丁多見而坐辰, 則能歸; 申子辰, 壬癸多見而坐寅, 則能納. 使土氣不干, 水氣不消, 則能長生矣.

- 甲木은 순양의 木이므로 하늘을 찌르듯 웅장하다. 火는 木의 자식이니 木이 왕한데 火를 만나면 더욱 무성하게 번영한다.
- 甲木은 봄에 태어나면 金을 얕잡아 보고 金을 용납하지 않는다. 가을에 태어나면 金을 돕지만 土까지 용납하진 않는다.
- 甲木이 寅午戌과 丙丁을 많이 보았다면 辰에 앉아야 火의 기운을 지나갈 수 있고, 申子辰과 壬癸를 많이 보았다면 寅에 앉아야 水의 기운을 받아들일 수 있다.
- 土의 기운이 마르지 않고 水의 기운이 사라지지 않는다면, 甲木은 오랫동안 살아갈 수 있다.

임철초 日

甲은 순양(純陽)의 木으로 체(體)가 본래 견고하고 하늘을 찌르는 기세가 있고 극히 웅장하다. 초봄(寅月)에 태어나면 木이 아직 여리고 날씨는 춥기 때문에 火를 득해야 성장하고 번영한다. 중춘(仲春, 卯月)에 태어나면 왕함이 극에 달한 기세이므로 마땅히 이를 설기해 줘야 뛰어난 재능과 자질을 갖춘다. 이른바 강한 木은 火를 보아야 그 완고함을 변화시킬 수 있다는 것이다.

木을 극하는 것은 金이지만 봄의 金은 휴수되므로 쇠약한 金으로 왕한 木을 극하는 셈이고, 木은 견고하고 金은 결함이 있으니 자연스러운 귀결로 '춘불용금(春不容金, 봄의 甲木은 金을 용납하지 않는다)'이라고 한 것이다.

가을에 태어나면 木이 때를 잃어 쇠약하므로 잎은 낙엽 되어 떨어져 버리지만 뿌리의 기운은 오히려 거두어들여 아래로 모여든다. 이때 극을 받는 것은 土이다. 가을 土는 金을 생하고 설기 당하므로 가장 허하고 부실한 때이며, 土를 공격하는 木을 만나면 나무뿌리가 배양이 안 되고 반대로 木이 기울고 쓰러져 버린다. 그래서 '추불용토(秋不容土, 가을의 甲木은 土를 용납하지 않는다)'라고 한 것이다.

사주에 寅午戌이 모두 있고 또 丙丁이 투출하면 설기가 태과하고 木이 불에 타버린다. 이때는 辰을 깔고 앉는 게 좋다. 辰은 수고(水庫)으므로 습한 土이고, 습한 土는 木을 생하고 火를 설기한다. 그래서 '화치승룡(火熾乘龍, 불이 세면 용에 올라탄다)'이라고 하였다.

사주에 申子辰이 모두 있고 또 壬癸가 투출하면 水가 범람하여 木이 떠내려간다. 이때는 寅을 깔고 앉는 게 좋다. 寅은 火土의 장생이고 木의 녹왕이므로 水氣를 능히 흡수하여 木이 떠내려가지 않게 한다. 그래서 '수탕기호(水宕騎虎, 물이 범람하면 범에 올라탄다)'라고 하였다. 그러므로 金이 날카롭지 않고, 土가 마르지 않고, 火가 맹렬하지 않고, 水가 광폭하지 않는다면 甲이 천 년 동안 서 있으며 장생을 누리지 못할 이유가 있겠는가?

7-2. 을목(乙木)

을 목 수 유 규 양 해 우 회 정 포 병 과 봉 승 후
乙木雖柔 刲羊解牛 懷丁抱丙 跨鳳乘猴[6)]
허 습 지 지 기 마 역 우 등 라 계 갑 가 춘 가 추
虛濕之地 騎馬亦憂 藤蘿繫甲 可春可秋

乙木은 비록 유약(柔弱)하나 양(未)을 베고 소(丑)를 해체한다. 丁을 품고 丙을 안으면 봉황(酉, 닭)을 타 넘고 원숭이(申)도 올라탄다.
차갑고 습한 땅(水旺地)에서는 말(午)을 타고도 역시 근심스럽다. 덩굴이 올라와 甲에 매달리면 봄에도 괜찮고 가을에도 괜찮다.

原注

乙木者, 生於春如桃李, 夏如禾稼, 秋如桐桂, 冬如奇葩. 坐丑未能制柔土, 如刲宰羊, 解割牛然, 只要有一丙丁, 則雖生申酉之月, 亦不胃之; 生於子月, 而又壬癸發透者, 則雖坐午, 亦難發生. 故益知坐丑未月之爲美. 甲與寅字多見, 弟從兄義, 譬之藤蘿附喬木, 不畏斫伐也.

- 乙木은 봄에 태어나면 복숭아꽃, 자두꽃 같고, 여름에 태어나면 벼와 곡식 같고, 가을에 태어나면 오동나무, 계수나무 같고, 겨울에 태어나면 기이한 꽃 같다.
- 乙木이 丑未에 앉으면 음토(陰土)이므로 제압할 수 있으니, 양(未)을 베고 소(丑)를 가를 수 있다고 비유하였다.
- 乙木은 丙丁이 하나만 있으면 비록 申酉月에 태어나도 金을 두려워하거나 겁내지 않는다.

---

6) 乙木雖柔, 刲羊解牛, 懷丁抱丙, 跨雞乘猴.

- 乙木은 子月에 태어나고 壬癸가 투출하면, 비록 午에 앉아 있다고 해도 싹을 틔우고 성장하기 어렵다. 그러므로 丑未月에 앉은 것이 아름답다는 것을 더욱 알게 된다.
- 乙木이 甲과 寅을 많이 본다면 아우가 형을 따르는 의리처럼 마치 덩굴이 큰 나무에 기대어 무성함과 같으니 베이고 찍히는 것도 두려워하지 않는다.

임철초 日

乙木은 甲의 질(質)이며 甲의 생기(生氣)를 이어받은 것이다. 봄에는 복숭아꽃, 자두꽃 같아서 金이 극하면 곧 시들어버린다. 여름에는 곡식 같아서 水가 적셔주어야 살 수 있다. 가을에는 오동나무 계수나무 같아서 金이 왕하니 火로 제압해야 한다. 겨울에는 기이한 꽃 같아서 火로 습토(濕土)를 따듯하게 해야 배양된다.

봄 출생 乙에게 火가 마땅한 것은 성장 번영을 기뻐할 수 있기 때문이다. 여름 출생 乙에게 水가 마땅한 것은 땅의 메마름을 적셔주기 때문이다. 가을 출생 乙에게 火가 마땅한 것은 金을 극해주기 때문이다. 겨울 출생 乙에게 火가 마땅한 것은 얼어붙은 천지를 녹여 주기 때문이다.

'규양해우(刲羊解牛, 양을 베고 소를 가르다)'라는 말은 乙이 丑未月에 출생하거나 乙未日, 乙丑日에 출생한 경우인데, 未는 목고(木庫)이니 뿌리를 내릴 수 있고, 丑은 습토(濕土)이니 생을 받을 수 있는 기운이라는 것이다.

'회정포병(懷丁抱丙)이면 과봉승후(跨鳳乘猴, 봉황에 걸터앉고 원숭이를 타다)'라는 말은 乙이 申酉月에 출생하거나 乙酉日에 출생했고 丙丁이 투출한 경우인데, 水가 있다고 해도 火는 다투고 싸우지 않고 제화할 것이 분명하므로 金의 강함을 두려워하지 않는다는 것이다.

'허습지지(虛濕之地)이면 기마역우(騎馬亦憂, 말을 타고도 역시 근심한다)'라는 말은 乙이 亥子月에 출생하고 사주에 丙丁이 없고 戌未 조토(燥土)가 없는 경우인데, 연지(年支)에 午가 있다고 해도 역시 생을 발현하기 어렵다는 것이다.

천간에 甲이 투출하거나 지지에 寅이 있는 경우를 '연라계송백(蔦蘿系松柏, 등라계갑)'이라 하는데, 봄에는 분명히 도움을 받을 것이고 가을에도 역시 서로 도울 것이니 봄에도 괜찮고 가을에도 괜찮다 하였다. 사계절 모두 괜찮다는 뜻이다.

7-3. 병화(丙火)

병 화 맹 렬 기 상 모 설 능 단 경 금 봉 신 반 겁

丙火猛烈 欺霜侮雪 能煅庚金 逢辛反怯

토 중 성 자 수 창 현 절 호 마 견 향 갑 래 분 멸

土衆成慈 水猖顯節 虎馬犬鄕 甲來焚滅[7)]

丙火는 맹렬하여 서리를 기만하고 눈을 업신여긴다. 庚金을 능히 단련시킬 수 있지만, 辛을 만나면 도리어 기세가 꺾인다.

土가 무리를 지으면 자애를 이루고, 水가 왕성하면 절개를 드러낸다. 범, 말, 개의 땅(寅午戌)에서는 甲木이 오면 불태워 없애버린다.

原注

火陽精也, 丙火灼陽之至, 故猛烈, 不畏秋而欺霜, 不畏冬而侮雪. 庚金雖頑, 力能煅之, 辛金本柔, 合而反弱. 土其子也, 見戊己多而成慈愛之德; 水其君也, 遇壬癸旺而顯忠節之風. 至於未遂炎上之性, 而遇寅午戌三位者, 露甲木, 則燥而焚滅也.

- 火는 양기의 정수인데, 丙火는 양이 가장 강렬하게 타오르는 것이므로 맹렬하다. 가을을 두려워하지 않고 서리를 기만하며, 겨울을 두려워하지 않고 눈을 업신여긴다.
- 庚金이 비록 완강하나 丙火는 능히 불사를 힘이 있다. 하지만, 辛金은 비록 유약해도 丙火는 合水되어 도리어 기세가 약해진다.
- 土는 丙火의 자식이니 戊己를 많이 보면 자애로운 덕을 베풀게 되고, 水는 丙火의 임금이니 왕한 壬癸를 만나면 충절의 기풍을 드러낸다.
- 丙火는 염상(炎上)의 성품을 이루지 않았으나 寅午戌(호마견)에서 甲木이 나타나는 경우 바짝 말리고 불태워 멸할 지경이 된다.

---

7) 土衆成慈, 水猖顯節, 虎馬犬鄕, 甲木若來, 必當焚滅. (위의 것이 집요본)

임철초 日

丙은 순양(純陽)의 火로 그 세력이 맹렬(猛烈)하다. '기상모설(欺霜侮雪, 서리를 기만하고 눈을 업신여긴다)'이란 말은 추위를 없애고 얼음을 녹이는 공력이 있다는 것이고, '능단경금(能煅庚金, 庚金을 능히 단련시킬 수 있다)'은 강하고 포악한 것을 만나도 그것을 극하고 벌할 수 있다는 것이며, '봉신반겁(逢辛反怯, 辛金을 만나면 도리어 겁을 먹는다)'은 유순한 것과 합하여 화평을 이룬다는 것이다.

'토중성자(土衆成慈, 土가 무리를 지어도 자애로움을 이룬다)'는 아랫사람을 업신여기지 않는다는 것이고, '수창현절(水猖顯節, 水가 날뛰어도 절개를 드러낸다)'은 윗사람에게 아첨하거나 의지하지 않는다는 것이며, '호마견향(虎馬犬鄉, 호마견의 마을)'은 지지에 寅午戌이 있다는 것이니 火의 기세가 이미 넘쳐서 맹렬하므로, 만약 甲木이 더 와서 생조하면 오히려 불타서 사라지게 된다.

이것으로 미루어 보아 그 위력을 설기하려면 반드시 己土를 써야 하고, 그 화염을 막으려면 반드시 壬水가 필요하고, 그 성정을 유순하게 하려면 도리어 辛金이 필요하다.

己土는 낮고 습한 土이므로 능히 으뜸의 양기를 거둬들일 수 있지만, 戊土는 높고 건조한 土이므로 丙火를 만나면 타고 갈라져 터진다. 壬水는 굳세고 중용을 지키는 덕을 지닌 水이므로 폭렬한 火를 능히 제압할 수 있지만, 癸水는 음하고 유약한 水이므로 丙火를 만나면 증발하고 메말라 버린다. 辛金은 유연한 물질의 金이므로 겉으로는 합하여 서로 친하고 속으로는 水로 변하여 서로 도울 수 있지만, 庚金은 강건한 金이므로 강한 것이 또 강한 것을 만난 셈이니 두 세력이 양립할 수 없다. 이것은 비록 오행을 들어 논한 것이지만, 세상사와 사람 일라고 어찌 그렇지 않겠는가?

7-4. 정화(丁火)

정 화 유 중 내 성 소 융 포 을 이 효 합 임 이 충
丁火柔中 內性昭融 抱乙而孝 合壬而忠
왕 이 불 열 쇠 이 불 궁 여 유 적 모 가 추 가 동
旺而不烈 衰而不窮 如有嫡母 可秋可冬

丁火는 부드러워 가운데로 들어가고 내면의 성품은 밝고 녹듯이 따뜻하다. 乙木을 안으면 효도를 하고 壬水와 합하면 충성을 한다.
왕성해도 맹렬하지 않고, 쇠약해도 완전히 꺼지지 않는다. 만약 적모(嫡母, 甲)가 있다면 가을과 겨울에도 꺼지지 않는다.

原注

丁干屬陰, 火性雖陽, 柔而得其中矣. 外柔順而內文明, 內性豈不昭融乎. 乙非丁之嫡母也, 乙畏辛而丁抱之, 不若丙抱甲而反能焚甲木也, 不若己抱丁而反能晦丁火也, 其孝異乎人矣. 壬爲丁之正君也, 壬畏戊而丁合之, 外則撫恤戊土, 能使戊土不欺壬也, 內則暗化木神, 而使戊土不敢抗乎壬也, 其忠異乎人矣. 生於夏令, 雖逢丙火, 特護之而不助其焰, 不至於烈矣. 生於秋冬, 得一甲木, 則倚之不滅, 而焰至無窮也, 故曰可秋可冬. 皆柔之道也.

- 丁火는 음(陰)에 속하지만 火의 성질은 양(陽)이라서 부드러우면서 조화로운 중화를 이룬다. 겉은 유순하나 내면은 밝고 지혜로우니 내면의 성품이 어찌 밝게 빛나지 않겠는가?
- 乙이 丁火의 친모(嫡母)는 아니지만, 辛을 두려워하는 乙을 丁이 품고 보호한다. 이는 丙이 甲 편인을 품고 있으면 오히려 甲을 태워버리는 것과

다르고, 己가 丁 편인을 품고 있으면 오히려 丁의 빛을 가리는 것과 다르다. 丁의 효도가 남다른 것이다.

- 壬은 丁火의 정당한 임금인데, 壬이 戊를 두려워할 때 丁이 壬과 합하여 보호한다. 겉으로는 戊土를 어루만지고 달래며 戊土로 하여금 壬을 업신여기지 못하게 하고, 안으로는 몰래 丁壬合하여 木 기운으로 변하여 戊土가 임금인 壬에게 대항하지 못하게 한다. 丁의 충성이 남다른 것이다.
- 丁火가 여름에 태어나고 丙火를 만나더라도, 특별히 보호할 뿐 丁火의 불꽃을 돕지 않으므로 맹렬함에 이르지는 않는다.
- 가을이나 겨울에 태어나도 甲木이 하나만 있으면 甲木에 의지하여 꺼지지 않고 그 불꽃이 다하지 않는다. 그러므로 가을과 겨울에도 꺼지지 않는다고 말하는 것이다. 이 모든 것이 부드러움의 도(道)인 것이다.

임철초 曰

丁을 등불이나 촛불이라 말하는 것은 잘못이다. 丙火와 비교하여 유약하고 중도를 지킨다는 것뿐이다.

'내성소융(內性昭融, 내면의 성품이 밝고 어우러진다)'은 문명인의 상(象)을 말하는 것이고, '포을이효(抱乙而孝, 乙을 품으면 효도한다)'는 직접적으로 火剋金을 통해 辛金으로 하여금 乙木 어미를 상하지 못하게 한다는 것이고, '합임이충(合壬而忠, 壬과 합하여 충성한다)'은 간접적으로 丁壬合木을 통해 戊土로 하여금 壬水 임금을 상하지 못하게 한다는 것이다.

丁은 오직 그 부드러움과 중용으로 태과하거나 불급하는 폐단이 없다. 비록 때가 당령하여 왕성해질지라도 지나치게 뜨겁게 타오르는 일이 없고, 반대로 때를 잃어 쇠약해질지라도 완전히 꺼져 사라지는 일도 없다.

천간에 甲乙(母)이 투출하면 가을의 丁이라도 金을 두려워하지 않고, 지지에 寅卯(母)가 깔렸으면 겨울의 丁이라도 水를 꺼려하지 않는다.

7-5. 무토(戊土)

무토고중 기중차정 정흡동벽 만물사명
戊土固重 旣中且正 靜翕動辟 萬物司命
수윤물생 화조물병 약재간곤 파충의정
水潤物生 火燥物病 若在艮坤 怕沖宜靜[8]

戊土는 견고하고 무거우며, 이미 중심이며 또한 바르다. 고요할 때는 만물을 품고, 움직일 때는 만물을 펼쳐내어, 만물의 생명을 주관한다.
水가 윤택(潤澤)하면 만물이 자라나고, 火로 조열(燥烈)하면 만물이 병든다. 만약 간(艮, 丑寅)과 곤(坤, 未申)에 위치하면 바르지 않으니, 충(沖)을 두려워하고 고요함을 마땅히 해야 한다.

原注

戊土非城牆隄岸之謂也, 較己特高厚剛燥, 乃己土發源之地, 得乎中氣而且正大矣. 春夏則氣闢而生萬物, 秋冬則氣翕而成萬物, 故爲萬物之司命也. 其氣屬陽, 喜潤不喜燥, 坐寅怕申, 坐申怕寅. 蓋沖則根動, 非地道之正也, 故宜靜.

- 戊土를 성벽, 제방이라고 말하면 안 된다. 己土보다 특별히 높고 두텁고 단단하고 건조하다. 이것은 己土가 생겨나는 근원이며 중기(中氣)를 얻었으므로 바르고 크다.
- 봄과 여름에는 기운이 열려 만물을 생장시키고, 가을과 겨울에는 기운이 모여 만물을 완성시킨다. 그렇게 만물의 생명을 주관한다.
- 그 기운은 양(陽)에 속하므로 습한 것을 좋아하고 건조한 것을 싫어한다.

8) 水旺物生, 火燥喜潤, 若在坤艮, 怕沖宜靜.

- 寅에 좌하면 申을 두려워하고, 申에 좌하면 寅을 두려워한다. 대체로 沖하면 그 뿌리가 흔들리기 때문에, 땅의 이치에 올바른 것이 아니다. 그러므로 마땅히 고요해야 한다.

임철초 日

戊土는 양토(陽土)이니 그 기(氣)가 견고하고 무거우며 중앙에 위치하고 올바름을 얻는다.

봄과 여름에는 기가 동(動)하여 열리므로 생기(生氣)를 발하고, 가을과 겨울에는 기가 정(靜)하여 모이므로 거두고 저장한다. 그래서 만물의 생명을 주관한다 하였다.

그 기(氣)가 높고 두터우니 봄과 여름생은 火가 왕성하므로 마땅히 水가 이를 적셔주면 만물이 생기를 발하지만, 조열하면 만물이 메말라 버린다. 가을과 겨울생은 水가 많으므로 마땅히 火가 이를 따뜻하게 하면 만물이 성장하지만, 습하면 만물을 병들게 한다.

간곤(艮坤)이란 寅月과 申月을 말하는데, 봄에는 木으로부터 극을 받아 기가 허하므로 마땅히 고요해야 하고, 가을에는 金으로 설기가 심해져 몸이 약하므로 沖을 두려워한다. 만약 寅申이 일지에 있어도 역시 정(靜)한 것을 좋아하고 沖을 두려워한다.

한편 辰戌丑未 월에 출생하면 월겁격으로 庚辛申酉 金의 설기를 좋아하는데, 빼어난 기를 흘러가게 해야 귀격이 된다. 己土 역시 그러하다. 이 경우 만약 사주에 木火가 보이거나 혹은 운이 木火로 흐른다면 파격이다.

7-6. 기토(己土)

기토비습 중정축장 불수목성 불외수광
己土卑濕 中正蓄藏 不愁木盛 不畏水狂
화소화회 금다금광 약요물왕 의조의방
火少火晦 金多金光 若要物旺 宜助宜幫[9]

己土는 낮고 습하며, 치우치지 않고 만물을 쌓아 감춘다. 木이 무성해도 근심하지 않고, 水가 날뛰어도 두려워하지 않는다.
火가 적으면 火가 흐릿해지고 金이 많으면 金이 빛난다. 만약 만물을 왕성하게 자라게 하려면 마땅히 도와주고 보태주는 것이 좋다.

原注

己土卑薄軟濕, 乃戊土枝葉之地, 亦主中正而能蓄藏萬物. 柔土能生木, 非木所能剋, 故不愁木盛; 土深而能納水, 非水所能蕩, 故不畏水狂. 無根之火, 不能生濕土, 故火少而火反晦; 濕土能潤金氣, 故金多而金光彩, 反清瑩可觀. 此其無爲而有爲之妙用. 若要萬物充盛長旺, 惟土勢固重, 又得火氣暖和方可.

- 己土는 낮고 얕으며 부드럽고 축축하다. 戊土의 지엽에 속하는 땅이며, 역시 중정(中正)을 주관하고, 만물을 쌓아 감출 수 있다.
- 부드러운 土는 木을 키울 수 있으므로 木의 剋을 당하지 않으니, 木의 무성함을 근심하지 않는다. 土가 깊어서 水를 가둘 수 있으므로 水에 쓸려가지 않으니, 水의 광기를 두려워하지 않는다.
- 뿌리가 없는 火는 습토(濕土)를 생할 수 없으므로 火가 적으면 빛을 잃는

9) 火少火晦, 金多金明, 若要物昌, 宜助宜幫.

다고 하였다. 습토(濕土)는 金을 윤택하게 할 수 있으므로 金이 많으면 金이 광채가 나고 오히려 맑고 깨끗함이 관찰된다. 이것이 무위(無爲)한 듯한데 유위(有爲)하다는 오묘한 작용이다.

- 만물이 풍성하게 자라 번성하려면 오직 土의 세력이 단단하고 두터워야 하며, 또한 火의 기운을 얻어 따뜻해져야 비로소 가능하다.

임철초 日

근土는 음습(陰濕)한 땅이지만 '중정축장(中正蓄藏)'이라 하였듯이 팔방에 기운이 통하고 사계절 내내 번성하며 생명을 끊임없이 낳고 기르는 묘한 작용이 있다.

'불수목성(不愁木盛, 목이 왕성함을 근심하지 않는다)'이라 한 것은 그 성정이 유순하고 화평하니 木을 도와 배양하고 木이 己土를 극하지 않을 것이기 때문이고, '불외수광(不畏水狂, 수의 날뜀을 두려워하지 않는다)'이라 한 것은 그 몸체가 단단하고 견고하여 물을 담아둘 수 있으니 水와 충하지 않을 것이기 때문이다.

'화소화회(火少火晦, 화가 적으면 화가 시든다)'라는 것은 丁火를 칭하는 것이고 음토는 火를 가두어 넣어버리므로 火가 어두워진다고 한 것이고, '금다금광(金多金光, 금이 많으면 금이 빛난다)'이라는 것은 辛金을 칭하는 것이고 습토는 金을 생할 수 있으므로 金이 윤택해진다고 한 것이다.

사주에 土氣가 깊고 굳건한데 또 丙火를 얻어 그 음습한 기운이 제거되면 만물을 기르고 낳으니 이를 가리켜 '의조의방(宜助宜幫, 생조하고 방조함이 마땅하다)'이라 한 것이다.

7-7. 경금(庚金)

경 금 대 살 강 건 위 최 득 수 이 청 득 화 이 애
庚金帶煞 剛健爲最 得水而清 得火而銳
토 윤 즉 생 토 건 즉 취 능 영 갑 형 수 우 을 매
土潤則生 土乾則脆 能贏甲兄 輸于乙妹[10)]

庚金은 살기(煞氣)를 띠고 있어 가장 강하고 굳건하다. 水를 만나면 맑아지고, 火를 만나면 날카로워진다.

土가 윤택(丑辰)하면 생기를 얻고, 土가 건조(未戌)하면 부서진다. 형인 甲木에게는 이길 수 있지만, 누이인 乙木에게는 진다.

原注

庚金乃天上之太白, 帶殺而剛健. 健而得水, 則氣流而清; 剛而得火, 則氣純而銳. 有水之土, 能全其生; 有火之土, 能使其脆. 甲木雖强, 力足伐之; 乙木雖柔, 合而反弱.

- 庚金은 하늘의 태백성(太白星, 금성)으로 살기(煞氣)를 띠고 강하고 굳건하다.
- 굳건하지만 水를 얻으면 그 기운이 흘러 맑아지고, 강하지만 火를 얻으면 그 기운이 순수해지고 날카로워진다.
- 水가 있는 土는 金을 온전히 생(生)할 수 있고, 火가 있는 土는 金을 부서지게 할 것이다.
- 甲木이 비록 강하다 할지라도 庚金이 능히 베어버릴 수 있고, 乙木이 비록 유약하다 할지라도 庚金은 합(合)하여 오히려 약해진다.

---

10) 庚金帶煞, 剛强爲最, 得水而清, 得火而銳, 土潤則生, 土乾則脆, 能勝甲兄, 輸於乙妹.

임철초 日

庚은 가을 하늘의 숙살지기(肅殺之氣)이고 강건함이 최고에 이른 것이다.

水를 얻어서 청해진다는 것은 壬水를 말한다. 壬水가 발현되면 강한 살(殺)의 성정을 끌어내 통하게 한다. 마음이 편안하고 강하고 날카로워져 그 빛깔이 맑고 깨끗해진다.

火를 얻어서 예리해진다는 것은 丁火를 말한다. 丁火는 음하고 유하므로 庚金을 적으로 여기지 않는다. 훌륭한 대장장이가 쇠를 녹여서 칼과 창을 만들고 뜨거운 용광로에 단련해야 그때 날카로운 칼날이 드러난다.

봄과 여름에 태어나면 그 氣가 조금 약하니 丑辰의 습토를 만나야 생을 받고, 未戌의 조토를 만나면 쉽게 부서진다.

甲木과 정식으로 대적하면 힘으로 능히 벨 수 있고, 乙木과는 서로 합을 하니 합하면 도리어 유정하다 할 것이다. 그런데 乙이 庚과 진합(盡合, 완전하게 합)하지 못하면 낙폭함을 도울 것이고, 庚이 乙과 진합하지 못하면 반대로 나약해진다. 마땅히 자세하게 이를 분별해야 한다.

7-8. 신금(辛金)

신 금 연 약 온 윤 이 청 외 토 지 첩 낙 수 지 영
辛金軟弱 溫潤而清 畏土之疊 樂水之盈
능 부 사 직 능 구 생 령 열 즉 희 모 한 즉 희 정
能扶社稷 能救生靈 熱則喜母 寒則喜丁

辛金은 연약(軟弱)하고, 온윤(溫潤)하며 청(淸)하다. 土의 중첩(重疊)을 두려워하고 水의 가득함을 기뻐한다.

사직(社稷, 壬)을 도울 수 있고 능히 생령(生靈, 甲)을 구할 수 있다. 뜨거우면 어머니(己土)를 좋아하고 차가우면 丁火를 좋아한다.

原注

辛乃陰金, 非珠玉之謂也. 凡溫軟清潤者, 皆辛金也. 戊己土多而能埋, 故畏之; 壬癸水多而必秀, 故樂之. 辛爲丙之臣也, 合丙化水, 使丙火臣服壬水, 而安扶社稷; 辛爲甲之君也, 合丙化水, 使丙火不焚甲木, 而救援生靈. 生於九夏而得己土, 則能晦火而存之; 生於隆冬而得丁火, 則能敵寒而養之. 故辛金生於冬月, 見丙火則男命不貴, 雖貴亦不忠; 女命剋夫, 不剋亦不和. 見丁男女皆貴且順.

- 辛金은 음(陰)의 金이지만 주옥(珠玉)을 말하는 것이 아니다. 온화하고 부드럽고 맑고 윤택한 것은 모두 辛金이다.
- 戊土와 己土가 많으면 매몰되므로 이를 꺼려하고, 壬水와 癸水가 많으면 필시 빼어나므로 이를 기뻐한다.
- 辛은 丙의 신하인데 丙과 合하면 水로 변하니 丙火로 하여금 壬水를 섬기게 하여 사직(社稷)을 안정시키고 돕는다.

- 辛은 甲의 임금인데 丙과 合하면 水로 변하니 丙火가 甲木을 태우지 못하게 하여 생령(生靈)을 구하고 도와준다.
- 구하(九夏, 여름철 90일)에 태어나도 己土을 얻으면 火를 어둡게 하여 辛金을 보존할 수 있다.
- 융동(隆冬, 추운 한겨울)에 태어나도 丁火을 얻으면 한파를 막아내고 辛을 길러낼 수 있다.
- 그러므로 辛金이 겨울에 태어나면 丙火를 보면(丙辛合水) 남명(男命)은 귀하지 않고, 비록 귀(貴)를 얻었다 해도 불충(不忠)할 것이고, 여명(女命)이라면 남편을 극할 것이고, 극하지 않는다 해도 불화(不和)할 것이다.
- 반대로 丁火를 보면 남녀 모두 귀(貴)하고 순조로울 것이다.

임철초 日

辛金은 인간 세상의 오금지질(五金之質)로서 맑고 윤택하여 보기 좋다.

土의 중첩을 꺼리는 것은 戊土가 너무 많으면 水가 고갈되고 金이 매몰되기 때문이다. 水의 넘침을 기뻐하는 것은 壬水가 넉넉하면 土가 윤택하고 金이 양생되기 때문이다.

辛을 甲의 임금이라 하는 것은 丙火는 甲木을 태울 수 있지만 丙辛合하여 水로 변하면 丙火가 甲木을 태우지 못하게 하니 반대로 상생하는 형국이 된다. 辛을 丙의 신하라 하는 것은 丙火는 능히 戊土를 생할 수 있지만 丙辛合하여 水로 변하면 丙火가 戊土를 생하지 못하게 하니 오히려 상조하는 아름다움이 있다. 이것이 나라를 떠받치고 백성을 구하는 일이 아니고 무엇이란 말인가?

여름에 태어나고 火가 많을 때는 己土가 있으면 火를 흡수하고 金을 생조한다. 겨울에 태어나고 水가 왕할 때는 丁火가 있으면 水를 따뜻이 하고 金을 길러낸다. 이것이 소위 열즉희모(熱則喜母, 뜨거우면 己를 좋아함), 한즉희정(寒則喜丁, 차가우면 丁을 좋아함)인 것이다.

7-9. 임수(壬水)

임수통하 능설금기 강중지덕 주류불체
壬水通河 能洩金氣 剛中之德 周流不滯[11)]
통근투계 충천분지 화즉유정 종즉상제
通根透癸 沖天奔地 化則有情 從則相濟

壬水는 큰 강과 같아 金의 기운을 설기(洩氣)할 수 있다. 강인함 속에 덕을 갖추어 막힘없이 사방으로 흐른다.
통근(通根)하고 癸水가 드러나면 하늘로 솟구치고 땅으로 내달린다. 丁과 화(化)하면 정이 있고, 火土에 종(從)하면 서로 돕고 구제한다.

原注

壬水卽癸水之發源, 崑崙之水也; 癸水卽壬水之歸宿, 扶桑之水也. 有分有合, 運行不息, 所以爲百川者此也, 亦爲雨露者此也, 是不可歧而二之. 申爲天關, 乃天河之口, 壬水長生於此, 能洩西方金氣. 周流之性, 漸進不滯, 剛中之德猶然也. 若申子辰全而又透癸, 則其勢沖奔, 不可遏也. 如東海本發端於天河, 每成水患, 命中遇之, 若無財官者, 其禍當何如哉. 合丁化木, 又生丁火, 則可謂有情; 能制丙火, 不使其奪丁之愛, 故爲夫義而爲君仁. 生於九夏, 則巳午未中火土之氣, 得壬水薰蒸而成雨露, 故雖從火土, 未嘗不相濟也.

- 壬水은 癸水의 발원지이며 곤륜(崑崙, 신화 속 신선의 산)의 물이다. 癸水는 壬水의 귀숙지이며 부상(扶桑, 신화 속 동쪽 바다의 나무)의 물이다. 나뉘기도 하고 합하기도 하며 쉬지 않고 흘러 다닌다. 소위 무수한 하천이 모두 이

11) 壬水汪洋, 能洩金氣, 剛中之德, 周流不滯

것이고, 또한 비와 이슬도 모두 이것이다. 이 둘을 구별하여 따로 보아서는 안 된다.

- 申은 천관(天關)으로 천하(天河)의 입구이니 壬水의 장생이며, 서방 金의 기운을 설기할 수 있다.
- 사방으로 흐르는 성정은 점점 나아가 막히지 아니하니, 壬水의 강인함 속에 덕을 갖춘 것이 마땅하다.
- 만약 申子辰을 모두 갖추고 또 癸水를 투출하면 그 기세가 맹렬하게 흘러 막을 수 없다. 이는 동쪽 바다가 원래 시작은 천하(天河)이지만 모이면 물의 환란이 자주 발생하는 것처럼, 사주에서 이를 만날 때 재성과 관성이 없다면 그 화(禍)는 어찌 되겠는가?
- 丁과 合하면 木이 되고 다시 丁火를 생하게 되니 가히 유정하다. 능히 丙火를 제압하여 그가 丁火의 사랑을 빼앗지 못하게 하니, 지아비로서는 의롭고 임금으로서는 인자하다.
- 구하(九夏)에 생하면, 즉 巳午未에 壬水가 태어나면 火土의 기운이 壬水를 얻은 격이니, 찌는듯한 더위 속에서 비와 이슬이 생겨난다. 그러므로 火土에 비록 종(從)하더라도 서로 돕고 구제하는 격이라 아니할 수 없다.

임철초 日

壬은 양(陽)의 水이고, 강으로 합쳐진다는 것은 하늘의 강(은하수)을 말한다. 申에서 장생인데 申은 천하(天河)의 입구이며 또 곤방(坤方)에 위치하며 壬水가 여기서 생한다. 서방의 숙살지기를 설기시키므로 강중지덕(剛中之德)이라 하였다.

수백의 강천의 근원이며 두루 흘러 막힘이 없고 쉽게 나아가고 뒤로 물러서지 않는다. 예를 들어 申子辰이 모두 있고 癸水가 투출하면 그 기세가 범람하여 비록 戊己土가 있다 할지라도 그 흐름을 막을 수 없다.

만약 강하게 제압하려고 한다면 도리어 충격이 되어 水로 인한 환란을 겪게 된다. 반드시 木으로써 이를 설기하고 그 기세를 순화시켜야 水의 충돌과 파괴에 이르지 아니한다.

丁과 합하면 木으로 변하고 다시 火를 생하고 있으니 끊임없이 이어지는 묘함이 있다. 변화가 유정하다. 4, 5, 6월(巳午未)에 태어나면 사주에 火土가 모두 왕하니 金水가 서로 도울 수 없다. 火가 왕하고 투간하면 火로 종(從)하고, 土가 왕하고 투간하면 土로 종한다. 조화롭고 윤택하니 서로 도와 이룬 공이 있는 셈이다.

7-10. 계수(癸水)

계 수 지 약 달 우 천 진 득 룡 이 운 공 화 사 신
癸水至弱 達于天津 得龍而運 功化斯神
불 수 화 토 불 론 경 신 합 무 견 화 화 상 사 진
不愁火土 不論庚辛 合戊見火 化象斯眞[12)]

癸水는 지극히 약하지만 하늘의 나루터에 도달할 수 있다. 용(辰)을 만나서 운행하면 그 공덕이 신비롭게 변화한다.
火土를 근심하지 않고, 庚辛은 논하지 않는다. 戊와 합(合)하고 火를 또 보면 그 화(化)한 모습이 참되게 나타난다.

原注

癸水乃陰之純而至弱, 故扶桑有弱水也. 達於天津, 隨天而運, 得龍以成雲雨, 乃能潤澤萬物, 功化斯神. 凡柱中有甲乙寅卯, 皆能運水氣, 生木制火, 潤土養金, 定爲貴格. 火土雖多不畏, 至於庚金, 則不賴其生, 亦不忌其多. 惟合戊土化火何也, 戊生寅, 癸生卯, 皆屬東方, 故能生火. 此固一說也, 不知地不滿東南, 戊土之極處, 卽癸水之盡處, 乃太陽起方也, 故化火. 凡戊癸得丙丁透者, 不論衰旺, 秋冬皆能化火, 最爲眞也.

- 癸水는 음(陰)의 기운이 순수하고 지극히 약하지만, 부상(扶桑, 신화 속 동쪽 바다의 나무)의 약한 水이다.
- 천진(天津, 하늘의 나루터)에 도달하고 하늘의 운행을 따르고, 용(辰)을 만

12) 癸水至弱, 達於天津, 龍德而運, 功化斯神, 不畏火土, 不論庚辛, 合戊見火, 火根乃眞.

나 구름과 비를 이루므로 능히 만물을 윤택하게 하니 공덕의 변화가 신비롭다.

- 사주에 甲乙寅卯가 있으면 모두 水의 기운을 운용하여 木을 생하고, 火를 제압하고, 土를 윤택하게 하고, 金을 양생하니 반드시 귀격이 된다.
- 火土가 비록 많아도 두려워하지 않으며, 庚金에 이르러도 그 생조에 의탁하지 않으며, 金이 많은 것도 꺼리지 않는다.
- 오직 戊土와 合하여 火로 변할 때, 戊는 寅에서 생겨나고, 癸는 卯에서 생겨난다. 모두 동방에 속하므로 능히 火를 생(生)한다 할 수 있다.
- 이는 한가지 설이지만, 땅이 동남쪽으로 기울어져 있음(고대 학설)을 몰라서 하는 말이다. 戊土가 극에 이르는 곳이 癸水가 다하는 곳이고, 거기가 태양이 떠오르는 곳이므로 火로 변하는 것이다.
- 무릇 戊癸가 있고 丙丁을 투출하면 쇠왕을 불론하고 가을과 겨울에도 모두 火로 변할 수 있으니 가장 진실된 이치이다.

임철초 日

癸水를 비와 이슬이라고만 할 수는 없다. 순음(純陰)의 水이다. 발원이 비록 길지만 그 성정은 지극히 약하고, 그 기세는 아주 고요하다. 능히 土를 습윤하고 金을 양생하니 만물을 발육시킨다.

용(辰)을 얻어 운행하면 그 변화를 측량하기 어려우니, 이를 일컬어 용을 만나면 곧 변한다고 하였다. 용은 바로 辰이며 진짜 용은 아니지만 능히 변할 수 있다. 辰을 얻어 변화한다는 것은 변화로 인해 辰의 원신이 드러나 보여진다는 것이다. 무릇 十干이 辰을 만나면 반드시 화신(化神)이 天干에 투출하게 되는데 이것은 일정하며 변하지 않는 법칙이다.

火土를 근심하지 않는다는 것은 癸水는 약한 성정이 극에 다다른 것이므로 많은 火土를 보면 종화(從化)되기 때문이다. 庚辛金을 논하지 않는다는 것은 弱水가 金氣를 설기하지 못하므로 金이 많으면 반대급부로 癸水를 탁하게 하는 그것이다.

戊와 합하고 火를 보는 경우는 陰이 극에 이르니 陽이 생기고, 戊土는 건조하고 두터워서 사주에 丙火가 투출해야만 화신(化神)을 이끌어내고 마침내 진화(眞化)가 된다. 만약 가을, 겨울에 태어나 金水가 왕하면 비록 지지에서 辰의 용을 만나고 천간에 丙丁이 투출했다 하더라도 역시 종화(從化)되기는 어려우니 마땅히 이를 자세히 살펴야 한다.

8. 지지(地支)

양 지 동 차 강　속 달 현 재 상　음 지 정 차 전　비 태 매 경 년

陽支動且强 速達顯災祥 陰支靜且專 否泰每經年

양지(陽支)는 동적(動的)이고 강(强)하여 재앙과 상서로움이 빠르게 나타나고, 음지(陰支)는 정적(靜的)이고 한결같아 불통과 소통이 해마다 이어져 나타난다.

原注

子寅辰午申戌陽也, 其性動, 其勢强, 其發至速, 其災祥至顯. 丑卯巳未酉亥陰也. 其性靜, 其氣專, 發之不速, 而否泰之驗, 每至經年而後見.

- 子寅辰午申戌은 양(陽)으로, 그 성질은 동적이고 그 기세는 강하여, 그 발현이 매우 빠르고 그 재상(災祥, 재앙과 상서로움)이 매우 뚜렷이 드러난다.
- 丑卯巳未酉亥는 음(陰)으로, 그 성질은 정적이고 그 기운은 전일하여, 그 발현이 빠르지 않고 그 비태(否泰, 막힘과 터짐)의 증험이 매년 시간이 흐르고 나서야 나타난다.

- (陽支와 陰支의 분류는 다양한 견해가 있다.)

陽支	子寅辰午申戌	寅卯辰巳午未	子丑寅卯辰巳	寅申巳亥辰戌
陰支	丑卯巳未酉亥	申酉戌亥子丑	午未申酉戌亥	子午卯酉丑未

임철초 日

지지(地支)는 子부터 巳까지를 양(陽)으로, 午부터 亥까지를 음(陰)으로 보기도 하는데, 이는 동지(冬至)에 양기(陽氣)가 생기고 하지(夏至)에 음기(陰氣)가 생기는 것을 논하는 것이다. 또한 寅부터 未까지를 양(陽)으로, 申부터 丑까지를 음(陰)으로 보기도 하는데, 이는 木火를 양(陽)으로 나누고 金水를 음(陰)으로 나누는 것이다.

명리학자들은 子, 寅, 辰, 午, 申, 戌을 양(陽)으로, 丑, 卯, 巳, 未, 酉, 亥를 음(陰)으로 본다. 만약 癸水가 亥水를 따르고 丁火가 午火를 따른다면, 이는 본체는 양(陽)이지만 쓰임은 음(陰)이다. 巳火가 丙火를 따르고 亥水가 壬水를 따른다면, 본체는 음(陰)이지만 쓰임은 양(陽)이다.

이러한 구별과 쓰임은 역시 강하고 부드러우며 굳건하고 순응하는 이치에 따르며, 천간(天干)과 다를 바가 없다. 다만 생(生), 극(剋), 제(制), 화(化)의 이치가 다양하고 복잡한데, 이는 한 지지(地支) 안에 두 개 또는 세 개의 천간이 숨어 있기 때문이다. 그러나 본기(本氣)가 주가 된다. 寅은 반드시 甲이 우선이고 그 다음에 丙에 이르며, 申은 반드시 庚이 우선이고 그 다음에 壬에 이른다. 나머지 지지들도 모두 이와 같다.

양지(陽支)는 성질이 움직이고 강하여 길흉의 효험이 항상 빠르다. 음지(陰支)는 성질이 고요하고 약하여 화복의 응함이 비교적 늦다. 사주(四柱)의 국(局)이나 대운(大運)에서도 모두 이러한 의미를 바탕으로 살핀다.

생 방 파 동 고 의 개 패 지 봉 충 자 세 추

生方怕動庫宜開 敗地逢沖子細推[13)]

생방(生方, 寅申巳亥)은 움직이는 것을 두려워하고, 묘고(墓庫, 辰戌丑未)는 마땅히 열려야 하고, 패지(敗地, 子午卯酉)는 충(沖)을 만나는 것을 자세히 살펴야 한다.

原注

寅申巳亥生方也, 忌衝動; 辰戌丑未四庫也, 宜沖則開. 子午卯酉四敗也, 有逢合而喜沖者, 不若生地之必不可沖也; 有逢沖而喜合者, 不若庫地之必不可閑也. 須仔細詳之.

- 寅申巳亥는 생지(生地)이므로 沖으로 동(動)하는 것을 꺼려한다.
- 辰戌丑未는 고지(庫地)이므로 沖하여 개(開)하는 것이 마땅하다.
- 子午卯酉는 패지(敗地)로, 合을 만나면 沖을 반기는 경우도 있으니, 반드시 충해서는 안 되는 생지(生地)와 다르다.
- 패지(敗地)는 沖을 만나면 合을 반기는 경우도 있으니, 반드시 닫혀서는 안 되는 고지(庫地)와 다르다. 마땅히 자세히 살펴야 한다.

13) 生方怕動庫宜開, 敗地逢沖子細裁.

임철초 日

옛 학설에서 金水는 木火를 능히 충(沖)할 수 있으나, 木火는 金水를 충할 수 없다고 했다. 이 논리는 천간(天干)에는 적용될 수 있으나, 지지(地支)에는 적용할 수 없다. 지지(地支)의 기운은 한 가지만으로 전일하지 않고, 다른 기운이 그 안에 숨어 있기 때문이다. 반드시 그 다른 기운이 권세와 세력을 얻었는지 보아야 하니, 木火라 할지라도 어찌 金水를 충할 수 없겠는가.

생방(生方)은 움직이는 것을 두려워하는데, 이는 양쪽 모두 상하기 때문이다. 가령 寅申이 충(沖)을 만났을 때, 申 중의 庚金이 寅 중의 甲木을 극(剋)하지만, 寅 중의 丙火 또한 申 중의 庚金을 극하고, 申 중의 壬水가 寅 중의 丙火를 극하지만, 寅 중의 戊土 또한 申 중의 壬水를 극한다. 이는 서로 싸우고 극(剋)하여 고요하지 못하기 때문이다.

묘고(墓庫)는 열리는 것이 마땅하지만, 이 역시 마땅할 때와 그렇지 않을 때가 있다. 자세한 내용은 잡기(雜氣) 장(章)에 나와 있다. 패지(敗地)는 충(沖)을 만나는 것을 자세히 살펴야 하는데, 이는 子午卯酉의 순수한 기운 때문이다. 金水를 용신(用神)으로 쓸 때는 충해도 되지만, 木火를 용신으로 쓸 때는 충하면 안 된다. 그러나 이 또한 유연하게 보아야 하며, 한 가지에만 집착해서는 안 된다. 만약 춘하(春夏)의 金水를 용신으로 삼는다면, 金水의 기운은 쉬고 쇠약하며, 木火의 기운은 왕성하다. 金水가 어찌 오히려 상하지 않겠는가. 마땅히 연구하여 참작해야 한다.

癸	癸	壬	甲
亥	巳	申	寅

庚	己	戊	丁	丙	乙	甲	癸
辰	卯	寅	丑	子	亥	戌	酉

[9] 강약 / 조후

가을의 水가 근원에 통하고 金이 월령을 잡고, 水가 겹겹이 중첩되어 있다. 申月이니 木은 수(囚)로 힘을 잃고 충(沖)을 만나니 용신으로 삼기에 부족하다. 火은 비록 휴(休) 상태이나 일지(日支)에 바싹 붙어 있고, 하물며 초가을의 여운이 아직 꺼지지 않았으니, 용신은 반드시 巳火에 있다. 그러나 巳와 亥가 충(沖)을 이루고, 여러 겁재(劫財)들이 서로 다투니, 연달아 세 명의 처(妻)를 극하고 자식이 없었다.

게다가 운이 북방 水의 땅으로 흘러 재물이 파손되고 소모됨이 비정상적으로 심했다. 戊寅과 己卯 운에 이르러 운이 동방으로 바뀌니, 희신(喜神)과 용신(用神)이 합당하여 따뜻하고 배부르게 되었다. 庚 운은 상관(傷官)을 제압하고 겁재(劫財)를 생하고, 다시 酉年을 만나 희신과 용신이 모두 손상되어 수명을 다하였다.

壬	甲	癸	癸
申	寅	亥	巳

丁	戊	己	庚	辛	壬
巳	午	未	申	酉	戌

[10] 조후

甲寅 일주가 맹동(孟冬) 亥月에 태어나 한목(寒木)이 되었으니 반드시 火를 용신으로 삼아야 한다. 사주에 왕성한 水가 네 개나 있어 용신을 상하게 하고, 土가 없어 水를 막지 못하니 좋지 않아 보인다. 그러나 묘하게도 寅과 亥가 합하여 巳火는 절처(絶處)에서 다시 생명을 얻었으니, 이는 곧 발흥할 조짐이다.

그러나 초년 운인 서방 金 운에는 용신과 체(體)가 모두 상하여 온갖 고생을 겪었고 성공하지 못했다. 未 운을 만난 40세 이후 남방 火와 土 운에서는 용신을 도와 인수를 버리고 재성(財)을 취하니 수만 냥의 재물을 이루었고,

첩을 얻어 연달아 네 아들을 낳았다.

이로 보건대, 인수가 용신일 때 재성을 만나면 화가 적지 않지만, 인수가 용신이 아닐 때 재성을 만나면 크게 발복하는 것을 알 수 있다.

戊戊丁辛
午子酉卯

辛 壬 癸 甲 乙 丙
卯 辰 巳 午 未 申

[11] 격국

이 명조는 상관격에 인수가 용신이다. 희신은 관성이지만, 속된 논리인 '土金 상관은 관성을 꺼린다'는 통변으로 논할 수는 없다.

卯酉가 沖하면 인성을 생조하는 기운이 없어지고, 子午가 沖하는 것은 상관이 방자하게 된다. 지지에서 金이 왕하고 水가 생조되니 木과 火는 沖剋되어 소진되고, 천간의 火와 土는 허탈한 상태에 이른다. 그래서 독서를 이루지 못했고 사업도 어려웠다. 그러나 기쁜 것은 水가 천간에 투출되지 않아, 위인이 문채가 있고 풍류를 알며 서법에 정통했다. 중년 운에서 천간에 金水가 오니 마음은 있었으나 뜻을 펼치지는 못했다.

무릇 '상관패인(傷官佩印)' 격국에서 희용신이 木火일 때는 운에서 金水를 만나는 것을 꺼린다.

壬戊辛辛
戌辰丑未

乙 丙 丁 戊 己 庚
未 申 酉 戌 亥 子

[12] 강약 / 격국

이 사주는 지지에 사고(四庫)가 모두 있어 아름답지 않다. 그러나 반가운 것은 辛金이 빼어난 기운을 토해내 투간하고 있다. 丑 중의 원신(元神)이 투출하여 정수의 빼어남을 설기(洩氣)하니 아름답다. 더욱 묘한 것은 木火가 엎드려 있어 보이지 않으니, 사주가 순청(純淸)하고 혼잡되지 않았다.

酉 운에 이르러 辛金이 득지(得地)하여 향시에 합격했다. 이후 운이 남방으로 흘러가 木火가 모두 왕해지니, 용신인 辛金이 상하였다. 과거에 급제했으나, 벼슬길에 오르지는 못했다.

己	辛	壬	戊		
丑	未	戌	辰		
戊	丁	丙	乙	甲	癸
辰	卯	寅	丑	子	亥

[13] 강약

이 사주는 온통 인성(印星)인 土로 중첩되어 金이 매몰되었고, 용신(用神)인 壬水마저 손상되어 기운이 소진되었다.

비록 未와 辰에 乙木이 숨겨져 있으나, 만약 沖이 없었더라면 혹 쓸 수 있었을 것이다. 하지만 운로에서 이를 끌어내 주기를 기다릴 수밖에 없었고, 丑戌이 서로 충파(沖破)하는 피해로 인해 암장되었던 金이 도리어 작벌(作伐)해 버렸다. 그러므로 처를 극하고 자식도 두지 못했다.

이 사주를 통해 볼 때, '사고(四庫)는 반드시 충(沖)해야 한다'라는 논리는 한 부분만 보고 논한 것에 불과하다. 사주의 길흉은 오로지 천간이 마땅한 것을 얻어 조화가 잘 이루어졌는지에 달려있다. 만약 용신이 유력하고 세운(歲運)에서 보조해 준다면, 한쪽으로 치우친(偏枯) 병폐는 없을 것이다.

지 신 지 이 충 위 중 형 여 천 혜 동 부 동

支神只以沖爲重 刑與穿兮動不動[14]

지지(支地)는 오직 충(沖)을 중요하게 여기고, 형(刑)과 해(害)는 동(動)할 수도 있고 부동(不動)할 수도 있다.

原注

沖者必是相剋, 及四庫兄弟之沖, 所以必動, 至於刑穿之間, 又有相生相合者存, 所以有動不動之異.

- 충(沖)하는 것은 반드시 상극(相剋)의 관계이지만, 사고(四庫)는 형제간의 충이다. 충(沖)은 반드시 움직인다.
- 형(刑)과 해(害, 穿)의 경우에는 상생(相生)과 상합(相合)이 존재한다. 형해(刑害)는 움직이기도, 안 움직이기도 하니 충과 다른 것이다.

14) 支神只以沖爲重, 刑與害兮動不動.

임철초 日

지지(地支)가 충(沖)을 만나는 것은 천간(天干)이 서로 극(剋)하는 것과 같다. 마땅히 그 강약(强弱)과 희기(喜忌)를 살펴 충(沖)을 논해야 한다.

사고(四庫)의 충에 이르러서도 마땅함과 마땅하지 않음이 있다. 가령 3月의 辰에서 乙木이 사령(司令)하는 경우, 戌을 만나 충하면 戌 중의 辛金이 乙木을 상하게 할 수 있다. 6月의 未에서 丁火가 사령하는 경우, 丑을 만나 충하면 丑 중의 癸水가 丁火를 상하게 할 수 있다. 생각하건대, 3月의 乙木과 6月의 丁火는 비록 쇠퇴해가는 기운에 속하지만, 사령을 얻었다면 이 또한 용신(用)이 될 수 있다. 그러나 충을 받으면 상하게 되어 용신(用)으로 쓰기에 부족하다. 이른바 '묘고(墓庫)가 충(沖)을 만나면 발복한다'는 것은 후세 사람들의 그릇된 주장이다.

묘(墓)는 무덤이란 뜻이고, 고(庫)는 木火金水를 수장(收藏)하여 뿌리를 묻는 땅이다. 비유컨대 기운을 얻은 풀이 움직여서 복을 일으키는 것은 없다. 예를 들어 木火金水의 천간이 지지에 寅卯 巳午 申酉 亥子의 녹왕(祿旺)을 얻지 못하고 오로지 辰戌丑未의 고(庫)에 통근(通根)하는 경우, 충(沖)을 만나면 미약한 뿌리가 모두 뽑힌다. 충(沖)하여 움직였다고 해서 강하고 왕성해지는 일은 없다. 만약 사령(司令)을 사용하지 않고, 土를 희신(喜神)으로 삼는다면, 충(沖)하는 것은 이롭고 손해는 없다. 土가 동하면 만물이 살아나기 때문이다.

형(刑)의 의미는 취할 바가 없다. 亥刑亥, 辰刑辰, 酉刑酉, 午刑午를 자형(自刑)이라고 한다. 본래의 지지가 본래의 지지를 만나 스스로 동기(同氣)라고 하는데 어찌 서로 형(刑)하겠는가. 子刑卯, 卯刑子는 서로 생(生)하는 관계인데 어찌 서로 형(刑)하겠는가. 戌刑未, 未刑丑은 모두 본기(本氣)인데 더욱이 형함이 마땅하지 않다. 寅刑巳 역시 서로 생하는 관계이다. 寅申이 서로 형하는 것은 이미 충인데 어찌 다시 형이라고 하겠는가. 또 子卯는 일형(一刑), 寅巳申은 이형(二刑), 丑戌未는 삼형(三刑)이라 한다. 그래서 모아 삼형(三刑)이라고 부르며 또 자형(自刑)도 있다. 이것은 모두 세속적인 그릇된 주장이다. 일단 놓아두자.

천(穿)은 곧 해(害)이다. 육해(六害)는 육합(六合)에서 비롯되었다. 나의 합신(合神)을 충(沖)하므로 해(害)가 된다. 子가 丑과 합(合)하는데 未가 충(沖)하고, 丑이 子와 합(合)하는데 午가 충(沖)하는 것과 같은 종류이다. 子未의 해(害)는 서로 극(剋)하는 것에 불과하다. 丑午, 寅亥의 해(害)는 바로 서로 생(生)하는 관계인데 어찌 해(害)가 되겠는가.

형(刑)은 이미 근거로 삼기에 부족하고, 해(害)의 의미는 더욱 억지스러운 해석이다. 모두 생극(生剋)으로 논하는 것이 옳다. 파(破)의 의미에 이르러서는 해(害)가 아니면 곧 형(刑)이니, 더욱 이치에 맞지 않는다. 모두 삭제함이 옳다.

癸 壬 辛 丙
卯 子 卯 子

丁 丙 乙 甲 癸 壬
酉 申 未 午 巳 辰

[14] 강약/격국

壬子 일주에 지지에 두 개의 양인(陽刃)을 만났고, 천간에 癸와 辛이 투출하였다. 오행에 土가 없고 연간의 丙火는 절지(絶地)에 있으며 辛과 합하여 水로 변하였다.

가장 기쁜 것은 卯木 왕지(旺支)가 월령(提綱)을 잡았는데 빼어난 기운을 설기(洩氣)하고 있으므로, 겁재나 양인의 완고함을 능히 순화시켜 水 기운을 유행시켰다는 것이다. 이로써 위인이 공손하면서도 예의 바르고 온화하면서도 중용의 충절을 지킬 줄 알았다.

甲 운에는 木의 원신(元神)이 발현되어 갑과(甲科)에 급제하였고, 午 운은 卯木이 水를 설기하며 火를 생하고 乙未 운과 丙 운까지 군수(郡守)를 역임

하며 벼슬길이 순탄했다.

이를 속된 논리로 본다면, 子卯는 무례지형(無禮之刑)이며, 또 상관(傷官)과 양인(陽刃)이 형(刑)을 만났으니 반드시 오만하고 무례하며 흉악함이 대단하다 했을 것이다.

丁	庚	乙	辛		
亥	辰	未	未		
己	庚	辛	壬	癸	甲
丑	寅	卯	辰	巳	午

[15] 강약 / 격국

庚辰 일주가 계하(季夏) 未月에 태어나 土가 당권(當權)을 잡고, 金은 나아가는 기운이다. 기쁜 것은 丁火가 사령(司令)하고 원신(元神) 丁火가 투간하고 드러나 용신(用神)이 되었다는 점이다. 이 丁火는 辛金 겁재를 능히 제극한다. 未는 火의 여기(餘氣)이고 辰은 木의 여기이니 재관(財官)이 모두 통근(通根)하여 힘이 있다.

다시 묘한 것은 亥水가 土를 윤택하게 하고(潤土) 金을 기르면서(養金), 木을 자윤(滋潤)시킨다는 점이다. 사주에 결함이 없고 운로가 동남(東南)으로 흘러가니 金水는 허(虛)하고 木火는 실(實)하여 일생을 흉한 일 없이 평안하게 보냈다.

辰 운에는 午年에 재(財), 관(官), 인(印)이 모두 함께 생조하니 향시에 합격했고, 금당(琴堂)을 거쳐 사마(司馬)에 천거되었다. 수명은 丑 운에 이르렀다.

丁	庚	乙	辛		
丑	辰	未	丑		
己	庚	辛	壬	癸	甲
丑	寅	卯	辰	巳	午

[16] 강약 / 격국

이는 앞 명조와 비슷하다. 재성(財星)과 관성(官星) 역시 통근하여 유력하지만, 앞 사주는 丁火가 사령(司令)하였는데 이 사주는 己土가 사령(司令, 월률분야)하였다.

다시 혐오스러운 것은 丑時이므로 丁

火가 식멸(熄滅)되어 꺼졌다는 점이다. 연간의 辛金이 방자하여 未 중의 木火의 미약한 뿌리를 충거(沖去)해 버리므로 재성(財)과 관성(官)이 비록 있으나 없는 것과 같다.

초년 운인 甲午는 木火가 함께 왕성하므로 윗대의 음덕으로 여유롭게 지냈다. 그러나 癸巳 운으로 바뀌면서 丁火를 극하고 丑을 끌어내니, 상관(傷官)과 겁재(劫財)가 함께 왕성해져 형상(刑喪)과 파모(破耗)를 겪었다. 壬辰 운에는 처와 자식을 모두 잃었고, 가업은 탕진되어 머물 곳조차 없어서 삭발하고 중이 되었다.

이를 속된 논리로 본다면, 丑未沖은 재성(財星)과 관성(官星)의 두 창고를 열어주므로 명예와 이익이 모두 온전할 것이라고 했을 것이다.

암 충 암 회 우 위 희 피 충 아 혜 개 충 기
暗沖暗會尤爲喜 彼沖我兮皆沖起

암충(暗沖)과 암회(暗會)는 특히 기뻐할 만한 일이고, 다른 것이 나를 직접 충(沖)하면 모두 충돌하여 일어나는 일이다.

原注

如柱中無所缺之局, 取多者暗沖暗會, 沖起暗神, 而來會合暗神, 比明沖明會尤佳, 子來沖午, 寅與戌會午是也. 是日爲我, 提綱爲彼; 提綱爲我, 年時爲彼; 四柱爲我, 運途爲彼; 運途爲我, 歲月爲彼. 如我寅彼申, 申能剋寅, 是彼沖我; 我子彼午, 子能剋午, 是我沖彼. 皆爲沖起.

- 사주 중에 결함이 없는 국(局)인 경우, 많은 글자를 이용하여 암충(暗沖)하고 암회(暗會)한다. 충(沖)하여 암신을 일으키거나, 회합(會合)으로 암신을 끌어온다. 이는 명충(明沖)이나 명회(明會)보다 더욱 아름다운 것인데, 子가 충하는 午를 끌어온다거나, 寅과 戌이 합하여 午를 끌어오는 것이 그것이다.
- 일간(日干)을 나라고 보면 제강(提綱)이 남이 되고, 제강을 나라고 보면 연시(年時)가 남이 되고, 사주를 나라고 보면 운도(運途)가 남이 되고, 운도를 나라고 보면, 세월(歲月)이 남이 된다.
- 예를 들어 내가 寅이고 남이 申이면 申이 寅을 극하니 남이 나를 충하는 것이고, 내가 子이고 남이 午이면 子가 午를 극하니 내가 남을 충하는 것이다. 이것이 모두가 충하여 일어나는 경우이다.

임철초 日

지지에 충(沖)이 있는 것은 본래 좋은 일이 아니다. 그러나 사주팔자에 결함이 있는 경우가 훨씬 많고, 균형이 잘 잡힌 경우가 더 드물다. 木과 火가 왕성하면 金과 水가 반드시 부족하고, 金과 水가 왕성하면 木과 火가 반드시 부족하다. 만약 왕성하여 남는 기운이 있다면 충(沖)으로 제거하는 것이 좋고, 쇠약하여 부족한 기운이 있다면 회(會)로 돕는 것이 아름답다.

만약 사주 원국에 충(沖)과 회(會)의 글자가 없는데, 대운이나 세운에서 몰래 와서 충(沖)하고 회(會)한다면 더욱 기쁜 일이다. 이는 마치 병이 있을 때 좋은 약을 얻어 되살아나는 것과 같다.

그러나 충(沖)에는 '남(彼)'과 '나(我)'의 구분이 있고, 회(會)에는 '제거(去)'과 '결합(來)'의 이치가 있다. '남'과 '나'는 반드시 年과 時를 '남'으로, 日과 月을 '나'로 나눌 필요는 없다. 또한 사주를 '나'로, 세운을 '남'으로 나눌 필요도 없다. 결론적으로 핵심은, 희신(喜神)을 '나'로 삼고, 기신(忌神)을 '남'으로 삼는 것이 옳다는 것이다.

예를 들어, 희신이 午인데 子를 만나 충(沖)하면, 이는 '남이 나를 충하는 것(彼沖我)'이고, 이때 寅戌이 희신 午와 회(會)하면 길하다. 희신이 子인데 午를 만나 충하면, 이는 '내가 남을 충하는 것(我沖彼)'이고, 이때 寅戌이 기신 午와 회(會)하면 흉하다.

만약 희신이 子인데 申이 있다면, 辰이 와서 회(會)하면 水 기운이 결합되니 길하다. 희신이 亥인데 未가 있다면, 卯가 와서 회(會)하면 水 기운이 제거되니 흉하다.

내가 가서 남을 충(沖)하는 것이 낫고, 남이 와서 나를 충(沖)하는 것은 좋지 않다. 내가 가서 남을 충하는 것을 '충기(沖起)'라 하고, 남이 와서 나를 충하는 것은 '불기(不起)'라 한다.

水와 火의 충(沖)과 회(會)가 이러하니, 나머지도 이와 같이 추론하면 된다.

庚	甲	乙	庚		
午	寅	酉	戌		
辛	庚	己	戊	丁	丙
卯	寅	丑	子	亥	戌

[17] 강약 / 격국

이 명조는 천간에 두 庚金이 투출하고, 가을이라는 적절한 계절을 만난다. 지지에서는 火局을 이루었는데, 이는 칠살(殺)을 제압하는 공은 있지만, 극(剋)과 설기(洩氣)는 병행해서 나타난다. 이는 庚金의 예리한 기운이 한창 왕성할 때 힘으로 제압하는 것은 덕(德)으로 변화시키는 것만 못하다. 金을 인수로 빼내 덕으로 변화시키는 것은 일주에 이롭지만, 힘으로 제압하는 것은 일주의 기운도 소모하게 만든다.

이런 관점에서 볼 때 火局을 이룬 것은 기뻐할 일이 아니며, 오히려 火가 병(病)이 된다. 그래서 子運 辰年에 천하의 으뜸이 되었다. 子 운은 火의 국을 충파(沖破)하여 왕성한 午火를 제거하고 庚金의 본성을 이끌어 통하게 하며, 일주의 기운을 도왔다. 또한 辰年은 습토이므로 능히 火의 기운을 설기하고, 子와 함께 일주의 뿌리를 돕는 역할을 했기 때문이다.

丙	丁	癸	丁		
午	卯	丑	巳		
丁	戊	己	庚	辛	壬
未	申	酉	戌	亥	子

[18] 강약 / 병약

丁火가 비록 계동(季冬) 丑月에 태어났으나 비겁이 거듭 쌓여있고, 癸水는 퇴기(退氣) 丑卯를 만나 힘이 빠지므로 겁재를 제압할 수 없어 용신으로 쓰기에 부족하다.

그래서 丑 중의 辛金을 용신으로 삼는다. 丑土가 감싸서 보호하고, 겁재의 기운을 설기하고, 재성을 생해주니 용신을 돕는 희신이 된다.

문제가 되는 것은 卯木이 겁재를 생하고 식신을 겁탈하는 것이 병(病)이 된다. 이로 인해 이른 나이에 처자를 잃었고, 초년 壬子, 辛亥 운에는 巳午火를 암충(暗沖)하여 조상의 음덕과 남몰래 도움을 받아 넉넉했다. 庚戌 운에는 午火와 공합(拱合)이 암암리에 해를 끼쳐 형상을 입고 재물을 잃었으며, 己酉 운이 오자 金局을 이루고 卯木의 병(病)을 충거(沖去)하니 10여만 냥의 재물을 모았다.

이로 미루어 볼 때, 기신을 암충하고 희신을 암회하는 것은 발복이 적지 않고, 희신을 암충하거나 기신을 암회하는 것은 재앙이 가볍지 않으니, 암충과 암회의 이치를 어찌 소홀히 하겠는가.

辛	丙	辛	庚		
卯	寅	巳	寅		
丁	丙	乙	甲	癸	壬
亥	戌	酉	申	未	午

[19] 강약 / 병약

丙火가 맹하(孟夏) 巳月에 태어나 지지에 寅 둘과 卯 하나를 가졌고, 巳火가 전권을 쥐고 寅 중 丙火까지 이끌어냈다. 천간에 있는 庚辛金은 모두 뿌리가 없고 허공에 떠 있다.

초운인 壬午, 癸未에는 뿌리 없는 水가 능히 金의 기운을 설기하고, 지지 午未는 남방이라 왕성한 火만 도왔다. 따라서 재성(財)의 기운은 극(剋)과 설기(洩氣)로 이미 다 소진되었다. 조상에게 물려받은 재산이 비록 풍성했으나, 이른 시기에 형상(刑喪)을 만났다.

甲 운은 申 위에 있으므로 본래 큰 우환(憂患)이 생길 때는 아니었지만, 유년(流年)의 세운이 木火여서 또다시 처를 잃고 자식을 극했으며 집안 살림이 썰렁해졌다. 申 운으로 바뀌자 寅木의 병(病)을 암충(暗沖)하고 천간에 떠 있던 재성(財星)의 뿌리가 되어주었다. 이른바 마른 묘목이 단비를 만난 것처럼 다시 일어섰고, 이어서 乙酉 운까지 15년간 자력으로 창업하여 실패했던 조업보다 몇 배의 재산을 이루었다. 특히 申 운은 역마의 재(財)이므로 외

지에 나가 큰 이익을 얻어 사업으로 10여만 냥의 재물을 얻었다.

丙戌 운 중 丙子年에는 흉한 일이 많고 길한 일이 적었으며, 중풍을 얻어 일어나지 못했다. 이는 절지(絶地)의 재물을 비견이 쟁재(爭財)하는데, 子水가 火를 극하기에는 부족하고, 오히려 寅卯木만 생하기 때문이다.

왕 자 충 쇠 쇠 자 발 쇠 신 충 왕 왕 신 발

旺者沖衰衰者拔 衰神沖旺旺神發[15)]

왕성한 기운이 쇠약한 기운을 충(沖)하면 쇠약한 기운이 뽑히고, 쇠약한 기운이 왕성한 기운을을 충(沖)하면 왕성한 기운이 오히려 더욱 강해진다.

原注

子旺午衰, 沖則午拔不能立; 子衰午旺, 沖則午發而爲福. 餘倣此.

- 子가 왕성하고 午가 쇠약할 때, 子가 午를 충(沖)하면 午는 뿌리가 뽑혀 제대로 서지 못한다.
- 子가 쇠약하고 午가 왕성할 때, 子가 午를 충(沖)하면 午는 오히려 기운이 발복하여 복(福)이 된다.
- 나머지들도 이와 같이 본다.

---

15) 旺者沖衰衰者拔, 衰者沖旺旺神發.

임철초 日

십이지지(十二地支)가 서로 충(沖)할 때, 각 지지 안에 숨겨진 것들이 서로 충하고 극한다. 사주 원국에 있는 것은 명충(明沖), 세운(歲運)에서 오는 것은 암충(暗沖)이라 한다.

기운을 얻은 것이 쇠약한 것을 충하면 쇠약한 것은 뽑혀 나가고, 제때를 얻지 못한 것이 왕성한 것을 충하면 손상이 없다. 충하는 주체가 힘이 있으면 제거할 수 있다. 흉신을 제거하면 이롭고, 길신을 제거하면 이롭지 않다. 충하는 주체가 힘이 없으면 오히려 자극만 한다. 흉신을 자극하면 재앙이 되고, 길신을 자극하면 비록 재앙이 되지는 않지만 복을 얻지도 못한다.

예를 들어, 일주가 午이거나 희신이 午인데 지지에 寅, 卯, 巳, 未, 戌 등이 있을 때 子가 와서 충하는 것을 '쇠신충왕(衰神沖旺)'이라 하니, 손상이 없다. 일주가 午이거나 희신이 午인데 지지에 申, 酉, 亥, 子, 丑, 辰 등이 있을 때 子가 와서 충하는 것을 '왕자충쇠(旺者沖衰)'라 하니, 뽑혀 나간다. 나머지 지지도 모두 이와 같다.

그러나 子, 午, 卯, 酉, 寅, 申, 巳, 亥 여덟 지지를 더 중요하게 여기고, 辰, 戌, 丑, 未는 비교적 가볍게 본다. ① 子午沖은 子 중 癸水가 午 중 丁火를 충한다. 만약 午가 월령을 잡고, 사주에 金은 없고 木만 있으면 午가 子를 충할 수 있다. ② 卯酉沖은 酉 중 辛金이 卯 중 乙木을 충한다. 만약 卯가 월령을 잡고, 사주에 火는 있고 土가 없으면 卯가 酉를 충할 수 있다. ③ 寅申沖은 寅 중 甲木, 丙火가 申 중 庚金, 壬水에게 극을 당한다. 그러나 寅이 월령을 잡고, 사주에 火가 있으면 寅도 申을 충할 수 있다. ④ 巳亥沖은 巳 중 丙火, 戊土가 亥 중 甲木, 壬水에게 극을 당한다. 그러나 巳가 월령을 잡고, 사주에 木이 있으면 巳도 亥를 충할 수 있다.

반드시 먼저 그 쇠왕(衰旺)을 살피고, 사주에 해소시켜주는 것이 있는지, 혹은 충을 억제하거나 돕는 것이 있는지, 그 대세와 희기를 살펴야 길흉을 알 수 있다.

사고지(四庫地)의 형제끼리 충하는 것은 그 안에 감추어진 것들이 사주의 간지에서 이끌려 나왔는지 본다. 만약 사주의 간지에서 이끌려 나온 것이 없고, 사령(司令)하는 신(神)이 또 관련되지 않으면 비록 충하더라도 해가 없다. 합하여 용신으로 쓰게 되면 또한 길하다. 원국과 세운 모두 이와 같이 논한다.

癸	丙	辛	戊		
巳	午	酉	辰		
丁	丙	乙	甲	癸	壬
卯	寅	丑	子	亥	戌

[20] 강약 / 격국

이 명조는 왕성한 재성(財星)이 월령(月令)을 잡고, 年에 있는 식신도 이를 생조(生助)한다. 일주는 時에 녹(祿)을 만났으니 뿌리가 없는 것은 아니다. 그러므로 부잣집에서 태어났다.

時에 癸水가 투출하니 巳火는 이미 세력을 잃었다. 酉金은 멀리서 巳火를 金으로 끌어내려 하고 있다. 오행에 木이 없고, 온전히 午火에 의지해 일주를 도우니, 癸水가 병(病)이 됨이 분명하다.

子 운으로 바뀌자, 癸水가 녹(祿)을 얻고 子와 辰이 합하여 水를 돕자 酉金이 子를 편들어 午를 충(沖)하게 되었다. 사주 원국에 구제하는 신(神)이 없으니, 이른바 '왕자충쇠 쇠자발(旺者沖衰 衰者拔)'이 되어 집안이 망하고 몸을 망쳤다. 만약 운이 동남방의 木火 지지로 흘렀다면 어찌 명예와 재물을 모두 온전히 얻지 못했겠는가.

		癸	丁	壬	庚
		卯	卯	午	寅
戊	丁	丙	乙	甲	癸
子	亥	戌	酉	申	未

[21] 강약 / 격국

이 명조는 재(財)와 관(官)이 노출되었으나 뿌리가 없어 허(虛)하다. 효신(梟神)과 비겁이 세력을 얻어 당권(當權)하였다. 이 사주를 일견 보면 가난하고 요절할 팔자로 보인다.

앞선 사주는 일주와 재성이 함께 왕성했지만 오히려 패가망신하고 수명도 짧았다. 이 사주는 재(財)와 관(官)이 힘을 잃었음에도 창업하고 장수했다. 앞 사주는 木이 없어 水의 충(沖)을 만나 火의 뿌리가 뽑혔지만, 이 사주는 水가 있어 火의 겁재(劫財)을 만났어도 金이 구제되었다.

甲申, 乙酉 운에 이르러 庚金이 녹왕(祿旺)을 얻고 壬癸를 생조(生助)하고, 또 寅卯木을 충거(沖去)했다. 이른바 '쇠신충왕 왕신발(衰神沖旺 旺神發)'이 되어 별안간 수만 냥의 재물을 이루었으니, '사주가 좋은 것이 운이 좋은 것만 못하다'는 말은 바로 이런 것을 두고 한 말이다.

9. 간지총론(干支總論)

음 양 순 역 지 설 낙 서 유 행 지 용
陰陽順逆之說 洛書流行之用
기 리 신 유 지 야 기 법 불 가 집 일
其理信有之也 其法不可執一[16)]

음양(陰陽) 순역(順逆)의 이론과 낙서(洛書) 유행(流行)의 작용은 그 이치(理)가 분명히 존재한다. 그러나 그 법칙 한 가지만을 고집해서는 안 된다.

原注

陰生陽死, 陽順陰逆, 此理出於洛書. 五行流行之用, 固信有之, 然甲木死午, 午爲洩氣之地, 理固然也, 而乙木死亥, 亥中有壬水, 乃其嫡母, 何爲死哉. 凡此皆詳其干支輕重之機, 母子相依之勢, 陰陽消息之理, 而論吉凶可也. 若專執生死敗絶之說, 推斷多誤矣.

- 음생양사(陰生陽死), 양순음역(陽順陰逆)의 이치는 낙서에서 출발한다. 오행이 유행하는 작용에 대한 견고한 믿음이 있다.
- 그런데 甲木이 午에서 죽는 것은 午가 甲을 설기하는 곳이므로 이치가 분명하다 할 수 있지만, 乙木이 亥에서 죽는 것은 亥 중에 壬水가 적모(嫡母, 친모)인데 어찌 죽는다고 하는가?
- 무릇 이들 모두 간지경중(干支輕重)의 기틀과 모자상의(母子相依)의 형세와 음양소식(陰陽消息)의 이치로 길흉을 논함이 옳다.
- 만약 생(生), 사(死), 패(敗), 절(絶)의 설에만 집착하면, 추단에 많은 오류가 있을 것이다.

---

16) 陽順陰逆, 其理固殊, 陽生陰死, 其論勿執.

임철초 日

음양순역(陰陽順逆)의 설(說)은 그 이치가 낙서(洛書)에서 나왔다. 유행(流行)하는 작용은 양(陽)은 모이는 것을 주관하므로 나아가는 것이 물러나는 것이 되고, 음(陰)은 흩어지는 것을 주관하므로 물러나는 것이 나아가는 것이 되는 것에 불과하다.

만약 명리를 논할 때, 전적으로 순역(順逆)에만 의존해서는 안 된다. 반드시 일주(日主)의 쇠왕(衰旺)을 살피고, 생시(生時)의 깊고 얕음을 관찰하며, 사주의 용신(用神)을 연구하여 길흉을 논해야 한다. 그래야 명확해진다.

장생, 목욕 등의 이름은 그저 빌려와서 형용한 말에 불과하다. 장생(長生)은 사람이 처음 태어난 것과 같고, 목욕(沐浴)은 사람이 처음 태어나 때를 씻는 것과 같다. 관대(冠帶)는 형체가 점점 자라나 사람이 성장하여 관과 띠를 두르는 것과 같고, 임관(臨官)은 자라서 왕성해져 사람이 벼슬에 나갈 수 있는 것과 같다. 제왕(臨官)은 성장의 극에 달하는 것으로 사람이 황제를 도와 크게 공을 세우는 것과 같다. 쇠(衰)는 성장의 극에서 쇠퇴하는 것으로 사물이 처음 변하는 것이다. 병(病)은 쇠약함이 심한 것이다. 사(死)는 기운이 다하여 남음이 없는 것이다. 묘(墓)는 자연의 순리에 따라 거두어들이는 것으로 사람이 흙에 묻히는 것과 같다. 절(絶)은 앞선 기운이 끊어지고 이후의 기운이 장차 이어질 것이다. 태(胎)는 이후의 기운이 이어져 태아를 맺는 것이다. 양(養)은 사람이 어머니의 뱃속에서 자라는 것과 같다. 이러고 나면 다시 장생으로 순환하여 끝이 없다.

사람의 일주가 반드시 생(生)과 녹(祿)이 왕성한 곳에서 태어날 필요는 없다. 비록 월령(月令)에서 휴수(休囚)되었더라도, 연, 일, 시에서 장생과 녹왕을 얻으면 약하다고 할 수 없다. 비록 묘(庫)를 만나더라도 뿌리가 있다고 본다. '투묘(投墓)'라 하여 반드시 충(沖)해야 한다는 것은 세속의 잘못된 설이다.

옛 법에는 오직 사(四) 장생만 있었고, 子, 午, 卯, 酉를 음(陰)의 장생으로 보는 설은 없었다. 水는 木을 생하고, 申은 하늘의 빗장(關, 닫히는 곳)이고, 亥는 하늘의 문(門, 열리는 곳)이다. 천일생수(天一生水)라는 것은 곧 끊임없이 생하고 생하는 것을 의미한다. 그러므로 木은 모두 亥에서 생한다. 木이 午에서 죽는 것은 午가 火의 왕성한 땅이며 木이 午에 이르면 발설(發洩)이 다했기 때문에 木은 모두 午에서 죽는 것이다. 木에 대해 말했지만, 나머지도 이와 같이 유추할 수 있다.

오양(五陽)은 생(生)하는 방위에서 자라고, 본래의 방위에서 왕성하며, 설기하는 방위에서 쇠퇴하고, 극하는 방위에서 끝나는 것이 이치에 순응한다. 그러나 오음(五陰)은 설기하는 방위에서 생하고 생하는 방위에서 죽으니 이치에 어긋난다. 억지로 그럴듯한 설명을 한다 해도, 子午의 땅에서 끝내 金이나 木을 낳을 도리가 없고, 寅亥의 땅에서 끝내 火나 木을 멸할 도리가 없다.

옛 사람들이 격(格)을 취할 때, 丁이 酉를 만나면 재(財)로 논하고, 乙이 午를 만나고, 己가 酉를 만나고, 辛이 子를 만나고, 癸가 卯를 만나면 식신(食神)으로 기운을 설기(洩氣)하는 것으로 보았을 뿐, 모두 생(生)으로 논하지 않았다. 乙이 亥를 만나고 癸가 申을 만나면 인(印)으로 논했을 뿐, 모두 사(死)로 논하지 않았다. 己가 寅의 안에 감추어진 丙火를 만나고, 辛이 巳의 안에 감추어진 戊土를 만나도 또한 인(印)으로 논했을 뿐, 사(死)로 논하지 않았다.

이로 미루어 볼 때, 음양(陰陽)은 함께 생하고 함께 죽는다는 것을 알 수 있다. 만약 양(陽)은 순행하고 음(陰)은 역행한다는 것을 고집하여, 양(陽)이 생하면 음(陰)이 죽고 음(陰)이 생하면 양(陽)이 죽는다는 것으로 명(命)을 논한다면 매우 잘못된 것이다. 그러므로 지명(知命)의 장(章)에서 '순역(順逆)의 기틀을 잘 살펴야 한다'고 한 것은 바로 이것을 두고 한 말이다.

丙乙己丙 子亥亥子
乙 甲 癸 壬 辛 庚 巳 辰 卯 寅 丑 子

[22] 강약 / 조후

乙亥 일주가 亥月에 태어났고, 좋은 것은 천간에 丙火 두 개가 떠 있으니 따뜻한 봄날의 꿈을 잃지 않고, 차가운 木이 따뜻한 기운을 향해 맑고 순수하다는 점이다. 아쉬운 것은 火土가 뿌리가 없고, 水木이 너무 많다는 점이다.

따라서 글을 읽었으나 뜻을 펼치지 못했고, 중년에는 연이어 水木 운을 만나 생조(生助)함이 지나쳤다. 사주에 있는 火土가 모두 상하여 재물을 제대로 모으지 못하고 뜻을 펴지도 못했다.

그러나 다행히 金이 없어 업(業)은 반드시 맑고 고상할 것이다. 만약 年과 時가 乙木의 병지(病地)가 되고, 月과 日이 사지(死地)가 된다면 이는 휴수(休囚)가 이미 극에 달한 것이므로 마땅히 생조(生助)하는 운을 용신으로 삼아야 한다. 그러나 여기서는 亥子의 水를 생(生)으로 논할 것이니, 다시 水木을 만나는 것은 마땅하지 않을 것이다.

癸癸乙戊 亥卯卯午
辛 庚 己 戊 丁 丙 酉 申 未 午 巳 辰

[23] 강약

이 사주는 봄의 水가 木을 많이 보아 설기(洩氣)가 지나치다. 오행에 金이 없어 亥時의 비겁이 일주를 돕는 것에 전적으로 의지하고 있다. 문제가 되는 것은 亥卯가 합하여 국(局)을 이루고, 천간에 戊土가 투출하여 극(剋)하고 설기(洩)하는 작용이 함께 나타난다는 점이다. 운이 戊午로 바뀌자 사망하였다.

만약 속서(俗書)의 이론에 따른다면, 癸水는 두 장생(長生) 위에 앉아 있는 것이고 時에서는 왕지(旺地)를 만난 것인데 어찌 戊午 운에 죽었겠는가? 또 식신에는 수명과 처, 많은 자식이라는 뜻이 있고, 식신이 생왕하면 재(財)와 관(官)보다 낫다고 하였으니, 명예와 재물이 모두 온전하고 자식이 많고 장수하는 격이라고 해야 할 것이다. 결론적으로, 음양생사(陰陽生死)의 이론만으로는 신뢰성이 떨어진다.

고 천 지 순 수 이 정 수 자 창 천 지 괴 패 이 혼 란 자 망
故天地順遂而精粹者昌 天地乖悖而混亂者亡

불 론 유 근 무 근 구 요 천 복 지 재
不論有根無根 俱要天覆地載[17)]

그러므로 천지(天地)의 이치에 순응하고 정수(精粹)한 자는 번창하고, 천지(天地)의 이치에 어긋나고 혼란한 자는 망한다.

뿌리가 있든 없든 논할 것 없이, 천복지재(天覆地載, 하늘은 덮어주고 땅은 실어주는 것)가 중요하다.

17) [집요] 판본에는 없는 원문이고, [천미] 판본에는 원주가 없다.

임철초 日

용신(用神)을 취하는 간지(干支)의 법칙은, 천간은 그것을 실어주는 지지(地支)가 중요하고, 지지는 그것을 덮어주는 천간(天干)이 중요하다.

예를 들어 甲乙을 기뻐하는데 寅卯亥子로 실어주면 생왕(生旺)하고, 申酉로 실어주면 극을 당해 실패한다. 丙丁을 꺼리는데 亥子로 실어주면 제압되고, 巳午寅卯로 실어주면 제멋대로 날뛴다. 寅卯를 기뻐하는데 甲乙壬癸로 덮어주면 생왕하고, 庚辛으로 덮어주면 실패한다. 巳午를 꺼리는데 壬癸로 덮어주면 제압되고, 丙丁甲乙로 덮어주면 제멋대로 날뛴다.

이것뿐만이 아니다. 천간이 지지에 뿌리를 내리고 지지가 생조(生助)와 부조(扶助)를 받으면 천간의 뿌리가 견고해진다. 지지가 충극(沖剋)을 만나면 천간의 뿌리가 뽑힌다. 지지가 천간의 보호를 받고 천간이 생조를 받으면 지지의 보호가 왕성해지고, 천간이 극제를 받으면 지지의 보호가 쇠약해진다.

무릇 사주의 네 기둥인 간지(干支)에 분명히 길신이 있어도 길하지 않고, 확실히 흉신이 있어도 흉하지 않은 경우가 있는데, 모두 이러한 이유 때문이다. 천간이 한 기운으로 뭉쳐있고, 지지가 두 기운으로 맑다고 하더라도, 모두 천간이 덮어주고 지지가 받쳐주는 '천복지재(天覆地載)'가 중요하다.

庚 庚 丁 己
辰 申 卯 亥

辛 壬 癸 甲 乙 丙
酉 戌 亥 子 丑 寅

[24] 강약 / 격국

庚金이 비록 봄에 태어났으나, 지지의 녹(祿)에 앉아 왕(旺)하고, 時에서 인수와 비견을 만나니 충분히 정관(官)을 용신으로 삼을만하다. 지지에서 卯木 재성(財星)이 받쳐주고 있으며, 또 亥水의 생조(生助)가 유정(有情)하여 丁火의 뿌리가 더욱 견고해졌다. 이른바 '천지(天地)의 이치에 순응하고 정수(精粹)한 자는 번창한다'에 해당한다.

세운(歲運)에서 壬癸亥子를 만나도 천간에는 己土 인수가 관성을 보호하고, 지지에는 卯木 재성이 있어 상관을 생화(生化)시키니, 평생을 위험한 일을 겪지 않고 평탄하게 보냈다. 젊은 나이에 과거에 급제하여 벼슬이 변방의 장수까지 이르렀다.

경전(經典)에 이르기를 '일주(日主)는 가장 건실하고 왕성해야 하며, 용신은 손상되어서는 안 된다'고 하였으니, 이 사주를 보아도 믿을만한 말이다.

甲	庚	丁	己
申	辰	卯	酉

辛	壬	癸	甲	乙	丙
酉	戌	亥	子	丑	寅

[25] 강약

이 사주 역시 丁火 정관(官)이 용신이다. 또한 지지에서 卯木 재성(財星)이 받쳐주고 있는 점은 앞 사주와 비슷하다.

다만 卯酉가 충(沖)을 만나 丁火의 뿌리가 극(剋)을 당해 상했다. 지지에도 水가 적어 재성(財星)이 극만 당하고 생(生)은 받지 못한다. 비록 時에 甲木이 투출했으나 申 지지 위에 있으니, 이른바 '지지(地支)가 실어주지 못하면 비록 있어도 없는 것과 같다'고 보아야 한다.

이 때문에 양반 가문에서 태어났음에도 경서(經書) 공부를 잇지 못하고 재물을 잃고 형상(刑傷)을 당했다. 戌 운으로 바뀌자 지지가 서방(西方)으로 흘러 더욱 가난을 감당하지 못했다.

癸	辛	壬	庚		
巳	酉	午	申		
戊	丁	丙	乙	甲	癸
子	亥	戌	酉	申	未

[26] 강약 / 격국

이 사주는 庚辛壬癸가 金水 쌍청(雙淸)하고 지지에 申酉巳午를 만나니 제련이 잘 되어 제 역할을 한다. 이른바 午火의 진신(眞神)을 용신으로 삼으니, 이치상 명예와 재물이 모두 빛나야 한다.

안타까운 것은 오행에 木이 없다는 점이다. 金은 비록 월령을 잃었으나 무리가 많고, 火는 비록 월령을 잡았으나 돕는 것이 없다. 더욱 꺼려지는 것은 壬癸水가 위에서 덮고 庚辛이 옆에서 생하며 申에서 장생(長生)을 얻으니 壬水가 더욱 제멋대로 날뛴다는 점이다.

비록 巳火가 午를 돕고자 하나 巳와 酉가 회합하여 金을 이루니 午火의 세력이 고립되어 약해진다. 그러므로 申酉 두 운에는 재물을 잃음이 특별히 심했고, 丙戌 운 중에는 용신을 도왔으므로 크게 기회를 얻었다. 亥 운으로 바뀌자 壬水가 녹(祿)을 얻고 癸水가 왕지(旺地)에 임하니 火의 기운이 극을 당해 가산을 탕진하고 사망했다.

甲	辛	壬	庚		
午	酉	午	申		
戊	丁	丙	乙	甲	癸
子	亥	戌	酉	申	未

[27] 강약 / 격국

이 사주 역시 午 중의 丁火 칠살(殺)을 용신(用神)으로 쓴다. 壬水가 역시 위에서 덮고 있으며, 庚辛金이 가까이 붙어 생조(生助)한다.

좋은 점은 午時가 용신을 일조하고 있으며, 더 묘한 것은 천간에 甲木이 위에서 덮어주니 火를 보호함이 충분하다. 또한 壬水는 甲木을 보고 생(生)을 탐하여 火를 대적하러 오지 않는다. 즉, 사주가 서로 생하는 의리가 있어 다투고 극하는 기운이 없다.

향시(鄕試)에 합격하여 벼슬이 관찰사에 이르렀다. 앞의 사주와는 단지 한 時의 전후만 다를 뿐인데, 하늘과 땅만큼의 격차가 있다. 이른바 '호리(毫釐, 털끝만큼 미세함)의 차이가 천리(千里)의 차이'라는 것이 이것이다.

천 전 일 기 불 가 사 지 덕 막 지 재

天全一氣 不可使地德莫之載[18)]

천간의 기운이 온전하게 하나로 뭉쳐있다 할지라도, 지지의 덕이 이를 받쳐주지 못하게 해서는 안 된다.

原注

四甲四乙, 而遇寅申卯酉, 爲地不載.

- 천간에 甲木 4개 혹은 乙木 4개가 있는데, 지지에서 寅申 혹은 卯酉를 만난다면, 이것은 지지가 받쳐주지 못한 게 되는 것이다.

18) 天全一氣, 不可使地道莫之載.

임철초 日

'천전일기(天全一氣)'라는 것은 천간이 네 개의 甲, 네 개의 乙, 네 개의 丙, 네 개의 丁, 네 개의 戊, 네 개의 己, 네 개의 庚, 네 개의 辛, 네 개의 壬, 네 개의 癸로 모두 같은 것을 말한다.

'지지부재(地支不載)'라는 것은 지지가 천간과 생화(生化) 관계가 없는 것이다. 단순히 천간이 네 개의 甲이나 네 개의 乙인데 申酉寅卯 상충을 만난 것만이 받쳐주지 못하는 것이 아니다. 천간이 지지에게 온전히 극(剋)을 당하는 경우, 천간이 반대로 지지를 극하는 경우, 천간이 지지를 돌아보지 않는 경우, 지지가 천간을 돌아보지 않는 경우, 모두 받쳐주지 못하는 것이다.

예를 들어, 천간에 네 개의 乙이 있는데 지지에 酉가 있는 경우는 천간이 지지에게 극을 당하는 경우이고, 천간에 네 개의 辛이 있는데 지지에 卯가 있는 경우는 천간이 반대로 지지를 극하는 경우이다.

반드시 지지의 기운이 위로 오르고, 천간의 기운이 아래로 내려와야 소통되고 생화(生化)하여 한쪽으로 치우치지 않게 된다. 또한 세운(歲運)에서 안정시켜주면 부유하거나 귀하게 된다. 만약 기운이 오르내리는 정(情)이 없고, 오히려 충극(沖剋)하는 형세만 있다면, 모두 한쪽으로 치우쳐 가난하고 천하게 될 것이다. 마땅히 자세히 연구해야 한다.

甲 甲 甲 甲
戊 寅 戊 申

庚 己 戊 丁 丙 乙
辰 卯 寅 丑 子 亥

[28] 강약 / 조후

연지(年支)의 申金이 일주(日主)가 좌한 寅木을 충(沖)해서 날려버리고, 게다가 戊土가 월령을 잡고 거듭 나타나 金 칠살(殺)을 생조한다. 이것이 이른바 '지지가 천간을 돌아보지 않는다'는 것이다.

무릇 네 개의 甲木에 하나의 寅木이니 강하고 왕성한 것처럼 보이지만, 가을의 木은 기운이 약해져 있는데, 녹(祿)이 되는 寅木마저 충으로 날아가 버리니 그 뿌리가 이미 뽑힌 것이다. 따라서 왕하다고 논할 수 없다.

그러므로 寅卯亥子 운에는 먹고 입는 것이 매우 풍부했으나, 庚辰 운으로 바뀌자 칠살(殺)의 원신(元神, 본기)이 투출하여 네 명의 아들이 모두 상하고, 집안이 망하며 수명도 다했다. '천간의 글자가 많아도 지지의 굳건함만 못하다'는 말이 진실로 그러한 이치인 것이다.

戊戊戊戊
午戌午子

甲 癸 壬 辛 庚 己
子 亥 戌 酉 申 未

[29] 강약 / 조후

사주 전체가 火土로 가득 차 있으니, 子水는 쇠약하고 午火는 왕성하다. 충(沖)하면 午火가 발(發)하여 더욱 맹렬해지니, 한 방울의 물(子水)마저 말려버렸다. 이는 '천간이 덮어주지 못했다'고 말할 수 있다.

초년 운인 己未에는 외롭고 고생하며 온갖 풍파를 겪었다. 庚申, 辛酉 운에 이르러 戊土의 성정(性情)을 이끌어 통하게 하니, 크게 좋은 기회를 만나 아내를 얻고 자식을 낳았으며, 사업을 일으켜 가정을 이루었다. 壬戌 운으로 바뀌자 壬水가 뿌리를 내리지 못하고, 寅午戌 삼합으로 火局을 암암리에 도우니, 큰 화재를 만나 온 가족 다섯 식구가 모두 사망했다.

만약 천간에 庚金이나 辛金 하나라도 투출했거나, 지지에 申金이나 酉金 한 글자라도 숨어 있었더라면, 어찌 이와 같은 비극적인 결말에 이르렀겠는가.

戊戊戊戊
午子午申
甲 癸 壬 辛 庚 己
子 亥 戌 酉 申 未

[30] 강약 / 조후

이 사주는 앞 사주와 단지 申 글자 하나만 바뀌었음에도, 천간의 기운이 아래로 내려오고 지지의 水가 근원을 얻었다. 午火가 비록 맹렬하다 해도 끝내 申金을 상하게 하지는 못하니, 金을 용신(用神)으로 쓰는 것이 분명하다.

하물며 子水가 있어 병(病)을 제거하는 희신이 된다. 申 운으로 바뀌고 戊辰年 4월에 학교에 들어가 9월에 등과(登科)했다. 세운(歲運)의 辰 글자가 水局을 회동(會同)해 주었기 때문이다. 아쉬운 것은 장래 壬戌 운에는 천간이 군비쟁재(群比爭財)하고, 지지로는 火局을 이루니 그에게 길함이 있으리라 장담할 수 없다.

辛辛辛辛
卯卯卯卯
乙 丙 丁 戊 己 庚
酉 戌 亥 子 丑 寅

[31] 강약

이 사주는 사목(四木)이 월령을 잡았고, 사금(四金)은 절지(絶地)에 앉았다. 비록 일주가 지지를 극(剋)한다고는 하나 실은 무력한 극이다. 만약 극할 수 있었다면 재(財)를 용신으로 삼았을 것이고, 재(財)를 쓸 수 있었다면 어찌 이룬 것이 없었겠는가.

그는 태어난 지 몇 년 만에 부모를 모두 잃고 도사를 스승으로 삼았다. 己丑, 戊子 운에는 인수가 생조하여 먹고사는 데 지장이 없었다. 丁亥 운으로 바뀌자 火를 생하여 金을 극했고, 스승마저 사망했다. 이후 남은 미미한 재산마저 기생집과 도박으로 탕진하고 사망했다.

지 전 삼 물 불 가 사 천 도 막 지 용

地全三物 不可使天道莫之容[19]

지지의 기운이 온전하게 세 가지로 뭉쳐있다 할지라도, 천간의 도(道)가 이를 용납하지 못하게 해서는 안 된다.

原注

寅卯辰, 亥卯未而遇甲庚乙辛, 則天不覆. 然不特全一氣與三物者, 皆宜天覆地載, 不論有根無根, 皆要循其氣序, 干支不反悖爲妙.

- 지지에 寅卯辰이나 亥卯未가 있는데, 천간에 甲庚이나 乙辛이 있으면 상충으로 천간이 덮어주지 못한다.
- 천전일기(天全一氣)와 지전삼물(地全三物)의 경우가 아닐지라도, 천간이 덮어주고 지지가 받쳐주는 것이 마땅하다.
- 뿌리가 있든 없든 논할 것 없이, 모두 그 기운의 순서를 따라 간지(干支)가 서로 어긋나지 않아야 기묘하다.

---

19) 地全三物, 不可使天道莫之覆.

임철초 日

'지전삼물(地全三物)'이라는 것은 지지에서 寅卯辰, 巳午未, 申酉戌, 亥子丑의 방합(方合)을 얻은 것이다. 예를 들어, 寅卯辰 방합을 이루고 있을 때, 일주가 木이라면 천간에 火가 많아야 하고, 일주가 火라면 천간에 金이 왕성해야 하고, 일주가 金이라면 천간에 土가 많아야 한다.

무릇 지지에 세 글자가 온전히 모이면 그 기세가 왕성하다. 만약 왕신(旺神)이 월령에 있으면 천간은 반드시 그 기세를 따라 설기(洩氣)하는 것이 좋다. 만약 왕신(旺神)이 다른 지지에 있으면 천간에 제압하는 힘이 있어 그것을 제압하는 것이 좋다.

어찌하여 월령에 왕신(旺神)이 있을 때는 제압하지 않고 설기하는 것이 좋다고 하는가? 월령에 왕신이 있는 경우는 반드시 그것을 제압하는 신(神)의 절지(絶地)가 되기 때문이다. 만약 억지로 제압하면 그 본성을 거스르게 되어 도리어 격분하여 날뛰게 된다.

여기서 말하는 왕신(旺神)은 木 방합의 월령인 寅卯를 얻는 것과 같다. 제신(制神)은 庚辛金인데, 寅卯는 庚辛의 절지(絶地)이다. 만약 辰이 월령에 있고 사주 간지에 庚辛의 도움이 있다면 비로소 제압할 수 있다. 이른바 그 기세를 따르고 적절하게 조절하는 것은 온전히 아름다운 것이다. 木 방합이 이러하니 나머지도 이와 같이 유추할 수 있다.

	丙	甲	庚	辛	
	寅	辰	寅	卯	
甲	乙	丙	丁	戊	己
申	酉	戌	亥	子	丑

[32] 강약 / 전왕

이 사주는 寅卯辰 동방(東方)의 기운을 갖추었고, 寅時까지 되어 극도로 왕성하다. 年과 月의 두 金은 절지(絶地)에 놓였다. 왕성한 기운이 월령을 잡고 있으니, 힘을 잃은 金이 비록 극하려 해도 오히려 무력하다.

더욱이 丙火가 時에 투출하여 木과 火가 한마음을 이루었다. 이는 강한 무리가 약한 소수와 대적하는 형상이다. 형세가 약한 庚辛을 제거해야 한다.

초년에 土 운을 만났을 때는 金을 생하여 재물을 잃음이 남달리 심했다. 그러나 水 운에 들어서며 木을 생조하니, 서울에 올라가 내각에서 판사로 일했다. 丙戌 운에는 분발하여 광동(廣東)에서 군공(軍功)을 세우고 지현(知縣)으로 승진했는데, 이는 庚辛을 극했기 때문에 얻은 좋은 결과다. 酉 운에 이르자 庚辛이 힘을 얻으니 수명을 다했다.

丁	甲	庚	庚		
卯	寅	辰	寅		
丙	乙	甲	癸	壬	辛
戌	酉	申	未	午	巳

[33] 강약

이 사주 역시 寅卯辰 동방(東方)의 기운을 갖추었지만, 왕신(旺神)이 월령에 있지 않고 辰土가 제자리를 지켰다. 庚金이 힘을 받쳐주는 것을 얻었으니 그 역량으로 충분히 木을 극할 수 있다. 丁火가 비록 투출했으나 庚金의 적수가 되지 못하니, 칠살(七殺)을 용신(用神)으로 쓰는 것이 분명하다.

甲申 운에 이르러 庚金이 녹(祿)을 얻고 왕성해져 寅木을 암암리에 충(沖)하니, 과거에 연달아 급제하고 벼슬이 군수에 이르렀다. 丙 운으로 바뀌자 칠살을 제압하므로 관직에서 물러나 농사일로 돌아갔다.

양 승 양 위 양 기 창 최 요 행 정 안 돈

陽乘陽位陽氣昌 最要行程安頓

양승양위(陽乘陽位)하면 양기(陽氣)가 창성하니, 가장 중요한 것은 행정(行程, 운로)이 잘 안돈(安頓, 편안히 배치)되는 것이다.

原注

六陽之位, 獨子寅辰爲陽方, 爲陽位之純. 五陽居之, 如若是旺神, 最要行運陰順安頓之地.

- 육양(六陽, 子寅辰午申戌)의 자리에서 오직 子, 寅, 辰은 양방(陽方)이며, 양위(陽位)가 순수하다.
- 오양(五陽)이 이 자리에 있고 만약 왕신(旺神)이라면, 행운이 음(陰)으로 순조롭게 흐르고, 사주가 안정되고 평안하게 되는 땅으로 가는 것이 가장 중요하다.

임철초 日

육양(六陽)은 모두 양(陽)이니, 굳이 子, 寅, 辰만이 양의 순수함이라 할 수 없고, 반드시 양(陽)이 차가운지(陽寒) 따뜻한지(陽暖)를 나누어 논해야 한다.

서북(西北)은 차갑고, 동남(東南)은 따뜻하다. 만약 申, 子, 戌이 모두 있다면 서북의 양한(陽寒)이 되니, 가장 요긴한 것은 卯, 巳, 未와 같은 동남의 음난(陰暖) 운으로 가는 것이다. 만약 寅, 辰, 午가 모두 있다면 동남의 양난(陽暖)이 되니, 가장 요긴한 것은 酉, 亥, 丑과 같은 서북의 음한(陰寒) 운을 만나는 것이다.

이것은 크게 국(局)을 논한 것이다. 만약 일주의 용신(用神)이나 희신(喜神)이 木이나 火, 土와 같이 동남의 양난(陽暖)에 속할 때는, 세운(歲運) 역시 서북의 음수(陰水)나 음목(陰木), 음화(陰火)와 짝을 이루는 것이 좋다. 그래야 비로소 희신과 용신을 생조하여 기쁨이 잔을 주고받는 것처럼 풍성해진다.

만약 세운에서 또 서북방의 양수(陽水), 양목(陽木), 양화(陽火)를 만나면, 이는 고립된 양(孤陽)이 되어 생겨나지 못한다. 비록 희신을 생조한다 하더라도 적절하게 돕기 어려우니, 험한 길을 면하고 평탄함으로 나아가는 정도에 불과하다. 양난(陽暖)의 국(局)이 이와 같으니, 양한(陽寒)의 국도 이와 같이 논해야 한다.

이른바 '양(陽)의 기세가 성하여 빛나고 강건할 때는, 반드시 음(陰)의 기세가 성하여 차갑고 부드러움을 품은 땅과 짝을 이루어야 한다'는 것이다. 만약 깊은 마음으로 진실로 연구하지 않는다면, 누가 그 정미함을 탐구하여 요긴한 비결을 얻을 수 있겠는가?

		庚	丙	丙	癸
		寅	午	辰	巳
庚	辛	壬	癸	甲	乙
戌	亥	子	丑	寅	卯

[34] 조후

이 사주는 지지가 모두 동남의 양난(陽暖) 기운을 가져 천간의 金과 水는 뿌리가 없는 것처럼 보인다. 하지만 다행인 것은 월지(月支)의 辰土가 火의 기운을 설기(洩氣)하고 水를 품고 金을 생(生)한다는 점이다. 이 때문에 庚金은 비록 좋지 않은 조건에 있지만 생조를 받으므로 용신으로 삼을 수 있다. 癸水는 庚金의 희신(喜神)이 된다.

초년 운인 乙卯와 甲寅은 金이 힘을 잃고 火를 생하며, 水는 기운을 설기당하므로 외롭고 고통스러운 시간을 보냈다. 운이 癸丑으로 바뀌자 북방의 차고 습한 땅을 만나 金과 水가 뿌리를 얻었다. 또한 巳와 丑이 반합하여 金을 이끌어내는 묘한 작용이 있다. 이로 인해 외지로 나가 큰 기회를 잡고 갑자기 10만 재물을 모았다. 이는 사주의 양난(陽暖) 기운이 차가운 한(寒)의 기운을 만나 배합의 묘미를 얻었기 때문이다.

		庚	丙	乙	戊
		寅	寅	丑	寅
辛	庚	己	戊	丁	丙
未	午	巳	辰	卯	寅

[35] 조후

丙寅 일주가 지지에 비록 寅 셋을 만났지만, 가장 좋은 점은 丑土가 월령을 잡았고 재성(財星)이 뿌리를 내렸다는 것이다.

만약 운이 서북의 土金으로 흘렀다면 재물운이 앞 사주보다 훨씬 좋았을 것이다. 그러나 안타깝게도 운이 동남의 木火 땅으로 흘러가면서, 조상에게 물려받은 재산을 모두 탕진하고, 여러 지방을 분주히 떠돌았으나 기회를 잡지 못했다. 午 운에 이르자 寅午戌 회합으로 火局을 암암리에 형성했고, 결국 광동(廣東) 땅에서 사망했다. 평생 아무것도 이루지 못했으니, 이는 운의 영향이라고 볼 수밖에 없다.

음승음위음기성 환수도로광형
陰乘陰位陰氣盛 還須道路光亨

음승음위(陰乘陰位)하면 음기(陰氣)가 왕성하니, 반드시 도로(道路, 운로)가 광형(光亨, 밝고 형통)해야 한다.

原注

六陰之位, 獨酉亥丑爲陰方, 乃陰位之純. 五陰居之, 如若是旺神, 最要行運陽順光亨之地.

- 육음(六陰, 丑卯巳未酉亥)의 자리에서 오직 酉, 亥, 丑은 음방(陰方)이며, 음위(陰位)가 순수하다.
- 오음(五陰)이 이 자리에 있고 만약 왕신(旺神)이라면, 행운이 양(陽)으로 순조롭게 흐르고, 사주가 밝고 형통한 땅으로 가는 것이 가장 중요하다.

임철초 日

丑, 卯, 巳, 未, 酉, 亥는 음(陰) 지지이다. 반드시 음(陰)이 차가운지(陰寒) 따뜻한지(陰暖)를 나누어 논해야 한다. 앞서 말한 대로 서북은 차갑고, 동남은 따뜻하다. 만약 亥, 酉, 丑이 모두 있다면 서북의 음한(陰寒)이 되니, 가장 요긴한 것은 운행이 동남의 寅, 辰, 午와 같은 양난(陽暖)을 만나는 것이다. 만약 卯, 巳, 未가 모두 있다면 동남의 음난(陰暖)이 되니, 가장 요긴한 것은 운행이 申, 戌, 子와 같은 서북의 양한(陽寒)을 만나는 것이다.

이것은 크게 국(局)을 논한 것이다. 만약 일주의 용신(用神)이나 희신(喜神)이 金이나 水, 土와 같이 서북의 음한(陰寒)에 속할 때는, 세운(歲運) 역시 동남의 양금(陽金), 양화(陽火), 양토(陽土)와 짝을 이루어야 한다. 그래야 비로소 용신과 희신을 도와 복력이 더욱 강해진다.

만약 세운에서 또 동남방의 음금(陰金), 음화(陰火), 음토(陰土)를 만나면, 이는 순음(純陰)이 되어 길러지지 못한다. 후한 복을 얻기 어려우며, 그저 평화롭게 재앙이 없는 정도에 불과하다. 음한(陰寒)의 국이 이와 같으니, 음난(陰暖)의 국도 이와 같이 논해야 한다.

이른바 '음(陰)이 성하여 차갑고 부드러움을 품은 기운은, 반드시 양(陽)이 성하여 빛나고 강건한 땅과 짝을 이루어야 한다'는 것이다.

壬 乙 己 丙
午 酉 亥 子

乙 甲 癸 壬 辛 庚
巳 辰 卯 寅 丑 子

[36] 강약 / 조후

이 사주는 酉, 亥, 子처럼 서북의 차고 습한 기운을 모두 가졌다. 추운 계절의 木이 따뜻한 양(陽)의 기운을 원하므로 丙火가 용신이다. 壬水는 병(病)이 된다.

그러나 기쁜 것은 壬水는 丙火와는 간격이 있고 일주에 붙어 있으니, 일주가 본래 쇠약하지만 생을 받음이 아름답다. 천간에 투출한 己土가 水의 흐름을 조절하는 역할도 한다.

또한, 천간에 水, 木, 火, 土가 각각 자리를 잡고 서로 상생(相生)하는 관계다. 지지에는 午火가 칠살(七殺)을 가까이에서 제압해주고, 年과 月의 火土는 녹왕(祿旺)에 뿌리를 내렸다.

가장 기쁜 것은 운의 흐름이 동남의 따뜻한(陽暖) 땅으로 향한다는 것이다. 사주 원국이 조화로울 뿐만 아니라 운까지 밝고 형통하여, 젊은 나이에 연달아 과거에 급제하고 벼슬이 변방의 장수까지 올랐다. 이 모든 것은 음양 배합의 묘미이다.

壬	乙	丙	己
午	丑	子	亥

庚	辛	壬	癸	甲	乙
午	未	申	酉	戌	亥

[37] 조후

이 사주는 앞선 사주와 단지 酉 글자 하나가 丑으로 바뀌었다. 속된 논리로는 酉가 丑으로 바뀐 것은 좋은 것이라 한다. 酉는 나를 극하는 칠살(七殺)이지만, 丑은 편재(偏財)이니 내가 극할 수 있고 水도 막을 수 있어 좋다고 여기기 때문이다.

그러나 이것은 丑이 습토(濕土)여서 火의 기운만 빼앗을 뿐 水를 막지 못한다는 것을 모르기 때문이다. 앞 사주의 酉는 비록 칠살이었지만 午火가 옆에서 극했으므로 火의 기운을 빼앗지 못했다. 또한 丙火도 연간(年干)에 있어 壬水와 거리가 있었고, 그 사이에 己土가 있어 간격을 두었다.

이 사주는 丙火가 월간(月干)에 있어 壬水와 더 가깝고, 己土가 바깥에 있어 그 위력을 발휘하지 못한다. 子水도 충(沖)에 더 가깝고, 운의 흐름마저 서북의 차가운 땅으로 흘러가니 丙火를 전혀 생조하지 못한다. 그러니 乙木의 기운이 어찌 능히 발할 수 있겠는가.

십간체상(十干體象)에 '虛濕之地 騎馬亦憂(허습지지 기마역우)'라고 하였으니, 이 말이 틀린 것이 아니었다. 그러므로 이 사람은 뜻을 접은 채 서실에서 글만 읽으며 극심하게 가난했고, 아내를 극하고 자식도 없었다. 壬申 운에 이르자 丙火가 극을 받아 소멸되었으므로 사망했다. 이것이 바로 '음승음위(陰乘陰位)하면 음기(陰氣)가 왕성하다'는 것이다.

지 생 천 자 천 쇠 파 충

地生天者 天衰怕沖

지지가 천간을 생(生)할 때, 천간이 쇠약하면 지지의 충(沖)을 두려워한다.

原注

如丙寅, 戊寅, 丁酉, 壬申, 癸卯, 己酉, 皆長生日主, 甲子, 乙亥, 丙寅, 丁卯, 己巳, 皆自生日主, 如主衰逢沖, 則相拔而禍更甚.

- 예를 들어 丙寅, 戊寅, 丁酉, 壬申, 癸卯, 己酉 등은 모두 '장생(長生)'으로 일주를 생조하고, 甲子, 乙亥, 丙寅, 丁卯, 己巳 등은 모두 '자생(自生)'으로 일주를 생조한다.
- 만약 일주가 쇠한데 충(沖)을 만나면, 서로 뿌리가 뽑혀서 화(禍)가 더욱 심해진다.

임철초 日

'지생천(地生天)'이라는 것은 甲子, 丙寅, 丁卯, 己巳, 戊午, 壬申, 癸酉, 乙亥, 庚辰, 辛丑과 같은 것을 말한다.

일주(日主)가 월령(月令)을 얻지 못한 달에 태어나고, 사주 안에 돕고 부조하는 기운이 적어 인성(印星)을 용신으로 쓸 때, 충(沖)을 만나면 뿌리가 뽑혀 생기(生氣)가 끊기니, 화(禍)가 가장 강해진다.

만약 일주가 월령을 얻어 제때의 기운을 얻었거나, 혹은 年과 時에 모두 녹왕(祿旺)을 만났거나, 혹은 천간에 비겁(比劫)이 거듭 있거나, 혹은 관성(官星)이 쇠약하면, 오히려 인성(印星)의 설기(洩氣)를 꺼리게 되니 충(沖)을 두려워하지 않는다.

결론적으로, 일주의 기세(氣勢)를 보아야 한다. 왕성하면 충을 좋아하고, 휴수되면 충을 두려워한다. 비록 일주에 대해 논했지만, 세운(歲運)에서 충이 와도 마찬가지이다.

丙	丙	戊	甲
申	寅	辰	寅

甲	癸	壬	辛	庚	己
戊	酉	申	未	午	巳

[38] 강약 / 격국

이 사주는 앉은 자리(일지)가 인성(印星)이다. 계춘(季春) 辰月에 태어나 인성(印星)의 기운이 넘치는데, 연주(年柱)에 甲寅까지 있으니 그 기운이 지나치다. 土가 비록 월령을 잡았지만, 木의 힘이 더 강한 상태이다.

다행히 寅申이 충(沖)을 하고 있으니 재성(財星)인 金을 용신(用神)으로 쓸 수 있다. 재성을 용신으로 삼을 때 가장 꺼리는 것은 비견(比肩)이 천간에 드러나는 것인데, 충(沖)이 있어 비견이 힘을 쓰지 못했다.

초년에 운이 남방 火 땅으로 흐르자, 일이 일어났다 쓰러지기를 반복했다. 하지만 壬申, 癸酉의 20년간 운이 오자 寅木을 충극(沖剋)하고 비견을 제거하여 사업을 일으키고 집안을 세웠다. 이것이 바로 인수를 탔을 때는 재성을 취해 완성한다는 '승인취재(乘印就財)' 격이다.

丙丙甲壬
申寅辰申

庚 己 戊 丁 丙 乙
戌 酉 申 未 午 巳

[39] 강약 / 격국

이 사주도 일주가 인성(印星) 위에 앉았고 계춘(季春) 辰月에 태어났으니 인성의 기운이 부족하지 않다. 연간(年干)의 壬水 칠살이 인성을 생(生)하며 정이 있으니 두려워할 것이 없다.

꺼려하는 것은 申 두 개가 寅을 충(沖)하여 甲木의 뿌리가 뽑히는 것이다. 다행히 壬水가 金의 기운을 설기(洩氣)하고, 木을 생해 준다.

丙 운에 이르러 申 재성(財星)을 극하자 학교에 들어가 보름(補廩, 유생 지원)에 선발되었고 과거에도 급제했다. 그런데 丁未 운에 壬水를 합거(合去)하자 과거 시험을 세 번이나 또 보았는데도 합격하지 못했다. 戊申 운에는 壬水를 극거(剋去)하고 申 세 개가 寅木을 충하니 길에서 사망했다.

이 사주에서 壬水는 甲木의 근원이 되므로 결단코 상해서는 안 된다. 壬水가 상하게 되면 甲木이 반드시 고단해진다. 무릇 '홀로 있는 칠살(殺)에 인성을 용신으로 쓰는 자는 칠살이 제압되는 것을 가장 꺼린다'는 것이 바로 이 경우이다.

천 합 지 자 지 왕 희 정

天合地者 地旺喜靜

천간과 지지가 합(合)할 때, 지지가 왕성하면 지지의 안정됨을 좋아한다.

原注

如丁亥, 戊子, 甲午, 己亥, 辛巳, 壬午, 癸巳之類, 皆支中人元, 與天干相合者. 此乃坐下財官之地, 財官若旺, 則宜靜不宜沖.

- 예를 들어 丁亥, 戊子, 甲午, 己亥, 辛巳, 壬午, 癸巳 등의 종류는 모두 지장간이 천간과 서로 합(合)을 이루는 것이다.
- 이것은 곧 지지에 재성과 관성이 자리 잡은 땅이니, 재성과 관성이 왕성하다면, 마땅히 안정되어야지 충하는 것을 좋아하지 않는다.

임철초 曰

십간의 합은 음양이 서로 짝을 이룬다. 다섯 양이 다섯 음과 합하여 재성(財)가 되고, 다섯 음이 다섯 양과 합하여 관성(官)이 된다. 그러므로 반드시 합하는 것이다.

그러나 음이 왕성하여 양을 따르지 않고, 양이 왕성하여 음을 따르지 않아, 비록 합하더라도 변화(化)하지 않는 경우가 있고, 또 쟁합(爭合), 투합(妬合), 분합(分合) 등도 발생한다. 하지만 만약 천간이 지지 속의 지장간과 합하면, 사주에 따라 합하지 못하는 것이 없으며, 나누어지고 다투고 질투하는 것이 없다.

이 단락은 본래 지극한 이치가 있다. 다만 본래의 주석에 융통성이 부족했을 뿐이다. 알아야 할 것은 천합지(天合地) 세 글자를 반드시 유연하게 집착하지 않고 보아야 한다는 점이다. 중요한 것은 다음 구절인 지왕희정(地旺喜靜) 네 글자이다.

무릇 '지왕(地旺)'이란 천간이 반드시 쇠약함을 의미한다. '희정(喜靜)'이란 사주 지지에 충극하는 글자가 없고, 생조하는 글자가 있음을 뜻한다. 천간이 쇠약하고 도움을 받지 못하며, 지지가 왕성하고 생조를 받으면, 천간은 반드시 합하고자 하는 마음을 품게 된다. 만약 지지에서 원신이 천간으로 투출하면, 하늘과 땅이 오르내리며 정이 있게 된다.

이러한 합은 '종(從)'하는 뜻과 비슷하다. 합재(合財)는 종재(從財)와 비슷하고, 합관(合官)은 종관(從官)과 비슷하다. 이는 십간이 합하여 화(化)하는 이치와는 다르다. 그래서 정(靜)하면 편안히 살고 지킬 수 있으나, 동(動)하면 위태로워 지지하기 어렵다.

그러나 합이라고 말할 수 있는 것은 오직 戊子, 辛巳, 丁亥, 壬午의 네 일주뿐이다. 만약 甲午 일주는 午의 지장간이 반드시 먼저 丁이 있고 그 후에 己가 있으니, 己土가 어찌 권력을 잡고 甲과 합하겠는가. 己亥 일주는 亥의 지장간이 반드시 먼저 壬이 있고 그 후에 甲이 있으니, 甲이 어찌 나와서 己와 합하겠는가. 癸巳 일주는 巳의 지장간이 반드시 먼저 丙이 있고 그 후에 戊가 있으니, 戊가 어찌 자리를 넘어서 癸와 합하겠는가. 이 세 일주는 논하지 않는다.

십간이 응하여 합하고 화(化)하는 것은 화격(化格)이 되며, 따로 작용이 있다. 이는 화격(化格)의 장(章)에 해석이 있다.

乙	壬	辛	己
巳	午	未	巳

乙	丙	丁	戊	己	庚
丑	寅	卯	辰	巳	午

[40] 강약 / 전왕

지지에 남방(南方)의 기운이 승권 당령했으니, 땅의 기운이 극도로 왕성하다. 火 기운은 맹렬하고 土 기운은 바짝 메말라 있다. 따라서 金은 연약하여 水를 생하여 윤택하게 하기가 어렵다. 천간 또한 극도로 쇠약하다. 그러므로 일간의 정은 辛金에 있지 않고, 그 의향은 반드시 午 중의 丁火에 있다. 이렇게 합(合)하면 종(從)하게 된다.

己巳, 戊辰 운에는 金을 생하고 火를 설기(洩氣)시켜 재물 손실이 있었다. 반면 丁卯, 丙寅 운에는 木과 火가 함께 왕성하여 辛金을 제극(制剋)시켰다. 그 결과 경영하는 일이 잘 풀려 수만의 재물을 이루었다.

庚	丁	丙	己
子	亥	子	丑

庚	辛	壬	癸	甲	乙
午	未	申	酉	戌	亥

[41] 강약 / 전왕

이 명조는 지지가 북방(北方) 기운으로 가득해 극도로 왕성하다. 천간의 火는 허약하고 힘이 없는데, 木이 없어 생조하지 못하기 때문이다. 또한 습토(濕土)인 丑土가 火의 빛을 가리니, 천간이 극도로 쇠약하다. 대부분의 사람들은 이 사주를 살중신경(殺重身輕)으로 보고, 火를 용신(用神)으로 삼아 칠살과 대적하고 일주를 도와야 한다고 말한다.

그러나 戊寅年에 이르러 金은 절지이고 火는 생지이며, 亥水를 합거(合去, 寅亥合)하니 나는 반드시 크게 흉할 것이라 예상했는데, 과연 계하(季夏, 己未월)에 사망했다. 이는 지지의 관살(官殺)이 왕성한 기운을 타고 모두 관살의 무리인데, 천간에 인성(印星)이 없고 己土는 丙火의 기운을 빼앗으니 일주를 도울 수 없기 때문이다. 이것은 천간과 지지가 합하는 것은 종하는 것과 같다는 뜻으로 '천지합이종관(天地合而從官)'이라 할 수 있다.

甲戌 운에는 火를 생하고 水를 극하니, 형상(刑喪)과 재물 파손이 심했고 가업을 모두 탕진했다. 癸酉와 壬申 운에는 丙火를 모두 극하여 없애고 재관(財官)을 도우니, 5만 냥 이상의 재물을 얻었다. 未 운 중 丙子年에 화재를 만나 2만 냥의 재물을 손해 보았다. 사람들은 火土가 일주를 돕는다고 하며 午未 운이 좋았을 것이라 말하지만, 이것은 비견이 재물을 빼앗아 오히려 큰 흉(凶)에 이르는 다른 이유가 있음을 모르기 때문이다.

갑 신 무 인 진 위 살 인 상 생 경 인 계 축 야 좌 양 신 흥 왕

甲申戊寅 眞爲殺印相生 庚寅癸丑 也坐兩神興旺[20)]

甲申과 戊寅은 진실로 살인상생(殺印相生)이 된다. 한편, 庚寅과 癸丑은 두 신(神)이 모두 왕성하게 자리하고 있다.

原注

兩神者, 殺印也. 庚金見寅中火土, 卻多甲木, 而以財論; 癸見丑中土金, 卻多癸水, 則幫身, 不如甲見申中壬水庚金, 戊見寅中甲木丙火之爲眞也.

- 두 개의 신(神)은 살(殺)과 인(印)이다.
- 庚金이 寅 중 火土(殺印)를 보았으나, 오히려 甲木이 많아 재성으로 논한다. 癸水가 丑 중 土金(殺印)을 보았으나, 오히려 癸水가 많아 몸을 돕는 것이다.
- 이와 같지 않은 것으로, 甲木이 申 중 壬水(印)와 庚金(殺)을 보는 것과, 戊土가 寅 중 甲木(殺)과 丙火(印)를 보는 것은 진정 살인상생 구조이다.
- (비슷해 보이지만 지장간의 본질과 경중을 따져야 정확한 판단이 가능함을 예시로 비교 설명하고 있다.)

20) 甲申戊寅, 是爲煞印相生, 庚寅癸丑, 亦是煞印兩旺.

임철초 曰

두 개의 신(神)은 살(殺)과 인(印)이다. 지지에 살인상생(殺印相生)이 자리 잡은 것이 비단 이 네 개의 날 뿐이겠는가. 乙丑, 辛未, 壬戌 같은 종류도 역시 두 개의 신(神)이다.

癸丑에 비견이 많다고 했는데, 戊寅에는 어찌 비견이 없겠는가? 庚寅에 재성이 많다고 했는데, 甲申에는 어찌 재성이 없겠는가? 단지 庚寅과 癸丑만 진실이 아닐 뿐 아니라, 또 甲申과 戊寅 또한 근거로 삼기 어렵다. 만약 오직 일주(日主) 한 글자로만 격(格)을 논한다면, 연월시(年月時)에 있는 다른 글자들을 어떻게 처리하고 이해해야 하겠는가?

다만 이 몇 개의 날을 예로 들어, 살(殺)을 쓰려면 돕고, 쓰지 않으려면 억누르는 것이고, 반드시 사주의 기세(氣勢)와 일주의 쇠왕(衰旺)을 구별하여 보아야 한다는 것이다.

만약 일주가 강하고 살이 약하면 재성(財星)으로 살을 돕고, 일주와 살의 힘이 비슷하면 식신(食神)으로 살을 제압하며, 살이 강하고 일주가 약하면 인성(印星)으로 살을 변화시켜야 한다. 사주에서 살이 무겁고 일주가 가벼우면 가난하지 않으면 요절한다. 살을 제압하는 것이 지나치면 비록 배워도 이루는 것이 없다.

운을 논하자면, 살이 왕성한데 다시 살의 운으로 가면 즉시 흉한 재앙을 본다. 살을 제압하는 것이 지나친데 다시 제압하는 운으로 가면 반드시 궁핍함을 당한다.

책에 이르기를 '격(格)을 추론하고 자세히 살피는 데 살(殺)을 중요하게 여긴다'고 했고, 또 '살이 있으면 오직 살만을 논하고, 살이 없어야 비로소 용신을 논한다'고 했다. 살(殺)을 어찌 소홀히 할 수 있겠는가?

甲	甲	己	壬
子	申	酉	午

乙 甲 癸 壬 辛 庚
卯 寅 丑 子 亥 戌

[42] 강약 / 격국

甲申 일주가 8월(酉月)에 태어나 칠살(七殺)이 주도권을 잡고 있다. 다행인 것은 午火가 酉金 옆에서 칠살을 제압하고, 子水는 申金 옆에서 칠살을 변화시키고 있다는 점이다. 이것이 바로 '거관유살(去官留殺)'과 '살인상생(殺印相生)'의 구조이다.

木은 시들고 金은 왕성하니, 인성(印星)으로 용신(用神)을 삼는다. 이 사람은 과거에 급제하여 낭서(郎署)를 거쳐 관찰사로 나아갔다가 어사(御史)에 이어 변방의 장수로 전보되었다.

甲	甲	己	壬
子	申	酉	辰

乙 甲 癸 壬 辛 庚
卯 寅 丑 子 亥 戌

[43] 강약 / 격국

이 사주는 앞선 사주와 단지 辰 글자 하나만 다르다. 속설에 따르면 앞의 사주는 제관유살(制官留殺)이고, 이 사주는 합관유살(合官留殺)이니 공명과 벼슬길에 있어 높고 낮음이 없다고 할 것이다. 그러나 천연적인 큰 차이가 있다는 것을 알지 못하기 때문이다.

무릇 제(制)는 극하여 제거하는 것이지만, 합(合)은 제거되는 경우도 있고 제거되지 못하는 경우도 있다. 이 사주에서 辰土를 재성(財星)으로 보면, 辰은 金으로 변하여 살(殺)을 돕게 된다. 또 酉金을 관(官)으로 보면, 역시 金으로 변하여 살의 무리가 된다. 이로 인해 맑은 기운 속에 탁한 기운이 섞이게 되니, 재성(財星)이 병(病)이 되었다.

그러므로 공명은 물론, 형벌과 재물 파손의 어려움을 면치 못했다. 오직 亥 운에 인성(印星)의 생조를 만나 한 번 성공을 얻었고, 壬子 운 중에 木의

해를 만났다면 가을 고시에 합격할 가망은 있었다. 그러나 癸丑 운에는 子 인성을 합거(合去)하니, 출세길이 막히고 흉함만 있을 뿐 길함은 없을 것이다. 甲寅 운에는 申에 충파(沖破)되어 수명에 지장이 있다.

上下貴乎情協
상하귀호정협

위와 아래가 서로 정(情)이 있어 화합해야 귀해진다.

原注

天干地支, 雖非相生, 宜有情而不反背.

- 천간과 지지가 비록 서로 생(生)하는 관계가 아닐지라도, 정(情)이 있어 서로 등지지 않아야 한다.

임철초 日

위와 아래가 정(情)이 있어 화합하는 것은 서로를 보호하고, 천간과 지지가 서로 등지지 않는 것이다.

예를 들어, ① 관성(官星)은 쇠약하고 상관(傷官)은 왕성한데 재성(財星)이 국(局)을 얻었거나, ② 관성이 왕성하고 재성이 많을 때 비겁(比劫)이 국을 얻었거나, ③ 칠살(殺)이 무거워 인성(印星)을 용신으로 쓰면 재성(財星)을 꺼리는데 재성이 겁재(劫財) 자리에 임했거나, ④ 일주가 강하고 칠살이 얕아 재성을 좋아하는데 재성이 식신(食神) 자리에 앉았거나, ⑤ 재성이 가볍고 비겁이 무거운데 관성이 있어 관성이 비겁을 제압하거나, ⑥ 관성이 없는데 식상(食傷)이 있어 비겁을 설기하면 모두 '유정(有情)'하다고 한다.

예를 들어, ① 관성이 쇠약한데 상관을 만났고 재성이 나타나지 않거나, ② 관성이 왕성한데 인성이 없고 재성이 국을 얻었거나, ③ 칠살이 무거워 인성을 용신으로 쓰는데 재성을 꺼리는데 재성이 식신 자리에 앉았거나, ④ 일주가 강하고 칠살이 약하면 재성을 좋아하는데 재성이 겁재 자리 위에 앉았거나, ⑤ 재성이 가볍고 비겁이 무거운데 식상이 없고 관성마저 힘을 잃었거나, ⑥ 식상이 있는데 인성이 권력을 잡으면 모두 '불협(不協)'하다고 한다.

庚 丙 癸 己
寅 寅 酉 巳

丁 戊 己 庚 辛 壬
卯 辰 巳 午 未 申

[44] 강약 / 격국

이 사주는 일주(日主)가 두 장생지(長生地)에 앉아 있고, 연지(年支) 역시 녹왕(祿旺)을 만났으니, 관성(官星)을 용신(用神)으로 삼기에 충분하다.

癸水 관성이 己土에게 바로 극을 받아 손상될 것처럼 보이지만, 다행히 관

성이 재성(財星)의 자리에 앉아 있다. 더욱 좋은 것은 巳와 酉가 金 기운을 끌어내어 己土의 기운을 설기(洩氣)시키고, 이로 인해 관성인 癸水의 뿌리가 더욱 튼튼해졌다는 점이다. 그렇기 때문에 이 사람은 평생 흉한 일을 겪지 않았으며, 명예와 재물이 모두 온전했다.

甲丙癸癸
午辰亥亥
丁 戊 己 庚 辛 壬
巳 午 未 申 酉 戌

[45] 강약 / 격국

이 사주는 관살(官殺)이 왕성한 기운을 타고 있어 원래는 두려워해야 한다. 하지만 다행히도 午時가 되어 식신(食神)을 생조하여 칠살(七殺)을 제압한다. 시주(時柱)의 甲木은 水의 기운을 설기(洩氣)하고 火를 생하니, 왕성한 칠살의 절반이 인성(印星)으로 변한다. 허약했던 木은 두 장생지(長生地)를 만나 뿌리가 깊어진다. 이처럼 천간과 지지가 조화로워 거짓이 없다. 결국 자수성가하여 수만 냥의 재물을 모았다.

丙乙庚甲
子卯午寅
丙 乙 甲 癸 壬 辛
子 亥 戌 酉 申 未

[46] 강약

일주(日主)가 전록(專祿)을 깔고 앉았고, 시지(時支)의 子水가 생조하며, 연간(年干)의 甲木 또한 녹왕(祿旺)을 만났다. 庚金을 용신으로 쓰려고 해도, 火 기운이 왕성한데 土는 없고 앉은자리마저 火의 땅이다. 丙火를 용신으로 쓰려 해도, 子水가 그 왕성한 뿌리(旺支)를 충(沖)하여 제거하니, 火를 용신으로 쓰는 것 또한 편안한 운으로 나아갈 수 없다.

그러므로 한 번의 실패로 재산이 모두 사라져버렸다. 乙亥 운에 水와 木이 함께 들어오자, 마침내 걸인이 되고 말았다.

壬	乙	己	乙		
午	亥	卯	丑		
癸	甲	乙	丙	丁	戊
酉	戌	亥	子	丑	寅

[47] 강약

이 사주는 己土 재성(財星)이 丑에 뿌리를 내리고 午에서 녹(祿)을 얻었으니, 겉으로 보기에는 일주(日主)와 재성(財星)이 함께 왕성한 것처럼 보인다.

그러나 사실은 己土 재성은 비견(比肩)에게 빼앗기고, 丑土 재성은 卯木에게 극파(剋破)되었다. 午火 식신(食神)은 亥水에게 극을 받고, 壬水가 덮고 있어 어느 곳으로도 변하거나 따르지 못한다. 이것이 이른바 '위아래가 정이 없다(上下無情)'는 것이다.

초년의 戊寅, 丁丑 운에는 재성이 생조를 받아 조상에게 물려받은 유산이 자못 풍성했다. 그러나 丙子 운으로 바뀌자 午火를 충(沖)하여 없애니, 한 번의 실패로 재산이 모두 바닥났다. 乙亥 운에는 아내와 자식을 모두 팔고 머리를 깎고 스님이 되었다. 하지만 청빈한 계율마저 지키지 못해 굶어 얼어 죽었다.

이 두 사주를 합하여 관찰하면, 위와 아래가 정이 있어 화합하는가 아닌가에 따라 부귀와 빈천이 크게 갈린다는 것을 알 수 있다. 이로써 바로 증명된다.

좌 우 귀 호 동 지

左右貴乎同志[21)]

좌우가 서로 뜻을 함께해야 귀해진다.

原注

上下左右, 雖不全一氣之物, 須生化不錯.

- 상하(천간과 지지), 좌우(월주와 시주)가 비록 하나의 기운으로만 이루어진 게 아닐지라도, 반드시 생(生)하고 화(化)하는 것이 어긋나지 않아야 한다.

21) 左右貴乎志同.

임철초 日

좌우(左右)가 뜻을 함께한다는 것은, 제화(制化)가 적절하고 좌우가 서로 돕고 부조하여 어지럽지 않다는 것이다.

예를 들어, ① 살(殺)이 왕성하고 일주가 약할 때 양인(陽刃)이 있어 합하거나, 혹은 인성(印星)이 있어 순화하면 뜻을 같이하는 것이다. ② 일주가 왕성하고 살이 약할 때 재성(財星)이 있어 살을 생하거나, 혹은 관성(官星)이 있어 돕는 것도 뜻을 같이하는 것이다. ③ 일주와 살의 힘이 모두 왕성할 때 식신(食神)이 있어 제압하거나, 혹은 상관(傷官)이 있어 대적하는 것도 뜻을 같이하는 것이다. 이를 '동지(同志)'라고 한다.

예를 들어, ① 일주가 약한데 살이 재성의 도움을 받으면 재성이 짐이 된다. ② 일주가 왕성한데 겁재(劫財)가 관성과 합하면 관성이 이미 제 역할을 잃은 것이다. 이것은 모두 '불협(不協)'한 상태이다.

결론적으로, 일주가 좋아하는 신(神)은 반드시 몸에 가깝게 붙어 드러나야 한다. 살을 좋아하면 살이 재성과 친해야 하고, 살을 꺼리면 살이 식신의 제압을 만나야 한다. 인성을 좋아하면 인성이 관성 뒤에 있어야 하고, 인성을 꺼리면 인성이 재성에게 양보해야 한다. 재성을 좋아하면 식상을 만나야 하고, 재성을 꺼리면 비겁을 만나야 한다.

일주가 좋아하는 신(神)이 한신(閑神)의 도움을 받아 다투거나 질투하지 않고, 꺼리는 신(神)이 한신에게 제압되어 제멋대로 날뛰지 않는 것이 바로 '동지(同志)'이다. 마땅히 자세히 연구해야 한다.

庚 庚 丙 壬
辰 午 午 申
壬 辛 庚 己 戊 丁
子 亥 戌 酉 申 未

[48] 격국

이 사주는 丙火의 칠살(七殺)이 비록 왕성하지만, 壬水의 뿌리가 또한 튼튼하다. 일주(日主)는 비견(比肩)의 도움을 받고 습토(溼土)의 생조를 받으니, '신살양정(身殺兩停)'의 구조이다.

壬水를 용신(用神)으로 삼아 칠살을 제압하니, 천간(天干)의 뜻을 같이하는 신(神)은 壬水이고, 지지(地支)에서 화합하는 것은 辰土다. 辰土가 한편으로는 제압하고 한편으로는 순화시키니, 가히 유정(有情)하다 할 수 있다.

운이 金水의 땅으로 나아가자, 벼슬길이 빛났고 변방의 장수까지 올랐다.

戊 庚 丙 壬
寅 申 午 午
壬 辛 庚 己 戊 丁
子 亥 戌 酉 申 未

[49] 격국

이 사주는 앞선 사주와 비교해 보면 크게 다르지 않다. 하물며 일주가 녹왕(祿旺)에 앉았고, 壬水가 역시 옆에서 칠살(七殺)을 제압한다. 그렇다면 어째서 앞 사주는 명예와 재물을 모두 얻었는데, 이 사주는 평생 운이 발하지 못했을까?

그 이유는 다음과 같다. 앞 사주의 壬水는 申의 생지(生地)를 만나 칠살을 제압하는 힘이 충분했다. 그러나 이 사주의 壬水는 午의 절지(絶地)에 앉았으니, 칠살을 대적할 힘이 없다.

또한, 앞 사주는 시주(時柱)의 비겁(比劫)이 일주를 돕고 또 水를 생할 수 있었지만, 이 사주는 시주에 효신(梟神)이 있어 水를 극하고 식신(食神)을 생조하지 못한다. 이것은 좌우가 뜻을 함께하지 못하는 경우이다.

시 기 소 시 종 기 소 종 부 귀 복 수 영 호 무 궁
始其所始 終其所終 富貴福壽 永乎無窮

시작하는 바를 시작하고, 끝내는 바를 끝낸다면, 부귀복수(富貴福壽)가 영원토록 무궁하다.

原注

年月爲始, 日時不反背之, 日時爲終, 年月不妒忌之, 凡局中所喜之神, 引於時支, 有所歸者, 爲始終得所, 則富貴福壽, 永乎無窮矣.

- 연월(年月)은 시작이 되는데, 일시(日時)가 이를 거스르지 않으며, 일시(日時)는 끝이 되는데, 연월(年月)이 질투하지 않아야 한다.
- 무릇 사주 원국에서 희신(喜神)이 시지(時支)로 이끌려 돌아갈 곳이 있는 자는 시작과 끝이 제자리를 얻은 것이니, 풍요와 성공과 행복과 건강이 영원토록 무궁하다.

임철초 日

시작과 끝의 이치란 것은 천간과 지지가 막힘없이 흘러 사주팔자의 생화(生化)가 끊이지 않는 것을 말한다. 반드시 구슬을 꿰듯 서로 이어지고 오행이 모두 갖춰져야 한다. 설령 부족한 것이 많더라도 합화(合化)의 정(情)이 있어 서로 돕고 보호하면 순수하다고 볼 수 있다.

희신(喜神)은 생조를 받아 뿌리를 내려야 하고, 기신(忌神)은 극을 받아 뿌리가 없어져야 한다. 한신(閑神)은 기신과 무리를 이루지 않아야 하고, 기신(忌神)은 합을 통해 변화하여 공을 세워야 한다.

사주의 천간과 지지에는 버릴 것이 하나도 없으며, 흉신(凶神)이라 불리는 상관(傷官), 효신(梟神), 겁재(劫財), 양인(陽刃)까지도 격국(格局)을 돕고 용신(用神)을 보좌하는 역할을 한다. 희신과 용신(喜用)이 정(情)이 있고, 일주(日主)가 기운을 얻는다면 부귀복수(富貴福壽)를 누리지 못할 것이 없다.

己	丁	甲	壬
酉	亥	辰	寅

壬辛庚己戊丁丙乙
子亥戌酉申未午巳

[50] 강약

이 사주는 연간(年干)의 壬水에서 시작이 되고, 일지(日支)의 亥水에서 끝나는 구조이다. 관성이 인성을 생하고, 인성이 일주를 생하며, 식신을 발하여 빼어난 기운을 발산한다. 재성(財星)은 식신(食神)이 덮어 보호하고, 관성(官星)은 재성의 생조를 받는다. 상관(傷官)이 비록 월령을 잡았지만, 인성이 제압하여 조화롭다.

연월(年月)은 서로 등지지 않고, 일시(日時)는 서로 질투하지 않아, 시작과 끝이 마땅함을 얻었다. 그리하여, 2품 벼슬에 올랐고 백만 냥의 재물을 모았으며, 자손들이 모두 뛰어나게 되었고, 여든 살까지 장수했다.

乙	癸	庚	戊
卯	亥	申	戌

戊丁丙乙甲癸壬辛
辰卯寅丑子亥戌酉

[51] 강약

이 사주는 土가 金을 생하고, 金이 水를 생하며, 水가 木을 생하는 구조로, 천간(干)과 지지(支)가 함께 흐른다. 서로 생하는 의리는 있으나 다투고 질투하는 기미는 없다. 戌 중의 재성(財星)이 창고에 돌아갔으니, 관성(官星)은 맑고 인성(印星)은 바르다.

식신(食神)이 빼어난 기운을 뱉어내고 생조를 받았으니, 지방 과거에 합격하여 벼슬은 황당(黃堂)에까지 이르렀다. 한 명의 아내와 두 명의 첩에게서 열세 명의 자식을 두었으며, 자식들 또한 과거 급제가 끊이지 않고 이어졌다. 재산은 백만 냥에 달했고, 수명은 90세를 넘겼다.

辛	己	丙	甲
未	巳	寅	子

甲癸壬辛庚己戊丁
戌酉申未午巳辰卯

[52] 강약

이 사주는 천간에서 木이 火를 생하고, 火가 土를 생하며, 土가 金을 생한다. 지지에서는 水가 木을 생하고, 木이 火를 생하며, 火가 土를 생하고, 土가 金을 생한다. 또한 지지에서 천간을 생하는 관계도 있다.

지지의 흐름을 보면, 연지(年支)의 子水가 寅木을 생하는 것을 시작으로, 시간(時干)의 辛金에 이르러 끝난다. 천간의 흐름 역시 연지 子水가 甲木을 생하는 것을 시작으로, 시간 辛金에서 끝난다. 천지(天地)의 기운이 함께 흐르니, 이것이 바로 '시작하는 바를 시작하고, 끝내는 바를 끝낸다(始其所始 終其所終)'는 것이다. 그렇기에 과거 급제가 끊이지 않았고, 벼슬은 최고위직까지 올랐다. 부부가 함께 훌륭했으며, 자손이 번성하여 과거에 급제하는 경사가 끊이지 않았고, 수명은 90세까지 살았다.

3장 형상기국(刑象氣局)

10. 형상(形象)
11. 방국(方局)
12. 팔격(八格)
13. 체용(體用)
14. 정신(精神)
15. 월령(月令)
16. 생시(生時)
17. 쇠왕(衰旺)
18. 중화(中和)
19. 원류(源流)
20. 통관(通關)

10. 형상(形象)

양 기 합 이 성 상 　상 불 가 파 야
兩氣合而成象 象不可破也

두 기운이 합하여 상(象)을 이룰 때, 그 상(象)을 깨트려서는 안 된다.

原注

天干屬木, 地支屬火, 天干屬火, 地支屬木, 其象則一. 若見金水則破, 餘倣此.

- 천간이 木에 속하고 지지는 火에 속하거나, 천간이 火에 속하고 지지는 木에 속할 때 그 상(象)은 한 가지이다.
- 여기서 만약 金이나 水를 본다면 깨지고 만다. 나머지도 이와 같다.
- (상(象)은 눈에 보이지 않는 것으로 간지가 만들어낸 난조, 한습한 추상적인 에너지의 흐름으로 해석했다.)

임철초 日

두 기운이 모두 맑고 깨끗한 것(兩氣雙淸)은 비단 木火 두 가지 형상에만 있는 것이 아니다. 예를 들어 土金, 金水, 水木, 木火, 火土처럼 서로 생(生)하는 관계의 다섯 가지 조합과 木土, 土水, 水火, 火金, 金木처럼 서로 극(剋)하는 다섯 가지 조합, 즉 반씩 대립하는 경우도 모두 그러하다.

서로 생하는 관계는 내가 생하는 대상이 중요하고, 빼어난 기운으로 흘러야 한다. 서로 극하는 관계는 내가 극하는 대상이 중요하고, 일주는 상하게 하지 않아야 한다. 서로 생하는 관계는 반드시 힘이 비슷해야 하며, 조금이라도 많거나 적으면 안 된다. 서로 극하는 관계는 반드시 힘이 균등해야 하며, 한쪽으로 치우치거나 가벼우면 절대 안 된다.

만약 金水를 용신으로 쓴다면 火土가 섞여 들어오면 안 된다. 水木을 취한다면 火金과 서로 다투면 안 된다. 木火로 상(象)을 이룬 자는 金水가 판을 깨는 것을 가장 두려워한다. 水火가 균형을 이룬 자는 土가 와서 水를 막는 것을 특히 꺼린다.

격국이 이와 같으면 운을 취하는 것도 이와 같이 따라야 한다. 운이 한결같이 맑게 흐르면 반드시 지위가 높고 녹봉이 많다. 운이 도중에 혼란스러워지면 아마도 벼슬을 빼앗기고 집안이 기울 것이다. 그러므로 이 격국은 가장 온전하기 어렵고, 보는 방법은 지극히 정밀해야 한다.

만약 생하고 또 생하는 관계라면 기운이 유통되는 묘함이 있다. 만약 극하는데 변화를 만나면 이 또한 화합하는 정(情)이 있다. 어떤 사람은 그 이치가 단지 두 개의 신(神)에만 있다고 하는데, 이는 너무 좁게 보는 것이다. 이 격국은 열 가지로 나뉘니, 충분히 추론하고 평가해야 한다.

丁 甲 丁 甲
卯 午 卯 午

癸 壬 辛 庚 己 戊
酉 申 未 午 巳 辰

[53] 격국

이 사주는 木과 火가 각각 절반씩 있으니, 양기성상격(兩氣成象格)이 되었다. 丁火 상관(傷官)이 빼어난 기운을 받아 용신(用神)이 된다. 사주에 金과 水가 전혀 없으므로 사주가 순수하고 맑다.

巳 대운에는 丁火가 임관(臨官, 건록)에 이르니 크게 발복하여 한림원(翰林苑)에서 이름을 높이 떨쳤다. 그러나 庚운에 이르러 관살(官殺)이 혼잡해져 지현(知縣)으로 강등되었다. 무릇 남방(南方)의 金도 심지어 부족함이 있는데, 장차 서방(西方)의 水 운에는 무사할 것이라고 단언할 수 없다.

乙 丁 乙 丁
巳 卯 巳 卯

己 庚 辛 壬 癸 甲
亥 子 丑 寅 卯 辰

[54] 전왕

이 사주 역시 木과 火가 절반씩이니, 양기성상격(兩氣成象格)이다. 그러나 앞서 본 상관(傷官)의 격과는 비교할 수 없다. 일주가 火이고 여름철에 태어나 木이 火의 세력을 따라야 하므로, 염상격(炎上格)을 이룬다. 이 격국은 특히 金 운을 만나면 안 된다.

火가 생조를 받을 때는 절강성(浙江省)의 순무(巡撫, 관찰사)를 지냈다. 그러나 辛 운의 水 년을 만나 木과 火가 모두 상하니, 화(禍)를 면할 수 없었다. 이것이 바로 '두 사람이 한마음이 되는 경우 순하게 따를 수는 있어도 거스를 수는 없다'는 것이다.

戊丙戊丙
戌午戌午
甲 癸 壬 辛 庚 己
辰 卯 寅 丑 子 亥

[55] 격국 / 조후

이 사주는 火와 土가 절반씩이니, 양기성상격(兩氣成象格)이다. 戊土 식신(食神)의 빼어난 기운을 용신(用神)으로 삼는다. 辛丑 운에는 습토(濕土)가 火의 기운을 어둡게 하여(晦火) 빼어난 기운이 잘 흐르니, 지방 향시에 합격했다. 그러나 壬 운 壬 년에 회시(會試, 2차 시험)에 나아갔다가 그 도시에서 죽었으니, 水가 丙火를 격렬하게 부딪쳐 火를 꺼뜨렸기 때문이다.

만약 두 개의 戌土가 두 개의 辰土였다면 조열(燥烈)함에 이르지 않았을 것이니, 비록 水 운을 만났더라도 크게 흉하지는 않았을 것이다.

辛戊辛戊
酉戌酉戌
丁 丙 乙 甲 癸 壬
卯 寅 丑 子 亥 戌

[56] 격국

이 사주는 土와 金이 각각 절반씩이니, 양기성상격(兩氣成象格)이다. 辛金 상관(傷官)을 용신(用神)으로 삼는다. 다행히 운의 흐름이 한결같이 북방(北方)으로 향하여 빼어난 기운이 잘 흘렀다. 소년 시절에 과거에 급제하여 벼슬이 황당(黃堂)에까지 이르렀다. 그러나 丙 운으로 바뀌자 辛金 용신을 깨트려, 죽음에 이르렀다.

무릇 양기성상격(兩氣成象格)은 일주가 가서 생을 해야 하니, 식신(食神)이나 상관(傷官)이 있어야 영화롭고 수려한 기운이 발하여 부귀하게 된다. 그러나 만약 운에서 격국을 깨트리면 화(禍)를 면하기 어렵다. 한편, 金水나 水木으로 이루어진 인수격(印綬格)은 빼어난 기운을 취할 수 없으므로 부귀하지 않으니, 이는 시험해 본 바 자주 증명되었다.

癸戊癸戊
亥戊亥戊
己 戊 丁 丙 乙 甲
巳 辰 卯 寅 丑 子

[57] 격국 / 조후

이 사주는 水와 土가 절반씩이니, 양기성상격(兩氣成象格)이다. 다행스럽게도 조토(燥土)에 뿌리를 내렸고, 재성(財星)만이 유일하니 기세가 다소 차갑다.

그래서 丙寅 운에 이르러 차가운 土가 따뜻한 양(陽) 기운을 만나자, 과거에 연달아 급제했다. 더욱 묘한 것은 亥 중의 甲木이 木火를 은밀히 생조해주니, 벼슬은 군수(郡守)에까지 이르고 벼슬길이 평탄했다.

己癸己癸
未亥未亥
癸 甲 乙 丙 丁 戊
丑 寅 卯 辰 巳 午

[58] 격국

이 사주는 土와 水가 서로 극하는 양기성상격(兩氣成象格)이다. 순수한 칠살(七殺)이 제압받지 않아 일주(日主)가 상했다. 초년에 火土의 땅으로 운이 흘러 칠살을 생조하니, 알아주는 이 없이 외롭고 한적하게 지낼 뿐이었다.

그러나 乙卯 운으로 바뀌어 동방(東方)으로 흐르자, 칠살을 제압하여 권력으로 바꾸니 기이한 만남을 얻어 현령(縣令)으로 벼슬길이 올랐다.

이를 통해 볼 때, 생국(生局)은 반드시 식신(食神)이 있어야 아름답고, 인국(印局)은 빼어난 기운이 없으니 아름답다고 할 수 없다. 재국(財局)은 일주와 재성의 힘이 비슷하여 일주 본기(本氣)가 상하지 않더라도, 운의 흐름이 편안하고 안정되어야 비로소 온전한 아름다움이 된다. 한 번 운에서 격국이 깨진다면 어찌 화(禍)가 발생하지 않겠는가?

오 기 취 이 성 형 형 불 가 해 야
五氣聚而成形 形不可害也

다섯 가지 기운이 모여 형(形)을 이루니, 그 형(形)을 해치는 것은 옳지 않다.

原注

木必得水以生之, 火以行之, 土以培之, 金以成之, 是以成形於要緊之地, 或過或缺, 則害. 餘皆倣之.

- 木은 반드시 水를 얻어 생조를 받고, 火로 기운을 펼치고, 土에 뿌리를 내리고, 金에 결실을 보게 된다.
- 이처럼 오행은 요긴한 곳에서 형(形)을 이루니, 만약 지나치거나 부족하면 해(害)가 되는 것이다. 나머지도 이와 같다.
- (형(形)은 눈에 보이는 것으로 글자 자체와 그 조합이며, 오행의 글자가 관계를 맺고 조화를 이루는 모습으로 해석했다.)

임철초 日

木이 형(形)을 이룰 때, ① 식상으로 기운이 설기되면 水로 생조해야 하고, ② 관살이 교차하면 火로 그 기운을 다스려야 하고, ③ 인수가 중첩되면 土로 배양해야 하고, ④ 재성은 가볍고 겁재가 무거우면 金으로 완성해야 한다.

용신(用神)을 얻은 자리에서 형(形)이 이루어지면, 치우치고 메마른 병이 없을 것이니, 어찌 명예와 재물이 뜻대로 되지 않음을 걱정하겠는가? 木을 예로 들었지만, 다른 오행도 모두 이와 같이 형(形)을 이룰 수 있으니, 변형하여 이와 같이 추론하면 된다.

만약 사주 원국에서 형상이 이루어지지 않았더라도, 연과 운(歲運)에서 그것이 이루어질 수 있다. 그러나 운에서도 이루어지지 않는다면, 평생 고생만 하고 흉한 일은 많고 길한 일은 적으며, 뜻을 펼치기 어려울 것이다.

戊	甲	壬	壬
辰	子	子	戌

己	戊	丁	丙	乙	甲	癸
未	午	巳	辰	卯	寅	丑

[59] 격국 / 조후

이 사주는 水의 기세가 거칠고 미쳐 날뛰는데, 홀로 戊土가 이를 막아 둑의 역할을 하니, 기운이 흩어지고 넘치지 않는 공을 세웠다. 甲木이 범람하는 물에 휩쓸리지 않은 것 또한 戊土의 공인데, 이는 戊土가 戌土에 뿌리를 견고히 내리고 있기 때문이다.

만약 辰土만 있고 戌土가 없었다면, 辰土는 습토(溼土)이므로 水를 만나면 휩쓸려 흙탕물이 되었을 것이다. 그렇게 되면 戊土는 뿌리를 내릴 수 없어 헛된 존재가 되었을 것이다. 뿌리 없는 土가 어찌 능히 모든 강의 근원을 막을 수 있었겠는가?

그러므로 이 사주에서 중요한 것은 戌이라는 조토(燥土)이다. 다만 차가운 木은 따뜻한 양(陽)을 향해야 하므로, 반드시 火의 온난함을 만나야 비로소 木이 기운을 펼칠 수 있다. 그래서 운이 남방의 火가 왕성한 곳으로 흐르자, 수만 냥의 재물을 벌었고 특별한 경로로 명성을 떨쳤다.

辛甲乙戊
未辰卯寅

辛 庚 己 戊 丁 丙
酉 申 未 午 巳 辰

[60] 강약

이 사주는 지지가 모두 동방(東方)으로 모이고, 겁재(劫財)와 양인(陽刃)이 제멋대로 날뛴다. 한 점의 미약한 金 기운으로는 완성시키기에 부족하다. 그래서 글공부를 계속하지 못했다.

초년 운인 火土에서는 생화(生化)의 정을 잃지 않아 재물이 풍족했다. 庚申, 申酉 운에 이르러 辛金이 힘을 얻으니, 특별한 경로로 벼슬을 얻어 주목(州牧, 관찰사)에까지 올랐다. 그러나 癸운에 木을 생하고 金의 기운을 설기(洩氣)하자 사망했다.

乙甲乙癸
亥戌卯未

己 庚 辛 壬 癸 甲
酉 戌 亥 子 丑 寅

[61] 강약

이 사주는 未土가 깊숙이 숨어 있고 戌土가 일주 자리에 앉아 있다. 이는 재성(財星)이 나에게 와서 취해지는 것이니 아름답다고 할 수 있다.

하지만 사주팔자에 金으로써 '완성하는(成)' 기운이 없고, 火로써 '펼쳐주는(行)' 기운도 없다. 게다가 亥時에 癸水가 뿌리를 내려 겁재를 생하고, 亥卯未 회합이 모두 겁재와 양인을 도우니, 겁재와 양인이 제멋대로 날뛰는 형국이다. 세운(歲運)을 살펴보아도 이루어질 곳이 없어, 결국 조상 대대로 물려받은 재산을 모두 탕진하고 아내를 극하고 자식도 없었다.

이로 보건대, 운명에서 중요한 것은 운(運)에 있으니, 어찌 소홀히 할 수 있겠는가? 옛말에 이르기를 '사람에게 높은 뜻이 있어도, 운이 없으면 스스로 이룰 수 없다'고 하였다.

독 상 희 행 화 지 이 화 신 요 창
獨象喜行化地 而化神要昌

독상(獨象, 일행득기)**은 변화하는 운으로 가는 것을 기뻐하는데, 변화의 신**(化神, 식상)**은 반드시 왕성하여야 한다.**

原注

一者爲獨, 曲直炎上之類也. 所生者爲化神, 化神宜旺, 則其氣流行, 然後行財官之地方可.

- 일기(一氣)를 독상(獨象)이라고 하는데, 곡직(曲直), 염상(炎上) 등의 유형이 그것이다.
- 사주가 생하는 것이 변화의 신(化神, 食傷)이 되니, 변화의 신은 왕성해야 그 기운이 유통되고, 그런 후에 재성(財星)과 관성(官星) 운으로 가는 것이 옳다.

임철초 日

하나의 기운이 홀로 있는 것을 '독(獨)'이라고 한다. 이는 권력이 한 사람에게 있는 것과 같으며, 곡직격(曲直格), 염상격(炎上格) 같은 종류가 바로 이것이다. '화(化)'는 식상(食傷)을 의미한다. 사주 원국에 화신(化神)이 왕성하고 운이 화신(化神)의 땅으로 흐르면 명예와 재물을 모두 이룬다. 팔자(八字)에 오행이 모두 갖춰져 있는 것이 좋지만, 독상격이 권세를 잡으면 이 또한 크게 빛을 발한다.

木 일주가 방합(方合)이나 삼합(三合)으로 모여 金이 섞이지 않으면 곡직격(曲直格), 火 일주가 방합이나 삼합으로 모여 水가 섞이지 않으면 염상격(炎上格), 土 일주가 네 개의 창고(四庫)에 모두 모여 木이 섞이지 않으면 가색격(稼穡格), 金 일주가 방합이나 삼합으로 모여 火가 섞이지 않으면 종혁격(從革格), 水 일주가 방합이나 삼합으로 모여 土가 섞이지 않으면 윤하격(潤下格)이 된다. 이들은 모두 한쪽의 빼어난 기운을 따르므로 일반적인 육격(六格)의 상식과는 다르다. 반드시 계절을 얻고 왕성한 운을 만나 생조를 받아야 한다.

다만 본질이 지나치게 강하므로 기운을 이끌어 소통시키는 것이 묘(妙)이며, 기세가 한 곳에 몰려 있으니 반드시 그 뜻을 잘 살펴야 한다. 예를 들어 木局이 土 운을 만나면 재성(財星)이 기운을 길러주는 것이지만, 먼저 사주에 식신이나 상관이 있어야만 재물을 두고 다투는 걱정이 없다. 火 운을 만나면 빼어난 기운이 발산되는 것이지만, 원국에 재성이 있고 인성(印星)이 없어야만 오히려 극하는 재앙을 면할 수 있고 명예와 재물을 이룰 수 있다. 金 운을 만나면 격국이 깨지므로 흉한 일이 많고 길한 일이 적다. 水 운을 만나면 사주에 火가 없어야 강한 기운을 생조하여 역시 빛을 발한다. 그래서 예부터 '강한 기운은 따르는 것이 좋다(從强)'고 했으며, 다시 생왕(生旺)

한 운으로 가면 길하다.

만약 사주 원국에 이미 식상(食傷)이 있다면 반드시 흉한 재앙(禍)이 몸에 닥친다. 만약 원국에 미약한 흉신이 숨어 있다면, 운에서 합(合)이나 충(沖)으로 제거하는 묘함이 있어야 한다. 일주가 제때를 얻지 못했지만 격국을 이루었다면, 운에서 생왕(生旺)의 땅을 만나야 하며, 이 또한 작은 공명은 이룰 수 있다. 만약 운에서 우연히 겁재의 땅을 만나면 독상은 즉시 흉한 재앙을 본다. 만약 사주에 식상이 있어 다시 극할 수 있는 능력이 있으면 큰 해는 없다.

총론하면, 천간은 우두머리의 신(神)으로 양(陽)의 기운은 강하고 음(陰)의 기운은 약하다. 지지는 모여서 격을 이루는 것으로, 방국(方局)의 힘이 합국(合局)의 힘보다 강하다. 독상격은 아름답지만 운에서 격국이 깨지는 것을 가장 두려워한다. 반면 합상(合象)은 비록 섞여 있어도 제화(制化)가 성공하면 오히려 좋다.

丙 甲 丁 甲
寅 辰 卯 寅

癸 壬 辛 庚 己 戊
酉 申 未 午 巳 辰

[62] 강약 / 격국

이 사주는 지지가 寅, 卯, 辰으로 모두 갖춰져 동방(東方) 일기격(一氣格)이다. 丙丁이 변화의 신(化神), 식상이 되어 빼어난 기운을 발산한다.

소년 시절에 과거에 급제하여 일찍이 벼슬길의 빛을 보았다. 재성(財星) 운으로 흘러도, 식상(傷官)이 있어 겁재(劫財)를 변화시키는 공이 있었으므로 괜찮았다. 金 운에 이르러서도 丙丁이 있어 능히 金을 극할 수 있는 힘이 있었다. 그러나 壬 운에는 격국이 깨지고 빼어난 기운이 손상되니, 직책에서 물러나 농사짓다가 사망했다.

己	戊	丁	己		
未	子	丑	未		
辛	壬	癸	甲	乙	丙
未	申	酉	戌	亥	子

[63] 강약 / 격국

이 명조는 비중당(費中當)의 사주이다. 천간에 戊와 己가 丁을 만났고, 지지에도 丑과 未가 거듭 있으며, 子도 丑과 합하여 土로 변화하니, 참된 가색격(稼穡格)의 형상을 이루었다.

아쉬운 점은 丑 중의 辛金을 끌어내지 못했고, 사주 원국에 丁火가 세 개나 있으니 辛金은 어둠 속에 상하여 생화(生化)의 도움을 받지 못한다는 것이다. 이 때문에 자식을 두기 어려웠다.

만약 천간에 庚이나 辛金이 하나라도 투출하고, 지지에 申이나 酉가 하나라도 있었더라면 반드시 많은 자식을 두었을 것이다.

乙	丙	甲	丙		
未	戌	午	寅		
庚	己	戊	丁	丙	乙
子	亥	戌	酉	申	未

[64] 강약 / 격국

이 사주는 지지에 모두 火局을 이루고, 木 또한 火의 기세에 따르니 염상격(炎上格)을 이루었다. 아쉬운 것은 木이 왕성하여 土를 극하니 식상의 빼어난 기운이 손상되었다. 이로 인해 학문을 계속하지 못하고 무과(武科) 출신으로 벼슬이 부장(副將)까지 올랐다.

申酉 운에는 戌과 未가 있어 金을 화생(化生)시키니 별 탈이 없었다. 亥 운은 다행히 未와 회합(會合)하고 寅과도 합(合)하니 그저 직위를 잃는 데 그쳤다. 그러나 庚子 운에는 천간에 식상(食傷)이 없고 지지에서 충극(沖剋)하니, 군대에서 사망했다.

庚庚乙庚
辰戌酉申
辛 庚 己 戊 丁 丙
卯 寅 丑 子 亥 戌

[65] 강약 / 격국

이 사주는 천간에 乙庚이 합하여 金으로 변화하고 지지에 申, 酉, 戌이 모두 있으니 종혁격(從革格)을 이루었다. 아쉬운 것은 水가 없어 숙살(肅殺)의 기운이 너무나 예리하다는 점이다. 이 때문에 글공부에 불리했을 뿐 아니라, 좋게 생을 마치지도 못했다.

행오(行伍) 출신으로 벼슬은 참장(參將)까지 올랐다. 그러나 寅 운으로 바뀌자, 전쟁터에서 전사했다. 이는 사주 원국에 식상(食傷)이 없는 까닭이다. 또한 寅이 戌과 은밀히 합하여 왕성한 金의 기운을 건드린 것도 흉한 징조이다.

壬癸辛壬
子丑亥子
丁 丙 乙 甲 癸 壬
巳 辰 卯 寅 丑 子

[66] 강약 / 격국

이 사주는 지지에 亥, 子, 丑가 모두 있어 북방(北方)의 기운을 이루고, 천간에 辛, 壬, 癸가 투출하니 윤하격(潤下格)이 되었다. 운의 흐름이 사주를 배반하지 않아 일찍부터 학문을 이루었다.

甲寅 운에는 빼어난 기운이 유행하여 과거에 급제했고, 乙卯 운에도 벼슬길이 평탄하여 현령(縣令)에서 주목(州牧)까지 올랐다. 그러나 丙 운에는 사주 원국에 식상(食傷)이 없어 기운을 순화시키지 못하니 군겁쟁재(群劫爭財)가 되어 결국 명을 다하였다.

전 상 희 행 재 지　이 재 신 요 왕
全象喜行財地 而財神要旺

전상(全象)은 재성(財)의 땅으로 가는 것을 기뻐하는데, 재신(財神, 재성)은 반드시 왕성해야 한다.

原注

三者爲全, 有傷官而又有財也, 主旺喜財旺, 而不行官殺之地方可.

- 세 번째는 전상(全象)이다.
- 상관(傷官)이 있으면서 재성(財星)도 있어야 한다.
- 일주(日主)가 왕성하면 재성(財星)도 왕성한 것을 기뻐하지만, 관살의 땅으로 가지 않는 게 좋다.

- (전상(全象)이란 木火土金水가 모두 있는 사주를 말한다.)

임철초 日

세 번째는 전상(全象)인데, 반드시 상관(傷官)과 재성(財星)만을 논하는 것은 아니다. 상관이 재성을 생하는 구조도 물론 온전하지만, 관성(官星)과 인성(印星)이 서로 생하는 관인상생(官印相生)이나, 재성과 관성이 함께 보이는 재관쌍미(財官雙美) 또한 어찌 온전하다 하지 않겠는가?

상관이 재성을 생하고 일주가 왕성하면 재성 운이 좋은 것은 당연하다. 하지만 만약 사주에 비겁(比劫)이 많아 재성이 빼앗기는 형상이라면 관성 운이 반드시 좋고, 상관 운이 더 아름답다. 이는 사주 원국의 의향(意向)을 살펴야 하는 것이다.

① 일주는 왕성하고 상관이 약하며 인수가 있으면, 재성을 좋아하고 관성은 좋아하지 않는다. ② 일주는 왕성하고 재성이 약하며 비겁이 있으면, 관성을 좋아하고 재성은 좋아하지 않는다. ③ 재성과 관성이 함께 나타나고 일주가 왕성하면, 재성을 좋아하고 관성은 좋아하지 않는다. ④ 관성과 인성이 서로 생하고 일주가 약하면, 인성을 좋아하고 비겁은 좋아하지 않는다.

대체로 사주를 논할 때에는 한 가지에만 집착해서는 안 된다. 반드시 사주 전체의 의향과 일주의 희기(喜忌)를 살피는 것이 중요하다.

甲 丁 丙 戊
辰 卯 辰 申

壬 辛 庚 己 戊 丁
戌 酉 申 未 午 巳

[67] 강약 / 격국

丁卯 일주가 계춘(季春) 辰月에 태어났다. 상관생재격(傷官生財格)을 이루는데, 여기서 꺼리는 것은 木이 왕성해서 土가 허약해지는 것이니, 학문(書香)을 이루기 어려웠다.

土가 상관으로 겁재(劫財)를 변화시킴

을 얻었으니, 丙火가 재물을 다투려는 뜻을 갖지 못하게 했다. 그래서 庚申, 辛酉 운에 이르러 조상의 미약한 사업을 이어받아 스스로 창업하니, 규모가 제법 커졌다. 재물은 10여만 냥에 이르렀다.

丁 丙 辛 己
酉 午 未 巳
癸甲乙丙丁戊己庚
亥子丑寅卯辰巳午

[68] 강약 / 격국 / 조후

이 명조는 火가 긴 여름의 기운을 가졌고 지지가 남방(南方)으로 모였으니, 기운이 극도로 왕성하다. 火土 상관생재격(傷官生財格)이다. 이 격국에서 꺼려지는 것은 丁火 양인이 투출하고 사주 원국에는 습한 기운이 전혀 없어, 겁재와 양인이 제멋대로 날뛴다는 점이다.

조상으로부터 물려받은 재산은 없었고 부모님도 일찍 돌아가셨다. 어려서부터 지독하게 고생했고, 중년까지도 형편을 펴지 못하며 춥고 배고픈 삶이 계속되었다. 육순(六旬) 전까지 운이 동남방의 木火 땅으로 흘러 처(妻), 재물(財), 자식(子), 벼슬(祿) 중 어느 하나도 이루지 못했다. 그러나 丑 운에 북방의 습토(濕土)를 만나자 火의 기운을 어둡게 하고 金局을 은밀히 모으니, 기회를 얻어 사업을 일으켜 재물을 얻었다. 칠순에는 첩을 들여 연달아 두 아들을 두었고, 이어서 甲子, 癸亥 등 북방의 水 땅으로 운이 흐르자, 수만 냥의 재물을 얻어 90세까지 살았다.

옛말에 이르기를 '그 운이 있으면 반드시 그 복을 받는다'라고 했으니, 사람의 운명에 어찌 한계가 있겠는가? 진실로 이 말을 믿는다.

형 전 자 의 손 기 유 여　형 결 자 의 보 기 부 족
形全者宜損其有餘 形缺者宜補其不足

형(形)이 온전한 자는 남는 것을 덜어내는 것이 좋고, 형(形)이 부족한 자는 부족한 것을 보충하는 것이 좋다.

原注

如甲木生於寅卯辰月, 丙火生於巳午未月, 皆爲形全; 戊土生於寅卯辰月, 庚金生於巳午未月, 皆爲形缺. 餘倣此.

- 예를 들어 甲木이 寅卯辰월에 태어나고, 丙火가 巳午未월에 태어나는 것을 형전(形全)이라고 한다.
- 戊土가 寅卯辰월에 태어나고, 庚金이 巳午未월에 태어나는 것을 형결(形缺)이라고 한다. 나머지도 이와 같다.

임철초 日

'형상이 온전하면 덜어내고, 형상이 부족하면 보충해야 한다'는 말은 곧 자평명리에서 '왕성하면 설기하거나 극해야 하고, 쇠약하면 돕고 생조해야 한다'는 것과 같다. 모든 명리서가 이 두 구절에서 벗어나지 않으니, 읽으면 직관적이고 명쾌하게 이해된다. 그러나 그 속의 작용은 매우 심오하여 평범한 사람들은 그 이치를 알기 어렵다.

세속의 사람들은 그저 '왕성하면 설상(洩傷)하고, 쇠약하면 방조(幇助)한다'고만 알아서 길흉이 뒤바뀌고 길한 것과 흉한 것이 혼란스럽다. 내 생각에는 이 네 글자(洩, 傷, 幇, 助)를 구분하여 사용해야 한다. 핵심은 '마땅하다(宜)'는 글자의 여부에 있다.

'마땅히 설기해야 한다(宜洩)'이면 설기(洩氣)에 묘함(妙)이 있고, '마땅히 극해야 한다(宜傷)'이면 극상(剋傷)에 효과(功)가 있다. 설기(洩)는 식상(食傷)이고, 극상(傷)은 관살(官殺)이다. 둘 다 사주가 왕성할 때 쓰는 방법이다. 하지만 때로는 설기하는 것이 해가 되고 극하는 것이 이로울 수 있으며, 그 반대일 수도 있다. 그러므로 설기와 극상을 구분하여 사용해야 한다.

'마땅히 도와야 한다(宜幇)'이면 돕는 것에 절실함이 있고, '마땅히 생조해야 한다(宜助)'이면 생조함에 아름다움이 있다. 도움(幇)은 비겁(比劫)이고, 생조(助)는 인수(印綬)이다. 둘 다 사주가 쇠약할 때 쓰는 방법이다. 하지만 때로는 돕는 것이 흉하고 생조하는 것이 길할 수 있으며, 그 반대일 수도 있다. 그러므로 돕고 생조하는 것도 구분하여 사용해야 한다.

예를 들어, 일주가 왕성한데 사주에 재성과 관성이 미약할 때, 설기(食傷)하면 오히려 관성을 손상시키므로 해가 된다. 극상(官殺)하면 비겁(比劫)의 넘치는 기운을 덜어내고 관성의 부족함을 보충하니, 오히려 이롭다. 이것은 극하는 것이 이롭고 설기하는 것이 해가 되는 경우이다.

또 일주가 왕성한데 사주에 재성과 관성이 보이지 않고 비겁(比劫)이 가득할 때, 극상(官殺)하면 오히려 기운을 격분시켜 해가 된다. 그 기세를 순하게 설기(食傷)하는 것만 못하다. 이것은 극하는 것이 해가 되고 설기하는 것이 이로운 경우이다.

일주가 쇠약한데 사주에 재성이 거듭하여 있으면, 인수(印綬)로 생조하면 재성에 의해 인수가 오히려 손상된다. 비겁(比劫)으로 도우면 재성의 넘치는 기운을 덜어내고 일주의 부족함을 보충한다. 이것은 돕는 것이 길하고 생조하는 것이 흉한 경우이다.

일주가 쇠약한데 사주에 관살이 뒤섞여 있으면, 비겁(比劫)으로 도우면 오히려 무정하게 극을 당할 수 있다. 인수(印綬)로 생조하여 그 강포한 기운을 변화시키는 것만 못하다. 이것은 돕는 것이 흉하고 생조하는 것이 길한 경우이다. 이것은 선대 명리학자들이 미처 밝히지 못한 것을 보충한 말이다.

木이 寅卯辰월에 태어나고 火가 巳午未월에 태어나는 것을 형전(形全)이라고 하는 것 또한 편협한 논리이다. 예를 들어, 木이 寅卯辰월에 태어났는데 천간에 庚이나 辛이 드러나고 지지에 申이나 酉가 숨어 있다면, 이 역시 형전으로 보고 덜어내야 하는가? 火가 巳午未월에 태어났는데 천간에 壬이나 癸가 투출하고 지지에 亥나 子가 숨어 있다면, 이 역시 형전으로 보고 덜어내야 하는가?

土가 寅卯辰월에 태어나는 것을 형결(形缺)이라고 하는데, 천간에 丙이나 丁이 있고 지지에 巳나 午가 있다면 이 역시 형결로 보고 보충해야 하는가? 金이 巳午未월에 태어나는데 천간에 戊나 己가 있고 지지에 申이나 酉가 있다면 이 또한 형결로 보고 보충해야 하는가?

모든 경우에 '왕성한 가운데 쇠약함으로 변하고, 쇠약한 가운데 왕성함으로 변하는 이치'를 깊이 연구해야 한다. 한 가지에만 집착해서는 안 된다. 이 때문에 분명히 덜어내야 할 것 같은데 덜어내면 오히려 해가 되고, 분명히 보충해야 할 것 같은데 보충하면 공이 없는 것이다. 반드시 자세히 살펴야 한다.

甲	庚	庚	丁		
申	子	戌	丑		
甲	乙	丙	丁	戊	己
辰	巳	午	未	申	酉

[69] 강약 / 격국 / 조후

이 사주는 가을의 金 기운이 날카롭고 예리하다. 관성(官星)은 허약하여 제압할 수 없고, 재성(財星)은 힘을 잃은 절지(絶地)에 임했으니 어찌 관성을 생조할 틈이 있겠는가?

초년 운인 土金은 火를 어둡게 하고 金만 생하니, 형벌을 받거나 재산을 탕진하는 일이 곳곳에 보였다. 그러나 丁未, 丙午 운에는 관성의 기운을 도우므로 가업이 새롭게 일어났다. 乙巳 운에는 만년에 평안하고 여유롭게 지냈으니, 이른바 '극상함에 효과가 있다(傷之有功)'는 것이다.

乙	庚	壬	戊		
酉	申	戌	申		
戊	丁	丙	乙	甲	癸
辰	卯	寅	丑	子	亥

[70] 강약 / 격국

이 사주는 乙이 庚과 합하여 金으로 변하였고, 관성은 보이지 않는다. 지지는 서방(西方)으로 모이고, 앉은 자리도 녹왕(祿旺)이니, 권력이 한 사람에게 모인 것과 같다. 이처럼 강한 기세는 따라야 한다. 비록 壬水가 있지만 戊土가 바싹 붙어 극하고 있으니, 庚金의 살기를 설기(洩氣)시킬 능력이 없다.

초년 운인 癸亥, 甲子는 그 기세에 순응하므로 재물이 마음먹은 대로 따랐다. 그러나 丙寅 운으로 바뀌어 왕성한 金의 기운을 건드리자, 한 번의 실패로 잿더미가 되었다. 의식주조차 해결하기 어려워 스스로 목숨을 끊었으니, 이는 '설기하는 것이 이롭고, 극하는 것은 해롭다'는 것을 보여준다.

	乙	丙	辛	庚	
	未	辰	巳	申	
丁	丙	乙	甲	癸	壬
亥	戌	酉	申	未	午

[71] 강약 / 격국

이 사주는 일반적인 이론으로 보면 丙火가 巳월에 태어나 건록(建祿)이니, 재성(財星)을 용신(用神)으로 써야 한다고도 할 수 있다. 하지만 庚辛 金이 거듭하여 뿌리가 깊고, 홀로 있는 인성(印星)이 손상을 입었으니, 丙火가 약하다는 것을 알 수 있다.

甲申, 乙酉 운에 이르러 金이 힘을 얻고 木은 뿌리가 없으니, 재산을 탕진하는 일이 비정상적으로 심했다. 그러나 丙戌, 丁 운에는 집안의 명성을 다시 일으켰다. 이것은 재물은 많고 일주가 약한(財多身弱) 사주이므로 '도와주는 것(幇)에 효과(功)가 있다'는 것을 보여준다.

	壬	丙	癸	壬	
	辰	午	丑	子	
己	戊	丁	丙	乙	甲
未	午	巳	辰	卯	寅

[72] 강약 / 격국

이 사주는 사주 전체가 관성(官星)이니 일주(日主)가 외롭고 약하다. 비록 식상(食傷)이 거듭 보이지만, 丑과 辰은 습토(濕土)이므로 水를 머금고 있어 水의 기운을 막아내지 못한다.

초년 운인 甲寅, 乙卯는 관살(官殺)을 변화시켜 일주를 생하니, 일찍이 학교에 들어가 공부하였고, 재물과 하는 일이 모두 잘 풀렸다. 그 뒤 丙辰 운은 일주를 돕기도 하지만, 반대로 관살과 함께 서로 극하니 아내를 해하고 자식을 극했으며 가업은 흩어져 없어졌다. 申년에는 회합(會合)으로 살국(殺局)을 이루니 사망했다.

이것이 이른바 '생조(生助)하여 길하고, 도와주는 것(幇助)은 해가 된다'는 경우이다.

11. 방국(方局)

방 시 방 혜 국 시 국　방 요 득 방 막 혼 국

方是方兮局是局 方要得方莫混局

방(方)은 방위(方位)이고 국(局)은 회국(會局)인데, 방(方)은 마땅히 방(方)을 얻어야 하고 국(局)이 섞여서는 안 된다.

原注

寅卯辰, 東方也, 搭一亥或卯或未, 則太過, 豈不爲混局哉.

- 寅卯辰은 동방(東方)이다.
- 여기에 亥 또는 卯 또는 未가 더해지면 지나치게 태과(太過)해지니, 어찌 혼탁한 국(局)이 아니겠는가.

임철초 日

십이지지(十二地支)는 寅卯辰이 동방, 巳午未가 남방, 申酉戌이 서방, 亥子丑이 북방이다. 무릇 세 글자가 모두 갖춰지면 방국(方局)이 된다. 예를 들어 寅卯辰이 모두 갖춰지면 그 힘은 亥卯未 목국(木局)보다 훨씬 강하다.

戊 일주가 寅月을 만나 지지에서 寅卯辰 세 글자를 모두 보면, 모두 칠살(殺)로 논한다. 卯月을 만나 세 글자를 모두 보면, 모두 정관(官)으로 논한다. 己 일주는 이와 반대다. 辰月을 만나면 寅과 卯의 기세에 비추어 경중(輕重)을 헤아려 정관(官)과 칠살(殺)을 나눈다. 나머지도 모두 이와 같다. 만약 두 글자만 있으면 방국으로 취하지 않는다.

'방합과 삼합을 섞지 말라(方局莫混)'는 원리에 대해, 내 생각은 그렇지 않다. 예를 들어 목방(木方)에 亥 글자가 보이면 생왕(生旺)의 신(神)이 된다. 未 글자가 보이면 내가 극하는 재물(財)이 되며, 또한 木이 뿌리를 내리는 땅이 되니, 무엇이 불가하겠는가? 삼합 목국(木局)을 쓰는 것이 어찌 손해나 폐해가 있겠는가?

쓰임에 있어서는 삼합(局)의 쓰임이 더 많고, 방합(方)의 쓰임은 더 좁다. 그러니 굳이 방국을 논하며 억지로 다른 해석을 만들 필요는 없다.

己	戊	丁	甲
未	辰	卯	寅

癸	壬	辛	庚	己	戊
酉	申	未	午	巳	辰

[73] 강약 / 격국

이 사주는 목방(木方)이 모두 갖춰지고 未 글자 하나가 섞여 있으니 혼잡(混雜)하다고 할 수 있다. 그러나 만약 未 글자가 없었더라면 일주(日主)가 허약했을 것이다. 또한 천간에 甲木이 투출하여 칠살(殺)로 작용하고 정관(官)으로는 작용하지 않았으므로, 未 글자가 반드시 필요하며 일주의 기운을 연결시켰다.

그 결과 일주(身)와 칠살(殺)의 기운이 균형을 이루어 명예와 재물을 모두 빛냈다. 정갑(鼎甲, 장원) 출신으로 벼슬이 최고 품계에까지 올랐으니, 이는 방(方)에 국(局)이 섞여도 해가 없다는 것을 알 수 있다.

丁	乙	庚	丙
亥	卯	寅	辰

丁	丙	乙	甲	癸	壬	辛
酉	申	未	午	巳	辰	卯

[74] 강약 / 조후

이 사주는 지지가 동방(東方)의 기운으로 모였고, 火가 밝으니 木의 빼어남이 드러난다. 가장 기쁜 것은 丙火가 옆에서 庚金의 탁한 기운을 극하는 것이다. 그러나 초봄이라 木이 아직 어리니, 반드시 亥時의 생조(生助)를 얻어야 한다. 이 사람은 풍류를 좋아하고 깨끗하며 학문이 깊었다. 丁亥가 木을 생하고 火를 도우니, 과거에 합격하여 이름을 높이 날렸다.

巳 운에는 남궁(南宮, 예부)에서 급제 소식을 알렸고, 午 운에는 한림원(翰林院)에서 훌륭한 인재가 되었다. 옥이 가득한 동산에서 보물을 찾듯, 그 분야에서 가장 뛰어난 사람이었다. 酉 운에 이르면 乙木은 뿌리가 없어지고 金은 힘을 얻고 동방의 빼어난 기운을 충극(沖剋)하니, 일에 문제가 생겨 관직에서 물러났다. 그래도 亥水의 변화시키는 작용 덕분에 큰 흉함은 면할 수 있었다.

국 혼 방 혜 유 순 자　행 운 희 남 혹 희 북

局混方兮有純疵 行運喜南或喜北

국(局)에 방(方)이 섞이면 순수함(純)에 흠(疵)이 생기고, 행운에서 남방을 기뻐하거나 혹은 북방을 기뻐한다.

原注

亥卯未木局, 混一寅辰, 則太强, 行運南北, 則有純疵, 不能俱利.

- 亥卯未 목국(木局)에 寅이나 辰이 하나 섞이면 너무 강해진다.
- 행운이 남방(南)이나 북방(北)으로 흐르면 순수함에 흠이 생긴 것이라, 모두 이로울 수는 없다.
- (喜南, 喜北에 대한 해석이 분분하다. 木局 火運, 火局 水運, 金局 水運, 水局 火運으로 해석하기도 하고, 局은 월령 旺支로, 方은 월령 生支로 이해한 후 局은 남방, 북방 어떤 운이 와도 괜찮다고 해석하기도 한다. 局에 方이 섞이면 너무 강하니 어설픈 중화보다 남방, 북방 어느 한쪽 운으로 강한 게 낫다고 본다.)

임철초 日

지지(地支)에는 세 글자가 모여 삼합국을 이루는 경우가 있다. 亥卯未는 목국(木局), 寅午戌은 화국(火局), 巳酉丑는 금국(金局), 申子辰은 수국(水局)이다. 이것은 모두 생(生), 왕(旺), 묘(墓)의 세 글자가 합쳐 하나의 기운이 처음부터 끝까지 이어지는 것이다. 사주에 세 지지가 합세하면 길흉의 힘이 매우 크다.

또한 두 지지만으로 합을 취하기도 하지만, 이때는 왕지(旺支)를 중심으로 본다. 예를 들어 亥卯 또는 卯未가 모두 취할 만하고, 亥未는 그 다음이다.

무릇 합은 충(冲)을 꺼린다. 예를 들어 亥卯未 목국에 酉丑 글자가 그 안에 섞여 있거나, 또한 충(沖)하는 글자와 바싹 붙어 있으면 이는 파국(破局)이 된다. 비록 충하는 글자가 그 안에 섞여 있어도 바싹 붙어 있지 않거나, 충하는 글자가 밖에 있으면서 바싹 붙어 있으면 합국(合局)과 파국(破局)을 함께 모두 논해야 한다.

두 지지가 합을 이룰 때도 서로 붙어 있어야 좋고, 충을 만나면 바로 깨진다. 다른 글자가 사이에 끼어 있으면 힘이 약해져 쓸모가 없다. 오직 천간(天干)에서 끌어내야만 쓸 수 있다.

'국에 방이 섞이면 순수함에 흠이 생긴다'는 말은 '방은 마땅히 방을 얻고 국을 섞지 말라'는 원리와 유사하다. 그러나 그 이치를 따져보면 사실 해로울 것도 없다. 亥卯未 목국(木局)에 寅 글자가 보이면 같은 기운을 얻은 것이고, 辰 글자가 보이면 여기(餘氣)가 되며 또한 동방의 습토(濕土)로 木을 생조하니, 어찌 손해나 폐해가 있겠는가?

운의 남북(南北)을 나누는 것은 사주 원국의 의향을 보아야 한다. 예를 들어 木局에서 일주가 甲이나 乙이고 사주가 순수한 木으로 다른 글자가 섞이지 않았다면, 운이 남방으로 흐르면 '빼어난 기운이 유행한다'고 하여 순수함이 있고, 운이 북방으로 흐르면 '강한 기운을 생조한다'고 하여 흠이 없다. 만약 천간과 지지에 火가 있어 빼어난 기운을 토해낸다면, 운이 남방으로 흐를 때 명예와 재물이 풍족하고, 운이 북방으로 흐를 때 흉한 재앙이 즉시 나타난다.

木에 대해 이렇게 논했으니, 다른 오행도 이를 통해 유추할 수 있다.

癸	乙	乙	甲
未	卯	亥	寅

癸	壬	辛	庚	己	戊	丁	丙
未	午	巳	辰	卯	寅	丑	子

[75] 강약 / 전왕

이 사주는 木局이 온전하고 寅 글자가 하나 섞여 있다. 그러나 사주에 金 기운이 없어 그 기세가 종강격(從强格)을 이룬다. 이른바 한쪽 기운의 빼어남을 깊이 얻은 것이다.

소년 시절에 과거에 급제했지만, 庚辰과 辛巳 운에는 비록 癸水가 변화시키는 힘이 있었음에도, 상을 당하거나 재산을 잃는 일이 있었고 벼슬길도 지지부진했다. 육순(六旬)이 넘어 壬午와 癸未 운에 이르자, 현령을 거쳐 사마(司馬)로 옮겨가고, 황당(黃堂)을 지나 관찰사에 올랐다. 마치 큰 바다에 돛을 올리고 거침없이 나아가는 것과 같았으니, 누가 그 앞길을 막을 수 있었겠는가?

이로 미루어 보아 종강격을 이룬 木局은 동(木), 남(火), 북(水) 운이 모두 이롭지만, 오직 서방 金 운만이 극하고 파괴하므로 흉한 것을 알 수 있다.

丁	乙	丁	甲
亥	未	卯	寅

癸	壬	辛	庚	己	戊
酉	申	未	午	巳	辰

[76] 강약

이 사주 역시 木局이 온전하고 寅 글자 하나가 섞여 있다. 이 사주는 丁火 식신(食神)을 취하여 빼어난 기운을 토해내야 하므로, 앞의 사주처럼 종강격(從强格)으로 논해서는 안 된다.

巳 운에 丁火가 임관(臨官, 건록)에 놓이니 과거에 급제하여 벼슬길에 올랐다. 庚午와 辛未 운은 남방(南方)으로 金이 힘을 잃는 땅이었으므로 사주 본체와 용신이 손상되지 않아 벼슬길이 평탄했다. 그러나 壬申 운에는 木과 火가 모두 손상되어 격국이 깨지자 군대에서 사망했다.

앞의 사주는 종강격이라 남방과 북방 운이 모두 이로웠지만, 이 사주는 목화(木火)로 이루어져 서방(金), 북방(水) 운이 해가 된다. 이 두 사주를 보면 국(局)에 방(方)이 섞였더라도 해롭지 않았다는 것을 알 수 있다.

약 연 방 국 일 제 래 수 시 간 두 무 반 복
若然方局一齊來 須是干頭無反覆

만약 방합(方)과 삼합(局)이 한꺼번에 온다면 반드시 천간에는 이를 반대하거나 뒤집는 것이 없어야 한다.

原注

木局木方全者, 須要天干全順得序, 行運不背乃好.

- 목국(木局)과 목방(木方)이 모두 온전한 자는, 반드시 천간이 모두 순(順)하고 질서를 얻어야 하고, 행운이 그 흐름에 거스르지 않아야 좋다.

임철초 日

'방(方)과 국(局)이 함께 온다'는 것은 앞서 말한 '방에 국이 섞이고, 국에 방이 섞이는 경우'를 말한다. 예를 들어 寅卯辰에 亥와 未가 더해지거나, 亥卯未에 寅과 辰이 더해지는 식이다. 이처럼 지지의 기운이 방합과 삼합이 모여 왕성할 때, 천간에 거스르는 기운이 없어야만 좋다.

만약 지지가 寅卯辰이고 일주가 木인데 다시 亥의 생조를 받거나 未의 창고를 본다면, 혹은 지지가 亥卯未인데 다시 寅의 녹(祿)이나 辰의 여기(餘氣)를 본다면, 木의 기운은 극에 달한다. 이 정도의 왕성한 기운은 金이 극할 수 없다.

이때는 반드시 천간에 火가 있어 왕성한 기운을 빼어난 재능으로 설기해내야 한다. 이 경우 金과 水가 보이지 않으면 '천간에 거스르는 기운이 없다'고 할 수 있으며, 이후 土 운을 만나면 '온전하게 순하고 질서를 얻은 것'이 되어 어긋남이 없다고 할 수 있다.

만약 천간에 火가 없고 水만 있다면, 이를 '종강격(從强格)'이라 한다. 이때 水 운을 만나면 왕성한 기세에 순응하므로 가장 아름답다. 金 운을 만나도 金이 水를 생하고 水가 다시 木을 생하니 흉함을 만나도 해결된다.

그러나 만약 火가 있는데 水도 보이고, 혹은 火가 없는데 金이 보인다면, 이것을 '천간이 거스른다(干頭反覆)'고 한다. 이 경우 운의 흐름이 편안하게 안정되면 土를 만나 거스르는 水를 막을 수 있고, 火를 만나 미약한 金을 제거할 수 있으니, 역시 길함을 잃지 않는다.

만약 일간이 土인데 다른 천간에 火가 있으면 서로 생하는 정이 있으니 거스르는 것은 아니다. 金을 만나면 적은 수로 많은 적을 상대하는 것이고, 水를 보면 강한 기운을 생조하는 것이니 이 또한 거스르는 것이 된다.

따라서 강한 기운을 억지로 제압하는 것보다는 덕으로 변화시키는 것이 그 기운을 온전하게 순응시키는 것이다. 다른 오행도 이와 같이 논한다.

癸	乙	丁	甲
未	亥	卯	寅

癸	壬	辛	庚	己	戊
酉	申	未	午	巳	辰

[77] 강약

이 사주는 방합(方)과 삼합(局)이 함께 모였다. 월간에 丁火가 홀로 투출하여 빼어난 기운을 토해내니, 어찌 이리도 묘(妙)하단 말인가. 애석하게도 시간에 癸水가 드러나 亥水에 뿌리를 내리고 丁火의 빼어난 기운을 손상시키니, 이것이 바로 '천간(干頭)이 반대로 덮였다'고 말하는 것이다.

이 때문에 평생 벼슬은커녕 한 가지 제대로 된 것을 얻지 못했다. 가난하고 궁핍했으며, 자식도 없었다. 만약 癸水가 火나 土로 바뀌었더라면 명예와 재물이 모두 따랐을 것이다.

乙	甲	甲	丁
亥	寅	辰	卯

戊	己	庚	辛	壬	癸
戌	亥	子	丑	寅	卯

[78] 강약 / 격국

이 사주 역시 방합(方)과 삼합(局)이 함께 모였지만, 천간에 水 기운이 없고 丁火가 투출하여 빼어난 기운을 유행시킨다. 행운 또한 사주 기운을 심하게 거스르지 않았다.

그 결과 지방에서 향시(鄕試)에 급제하여 벼슬이 주목(州牧)에까지 이르렀다. 자식이 많고 재물도 왕성했으며, 타고난 성품이 인자하고 품행이 단정했다. 80세가 넘도록 장수했으며, 부부가 서로를 존경하며 화목하게 백년해로했다.

이것이 바로 '木은 인자함(仁)을 주관하고, 인자한 사람은 장수한다'는 뜻에서, 이 격국의 이름이 '곡직인수(曲直仁壽)'라 불리는 것이 믿을만한 이유이다.

위 두 사주를 보면, 하나는 '천간이 거꾸로 뒤집힌(干頭反覆)' 사주였고, 다른 하나는 '온전하게 순하고 질서를 얻은(全順得序)' 사주였으니, 그 결과의 차이는 하늘과 땅만큼이나 컸다.

성 방 간 투 일 원 신 　생 지 고 지 개 비 복

成方干透一元神 生地庫地皆非福

방합(方)이 완성되었는데 천간에 한 글자의 원신(元神)이 투출하면, 생지(生地)나 고지(庫地)는 모두 복(福)이 아니다.

原注

寅卯辰全者, 日主甲乙木, 則透元神, 而又遇亥之生, 未之庫, 決不發福, 惟純一火運略好.

- 寅卯辰이 모두 갖춰지고 일주가 甲乙木이면 원신이 투출한 것이고, 여기에 亥 생지(生地)를 만나거나, 未 고지(庫地)를 만나면 결코 발복할 수 없고, 오직 순수한 火 운만이 약간 좋다.

임철초 日

방합(方)이 완성되고 천간에 원신(元神)이 투출했다는 것은 일주(日主)가 그 방합(方)의 기운을 얻었다는 것이다. 예를 들어 木 방합에 일주가 木이면 원신이 투출한 것이다.

생지(生地)와 묘지(墓地)가 모두 복이 아니다는 것은 일주가 왕성하니 다시 돕는 것이 좋지 않다는 뜻이다. 그러나 이 또한 그 기세를 보아야 하니, 한 가지 경우로만 추론해서는 안 된다.

방합을 이루고 원신이 투출하면 왕성함은 알 수 있다. 물론 다시 생지나 묘지 운으로 방국을 돕는 것은 좋지 않다. 하지만 ① 만약 연월시 천간에 재성과 관성이 섞이지 않고, 다시 겁재와 인수가 있으면 '종강격(從强格)'이라 한다. 이때는 생지나 묘지 운에도 복을 얻을 수 있다. ② 만약 순수한 火 운을 만난다면, 진정으로 빼어난 기운이 유행하는 것이라 하여 명예와 재물이 모두 뜻대로 된다. ③ 만약 연월시 천간에 재성과 관성이 힘이 없는데 다시 생지나 묘지 운을 만나면, 복을 얻지 못할 뿐만 아니라 형벌과 재산 탕진 등 흉함이 많아진다.

이것은 여러 번 시험하고 검증한 것이므로 기록해 둔다.

丁	甲	甲	戊
卯	辰	寅	寅

庚	己	戊	丁	丙	乙
申	未	午	巳	辰	卯

[79] 강약

이 사주는 방합(方)을 이루고 원신(元神)이 천간에 투출했으며, 사주에 金과 水가 섞여 있지 않다. 시간(時干)의 丁火가 빼어난 기운을 토해내니, 그 순수함이 볼만하다.

초년과 중년 운이 火와 土로 흐르자 향시(鄕試)에 합격했으며, 명망 있는 가문에서 재상이 될 인물이 나왔다는 말을 들었다. 하지만 아쉽게도 木이 너무 많아 火의 기운이 꺼지니, 丁火 하나로는 기운을 설기(洩氣)하기에 부족했다. 그래서 庚申 운에 화(禍)를 면할 수 없었다.

만약 이 사주가 시간(時干)에 丙寅을 만났다면, 반드시 갑과(甲科)에 급제하고 벼슬길이 빛났을 것이다. 또한 庚申 운에도 丙火가 충분히 대적할 수 있었을 것이므로 큰 흉함에 이르지 않았을 것이다.

丙	甲	丙	癸		
寅	辰	辰	卯		
庚	辛	壬	癸	甲	乙
戌	亥	子	丑	寅	卯

[80] 강약 / 격국

이 사주는 재성(財星)이 월지(月支)에 왕성하게 자리하고, 丙火 식신이 생조하고 있다. 마땅히 재성을 용신(用神)으로 삼고 丙火를 희신(喜神)으로 삼으며, 癸水를 기신(忌神)으로 본다. 이는 신왕용재격(身旺用財格)이 되었다.

물려받은 재산이 10여만이었으나, 초년 水木 운에는 한 번의 실패로 재산이 잿더미처럼 사라졌다. 辛亥 운에 이르자 火는 힘을 잃는 절지(絶地)이고 木은 힘을 얻는 생지(生地)이며, 水의 기운이 왕성해져 결국 얼어 죽었다.

이것을 보면, 방합(方)을 이루었건 삼합(局)을 이루었건 따지지 않고 반드시 먼저 재성과 관성의 기세를 살펴야 한다. 만약 재성이 월지에 왕성하다면 재성을 용신으로 삼고, 혹은 관성이 재성의 도움을 받고 있다면 관성을 용신으로 삼아야 한다.

만약 재성이 월지에 뿌리내리지 못했거나, 관성이 왕성한 재성의 생조를 받지 못한다면, 반드시 그 적은 기운을 버리고 그 많은 기운을 따라야 한다. 나머지 경우도 모두 이와 같다.

성 국 간 투 일 관 성 좌 변 우 변 공 록 록

成局干透一官星 左邊右邊空碌碌

삼합(局)이 완성되었는데 천간에 한 글자의 관성(官星)이 투출하면, 왼쪽도 오른쪽도 헛되고 녹록(碌碌, 공허)하다.

原注

甲乙日遇亥卯未全者, 庚辛乃木之官也, 又見左辰右寅, 則名利無成, 詳例自見. 甲乙日單遇庚辛, 則亦無成.

- 甲乙 일주가 亥卯未를 모두 만나고 庚辛이 木의 관성이 되었을 때, 다시 왼쪽에 辰이 있고 오른쪽에 寅이 있다면, 명예와 재물을 이루지 못한다. 많은 사례를 통해 보면 스스로 그 이치를 깨닫게 될 것이다.
- 甲乙 일주가 외롭게 단독으로 庚辛을 만나도 역시 명예와 재물을 이루지 못할 것이다.

임철초 日

예를 들어, 지지에 목국(木局)을 이루고 일주가 원신(元神)으로 투출했을 때, 다른 천간에 辛(정관)이나 庚(편관)과 같은 관살이 보인다면, 이 관살은 뿌리가 없어 무력하다.

설령 나머지 천간에 土가 있더라도 土 또한 힘이 없으니 金을 생하기 어렵다. 사주에 申, 酉, 丑 글자 중 하나라도 있어야 좋다. 만약 申, 酉, 丑 글자가 없고, 오히려 寅이나 辰 글자가 더해진다면, 木의 기세는 더욱 왕성해지고 金의 기세는 더욱 쇠약해진다. 따라서 평생 보잘것없이 살며 명예와 재물을 이루지 못한다.

그러나 운에서 관성을 제거한다면 역시 발달할 수 있다. 반드시 사주 원국에 먼저 식상이 있어야 하고, 운에서 관살의 뿌리까지 깨끗하게 제거해야만 명예와 재물을 이룰 수 있다. 목국(木局)이 이와 같으니, 다른 국(局)도 이와 같이 논할 수 있다.

丁	乙	辛	辛
亥	未	卯	未

乙	丙	丁	戊	己	庚
酉	戌	亥	子	丑	寅

[81] 강약 / 전왕

이것은 乙木이 귀원(歸垣, 뿌리로 돌아감)하였고 亥卯未가 모두 있으므로 木의 기세가 왕성한 반면 金의 기운이 허탈하다. 가장 좋은 것은 時에 丁火가 투출하여 칠살(殺)을 제압하니 용신으로 삼는다.

초운인 土金 운에는 바쁘게 움직였으나 기회를 만나지 못했고, 丁亥 운에 이르러서는 木을 생하고 살(殺)을 제압하니 군대에서 공을 세워 현좌(縣佐)의 벼슬을 얻었다. 丙戌 운 중에는 丁火를 돕고 辛을 극했으므로 현령(縣令)으로 승진했다. 이는 이른바 '강한 무리로 적은 것과 대적한다(强衆敵寡)'

는 것이니 그 적은 것을 제거하는 데 그 기세가 있다. 살(殺)이 왕성하면 제압해야 한다는 논리와는 다르다. 酉 운에 이르러 살(殺)이 녹왕(祿旺)을 만나 木局을 충파(沖破)하니 목숨이 다하였다.

戊	乙	辛	辛
寅	未	卯	未

乙	丙	丁	戊	己	庚
酉	戌	亥	子	丑	寅

[82] 강약

乙木이 귀원(歸垣)하였고, 비록 완전한 국(局)을 이루지는 못했으나, 寅時는 亥보다 그 역량이 몇 배나 더 강하다. 전체적으로 볼 때, 사주에 土가 세 개, 金이 두 개이니, 마치 재성(財星)의 생을 받은 칠살(七殺)이 왕성한 듯 보인다. 그러나 卯가 제강(提綱)이고 지지에 모두 木의 뿌리가 있어 왕성하므로, 金의 자라는 땅은 아니다.

초운에 土金의 향(鄕)에서는 학문에 정진하며 관록(官祿)을 얻었고 가업도 풍족했다. 하지만 丁亥 운으로 바뀌면서 칠살을 제압하고 국을 이루게 되자, 아내와 자식을 극하고 재산을 심하게 탕진했으며, 사건에 연루되어 이름을 바꾸고 우울증에 시달리다 사망했다.

癸	乙	己	庚
未	亥	卯	寅

乙	甲	癸	壬	辛	庚
酉	申	未	午	巳	辰

[83] 강약

이 명조는 본문에 딱 들어맞으니, 성국(成局)하고 천간에 관성(官星)이 드러났으며, 좌우가 모두 비어있어 사주에 한 점의 정(情)도 없다. 재성(財星)을 용신으로 쓰려니 재성이 겁재(劫財)의 국으로 변했고, 관성(官星)을 용신으로 쓰려니 관성이 절지(絶地)에 놓여 용신으로 삼을 만한 것이 없다.

사람됨이 한결같은 뜻이 없고 변덕스러운 마음이 많았다. 이로 인해 가업을 탕진하고, 글공부는 하지 못했다. 의술을 배웠으나 이루지 못했고, 다시 풍수지리(堪輿)를 배워 스스로 '장중경이 다시 태어났네', '양구빈과 뇌포의가 다시 살아났네'라고 말했지만, 사람들은 끝내 믿어주지 않았다. 또한 무술(巫術), 역학(易學), 명학(命學)까지 배운 것이 매우 많았으나 모두 능통하지 못했다. 하나도 이룬 것이 없을 뿐만 아니라, 재물은 흩어지고 사람들은 떠나 결국 머리를 깎고 중이 되었다.

12. 팔격(八格)

정 재 편 재 정 관 편 관 정 인 편 인 식 신 상 관 시 야
正財偏財正官偏官正印偏印食神傷官 是也

재 관 인 수 분 편 정 겸 론 식 상 팔 격 정
財官印綬分偏正 兼論食傷八格定[22]

정재, 편재, 정관, 편관, 정인, 편인, 식신, 상관이 그것이다.

재성, 관성, 인성은 편(偏), 정(正)으로 나누고 식신과 상관까지 함께 논하여 팔격(八格)을 정한다.

原注

自形象氣局之外, 而格爲最. 格之眞者, 月支之神, 透於天干也. 以散亂之天干, 而尋其得所附於提綱, 非格也. 自八格之外, 若曲直五格皆爲格, 而方局氣象定之者, 不可言格也. 五格之外, 飛天合祿雖爲格, 而可以破害刑沖論之者, 亦不可言格也.

- 형상기국(形象氣局, 전체적 형상과 기운의 흐름) 외에는 격(格)이 가장 우선시된다.
- 격이 진격(眞格)이 되었다고 하는 것은 월지의 기운이 천간에 투출된 것을 말한다.
- 천간에 흩어져 있어 제강(提綱)에 의지할 곳을 찾으려 하는 것은 진정한 격이라고 할 수 없다.

22) 財官印綬分偏正, 兼論食傷格局定.

- 팔격 외에 곡직격(曲直格) 등 5가지 격도 모두 격이라 할 수 있지만, 방국(方局), 기상(氣象)으로 정해진 것은 격이라 말하지 않는다.
- 5가지 격 외에 비천(飛天), 합록(合祿) 등은 비록 격이기는 하지만, 파해(破害), 형충(刑沖)으로 논할 수 있는 것들은 역시 격이라 말하지 않는다.

임철초 日

팔격(八格)은 명리의 올바른 이치이다. 먼저 월령(月令)에 어떤 지지(地支)가 있는지 보고, 다음으로 천간(天干)에 어떤 신(神)이 투출했는지 살핀다. 더 나아가 사령(司令)을 따져 진가(眞假)를 정하고, 그런 후에 용신(用神)을 취하여 청탁(淸濁)을 구분한다. 이것이 바로 경전의 이치에 따르는 것이다.

만약 월지에 건록(建祿), 양인(陽刃)이 있어 취할 격이 없다면, 일주(日主)의 희기(喜忌)를 살피고 다른 지지에서 천간으로 투출한 것을 찾아 빌려 용신으로 삼아야 한다.

격국에는 정격(正格)과 변격(變格)이 있다. 정격은 반드시 오행의 일반적인 이치를 따른다. 이를테면 관인(官印), 재관(財官), 살인(殺印), 재살(財殺), 식신제살(食神制殺), 식신생재(食神生財), 상관패인(傷官佩印), 상관생재(傷官生財) 등이 정격이다.

변격은 반드시 오행의 기세를 따른다. 이를테면 종재(從財), 종관살(從官殺), 종식상(從食傷), 종왕(從旺), 종강(從强), 종약(從弱), 종세(從勢), 일행득기(一行得氣), 양기성형(兩氣成形) 등이 변격이다.

그 외에도 수많은 외격(外格)이 있다. 내가 여러 책을 참고해 보니, 모두 오행의 올바른 이치를 따르는 것은 옳고, 오행의 올바른 이치를 따르지 않는 것은 모두 엉터리 이론이었다. 난대묘선(蘭臺妙選)에 정해진 온갖 기이한 격국이나 납음(納音) 같은 모든 이론은 특히 근거 없는 헛소리에 불과하며, 따져볼 필요도 없이 황당하다는 것을 알 수 있다. 당나라와 송나라 이래로 많은 술사들이 허황된 이론을 만들어냈고, 길흉신살(吉凶神煞)은 도대체 누가 만들었는지 알 수 없으나, 위태로운 말을 지어내어 종종 전혀 맞지 않는 경우가 많다.

성백(誠意伯) 유백온(劉伯溫)의 『천금부(千金賦)』에 이르기를, "길흉신살이 아무리 많아도 생극제화(生剋制化)의 한 가지 이치만 하겠는가"라고 했는데, 한마디로 모든 것을 꿰뚫는 말이다.

예를 들어, 壬辰日을 임기용배(壬騎龍背)라 하고, 壬寅日을 임기호배(壬騎虎背)라 하는데, 그렇다면 어찌하여 壬午, 壬申, 壬戌, 壬子를 말, 원숭이, 개, 쥐의 등에 탔다고 말하지 않는가? 또 六辛日이 子時를 만나는 것을 육음조양(六陰朝陽)이라고 하는데, 오음(五陰)은 모두 음(陰)인데 어찌하여 유독 辛金만이 조양(朝陽)할 수 있고 다른 천간은 안 된단 말인가? 게다가 子의 체(體)는 양(陽)이고 용(用)은 음(陰)이라고 하는데, 子 중의 癸水는 육음(六陰)의 지극함인데 어찌 양(陽)이라고 할 수 있는가? 또한 六乙(육을)이 子時를 만나는 것을 서귀격(鼠貴格)이라고 하는데, 쥐는 소모(消耗, 써버림)를 의미하는데 어찌하여 귀(貴)하다고 할 수 있는가? 게다가 십간(十干)의 귀함(貴)을 모두 시지(時支)에 있다고 하는데, 어찌 다른 곳에서는 십간의 귀함을 취할 수 없단 말인가?

이러한 것들은 따져볼 필요도 없이 그 허황됨을 알 수 있다. 이 외에도 엉터리 격국이 매우 많고, 이치가 멀고 합당하지 않다. 학자들은 마땅히 올바른 오행의 이치로 격국을 자세히 살피고, 잘못된 책에 현혹되지 말아야 한다.

癸乙癸庚
未未未辰

己 戊 丁 丙 乙 甲
丑 子 亥 戌 酉 申

[84] 강약 / 격국 / 조후

이 사주는 지지(地支)에서 세 개의 未에 뿌리를 내리고 있으나, 오히려 여기(餘氣)가 남아 있다. 천간에 드러난 두 개의 癸水는 한참 삼복(三伏) 더위에 차가운 기운을 만들어내고, 일간 옆에 붙어 생조하고 있다. 또 일간은 고지(庫地)에 뿌리를 내리고 있고, 관성(官星)은 홀로 맑은 기운을 발한다. 癸水는 土를 윤택하게 하여 金을 기르니, 생하고 변화하는 것이 순리를 어기지 않는다.

재성이 왕하여 관성을 생하고(財旺生官格), 중화되고 순수하다. 과거에 합격하여 벼슬이 번얼(藩臬, 관찰사)에 이르렀고, 관록을 누리는 동안 편안하고 화목했다.

丙	丁	壬	己		
午	未	申	丑		
丙	丁	戊	己	庚	辛
寅	卯	辰	巳	午	未

[85] 강약 / 격국

이 사주의 대세를 보면 관성(官星)이 앞 사주보다 맑은데, 어찌하여 앞 사주는 부귀하고 이 사주는 곤궁한가?

이는 이 사주에 인성(印星)이 없어서, 壬水가 모여 극하기 때문임을 알지 못했기 때문이다. 午와 未가 비록 여기(餘氣)와 녹왕(祿旺)이 되지만, 丑 중에 감춰진 水가 午와 未의 火를 은근히 상하게 하고, 壬水가 생지를 만나 강해져서 또 丙火를 상하게 한다.

더욱이 己土가 하나 드러나 있으나 水를 제압하지 못하고 오히려 火를 어둡게 하는 것이 싫다. 게다가 중년 운에서 土를 만나면 또다시 火의 기운을 설기(洩氣)시키니, 이것을 일컬어 '극과 설이 번갈아 가며 겹친다(剋洩交加)'고 한다.

이 때문에 공명(功名)은 이루지 못하고 재산이 흩어졌으며, 처를 극하고 자식을 극하는 화를 면하지 못했다. 자세히 살펴보니 이 모든 것은 己와 丑 두 글자로 인한 문제였다.

다행히 격국이 순수하고 바르며 기세가 한쪽으로 치우치지 않았으므로, 장차 木火 운이 오면 비록 앞서서는 억눌렸을지라도 마침내 반드시 떨쳐 일어나 뒤에는 크게 형통할 것이다.

辛	丙	乙	癸
卯	午	卯	未

己	庚	辛	壬	癸	甲
酉	戌	亥	子	丑	寅

[86] 강약 / 격국

이 사주는 관성(官星)이 맑고 인성(印星)이 바른 격(格)이다. 기쁘게도 未와 卯가 木을 받쳐주어 순수한 형상을 이룬다. 그러므로 사람의 됨됨이가 남다르고 재능이 뛰어나며, 학문적 명망은 고산(高山)이나 북두(北斗)처럼 높이 우러러보였다. 품행 또한 잘 다듬어진 옥이나 정제된 쇠처럼 단정했다.

아쉬운 점은 인성이 지나치게 무거워 관성의 기운을 빼앗으니, 신(神, 인성)은 충분하나 정(精, 관성)이 부족했다. 이로 인해 공명(功名)은 기대에 미치지 못했고, 원대한 뜻이 있었지만, 청전(青錢, 과거급제)의 선택을 받기 어려웠다.

그러나 다행히도 격(格)이 바르고 국(局)이 맑으며 재성(財星)이 합을 이루니, 비록 큰 재능이 작게 쓰였을지라도 결국 명예와 이익을 모두 얻었다. 벼슬길은 맑고 고결했으며, 후학을 가르치는 우아한 변화를 베풀어 인재를 진흥시켰다.

壬	癸	丙	辛
戌	卯	申	卯

庚	辛	壬	癸	甲	乙
寅	卯	辰	巳	午	未

[87] 강약 / 격국 / 병약

이 사주는 인수격(印綬格)으로 申金을 용신(用神)으로 삼는다. 丙火를 병(病, 용신 離)으로 보고 壬水를 약(藥, 損)으로 본다. 사주가 중화(中和)되고 순수하며, 가을의 水이니 근원이 통하고 있다.

癸巳 운에 이르러 金水가 생을 만나고 조력을 얻으니, 과거에 연달아 급제했다. 壬辰 운에는 약과 병이 서로 조절하여 구제하니, 소속된 부서를 거쳐 군수(郡守)로 나아갔다. 辛卯와 庚寅 운에는 金이 개두(蓋頭)하고 있으므로 木이 火를 생하지 못하고 金 인성을

파괴하지도 않으니, 명예와 재물이 모두 온전했다.

甲癸丙辛
寅卯申卯
庚 辛 壬 癸 甲 乙
寅 卯 辰 巳 午 未

[88] 강약 / 격국 / 병약

이 사주 역시 申金을 용신(用神)으로 삼고 丙火를 병(病)으로 본다. 앞 사주와 寅 글자 하나만 다르다. 이 사주는 병(病)만 있고 약(藥)이 없을 뿐만 아니라, 오히려 병(病)을 생조하기만 한다. 앞 사주가 시험에 거듭 합격하여 명예와 재물을 모두 온전하게 얻은 반면, 이 사주는 헛된 노력만 하고 운을 기다리는 형세이다.

게다가 寅과 申이 서로 충하고 卯木이 도우니, 木은 왕성하고 金은 이지러져 인성(印星)이 오히려 손상된다. 월건(月建)은 육친(六親)의 자리이니, 가족들이 뿔뿔이 흩어지고 재산이 흩어지는 것을 면할 수 없었다.

오직 壬 운에 몸을 돕고 병을 제거하니, 재물이 조금 넉넉해졌다. 辛卯와 庚寅 운에는 동방(東方)에 뿌리 없는 金이므로 공명(功名)을 얻지 못했고, 가업은 그저 평범한 수준에 불과했다.

그래도 격국(格局)이 바르고 진실되며, 인성이 월령(月令)을 잡고 있으므로 마음이 넓고 시원했다. 지식은 '팔두의 재주(八斗之才, 학문의 수재)'를 뽐낼 만큼 뛰어나고, 의기(意氣)는 원룡과 같았다. 다섯 가지 색의 붓을 토해내는 듯하고 사마천의 문장과 우열을 가릴 만했다.

한 가지 안타까운 점은 월간에 드러난 가을의 태양(丙火)이 '깊은 바다에 잠긴 구슬' 신세를 면하기 어렵다는 것이다. 그 정해진 바를 순리대로 받아들여야 하니, 이는 운명이 아닐 수 없다.

이 두 사주를 보면, 격국은 하나로 단정하여 논할 수 없다. 재성, 관성, 인성 등 어떤 격이든 일주의 원리와 다를 바 없다. 왕성하면 억눌러야 하고, 쇠약하면 도와야 한다. 예를 들어 인성이 왕성하여 관성의 기운을 설기하면 재성이 마땅하고, 인성이 쇠약하여 재성을 만나면 비견이나 겁재가 마땅하다. 이것은 변하지 않는 법칙이다.

영 향 요 계 기 위 허 잡 기 재 관 불 가 구

影響遙繫旣爲虛 雜氣財官不可拘

영향요계(影響遙繫, 외격)는 이미 헛된 것이고, 잡기재관격(雜氣財官格)에 구애받지 말라.

原注

飛天合祿之類, 固爲影響遙繫而非格矣. 如四季月生人, 只當取土爲格, 不可言雜氣財官; 戊己日生於四季月者, 當看人元透出天干者取格, 不可概以雜氣財官論之; 至於建祿月劫羊刃, 亦當看月令中人元透於天干者取格. 若不合氣象形局, 則又無格矣, 只取用神, 用神又無所取, 只得看其大勢, 以皮面上斷其窮通. 不可執格論也.

- 비천록마격, 합록격 등의 유형은 그림자와 메아리처럼 멀리서 이어져 있는(影響遙繫) 것이므로 격으로 논하기 어렵다.
- 또한 4개의 계월(季月, 辰戌丑未)에 태어난 사람은 마땅히 土를 격으로 삼으면 되며, 잡기재관격(雜氣財官格)이라 논할 필요는 없다.
- 戊己 일주가 4개의 계월(季月)에 태어났다면, 인원(人元, 지장간)이 천간에 투출한 것을 보고 격을 취하면 될 것이므로, 이를 잡기(雜氣)로 논하는 것은 옳지 않다.
- 건록격, 월겁격, 양인격의 경우도 마땅히 월령 중에 인원(人元)이 천간에 투출했다면 이를 격으로 취하는 것이다.
- 만약 기상형국(氣象形局)에 합당치 못하여 격을 찾을 수 없다면, 단지 용신(用神)만을 취하여 판단한다.

- 그러나 용신마저 찾기 어려울 때에는 사주의 전체적인 대세(大勢)를 보고 겉으로 드러난 부귀와 빈천(窮通)을 판단할 수 밖에 없다.
- 그러니 격국(格局)에만 집착하여 논해서는 안 된다.

임철초 日

그림자와 메아리처럼 멀리서 이어져 있다는(影響遙繫) 것은 암충(暗冲)이나 암합(暗合) 같은 격을 말한다. 속설에서 비천록마(飛天祿馬)라고 부르는 것 등이 바로 이것이다.

예를 들어 丙午 일주가 지지에 午를 모두 갖추거나, 癸酉 일주가 지지에 酉를 모두 갖추면, 셋이 모이면 충합을 한다. 午는 암암리에 子水를 충하여 관성(官星)으로 삼고, 酉는 암암리에 辰土와 합하여 관성으로 삼는 것과 같다. 또한 재성을 충하거나 재성과 합하는 것을 보기도 한다. 壬子 일주가 지지에 子를 모두 갖추면 암암리에 午火를 충하여 재성(財星)으로 삼고, 乙卯 일주가 지지에 卯를 모두 갖추면 암암리에 戌土와 합하여 재성으로 삼는다고 한다.

또한 사주 원국에 재성이나 관성이 보이지 않아야 진정한 격이 되어 충하거나 합할 수 있다고 말한다. 그러나 충은 흩어지는 것이고 합은 변화하는 것인데, 어찌 나에게 쓰일 수 있겠는가? 사주에 원래 재성이나 관성이 있어도 좋고 나쁨이 있는데, 하물며 사주에 재성이나 관성이 하나도 없는 경우인데 어떠하겠는가?

잡기(雜氣)의 재성과 관성 역시 사족(蛇足)을 더하는 것과 같다. 辰, 戌, 丑, 未는 지장간(地藏干)에 세 개의 기운을 감추고 있어 잡기(雜氣)라고 한다. 그런데 寅, 申, 巳, 亥도 세 개의 기운을 가지고 있는데 어찌 논하지 않는가? 창고(庫) 속의 여기(餘氣)는 격으로 말할 수 있다. 그런데 생지(生地)에 있는 기운을 어찌 버린다고 말하는가? 또한 잡기 재성과 관성은 충을 기뻐한다고 말하는 것은 억지로 끌어다 맞춘 것이다. 만약 甲木이 丑月에 태어나 잡기 재관을 이루고 未가 충하면, 未 중의 丁火가 丑 중의 辛金을 극하여 격이 깨지게 된다. 다른 지지들도 모두 이와 같다. 차라리 천간에 투출한 것을 보고 격을 취하는 것이 옳다.

여러 책에 실린 걸 보면, 녹(祿)은 네 가지로 나뉜다. 연에 있으면 배록(背祿), 월에 있으면 건록(建祿), 일에 있으면 전록(專祿), 시에 있으면 귀록(歸祿)이라 한다. 또 건록은 관성을 반기고 귀록은 관성을 꺼린다고 하는데, 배록과 전록은 빠져 있다. 또 일지(日支)의 녹(祿)이 시지(時支)로 돌아가고 관성이 없으면 청운에 오르는 길이라고 한다. 만약 논하는 대로라면, 丙과 辛 일주가 癸巳와 丁酉 시에 태어난 사람들이 세상에 학문으로 벼슬길에 나아간 이가 없었겠는가? 이는 단지 일주가 왕한 지지에 통근한 비견(比肩)일 뿐이며, 식록(食祿)을 왕가의 녹이라고 인정할 수도 없다. 만약 한 글자의 녹(祿)만으로 격을 말할 수 있다면, 사주팔자의 다른 글자들은 모두 쓸모없게 된다. 사주 원국에 있는 녹이 아름다운 것이라면, 운에서 녹 지지를 만났을 때 오히려 '녹당(祿堂)'이 되어 집이 망하고 사람이 죽는 것은 어찌 된 일인가?

명(命)은 오행의 이치이고, 격(格)은 오행의 올바름이다. 운명을 논하고 격을 취하려면 반드시 오행의 올바른 이치를 철저히 탐구해야 한다. 그래야 궁통(窮通, 빈천부귀)과 수요(壽夭, 수명장단)를 스스로 판단할 수 있다.

대개 격국이 진실하고 순수한 경우는 백에 한두 명뿐이고, 깨지고 혼탁한 경우가 열의 여덟아홉이다. 격을 취할 것이 없는 경우도 매우 많고, 용신을 찾을 수 없는 경우도 적지 않다.

격이 바르고 용신이 진실하며, 운이 어긋나지 않으면 명예와 재물이 뜻대로 된다. 격이 깨지고 용신이 손상되면 '병(病)이 있다'고 말하며, 즐거움보다 근심이 더 많다. 하지만 만약 운의 흐름이 적절하여 깨지고 손상된 것을 제거하고, 희신(喜神)과 용신(用神)을 돕는다면, 마치 병든 사람이 좋은 약을 얻어 살아나는 것과 같아 귀하지 않더라도 부자가 된다.

격이 없어 취할 것이 없는 경우라도 용신을 찾아 그 용신이 힘이 있고 운의 흐름이 안정적이라면 역시 사업을 일으키고 집안을 번성하게 할 수 있다. 격도 취할 것이 없고 용신도 찾을 수 없다면, 그저 사주 전체의 대세와 일주가 향하는 바를 보고, 운의 흐름이 좋아하는 것을 보충하고 꺼리는 것을 제거하는지를 살펴야 한다. 비록 평생 보잘것없이 살더라도 춥고 배고픈 근심은 면할 수 있다. 만약 운마저도 취할 것이 없다면 가난하지 않더라도 천하게 된다. 만약 격이 바르고 용신이 진실하더라도 오행이 서로 거스르면, 평생 뜻을 펼치기 어렵다.

甲 丙 庚 己
午 午 午 巳

甲 乙 丙 丁 戊 己
子 丑 寅 卯 辰 巳

[89] 강약 / 격국 / 조후

이 사주는 속된 이론대로라면 丙午 일주가 지지에 午를 모두 갖추고, 사주에 水 기운이 전혀 없으며, 중년까지도 水운이 없으니 반드시 비천록마격(飛天祿馬格)이 되어 명예와 재물이 모두 빛날 것이라고 볼 것이다.

그러나 이 사주는 午 중 己土와 巳 중 庚金의 원신이 年月 두 천간에 투출하여, 진정한 火土 상관생재격(傷官生財格)이 되었음을 모르고 있는 것이다.

초년 운인 己巳와 戊辰은 火의 기운을 설기(洩氣)시켜 金재성을 생하니 물려받은 재산이 매우 풍부했다. 丁卯와 丙寅 운에는 土와 金, 희신(喜神)과 용신(用神)이 모두 손상되어, 연달아 화재를 만났고 두 아내와 네 자식까지 잃었으며 가업이 모두 파산되었다. 乙丑 운으로 바뀌자 북방의 습토(溼土)가 火를 어둡게 하고 金을 생하며 巳와 합하여 유정하니, 경영하는 일에서 큰 이익을 남겨 다시 아내를 들이고 자식도 낳았으며 가문을 다시 일으켰다.

甲子와 癸亥 등 북방의 水 운에는 土를 윤택하게 하고 金을 길러 수만 냥의 재물을 모았다. 만약 이 사주를 비천합록격(飛天合祿格)으로 논했다면 水운을 크게 꺼렸을 것이다.

	己	乙	癸	丁	
	卯	卯	卯	丑	
丁	戊	己	庚	辛	壬
酉	戌	亥	子	丑	寅

[90] 강약

乙卯 일주가 卯月과 卯時에 태어나 그 기운이 극도로 왕성하다. 가장 기쁜 것은 丁火가 홀로 드러나 빼어난 기운을 토해내는 것인데, 아깝게도 癸水가 丁火를 극하여 빼어난 기운을 손상시킨다. 시간(時干)의 己土가 절지에 임하여 癸水를 제거하지 못하니, 학업을 계속 잇지 못했다.

초년과 중년 운이 水와 木의 땅으로 흐르자, 형벌을 당하고 재산을 탕진하여 가업이 점점 소진되었다. 戊戌과 丁 운에 크게 경영의 뜻을 이루어 수만 냥의 재물을 벌었다.

만약 이 사주를 비천록마격(飛天祿馬格)으로 논했다면 戊戌 운에 크게 파산했을 것이다.

	甲	甲	癸	丁	
	戌	辰	丑	未	
丁	戊	己	庚	辛	壬
未	申	酉	戌	亥	子

[91] 강약

이 사주는 지지(地支)가 사고(四庫)이고 서로 충(冲)을 하고 있다. 속론에서는 이를 잡기재관격(雜氣財官格)이라 한다. 그러나 이것은 丑未가 충(冲)을 하면 관성(官星)이 손상되고, 창고(庫)의 뿌리까지도 충으로 인해 파괴된다는 것을 모르고 하는 소리이다.

일주(日主) 아래에 있는 여기(餘氣) 역시 뿌리가 되지만, 戌이 충을 하니 미약한 뿌리가 이미 뽑혔다는 혐의가 있다. 재성(財星)은 많고 일주(日主)는 약한데, 다시 왕성한 土가 충을 받아 더욱 강해지니 癸水는 반드시 손상을 입게 된다.

초운인 壬子, 辛亥 등 水 기운이 왕성한 운에는 윗대 조상의 음덕이 넉넉했다. 庚戌의 재성과 관살 운으로 바뀌면서 부모가 함께 돌아가셨고, 형제와 아내, 자식까지 잃으니 己酉와 戊申 운에는 土가 천간에 드러나 金이 水를 생(生)하지 못하므로 가업을 모두 파산하였고, 결국 자식도 없이 사망했다.

辛	甲	癸	丁		
未	子	丑	亥		
丁	戊	己	庚	辛	壬
未	申	酉	戌	亥	子

[92] 강약 / 격국

甲子 일주가 丑月에 태어나 지지에 북방의 기운을 깔고, 천간에 辛과 癸가 투출했다. 관성(官星)과 인수(印綬)의 기운이 드러나 丁火를 제거한다. 丑과 未가 멀리 떨어져 있고, 또한 水의 세력이 권세를 잡고 있으니 丑을 충하지 못한다.

이는 바르게 중화(中和)의 모습을 이룬 것이다. 그래서 土, 金, 水 운에 모두 생하고 변화하는 정(情)을 얻었다. 일찍부터 반수(泮水, 학교)에서 학업을 시작하여 가을 과거에서 합격했다.

다만 격국이 맑고 차갑기 때문에 벼슬길이 내세울 만한 지위에 오르지는 못했다. 반궁(泮宫)에서는 매일 공자의 경전을 가르치는 목탁을 울렸고, 행단(杏壇, 교단)의 따뜻한 봄에는 풍류를 읊으며 지냈다.

앞의 사주는 충(沖)을 만나 관성과 인성이 모두 손상되어 명예와 재물을 이루지 못했다. 그러나 이 사주는 그와 달랐으니, 명예를 이루고 이익도 따랐다. 이것으로 '묘고(墓庫)가 충(沖)을 만나면 반드시 발복한다'는 말이 틀렸음을 알 수 있다.

13. 체용(體用)

도 유 체 용 불 가 이 일 단 론 야 요 재 부 지 억 지 득 기 의

道有體用 不可以一端論也 要在扶之抑之得其宜

도(道)에는 체(體)와 용(用)이 있는데 한 가지만 가지고 논해서는 안 된다. 중요한 것은 부조(扶助)하고 억제(抑制)하는 것이 마땅함을 얻어야 한다.

原注

有以日主爲體, 提綱爲用. 日主旺, 則提綱之食神財官皆爲我用; 日主弱, 則提綱有物, 幫身以制其强神者, 亦皆爲我用. 提綱爲體, 喜神爲用者, 日主不能用乎提綱矣. 提綱食傷財官太旺, 則取年月時上印比爲喜神; 提綱印比太旺, 則取年月時上食傷財官爲喜神而用之. 此二者, 乃體用之正法也. 有以四柱爲體, 暗神爲用者, 必四柱俱無可用, 方取暗沖暗合之神. 有以四柱爲體, 化神爲用, 四柱有合神, 卽以四柱爲體, 而以化合之神可用者爲用. 有以化神爲體, 四柱爲用, 化之眞者, 卽以化神爲體, 以四柱中與化神相生相克者, 取以爲用. 有以四柱爲體, 歲運爲用, 有以喜神爲體, 輔喜神之神爲用, 所喜之神, 不能自用以爲體用輔喜之神. 有以格象爲體, 日主爲用者, 須八格氣象, 及暗神, 化神, 忌神, 客神, 皆成一體段. 若是一面格象, 與日主無干者, 或傷克日主太過, 或幫扶日主太過, 中間要尋體用分辨處, 又無形跡, 只得用日主自去引生喜神, 別求一個活路爲用矣. 有以日主爲用, 有用過於體者. 如用食財, 而財官食神盡行隱伏, 及太發露浮泛者, 雖美亦過度矣. 有用立而體行者, 有體立而用行者, 正體用之理也. 如用神不行於流行之地, 且又行助體之運則不妙. 有體用各立者, 體用皆旺, 不分勝負, 行運又無輕重上下, 則各立. 有體用俱滯者, 如木火俱旺, 不遇金土則俱滯, 不可一端定也. 然體用之用, 與用神之用有分別, 若以體用之用爲用神固不可, 舍此以別求用神又不可, 只要斟酌體用真了. 於此取緊要爲用神, 而二三四五處用神者, 的非妙造, 須抑揚其重輕, 毋使有餘不足.

- 일주(日主)를 體로 삼는다면 제강(提綱)이 用이 된다.
- 일주가 왕(旺)하면 제강에 있는 식신, 재성, 관성을 모두 내가 쓸 수 있고, 일주가 약(弱)하면 제강에 있는 것 중에서 내 몸을 부조하거나 강한 기운을 억제하는 것을 내가 쓴다.
- 제강(提綱)을 體로 삼고 희신(喜神)을 用으로 삼는 경우, 일주 입장에서는 제강을 用으로 쓸 수 없다.
- 제강에 식상, 재성, 관성이 너무 왕하면 年月時에 있는 인성, 비겁을 희신으로 삼아 用하고, 제강에 인성, 비겁이 너무 왕하면 年月時에 있는 식상, 재성, 관성을 희신으로 삼아 用한다.
- 이 두 가지의 방법이 體用에서 정법(正法)이 된다.
- 사주를 體로 삼고 암신(暗神)을 用으로 삼는 경우도 있다. 사주에 용신으로 쓸 것이 전혀 없을 때 암충(暗沖) 암합(暗合)하는 기운을 취할 수 있다.
- 사주를 體로 삼고 화신(化神)을 用으로 삼는 경우도 있다. 사주에 합하는 글자가 있고 사주가 體가 되고 화신 중 가용할 것이 있으면 用이 된다.
- 화신(化神)을 體로 삼고 사주를 用으로 삼는 경우도 있다. 화신이 진실하다면 화신을 體로 삼고 사주 내에서 화신과 상생상극하는 것을 用으로 삼는다.

- 사주를 體로 삼고 세(歲)와 운(運)을 用으로 삼는 경우도 있다.
- 희신을 體로 삼고 희신을 도와주는 기운을 用으로 삼는 경우도 있다. 희신이 스스로 用이 될 수 없으니 희신을 도와주는 기운을 用으로 삼는 것이다.
- 격국의 상(象)을 體로 삼고 일주를 用으로 삼는 경우도 있다. 팔격의 기상(氣象)이 암신, 화신, 기신, 객신 모두와 하나의 완벽한 구조를 이룬 때이다.
- 만약 격국의 상(象)이 일주와 무관하거나, 일주를 지나치게 상극하거나, 일주를 지나치게 부조한다면, 일간과의 관계에서 體用을 분별할 곳을 찾으려 해보아도, 그럴만한 단서나 흔적이 없게 된다. 이럴 때는 일주 스스로가 희신을 불러들여 새로운 활로를 찾아 이를 用으로 삼아야 한다.
- 일주를 用으로 삼는 경우는 쓰려던 用이 體보다 과한 경우이다. 만약 식신, 재성을 用으로 삼았는데, 재성, 관성, 식신이 모두 숨어 있거나, 지나치게 드러나 넘쳐 보이거나, 비록 좋다고 하더라도 과한 경우이다.
- 用이 확고히 서면 體가 따라 움직이고, 體가 확고히 서면 用이 따라 움직이는 것이 體用의 바른 이치이다. 만약 용신(用神)이 유행해야 할 곳으로 흐르지 못하고, 體를 도와주는 운으로 움직여 버리면 좋지 않다.
- 體用이 각자 독립적으로 세워진 경우도 있는데, 體用이 모두 강해서 승부를 가리지 못하고, 행운조차 경중 상하가 없다면 각기 독립적으로 서게 된다.
- 體用이 모두 막히는 경우도 있는데, 가령 木火가 모두 강한데 金土의 운을 만나지 못하면 정체하게 된다. 하지만 한 가지만 가지고 단정할 수는 없다.
- 그리고 體用에서 말하는 用과 용신(用神)에서 말하는 用을 구별해야 한

다. 만약 體用의 用을 용신이라고 고정해 버리는 것도 잘못이지만, 이를 버리고 따로 용신을 구하는 것도 옳지 않다. 중요한 것은 體用의 관계를 진실로 깊이 생각하고 헤아려야 한다.

- 이 과정에서 가장 긴요한 것을 취하여 용신으로 삼아야 한다. 두세 개 이상의 용신이 있다면 묘한 조화가 아니다. 반드시 그 경중을 따져 억양(抑揚)함으로써 어느 한쪽이 지나치거나 부족함이 없도록 해야 한다.

임철초 日

체(體)란 형상기국(形象氣局)을 일컫는 말이다. 하지만 만약 형상기국이 없다면 일주(日主)가 체가 된다. 용(用)이란 용신(用神)이다. 체용(體用)의 개념 외에 별도의 용신이 있는 것이 아니다. 원주에서는 체용과 용신을 구별해야 한다고 하였지만, 상세하게 명기하지 않았고 모호한 상태로 놔두었다. 하지만 체용의 개념 외에서 용신을 별도로 구할 수 없음을 알아야 한다.

원문의 마지막 구절 '요재부지억지득기의(要在扶之抑之得其宜)'란 말에서 체용(體用)의 용(用)이 용신임을 분명히 보여주고 있고 의심할 여지가 없다. 왕한 것은 억제하고 약한 것은 부조한다는 '억지부지(扶之抑之)'의 원리는 불변의 법칙이다. 하지만 불역(不易) 중에 변역(變易)도 있는 법이니 특히 '득기의(得其宜, 마땅함을 얻는다)'라는 세 글자의 입장에서 깊이 있게 살펴볼 필요가 있다.

왕하면 억제해야 하지만 만약 억제할 수 없다면 반대로 부조해 버리는 것이 마땅하고, 약하면 부조해야 하지만 만약 부조할 수 없다면 반대로 억제해 버리는 것이 마땅하다. 이것이 명리의 진기(眞機, 진짜 핵심)이고 오행이 전도한다는 묘용(妙用, 묘한 작용)이다.

무릇 왕함이 극에 이른 자를 억제하려고 하면 억누름이 오히려 반발되어 해가 될 수 있으니 그 강한 기운을 좇아 부조함이 마땅하다. 약함이 극에 이른 자를 부조하려고 하면 도우려 해도 애만 쓰다 아무런 공을 이루지 못할 것이니 그 약함을 좇아 억제함이 마땅하다. 이것이 '불가이일단론야(不可以一端論也)'인 것이다.

만약 ① 일주가 왕하고 제강이 관(官), 재(財), 식상(食傷)일 땐 모두 用이 될 수 있다. ② 일주가 쇠하고 사주 간지에서 내 몸을 돕는 자가 있다면 用이 될 수 있다. ③ 제강이 녹(祿), 인(刃)일 땐 제강이 體가 되고 대세를 살펴 사주 간지에서 식신(食神), 재(財), 관(官)이 적절한 자리를 얻었는지 찾고 그것을 用한다. ④ 사주 간지에 재(財)와 칠살(七殺)이 너무 왕하면 일주가 왕해도 약(弱)으로 변할 것이니 내 몸을 도우며 재(財)와 칠살(七殺)을 제화해 줄 자를 찾고 그것을 用한다.

일주가 體가 되는 경우로 보면 ⑤ 일주가 왕하고 인수가 많으면 필시 재성이 用이 된다. ⑥ 일주가 왕하고 관살이 가벼우면 역시 재성이 用이 된다. ⑦ 일주가 왕하고 비겁이 많고 재성이 없으면 식상이 用이 된다. ⑧ 일주가 왕하고 비겁이 많고 재성이 가벼워도 역시 식상이 用이 된다. ⑨ 일주가 왕하고 관성은 가볍고 인수는 무거우면 재성이 用이 된다. ⑩ 일주가 약하고 관살이 왕하면 인수가 用이 된다. ⑪ 일주가 약하고 식상이 많으면 역시 인수가 用이 된다. ⑫ 일주가 약하고 재성이 왕하면 비겁이 用이 된다. ⑬ 일주와 관살이 양쪽에 머물고 있으면 식상이 用이 된다. ⑭ 일주와 재성이 균등하게 맞서고 있으면 인성과 비겁이 用이 된다. 이 모두가 용신으로 마땅한 것들이다.

만약 일주가 위력이 없고 다른 천간과 합화되었고 화(化)한 것이 진실되면 화신(化神)이 體가 된다. 화신의 기가 남으면 화신을 설기하는 신으로 用을 삼고, 화신의 기가 부족하면 화신을 생조하는 신으로 用을 삼는다.

삼합국과 방합국과 일행득기격은 일주가 원신(元神)이므로 격의 상(象)이 體가 되고 그 기상(氣象)을 생하거나 돕는 자가 用이 된다. 식상이 用이 되기도 하고, 재성이 用이 되기도 하지만 관살이 用이 되는 건 마땅치 않다. 나머지는 그 격국의 기세와 의향을 보고 用을 정함이 마땅하고 한 가지에만 집착해서는 안 된다.

만약 격(格)도 없고, 국(局)도 없고, 사주에 취할만한 용신도 없고, 용신을 취한다 해도 한신(閑神)과 합하여 머물거나, 충신(冲神)에 의해 손상이 되거나, 기신(忌神)에게 겁탈당하거나, 객신(客神, 외부 운)에게 막혀있는 경우라면 용신이 일주를 돌보지 못하고, 일주 역시 용신을 돌보지 못한다.

만약 대세운에서 합하는 신을 파괴하거나, 충하는 신을 합거하거나, 겁탈하는 것을 제압하거나, 막혀있는 것을 통하게 하면 이를 가리켜 운이 안정되었다 하고 운에 따라 용신을 취하게 되니 길함을 잃지 않게 된다.

원주에 이르기를 2, 3, 4, 5곳에 용신이 있으면 좋은 구조가 아니다라고 했는데 이것은 큰 오류를 담은 설명이다. 단지 8개의 글자에서 4~5자가 용신이라면 일간 제외하고 단지 쓸 수 없는 2글자만 남는 것인데 단언컨대 이런 이치는 없다. 결론적으로 용신(用神)이 유용하든 무용하든 1개로 정해진 곳이 있어야 한다는 점은 절대 변하지 않는다.

명 중에는 단지 희용(喜用)이라는 두 글자가 있을 뿐인데 용신(用神)은 일주가 좋아하는 것이며 시작부터 끝까지 의지해야 할 신이다. 희신(喜神)은 용신을 도와주는 신이고, 기신(忌神)은 용신을 극하고 해하는 신이다. 용신, 희신, 기신을 제하면 모두 한신(閑神)이거나 객신(客神)이다. 배우는 자는 마땅히 이를 자세하게 살펴야 한다. 무릇 천간의 작용은 生이면 生, 剋이면 剋, 合이면 合, 沖이면 沖이므로 쉽게 접근할 수 있지만, 지지의 작용은 각각 종류마다 다르므로 천간은 간명하기 쉬워도 지지는 추론하기 어렵다.

癸丙甲丙
巳午午寅

庚 己 戊 丁 丙 乙
子 亥 戌 酉 申 未

[93] 강약 / 전왕

이 명조는 火가 가장 강한 午月 여름에 태어나서 월지 양인에 앉았고 연지 장생을 만났고 시지 건록을 얻었다. 연월 두 지지에서는 甲丙을 투출해 뜨거운 불길이 나무를 태우고 왕함이 극에 이르렀다. 한 점 癸水는 증발하여 말라버렸으니 강한 세력을 좇아갈 수밖에 없다.

운에서 木火土를 만나니 재물이 계속 늘긴 했으나 申酉 대운 중에 형모

(刑耗, 형벌과 손실)가 많았다. 亥 대운에 이르러서는 火의 열기가 격발하니 가업을 모두 파산 탕진하고 사망했다. 이른바 왕함이 극에 이른 자의 경우 이를 억누르려 하면 도리어 격발하니 해로움이 있는 것이다.

丙	丙	庚	戊		
申	申	申	寅		
丙	乙	甲	癸	壬	辛
寅	丑	子	亥	戌	酉

[94] 강약 / 전왕

丙火가 초가을에 출생하여 가을 金의 월령에 올라탔다. 세 개의 申이 한 개의 寅을 충하고 제거하니 丙火의 뿌리가 이미 뽑혀 버렸고 비견 역시 힘을 쓸 수 없다. 또 연월의 두 천간에 土金이 투출하여 그 약한 기세를 따라 재의 성정에 순용하니 비견이 병(病)이 된다.

그래서 운이 水가 왕한 곳에 이르자 비견이 제거되고 사업이 크게 번성하였다. 그런데 丙寅 대운은 내 몸을 도우니 형상파모(刑喪破耗)를 당할 운이다. 이른바 약함이 극에 이른 자의 경우 이를 도우려 해도 애만 쓰다 아무런 공을 이루지 못하니 오히려 해로움이 있는 것이다.

이와 같은 격국은 상당히 많다. 속론에 따르면 앞의 명조는 金水를 용신으로 삼을 것이고, 위 명조는 木火를 용신으로 삼을 것이다. 그런데 그렇게 하면 길흉이 뒤바뀔 것이고 결국 명리에 근거가 없다는 비난을 받게 될 것이다. 그래서 특별히 두 명조를 책에 기록하여 훗날의 증거로 삼는다.

14. 정신(精神)

인 유 정 신 불 가 이 일 편 구 야 요 재 손 지 익 지 득 기 중

人有精神 不可以一偏求也 要在損之益之得其中

사람에게는 정(精, 金水 내향)과 신(神, 木火 외향)이 있는데 한 가지만 가지고 구해서는 안 된다. 중요한 것은 덜어내고 보태면서 그 중화(中和)를 얻는 것에 있다.

原注

精氣神氣皆無氣也, 五行大率以金水爲精氣, 木火爲神氣, 而土所以實之者也. 有神足不見其精, 而精自足者, 有精足不見其神, 而神自足者; 有精缺神索, 而日主虛旺者, 有精缺神索, 而日主孤弱者; 有神不足而精有餘者, 有精不足而神有餘者; 有精神俱缺而氣旺, 有精神俱旺而氣衰; 有精缺得神以助之者, 有神缺得精以生之者; 有精助精而精反洩無氣者, 有神助神而神反斃無氣者, 二者皆由氣以主之也. 凡此皆不可以一偏求也, 俱要損益其進退, 不可使有過不及也.

- 정기(精氣)와 신기(神氣)는 모두 보이지 않는 기이다. 오행에서는 대체로 金水를 정기(精氣)라 하며 木火를 신기(神氣)라 하며 土는 실체를 가진 자가 된다.
- 神이 충족되면 精이 보이지 않아도 精이 저절로 충족되는 경우가 있고, 精이 충족되면 神이 보이지 않아도 神이 저절로 충족되는 경우가 있다.
- 精이 부족하고 神이 묶여 있으면 일주가 허왕(虛旺, 헛되게 왕)한 경우가 생

기고, 精이 부족하고 神이 묶여 있는데 일주는 고약(孤弱, 고독하고 약)한 경우도 있다.

- 神은 부족하고 精이 여유가 있는 경우가 있고, 精이 부족하고 神은 여유가 있는 경우도 있다.
- 精과 神이 모두 부족하지만 氣가 왕한 경우가 있고, 精과 神이 모두 왕해서 氣가 쇠한 경우도 있다.
- 精이 부족하지만 神의 도움을 받는 경우도 있고, 神이 부족하지만 精의 생을 받는 경우도 있다.
- 精이 精을 도우나 精이 오히려 설기되어 氣가 없는 경우가 있고, 神이 神을 도우나 神이 오히려 꺾여서 氣가 없는 경우도 있다. 두 가지 모두 氣가 주관하여 생긴 일이다.
- 무릇 이런 것들을 모두 '불가이일편구야(不可以一偏求也, 한 가지만 가지고 구해서는 안 된다)'라 한 것이다. 이 모든 경우 손익과 진퇴에 있어서 지나치거나 모자람이 없도록 해야 한다.

- (도교와 동양의학의 精氣神 이론에서 비롯되었다. 精을 생(生)과 리(裏)라 하고, 神을 극(剋)과 표(表)라고 한다. 精을 인수 비겁, 神을 식상 재관에 놓기도 하고, 精은 물리적 기반이며, 神은 정신적 활동이고, 氣는 에너지 순환이라고도 한다.)

임철초 日

'정(精)'이란 나를 生하는 신(神)이다. '신(神)'이란 나를 剋하는 물(物)이다. '기(氣)'란 본기(本氣)가 몸 전체에 퍼져 있는 것이다. 이 두 가지 중에서는 정(精)이 위주가 된다. 정이 충분하면 기가 왕해지고, 기가 왕해지면 신이 왕해진다. 단지 金水를 정기(精氣)로 보고, 木火를 신기(神氣)로만 국한해서 생각해서는 안 된다. 원문의 마지막 구절 '요재손지익지득기중(要在損之益之得其中)'이란 말이 곧 金水가 정이 되고 木火가 신이 되는 것이 아님을 보여준다.

반드시 유통하고 생화함을 얻어야 하고, 손익이 적당히 중화를 지켜야 정기신(精氣神) 세 가지가 모두 갖추어지는 것이다. 자세히 연구해 보면 특별히 일주(日主), 용신(用神), 체상(體象)에만 정과 신이 있는 것이 아니라 오행에 모두 있는 것이다. 남는 것이 있으면 덜어내고, 부족한 게 있으면 더해주는 것이 정해진 이치이다. 그러나 한편 정해진 것 중 정해지지 않은 것도 있으니, 특히 '득기중(得其中, 중화를 얻는다)'이라는 세 글자의 입장에서 깊이 있게 살펴볼 필요가 있다.

손(損)이란 극제(剋制)하는 것이고, 익(益)이란 생부(生扶)하는 것이다. 남는 것은 극제해야 하지만 남는 것이 지나치면 이를 설기(洩氣)해야 마땅하고, 부족하면 생부해야 하지만 부족함이 지나치면 이를 제거(除去)해 버림이 마땅하다. 이것이 손익의 묘용(妙用)이다.

대개 남는 것이 지나칠 때 극하여 덜어내려고 하면 도리어 노여움을 촉발하게 되므로 그 남는 것을 따라 순행함이 마땅하고 이를 설기해야 한다. 부족함이 너무 지나치면 더하려고 해도 보충되지 않으므로 그 부족함을 따라감이 마땅하고 이를 제거해 버려야 한다. 이것이 '불가이일편구야(不可以一偏求也)'인 것이다.

총괄컨대, 정(精)이 너무 많으면 마땅히 기(氣)를 더해줘야 하고, 기(氣)가 너무 왕하면 마땅히 신(神)을 도와줘야 하고, 신(神)이 너무 설기되면 마땅히 정(精)을 길러줘야 한다. 즉, 생화하고 유통해야 신이 맑고 기가 넘친다.

만약에, 정이 너무 많은데 반대로 기를 덜어내고, 기가 너무 왕한데 반대로 신을 상하게 하고, 신이 너무 설기되는데 반대로 정을 억제한다면, 즉 편고하고 잡란하니 정이 고갈되고 신이 메마른다.

수범목부(水泛木浮, 물이 범람하여 나무가 뜨다)이면 木의 정신(精神)이 없는 것이고, 목다화치(木多火熾, 나무가 많아 불길이 치열하다)이면 火의 정신이 없는 것이고, 화염토초(火炎土焦, 불이 뜨거워 흙이 타버린다)이면 土의 정신이 없는 것이고, 토중금매(土重金埋, 土가 중중하여 金이 묻힌다)이면 金의 정신이 없는 것이고, 금다수약(金多水弱, 金이 많아서 水가 약해진다)이면 水의 정신이 없는 것이다.

원주(原注)에서 金水를 정기(精氣)로 보고, 木火를 신기(神氣)로 보았는데 이것은 한의학적 장부(臟腑)를 가지고 논한 것이다. 폐(肺)는 金에 속하고 신(腎)은 水에 속하며 金水가 상생하여 안으로 축장하니 정기(精氣)라 한다. 간(肝)은 木에 속하고 심(心)은 火에 속하며 木火가 상생하여 밖으로 발산하니 신기(神氣)라 한다. 비(脾)는 土에 속하며 몸 전체에 퍼져 나가니 실(實)이라 한다. 하지만 명 중에서 안과 밖으로 정과 신을 논하고자 하면 金水와 木火로만 정과 신을 구분할 수는 없다.

예를 들어 왕한 것은 마땅히 설기해야 하는데 설기하는 오행이 득기하면 정(精, 生)이 충족된다. 이 경우 안에서 밖으로 발산되는 것이니 신(神, 表)도 저절로 충족된다. 왕한 것은 마땅히 극해야 하는데 극하는 오행이 유력하면 신(神, 剋)이 충족된다. 이 경우 밖에서 안으로 들어가는 것이니 정(精, 裏)도 저절로 충족된다.

예를 들어 土가 辰戌丑未月에 태어났고 사주에 土가 많고 木이 없는데 천간에 庚辛이 투출하거나 지지에 申酉가 있으면 이것을 일컬어 '안에서 밖으로 발산한다'고 할 것이며 정(精, 土生金)은 충분하고 신(神, 表)도 안정되는 것이다.

만약에 土가 많고 金이 없는데 천간에 甲乙이 투출하거나 지지에 寅卯가 있으면 이것을 일컬어 '밖에서 안으로 들어간다'고 할 것이며 신(神, 木剋土)은 충분하고 정(精, 裏)도 안정되는 것이다. 土를 논할 때 이와 같고 다른 오행도 모두 그러하다. 자세하게 연구함이 마땅하다.

戊	丙	甲	癸		
戌	寅	子	酉		
戊	己	庚	辛	壬	癸
午	未	申	酉	戌	亥

[95] 강약

이 명조는 甲木이 정(精, 生)이 된다. 쇠약한 木이 水의 자양을 얻고 寅의 녹(祿)을 만나니 정(精)이 충분하다. 戊土는 신(神, 表)이 되는데 戌을 깔고 앉아 통근했고, 寅戌이 국을 이루니 신(神)이 왕성하다.

정관이 인성을 생하고, 인성은 내 몸을 생하고, 일주는 장생 위에 앉았으니 氣가 전체를 관통하고 있다. 유통하고 생화하고 오행이 모두 충족되었다. 좌우상하에서 마음이 맞고 어긋남이 없다.

관이 와도 능히 견뎌낼 수 있고, 겁재가 와도 관이 있으며, 식신이 와도 인성이 있으니 동서남북의 운 모두를 행할 수 있다. 일생 부귀(富貴)와 복수(福壽)가 아름답다고 말할 수 있다.

庚	丙	乙	癸		
寅	辰	卯	未		
己	庚	辛	壬	癸	甲
酉	戌	亥	子	丑	寅

[96] 강약 / 격국

이 명조는 대세로 볼 때 관인상생(官印相生)이 되었고, 시에서 편재를 만났고, 오행의 결함이 없다. 사주가 순수하여 엄연한 귀격으로 볼 것이다. 그런데 재관(財官) 두 글자가 휴수지에 앉았고, 거리가 멀리 떨어져 있어서 서로 돌아볼 수 없음을 알지 못하는 까닭이다.

지지에 寅卯辰이 모두 있고 봄의 土는 완전히 극을 당하니 金을 생할 수가 없다. 金은 절지에 임했으니 水를 생할 수가 없다. 水의 기운은 木에게 완전히 설기되니 木의 기세가 심히 왕성하고 火가 치열하다. 火가 치열하여 氣가 넘어졌고, 기가 넘어지니 神이 메말랐다.

대운이 북방으로 가니 또 丙火의 氣를 손상시키고, 도리어 정(精)인 木을 돕는다. 金의 운을 만나지만 남는 것이 지나칠 때 이를 극하면 도리어 그 노여움을 촉발한다. 그래서 종신토록 평범하게 살았으며 명예와 이득을 이루지 못하였다.

己	丙	乙	戊
丑	辰	丑	戊

己	庚	辛	壬	癸	甲
未	申	酉	戌	亥	子

[97] 강약

이 명조는 온통 土이니 일주의 원신이 심하게 설기되었다. 월간의 乙木은 시들어 말라버렸다. 이른바 정기(精氣, 生裏)가 말라비틀어져 죽은 것이다.

대운에서 壬戌을 만나자, 일주가 손상되고, 세운에서 辛未를 만나서 乙木이 바로 剋을 당하니 9월(戌月)에 죽었는데 약증(弱症, 허약증)을 앓다가 죽었다.

(이 사주는 대운이 역행한 것으로 보아 여성의 명조이다.)

15. 월령(月令)

월 령 내 제 강 지 부 비 지 택 야
月令乃提綱之府 譬之宅也
인 원 위 용 사 지 신 택 지 정 향 야 불 가 이 불 복
人元爲用事之神 宅之定向也 不可以不卜[23)]

월령(月令)은 제강(提綱, 핵심)을 관장하는 곳이며, 집으로 비유된다. 인원(人元, 지장간)은 일을 주관하는 신이며, 집의 방향이 된다. 헤아리지 않을 수 없다.

原注

令星乃三命之至要, 氣象得令者吉, 喜神得令者吉, 令其可忽乎? 月令如人之家宅, 支中之三元, 定宅中之向道, 不可以不卜. 如寅月生人, 立春後七日前, 皆值戊土用事; 八日後十四日前者, 丙火用事; 十五日後, 甲木用事. 知此則可以取格, 可以取用矣.

- 월령(月令)은 삼명(三命)에서 지극히 중요한 요소이다.
- 기상(氣象)이 월령을 얻으면 길(吉)하고, 희신(喜神)이 월령을 얻으면 길(吉)하니, 월령을 어찌 소홀히 할 수 있겠는가?
- 월령은 사람의 집과 같고, 지중삼원(支中三元, 지장간)은 집의 방향을 정해 주니, 살피지 않을 수가 없다.
- 만약 寅月에 태어난 사람은 입춘 후 7일까지는 戊土가 일을 주관하고, 8일부터 14일까지는 丙火가 일을 주관하고, 15일 이후에는 甲木이 일을 주관한다.
- 이것을 알아야 격국을 정할 수 있고, 용신을 취할 수 있다.

---

23) 月令提綱, 譬之宅也, 人元用事之神, 宅之向也, 不可以不卜.

임철초 曰

월령(月令)은 명조에서 가장 중요한 것이다. 사주의 기상(氣象), 격국(格局), 용신(用神)은 모두 월령이라는 제강이 주관하는 기운에 속한다. 또한 천간에는 이끌고 돕는 기운이 있으니, 비유하자면 넓고 움직이지 않는 집과 같다. 인원(人元)이 작용하는 것은 바로 이달, 이날을 사령(司令)하는 신을 말한다. 이는 집이 향하는 방향과 같으니, 점치지 않을 수 없다.

'지리원기(地理元機)'에 이르기를, 우주에는 큰 관문과 모이는 지점이 있으므로 기운(氣運)이 주가 되고, 산천에는 진정한 성품과 정이 있으므로 기세(氣勢)가 우선이 된다. 하늘의 기운이 위에서 움직이면 인원(人元)이 이에 응하고, 땅의 기운이 아래에서 움직이면 하늘의 기운이 이를 따른다고 하였다.

이를 보건대, 인원(人元)이 사령(司令)한다는 것은 비록 격을 돕고 용신을 보조하는 우두머리라 할지라도, 역시 천지가 서로 응함을 중요하게 여기고 오묘하다는 것을 알 수 있다. 그러므로 지지의 인원(人元)은 반드시 천간에서 이끌고 돕는 것을 얻어야 하고, 천간이 용신(用神)이 되려면 반드시 지지에서 사령(司令)해야 한다. 결론적으로 인원(人元)은 반드시 사령(司令)해야 길함을 이끌고 흉함을 제어할 수 있으며, 사령(司令)은 반드시 나타나야 격을 돕고 용신을 보조할 수 있다.

예를 들어, 寅月에 戊土가 사령하고, 巳月에 庚金이 사령하여 명확히 드러나면 굳이 논할 필요가 없을 수도 있다. 하지만 만약 寅月에 태어난 사람이 戊土가 사령일 때, 甲木은 때를 얻지 못한 것이고 戊土가 사령하여 중요하더라도, 천간에 火土가 투출하지 않고, 水木이 투출했다면 '지지(地)는 쇠약하고 천간(門)은 왕성하다'고 말한다. 반대로 천간에 水木이 투출하지 않고, 火土가 투출했다면 '천간(門)은 왕성하고 지지(地)는 쇠약하다'고 말하니, 두 경우 모두 길흉이 반반이다.

만약 寅月에 丙火가 사령일 때, 사주에 水가 없으면, 차가운 木이 火를 얻어 번성하고, 상(相)이 되는 火가 木을 얻어 도움을 받으니, '천간(門)과 지지(地)가 함께 왕성하다'고 하며 그 복이 비상하다.

만약 寅月에 戊土가 사령일 때, 木이 천간에 투출하고 지지에 水를 감추고 있으면, '천간(門)과 지지(地)가 함께 쇠약하다'고 하며 예기치 않은 재앙이 생긴다. 나머지 달도 이와 같이 논할 수 있다.

丙	戊	丙	甲		
辰	寅	寅	戌		
壬	辛	庚	己	戊	丁
申	未	午	巳	辰	卯

[98] 강약 / 격국

戊寅 일주가 입춘 15일 후에 태어났으니(7,7,16), 甲木 사령(司令)이 분명하다. 지지에 두 개의 寅이 辰土와 戌土를 강하게 극하고, 천간의 甲木 역시 일간(日干) 戊土를 제압하니, 언뜻 보기에 칠살(煞)은 왕성하고 일주(日主)는 약한 듯 보인다.

그러나 다행히 金이 없어 일주 戊土의 기운이 설기(洩氣)되지 않았다. 더욱 묘한 것은 水 또한 없으니, 丙火 인수가 칠살을 화(化)하여 일주를 생(生)하는 것이 특히 좋다. 이러한 이유로 과거에 합격하여 현청(顯靑)의 벼슬을 받았고, 부윤(副尹)에서 황당(黃堂)까지 올랐으니, 명예와 재물을 모두 거머쥐었다.

庚	戊	丙	甲		
申	辰	寅	戌		
壬	辛	庚	己	戊	丁
申	未	午	巳	辰	卯

[99] 격국 / 조후

戊辰 일주가 입춘 6일 후에 태어났으니(7, 7, 16), 戊土 사령(司令)이 분명하다. 월주에는 丙火가 천간에 투출하여 생하고 화(化)하는 정이 있다. 일주(日主)는 앉은 자리인 辰에 뿌리를 내려 신왕(身旺)하며, 또한 식신(食神)이 칠살(煞)을 제압

하고 있으니, 속설로 논한다면 이 사주가 앞의 사주보다 더 낫다고 할 것이다.

그러나 이는 어린 木과 차가운 土가 모두 火를 반긴다는 것을 모르는 소리다. 하물며 칠살이 이미 화(化)했는데 다시 제압하는 것은 마땅하지 않다. 더욱 꺼리는 것은 申時에 태어난 점이다. 이는 일주를 설기(洩氣)시킬 뿐만 아니라, 丙火가 끊어졌기 때문이다. 이로 인해 학업을 이루기 어려웠고, 일생 동안 성공과 실패를 거듭하며 불안정하게 살았으며, 반평생을 형벌과 상(喪)을 면치 못하고 지냈다.

16. 생시(生時)

생 시 내 귀 숙 지 지　비 지 묘 야
生時乃歸宿之地 譬之墓也
인 원 위 용 사 지 신　묘 지 정 방 야　불 가 이 불 변
人元爲用事之神 墓之定方也 不可以不辨[24)]

생시(生時)는 귀숙(歸宿, 돌아가 정착)하는 곳이며, 묘(墓)에 비유된다. 인원(人元, 지장간)은 일을 주관하는 신이며, 묘(墓)의 방향이 된다. 분별하지 않을 수 없다.

原注

子時生人, 前三刻, 三分壬水用事; 後四刻, 七分癸水用事. 評其與寅月生人, 戊土用事何如, 丙火用事何如, 甲木用事何如, 局中所用之神, 與壬水用事者何如, 癸水用事者何如, 窮其淺深如墳墓之定方道, 斯可以斷人之禍福. 至同年月日而百人各一應者, 當究其時之先後, 又論山川之異, 世德之殊, 十有九驗, 其有不驗者, 不過此則有官, 彼則子多, 此則多財, 彼則妻美, 爲小異耳. 夫山川之異, 不惟東西南北, 迥乎不同者, 宜辨之, 卽一邑一家, 而風聲氣習, 不能一律也. 世德之殊, 不惟富貴貧賤, 絕乎不侔得者, 宜辨之, 卽同門共戶, 而善惡邪正, 不能盡齊也. 學者察此, 可以知其興替矣.

- 子時에 태어났다 하여도 앞의 3각(三刻) 3분(三分)에는 壬水가 용사(用事)하고, 뒤의 4각(四刻) 7분(七分)에는 癸水가 용사한다.

---

24) 生時歸宿, 譬之墓也, 人元用事之神, 墓之穴也, 不可以不辨.

- 이것은 寅月에 태어난 사람과 비교하여, 戊土 사령하는 경우, 丙火 사령하는 경우, 甲木 사령하는 경우에 어떠한지를 평가하면 된다.
- 국(局)의 소용지신(所用之神)으로써, 壬水가 용사하는 경우, 癸水가 용사하는 경우 어떠한지를 따져, 그 얕고 깊음으로 묘(墓)의 방향을 정하는 것처럼 궁구한다. 그래야 사람의 화복(禍福)을 판단할 수 있다.
- 같은 연월일에 태어났는데도 백 명의 사람이 각기 다른 운명인 까닭은 그 출생 시각의 선후(先後)를 따져보아야 하기 때문이다.
- 또, 산천(山川, 풍수)의 다름과 세덕(世德, 가문)의 다름을 논하면 열에 아홉은 들어맞는다. 만약 들어맞지 않는 경우가 있더라도, 이 사람은 관직이 있고 저 사람은 자식이 많다거나, 이 사람은 재물이 많고 저 사람은 처가 아름답다거나 하는 작은 차이일 뿐이다.
- 산천의 다름이란 동서남북처럼 확연히 다른 것만 분별해야 하는 것이 아니다. 한 고을이나 한 집안일지라도 풍습과 기질이 모두 같을 수는 없다.
- 세덕의 다름이란 부귀빈천처럼 완전히 다른 것만 분별해야 하는 것이 아니다. 같은 문중, 같은 집안일지라도 선악과 정오가 모두 같을 수는 없다.
- 이러한 점을 자세히 살핀다면 그 사람의 흥망성쇠를 알 수 있다.

임철초 日

子時에 태어났다 하여도 앞의 3각(三刻) 3분(三分)에는 壬水가 당령하여 작용하는데, 이는 곧 해시(亥時)의 남은 기운으로 이른바 야자시(夜子時)가 바로 그것이다. 마치 대설(大雪) 10일 전까지 壬水가 작용하는 것을 말함과 같다.

나머지 時에도 이와 같이 앞과 뒤에서 작용하는 기운이 있으니, 반드시 사령(司令)을 논하는 것과 같이 미루어 헤아려야 한다. 만약 태어난 時에 작용하는 기운이 월령(月令)의 인원(人元)이 작용하는 것과 부합하고, 일주(日主)가 기뻐하는 것일 때는 복이 두 배로 늘어나고, 일주가 꺼려하는 것일 때는 반드시 흉이 더해진다.

태어난 時의 좋고 나쁨은 마치 묘의 혈(穴)과 같고, 그 속에 있는 인원(人元)의 작용은 마치 묘가 향하는 방향과 같다. 이것을 분별하지 않을 수 없다. 그러므로 혈은 길한데 방향이 흉하면 길함이 반드시 줄어들고, 혈은 흉한데 방향이 길하면 흉함이 반드시 줄어든다.

예를 들어, 丙 일주가 亥時에 태어나면 亥 중의 壬水는 丙의 칠살(七煞)이다. 이때 甲木이 작용하면 '혈은 흉한데 방향이 길하다'고 말한다. 辛 일주가 未時에 태어나면 未 중의 己土는 辛金의 인수(印綬)이다. 이때 丁火가 작용하면 '혈은 길한데 방향이 흉하다'고 말한다.

이치가 비록 이와 같으나, 時를 정확히 정하기 어려운 경우가 열에 넷 다섯이나 된다. 태어난 시조차 정확하지 않은데, 어찌 그 생극(生剋)을 분별할 수 있겠는가? 만약 時가 확실하다면, 비록 그 인원(人元)을 깊이 따지지 않더라도 그 사람의 규모를 판단할 수 있다.

마치 자연적으로 생긴 좋은 용맥(龍脈)과 좋은 혈(穴)에는 반드시 좋은 방향이 따르며, 좋은 방향에는 반드시 좋은 물이 있는 것과 같다. 시지(時支)만

틀리지 않다면 길하고 흉한 것이 스스로 증명될 것이다.

그 인원(人元)의 작용은 결국 월령(月令)의 사령(司令)만큼 중요하지는 않다. 게다가 산천의 다름과 세상 덕의 다름으로 인해 받는 복에 두터움과 얇음이 있고, 만나는 화에 무거움과 가벼움이 있다. 하물며 사람의 품성까지 바르고 간사함에 따라 화와 복이 바뀔 수 있다. 이는 명리가 구속할 수 있는 바가 아니다. 이 점을 잘 헤아려야 한다.

17. 쇠왕(衰旺)

능 지 쇠 왕 지 진 기 기 우 삼 명 지 오 사 과 반 의

能知衰旺之眞機 其于三命之奧 思過半矣[25)]

쇠(衰)하고 왕(旺)하는 참된 이치를 알게 되면, 그 삼명(三命)의 오묘함은 절반 이상을 터득한 것이다.

原注

旺則宜洩宜傷, 衰則喜幫喜助, 子平之理也. 然旺中有衰者存, 不可損也; 衰中有旺者存, 不可益也. 旺之極者不可損, 以損在其中矣; 衰之極者不可益, 以益在其中矣. 至於實所當損者而損之, 反凶; 實所當益者而益之, 反害, 此眞機, 皆能知之, 又何難於詳察三命之微奧乎?

- 왕(旺)하면 마땅히 설기시키고 극하며, 쇠(衰)하면 돕고 부조하는 것을 기뻐하니, 이것이 곧 자평의 이치이다.
- 그러나 왕한 가운데 쇠한 것이 있으면 덜어낼 수 없고, 쇠한 가운데 왕한 것이 있으니 더할 수도 없다.
- 왕한 것이 극에 이르면 덜어낼 수 없는데, 그 안에 이미 손실된 기운이 있기 때문이다. 쇠한 것이 극에 이르면 더할 수도 없는데, 그 안에 이미 더해질 기운이 있기 때문이다.
- 진실로 마땅히 손상시켜야 할 것을 손상시켰는데도 오히려 흉하고, 진실로 마땅히 도와야 할 것을 도왔는데도 오히려 해로운 경우가 있으니,

---

25) 能知衰旺之眞機, 其於立命之奧, 思過半矣.

이것이 바로 진정한 기틀이다.

- 만약 이 모든 것을 다 알게 된다면, 삼명(三命)의 미묘함과 오묘함을 살피는 것이 무엇이 어렵겠는가?

임철초 日

때(월령)를 얻으면 모두 왕성하다고 논하고, 때(월령)를 잃으면 바로 쇠약하다고 보는 것은 지극한 이치이긴 하나, 이는 또한 죽은 법칙이다.

무릇 오행의 기운은 사계절에 두루 흐른다. 비록 일간(日干)이 각각 전적으로 사령을 얻는 때가 있으나, 사실 그 전적인 시기 안에도 함께 존재하는 것들이 있다.

예를 들어 봄에 木이 사령하면 甲乙이 비록 왕성하지만, 이때 휴수한 戊己 또한 천지에서 끊어지진 않는다. 겨울에 水가 사령하면 壬癸가 비록 왕성하지만, 이때 휴수한 丙丁 또한 천지에서 끊어지진 않는다. 다만 때가 됐으니 물러나 감히 앞서 다투지 못할 뿐이니, 사실 봄의 土가 어찌 만물을 생하지 못하며, 겨울의 태양이 어찌 만국을 비추지 못하겠는가?

하물며 사주는 월령(月令)을 가장 중요하게 여기지만, 왕(旺), 상(相), 휴(休), 수(囚)의 기운은 연월시주 안에서도 손익(損益)의 권리가 있다. 그러므로 태어난 달이 비록 때를 얻지 못했더라도, 연월시에서 때를 얻을 수 있으니 어찌 한 가지 법칙만 고집하여 논할 수 있겠는가?

예를 들어 봄의 木이 비록 강하더라도 金이 너무 많으면 木 또한 위태롭다. 천간에 庚辛이 있고 지지에 申酉가 있을 때, 火의 제압이 없으면 부유하지 못하고, 土의 도움이 있으면 반드시 요절하니, 이는 때를 얻었으나 왕성하지 않은 것이다.

가을의 木이 비록 약하더라도, 木의 뿌리가 깊으면 木 또한 강하다. 천간에 甲乙이 있고 지지에 寅卯가 있으면, 관성(官星)이 투출해도 능히 감당하고, 水의 도움이 있으면 오히려 지나치게 되니, 이는 때를 잃었으나 약하지 않은 것이다.

이 때문에 일간은 월령의 휴수(休囚)를 따지지 않고, 단지 사주에 뿌리만 있다면 재성(財星), 관성(官星), 식신(食神)을 감당하고 상관(傷官)과 칠살(七殺)을 제압할 수 있다.

장생(長生), 녹(祿), 왕(旺)은 뿌리 중 무거운 것이고, 묘고(墓庫), 여기(餘氣)는 뿌리 중 가벼운 것이다. 천간에 비견(比肩) 1개를 얻는 것은 지지에 여기나 묘고를 얻는 것만 못하다. 묘고(墓庫)는 甲乙이 未를 만나는 것처럼 丙丁이 戌을, 庚辛이 丑을, 壬癸가 辰을 만나는 경우를 말한다. 여기(餘氣)는 丙丁이 未를, 甲乙이 辰을, 庚辛이 戌을, 壬癸가 丑을 만나는 경우를 말한다.

비견(比肩) 2개을 얻는 것은 지지에서 장생(長生), 녹(祿), 왕(旺)을 얻는 것만 못하니, 甲乙이 亥寅卯를 만나는 경우이다. 대개 비견은 친구가 서로 돕는 것과 같고, 통근은 가족이 의지할 수 있는 것과 같으니, 천간에 많음이 뿌리의 무거움만 못한 것은 당연한 이치이다.

오늘날 사람들은 이 이치를 알지 못한다. 봄의 土, 여름의 水, 가을의 木, 겨울의 火를 보면 뿌리의 유무를 묻지도 않고 바로 약하다고 말한다. 봄의 木, 여름의 火, 가을의 金, 겨울의 水를 보면 극하고 제압하는 정도를 따지지도 않고 바로 왕성하다고 말한다.

더욱이 壬癸가 辰을, 丙丁이 戌을, 甲乙이 未를, 庚辛이 丑을 만나는 경우를 통근(通根)하고 일주가 고(庫)에 들어갔다고 여기지 않고, 심지어 형충(刑冲)으로 이를 열려고 한다. 결국 형충으로 나의 근본 기운을 상하게 하는 것을 생각하지 않으니, 이러한 잘못된 이론은 반드시 모두 제거해야 한다.

그러나 앞서 설명한 것은 모두 쇠왕에 대한 분명하고 쉬운 경우에 대한 것이었다. 이 외에 전도(顚倒)된 이치가 10가지나 더 있다. ① 木이 태왕(太旺)하면 金과 비슷하니 火의 제련을 기뻐한다. ② 木이 왕극(旺極)하면 火와 비슷하니 水의 제극을 기뻐한다. ③ 火가 태왕하면 水와 비슷하니 土의 제압을 기뻐한다. ④ 火가 왕극하면 土와 비슷하니 木의 제극을 기뻐한다. ⑤ 土가 태왕하면 木과 비슷하니 金의 제극을 기뻐한다. ⑥ 土가 왕극하면 金

과 비슷하니 火의 제련을 기뻐한다. ⑦ 金이 태왕하면 火와 비슷하니 水의 도움이 필요하다. ⑧ 金이 왕극하면 水와 비슷하니 土의 제압을 기뻐한다. ⑨ 水가 태왕하면 土와 비슷하니 木의 제압을 기뻐한다. ⑩ 水가 왕극하면 木과 비슷하니 金의 제극을 기뻐한다.

반대로 오행을 역으로 생각해 보면, ① 木이 태쇠(太衰)하면 水와 비슷하니 金의 생조를 마땅히 받는다. ② 木이 쇠극(衰極)하면 土와 비슷하니 火의 생조를 마땅히 받는다. ③ 火가 태쇠하면 木과 비슷하니 水의 생조를 마땅히 받는다. ④ 火가 쇠극하면 金과 비슷하니 土의 생조를 마땅히 받는다. ⑤ 土가 태쇠하면 火와 비슷하니 木의 생조를 마땅히 받는다. ⑥ 土가 쇠극하면 水와 비슷하니 金의 생조를 마땅히 받는다. ⑦ 金이 태쇠하면 土와 비슷하니 火의 생조를 마땅히 받는다. ⑧ 金이 쇠극하면 木과 비슷하니 水의 생조를 마땅히 받는다. ⑨ 水가 태쇠하면 金과 비슷하니 土의 생조를 마땅히 받는다. ⑩ 水가 쇠극하면 火와 비슷하니 木의 생조를 마땅히 받는다.

이것이 오행 전도(顚倒)의 참된 기틀이니, 배우는 사람은 그 오묘한 이치를 자세히 살펴보아야 한다.

戊 甲 丁 甲
辰 子 卯 辰

癸 壬 辛 庚 己 戊
酉 申 未 午 巳 辰

[100] 강약

甲子 일주가 卯月에 태어나고 지지에 두 개의 辰이 있는데 木의 여기(餘氣)이다. 또한 辰과 卯가 동방을 이루고, 子와 辰이 水局을 이루니, 木이 태왕(太旺)하면 金과 같으므로 丁火가 용신이다.

巳 운에 이르러 용신 丁火가 왕성한 곳에 임하니, 궁장(宮牆)의 반열에 올랐다. 庚과 辛 운은 남방의 절각(截脚)된 金이니, 비록 형모(刑耗)는 있었으나 큰 재앙은 없었다. 未 운은 子水를 극하여 제거하니 의식이 넉넉했다. 午 운은 子水를 충극(沖剋)하니, 향시(鄕試)에

서 낙방했다. 壬申 운은 金과 水가 나란히 들어오니, 처와 자식을 극하고 재산이 파산되는 일이 많았다. 癸 운에 사망했다.

乙 甲 乙 癸
亥 寅 卯 卯

己 庚 辛 壬 癸 甲
酉 戌 亥 子 丑 寅

[101] 강약 / 전왕

이 사주는 지지가 모두 木이고, 水의 생조를 받고 있으며 7개의 木과 2개의 水로 이루어져 있다. 별다른 오행 기운이 없이 극도로 왕성하므로, 木이 왕극(旺極)하면 火와 같다고 본다. (水 용신)

타고난 환경과 물려받은 가업이 본래 넉넉했으며, 다만 丑 운에는 형상(刑傷)을 입었다. 壬子 운에는 水의 기세가 왕성해졌고, 辛亥 운에는 金이 뿌리를 내리지 못하고 지지에서 왕성한 水를 만났다. 이 20년간의 경영으로 수만 냥의 재산을 얻었다. 운이 바뀌어 庚戌 운으로 접어들자, 土와 金이 함께 왕성해져 재산을 모두 잃고 사망했다.

辛 甲 甲 乙
未 申 申 丑

戊 己 庚 辛 壬 癸
寅 卯 辰 巳 午 未

[102] 강약

이 사주는 지지가 土金으로 되어 있어 木이 뿌리내릴 곳이 없다. 시지(時支)의 辛金 원신(元神)이 드러났으니, 木이 태쇠(太衰)하여 水와 같다. (金 용신)

癸未, 壬午 초운에는 木을 생하고 金을 극하니, 형상(刑喪)을 일찍 겪었고 부모의 덕이 풍족하지 않았다. 辛巳, 庚辰 운에는 金이 생지를 만나 맨손으로 재산 수만 냥을 모았다. 己卯 운에는 土는 뿌리가 없고 木은 지지를 얻으니 큰 화재를 만나 수만 냥의 재물을 잃었다. 寅 운에 이르러 사망했다.

丙乙己己
戌酉巳巳
癸 甲 乙 丙 丁 戊
亥 子 丑 寅 卯 辰

[103] 강약 / 전왕

이 명조는 지지가 모두 일주를 극(剋)하고 설기(洩氣)하고 있고, 천간에 다시 火土가 투출하였고, 水氣가 전혀 없다. 木이 쇠극(衰極)하면 土와 같다. (火 용신)

초운에 戊辰과 丁을 만나 부모의 두터운 음덕에 힘입어 만사가 아름답고 길하였다. 卯 운에는 부모님을 모두 여의었고, 丙 운에는 사업의 소망을 크게 이루어 만금의 이익을 얻었다. 寅 운에는 처를 극하고 재물을 파하였으며, 다시 큰 화재를 만났다. 乙丑 운에는 지지가 완전히 金局을 이루니 火와 土가 모두 설기(洩氣)되어 가업이 흩어져 버렸다. 甲子 운은 북방의 水의 땅이니 사망함이 마땅하다.

甲丙壬乙
午戌午丑
丙 丁 戊 己 庚 辛
子 丑 寅 卯 辰 巳

[104] 강약

이 사주는 丙戌 일주가 월과 시에 2개의 양인을 얻었고, 壬水는 뿌리가 없는데 다시 木을 만나 기운을 설기(洩氣) 당하고 있다. 이처럼 火가 태왕(太旺)하면 水와 같다. (土 용신)

庚辰과 辛巳 초운에는 金이 생지(生地)를 만났으나, 형제들의 도움을 받지 못했고 가까운 친척 중에도 속마음을 아는 이가 드물었다. 己卯 운에 기회를 만났고, 戊寅 운에는 완전히 火局을 이루었으며, 丁丑 운까지 20년간 사오만 금의 큰 재물을 모았다. 子 운에 이르러 사망했다.

甲丙丁戊
午寅巳寅
癸 壬 辛 庚 己 戊
亥 戌 酉 申 未 午

[105] 강약/전왕

이 사주는 丙火가 맹하(孟夏) 巳月에 태어났고, 지지에 두 개의 장생(長生)을 얻고 녹왕(祿旺)을 만났다. 火가 왕극(旺極)하면 土와 같다. (木 용신)

초운에는 비록 木을 만나지 못했으나, 남방 火 지지를 기뻐하니 물려받은 재산이 풍족하였고 독서하는 바가 눈을 스치기만 해도 모두 외울 수 있었다. 그러나 庚 운으로 바뀌면서 시와 책을 버리고 노는 것을 좋아하고 돌아다니며 돈을 물 쓰듯이 썼다. 申 운에는 집안이 파탄나고 죽음에 이르렀다. 만약 이 사주가 木 운을 만났다면 명예와 재물을 모두 얻었을 것이다.

辛丁丁辛
丑酉酉巳
辛 壬 癸 甲 乙 丙
卯 辰 巳 午 未 申

[106] 강약

丁火가 酉月에 태어나 가을 金이 월령을 잡았고, 金局이 모두 모여 火가 지극히 쇠약하다. 火가 태쇠(太衰)하면 木과 같다. (水 용신)

초운 乙未, 甲午에는 木과 火가 함께 왕성했으나, 골육의 정(情)이 박하고 육친의 덕(德)은 뜬구름과 같았다. 癸巳 운으로 바뀌면서 천간에 癸水가 투출하고 지지는 金局을 도우니, 밖에 나가 경영하는 사업에 큰 기회를 만났다. 壬辰 운에만 10여만 금의 재물을 모았다.

己丙壬辛
亥申辰亥

丙 丁 戊 己 庚 辛
戌 亥 子 丑 寅 卯

[107] 강약 / 전왕

이 사주는 金 재성(財)이 水 칠살(煞)을 생하고, 丙은 申辰 水局 위에 있다. 火가 쇠극(衰極)하면 金과 같다. (土 용신)

초운 辛卯, 庚寅은 동방 목지(木地)이므로 부모를 모두 잃었고 물려받은 재산이 한 푼도 없었다. 己丑 운에 객지에 나가 경영을 하는데, 돈이 불나비처럼 모여 돈 꾸러미를 수레로 실어 나를 정도였다. 오는 戊子 운까지 20년은 '봄바람이 버드나무를 스치니 붉은 비단이 공자의 옷을 바꾸어 주고, 살구 이슬이 옷을 적시니 기름진 비가 왕손의 소매를 씻어 주네'라고 할만하니, 이 운(運)에는 반드시 그런 복을 받을 것이다.

己戊戊戊
未申午辰

甲 癸 壬 辛 庚 己
子 亥 戌 酉 申 未

[108] 강약

이 사주는 두터운 土가 겹겹이 쌓여 있고 여름 사령에 태어났다. 土가 태왕(太旺)하면 木과 같다. 그래서 용신(用神)은 金에 있다.

庚申 운에는 일찍이 과거에 합격하여 이름을 올렸다. 辛酉 운, 辛丑年에는 녹명연(鹿鳴宴, 1차 합격 연회)에서 술을 마시고 경림연(瓊林宴, 최종 합격 연회)에 참여하였고, 벼슬길에 곧장 올랐다. 壬戌 운에는 형상(刑喪)과 좌절(挫折)을 겪었고, 丙午年에 사망했다.

己	己	丙	戊		
巳	巳	辰	戌		
壬	辛	庚	己	戊	丁
戌	酉	申	未	午	巳

[109] 강약 / 전왕

이 사주는 네 기둥이 모두 火土로 되어 있고, 극(剋)하거나 설기(洩氣)하는 것이 전혀 없다. 土가 왕극(旺極)하면 金과 같다. (火 용신)

초운 남방(南方)에서는 물려받은 재산이 풍족하였고, 午 운에 반궁(泮宮)에 들어갔다. 己未 운에는 과거 시험장에서 뽑혔으나 등용되지 못했다. 庚申 운으로 바뀌자, 푸른 나비가 들 나비로 바뀌듯 가업이 점차 사라졌다. 辛酉 운에는 재물이 봄눈처럼 녹아내렸고 사업이 쇠퇴하였다. 壬 운에는 丙火를 극(剋)하여 사망했다.

癸	戊	辛	壬		
丑	子	亥	辰		
丁	丙	乙	甲	癸	壬
巳	辰	卯	寅	丑	子

[110] 강약

이 사주는 지지가 모두 북방(北方)에 속하여 수세(水勢)가 넓고 깊으며, 천간에도 金과 水가 투출하였다. 土가 태쇠(太衰)하면 火와 같다. (木 용신)

甲寅, 乙卯 운에 간지가 모두 木이므로 이름을 내고 이로움을 얻었다. 그러나 丙 운으로 바뀌자, 아내를 극하고 자식을 극하며 여러 가지로 파산이 따랐다. 丁丑 운에 이르러 세운의 火土가 체(體)와 용(用)을 몰래 상하게 하므로 풍질(風疾, 중풍)을 얻어 사망했다.

壬 戊 甲 癸
子 子 子 酉

戊 己 庚 辛 壬 癸
午 未 申 酉 戌 亥

[111] 강약 / 전왕

이 사주는 네 기둥이 모두 水이고, 다시 金의 생조를 만났다. 土가 쇠극(衰極)하면 水와 같다. (金 용신)

초년에 癸亥 운을 만나 평온하게 지냈다. 壬戌 운에는 水가 뿌리 없고 土만 땅을 얻으니, 형상(刑喪)과 파모(破耗)가 따랐으며 가업이 모두 망하였다. 辛酉와 庚申 20년간은 크게 기회를 만나 맨손으로 수십만 금을 모았다. 己未 운에는 수만 금의 재산을 잃었고, 수명 또한 未 운에서 끝났다.

庚 庚 己 壬
辰 子 酉 申

乙 甲 癸 壬 辛 庚
卯 寅 丑 子 亥 戌

[112] 강약

이 사주는 가을 金이 월령(月令)을 잡았고 木火가 전혀 없다. 金이 태왕(太旺)하면 火와 같다. (水 용신)

亥 운에는 壬水가 좌록(坐祿)이 되어 일찍이 학문에 힘썼다. 壬子 운에는 용신(用神)이 왕성한 운에 임하여 유흥을 끊고 높이 월계(月桂, 과거로 출세)에 올랐다. 癸丑 운에는 壬水의 왕지(旺地)를 합거(合去)하니, 주머니 속의 푸른 돈벌레가 나비가 되어 춤을 추고, 나뭇가지 위 소쩍새는 달 아래서 우는 형상이었다. 甲寅, 乙卯 운에는 土를 제압하고 水를 보호하는 공이 있었으므로 벼슬길이 맑고 높았으니, 단풍잎이 아직 차가운 담요를 덮지 않았는데, 매화가 일찍 피어 붓에서 먼저 향기가 나는 것과 같았다.

庚	庚	乙	庚
辰	戌	酉	申

辛	庚	己	戊	丁	丙
卯	寅	丑	子	亥	戌

[113] 강약/전왕

이 사주는 지지가 서방(西方)에 속하고, 다시 두터운 土를 만났다. 金이 왕극(旺極)하면 水와 같다. (土 용신)

초운의 火에는 물려받은 재산이 순조롭지 못했으나, 戊子 운에 이르러 큰 이익을 얻었고 곡식을 바쳐 벼슬에 나갔다. 己丑, 庚 운에는 명예와 이익을 모두 얻었다. 그러나 寅 운으로 바뀌자, 잘못을 저질러 벼슬에서 물러났고, 재물과 이익도 크게 잃었다. 卯에 이르러 사망하였다.

甲	辛	庚	己
午	卯	午	卯

甲	乙	丙	丁	戊	己
子	丑	寅	卯	辰	巳

[114] 강약

辛 일주가 중하(中夏) 午月에 태어났고, 지지에 모두 재성(財)과 칠살(殺)이 있다. 金이 태쇠(太衰)하면 土와 같다. (火 용신)

초운 己巳, 戊辰은 火의 기운이 어두워져 金을 생하였으나, 명예를 구하고자 해도 막힘이 많았고, 하는 일마다 이루는 것이 적었다. 丁卯 운으로 바뀌면서 木火가 함께 왕성해지니, 마른 묘목이 비를 만난 것 같이 갑자기 일어나 크게 흥하였다. 마치 기러기 털이 바람을 만난 것 같이 표연히 일어나 가업을 풍요롭게 하였다. 丑 운으로 바뀌자, 金을 생하고 火를 설기시키니 사망하였다.

丙	庚	丁	己		
子	寅	卯	亥		
辛	壬	癸	甲	乙	丙
酉	戌	亥	子	丑	寅

[115] 강약 / 전왕

庚 일주가 木이 왕성하여 권세를 잡았고, 또 水의 생조를 받으니 사면이 모두 재성(財)과 칠살(煞)뿐이다. 金이 쇠극(衰極)하면 木과 같다. (水 용신)

乙丑 운 중에 土와 金이 왕성할 때는 가업이 파산되었으나, 甲子 운에 이르러 북방의 水가 왕성한 땅에 임하니 재물과 다른 자원이 풍족하였다. 癸亥 운에 벼슬길로 나아가 명예와 이익을 모두 얻었다. 壬戌 운에는 水가 절지(絶地)에 임하니 벼슬에서 물러나 집으로 돌아왔다.

辛	壬	辛	壬		
丑	子	亥	寅		
丁	丙	乙	甲	癸	壬
巳	辰	卯	寅	丑	子

[116] 강약

壬水가 맹동(孟冬) 亥月에 태어났고, 지지가 북방에 속하며 천간이 모두 金水이다. 水가 태왕(太旺)하면 土와 같다. (木 용신)

기쁜 것은 寅木이 水氣를 설기(洩氣)하는 것이다. 甲寅 운에 이르러 일찍이 청운의 뜻이 따랐으니, 재능과 문장이 뛰어나 행단(杏壇)의 복숭아와 오얏나무(桃李)처럼 세상에 그 명성이 드날렸다. 문사의 혁혁함이 약롱(藥籠)과 참령(參笭)처럼 되어 문단을 빛냈다. 乙卯 운에는 벼슬길이 순탄하였고, 丙 운에 사망하였다.

庚壬癸癸
子子亥亥

丁 戊 己 庚 辛 壬
巳 午 未 申 酉 戌

[117] 강약 / 전왕

이 사주는 네 기둥이 모두 水이고 극(剋)하거나 설기(洩氣)시키는 글자가 하나도 없으니, 그 기세가 물밀듯이 달려 막을 수 없다. (水가 왕극하면 木과 같다. 金 용신)

초운 壬戌에는 지지에 土가 왕성하여 일찍이 형상(刑喪)을 겪었다. 辛酉와 庚申 운은 간지가 모두 金이므로, 이른바 '달이 천 개의 강에 비치니 은빛 파도가 일고, 문에 다섯 가지 복이 임하니 비단이 꽃처럼 깔렸다'는 형상이다. 己未 운으로 바뀌자, 처자를 모두 잃었고 가업이 파산하였다. 戊午 운에는 가난을 견디지 못하고 우울증을 앓다가 죽었다.

癸壬乙丙
卯午未辰

辛 庚 己 戊 丁 丙
丑 子 亥 戌 酉 申

[118] 강약

이 사주는 火土가 권력을 잡았고 또 木의 도움을 받지만, 오행 중에 金은 없다. 水가 태쇠(太衰)하면 金과 같다. (土 용신)

초운 丙申, 丁酉는 덮고 있는 것이 火이므로 申과 酉가 水를 생하지 못하여 재물과 기쁨이 모두 왕성하였다. 戊戌 운에는 가업이 풍족하였다. 己亥 운에는 土가 뿌리 없었으나, 지지에서 木局을 이루었으니 오히려 기쁨이 되어 비록 파모(破耗)는 있었어도 큰 근심은 없었다. 그러나 庚子 운으로 바뀌자, 집안이 망하고 본인도 사망하였다.

丙	壬	戊	癸		
午	寅	午	卯		
壬	癸	甲	乙	丙	丁
子	丑	寅	卯	辰	巳

[119] 강약 / 전왕

이 사주는 丙火가 권력을 잡았고, 戊癸가 火로 변해 종화(從化)하니, 壬水가 바싹 말랐다. 水가 쇠극(衰極)하면 火와 같다. (木 용신)

초운에 火를 만나니 그 火의 왕성함을 따르므로 의식이 풍족하였고, 乙卯, 甲寅 운에는 명예와 이익을 모두 얻었다. 癸丑 운으로 바뀌면서 관직을 다투고 재물을 빼앗기게 되어 파모(破耗)하고 사망하였다.

위에 있는 20개의 사주는 오행(五行)이 지극히 왕성하거나 지극히 쇠약하여 중화(中和)의 기운을 얻지 못한 것들이다. 원주에서 "왕한 가운데 쇠한 것이 있고, 쇠한 가운데 왕한 것이 있다"고 말했는데, 이 두 구절이 내가 말한 태왕(太旺), 태쇠(太衰)에 해당한다. 그리고 "왕한 것이 극에 이르면 덜어낼 수 없고, 쇠한 것이 극에 이르면 더할 수 없다"고 말했는데, 이 두 구절이 내가 말한 왕극(旺極), 쇠극(衰極)에 해당한다. 특별히 위 사주들을 증거로 제시한다.

18. 중화(中和)

기 식 중 화 지 정 리 이 우 오 행 지 묘 유 전 능 언

既識中和之正理 而于五行之妙 有全能焉[26)]

중화(中和)의 올바른 이치를 이미 깨달았으니, 오행(五行)의 오묘함에 능히 완전한 경지에 이르렀다고 할 수 있다.

原注

中而且和, 子平之要法也: "有病方爲貴無傷不是奇", 擧偏而言之也. 至於格中如去病, 財祿兩相宜, 則又中和矣, 到底要中和, 乃爲至貴. 若當令之氣數, 或身弱而財官旺地, 取富貴不必於中也; 用神强, 取富貴不必於和也; 偏氣古怪, 取富貴而不必於中且和也. 何也? 以天下之財官, 止有此數, 而天下之人材, 惟此時爲最多, 皆尙於奇巧也.

- 중(中)과 화(和)는 자평 명리의 가장 중요한 원칙이다.
- "병(病)이 있어야 귀하게 되고, 상함(傷)이 없으면 기이한 것이 되지 못한다."라는 말은 한쪽으로 치우침(偏)을 들어 말한 것이다.
- 이 경우 격에서 만약 병(病)을 제거하면 재(財)와 관(祿)이 모두 조화를 이루어 다시 중화(中和)를 이루게 된다. 종국에는 중화가 필요하고 그래야만 지극히 귀하게 된다.
- 그러나 만약 당령(當令)의 기세가 확실하거나, 일간이 약하나 재관(財官)이 왕한 땅이라면, 부귀를 얻는데 반드시 중(中)이 필요한 것은 아니다.

26) 能識中和之正理, 而於五行之妙, 有全能焉.

- 또한 용신(用神)이 강하면 부귀를 얻는데 반드시 화(和)가 필요한 것은 아니다.
- 또한 기운이 치우쳐 기이하고 괴상(古怪)하다면 부귀를 얻는데 반드시 중(中)과 화(和)가 필요한 것은 아니다.
- 그 이유는 무엇인가? 천하의 재관(財官)은 그 수(數)가 한정되어 있지만, 천하의 인재(人才)는 바로 그러한 때에 맞춰 가장 많아지고, 모두 기이하고 교묘한 것을 숭상하기 때문이다.

임철초 日

중화(中和)는 명(命)의 바르고 핵심적 이치이다. 중화의 올바른 기운을 얻었다면 어찌 명예와 이익을 이루지 못할 것을 근심하겠는가.

한평생 근심 없이 편안하고 순조롭게 살며, 험난함이 적고 복을 받는 사람, 성품이 효성스럽고 우애 깊으며 교만하거나 아첨하지 않는 사람, 마음이 강직하고 속되지 않은 사람은 모두 중화의 바른 기운을 얻은 사람이다.

한편, 일주(日主)가 약하나 왕성한 운에 부귀를 얻거나, 일주가 왕성하나 약한 운에 부귀를 얻는 경우가 있는데, 이는 반드시 사주 어딘가에 결함이 있기 때문이다. 재성이 가볍고 겁재가 무겁거나(財輕劫重), 관성이 쇠하고 상관이 왕하거나(官衰傷旺), 칠살이 강하고 제압하는 기운이 약하거나(殺强制弱), 제압하는 기운이 강하고 칠살이 약한 경우(制强殺弱) 등이 그러하다. 이러한 사주는 비록 중화의 이치를 얻지는 못했지만, 그 기운이 순수하고 사람됨에서 은혜와 원한이 분명할 것이다.

그러나 위 사주의 경우에는 그 결함 때문에, 혹은 운이 좋지 않을 때 처자(妻子)와 재록(財祿)에 각기 부족함이 생길 수 있다. 예를 들어, 재경겁중(財輕劫重)이면 처가 부족하고, 제강살약(制强殺弱)이면 자식이 부족하며, 관쇠상왕(官衰傷旺)이면 명예가 부족하고, 살강제약(殺强制弱)이면 재물이 부족하다. 그러나 이들은 뜻이 높고 세속을 업신여겨 가난하더라도 아첨하지 않는다. 이후에 세운(歲運)이 부족함을 보충하고 넘치는 것을 제거해 주면, 다시 중화의 이치를 얻게 되어 반드시 후일 발전하게 된다.

혹 부귀한 사람을 보면 아첨하고, 가난한 사람을 만나면 교만한 태도를 보이는 자가 있다면, 이는 사주가 치우치고 기이하여 오행이 그 바름(正)을 얻지 못했기 때문이다. 그래서 마음은 간사하고 탐욕스러우며, 행동은 요행을 바라는 것이다.

소위 "병(病)이 있고 약(藥)이 있으면 길흉을 쉽게 알 수 있고, 병이 없고 약도 없으면 화복(禍福)을 추론하기 어렵다"는 주장은 편향된 논리이다. 무릇 병이 있는 사주는 그 결함이 뚜렷하여 판단하기 쉽고, 병이 없는 사주는 숨겨져 있어서 판단하기 어려운 것이다.

그러나 결국 중화가 근본이라는 사실은 변함이 없다. 이는 마치 사람의 몸에 병이 없으면 사지가 건강하고 혈맥이 조화로워 몸가짐이 자유롭고 여러모로 편안한 것과 같다. 만약 병이 있다면 근심이 많고 즐거움이 적어 행동에 어려움이 따를 것이고, 이때 좋은 약을 만나면 다행이지만, 좋은 약이 없다면 평생의 근심이 되지 않겠는가.

癸	癸	甲	辛
亥	卯	午	巳

戊	己	庚	辛	壬	癸
子	丑	寅	卯	辰	巳

[120] 강약 / 조후

癸卯 일주가 亥時에 태어나니 일주(日主)의 기운은 이미 통하여 있다. 여기서 土가 없음을 기뻐하며, 재(財)가 왕하니 스스로 관(官)을 생하는 능력(自能生官)이 있다. 더욱 묘한 것은 巳와 亥가 멀리서 충(沖)하여 火를 제거하고 金을 보존하니, 인성(印星)을 용신(用神)으로 쓸 수 있다. 木火가 제어되어 체(體)와 용(用)이 손상되지 않으니, 사주가 중화(中和)되고 순수하다.

이 인물은 지식이 깊고 그릇이 크며 묵직하였다. 형산(荊山)의 다듬지 않은 옥과 같았고, 재주와 빛나는 기운은 물 위에 뜬 구슬처럼 탁월하였다.

庚 대운에 辛金을 돕고 甲木을 제압하니, 스스로 삼태성(三台星)이 높이 빛나 자미성(紫薇星)의 광채를 더했다. 삼공(三公)의 벼슬로 임금의 곁에 서서 조정에 영광을 빛냈다. 다만 작은 흠은 亥卯가 회합하여 木局을 이루니 木이 왕하고 金은 쇠약하다. 그래서 자식 복이 적음을 면치 못하였다. 이는 막보재(莫寶齋) 선생의 사주이다.

戊	癸	丙	己		
午	未	子	酉		
庚	辛	壬	癸	甲	乙
午	未	申	酉	戌	亥

[121] 강약

이는 왕(王) 관찰사(觀察使)의 명조이다. 癸 일주가 子月에 태어나 겉보기에는 왕성한 듯하나, 재(財)와 살(殺)이 너무 무거워 왕성함 속에서 약해졌음을 알지 못함이다.

사주 내에 木이 없어 혼탁하고 청하지 못하고, 음(陰)은 안에 있고 양(陽)은 밖에 있는 상이다. 월에 투출한 재성(財星)을 보면 그 마음은 반드시 탐하고자 하는 것이고, 시에 관살(官殺)을 만나니 그 뜻은 합하고자 하는 것이다. 그렇기에 권모술수가 남들과 달랐고 재간이 남보다 뛰어났다. 본래 출신은 미천했으나 마음 씀씀이는 바르지 않았다.

癸酉 운에 때를 만나 좌이(佐貳, 보좌)를 거쳐 관찰사에 이르렀다. 사치와 호화로움을 탐하고 아첨함에 그를 따를 자가 없었다. 未 운에 이르러서는 재앙을 피할 수 없었다. 이른바 욕심을 제거하지 못하면 마치 나방이 불로 뛰어들어 몸을 태워야만 멈추는 것 같았다. 마치 오랑우탄이 술을 탐하니 채찍질하여 피를 흘려야 비로소 멈춘다는 말처럼 그의 탐욕이 끝이 없어 결국 파멸을 부른 것이다.

19. 원류(源流)

하처기근원 유도하방주
何處起根源 流到何方住
기괄차중구 지래역지거
機括此中求 知來亦知去[27)]

어디에서 근원(根源)이 시작되고, 어느 곳으로 흘러가 머무는가?

그 핵심 원리를 이 안에서 찾으니, 오는 것을 알고 또한 가는 것을 알게 되리라.

原注

不必論當令不當令, 只論取最多最旺, 而可以爲滿局之祖宗者, 爲源頭也. 看此源頭, 流到何方, 流去之處, 是所喜之神, 卽在此住了, 乃爲好歸路, 如辛酉、癸巳、戊申、丁巳, 以火爲源頭, 流至金水方卽住了, 所以富貴爲最, 若再流至木地, 則氣洩爲亂. 如未曾流到吉方, 中間卽遇阻節, 看其阻住之神何神, 以斷其休咎; 流住之地何地, 以知其地位. 如癸丑, 壬戌, 癸丑, 壬子, 以土爲源頭, 止水方, 只生得一個身子, 而戌中火土之氣, 得從引助, 所以爲僧也.

- 사주가 당령(當令)을 했던 못했던 논할 필요는 없고, 오직 가장 많고 가장 왕성하여, 사주 전체의 조종(祖宗, 조상)이 되는 것을 원두(源頭)로 삼는다.
- 이 원두(源頭)가 흘러가는 방향을 살펴서, 흘러간 곳이 좋아하는 오행이라면 그곳에서 멈추는 것이 좋은 귀로(歸路, 귀결)가 된다.

27) 何處起根源, 流向何方住, 機括此中求, 知來亦知去.

- 예를 들어 辛酉 癸巳 戊申 丁巳 사주는, 火를 원두(源頭)로 삼아 金水의 방향으로 흘러가 멈추니(유지(流至), 火土金水), 부귀가 최상이었다. 만약에 다시 흘러 木의 땅으로 흘러가 멈추면 기운이 설기(洩)하여 혼란스러워진다.
- 만약 길(吉)한 방향으로 흐르지 못하고 중간에 막히게 된다면(阻節), 그 흐름을 막는 오행이 무엇인지 살펴서 길흉을 판단해야 한다. 또한 흐름이 멈춘 곳이 어떤 지지(地支)인지 보아 그 사람의 사회적 지위를 알 수 있다.
- 예를 들어 癸丑 壬戌 癸丑 壬子 사주는, 土를 원두(源頭)로 삼아 水의 방향에서 멈추니(조절(阻節), 土剋水), 단지 한 몸 건사할 뿐이었다. 그러나 戌 중 火土의 기운이 서로 도와주니 결국 승려(僧侶)가 되었다.

임철초 日

원두(源頭)란 곧 사주 안에서 가장 왕성한 기운을 가진 오행을 뜻한다. 재성(財星), 관성(官星), 인수(印綬), 식상(食傷), 비겁(比劫)의 구분을 따질 필요 없이 모두 원두가 될 수 있다. 가장 중요한 것은 기운이 순조롭게 흘러 변화하며, 그 종착역이 좋게 되는 것이다.

만약 비겁에서 시작하여 재관에서 멈추면 길(吉)하고, 재관에서 시작하여 비겁에서 멈추면 흉(凶)하다. 이는 마치 산맥의 발원지가 용처럼 뻗어나가는 것과 같다. 기운의 근원을 파악할 때는 대부모(大父母)를 보고, 가장 중요한 주된 기운을 볼 때는 진자식(眞子息)을 보며, 기운이 맺어지는 것을 파악할 때는 태복성(胎伏星)을 보아야 하고, 기운이 형성되는 것을 볼 때는 태식성(胎息星)을 보아야 한다. 살기를 변화시켜 권력을 잡는 것을 파악할 때는 해성(解星)을 보아야 하며, 절망 속에서 살아나는 것을 파악할 때는 은성(恩星)을 보아야 한다.

원두의 기운은 그 세력으로 파악하고, 흐르는 기운은 그 관계로 파악해야 한다. 그러므로 원두의 흐름이 머무는 곳은 산맥의 기운이 맺히는 혈(穴)과 같으니 연구하지 않을 수 없다. 원두의 흐름이 막히는 곳은 용맥이 끊어진 것과 같으니 간과해서는 안 된다.

그 원두의 흐름이 어느 지지에 멈추는지를 보면 누가 흥하고 누가 쇠할지를 알 수 있다. 그 흐름을 막는 오행이 무엇인지를 보면 어떤 길흉이 따를지 논할 수 있다. ① 원두가 연월(年月)에 있는 식상이나 인성에서 시작하여 월시(月時)에 있는 재관에서 멈춘다면, 위로는 조상과 부모의 덕을 입고 아래로는 자손의 복을 누린다. ② 만약 원두가 연월(年月)에 있는 재관에서 시작하여 일시(日時)에 있는 상관이나 겁재에서 멈춘다면, 조상의 가업을 파괴하고 처를 극하고 자식을 해친다. ③ 만약 원두가 일시에 있는 재관에서 시작하여 연월에 있는 식상이나 인성에서 멈춘다면, 위로는 조상과 부모와 더불어 영광을 얻고 아래로는 자손을 위해 가업을 세운다. ④ 만약 원두가 일시에 있는 재관에서 시작하여 연월에 있는 상관이나 겁재에서 멈춘다면, 조상의 가업을 누리기 어려우며 스스로 새롭게 창업한다.

① 흐름이 年에서 멈춘 것이 관성이나 인성이라면, 그 조상이 청렴하고 고귀했음을 알 수 있다. ② 흐름이 年에서 멈춘 것이 상관이나 겁재라면, 그 조상이 미천했음을 알 수 있다. ③ 흐름이 月에서 멈춘 것이 재관이라면, 그 부모가 가업을 일으켰음을 알 수 있다. ④ 흐름이 月에서 멈춘 것이 상관이나 겁재라면, 그 부모가 가업을 파산시켰음을 알 수 있다. ⑤ 흐름이 일시(日時)에서 멈춘 것이 재관이나 식상이나 인성이라면, 반드시 스스로 집안을 일으키며 처가 현명하고 자식이 귀하다. ⑥ 흐름이 일시(日時)에서 멈춘 것이 상관이나 겁재나 효인이나 양인이라면, 반드시 처가 추하고 자식이 보잘것없으며, 혹은 처로 인해 화를 입어 가정이 파탄 나고 욕을 당한다.

흐름이 도중에 멈추거나 막히는 곳이 있을 때, ① 그 장애물이 편인이나 정인이라면, 반드시 장상(長上)의 화를 입는다. 만약 사주에 재성이 있어 이를 극하면, 반드시 현명한 아내의 도움을 받는다. 만약 비겁이 있어 이를 풀어준다면, 형제의 도움을 받는다. ② 그 장애물이 비겁이라면, 반드시 형제의 화를 당하거나 불화가 생긴다. 만약 관성이 있어 이를 극하면, 반드시 현명하고 귀한 사람의 도움을 받는다. 만약 식상이 있어 이를 풀어준다면, 자손의 도움을 받는다. ③ 그 장애물이 재성이라면, 반드시 처첩의 화를 당한다. 만약 비겁이 있어 이를 극하면, 반드시 형제의 도움을 받거나 형제간에 사랑과 공경이 생긴다. 만약 관성이 있어 이를 풀어준다면, 현명하고 귀한 사람의 도움을 받는다. ④ 그 장애물이 식상이라면, 반드시 자손의 짐을 지게 된다. 만약 인수가 있어 이를 극하면, 반드시 장상의 복을 입거나 손윗사람의 도움을 받는다. 만약 재성이 있어 이를 풀어준다면, 반드시 아름다운 아내를 얻거나 집안일을 잘하는 아내를 맞이한다. ⑤ 그 장애물이 관살이라면, 반드시 관재(官災)나 형벌의 화를 당한다. 만약 식상이 있어 이를 극하면, 반드시 자손의 힘을 얻는다. 만약 인수가 있어 이를 풀어준다면, 반드시 장상의 도움을 받는다.

이 모든 것은 일주의 희신(喜神)과 기신(忌神)을 보아 판단하면 틀림이 없다. ① 원두와 흐름이 멈추는 곳이 관성이고, 이것이 일주의 용신이라면, 고귀한 명성을 얻는 자가 열의 여덟아홉이다. ② 원두와 흐름이 멈추는 곳이 재성이고, 이것이 일주의 용신이라면, 재물로 부자가 되는 자가 열의 여덟아홉이다. ③ 원두와 흐름이 멈추는 곳이 인성이고, 이것이 일주의 용신이라면, 문명으로 청고한 명성을 얻는 자가 열의 여덟아홉이다. ④ 원두와 흐름이 멈추는 곳이 식상이고, 이것이 일주의 용신이라면, 재주와 재물 모두 얻는 자가 열의 여덟아홉이다. ⑤ 일주에게 관성이 기신이 되면, 관직으로 인해 화를 당해 가산을 탕진하는 경우가 있다. ⑥ 일주에게 재성이 기신이 되면, 재물로 인해 몸을 해치고 명예를 잃는 경우가 있다. ⑦ 일주에게 인성이 기신이 되면, 문서로 인해 상처를 입고 윗사람을 거스르다 재앙을 당하는 경우가 있다. ⑧ 일주에게 식상이 기신이 되면, 자식으로 인해 짐을 지거나 후사가 끊기는 경우가 있다.

이것이 바로 원류(源流)를 깊이 탐구하는 올바른 이치이며, 속세의 책들에 나오는 잘못된 논리와는 다르다.

癸	丙	庚	辛		
巳	寅	子	酉		
甲	乙	丙	丁	戊	己
午	未	申	酉	戌	亥

[122] 강약 / 격국

이 사주는 金을 원두(源頭)로 삼으니, 흐름이 寅木에 이르러 머물고 인수(印綬)가 일주를 생(生)함이 더욱 묘하다. 巳時에 녹(祿)을 얻고 재성(財星) 또한 생지(生地)를 만났다. 관성(官星)이 드러나 청하고 정신(精神)이 있으니 중화(中和)되고 순수하다.

근원이 일어난 곳도 좋고 흐름이 멈추는 곳도 더욱 아름다웠다. 사림(詞林) 출신으로 통정(通政, 정3품)의 벼슬까지 올랐고, 일생 동안 위험이 없었으며 명예와 이익이 함께 빛났다.

丙	戊	癸	辛		
辰	申	巳	丑		
丁	戊	己	庚	辛	壬
亥	子	丑	寅	卯	辰

[123] 강약 / 격국

이 사주는 火를 원두(源頭)로 삼으니, 그 흐름이 水의 방향에 이르러 머물렀다. 더욱 묘한 것은 月과 時 두 개의 火가 원두가 되어 모두 순조롭게 유통되었다는 것이다. 흐름이 金과 水에 이르러 좋은 결실을 보이니, 재물이 백만이었고, 벼슬은 2품에 이르렀다.

일생 동안 한 번의 어려움 없이 평탄하게 살았다. 이것이 이른바 "경성(景星) 경운(慶雲)은 온갖 길함이 우러러 향하는 것이요, 꽃이 모이고 비단이 빽빽한 화찬(花攢) 금족(錦簇)은 오복(五福)이 함께 이르기를 바라는 것"이다.

甲丙辛辛
午子卯卯
乙 丙 丁 戊 己 庚
酉 戌 亥 子 丑 寅

[124] 강약

이 사주는 木을 원두(源頭)로 삼았으나, 오행에 土가 없어 金으로 흘러가지 못했다. 또한 재(財)와 관(官)이 소통하지 못하고 끊어졌고, 충하고 설기도 만나니 오행이 서로 생화(生化)하는 정이 없다.

초운 庚寅 운에는 윗사람의 복을 입어 편안했다. 己丑 운에는 子와 합하고 火를 설기하며 金을 생하니, 재물과 복이 함께 도달했다. 戊子 운에는 土는 허약하고 水가 왕하며 木을 몰래 도우니, 재난과 손실이 끊이지 않았다. 丁亥 운에는 金을 극하고 亥가 木으로 모이니, 가정이 파산되고 목숨을 잃었다.

丁戊壬庚
巳午午寅
戊 丁 丙 乙 甲 癸
子 亥 戌 酉 申 未

[125] 강약

이 사주는 火를 원두(源頭)로 삼았으나, 연지(年支)의 寅木이 火生土의 흐름을 막고, 월간의 壬水가 火를 극하여 흐름을 가로막고 金으로 흘러가 멈추지 못하게 한다.

초운 土金의 지지에서는 흐름을 막는 오행을 충(沖)하여 변화시키니, 하는 일이 가을 물과 봄꽃처럼 무성했고, 요(堯) 임금과 순(舜) 임금이 다스리던 시대와 같은 은혜를 입었다. 丙戌 운에 접어들자, 지지에서 火局을 이루니 효신(梟神)이 식신(食神)을 빼앗아 재물 손실이 이상하리만큼 심했다. 또한 한 명의 처와 두 명의 첩, 네 명의 자식을 극(剋)했다. 丁亥 운에 이르러서는 천간과 지지가 모두 합하여 木으로 변하니, 쓸쓸히 홀로 외로운 그림자가 되어 고통을 견디지 못하고 머리를 깎고 승려가 되었다.

무릇 부귀한 자는 원두를 따르지 않는 경우가 없다. 귀하고 천함을 나눌 때는 오로지 마지막 글자, 즉 수국(收局)의 한 글자로 정해지는 것이다. 나의 탁기(濁氣)를 제거하여 희신(喜神)을 이룬다면 귀하지 않아도 부자가 될 것이요, 나의 청기(淸氣)를 제거하여 기신(忌神)을 이룬다면 가난하지 않아도 천하게 될 것이다. 학자들은 마땅히 이를 살피고 조사해야 한다.

20. 통관(通關)

관 내 유 직 녀 관 외 유 우 랑
關內有織女 關外有牛郎
차 관 약 통 야 상 요 입 동 방
此關若通也 相邀入洞房[28)]

관문 안에는 직녀가 있고, 관문 밖에는 견우가 있네.

이 관문이 만약 통한다면 서로를 맞이하여 신방에 들어가리라.

原注

天氣欲下降, 地氣欲上升, 欲相合相和相生也. 木土而要火, 火金而要土, 土水而要金, 金木而要水, 皆是牛郎織女之有情也. 中間上下遠隔, 爲物所間; 前後遠絕, 或被刑沖, 或被劫占, 或隔一物, 皆謂之關也. 必得引用無合之神, 及刑沖所間之物, 前後上下, 授引得來, 能勝劫占之神, 能補所缺之物, 明見暗會, 歲運相逢, 乃爲通關也. 關通而其願遂矣, 不猶牛郎織女之入洞房也哉?

- 하늘의 기운은 내려가려 하고, 땅의 기운은 올라가려 한다. 이는 서로 합하고 조화롭게 생(生)하고자 하는 것이다.
- 木과 土가 서로 다툴 때는 火가 필요하고, 火와 金이 서로 다툴 때는 土가 필요하며, 土와 水가 서로 다툴 때는 金이 필요하고, 金과 木이 서로 다툴 때는 水가 필요하다. 이 모두는 견우와 직녀에게 서로 마음이 있는 것과 같다.

---

28) 兩意本相通, 中間有關隔, 此關若通也, 到處歡相得.

- 중간이 위아래로 멀리 떨어져 있거나, 다른 오행으로 인해 사이가 벌어지고, 앞뒤가 멀리 단절되거나, 혹은 형충을 만나거나, 겁재에게 자리를 빼앗기거나, 한 오행에 의해 가로막히는 것 모두를 '관(關)'이라고 한다.
- 반드시 합(合)에 얽매이지 않는 오행을 끌어오거나, 형충(刑沖)으로 인해 가로막힌 오행을 끌어와 앞뒤와 위아래를 서로 연결하고, 겁재(劫財)의 기운을 이기고 부족한 오행을 보충하며, 밝게 드러나거나 은밀히 모이고 대운과 세운에서 서로 만나야, 비로소 '관(關)이 통했다'고 말할 수 있다.
- 관(關)이 통하면, 그 소원이 이루어질 것이니, 이것이 바로 견우와 직녀가 신방(新房)에 드는 것과 같지 않겠는가?

임철초 日

통관(通關)은 서로 극(剋)하는 기운을 이끌어 소통시키는 것을 말한다. 이른바 음(陰)과 양(陽) 두 가지 용법은 기(氣)가 서로 교류함에 묘(妙)가 있다. 하늘의 기운은 내려가고 땅의 기운은 올라와야 서로 합하고 화합하며 생(生)할 수 있다. 천간(天干)의 기운은 움직여 한곳에 모이지만, 지지(地支)의 기운은 고요하고 섞여 있다. 그러므로 땅의 운은 변화하고 이동하고 하늘의 기운은 이를 따른다. 하늘의 기운은 움직이거나 변하지 않고 땅의 운이 이에 반응한다.

하늘의 기운이 위에서 움직이면 사람의 기운이 이에 응하고, 사람의 기운이 아래에서 움직이면 하늘의 기운이 이를 따른다. 따라서 음(陰)이 왕성하면 양(陽)을 만나 멈추고, 양(陽)이 왕성하면 음(陰)을 만나 머무니, 이것을 '천지교태(天地交泰)'라고 한다. 천간과 지지가 서로 정(情)이 있고 좌우로 등을 돌리지 않으며, 음양이 서로 생육(生育)하고 소통하는 것이다.

만약 칠살(殺)이 중중해서 인수를 기뻐하는 사주라면, 칠살이 드러나면 인수 또한 드러나야 하고 칠살이 숨으면 인수 또한 숨어야 한다. 이는 흐름이 명확하고 막힘없이 통하는 경우로 따로 군더더기를 덧붙일 필요가 없다.

만약 사주 원국에 인수가 없다면 반드시 세운이나 대운에서 인수를 만나 소통시켜야 한다. 혹은 은밀하게 만나거나 합하여 소통시켜야 한다. 사주 안에 인수가 있으나 재성(財星)이 이를 손상하거나, 관성(官星)이 이를 화(化)하거나, 비겁(比劫)이 이를 풀어주거나, 혹은 합으로 묶여 있으면 충(沖)하여 풀어주어야 한다. 혹 충으로 손상되면 합하여 풀어주고, 혹 다른 오행이 가로막으면 이를 극(剋)하여 제거해야 한다.

사주팔자의 앞뒤와 위아래에서 서로 끌어올 수 없다면 세운과 대운에서 마주치는 것이 더욱 좋다. 만약 年에 인수가 있고 時에 칠살이 있거나, 천간에 칠살이 있고 지지에 인수가 있어 앞뒤가 멀리 떨어져 있고 위아래가 아득히 막혀있으면, 혹은 중간에 낀 오행이나 꺼리는 오행에 의해 가로막혔다면, 사주 원국에서는 통관할 이치가 없다.

반드시 세운과 대운에서 은밀히 충(沖)하고 모여서, 중간에 낀 오행이나 꺼리는 오행을 극하여 제어하고, 마땅히 충해야 할 것은 충하고, 마땅히 합해야 할 것은 합하여 서로 극하는 기세를 이끌어 소통시켜야 한다. 이 '관(關)'이 한 번 통하면, 이른바 거문고가 자기(子期, 거문고 명인)를 만나는 것이요, 말이 백락(伯樂, 말 전문가)을 만난 것이다. 명예를 구하는 자는 만 명 중에서 뽑히고, 이익을 묻는 자는 억 단위의 재물을 거듭 벌어들인다. 견우와 직녀가 신방(新房)에 들어간 것과 같으니, 그 소원이 이루어지지 않는 일이 없을 것이다.

칠살과 인수의 관계가 이와 같으니, 식상(食傷), 재성(財星), 관성(官星)의 관계 또한 이와 같이 논한다.

丙	丁	甲	癸
午	卯	子	酉

戊	己	庚	辛	壬	癸
午	未	申	酉	戌	亥

[126] 강약/통관

이 사주는 천간과 지지에서 모두 칠살(殺)이 인수(印)를 생하고, 인수가 일주를 생하며, 시주(時柱)는 녹왕(祿旺)으로 귀결되었다. 더욱 아름다운 것은 사충(四沖)이 도리어 네 가지 도움(四助)이 되었다는 점이다.

金이 水를 만나니 木을 극하지 못하고 水를 생했다. 水가 木을 만났으니 火를 충하지 못하고 木을 생했다. 이로써 자연히 기운이 서로 떨어지거나 억지로 빼앗기지 않아 막히고 끊기는 것이 없었다. 일주는 약한 가운데 오히려 왕성하게 변했다. 운에서 水를 만나도 여전히 木을 생할 수 있었고, 金

을 만나도 여전히 水를 생할 수 있었으니 인수가 손상되지 않았다. 이 때문에 가을 과거에 일찍 급제하였고, 벼슬은 관찰사(觀察使)에 이르렀다.

辛	丁	癸	戊		
亥	未	亥	寅		
己	戊	丁	丙	乙	甲
巳	辰	卯	寅	丑	子

[127] 강약/통관

이 사주는 癸水 칠살이 왕성하게 일주(日主)에 바싹 붙어 극한다. 그러나 戊土가 합거한 후에 오히려 방신(幇身)하는 역할을 한다. 월지(月支)의 亥水가 본래 칠살을 도우나, 연지(年支)의 寅木과 합하여 일주를 생(生)하게 된다.

寅木은 본래 멀리 떨어져 있으나 오히려 가까워져 친밀해졌고, 시지(時支)의 亥水는 또 未土를 만나 합을 이루었다. 이로써 어려움이 오히려 은혜가 되었다. 한 번 오고 한 번 가는 것이 어찌 이리도 정(情)이 서로 화합하며, 한 번 가고 한 번 모이니 통관(通關)에 막힘이 없다. 따라서 과거에 연달아 급제하고, 벼슬은 황당(黃堂)에 이르렀다.

丁	辛	乙	戊		
酉	丑	卯	辰		
辛	庚	己	戊	丁	丙
酉	申	未	午	巳	辰

[128] 강약/병약/통관

이 사주는 봄의 金으로 기운이 약하고 時의 칠살(殺)이 바싹 붙어 극한다. 年에서 인수(印綬)를 만났으나 멀리 떨어져 있어 소통하지 못한다. 또한 왕성한 木이 土를 극하니 인수가 무너졌다. 戊土가 일주를 생하지 못할 뿐만 아니라, 일지(日支)의 丑土마저 卯木에 의해 손상되었다. 이 사주는 원국 안에서는 막힌 것을 통하게 할 이치가 없다.

중운에 남방(南方)의 칠살(殺) 운에서 평범한 풍파를 겪으며 바쁘게 뛰어다녔으나 때를 만나지 못했다. 그러나 庚申 운으로 바뀌면서 木의 기운을 극하여 제거하니, 기이한 만남을 얻어 협서(陝西)에 부임하여 여러 차례 군공(軍功)을 세웠다. 辛酉 운에 이르러서는 20년간 부윤(副尹)의 벼슬에 올랐다. 이는 무릇 金이 木을 극하여 일주를 돕고, 인수가 칠살을 화(化)하여 소통시켰기 때문이다.

乙 辛 丁 己
未 卯 卯 巳

辛 壬 癸 甲 乙 丙
酉 戌 亥 子 丑 寅

[129] 강약

이 사주는 봄의 金으로 허약한데 木火가 당권(當權)을 잡고 있다. 年의 인수는 月의 칠살과 서로 소통하지 못하고, 시지(時支)의 未土도 卯를 만나 회합(會合)하여 木으로 변하니, 오직 칠살을 생하는 정(情)만 있고 일주를 보조할 의사는 없다.

게다가 운로(運路)에 金이 전혀 없고 온통 水木으로만 흘러가니, 칠살을 돕는 근원(根源)이 되었다. 이로 인해 조업(祖業)을 파하고 한 가지 일도 이루어 낸 것이 없다. 亥 운에 이르러 木과 회합하여 칠살을 생하니 사망하였다.

4장 격국청탁(格局淸濁)

21. 관살(官殺)
22. 상관(傷官)
23. 청기(淸氣)
24. 탁기(濁氣)
25. 진신(眞神)
26. 가신(假神)
27. 강유(剛柔)
28. 순역(順逆)

21. 관살(官殺)

관 살 혼 잡 래 문 아 유 가 유 불 가
官殺混雜來問我 有可有不可

관살혼잡(官殺混雜)에 대해 나에게 와서 묻는다면 괜찮은 것도 있고 안 되는 것도 있다 하리라.

原注

殺卽官也, 同流共派者可混也; 官非殺也, 各立門牆者, 不可混也. 殺重矣, 官從之, 非混也; 官輕矣, 殺助之, 非混也. 敗財與比肩雙至者, 殺可使官混也; 比肩與劫財兩遇者, 官可使殺混也. 一官而不能生印者, 殺助之, 非混也; 一殺而遇食傷者, 官助之, 非混也. 勢在於官, 官有根, 殺之情依乎官; 依官之殺, 歲助之而混官, 不可也. 勢在於殺, 殺有權, 官之勢依乎殺; 依殺之官, 歲扶之而混殺, 不可也. 藏官露殺, 干神助殺, 合官留殺, 皆成殺氣, 勿使官混也; 藏殺露官, 干神助官, 合殺留官, 皆從官象, 不可使殺混也.

- 살(殺)은 곧 관(官)이므로, 같은 흐름과 파벌에 속하는 사람들은 섞일 수 있다. 하지만, 관(官)은 살(殺)이 아니므로, 각자 문파를 달리 세운 사람들은 섞일 수 없다.
- 살(殺, 형벌)이 무거우면 관(官, 관리)이 이를 따르므로 혼잡스럽지 않고, 관(官, 관리)이 가벼우면 살(殺, 형벌)이 그를 도우므로 혼잡스럽지 않다. (春秋左氏傳 구문)

- 겁재가 비견과 함께 나타나면, 살(殺)이 관(官)을 섞이게 할 수 있고, 비견이 겁재와 함께 나타나면, 관(官)이 살(殺)을 섞이게 할 수 있다.
- 하나의 관(官)이 인수를 생할 수 없을 때, 살(殺)이 이를 도우니, 이는 섞이는 것이 아니고, 하나의 살(殺)이 식상을 만났을 때, 관(官)이 이를 도우니, 이는 섞이는 것이 아니다.
- 세력이 관에게 있으면, 관에 뿌리가 있으니 살의 마음은 관에 의지한다. 관에 의지하는 살이 세운에 의해 관을 혼잡스럽게 하는 것은 옳지 않다.
- 세력이 살에게 있으면, 살에 권한이 있으니 관의 기세는 살에 의지한다. 살에 의지하는 관이 세운에 의해 살을 혼잡스럽게 하는 것은 옳지 않다.
- 관은 숨고 살은 드러나며, 천간이 살을 돕고, 관이 합하여 살이 남는 것은 모두 살의 기운을 완성하는 것이니, 관이 섞이게 두어서는 안 된다.
- 살은 숨고 관은 드러나며, 천간이 관을 돕고, 살이 합하여 관이 남는 것은 모두 관의 형상을 완성하는 것이니, 살이 섞이게 두어서는 안 된다.

임철초 曰

살(殺)은 곧 관(官)이라는 말은 신강(身强)한 사람은 살을 관으로 삼는다는 뜻이고, 관(官)은 곧 살(殺)이라는 말은 신약(身弱)한 사람은 관을 살로 삼는다는 뜻이다. 일주가 매우 강하면 비록 제압하는 것이 없더라도 살로 인해 곤란을 겪지 않으며, 정관이 혼잡되어도 뿌리가 없으면 역시 살의 세력을 따라간다.

관(官)을 제거하는 것은 두 가지 방법이 있는데, 식신(食神)을 쓰거나 상관(傷官)을 쓰는 것이다. 살을 합하는 것은 대체로 좋은 일이고, 합래(合來)하고 합거(合去)해서 마땅히 맑아져야 한다.

① 홀로 있는 살(殺)이 권세를 잡았는데 제압하는 것이 없으면 청요직(淸要職, 왕에게 간언하는 직책)을 맡게 된다. ② 여러 살이 제압을 받는데 일주가 통근(通根)하면 주인은 권세를 쥐게 된다. ③ 살이 인성(印星)을 생하고 인성이 일주를 생하면 벼슬이 높아지고, ④ 일주가 재성(財星)을 감당하고 재성이 살을 도우면 과거에 급제하여 명예를 얻는다. 만약 ⑤ 살(殺)이 무겁고 일주가 가벼우면 가난하거나 요절하고, ⑥ 살이 약하고 제압이 지나치면 비록 배워도 성공하지 못한다.

사주의 총체적 배합에서 살은 굴복시키는 것이 마땅하니, 年에서 만나면 제압하면 안 된다(年逢勿制)고 말하지 말라. 한 자리의 살로도 권세와 귀함을 취하는 것이니, 어찌 時에 있는 살만을 칭송하겠는가? 살을 제압하여 길하게 되는 것은 전적으로 조화와 균형의 공에 달려있고, 살을 빌려 권세를 잡는 것은 중화(中和)의 이치가 묘하게 작용한다. 다만 살이 쇠약한 일주를 능멸하는 것을 보면 결국 집안이 기울게 된다. 사주에서 살의 기운을 얻었다고 해서, 반드시 크게 성공하고 발전할 것이라고 속단하지 말라. 명리서에서 이르기를, '격국을 추론하고 살필 때 살을 중요하게 여긴다'고 하였으니,

그러므로 살을 연구하는 것은 마땅히 간절해야 하고, 활용하는 것은 정밀해야 한다.

살(殺)에는 섞일 수 있는 이치와 섞일 수 없는 이치가 있다. 예를 들어 천간의 甲丙戊庚壬이 살(殺)일 때, 지지의 卯午丑未酉子는 관(官)이 숨겨져 있지만, 살이 왕한 땅이니, 이것은 섞이는 것이 아니다. 천간의 乙丁己辛癸이 관(官)일 때, 지지의 寅巳辰戌申亥는 살(殺)이 숨겨져 있지만, 관이 왕성한 땅이니, 이것도 섞이는 것이 아니다.

만약 천간에 甲乙(살·관) 모두 있고 지지에 寅(살)이 있거나, 천간에 丙丁 모두 있고 지지에 巳가 있거나, 천간에 戊己 모두 있고 지지에 辰戌이 있거나, 천간에 庚辛 모두 있고 지지에 申이 있거나, 천간에 壬癸 모두 있고 지지에 亥가 있다면, 이는 관으로 살을 혼잡시킨 것이니 관을 제거하는 것이 마땅하다. 천간에 甲乙(살 ·관) 모두 있고 지지에 卯(관)가 있거나, 천간에 丙丁 모두 있고 지지에 午가 있거나, 천간에 戊己 모두 있고 지지에 丑未가 있거나, 천간에 庚辛 모두 있고 지지에 酉가 있거나, 천간에 壬癸 모두 있고 지지에 子가 있다면, 이는 살로 관을 혼잡시킨 것이니 살을 제거하는 것이 마땅하다.

① 연월 천간에 살이 하나 투출하고, 연월 지지에 재성이 있으며, 時에 뿌리 없는 관성(官星)이 있는 경우, 이 관은 살의 세력을 따르는 것이니 혼잡이 아니다. ② 연월 천간에 관이 하나 투출하고, 연월 지지에 재성이 있으며, 時에 뿌리 없는 살성(殺星)이 있는 경우, 이 살은 관의 세력을 따르는 것이니 혼잡이 아니다.

③ 세력이 관에 있고 관이 록을 얻었으며, 살이 관에 의지하고 연간이 살(殺)을 돕는다면 이는 혼잡이다. ④ 세력이 살에 있고 살이 록을 얻었으며, 관이 살에 의지하고 연간이 관(官)을 돕는다면 이는 혼잡이다. ⑤ 패재(敗財)가 살을 합하고, 비견(比肩)이 살과 맞설 때, 관이 섞여도 괜찮다. ⑥ 비견(比

肩)이 관을 합하고, 겁재(劫財)가 관을 가로막을 때, 살이 섞여도 괜찮다. ⑦ 하나의 관에 인성이 여러 번 겹쳐 관성의 기운이 설기될 때, 살이 이를 도와주는 것은 혼잡이 아니다. ⑧ 하나의 살에 식신과 상관이 함께 나타나 살을 제압함이 지나칠 때, 관이 이를 도와주는 것은 혼잡이 아니다. ⑨ 만약 관성과 살성이 함께 투출했으나 뿌리가 없고, 사주에 겁재와 인성이 거듭 있다면, 혼잡을 기뻐할 뿐만 아니라, 재성이 살과 관을 도와주는 것이 마땅하다.

결론적으로 일주가 왕성하면 혼잡될 수 있고(可混), 일주가 허약하면 혼잡될 수 없다(不可混).

이제 칠살(七殺)을 여섯 종류로 나누어 내가 시험하고 경험한 것을 자세히 아래에 나누어 놓았으니 참고하기를 바란다.

① 재자약살격(財滋弱殺格) : 재성이 약한 살을 돕는 격

庚	庚	丙	己
辰	申	寅	酉

庚	辛	壬	癸	甲	乙
申	酉	戌	亥	子	丑

[130] 강약 / 격국

이 사주는 속론(俗論)으로 봄의 金이 힘을 잃었으며, 왕성한 재성이 살(殺)을 생하고 丙火 살은 장생(長生)에 앉아 있으므로 일간을 돕고 살을 억제해야 한다고 한다. 그러나 봄의 金이 비록 월령(月令)은 얻지 못했어도 지지에서 두 개의 녹왕(祿旺)를 만났고, 또 辰時를 얻어 인수(印綬)와 비견(比肩)이 일간을 도왔다. 이로 인해 약했던 사주가 강함으로 바뀌었으니, 이른바 木은 연약하고 金은 견고하다는 것을 알지 못하기 때문이다.

만약 丙火가 없었다면 寅木이 존재하기 어려웠을 것이고, 만약 寅木이 없었다면 丙火 또한 뿌리가 없었을 것이다. 따라서 반드시 재성(財)을 용신(用神)으로 삼아 살(殺)을 보좌하는 것이 중요하며, 木과 火 두 글자 중 하나라도 결핍되면 안 된다.

甲 운에는 반궁(伴宮)에 들었고, 子 운에는 水 기운이 모여 木을 생하니 부족함이 채워졌다. 癸 운에는 己土가 왕성하여 해롭지 않았고, 亥 운에는 寅과 합하여 丙火가 절처봉생(絶處逢生)했으므로 전쟁에서 승리하고 개선하였다. 壬戌 운에는 지지에서 서방(西方) 金 기운이 모여 가는 길에 막힘이 있어 형벌과 손실을 함께 만났다. 辛酉 운에는 겁재(劫財)와 양인(陽刃)이 제멋대로 날뛰어 목숨을 잃었다.

이 사주는 안타깝게도 운이 서북 金水의 땅로 흘렀다. 만약 동남 木火로 운행했다면 자연히 과거에 연속으로 급제하여 벼슬길이 밝게 빛났을 것이다.

辛 庚 庚 丙
巳 申 寅 申

丙 乙 甲 癸 壬 辛
申 未 午 巳 辰 卯

[131] 강약 / 격국

이 사주는 천간에 庚과 辛이 세 개나 드러났고, 지지는 녹(祿)을 두 개나 얻어 매우 강하다. 丙火가 비록 록을 얻었다고 하지만 庚과 辛의 원신(元神)이 투출한 힘에는 미치지 못한다. 巳火는 火의 녹(祿)이 아니라 金의 장생(長生)이라고 하는 것이 나으니, 재자약살격(財滋弱殺格)이 분명하다.

辰 운은 木의 여기(餘氣)이니 과거에 급제하여 빛이 났다. 巳 운은 火의 녹왕(祿旺)이니 연달아 과거에 급제했다. 甲午와 乙未 운에는 木과 火가 함께 왕성하여 벼슬이 번진(藩鎭)에 이르렀다.

만약 팔자(八字) 원국만으로 본다면 이 사주가 앞 사주보다 못하다. 그러나 앞 사주는 단지 운(運)이 서북으로 가고 이 사주는 동남으로 가니, 부귀가 비록 격국(格局)에 의해 정해졌다고 하지만 궁통(窮通, 빈부천귀)이 모두 운에 달려 있다. 이로써 "사주가 좋은 것이 운이 좋은 것만 못하다"는 말이 믿음이 간다.

② 살중용인격(殺重用印格) : 강한 살이 인수를 쓰는 격

甲戊甲戊
寅午寅子

庚 己 戊 丁 丙 乙
申 未 午 巳 辰 卯

[132] 강약 / 격국 / 병약

戊土가 寅月 寅時에 태어나니 土 기운은 쇠약하고 木 기운은 왕성하다. 가장 기쁜 것은 앉은자리가 午火이니, 막힘없이 火 기운이 土를 생조(生助)하여 이른바 많은 살(殺)이 날뛰어도 이 하나의 도움으로 생화(生化)된다는 것이다.

子水 재성(財星)은 寅木을 생하니 午火를 충하지 않고, 그 뜻이 화합하고, 그 관계가 통한다. 더욱 넉넉해진 것은 운이 남방 火와 土로 흘렀다는 점이다. 이로써 일찍이 황갑(黃甲)에 올라 벼슬길에 이름을 떨쳤다.

甲戊丙己
寅子寅亥

庚 辛 壬 癸 甲 乙
申 酉 戌 亥 子 丑

[133] 강약 / 격국 / 병약

이 사주의 격국은 일견 앞의 사주보다 나아 보인다. 이 사주는 인수(印綬)가 장생(長生)에 앉아 있고, 앞 사주는 인수가 재성(財)의 충(沖)을 만났기 때문이다. 그러나 앞 사주는 앉은 자리의 인수와 칠살(七殺)이 모두 와서 생조(生助)하므로 일주(日主)가 견고하지만, 이 사주는 재성이 일주 아래에 있어 거꾸로 나아가 살(殺)을 생하니 마치 폭군을 돕는 것과 같다. 게다가 운까지 서북방으로 흐른다.

戊午年에 지방의 중과(中科)에 급제했고, 己丑年에 진사(進士)가 되었다. 이 두 해는 비겁(比劫)이 일간을 돕고 재성을 충하여 제거한 묘함에서 온 것이다. 壬 운에는 丙火를 겁탈하여 인수를 무너뜨렸으며, 아버지의 상(喪)을 당하고 화재를 만났다. 戊 운은 인수를 돕는 운이어서 비록 약간의 좋은 기색은 있었으나, 역시 봄날의 가을꽃에 불과했다.

장래의 辛酉 운 중에는 木이 많아 金이 손상되고, 약한 土의 기운을 설기하고, 丙火를 합거(合去)하니 그 재앙을 어찌 피할 수 있겠는가?

甲甲庚戊 子子申辰 丙 乙 甲 癸 壬 辛 寅 丑 子 亥 戌 酉

[134] 강약 / 격국 / 조후

이 사주는 木 기운이 쇠약하고 金 기운이 날카로우며, 두터운 土 기운이 금을 생하니, 원래는 두려운 사주이다. 그러나 반가운 것은 지지가 모두 水局을 이루어 그 숙살(肅殺)의 기운을 소통시키니, 생하고 변화시키는 정이 있다.

癸亥 운에는 연달아 과거에 급제했고 일찍이 벼슬길에 이름을 날렸다. 丙寅과 丁卯 운에는 칠살(七殺)을 제압하고 변화시키는 것이 모두 마땅하여, 벼슬이 봉강(封疆)에 이르렀다. 벼슬길이 평탄했고, 평생을 위험 없이 헤쳐 나갔다.

丙庚丙戊 戌寅辰午 壬 辛 庚 己 戊 丁 戌 酉 申 未 午 巳

[135] 강약 / 격국

이 사주는 천간에 두 개의 살(殺)이 드러났고, 지지에도 완전한 살(殺)의 火局을 갖추었다. 다행히도 戊土의 원신(元神)이 투출했으니, 이로써 살(殺)의 기운을 변화시켰다. 寅木은 본래 인수(印綬)를 파괴하는 기신(忌神)이지만, 더욱 기쁜 것은 火 기운과 회합하여 오히려 土의 근원을 배양하고, 교묘하게 木의 힘을 빌려 土를 기른 것이다.

己未 운에는 연달아 과거에 급제했고, 庚申과 辛酉 운에는 일간을 돕는

정이 있었으니, 벼슬길에서 이름을 날리고 후손에게 영광을 남겼다.

癸丁癸癸
卯卯亥亥
丙 丁 戊 己 庚 辛 壬
辰 巳 午 未 申 酉 戌

[136] 강약 / 격국 / 조후

이 사주는 천간에 癸水가 세 개나 드러나고, 지지에는 두 개의 亥水를 만났으니, 살(殺) 기운이 권세를 잡고 월령(月令)을 주관하고 있다. 다행히 金 기운이 없고 두 개의 인수(印綬)가 국(局)을 이루어 생하고 변화시키는 것이 순리에 어긋나지 않았다. 사주가 매우 맑고 순수하다.

辛酉와 庚申 운 중에는 공명(功名)이 어정쩡했고, 형벌과 손실까지 함께 겪었다. 己未 운으로 바뀌고는 천간에서 살 기운을 제어하고, 지지에서 인수의 국을 모아주니 공명이 겹겹이 쌓이며 곧게 승진했다. 이어서 戊午, 丁巳, 丙 운에는 벼슬이 관찰사에 이르렀고, 명예와 이로움을 함께 빛냈다.

③ 식신제살격(食神制殺格) : 식신으로 살을 제압하는 격

甲壬戊戊
辰辰午辰
甲 癸 壬 辛 庚 己
子 亥 戌 酉 申 未

[137] 강약 / 격국 / 병약

이 사주는 사주 전체가 살(殺)이다. 기쁜 것은 일주가 지지에 세 개의 辰에 앉아 있고 고(庫)에 뿌리를 내렸다. 또 묘하게 金이 없다. 時에 드러난 식신(食神)이 살(殺)을 제압한다. 辰은 바로 木의 여기이니, 한 명의 장수(식신)가 관문을 지켜, 여러 흉한 무리(살)를 스스로 굴복시킬 수 있다.

癸亥 운에 이르러 식신(食神)이 생조를 받았고, 일주가 녹(祿)을 얻으니 과거에 연달아 합격했다. 甲 운에는 현령에 이르렀고, 子 운에는 쇠약한 신(神)

이 왕성한 신(神)을 충하니 수명을 다하였다.

丙	甲	庚	庚		
寅	戌	辰	申		
丙	乙	甲	癸	壬	辛
戌	酉	申	未	午	巳

[138] 강약 / 격국 / 병약

이 사주는 甲木이 辰月에 태어나 여기(餘氣)이기는 하나, 다만 庚金이 함께 투출하여 뿌리를 내리고 일주를 극(剋)한다. 가장 기쁜 것은 寅時에 일주가 녹왕(祿旺)하고, 더욱 묘한 것은 丙火가 홀로 투출하여 살(殺)을 제압하여 일주를 돕는 것이다.

午 운은 火局을 암회(暗會)하니 향방(鄕榜, 지방 과거)을 통과했으나, 甲申, 乙酉 운에는 살(殺)이 녹왕(祿旺)을 만나 형벌과 재앙이 여러 가지 나타났다. 다음 丙戌 운에 이르러 지현(知縣, 군수)에 선출되었다.

戊	丙	壬	壬		
戌	戌	子	子		
戊	丁	丙	乙	甲	癸
午	巳	辰	卯	寅	丑

[139] 강약 / 격국

이 사주는 年과 月에서 두 번 壬子를 만나 살(殺)의 기세가 미쳐 날뛸 만하다. 다행스럽게도 日과 時에 戌이 있어 통근(通根)하고 일주가 고(庫)에 앉았고, 더욱 묘한 것은 戊土가 투출(透出)하여 넘실거리는 물을 족히 다스린다. 특히 부러운 것은 운(運)이 동남으로 흘러 일주를 돕고 살(殺)을 억누르는 것이다.

乙卯 운에 이르러 水가 약해지고 火가 강해지니, 녹명연(鹿鳴宴, 1차 과거 향연)을 마치자마자 경림연(瓊林宴, 2차 과거 향연)을 벌였다. 이는 계화(桂花, 대과)의 향기가 행화(杏花, 향시)의 향기를 앞지르는 것과 같다. 벼슬은 군수(郡守)에 이르렀다.

丙	庚	丙	壬		
戌	午	午	申		
壬	辛	庚	己	戊	丁
子	亥	戌	酉	申	未

[140] 강약 / 격국 / 조후

이 사주는 두 개의 살(殺)이 왕지(旺地)에 앉아 당권(當權)하였으니, 원래는 꺼리는 것으로 보아야 한다. 다행스럽게도 연간의 壬水가 申을 깔고 앉아 있어 제살(制殺)하기에 족하다. 다시 묘한 것은 木이 없어서 水를 설기(洩氣)하지 않고, 火를 돕지 못한다는 점이다.

申 운에 金과 水가 득지(得地)하니 궁장(宮牆, 조정)으로 출사하였고, 酉 운에는 지지에 서방(西方)이 다 모이니 가장 중요한 대과에 일찍 합격하여 나라의 명예로운 인재로 등용되었다. 다음 운인 金, 水 운에는 체용(體用)에 모두 마땅하여 서랑(署郎)을 거쳐 군수(郡守)로 나아갔다.

④ 합관유살격(合官留殺格) : 관을 합거하고 살이 남은 격

壬	丙	戊	癸		
辰	午	午	丑		
壬	癸	甲	乙	丙	丁
子	丑	寅	卯	辰	巳

[141] 강약 / 격국 / 조후

이 사주는 火가 긴 여름 하늘 아래 태어났으니 왕(旺)함이 극에 달했다. 戊와 癸가 합(合)하여 火가 됨을 꺼려한다. 도리어 기쁜 것은 壬水가 자신의 고(庫)에 통근하였고, 더욱 묘한 것은 연지(年支)의 丑이니, 족히 火를 설기하고 金을 생하며 水를 저장하니 癸水가 이에 통근하였다. 戊癸가 비록 합(合)했으나 화(化)하지 않았고, 그 때문에 오히려 그 합(合)을 기뻐하니, 戊土가 壬水에 항거하지 않게 되었다.

이로써 乙卯와 甲寅 운은 土를 극(剋)하고 水를 호위(護衛)하니 청운(靑雲)으로 가는 길이 곧게 뻗어 올랐다. 癸丑 운에 이르자 금당(琴堂)을 거쳐 주목

(州牧, 지방관)에 천거되었고, 壬子 운에 이르러서는 치중(治中)을 거쳐 황당(黃堂, 도지사)을 경력으로 두었으며 명예와 부가 넉넉하였다.

壬丙戊癸
辰午午巳
庚辛壬癸甲乙丙丁
戌亥子丑寅卯辰巳

[142] 강약 / 격국 / 조후

乾隆38年(1773) 4月 18日 辰時 명조는 임철초 자신의 사주이다. 앞선 사주와 같이 장하천(長夏天)에 태어났으나, 단지 丑 글자 하나만 바뀌었을 뿐인데 천연(天淵)의 격차가 있다.

대저 丑은 북방(北方)의 습토(濕土)이니, 능히 丙火의 맹렬함을 어둡게 하고 午火의 불꽃도 거둘 수 있다. 또 능히 水를 저장하고 金을 감출 수 있다. 반면 巳는 남방(南方)의 왕한 火이니, 癸水가 절(絶)한 땅에서 한 잔의 물로 한 수레의 장작에 맞서는 격이다. 이 사주에서 기쁜 것은 혼잡함이며, 맑은 것은 기쁘지 않다. 앞선 사주는 戊癸가 합했으나 불화(不化)하였고, 이 사주는 戊癸가 합하여 필화(必化)한다. 살(殺)을 돕지 못할 뿐만 아니라 오히려 火로 변하여 겁재가 된다. 양인이 미쳐 날뛰는 것을 돕게 되니, 巳 중의 庚金을 끌어내 돕는 데 쓸 수가 없다.

壬水가 비록 통근(通根)하여 자신의 고(庫)에 있으나, 金의 도움을 받지 못하니, 맑지만 메마른 상(象)이다. 운마저 40여 년을 木과 火로 흘러 겁재와 양인을 생조하는 땅에 머물렀다. 이 때문에 위로는 부친의 뜻을 이어받아 이름을 날리지 못하였고, 아래로는 전답을 지키며 농사일에 힘쓰지도 못하였고, 창업도 하지 못했다. 육친(六親) 관계는 그림의 떡과 같았고, 반평생의 사업도 역시 뜬구름과 같았다.

卯 운에 이르니 壬水는 끊어지고 양인은 생을 만나 골육 간에 변고가 생겨 가산을 모두 탕진했다. 명리를 배우기 전, 사람을 초청하여 추산을 맡겨 보았더니, 하나같이 허황되게 포장하여 명예와 부가 괜찮을 것이라 하였지

만 뒤에 보니 털끝만큼도 맞지 않았으니 어찌 통탄하지 않겠는가?

또 내가 천부적 성격이 고지식하고 옹졸하여 허황되고 부앙한 것을 싫어하고 성실함을 좋아했다. 아첨을 하지 못하고 거만하여 왕래하는 사람들과 마음이 맞는 사람이 드물었고, 조부와 아버지의 충후(忠厚)한 가르침을 실추시키지 않으려고 조심할 뿐이었다. 아버지께서 먼저 돌아가신 뒤 가업은 형편없이 망해갔고, 그제야 마음속에 두었던 명리학을 호구지책(糊口之策)으로 삼게 되었다.

내 비록 한낱 사람의 몸으로 원대한 뜻이 없었던 것은 아니나, 한갓 보잘것없는 재주 때문에 남들의 비웃음을 사야만 했다. 스스로 생각건대 운명이 순조롭지 못하여 하는 일마다 되는 것이 없었다. 그래서 마치 바싹 마른 수레바퀴 자국에 갇힌 붕어 신세가 되어, 겨우 한 줌의 물만으로 만족해야 했다. 땅에 갇히고 때에 곤궁해졌으니, 아, 이 모든 것이 운명이 아니고 무엇이겠는가. 그 올바름을 순순히 받아들일 따름이다.

壬 丙 癸 戊
辰 午 亥 申

己 戊 丁 丙 乙 甲
巳 辰 卯 寅 丑 子

[143] 강약 / 격국 / 조후

이 사주는 일주가 비록 왕한 양인(旺刃)을 깔고 앉았으나, 亥月에 생하여 결국에는 힘을 잃고 약해졌다. 오행에 木마저 없다. 壬과 癸가 함께 투출하고 지지에 생왕(生旺)을 얻어 문호(門戶)를 각자 세웠다. 다행히도 癸水가 합거(合去)되니 혼잡함에 이르지 않아 기쁘다. 더욱 묘한 것은 운이 동남(東南) 木火로 흘러갔다는 점이다.

향방(鄉榜) 출신으로, 왕으로부터 큰 총애를 받았고, 황당(黃堂, 고위 관청)에서 국정을 보좌하는 것이 당연했다.

壬丙癸戊
辰戌亥午

己戊丁丙乙甲
巳辰卯寅丑子

[144] 강약 / 격국 / 조후

丙戌 일주가 辰時에 태어나, 고장(庫藏) 속의 뿌리를 충하여 제거했다. 壬과 癸가 함께 드러났는데, 戊가 합(合)하여 관(官)은 없애고 살(殺)만 남겨두니 기쁘다. 또 연지에서 양인이 도와주니 火는 허하지만 불씨는 있고, 金이 없는 것이 더없이 좋다.

이 사주는 앞 사주보다 조금 나았다. 과갑(科甲) 출신으로 잠은 삼태성(三台星)이 비치는 곳에서 잤고, 왕가(王家)의 경영을 돕는 일을 거듭 맡았고, 특히 융성할 때는 출입 왕래하는 사람을 점검하는 권한까지 가졌다.

癸丁丁壬
卯未未申

癸壬辛庚己戊
丑子亥戌酉申

[145] 강약 / 격국 / 조후

이 사주는 일주와 월주가 모두 丁未이다. 時의 살(殺)은 뿌리가 없어 기쁘게도 壬水 관성(官星)이 살(殺)을 돕는다. 합(合)하는 것은 마땅치 않으나, 다행히 壬水가 申金 위에 앉아 있어 합(合)해도 화(化)하지 않는다. 申金이 용신(用神)이다.

더욱 묘한 것은 운의 흐름이 서북(西北) 金水로 흘러 관살(官殺)을 도와 일으켜 준다는 것이다. 향방(鄕榜) 출신으로 벼슬길에 연달아 올랐다. 현령(縣令)을 거쳐 사마(司馬)로 옮겨갔고, 그 지위가 황당(黃堂)에 견줄 만하다.

乙	戊	己	甲
卯	辰	巳	辰

乙	甲	癸	壬	辛	庚
亥	戌	酉	申	未	午

[146] 강약 / 격국

戊土가 巳月에 태어나 일간이 자못 왕하다. 그러나 두 辰은 木의 여기이므로 木 역시 족하다. 기쁘게도 살(殺)을 합하여 없애고 관(官)만 남겼다. 관성(官星)은 그 자리에 녹(祿)을 가졌다. 더욱 묘한 것은 운로가 생하고 화하여 어그러지지 않는 것이다.

그러므로 일찍이 청운의 길에 올랐다. 전적(典籍, 기록물)을 관리하며 제고(制誥, 정보)를 알게 되었고, 시종(侍從)으로 왕명을 담은 전선(傳宣)을 처리하게 되었다.

丁	庚	辛	丙
丑	申	卯	辰

丁	丙	乙	甲	癸	壬
酉	申	未	午	巳	辰

[147] 강약 / 격국

이 사주는 봄의 金이라 비록 당령하지는 못했지만, 기쁘게도 앉은 자리에 녹(祿)과 인(印)을 만나 약한 가운데 왕하게 변하였다. 丙辛이 합하니 丁火가 홀로 청하다. 丙辛合은 살(殺)을 없앨 뿐 아니라 겁재(劫)까지 제거하니, 재성(財)이 겁탈이 안 일어나니 관(官)을 도울 수 있다. 더욱 묘한 것은 운로가 동남(東南) 木火의 땅으로 나아갔다는 점이다.

이로써 일찍이 과거에 합격하여 벼슬길에 올랐고, 많은 사람들의 귀감이 되는 연꽃처럼 우러름을 받았으며 춘관(春官, 예부)에서 도리(桃李, 제자)를 키워냈다.

庚	乙	辛	丙		
辰	亥	卯	辰		
丁	丙	乙	甲	癸	壬
酉	申	未	午	巳	辰

[148] 강약 / 격국

乙亥 일주가 앉은 자리에 생(生)을 만났고 월령에 건록(建祿)이 돌아와 자리 잡았으니, 재성(財)을 용신(用)하기에 충분하다. 기쁜 것은 丙辛合으로 金이 약한데 乙庚도 합거되었으니 木이 왕(旺)하여 종(從)하지 않았다.

지방에서 급제(及第)하였고, 丙申, 丁酉 운은 火가 개두(蓋頭)하였으므로 뚜렷한 공을 세우지 못하였지만, 서방 金 운이 지나면서 금당(琴堂, 벼슬길)의 노여운 한을 풀었고, 평화롭고 한가로운 삶을 즐겼다.

己	壬	戊	癸		
酉	午	午	亥		
壬	癸	甲	乙	丙	丁
子	丑	寅	卯	辰	巳

[149] 강약 / 격국

이 사주는 왕한 살(旺殺)에 재성(財)까지 협력한다. 기쁜 것은 戊癸가 합하는데 癸水가 왕(旺地)에 임한 것이다. 합(合)이라도 불화(不化)하니 戊土가 도리어 유정(有情)하여 壬水에 항거하지 않는다. 합(合)이 되어 화(化)한다 해도 火에게는 무정(無情)하고 土를 생한다.

이로써 추리해 보면 운로가 동방(東方) 木으로 향했을 때 일찍이 청운의 뜻을 이루었다. 운이 북방(北方) 水로 진행하여서는 재성(財)를 제거하고 인수(印)를 보호하니 날개를 펴고 성공의 길을 거침없이 걸었으며, 마침내 최고 권력의 중심에 자리하게 되었다.

⑤ 관살혼잡격(官殺混雜格) : 관과 살이 혼잡된 격

癸	丙	壬	壬		
巳	寅	子	辰		
戊	丁	丙	乙	甲	癸
午	巳	辰	卯	寅	丑

[150] 강약 / 격국 / 병약

이 사주는 壬癸가 당권(當權)하니 관(官)과 살(殺)이 중첩(重疊)되었다. 가장 기쁜 것은 일주가 장생(長生)에 앉았으니, 寅이 능히 水를 거둬들여 살을 변화시키고 일주를 생한다. 또한 時에 녹왕(祿旺)이 돌아와 족히 관(官)을 대적할 수 있다. 더욱 묘한 것은 金이 없어 인성(印星)을 용신으로 삼았으니, 살(殺)의 세력이 비록 강하나 두려워할 정도는 아니다.

丙 운에 이르러 일주를 도왔고, 또 己巳年이 되자 관(官)의 혼잡을 제거하므로, 과거에 급제하여 남궁(南宮, 예부)에 승전보를 보냈고, 명성 있는 고을의 재상(宰相)으로 부임하였다.

丁	己	乙	甲		
卯	巳	亥	子		
辛	庚	己	戊	丁	丙
巳	辰	卯	寅	丑	子

[151] 강약 / 격국 / 병약

이 사주는 관성(官)이 장생을 만나고, 살(殺)이 녹왕을 만났다. 巳와 亥가 비록 충하여 인성(印)을 깨뜨리지만, 기쁘게도 卯木이 여전히 火를 생할 수 있다.

寅 운에 亥와 합하여 木으로 화하여 인성을 생하니, 연달아 갑방(甲榜)에 올랐다. 庚辰, 辛巳 운에는 관(官)을 제압하고 살(殺)을 굴복시키니, 붉은 깃발과 검은 덮개를 단 수레를 타고 큰 나라의 태수(太守)로 나아가 명예와 이익이 모두 좋았다.

戊	庚	丁	丙		
寅	午	酉	辰		
癸	壬	辛	庚	己	戊
卯	寅	丑	子	亥	戌

[152] 강약 / 격국

이 사주는 살(殺)이 장생(生)을 만나고, 관(官)이 녹(祿)을 얻었다. 기쁜 것은 가을의 金이 계절의 왕성한 기운을 잡았고, 더 좋은 것은 辰土가 火의 기운을 설기하여 金을 생하니 중화(中和)의 모습을 잃지 않았다는 점이다.

더욱 기쁜 것은 운의 흐름이 북방의 水 지역으로 흘러간다는 것이다. 庚子 운에는 관(官)의 뿌리를 충하여 제거했으니, 녹명연(鹿鳴宴, 과거시험 연회)에서 술을 마시며 즐거워하고 안탑(雁塔)에 다시 이름을 올렸다. 辛丑과 壬寅 운에는 거문고를 옆에 두고 노래로 울분을 풀며 즐겼고, 칼날 위에서 놀면서도 부(賦)로 물고기를 굽듯 능수능란했다.

辛	壬	己	戊		
亥	申	未	午		
乙	甲	癸	壬	辛	庚
丑	子	亥	戌	酉	申

[153] 강약 / 격국 / 병약

이 사주는 관(官)과 살(殺)이 함께 왕성한 기운을 얻었다. 다행히 일지(日支)에서 장생을 만나고 시주(時柱)에서 녹왕(祿旺)을 만났으니, 충분히 관(官)과 살(殺)의 기운을 감당할 수 있다.

앉은 자리에 인수(印綬)가 있어 재성과 칠살의 기운을 이끌어 통하게 하고, 운의 흐름이 서북방 金水의 지역으로 향하니 어린 나이에 과거에 급제했다. 그 경륜이 마치 나라의 창고에 쌓인 물건처럼 풍족했다.

사람들은 그를 나라의 기강을 바로잡은 공신으로 추앙했고, 세금을 거두는 일(催科)을 맡아서도 백성을 어루만지는 훌륭한 관리의 본보기가 되었으니, 세상 사람들에게 문장이 빛나는 사람으로 존경받았다.

'관살혼잡(官殺混雜)'이라 할지라도 부귀를 누리는 사람은 매우 많다. 어쨌든, 살(殺)과 관(官)이 당령한 경우, 반드시 일지(日支)에 인수(印綬)가 있어야 그 살(殺)과 관(官)의 기운이 순조롭게 흘러가서 생하고 변화시키는 흐름이 아름답게 된다. 또는 기운이 시주(時柱)까지 관통한다면 충분히 일주를 돕고 살(殺)에 대항할 수 있다.

만약 시주(時柱)에 기운이 통하지 않고, 일지(日支)에 인수(印綬)도 없다면 가난하지 않더라도 천한 삶을 면하기 어렵다. 그러나 살(殺)과 관(官)이 당령하지 않은 경우는 이런 이론을 적용하지 않는다.

⑥ 제살태과격(制殺太過格) : 살을 제압함이 지나친 격

己	丙	戊	辛		
亥	辰	戌	卯		
壬	癸	甲	乙	丙	丁
辰	巳	午	未	申	酉

[154] 강약 / 격국

時에 홀로 있는 살(殺)을 네 개의 식상(食傷)이 제압한다. 연지(年支)의 卯는 辛에 개두(蓋頭)되어 피해를 입었고, 가을의 木은 본래 土를 소통시키기 부족하다. 亥 중 甲木의 힘을 통해 칠살(七殺)을 보호한다.

乙未 운에 이르러 암암리에 木局을 이루니, 쉽게 남궁(南宮, 과거 시험장)에 오르고 한원(翰苑, 한림원)에서 이름을 높였다. 甲午 운에는 木이 午에서 사(死)하고, 己와 합하여 土로 변해 어머니의 상(喪)을 당했다. 己巳年에는 다시 亥를 충(沖)하여 죽음에 이르렀다.

壬丙戊辛
辰辰戌卯

壬 癸 甲 乙 丙 丁
辰 巳 午 未 申 酉

[155] 강약 / 격국

이 사주 또한 칠살(七殺)은 하나이지만 제극하는 것은 4개나 된다. 앞선 사주에 미치지 못하는 것은 亥卯의 회국(會局)이 없기 때문이다. 일찍이 채근향(采芹香, 과거 급제)의 자질이었으나, 가을의 시험에서 머뭇거리다가 재물을 바쳐 벼슬을 얻게 되었다. 하지만 벼슬길은 시원치 않았다.

時에 칠살(七殺)이 투출한 것은 좋은 것이며, 甲午 운에는 己가 없으니 합화(合化)될 걱정은 없으나 오히려 형모(刑耗)가 많았으며 자기 한 몸만 무사했다.

壬丙丙壬
辰午午辰

壬 辛 庚 己 戊 丁
子 亥 戌 酉 申 未

[156] 강약 / 격국

이 사주 또한 칠살(七殺)이 네 개의 제극을 받고 있다. 사주에 인수(印綬)가 비록 보이지 않지만, 좋은 점은 칠살(七殺)은 투출하고 식신(食神)은 지지에 감추어져 있고, 칠살은 고(庫)에 통근했다. 총체적으로 보면 여름의 火가 권세를 잡고 있고, 水는 金의 도움을 받지 못하고 있다.

酉 운에 이르러 辰과 합(合)하여 土를 제거하니, 재성(財星)이 칠살(七殺)을 돕게 되어 과거에 급제하여 中書(중서, 중서성)에 들었다. 庚 운에는 벼슬길에서 연이어 승진하고, 군무(軍務)에 참여하기도 했다. 戌 운에는 마른 土가 壬水의 뿌리인 辰을 충동(沖動)하는데, 戊辰年 세운(歲運)까지 겹쳐 戊土가 투출하여 壬水를 강하게 제압했기 때문에 사망했다.

壬壬戊甲
寅辰辰寅
甲 癸 壬 辛 庚 己
戌 酉 申 未 午 巳

[157] 강약 / 격국

이 사주는 3개의 칠살(七殺)이 3개의 제극을 받고 있다. 土가 비록 권세를 잡고 있으나 木 또한 웅장하다. 다행스러운 점은 일주(日主)가 두 개의 고(庫)에 통근(通根)하고 비견(比肩)이 바르게 돕고 있다는 것이다.

壬申 운에 일주(日主)가 생을 받고 寅木을 충(沖)하여 이름을 桂籍(계적)에 올렸고, 雁塔(안탑)에 높이 이름을 새겼다. 이어진 癸酉 20년 동안 현령(縣令)을 거쳐 黃堂(황당)에 이르니 명예와 재물이 풍족했다.

庚戊戊庚
申寅寅申
甲 癸 壬 辛 庚 己
申 未 午 巳 辰 卯

[158] 강약 / 격국

이 사주는 두 개의 칠살(七殺)을 네 개의 기운이 제압한다. 다행히 春木(춘목)이 월령(月令)을 얻어 네 개의 극(剋)을 받더라도 완전히 꺾이지는 않는다.

午 운에 이르러서는 土를 보충하는 힘은 부족하더라도, 金을 제압하는 힘은 충분하여 과거에 합격해 현령(縣令)으로 발탁되었다. 甲申 운에는 다시 식신(食神)을 만나, 군에서 공을 세운 뒤 사망했다.

제살태과(制殺太過)보다는 관살혼잡(官殺混雜)이 더 낫다고 하는데, 왜 그러한가? 제살태과(制殺太過)는 칠살(七殺)이 이미 상했으므로, 다시 살을 제압하는 운(運)이 오면 아홉 번 죽을 고비를 넘겨야 한 번 살아남는다. 하지만 관살혼잡(官殺混雜)은 일주(日主)가 튼튼하고 인수(印綬)가 손상되지 않고 운의 흐름이 안정되면 반드시 귀하게 된다.

만약 일주가 약하고 재성(財星)이 인수(印綬)를 파괴한다면, 비록 살(殺)이

하나만 있어 순수하고 관(官)이 섞이지 않았더라도, 걱정이 많고 즐거움이 적으며 뜻을 펴기 어려우니, 배우는 자는 마땅히 살펴야 할 것이다.

22. 상관(傷官)

상관견관과난변 가견불가견
傷官見官果難辨 可見不可見

상관견관(傷官見官)은 참으로 분별하기 어려우니 견관(見官)이 가할 수도 있고 불가할 수도 있다.

原注

身弱而傷官旺者, 見印而可見官; 身旺而傷官旺者, 見財而可見官; 傷官旺, 財神輕, 有比劫而可見官; 日主旺, 傷官輕, 無印綬而可見官. 傷官旺而無財, 一遇官而有禍; 傷官旺而身弱, 一見官而有禍; 傷官弱而財輕, 一見官而有禍; 傷官弱而見印, 一見官而有禍; 大率傷官有財, 皆可見官, 傷官無財, 皆不可見官. 又要看身强身弱, 合財官印綬比肩不同方可, 不必分金, 木, 水, 火, 土也. 又曰傷官用印, 無財不宜見財, 傷官用財, 無印不宜見印, 須詳辨之.

- 신약한데 상관(傷官)이 왕한 경우, 인수(印綬)를 보면 관(官)을 보아도 괜찮다.
- 신왕한데 상관(傷官)이 왕한 경우, 재성(財星)을 보면 관(官)을 보아도 괜찮다.
- 상관(傷官)이 왕하고 재성(財星)이 약한 경우, 비겁(比劫)이 있다면 관(官)을 보아도 괜찮다.
- 일주(日主)가 왕하고 상관(傷官)이 약한 경우, 인수(印綬)가 없다면 관(官)을

보아도 괜찮다.

- 상관(傷官)이 왕하고 재성(財星)이 없는 경우, 관성(官星)을 만나면 재앙이 있다.
- 상관(傷官)이 왕하고 신약(身弱)한 경우, 관성(官星)을 만나면 재앙이 있다.
- 상관(傷官)이 약하고 재성(財星)이 약한 경우, 관성(官星)을 만나면 재앙이 있다.
- 상관(傷官)이 약하고 인수(印綬)를 보는 경우, 관성(官星)을 만나면 재앙이 있다.
- 대체로 상관(傷官)에 재성(財星)이 있다면, 대부분 관성(官)을 보아도 괜찮고, 상관(傷官)에 재성(財星)이 없다면, 대부분 관성(官星)을 보는 게 좋지 않다.
- 또한 반드시 신강(身强)과 신약(身弱)을 살펴야 하고, 재성, 관성, 인성, 비견과의 조합이 각각 다르니, 굳이 오행인 金, 木, 水, 火, 土를 나눌 필요는 없다.
- 상관(傷官)이 인성(印星)을 용신(用神)으로 쓸 때는 재성(財星)이 있는 것을 좋지 않게 여기며, 상관이 재성(財星)을 용신으로 쓸 때는 인성이 있는 것을 좋지 않게 여기니, 반드시 이를 자세히 분별해야 한다.

임철초 曰

상관(傷官)은 명주(命主)의 원신(元神)을 훔치니 본래 선량하지 않으며, 일간(日干)의 귀기(貴氣, 官)를 상하게 하니 더욱 방자하고 제멋대로 날뛰게 한다.

그러나 선과 악이 정해져 있지 않고 단지 다스리기만 하면 그 영특함이 밖으로 드러나 총명함이 많아진다. 관성(官星)을 보는 것이 좋을지 아닐지는 반드시 사주 원국을 놓고 따져야 하며, 그 작용은 여러 가지로 다르니 하나만 가지고 논해서는 안 된다.

상관격에는 상관용인(傷官用印), 상관용재(傷官用財), 상관용겁(傷官用劫), 상관용상(傷官用傷), 상관용관(傷官用官)이 있다.

만약에 상관용재(傷官用財)라면 ① 일주(日主)가 강하고 상관 또한 강하면 재성을 용신으로 삼는 것이 좋고, 비겁(比劫)이 있으면 관성을 봐도 좋지만, 비겁이 없고 인성(印星)이 있으면 관성을 보아서는 안 된다. ② 일주가 약하고 상관이 강한 경우, 인성을 용신으로 삼는 것이 좋으며, 관성을 보아도 좋지만, 재성을 보아서는 안 된다. ③ 일주가 약하고 상관이 강한데 인성이 없는 경우, 비겁을 용신으로 삼는 것이 좋으며, 비겁과 인성을 보는 것은 좋지만, 재성과 관성을 보는 것은 꺼린다. ④ 일주가 강하고 재성과 관성이 없는 경우, 상관을 용신으로 삼는 것이 좋으며, 재성과 상관을 보는 것은 좋지만, 관성과 인성을 보는 것은 꺼린다. ⑤ 일주가 강하고 비겁이 많으며 재성(財星)이 약하고 상관이 가벼운 경우, 관성을 용신으로 삼는 것이 좋으며, 재성과 관성을 보는 것은 좋지만, 상관과 인성을 보는 것은 꺼린다.

① 소위 '상관견관(傷官見官) 위화백단(爲禍百端)'이라고 하는 것은 모두 상관격에 일주가 쇠약한 경우이다. 이때는 비겁을 용신 삼아 몸을 도와야 하는데, 관성을 보면 비겁이 극을 받게 되므로 재앙이 있는 것이다. 그러나 사주에 인성이 있다면 관성을 보더라도 재앙이 없을 뿐만 아니라 오히려 복

이 된다. ② 상관용인(傷官用印)의 경우, 사주 내에 재성이 없고, 인성이 왕성하고 일주가 왕성한 운(運)으로 흐르면 귀하게 되지 않는 자가 없다. 재성이 왕성하고 상관이 왕성한 운으로 흐르면 가난하고 천하게 되지 않는 자가 없다. ③ 상관용재(傷官用財)의 경우, 재성이 기운을 얻고, 재성이 왕성하고 상관이 왕성한 운으로 흐르면 부유하지 않는 자가 없다. 인성이 왕성하고 겁재(劫財)가 왕성한 운으로 흐르면 궁핍하지 않은 자가 없다. ④ 상관용겁(傷官用劫)의 경우, 인성이 왕성한 운으로 흐르면 반드시 귀하게 된다. ⑤ 상관용관(傷官用官)의 경우 재성이 왕성한 운으로 흐르면 반드시 부유하게 된다. ⑥ 상관용상(傷官用傷, 傷官傷盡)의 경우 재성(財星)의 운을 만나면 부유하고 또한 귀하게 된다. 상관용인, 상관용재와 비교했을 때, 이는 단지 관(官)의 높낮이가 있고 재물의 많고 적음이 나뉠 뿐이다. 자세히 살펴야 한다.

① 상관용인격(傷官用印格) : 상관이 인수를 쓰는 격

己	丙	辛	己		
丑	寅	未	丑		
乙	丙	丁	戊	己	庚
丑	寅	卯	辰	巳	午

[159] 강약 / 격국 / 병약

화토(火土) 상관격(傷官格)이 거듭 중첩되었지만, 다행히 계하(季夏) 未月이므로 火의 기운이 남아 있다. 또 일지(日支)가 장생(長生)이고 寅 중 甲木이 용신(用神)이다.

丁卯 운에 이르러 辛金을 극하여 제거하고 丑土를 극파(剋破)하니, 이른바 '유병득약(有病得藥)'이라 할 수 있다. 이로 인해 도약하여 월전(月殿)에 올랐고, 경림(瓊林) 잔치에 소집되는 경사가 있었다. 이어진 丙寅 운은 사주의 본체와 용신에 모두 마땅하여 황당(黃堂)에까지 이르렀다.

辛	戊	丁	辛
酉	午	酉	酉

辛	壬	癸	甲	乙	丙
卯	辰	巳	午	未	申

[160] 강약 / 격국

이 사주는 토금(土金) 상관격(傷官格)이 거듭 중첩되었지만, 다행히 사주 안에 재성(財星)이 없어 순수하고 맑은 기운을 띤다.

초년 운인 木火는 본체와 용신(用神)에 모두 마땅하여, 젊은 나이에 가장 먼저 龍虎榜(용호방, 과거급제)에 오르고, 소년의 몸으로 鳳凰池(봉황지, 한림원)에 이르렀다. 안타깝게도 중년 운인 癸巳, 壬辰에 이르러 金이 火를 극하는 水를 생하고 있으니, 평생의 뜻과 지조를 어디에 하소연할 수 있었겠는가? 반평생을 부지런히 노력했지만, 그저 스스로를 가련하게 여길 뿐이었다.

己	庚	壬	壬
卯	辰	子	戌

戊	丁	丙	乙	甲	癸
午	巳	辰	卯	寅	丑

[161] 강약 / 격국

이 사주는 금수(金水) 상관격(傷官格)이 월령(月令)을 얻었다. 다행히 지지(地支)에 따뜻한 土가 숨어 있으니, 충분히 평탄하게 중류(中流)의 삶을 지탱할 수 있다.

時의 재성(財星)이 병(病)이 되고 초년 운이 水木이었기 때문에 학문을 이어가지 못했다. 30세가 지나 火土 운을 만나면서 이로(異路)로 출세하여 벼슬이 주목(州牧)에 이르렀다. 午 운에는 쇠약한 기운이 왕성한 기운을 충(沖)하였으므로 다음과 같이 시를 읊었다.

"대성(臺省)에 귀양 가는 관리가 어찌 없을 수 있겠는가.

오늘 교외 정자에서는 근심이 곱절이로구나."

丙乙癸丙
子丑巳辰
戊 丁 丙 乙 甲
戌 酉 申 未 午

[162] 격국 / 조후

이 사주는 목화(木火) 상관격(傷官格)이지만, 인성(印星)이 녹지(祿地)에 통근했으니 격국(格局)이 아름답지 않을 수 없다. 비록 재성(財星)이 인성을 파괴하는 것이 꺼림칙하지만, 丑, 辰이 모두 습토(濕土)라 능히 水를 지키고 火의 기운을 설기(洩氣)한다.

안타깝게도 운의 흐름에 水가 없었기 때문에 한 명의 가난한 선비로 지냈다. 申 운에 이르러 火는 끊기고 水가 살아나니, 이름이 반궁(泮宮) 대열에 올랐다. 그러나 그 후로 추위(秋闈)에 아홉 번이나 응시했으나 합격하지는 못했다.

② 상관용재격(傷官用財格) : 상관이 재성을 쓰는 격

乙丁戊丙
巳卯戌申
甲 癸 壬 辛 庚 己
辰 卯 寅 丑 子 亥

[163] 강약 / 격국

이 사주는 화토(火土) 상관격(傷官格)이 겁재와 인수에 거듭 겹쳐 있으니, 그 기운이 왕성함을 알 수 있다. 申金 재성(財星)이 용신(用神)이다. 본래 물려받은 가업이 풍족했다.

辛丑, 壬 운에 이르기까지 사업을 경영하여 이익을 얻어 10여만 냥의 재산을 모았다. 그러나 寅 운에 이르러 金이 절지(絶地)가 되고 겁재는 장생(長生)을 얻었으며, 寅申이 충(沖)하니, 이른바 '왕자충쇠 쇠자발(旺者沖衰 衰者拔) 왕한 것이 쇠한 것을 충하면 쇠한 것이 뽑혀 버린다'는 이치에 따라 사망했다.

乙	壬	乙	癸		
巳	申	卯	亥		
己	庚	辛	壬	癸	甲
酉	戌	亥	子	丑	寅

[164] 강약 / 격국 / 조후

이 사주는 수목(水木) 상관격(傷官格)으로, 일지(日支)에 장생(長生)을 깔고 있고 연지(年支)에 녹왕(祿旺)을 두었으니 일주(日主)가 약하지 않다. 따라서 巳 재성(財星)을 용신(用神)으로 삼기에 충분하다.

안타까운 것은 중간 운이 金水였으니, 반평생 동안 녹록풍상(碌碌風霜)을 겪으며 온갖 어려움 속에 흥망성쇠를 거듭했다. 戌 운에 이르러 亥水 겁재(劫財)를 강하게 제압하고 卯木과 합(合)하여 재성(財星)으로 변하니, 갑자기 수만 냥의 재물을 얻었다. 酉 운에는 상관(傷官)을 충파(沖破)하고 겁재와 인수를 생조하니 죽음에 이르렀다.

丁	戊	辛	戊		
巳	午	酉	子		
丁	丙	乙	甲	癸	壬
卯	寅	丑	子	亥	戌

[165] 강약 / 격국 / 조후

이 사주는 토금(土金) 상관격(傷官格)으로, 일주(日主)가 녹왕(祿旺)하고 겁재(劫財)와 인성(印綬)이 거듭 보이니 왕성하다. 사주에 있는 한 점 재성(財星)이 가을의 水로 근원과 통했고, 子는 酉의 생(生)을 받으니, 酉가 엎드려 子水를 보호한다.

물려받은 재산이 있어 보통의 넉넉함이었다. 甲子와 乙丑 20년 운은 제화(制化)하기에 마땅하여, 스스로 사업을 시작해 수만 냥을 벌었다. 그러나 丙寅 운에 火土를 생조(生助)하고 金水를 극(剋)하고 설기(洩氣)하게 되어 죽음에 이르렀다.

庚辛辛壬
寅酉亥申
丁 丙 乙 甲 癸 壬
巳 辰 卯 寅 丑 子

[166] 강약 / 격국

이 사주는 금수(金水) 상관격(傷官格)으로, 사주에 비겁(比劫)이 많다. 비록 寅木 재성(財星)을 용신으로 삼지만, 亥水가 金의 기운을 설기(洩氣)하고 木을 생(生)하여 비겁들이 재물을 다투는 일이 없게 한 것이 기쁘다. 또 亥는 申과 寅의 충(沖)을 해소시켜 주는데, 만약 亥水가 없었다면 일생 동안 기복이 심하고 편안치 못하며 결국 그림의 떡에 그쳤을 것이다. 亥水는 재성(財星)을 생하는 복신(福神)인 것이다.

甲寅과 乙卯 운에 이르러 맨주먹으로 사업을 일으켜 부자가 되었다. 그 뒤에 오는 火 운에는 다툼과 상극(相剋)으로 편안치 못하고 재성(財星)의 기운을 설기했지만, 큰 변화 없이 그저 그런 상황이었다. 巳 운에는 사맹(四孟)이 서로 충(沖)하고 겁재(劫財) 또한 생(生)을 만났으므로 죽음에 이르렀다.

③ 상관용겁격(傷官用劫格) : 상관이 겁재를 쓰는 격

己戊辛癸
未申酉亥
乙 丙 丁 戊 己 庚
卯 辰 巳 午 未 申

[167] 강약 / 격국

이 사주는 토금(土金) 상관격(傷官格)으로 재성(財星)이 매우 강하다. 이 때문에 학문에 뜻을 펼치지 못했다. 그러나 다행히 未時에 겁재(劫財)가 통근(通根)하여 용신(用神)이 된 것이 좋았고, 운의 흐름 또한 훌륭했다.

재물을 바치고 벼슬길에 나아가 丁巳, 丙辰 운에는 왕성한 인성(印綬)이 작용하여 벼슬이 주목(州牧)에 이르렀고, 벼슬살이의 재산이 넉넉하고 풍족했다. 하지만 乙卯 운의 충극(沖剋)으로 인해 편안하지 못하여 파직되고 고향으로 돌아갔다.

庚	戊	癸	己		
申	戌	酉	未		
丁	戊	己	庚	辛	壬
卯	辰	巳	午	未	申

[168] 강약 / 격국

이 사주는 토금(土金) 상관격(傷官格)으로, 지지(地支)에 서방(西方)의 기운을 모두 갖춰 金의 기운이 매우 강하다. 겁재(劫財)를 용신(用神)으로 삼는데, 머리 위에 있는 癸水를 극(剋)하는 것이 좋았으므로 학문에 뜻을 이어갈 수 있었다.

더욱 좋은 점은 운이 남방 火地로 흘렀다는 것이다. 이로 인해 재물을 바치고 벼슬길에 나아가 현령(縣令)을 거쳐 주목(州牧)으로 추천되었고, 거듭 황당(黃堂)에까지 이르렀다. 생(生)의 기운이 흉한 것을 만나도 길한 것으로 바뀌었으니, 벼슬길에 파란이 없었다.

甲	癸	甲	癸		
寅	亥	寅	亥		
戊	己	庚	辛	壬	癸
申	酉	戌	亥	子	丑

[169] 강약 / 격국

이 사주는 수목(水木) 상관격(傷官格)이지만, 재성(財星)이 없는 것이 기쁘다. 이 덕분에 학문에 뜻을 이어갔다. 그러나 지지의 寅亥가 합하여 木으로 변하는 것이 아쉬운데, 상관(傷官)이 너무 강해 청운의 꿈은 이루기 어려웠다.

辛 운에 반궁(泮宮, 학교)에 들어갔고, 亥 운에는 보름(補廩, 지원금)을 받으며 지냈다. 庚戌 운에는 재물을 바치고 벼슬길에 나아갔으며, 己酉와 戊申 20년 동안 土金이 서로 생하고 변화하여 거스름이 없었다. 벼슬이 별가(別駕, 보좌관)에 이르렀으며, 벼슬살이의 재산이 풍족하고 두터웠다.

己 丙 己 戊
丑 戌 未 申
乙 甲 癸 壬 辛 庚
丑 子 亥 戌 酉 申

[170] 강약 / 격국

이 사주는 모두 상관(傷官)으로 이루어져 있다. 만약 丑이나 戌月에 태어났다면 종아격(從兒格)이 되어 명예와 이익을 모두 이뤘을 것이다. 그러나 未月에 태어났으므로 火의 여기(餘氣)가 있어, 반드시 未 중의 丁火를 용신(用神)으로 써야 한다.

안타깝게도 운의 흐름이 서북쪽 金水의 땅으로 흘렀다. 이로 인해 조상 대대로 물려받은 재산을 탕진했다. 癸亥 운에 이르러서는 가난하고 의지할 곳이 없어 머리를 깎고 승려가 되었다.

癸 己 庚 戊
酉 酉 申 辰
丙 乙 甲 癸 壬 辛
寅 丑 子 亥 戌 酉

[171] 강약 / 격국

이 사주도 상관(傷官)에 겁재(劫財)를 용신(用神)으로 써야 한다. 그러나 辰이 습토(溼土)여서 金을 돕고 水의 기운을 모아주니, 일주(日主)를 돕기에는 부족한 것이 아쉽다.

게다가 운의 흐름이 서북쪽 金水의 땅으로 흘렀으니, 한 번의 실패로 모든 것을 잃어버리고 재만 남았으며, 가정을 이루지도 못했다.

위의 다섯 사주는 모두 겁재(劫財)를 용신(用神)으로 썼는데, 왜 앞의 세 사주는 명예와 이익을 모두 얻었고, 뒤의 두 사주는 아무것도 이루지 못했는가?

이는 운(運)의 도움을 받지 못했기 때문이다. 이로 미루어 보아, 사람이 아무것도 하지 못해서가 아니라, 실로 운의 흐름 때문인 것이다.

④ 상관용상관격(傷官用傷官格) : 상관이 상관을 쓰는 격

庚	壬	己	庚		
子	辰	卯	辰		
乙	甲	癸	壬	辛	庚
酉	申	未	午	巳	辰

[172] 강약 / 격국

壬水가 卯月에 태어났으니, 정확히 수목(水木) 상관격(傷官格)이다. 천간의 己土는 절지(絶地)에 임했고, 지지의 두 辰土는 木의 여기(餘氣)로 한편으로는 金을 생하고 다른 한편으로는 水局을 만든다.

또한 두 개의 庚金이 투출했는데, 辰土가 水를 막을 수 없을 뿐만 아니라 도리어 金을 생하고 水를 돕는다. 따라서 반드시 卯木을 용신(用神)으로 삼아야 한다. 이른바 '한 신(神)이 쓰임을 얻으니, 이 상(象)이 가볍지 않다'고 했다.

초년 운인 庚辰과 辛巳는 金의 왕성한 땅이므로 공명(功名)을 이루지 못했다. 壬午 운에 이르러 재성(財星)을 생하고 金을 제압하니, 안탑(雁塔)에 이름을 올렸다. 癸未 운은 卯와 합하여 木의 기운을 돕고, 甲申 운은 지지에 모두 북방 水局을 만들어 木을 생조(生助)하므로 벼슬길에서 연달아 승진했다. 영윤(令尹)에서 사마(司馬)로 올랐고, 거듭 황당(黃堂)에까지 이르렀다. 관찰사(觀察使)로 발탁되고 얼번(臬藩, 지방 군사요직)의 자리를 거쳐, 팔좌(八座, 조정 고위직)의 봉강(封疆, 국경 책임자)에까지 올랐다.

하지만 酉 운으로 바뀌면서 卯木을 충파(沖破)하니, 잘못된 일로 인해 벼슬에서 물러나게 되었다. '용신(用神)은 손상되어서는 안 된다'는 말이 정말 믿을만하다.

癸	癸	戊	乙		
丑	酉	寅	酉		
壬	癸	甲	乙	丙	丁
申	酉	戌	亥	子	丑

[173] 강약 / 격국

癸水가 寅月에 태어나, 정식으로 수목(水木) 상관격(傷官格)이다. 지지(地支)에는 인성(印星)이 함께 왕성하고, 酉와 丑가 반합(半合)하여 金局을 이루니, 반드시 寅木을 용신(用神)으로 삼아야 한다.

재능이 뛰어나고 남을 정도였다. 乙亥 운에는 木의 기운이 생하고 왕성해져 향방(鄕榜)에 합격했다. 甲戌와 癸 운에는 벼슬길에 올라 현령(縣令)이 되었다. 그러나 酉 운에 이르러 지지에 酉가 세 개나 모이니, 약한 木이 많은 金의 공격을 받아 벼슬에서 물러났다.

앞의 사주와 이 사주는 모두 火가 적어 '유병무약(有病無藥)'인 것이 원인이다. 만약 火가 있었다면, 비록 金地로 운이 흘렀더라도 큰 우환은 없었을 것이다.

丁	甲	庚	己		
卯	寅	午	卯		
甲	乙	丙	丁	戊	己
子	丑	寅	卯	辰	巳

[174] 강약 / 격국

甲木이 午月에 태어나 목화(木火) 상관격(傷官格)이다. 연월(年月)의 두 천간에 土金이 뿌리가 없어 쓸모가 없다. 지지에 卯 두 개와 寅 하나가 있어 일주(日主)가 강하고 왕성하다. 따라서 반드시 丁火를 용신(用神)으로 써야 하니, 이 사람은 권모술수가 남들보다 뛰어났다.

丁卯 운에 반궁(泮宮)에 들어가 과거에 합격하고 현령(縣令) 벼슬을 지냈다. 丙寅 운에는 庚金을 모두 극(剋)하니 벼슬의 재산이 크게 풍족해졌다. 그러나 乙丑 운에 庚과 합(合)하여 火의 기운이 어두워지고 金을 생(生)하게 되니, 벼슬에서 물러났다.

乙丙乙丙
未辰未子
辛 庚 己 戊 丁 丙
丑 子 亥 戌 酉 申

[175] 강약 / 격국

丙 일주가 未月에 태어나 화토(火土) 상관격(傷官格)이다. 사주에 金이 없어 子水가 말랐으므로, 未土를 용신(用神)으로 삼는다. 다만 두 개의 乙木이 투출하여 뿌리가 깊은 것이 아쉽다. 이 때문에 공명(功名)을 이루기 어렵다.

초년 운인 丁酉와 丙申에는 乙木을 제압하고 변화시키니, 재물에 대한 기쁨이 마음에 흡족했다. 戊戌 10년 운은 풍요롭고 번성하여 나날이 번창했다. 己 운에 土가 뿌리가 없이 오고 木이 되돌아와 극(剋)하니, 형벌과 손재가 함께 나타났다. 亥 운으로 바뀌자, 木이 생지(生地)를 얻고 火가 겁재(劫財)를 만나 악성 질병을 얻고 사망했다.

⑤ 상관용관격(傷官用官格) : 상관이 관성을 쓰는 격

乙戊己壬
卯戌酉戌
乙 甲 癸 壬 辛 庚
卯 寅 丑 子 亥 戌

[176] 강약 / 격국

戊 일주가 酉月에 태어나 토금(土金) 상관격(傷官格)이다. 지지의 두 戌土는 건조하고 두터운데, 다행히 연간(年干)의 壬水가 흙을 적시고 金의 기운을 설기(洩氣)하여 木을 생(生)한다. 이 때문에 관성(官星)을 용신(用神)으로 삼기에 충분하다.

亥 운에는 재성(財星)과 관성(官星)이 모두 생조(生助)를 받으니 공명(功名)이 순조롭게 따랐다. 壬子 운에는 일찍이 벼슬길에 오르고자 하는 뜻을 이루었다. 癸丑 운에는 지지에서 金局을 이루니 벼슬살이 중에 제약이 많았다. 甲寅과 乙卯 20년 동안 벼슬이 시랑(侍郎)에 이르렀다.

己	壬	己	庚		
酉	申	卯	午		
乙	甲	癸	壬	辛	庚
酉	申	未	午	巳	辰

[177] 강약 / 격국

壬水가 卯月에 태어나 수목(水木) 상관격(傷官格)이다. 다행히 관성(官星)과 인성(印星)이 모두 뿌리를 내렸고, 연지(年支)의 재성(財星)이 상관(傷官)을 제어하고 변화시켰다. 일주(日主)가 생하고 왕성하니, 충분히 관성(官星)을 용신(用神)으로 쓸 수 있다.

己 운에는 관성(官星)이 왕성해져 '반수(泮水)의 미나리를 캐고 섬궁(蟾宮)의 계수나무를 꺾었다'는 말처럼 과거에 급제했다. 壬午, 癸未 운은 남방의 火地이므로 유명한 지역의 벼슬자리에 나아가 주목(州牧)으로 영전했다. 甲申, 乙酉 운에는 金이 힘을 얻고 木이 절지(絕地)에 놓이니, 비록 벼슬에서 물러나 고향으로 돌아왔지만, 음악과 책을 즐기며 편안하고 여유로운 삶을 누렸다.

己	壬	辛	辛		
酉	辰	卯	未		
乙	丙	丁	戊	己	庚
酉	戌	亥	子	丑	寅

[178] 강약 / 격국

壬水가 卯月에 태어나 수목(水木) 상관격(傷官格)이다. 천간의 두 辛金과 지지의 辰, 酉가 水의 근원을 더해주고, 관성(官星)의 뿌리가 튼튼하며, 상관(傷官)이 숨겨진 기운을 설기하니, 반드시 己土 관성(官星)을 용신(用神)으로 삼아야 한다.

己丑 운에 '반궁(泮宮)의 미나리를 캤다'는 말처럼 과거에 합격하고 넉넉한 생활을 누렸다. 戊子 운에는 비록 추위(秋闈, 가을 과거시험)에서 머뭇거렸지만, 가업은 나날이 늘어났다. 丁 운 역시 큰 걱정은 없었다. 그러나 亥 운에 이르러 木局이 모두 모이니 상관이 제멋대로 날뛰게 되었다. 이로 인해

형벌과 손재를 함께 겪고 사망했다.

癸丙己癸
巳午未酉

癸 甲 乙 丙 丁 戊
丑 寅 卯 辰 巳 午

[179] 강약 / 조후 / 격국

丙午 일주가 지지에 남방 火의 기운을 갖추었고, 未土가 월령(月令)을 잡고 己土를 투출시켰으니 화토(火土) 상관격(傷官格)이다. 사주에 숨겨진 재성(財星)이 겁탈당하고, 관성(官星)이 없으면 재성이 유지하기 어렵다. 또한 재성이 없으면 관성도 뿌리가 없다. 게다가 화염토조(火焰土燥)한 상태에서 관성(官星)이 나란히 투출했으니, 관성을 용신(用神)으로 삼아야 한다.

운이 火土로 흐르자, 재물을 잃고 형벌과 상을 당했다. 그러나 乙卯와 甲寅 운에는 비록 火를 생조(生助)하지만, 상관(傷官)을 제압하고 관성(官星)을 보호해 주었다. 이로 인해 큰 재물을 얻고 재물로 벼슬을 사서 나아갔다. 癸丑와 壬子 운에는 좌이(佐貳, 보좌관)를 거쳐 현령(縣令)에 올라 명예와 이익을 모두 얻었다.

⑥ 가상관격(假傷官格) : 월령을 얻지 못한 상관격

乙丁戊戊
巳巳午申

甲 癸 壬 辛 庚 己
子 亥 戌 酉 申 未

[180] 강약 / 격국

이 사주는 화토(火土) 상관격(傷官格)으로, 일주(日主)가 매우 왕성하다. 다행히 상관(傷官)이 기운을 설기하여 맑고 순수하며, 더욱 좋은 것은 재성(財星)을 용신(用神)으로 삼는 것이다.

庚申과 辛酉 운에는 젊은 나이에 사업을 시작해 10여 만냥의 재산을 모았다. 壬戌 운에는 다행히 水가 뿌리를 내리지 않아 비록 재물을 잃는 일은 있었지만 큰 우환은 없었다. 그러나 癸亥 운에 이르러 火의 맹렬한 기운을 충동하고 재성(財星)의 기운을 설기하다 보니 사망했다.

癸	壬	辛	壬		
卯	子	亥	子		
丁	丙	乙	甲	癸	壬
巳	辰	卯	寅	丑	子

[181] 강약 / 격국

여섯 개의 水가 힘을 얻어 그 기세가 넘쳐흐르니, 오직 卯木에 의지하여 그 맑고 뛰어난 기운을 설기시켜야 한다.

초년 水 운에는 여전히 木의 기운을 생조(生助)하니 평안하고 걱정이 없었다. 甲寅과 乙卯 운에는 마침내 용신(用神)을 제대로 얻었으므로, '반수(泮水)의 미나리를 캤다'는 말처럼 과거에 합격하고 의식(衣食)이 넉넉했으며, 사람과 재물이 모두 늘어났다. 그러나 丙辰 운으로 바뀌자 군비쟁재(羣比爭財)로 많은 비겁이 재물을 다투니, 세 아들 중 두 명을 잃고, 부부가 모두 사망했다.

癸	壬	壬	壬		
卯	子	子	辰		
戊	丁	丙	乙	甲	癸
午	巳	辰	卯	寅	丑

[182] 강약 / 격국

이 사주는 천간이 모두 水이고, 지지에 두 양인(陽刃)을 만났다. 다행히 지지에 卯와 辰을 모두 갖추어 맑고 빼어난 기운을 쏟아냈다. 이 때문에 학문을 일찍 마쳤으나, 木의 원신(元神)이 천간에 투출하지 않아 추위(秋闈)에서 주춤하는 것을 피하지 못했다.

또한 운의 흐름이 火地인 것이 안타깝다. 수명이 길지 않을까 염려했는데, 丙 운으로 바뀌어 庚午年, 水와 火가 서로 교전이 일어나니 사망했다.

辛戊丙戊
酉辰辰午

癸 壬 辛 庚 己 戊 丁
亥 戌 酉 申 未 午 巳

[183] 강약 / 격국

이 사주는 火와 土가 겹겹이 있어 매우 왕성하다. 가장 기쁜 것은 酉時에 상관(傷官)이 천간에 드러나 맑고 뛰어난 기운을 설기하는 것이다.

30세 이전은 운이 火土로 흘러 학문에서 머뭇거렸다. 庚申 운에 이르자 벼슬길이 곧게 열렸고, 辛酉, 壬戌, 癸亥 운까지 40년 동안 사주의 본체와 용신이 잘 부합했다. 이 덕분에 서랑(署郎, 임시직)을 거쳐 치사(豸使, 감찰관)로 나갔고, 번얼(藩臬, 지방행정직)을 거쳐 봉강(封疆, 군사지역 총독)으로 옮겨가는 등 벼슬길에 파도가 없었다.

丙戊辛乙
辰午巳酉

乙 丙 丁 戊 己 庚
亥 子 丑 寅 卯 辰

[184] 강약 / 격국

이 사주는 火와 土가 힘을 얻었고 乙木은 뿌리가 없으니, 辛金을 용신(用神)으로 써야 한다.

辛丑年에 반궁(泮宮)에 들어갔으나, 그 후 운의 흐름이 맞지 않아 추위(秋闈)에서 여러 번 어려움을 겪었다. 丑 운에는 암암리 金局을 이루어 과거에 급제하고 연달아 벼슬길에 올랐다. 丙子와 乙亥 운의 지지에 있는 水는 본래 火를 제거할 수 있었지만, 천간의 木火가 서로 어울리지 못해 벼슬길이 순조롭지 못했다. 그래서 높은 벼슬에 오르지 못했다.

丙 戊 乙 丁
辰 午 巳 酉

己 庚 辛 壬 癸 甲
亥 子 丑 寅 卯 辰

[185] 강약 / 격국

이 사주는 앞 사주와 辛 한 글자만 다르다. 사주 자체만 보면 앞 사주에 미치지 못하지만, 운의 흐름은 앞 사주보다 낫다. 역시 辛金을 용신(用神)으로 삼으니, 관성(官星)이나 인성(印星)을 논할 필요가 없다.

丁丑年에 습한 흙이 金을 생하고 火의 기운을 어둡게 하며 金局을 모두 이루니, 갑과(甲科)에 올라 사림(詞林)에 들었다. 대체로 辛丑 운에 있을 때 세운(歲運)이 모두 적절했기 때문이다.

辛 己 丙 丁
未 酉 午 丑

庚 辛 壬 癸 甲 乙
子 丑 寅 卯 辰 巳

[186] 강약 / 격국

이 사주는 土가 여름에 힘을 얻었고, 金은 힘을 잃었으나 火는 왕성하다. 사주에 水와 木이 전혀 없다. 가장 좋은 점은 金이 천간에 드러나 뿌리를 내린 것이다. 그러나 아쉽게도 운의 흐름이 동방으로 흘러 火를 생하고 金을 극하니, 공명(功名)에서만 머뭇거린 것이 아니라 재물도 모으기 어려웠다.

辛丑 운에 이르러 戊辰年을 만나자, 火의 기운을 어둡게 하고 金을 생했다. '식신(食神)은 겁지(劫地)를 좋아한다'는 말처럼 가을 과거(秋闈)에서 뜻을 이뤘고, 명예와 이익이 넉넉했다.

23. 청기(清氣)

일 청 도 저 유 정 신 관 취 생 평 부 귀 진
一清到底有精神 管取生平富貴眞
징 탁 구 청 청 득 거 시 래 한 곡 야 회 춘
澄濁求清清得去 時來寒谷也回春[29)]

한없이 청(清)하면 정신(精神)이 있으니, 평생 부귀가 진실되고, 탁한 것을 맑게 하여 청(清)함을 얻으면, 때맞춰 추운 골짜기에 봄이 돌아오는 것과 같다.

原注

清者不徒一氣成局之謂也. 如正官格, 身旺有財, 身弱有印, 並無傷官七殺雜之, 縱有比肩食神財煞印綬雜之, 皆循序得所, 有安頓, 或作閑神, 不來破局, 乃爲清奇. 又要有精神, 不爲枯弱者佳. 濁非五行並出之謂. 如正官格, 身弱混之以煞, 混之以財, 以食神雜之, 不能傷我之官, 反與官星不和; 以印綬雜之, 不能扶我之身, 反與財星相戕, 俱爲濁. 或得一神有力, 或行運得所, 以掃其濁氣, 沖其滯氣, 皆爲澄濁以求清, 皆富貴命矣.

- '청(清)'이란 것은 단순히 하나의 오행으로만 이루어진 것을 말하는 것은 아니다.
- 만약에 정관격(正官格)이고 일주가 왕하면 재성(財星)이 있어야 하고, 일주가 약하면 인수(印綬)가 있어야 한다. 여기에 상관(傷官), 칠살(七煞)이 섞이

---

29) 一清到底有清神, 管取平生富貴眞, 澄濁求清清得去, 時來寒谷也生春.

지 않아야 한다.

- 설령 비견(比肩), 식신(食神), 재성(財星), 칠살(七煞), 인수(印綬) 등이 섞여 있다 하더라도, 모두 순서를 따르고 제자리를 얻어 안정됨이 있고, 한신(閑神)이 와도 국(局)을 깨트리지 않는다면, 청(淸)하고 기이하다고 한다. 또 중요한 것은 정신(精神)이 있어야 하고, 메마르거나 약하지 않아야 좋다.
- '탁(濁)'이란 것은 오행(五行)이 모두 나타나는 것을 말하는 것은 아니다.
- 만약에 정관격(正官格)이고 일주가 약하면 칠살과 재성으로 혼탁할 것인데, 거기에 식신까지 섞이면 관성을 해치지는 못하지만 오히려 관성과 불화를 일으킬 것이다. 또는 인수(印綬)가 섞였지만 일주를 돕지는 못하고 도리어 재성과 서로 상처를 내는 경우 이는 모두 탁한 것이다.
- 하지만 이런 경우에도 하나의 힘 있는 신(神)을 얻거나, 운의 흐름이 좋아져 탁기(濁氣)를 제거하고 체기(滯氣)를 충(沖)해주면, 이는 징탁구청(澄濁求淸)이 되어 부귀한 명이 될 수 있다.

임철초 曰

명리에서 가장 판단하기 어려운 것이 '청(淸)'과 '탁(濁)' 두 글자이다. 이 장에서 가장 중요한 주제는 징탁구청(澄濁求淸) 네 글자로 '탁한 것을 맑게 한다'는 것이다. 사주가 맑으면서 기운이 있으면 정신이 충만하다. 그러나 맑으면서 기운이 없으면 정신(精神)이 메마르고 시든다. 정신이 메마르면 사악한 기운(邪氣, 邪心)이 들어오고, 사악한 기운이 들어오면 맑은 기운이 흩어진다. 맑은 기운이 흩어지면 가난하지 않으면 천하다.

청(淸)과 탁(濁)은 모든 팔자에 존재하며, 정관(正官) 한 가지만 가지고 논하는 것은 아니다. 하지만 정관격으로 예를 들어보면 일주가 약해서 인성이 필요한데 재성이 나타나지 않아야 맑다고 할 수 있다. 설령 재성이 있더라도 무조건 탁하다고 볼 수 없다. 재성이 관성에 붙고, 관성이 인성에 붙고, 인성이 일주에 붙어 있다면, 재성-관성-인성-일주의 순서로 상생이 잘 이루어져 인성의 근원이 더욱 길어지니 맑은 사주가 된다. 이런 사주는 운에서 다시 인성을 도와주면 자연히 부귀해진다.

또 설령 재성이 없더라도 무조건 맑다고 볼 수 없으니, 그 상황과 기세를 살펴야 한다. 인성이 기운이 없어 관성과 통하지 않을 경우, 또는 인성이 지나치게 왕성해 일주가 메마르고 약해져 인성의 생조를 받지 못하는 경우, 또는 관성은 일주에 바로 붙어 있는데 인성이 멀리 떨어져 있어 일주가 먼저 관성의 극을 받아 인성이 생화(生化)할 수 없는 경우, 이럴 때 운에서 다시 재성이나 관성을 만나면 가난하지 않으면 일찍 죽게 된다.

정관격에서 일주가 강해 재성을 희신(喜神)으로 삼을 때, 가장 꺼리는 것은 인성이고 다음이 상관이다. 이것도 상황을 봐야 한다. 예를 들어 상관이 재성에 붙고, 재성이 관성에 붙고, 관성이 비견에 붙어 있다면, 관성에는 아무런 방해가 없다. 오히려 상관이 비견을 변화시키고 재성을 생하며, 재성이 관성을 생조하여 관성의 근원이 더욱 길어지니 운에서 다시 재성이나 관성 운을 만나면 명예와 이익을 모두 얻을 수 있다. 그러나 상관이 재성과 멀리 떨어져 있고 오히려 관성에 바싹 붙어 있다면, 재성의 힘이 미치지 못한다. 이때 운에서 다시 상관을 만나면 가난하지 않으면 천하게 된다.

상관이 천간에 있는데 재성이 지지에 있다면 반드시 천간의 재성 운이 와서 풀어줘야 한다. 반대로 상관이 지지에 있고 재성이 천간에 있다면 반드시 지지의 재성 운이 와서 통하게 해야 한다. 또는 재성과 관성이 서로 붙어 있는데, 재성이 합으로 묶이거나 한가한 신(閑神)에게 빼앗겼을 경우에도 운에서 합을 깨뜨리거나 한가한 신을 제압해 줘야 한다. 이 모두 '탁한 것을 맑게 하는 것'이다. 비록 정관격에 대한 예시지만, 다른 격에도 모두 동일하게 적용된다.

요컨대, 희신(喜神)은 뿌리를 얻고 생조를 받으며 일주에 가까이 붙어 있는 것이 좋다. 반면 기신(忌神)은 세력을 잃고 힘이 없으며 일주와 멀리 떨어져 있는 것이 좋다. 일주가 인성을 좋아할 때, 인성이 몸에 붙어 있거나 일지(日支)에 있다면 이것이 바로 일주의 정신(精神)이다. 관성(官星)이 인성에 붙어 있거나 그 아래에 있다면 이것이 바로 인성의 정신(精神)이다. 나머지도 이처럼 미루어 추론할 수 있다.

乙	丙	甲	癸		
未	寅	子	酉		
戊	己	庚	辛	壬	癸
午	未	申	酉	戌	亥

[187] 강약 / 격국

丙火가 子月에 태어났다. 비록 일주가 약한 계절에 태어났지만, 좌하(坐下)의 장생(長生)이 인성(印星)으로 천간에 투출하여 뿌리가 깊으니, 약한 가운데 왕성한 기운을 얻었다. 다행히 관성(官星)이 월령(月令)을 얻어 투출했고, 재성(財星)이 이를 생해주니, 이른바 '한없이 청하면 정신이 있다(一淸到底有精神)'는 사주다. 더욱 좋은 점은 기운의 원류(源流)가 어긋나지 않아 순수하고 볼만하다는 것이다.

金水 운에는 과거에 급제하고 장원하여 한원(翰苑)에서 이름을 떨쳤다. 그러나 아쉽게도 중년 운에 火와 土가 들어오면서 늙도록 사림(詞林, 학문기관)에 머물렀다.

辛	己	丙	甲		
未	亥	寅	子		
壬	辛	庚	己	戊	丁
申	未	午	巳	辰	卯

[188] 강약 / 격국

봄의 土가 亥에 앉아 있고, 재성(財星)과 관성(官星)이 매우 왕성하다. 가장 좋은 점은 홀로 있는 인성(印星)이 생조를 받았고, 재성(財星)은 지지에 숨어서 관성(官星)을 생하니, 인성의 근원적 기운이 더욱 왕성해졌다는 것이다. 태어난 時에 기운이 충만하니, 일주(日主)의 기운이 약하지 않다.

더욱 좋은 것은 구슬을 꿰듯 생화(生化)가 막힘없이 이어지는 것이며, 부러운 것은 운의 흐름이 어긋나지 않는다는 것이다. 이 덕분에 조금(雕錦, 관복)의 은분(恩分, 은혜)을 입었고, 금련(金蓮, 임금의 선물)을 하사받았으며, 임금 곁의 청금(淸禁, 궁궐)에서 요직(津要)을 맡았다.

丁	丙	甲	癸		
酉	寅	子	未		
戊	己	庚	辛	壬	癸
午	未	申	酉	戌	亥

[189] 강약 / 격국

이 사주는 앞서 봤던 癸酉年생(187) 사주와 비슷하면서도 차이가 있다. 앞 사주는 관성(官星)이 재성(財星) 위에 있었지만, 이 사주는 상관(傷官) 위에 있고, 게다가 子와 未가 붙어 있으니, 천간의 관성(官星)이 극(剋)을 받을 뿐만 아니라 지지의 관성 역시 손상되었다. 더욱 아쉬운 것은 겁재(劫財)가 재성(財星)의 땅에 들어와 있다는 것이다. 이는 이른바 '재성은 겁탈당하고 관성은 상했다'고 할만한 상황이다.

비록 일찍이 공부는 잘했지만, 벼슬길에서 머뭇거리며 추위(秋闈, 가을 과거)에서도 고생했다. 그러나 辛酉와 庚申 운에는 천간과 지지가 모두 재성(財星)이니, 재물이 죽순처럼 솟아나고 넝쿨처럼 뻗어가 가업이 풍요로웠다. 하지만 己未 운으로 바뀌자 아내와 자식을 잃고 화재까지 겪어 가업이 크게 무너졌다. 이처럼 인생의 성공과 실패는 운(運)에 있음을 알 수 있다.

24. 탁기(濁氣)

만 반 탁 기 령 인 고 　일 국 청 고 야 고 인
滿盤濁氣令人苦 一局清枯也苦人
반 탁 반 청 유 시 가 　다 성 다 패 도 신 혼
半濁半清猶是可 多成多敗度晨昏[30]

사주에 탁(濁)한 기운이 가득하면 사람을 괴롭게 만들고, 명국이 맑고 메마른 기운을 띠어도 사람을 고생시킨다. 반쯤 탁하고 반쯤 맑은 것은 그나마 나으니, 많은 성공과 많은 실패를 겪으며 아침저녁을 보낸다.

原注

柱中要尋他清氣不出, 行運又不能去其濁氣, 必是貧賤. 若清, 又要有精神爲妙, 如枯弱無氣, 行運又不遇發生之地, 亦清苦之人. 濁氣又難去, 清氣又不眞, 行運又不遇清氣, 又不脫濁氣者, 雖然成敗不一, 亦了此生平矣.

- 사주 가운데 맑은 기운을 찾을 수 없고, 운의 흐름에서도 그 탁한 기운을 제거하지 못하면 반드시 가난하고 천하게 된다.
- 사주가 맑더라도 중요한 것은 정신(精神)이 있어야 묘하다. 만약 메마르고 기운이 없는데, 운의 흐름에서도 생기를 주는 곳을 만나지 못하면 역시 맑지만 고생스러운 사람이다.
- 탁한 기운을 제거하기 어렵고, 맑은 기운은 순수하지 못하며, 운에서 맑

30) 滿盤濁氣令人苦, 一局清枯也苦人, 半濁半清無去取, 多成多敗度晨昏.

은 기운을 만나지 못하거나, 탁한 기운을 벗어나지 못한다면, 비록 성공과 실패가 번갈아 오더라도 평생을 그저 그렇게 살게 된다.

임철초 日

'탁하다(濁)'는 것은 사주팔자가 혼잡하다는 것을 의미한다. 정당한 기운(正神)이 힘을 잃고 사악한 기운(邪氣)이 권세를 잡는 경우는 기운(氣)이 탁한 경우이고, 월령(提綱)이 손상되어 다른 용신(用神)을 찾아야 하는 경우는 격국(格)이 탁한 경우이다.

관성이 왕성해 인성을 반기는데, 재성이 인성을 파괴하는 경우는 재성(財)이 탁한 경우이고, 관성이 쇠약해 재성을 반기는데, 비견과 겁재가 재물을 다투는 경우는 비겁(比劫)이 탁한 경우이고, 재성이 왕성해 겁재를 반기는데, 관성이 겁재를 억제하는 경우는 관성(官)이 탁한 경우이고, 재성이 왕성해 식신을 반기는데, 인성이 권세를 잡는 경우는 인성(印)이 탁한 경우이다. 일주(日主)가 강하고 칠살이 약한데, 식신과 상관이 득세하는 경우는 식상(食傷)이 탁한 경우이다. 이처럼 쓰이는 용신에 따라 사주의 탁한 점을 구분하여 그 사람의 명예와 이익의 득실, 육친의 길흉을 판단하면 틀림이 없다.

'탁함(濁)'과 '맑고 메마름(淸枯)'을 비교해 볼 때, 차라리 맑은 가운데 탁한 것이 낫지, 맑은 가운데 메마른 것은 불가(不可)하다. '탁한 사주'는 비록 성공과 실패가 번갈아 오고 험난한 일이 많지만, 운의 흐름이 좋아져 탁한 기운을 쓸어버리면 발전할 기회는 있다. 하지만 운에서 안주할 곳을 찾지 못하면 곤궁하게 된다.

'맑고 메마른 사주'는 일주에 뿌리가 없다는 것을 말하는 것뿐만 아니라, 일주에 기운이 있어도 용신에 기운이 없는 것 또한 그렇다고 한다. '메마르다(枯)'는 것은 '약하다(弱)'는 것과 또 다르다. '메마르다'는 것은 뿌리가 없어 썩어버린 것이므로, 아무리 좋은 운을 만나도 다시 살아나기 어렵다. '약하다'는 것은 뿌리가 있으나 아직 여린 것이므로, 도와주면 다시 피어나고 왕성해진다. 뿌리가 싹보다 먼저 있어야 한다는 뜻이다.

대체로 일주(日主)가 메마른 사람은 가난하지 않으면 일찍 죽고, 용신(用神)이 메마른 사람은 가난하지 않으면 외롭다. 그러므로 맑고 정신이 있는 사주는 결국 반드시 발전하고, 한쪽으로 치우치고 메마르고 기운이 없으면 외롭고 가난하다. 사주에 탁한 기운이 가득하다면 운의 흐름을 살펴서, 탁한 기운을 누르고 맑은 기운을 도와주면 역시 풍요로움을 누릴 수 있다. 이러한 점이 시험해 보니 매우 잘 맞았다.

丁	戊	庚	乙
巳	戌	辰	亥

甲	乙	丙	丁	戊	己
戌	亥	子	丑	寅	卯

[190] 강약

戊戌 일주가 辰月 巳時에 태어났다. 木의 기운은 쇠퇴하고 土가 힘을 얻었으며, 인성(印星)까지 거듭 나타나 매우 강해졌다. 관성(官星)을 용신(用神)으로 쓰려했지만, 庚金과 합(合)을 이루어 제 역할을 못하게 된다. 식신(食神)을 용신으로 쓰려해도 관성이 따르지 않고, 火가 金을 극하니 이마저도 어렵게 된다. 어쩔 수 없이 재성(財星)을 용신으로 삼아야 하는데, 재성 또한 巳時와 멀리서 충(沖)하고 당령하지 못해 힘이 약하다.

庚金이 재성을 도와줄 것으로 기대할 수 있지만, '합에 욕심내어 생하는 것을 잊는다'는 탐합망생(貪合忘生)의 작용이 있고, 멀리 떨어져 있어 기운이 통하지 않는 무정(無情)한 상태였다. 이처럼 사주 구성이 불안정해 인생에서 흥망성쇠를 여러 번 겪었다. 다행히 재성과 관성에 남은 기운이 있어 乙亥운이 들어오자 재성과 관성을 보조(補助)해주니, 작은 성취를 이루고 편안하게 지낼 수 있었다.

己丙己癸
丑午未亥
癸 甲 乙 丙 丁 戊
丑 寅 卯 辰 巳 午

[191] 강약 / 격국

火가 여름의 끝자락인 未月에 태어났으니 원래는 왕성하다고 봐야 한다. 하지만 시기가 계하(季夏)라 火의 기운은 이미 쇠퇴하고 있고, 상관(傷官)이 거듭 기운을 설기시키며, 습한 흙인 丑이 불빛을 가리니, 왕성했던 기운이 약해졌다. 이로 인해 탁한 기운이 힘을 얻고 맑은 기운은 세력을 잃었다.

초반 30년의 火와 土 운에는 인생의 흥망성쇠가 많았다. 그러나 乙卯와 甲寅 운에 이르러 木이 두터운 土를 뚫고 지나가는 형상이 되자, 탁한 기운이 제거되고 일주(日主)를 도우며 관성(官星)을 보호해 주었다. 그래서 '뛰어난 지략으로 계획하고 실행한다(左圖右史)'는 말처럼 일해 재물을 크게 모으고 사업을 성공시켰다.

己庚丁丁
卯午未卯
辛 壬 癸 甲 乙 丙
丑 寅 卯 辰 巳 午

[192] 강약

이 사주를 대략 살펴보면, 재성(財星)이 관성(官星)을 생하고, 관성이 인성(印星)을 생하며, 인성이 일주(日主)를 생하는 구조라 언뜻 보기에는 맑고 아름다워 보인다.

하지만 午와 未는 남방으로, 불의 맹렬한 기운에 흙이 바싹 말라 金을 생하지 못하고 오히려 부서뜨린다. 게다가 木은 火의 기세에 휩쓸려 인성(印星)을 파괴하니, 서로 생조하고 화합하는 정(情)이 없다. 이처럼 맑은 기운의 흐름이 막혔으니 '맑지만 메마른(清枯)' 사주라고 할 수 있다.

더욱 안타까운 것은 운의 흐름이 동남방으로 흘러 평생 이룬 것이 없다는 점이다. 이는 마치 '밝은 달과 맑은 바람을 누구와 함께할까'라는 쓸쓸함과 '높은 산과 흐르는 물의 아름다움을 알아주는 이가 적다'라는 외로움을 동시에 겪는 것과 같다.

25. 진신(眞神)

영 상 심 진 취 득 진 가 신 휴 요 난 진 신
令上尋眞聚得眞 假神休要亂眞神
진 신 득 용 생 평 귀 용 가 종 위 록 록 인
眞神得用生平貴 用假終爲碌碌人[31]

월령(月令)에서 진(眞)을 찾아야 진(眞)을 얻게 되니, 가신(假神)이 진신(眞神)을 어지럽히지 않게 해야 한다.
진신(眞神)이 쓰이면 평생이 귀할 것이지만, 가신(假神)을 쓰면 그저 평범한 사람이 될 것이다.

原注

如木火透者, 生寅月, 聚得眞, 不要金水亂之. 眞神得用, 不爲忌神所害, 則貴. 如參以金水猖狂, 而用金水, 是金水又不得令, 徒與木火不和, 乃爲碌碌庸人矣.

- 만약 木火가 투출한 사람이 寅月에 태어나면, 진(眞)를 얻은 것이므로, 金水가 이를 어지럽히지 않게 해야 한다. 진신(眞神)이 쓰이면 기신(忌神)에게 해를 입지 않아야 귀하게 된다.
- 가령 金水가 미쳐 날뛰는데 이를 사용하면, 金水가 득령하지 못하여 木火와 조화롭지 못한 것이므로, 그저 평범한 보통 사람이 될 것이다.

---

31) 令上尋眞聚得眞, 假神休要亂眞神, 眞神得用平生貴, 用假終爲碌碌人.

임철초 日

'참된 것(眞者)'이란 시기를 얻어 월령(月令)의 권한을 잡은 신(神)이다. '거짓된 것(假者)'이란 시기를 잃고 기운이 쇠퇴한 신이다. 일주(日主)가 쓰는 신(用神)이 월령(月令)에 있어 사령하고, 다시 천간(天干)에 투출하면 '참된 것을 얻어 모았다(聚得眞)'고 하며, 거짓된 신(假神)에게 훼손되지 않으면 평생 부귀를 누린다.

설령 거짓된 신이 있더라도 잘 배치되어, 참된 신과 가까이 붙어 있지 않거나, 한가한 신(閑神)에게 합으로 묶여있거나, 멀리 떨어져 힘이 없으면 해롭지 않다. 만약 참된 신과 바싹 붙어 있거나, 서로 극하거나 충하거나, 참된 신과 합하여 몰래 꺼리는 신(忌神)으로 변한다면, 결국 보잘것없는 보통 사람이 될 뿐이다.

만약 운의 흐름에서 도움을 얻어 거짓된 신을 억제하고 참된 신을 돕는다면, 작은 공명(功名)을 이루고 몸이 건강하고 편안해질 수 있다. 그러므로 기뻐하는 신(喜神)은 사생(四生)에 적합하고, 꺼리는 신(忌神)은 사절(四絶)에 적합하다. 사주 내에서는 참된 신(眞神)을 보고, 운의 흐름에서는 해소하는 신(解神)을 본다.

선천(先天)은 땅의 원리(地紀)와 같고 땅을 측량하는 것이므로, 첫 번째로 월지를 보고, 격국을 정한다. 중천(中天)은 사람의 원리(人紀)와 같고 사람의 도리를 본받는 것이므로, 두 번째로 지장간이 사령하는지를 보아 용신을 정한다. 후천(後天)은 하늘의 원리(天紀)와 같고 하늘의 이치를 살피는 것이므로, 마지막으로 천간에 드러났는지 보아 격국을 돕고 용신을 보좌하는지를 살핀다. 이처럼 천지인(天地人) 삼식(三式)을 합하여 쓰면 조화의 공을 이루게 된다.

조화의 공을 이루면 부귀의 기틀이 정해진다. 그런 다음 다시 운의 흐름에서 마땅함과 부당함(宜忌)을 정하면 궁통(窮通, 궁핍함과 형통함)을 분명하게 알 수 있다. 후학들은 모름지기 삼원(三元)의 올바른 이치를 깊이 탐구하고, 그 참됨과 거짓됨을 살피고, 기뻐함과 꺼림을 자세히 관찰하며, 충(沖)과 합(合)의 사랑하고 미워함을 따져보고, 세운(歲運)의 마땅함과 부당함을 논해야만 비로소 적절하게 된다. 이러한 법칙은 비록 말로 전할 수 있지만, 오묘한 쓰임은 마음으로 깨달아야 한다.

	甲	己	丙	甲	
	子	丑	寅	子	
壬	辛	庚	己	戊	丁
申	未	午	巳	辰	卯

[193] 강약 / 격국 / 조후

산동(山東)의 유중당(劉中堂) 사주이다. 己土가 약해 보이는 것은 봄 초기에 태어나 차갑고 습한 기운이 그 기운을 허약하게 만들었기 때문이다. 甲과 丙이 함께 천간에 투출하였으니, 인수가 바르고 관성이 맑아 진신(眞神)을 얻은 것이다.

사주에 金이 나타나지 않아 水가 순화되었으니, 가신(假神)이 난잡하지 않다. 더욱 기쁜 것은 운의 흐름이 동남방으로 흘러 인수(印綬)의 기운이 왕성해지면서 벼슬이 상서(尙書)에까지 올랐다는 점이다. 그는 임금을 존경하고 백성을 보살피는 덕을 갖추었으며, 경세(經世)의 재능으로 나라의 도리를 논하는 인물이었다.

	乙	丙	壬	壬	
	未	子	寅	申	
戊	丁	丙	乙	甲	癸
申	未	午	巳	辰	卯

[194] 강약 / 격국 / 병약

철제군(鐵制軍)의 사주이다. 칠살(七殺)이 재성의 기세를 타고 위세를 떨치고, 약한 木이 金을 만났다. 가장 기쁜 것은 寅木이라는 진신(眞神)이 월지(月支)에서 권한을 얻었고, 시주(時柱)의 천간에 乙木이라는 원신(元神)이 드러났다는 점이다. 그러나 寅申이 충하는 것은 사주의 병(病)이 된다.

운의 흐름이 남방 火의 땅에 이르니 申金이라는 병(病)을 제거해 주었다. 그 결과, 벼슬이 봉강(封疆)에 올랐고 명성이 크게 빛났다. 백성을 풍요롭게 하는 덕을 갖추었으며, 무거운 책임을 맡아 먼 곳까지 재능을 떨치는 인물이었다.

甲	壬	戊	庚
辰	子	寅	申

甲	癸	壬	辛	庚	己
申	未	午	巳	辰	卯

[195] 강약 / 격국

이 사주는 일주(日主)가 왕지(旺地)에 앉아 있고, 삼합국(三合局)을 이루어 일주를 도우니 약하다고 볼 수 없다. 다행히 시주(時柱)의 천간에 甲木이라는 진신(眞神)이 드러났다. 그러나 꺼리는 것은 연주(年柱)에서 庚申을 만나 甲과 寅을 충극(沖剋)하고, 또한 戊土의 도움까지 받는다는 점이다. 이를 일컬어 가신(假神)이 진신(眞神)을 어지럽히는 것이라 말한다.

비록 일찍이 과거에 급제했으나, 추위(秋闈, 대과)에서 여러 어려움을 겪었다. 壬午 운에 이르러 庚金을 제압하고 변화시키니, 가을 과거에 높은 점수로 합격하였고, 돈을 바쳐 현령(縣令)이 되었다. 그러나 申 운에 寅을 충(沖)하게 되어 가신이 힘을 얻고 진신을 제거하니, 세상을 떠났다.

26. 가신(假神)

진 가 참 차 난 변 론 불 명 불 암 수 둔 전
眞假參差難辨論 不明不暗受迍邅
제 강 불 여 진 신 조 암 처 심 진 야 유 진
提綱不與眞神照 暗處尋眞也有眞[32)]

진(眞)과 가(假)가 뒤섞여 있어 분별하기 어렵고, 밝지도 어둡지도 않은 상황에서 곤란(迍邅)을 겪게 된다.
월령(提綱)이 진신(眞神)을 도와 비추지 못한다면, 보이지 않는 곳에서 진(眞)을 찾아야 진신(眞神)을 갖게 된다.

原注

眞神得令, 假神得局而黨多; 假神得令, 眞神得局而黨多. 不見眞假之迹, 或眞假皆得令得助, 不能辨其勝負而參差者, 其人難無大禍, 一生迍否而少安樂. 寅月生人, 不透木火, 而透金爲用神, 是爲提綱不照也; 得己土暗邀, 戊土轉生, 地支卯多酉沖, 乙庚暗化, 運轉西方, 亦爲有眞, 亦或發福. 以上特擧眞假一端言耳, 其會局, 合神, 從化, 用神, 衰旺, 情勢, 象格, 心迹, 才德, 邪正, 緩急, 生死, 進退之例, 莫不有眞假, 最宜詳辨之.

- 진신(眞神)이 득령(得令)하였으나 가신(假神)이 세력을 얻고 무리가 많거나, 반대로 가신(假神)이 득령(得令)하였으나 진신(眞神)이 세력을 얻고 무리가 많은 경우가 있다.

---

32) 眞假參差難辨論, 不明不暗受邅迍, 提綱不與眞神照, 暗處尋眞也有眞.

- 진신과 가신의 자취가 보이지 않거나, 혹은 진신과 가신이 모두 월령을 얻고 도움을 받아 그 승패를 분별하기 어렵다면, 그 사람은 큰 재앙을 피하기 어렵고, 평생 동안 고난이 많아 편안함이 적다.
- 寅月에 태어난 사람이 木火는 드러나지 않고 金이 드러나 용신으로 쓰인다면, 이는 월령(提綱)의 기운이 비추지 않는다고 말한다.
- 하지만 己土를 은밀히 불러들이고, 戊土가 다시 생해주며, 지지에서 卯가 많아 酉와 충하고, 乙과 庚이 은밀이 합하고, 운이 서방으로 흐르면, 이 또한 진신이 있다고 볼 수 있고 복을 얻을 수 있다.
- 이는 진신과 가신의 한 가지 측면을 이야기한 것이다. 그러나 회국(會局), 합신(合神), 종화(從化), 용신(用神), 쇠왕(衰旺), 정세(情勢), 상격(象格), 심적(心迹), 재덕(才德), 사정(邪正), 완급(緩急), 생사(生死), 진퇴(進退) 등의 이치에 이르기까지, 모든 것에 진신과 가신이 존재하니 가장 마땅하게 자세히 분별해야 한다.

임철초 日

기운에는 참됨과 거짓됨이 있으니, 진신(眞神)이 세력을 잃고 가신(假神)이 세력을 얻을 때는 마땅히 진신을 가신으로, 가신을 진신으로 여겨야 한다. 기운에는 선후(先後)가 있으니, 참된 기운이 아직 이르지 않았는데 거짓된 기운이 먼저 이르렀을 때는 마땅히 참된 것을 거짓으로, 거짓된 것을 참된 것으로 보아야 한다.

예를 들어 寅月에 태어난 사람이 甲木이 천간에 드러나지 않고 戊土가 드러났는데, 연월일시 지지에 辰戌丑未와 같은 기운이 있다면, 이를 용신으로 삼을 수 있다.

만약 戊土가 드러나지 않고 金이 드러났다면, 비록 木火가 월령을 잡고 있다 하더라도, 연일시 지지에서 申 글자를 얻어 寅과 충돌하거나, 酉와 丑이 합으로 金의 세력을 이루거나, 천간에 다시 戊己가 金을 생조한다면, 이를 '진신이 세력을 잃고 가신이 세력을 얻었다'고 할 수 있으므로 역시 용신으로 삼을 수 있다.

만약 사주 내에서 진신은 부족하고 가신의 기운 또한 허약한데, 일주(日主)가 가신을 좋아하고 진신을 싫어한다면, 반드시 세운(歲運)에서 가신을 돕고 진신을 억제해야 복을 얻을 수 있다. 만약 세운이 진신을 돕고 가신을 손상시키면 흉하고 재앙이 곧바로 닥치는데, 이를 '실한 것을 허한 것에 던져 넣고, 허한 것이 실한 것을 올라탄다'라고 말한다.

이는 마치 의사가 인삼(蔘)과 황기(芪)가 사람을 살리는 약인 줄은 알지만 해칠 수도 있다는 것을 모르고, 비소(砒)와 등에(虻)가 사람을 죽이는 독인 줄은 알지만 사람을 구할 수도 있다는 것을 모르는 것과 같다. 이러한 병이 있을 때 이런 약을 복용하면 살고, 이러한 병이 없을 때 이런 약을 복용하면 죽는 것과 같은 이치이다.

사람의 명(命)이 귀하거나 천한 것이 한결같지 않고, 사특함과 바름이 일정하지 않다. 모든 움직이는 것들 사이에서 진실과 거짓의 자취가 없는 것이 없다. 격국에도 참과 거짓이 있는데, 어찌 용신에 참과 거짓이 없겠는가?

대체로 부모의 그늘 아래서 편안하게 복을 누리는 사람은 진신이 잘 쓰이는 경우가 많다. 반면, 스스로 사업을 창업하고 집안을 일으키느라 고생하고 안락함이 적은 사람은 가신이 세력을 얻는 경우가 많다. 또한, 미약하게 가업을 이어받아 크게 일으키는 등 복잡한 인생을 사는 사람은 진신이 상처를 입거나 부족한 경우가 많다. 그리고 한평생 굴곡이 많고 세상일이 험난한 사람은 가신조차도 부족한 경우가 많다. 자세히 탐구해 보면 이 모든 것이 틀리지 않음을 알게 될 것이다.

庚	壬	戊	乙		
戌	午	寅	酉		
壬	癸	甲	乙	丙	丁
申	酉	戌	亥	子	丑

[196] 강약 / 격국

壬水 일간이 입춘(立春) 22일 후, 寅月 甲木 진신(眞神) 사령일 때 태어났다. 천간으로 土와 金이 함께 드러나 있고, 지지로는 戌과 酉에 뿌리를 내리고 있다. 이는 진신(眞神)이 힘을 잃고, 가신(假神)이 세력을 얻은 경우이다. 용신(用神)은 庚金이고 칠살을 변화시키니, 이 경우 '가짜를 진짜처럼 쓴다(假作眞)'는 법칙을 따르는 것이 마땅하며 사주 구성이 순수하다. 비록 지지에 온통 火局을 갖추어 金을 극하고 水를 말려버리는 것이 아쉽지만, 다행히 火가 천간에 드러나지 않았고, 戊土가 火를 설기하고 金을 생하는 것이 더욱 묘하다.

운이 서북(西北)으로 흘러 일찍이 청운의 길에 올랐고, 과거에 급제하여 이름을 떨쳤으며, 봉강(封疆)에 올라 백성을 이롭게 하고 세상을 구제하려는 뜻을 펼쳤으니, 빼어난 덕을 갖춘 참된 선비의 그릇을 타고났다. 하지만 火局이 병(病)이 되어, 벼슬길에 굴곡이 많음을 피할 수는 없었다.

癸	癸	戊	庚			
丑	未	寅	戌			
乙	甲	癸	壬	辛	庚	己
酉	申	未	午	巳	辰	卯

[197] 강약 / 격국

癸水 일간이 입춘(立春) 26일 후에 태어나 寅月 甲木 진신(眞神)이 사령(司令)하였다. 천간에는 土와 金이 함께 투출하였고, 지지의 丑과 戌에 뿌리를 내렸다. 상관(傷官)이 비록 당령(當令)하였지만, 관살(官殺)의 세력이 종횡으로 강하여, 상관(傷官)이 살(殺)에 대적하려 해도 일주(日主)의 기운을 오히려 설기(洩氣)하고 능히 대적하기 어렵다.

비록 庚金 인수는 가신(假神)이지만, 일주(日主)가 가신을 사랑하고 진신(眞神)을 미워하는 형국이니, 庚金을 용신(用神)으로 삼아야 한다. 여기에는 두 가지 오묘함이 있다. 첫째는 강포한 관살(官殺)의 기운을 화생(化生)해야 하기 때문이고, 둘째는 庚金이 일주(日主)와 시간(時干)을 생조해주고 비견(比肩)이 방신(幇身)해 주기 때문이다. 또한 능히 土를 촉촉하게 하는 윤토(潤土)는 金을 보양(保養)해 준다.

하지만 중년 운이 남방(南方)으로 흐르니, 살(殺)을 생하고 인수(印綬)를 깨뜨려 분주하게 뛰어다녔으나 기회를 얻지 못했다. 甲申 운에 이르러 운이 서방(西方)으로 바뀌니 용신이 득지(得地)하여 군대에서 공을 세워 지현(知縣)으로 벼슬이 올랐다. 乙酉 운은 더욱 아름다워 주목(州牧)으로 승진했다. 그러나 丙 운으로 바뀌자 庚金을 극하여 사망에 이르렀다.

己	辛	己	丙		
亥	酉	亥	子		
乙	甲	癸	壬	辛	庚
巳	辰	卯	寅	丑	子

[198] 강약 / 격국 / 병약

이 사주를 속론(俗論)으로 보면, 겨울 金은 火를 기뻐하고, 金水 상관(傷官)은 관(官)을 만나는 것을 기뻐하며, 또한 일주(日主)에 전록(專祿)이 있으니 반드시 丙火를 용신(用神)으로 삼아야 한다고 말할 것이다. 그러나 이는 水의 기세가 창궐하여 명주(命主)의 원신(元神)을 훔쳐 간다는 것이 병(病)임을 알지 못하기 때문이다.

용관(用官)을 할 수 없을 뿐만 아니라, 설령 용관(用官)을 한다고 하더라도 丙火는 전혀 뿌리가 없다. 반드시 己土 인성(印星)을 용신(用神)으로 삼아, 水를 막고, 金을 생하며, 火를 보호하게 해야 한다. 丙이 亥 궁(宮)에 들어가 절지(絶地)에 놓이니, 丙火로 하여금 土를 생하게 하고자 해도 丙火가 먼저 水의 극(剋)을 받으니 어찌 능히 土를 생하겠는가. 오히려 己土마저 반대로 水로부터 손상을 입고 만다. 이렇게 보면 진신(眞神)은 무정(無情)하고 가신(假神)도 허탈(虛脫)한 상태이다.

초운인 庚子와 辛丑 운에는 비겁(比劫)이 방신(幇身)해 주어 조상의 음덕으로 의식(衣食)이 자못 풍성했다. 壬 운에는 부친상(父親喪)을 겪었고, 寅 운으로 바뀌어 동방(東方) 木의 땅이니 허약한 土가 손상을 입었다. 조상에게 물려받은 재산을 모두 탕진하고, 아내와 자식을 잃는 불행까지 겪은 후, 집을 나가 종적을 알 수 없게 되었다.

27. 강유(剛柔)

강 유 불 일 야 불 가 제 자 인 기 성 정 이 이 의

柔剛不一也 不可制者 引其性情而已矣[33)]

강유(剛柔)의 법칙은 하나가 아니나, 억지로 제압할 수 없는 것이라면 그 성정(性情)을 이끌어내는 것뿐이리라.

原注

剛柔相濟, 不必言也, 太剛者濟之以柔, 而不得其情, 而反助其剛矣, 譬之武士而得士卒, 則成殺伐. 如庚金生於七月, 遇丁火而激其威, 遇乙木而助其暴, 遇己土而成其志, 遇癸水而益其銳; 不如柔之剛者, 濟之可也, 壬水是也, 蓋壬水有正性, 而能引通庚之情故也. 若以剛之剛者激之, 其禍曷勝言哉? 太柔者濟之以剛, 而不馭其情, 而反益其柔也, 譬之烈婦而遇恩威, 則成淫賤. 如乙木生於八月, 遇甲丙壬而喜, 則輸情; 遇戊庚盛而畏, 則失身; 不如剛之柔者, 濟之可也, 丁火是也, 蓋丁火有正情, 則能引動乙木之情故也. 若以柔之柔者合之, 其弊將何如哉? 餘皆例推.

- 강유상제(剛柔相濟, 강함과 부드러움은 서로 보완한다)라는 말은 따로 언급할 필요도 없다. 하지만 지나치게 강한 것은 부드러움으로 보완해도 그 본성을 얻지 못하고, 도리어 그 강함을 돕게 된다. 이는 비유컨데 무사가 병졸을 얻으면 더 살벌해지는 것과 같다.

---

33) 剛柔不一也, 不可制者, 引其性情而已矣.

- 예를 들어, 庚金이 七月(申月)에 태어나 丁火를 만나면 그 위세가 격해지고, 乙木을 만나면 그 포악함이 더해지며, 己土를 만나면 그 뜻을 완성하고, 癸水를 만나면 그 예리함이 더해진다.
- 이는 부드러움 가운데 강한 것으로 보완하는 것만 못하니, 壬水가 바로 그것이다. 대개 壬水는 바른 성품을 가지고 있어 庚金의 성정을 이끌어내 통하게 할 수 있기 때문이다. 만약 강한 것으로 강한 것을 격발시킨다면, 그 화를 어찌 말로 다할 수 있겠는가?
- 지나치게 부드러운 것은 강함으로 보완해도 그 본성을 파악하지 못하고, 도리어 그 부드러움을 더하게 된다. 이는 비유컨데 열녀가 은혜와 위엄을 만나면 더 음란하고 천박해지는 것과 같다.
- 예를 들어, 乙木이 八月(酉月)에 태어나 甲, 丙, 壬을 만나면 기뻐하며 정을 내어 보이지만, 戊, 庚의 왕성함을 만나면 두려워하며 몸을 잃는다.
- 이는 강함 가운데 부드러운 것으로 보완하는 것만 못하니, 丁火가 바로 그것이다. 대개 丁火는 바른 정(情)이 있어 乙木의 성정을 이끌어내 움직이게 할 수 있기 때문이다. 만약 부드러운 것으로 부드러운 것을 합한다면, 그 폐해가 장차 어떠하겠는가?
- 나머지도 모두 이와 같이 미루어 보면 된다.

임철초 日

강유(剛柔)의 이치는 음양(陰陽)에서 양이 강건하고 음이 순응하는 것일 뿐이다. 그러나 강함 속에 부드러움이 없는 것은 아니니, 양(陽)이 건(乾)에 비유되고 건이 세 딸을 낳으니 이는 강함에서 부드러움이 나온 것이다. 또한, 부드러움 속에 강함이 없는 것은 아니니 음(陰)이 곤(坤)에 비유되고 곤이 세 아들을 낳으니 이는 부드러움에서 강함이 나온 것이다.

봄의 木, 여름의 火, 가을의 金, 겨울의 水, 계절 끝(季)의 土는 때를 얻어 당령(當令)하였는데 원국에 극제(剋制)하는 오행이 없으면, 그 기세가 웅장하고 그 성품이 강건해진다. 이런 경우 그 기운을 설기(洩氣)하지 않으면 맑지 못하고, 맑지 못하면 빼어나지 못하고, 빼어나지 못하면 완고한 물건이 되고 만다. 만약 강한 것으로 부드러움을 베려 한다면, 소수가 다수를 이기지 못할 것이라고 말하지만, 도리어 그 노여움을 격동시켜 더욱 강하게 만들 뿐이다.

반면 봄의 金, 여름의 水, 가을의 木, 겨울의 火, 계절 중간(仲)의 土는 때를 잃어 기운이 없는데 원국에 생조(生助)하는 오행이 없으면, 그 기세가 부드럽고 그 성품이 지극히 약해진다. 이런 경우 비겁(比劫)으로 돕지 않으면 깨어나지 못하고, 깨어나지 못하면 변화하지 못하고, 변화하지 못하면 썩은 물건이 되고 만다. 만약 부드러운 것으로 강함을 끌어내려 한다면, 허약한 것은 채움을 받지 못할 것이라고 말하지만, 도리어 그 약함을 더해서 더욱 부드러워질 뿐이다.

이로써 기운을 설(洩)하는 것은 생생(生生)의 묘(妙)가 있고, 극(剋)하는 것은 성취(成就)의 공(功)이 있으며, 인(引)하는 것은 화열(和悅)의 정(情)이 있고, 종(從)하는 것은 변화(變化)의 묘(妙)가 있음을 알 수 있다. 이처럼 극(剋), 설(洩), 인(引), 종(從) 네 글자는 마땅히 자세히 살펴야 하며 함부로 단정해서는 안 된다. 반드시 무(無)를 가지고 유(有)로 들어가고, 실(實)을 향해 허(虛)를 찾아야 하니, 이것이 바로 깊고 오묘한 가르침이다.

예를 들어 庚金이 申月에 태어나면 반드시 壬水가 필요하고, 乙木이 酉月에 태어나면 반드시 丁火가 필요하다고 말하지만, 비록 극제(剋制)하고 화(化)하는 이치는 얻었더라도 이 또한 죽은 법(死法)이다.

만약 庚金이 申月에 태어났는데 원국에 먼저 木火가 있고 壬水가 보이지 않는다면 또 어찌해야 하는가? 이미 드러난 木火를 버리고 도리어 숨겨진 壬水를 써야 하겠는가? 乙木이 酉月에 태어났는데 사주에 먼저 겁인(劫印)이 있고 丁火가 보이지 않는다면, 이미 드러나 있는 겁인을 버리고 도리어 무형의 丁火를 찾아야 하겠는가?

대개 때를 얻고 당령(當令)하였는데 사주에 극제하는 신(神)이 없는 경우, 식신(食神)을 써서 그 기세를 따르고 정수(精髓)를 설기해다가 암암리에 재물(財物)을 생하는 것이 바로 무(無)를 가지고 유(有)로 들어가는 것이다.

때를 잃고 휴수(休囚)하였는데 원국에 겁인(劫印)이 없어 몸을 돕지 못할 경우, 식신을 써서 살(殺)을 극제하고 살이 극제를 받으며 인수(印綬)를 생하는 것이 바로 실(實)을 향해 허(虛)를 찾는 것이다.

사주를 해석할 때는 마땅히 활용해야 하며, 결코 하나에 얽매여 논해서는 안 된다.

甲	庚	戊	壬
申	辰	申	申

甲	癸	壬	辛	庚	己
寅	丑	子	亥	戌	酉

[199] 강약 / 격국

庚金이 七月(申月)에 태어나 지지에 세 개의 申이 모두 있으니, 그 왕성함이 극에 이르렀다. 시간(時干)의 甲木은 뿌리가 없고, 연간(年干)의 壬水를 용신(用神)으로 삼아 그 강한 기운을 설기해야 한다. 한 가지 흠이 되는 점은 월간(月干)의 효신(梟神)이 식신(食神)의 기운을 탈식(奪食)하는 것이다.

초년 운이 土金이었기 때문에 일찍이 형상(刑喪)을 만났고 조상의 재산인 조업(祖業)도 지키지 못했다. 그러나 辛亥 운으로 바뀌어 북방(北方) 운으로 접어들자, 하는 일이 뜻대로 되었다. 이어서 壬子, 癸丑 30년 동안 재물이 10여만 석에 이르렀다. 그는 비록 어렸을 때 글을 배우지 못했지만, 뒤에 이르러 학문을 깨우쳤는데, 이 또한 운이 水의 지지로 흐르며 정수(精髓)를 발설(發洩)한 까닭이다.

丙	庚	戊	壬			
戌	寅	申	戌			
乙	甲	癸	壬	辛	庚	己
卯	寅	丑	子	亥	戌	酉

[200] 강약 / 조후

庚金이 七月(申月)에 태어나 지지에 土金 기운이 많으니, 그 왕성함이 극에 달한다. 壬水가 戌에 앉아 戊土를 만나니 효신(梟神)에게 기운을 탈진(脫盡) 당했다. 時에 丙火가 투출하고 지지가 寅戌로 회국하니, 반드시 丙火를 용신(用神)으로 삼아야 한다.

안타깝게도 운이 40년간 土金水의 지지로 흘렀기 때문에, 50세 이전에는 한 가지 일도 이룬 것이 없었다. 甲寅 운에 이르러 효신을 극제(剋制)하고 丙火를 생(生)하여 일으켰고, 乙卯 운까지 20년 동안 재물이 헤아릴 수 없을 만큼 늘어났다. 이것은 소위 '부드러운 버드나무(蒲柳)는 가을을 바라보고 시들지만, 강한 소나무와 잣나무(松柏)는 겨울을 지나도 무성하다'는 이치와 같다.

丁乙丁辛
丑未酉酉
辛 壬 癸 甲 乙 丙
卯 辰 巳 午 未 申

[201] 강약 / 격국 / 병약

乙木이 八月(酉月)에 태어나 木은 시들고 金은 예리하다. 다행히 일주(日主)가 未에 통근(通根)하고 천간에 두 개의 丁火가 투출하였으니, 족히 뿌리가 굳건하여 살(殺)을 극제(剋制)할 것처럼 보인다.

조업(祖業)이 풍성하였고 글공부를 하여 일찍이 성균관과 같은 학문적 성취를 이루었다. 그러나 이 사주의 병(病)은 살(殺)이 왕성함에 있는 것이 아니라, 실제로는 丑土에 있다. 丑土의 해로움은 金을 생하고 火의 빛을 가리는 것(生金晦火)에만 있는 것이 아니라, 未와 충파(沖破)하는 데 있다. 천간의 木火는 겨우 未 중의 미미한 뿌리에 의지하고 있는데, 충(沖)하면 丑 중의 金水에게 암상(暗傷)을 입게 되는 것이다. 이 때문에 과거(科擧)에 급제하지 못하고, 癸巳 운에 이르러 金局을 모두 이루고 癸水가 丁火를 극하니 수액(水厄)을 만나 사망하였다.

甲乙己戊
申亥酉辰
乙 甲 癸 壬 辛 庚
卯 寅 丑 子 亥 戌

[202] 강약 / 격국

乙木이 八月(酉月)에 태어나 재성(財星)이 관살(官殺)을 생하니, 일주가 지극히 약하다. 기쁜 것은 일지(日支)의 인수(印綬)가 관살의 기운을 인통(引通)하는 것이고, 더욱 묘한 것은 甲木이 시주(時柱)에 투출하여 이른바 '등라계갑(藤蘿繫甲)'이 된 것이다.

출신은 비록 한미하였으나 亥 운에 이르러 학문의 길에 들었고, 壬子 운에는 연이어 갑과(甲科)에 급제하였다. 壬癸 운에 늦은 나이로 벼슬길의 영광을 누렸고, 丑 운에는 어려움이 있었다. 甲寅 운에 土를 극하고 몸을 도와 차례 없이 승진하였으며, 乙卯 운에는 벼슬이 시랑(侍郎)에 이르렀다.

이 사주에서 기쁜 것은 亥水이다. 만약 亥水가 없었다면 평인(平人)에 불과했을 것이다. 그러나 亥水가 반드시 일지(日支)에 있어야 하는 것이니, 만약 다른 지지(地支)에 있었다면 생화(生化)의 정(情)을 얻지 못해 공명(功名)도 작은 성취에 불과했을 것이다.

(戊辰年에는 己酉月이 없다. 통변 내용상 임철초가 처음부터 사주를 잘못 세운 것으로 추정된다.)

28. 순역(順逆)

순 역 부 제 야 불 가 역 자 순 기 기 세 이 이 의
順逆不齊也 不可逆者 順其氣勢而已矣

순역(順逆)의 법칙은 한결같지 않으나, 거스를 수 없는 것이라면 그 기세(氣勢)에 순응하는 것뿐이리라.

原注

剛柔之道, 可順而不可逆, 崑崙之水, 可順而不可逆也, 其勢已成, 可順而不可逆也權在一人, 可順而不可逆也, 二人同心, 可順而不可逆也.

- 강유(剛柔)의 도리는 순응할 수는 있어도 역행할 수는 없고, 곤륜산의 물도 순응할 수는 있어도 역행할 수는 없으며, 그 기세가 이미 이루어진 것은 순응할 수 있어도 역행할 수는 없다.
- 권세가 한 사람에게 있을 때도 순응할 수는 있어도 역행할 수는 없고, 두 사람이 한 마음일 때도 순응할 수 있어도 역행할 수는 없다.

임철초 日

순역(順逆)의 이치는 나아가고 물러나는 것이 어긋나지 않는 것일 뿐이다. 거스를 수 없는 것은 당령(當令)하여 득세(得勢)한 신(神)이니, 마땅히 그 의향을 따라야 한다. 따라서 사주에는 순역의 흐름이 있으며, 그 기운을 당연히 분별할 수 있어야 한다. 또 오행에는 전도(顚倒)의 이치가 있으니 그 작용에 각기 정해진 법이 있다.

그러므로 기(氣)는 본래의 기세에 의지하여 다른 잡다한 것을 돌아보지 않는 경우가 있고, 다른 신(神)을 빌려 국(局)을 이룰 수 있는 경우도 있다. 왕성한 신(神)을 따르더라도 극제(剋制)할 수 없는 경우가 없으며, 약한 것에 의지하더라도 도움을 받지 못하는 경우는 없다.

따라서 살(殺)을 제압하는 데는 왕성한 기세를 올라타는 것만 한 것이 없고, 살을 변화시키는 것은 바로 일주를 돕는 것이며, 살에 종(從)하는 것은 권세에 의지하는 것이고, 살을 남겨두는 것은 마땅히 관(官)을 맞이하는 것이다.

그 기운에는 음(陰)과 양(陽)이 있는데, 양(陽)은 음(陰)이 생겨(生)나는 조짐을 품고 있고, 음(陰)은 양(陽)으로 변화(化)하는 묘함을 품고 있다. 그 기세에는 청(淸)과 탁(濁)이 있는데, 탁함 속의 맑음은 귀함(貴)의 기미가 되고, 맑음 속의 탁함은 천함(賤)의 뿌리가 된다.

거슬러(逆) 왔다가 순하게(順) 가면 부유함(富)의 바탕이 되고, 순하게(順) 왔다가 거슬러(逆) 가면 가난함(貧)의 뜻이 된다. 이것이 바로 순역의 미묘함이니, 배우는 자는 마땅히 깊이 생각해야 한다.

고서에서 "그 남은 것을 덜어내어 부족한 것을 보충한다"고 하였는데, 비록 옳은 이치이지만 이것은 깊고 얕은 기미를 연구하지 않은 채 그저 넓게 논한 것일 뿐이다.

사주에서 억압하지 못하는 기운은 재(財), 관(官), 살(殺), 인(印), 식(食), 상(傷)의 종류를 불문하고, 권세를 타고 득세한 국(局) 중의 기운을 말하며, 또 그 강포함(强暴)을 돕는 경우는 '두 사람이 한마음을 가졌다(二人同心)'고 말한다. 혹은 일주(日主)가 때를 얻어 당령하고, 사주가 모두 공(拱)하고 합(合)하는 기운인 경우 '권세가 한 사람에게 있다(權在一人)'고 말한다.

이러한 경우는 오직 그 기세(氣勢)에 순응하여 이끌어 통하게 해야만, 그 기운이 유행하여 복(福)이 될 수 있다. 만약 억지로 제압하려고 애쓴다면 그 성질을 격노시켜 반드시 흉한 재앙을 당하게 되니, 모름지기 자세히 살펴야 한다.

庚	庚	庚	庚		
辰	申	辰	辰		
丙	乙	甲	癸	壬	辛
戌	酉	申	未	午	巳

[203] 강약 / 전왕

천간(天干)이 모두 庚金이고, 앉은 자리(坐)도 녹왕(祿旺)이며 인성(印星)이 당령(當令)하였으니, 그 기세가 극강(極剛)하다. 이는 마치 '권세가 한 사람에게 있는 것(權在一人)'과 같아서, 행오(行伍) 즉 군인 출신이 되었다.

壬午와 癸未 운에는 水가 천간에 개두(蓋頭)하고 있어, 지지의 火가 金을 극하기 어려웠으므로 해로움이 없었다. 그러나 甲申 운에 이르러 서방(西方) 金의 땅이 되었고, 乙酉 운에는 합화(合化)하여 모두 金이 되니, 벼슬이 총병(總兵)에 이르렀다. 그러나 丙 운에는 왕성한 신(神)을 거역하니, 전쟁터에서 사망하였다.

甲	庚	甲	癸		
申	辰	子	酉		
戊	己	庚	辛	壬	癸
午	未	申	酉	戌	亥

[204] 강약 / 전왕

庚辰 일주가 지지에서 녹왕(祿旺)을 만났고, 水 기운이 본래 당권(當權)하였으며, 또 水局을 이루었다. 천간의 마른 나무는 뿌리가 없으니 논외(論外)로 두며, 이는 金水가 '두 사람이 한마음(二人同心)'인 형국이다. 반드시 그 金水의 기세를 따라야 한다.

癸亥와 壬 운에는 부모의 비호 아래 넉넉함을 누렸다. 戌 운이 水를 제극(制剋)하므로 나쁠 것으로 보였으나, 申酉戌 방국(方局)을 모두 이루니, 형상(刑喪)은 있었을지언정 큰 근심은 없었다. 辛 운에 입학했고, 酉 운에 보름(補廩)으로 영전(榮轉)했으며, 庚 운에 등과(登科)하고 申 운에 재원(財源)이 크게 번성하였다. 그러나 己未 운으로 바뀌면서 남방(南方)의 기운이 들어와 처(妻)를 극하고 자식(子)을 극했으며, 가업이 점차 사라졌다. 戊午 운에는 水의 성질을 거스르니, 가업을 모두 탕진하고 사망하였다.

丙	乙	辛	壬		
子	亥	亥	子		
丁	丙	乙	甲	癸	壬
巳	辰	卯	寅	丑	子

[205] 강약 / 전왕

壬水가 승권(乘權)하여 앉은자리(坐)에 모두 亥子가 있으니, 이른바 곤륜산(崑崙山)의 물과 같다. 그 기세가 충분(沖奔)하여 거스를 수 없는 지경에 이르렀으니, 丙火는 극절(剋絶)되어 논할 필요조차 없다.

물려받은 재산(遺業)이 상당하였으며, 乙卯와 甲寅 운에는 그 흐름에 순응하며 그 기운을 받아들였으므로, 보름(補廩)으로 입학하였고 자식과 재물이 함께 늘었으며 가도(家道)는 날마다 융성하였다. 그러나 丙 운으로 바뀌면서 水와 火가 교전(交戰)하게 되니, 처(妻)를 형(刑)하고 자식(子)을 극(剋)했으며 재산의 손실이 비정상적으로 컸다. 辰 운은 水를 머금고 있어 별 탈 없이 보냈으나, 丁巳 운에는 연이어 화재를 두 번이나 만나 집안이 파산하고 사망하였다.

5장 조후(調候)

29. 한난(寒暖)
30. 조습(燥濕)
31. 은현(隱顯)
32. 중과(衆寡)
33. 진태(震兌)
34. 감리(坎離)

29. 한난(寒暖)

천 도 유 한 난 발 육 만 물 인 도 득 지 불 가 과 야
天道有寒暖 發育萬物 人道得之 不可過也

천도(天道)에는 차가움과 따뜻함이 있어 만물(萬物)을 발육시키지만, 사람이 그것을 얻을 때 과해서는 안 된다.

原注

陰支爲寒, 陽支爲暖; 西北爲寒, 東南爲暖; 金水爲寒, 木火爲暖, 得氣之寒, 遇暖而發; 得氣之暖, 逢寒而成. 寒之甚, 暖之至, 內有一二成象, 必無好處, 若五陽逢子月, 則一陽之候, 萬物懷胎, 陽乘陽位, 可東可西; 五陰逢午月, 則一陰之候, 萬物收藏, 陰乘陰位, 可南可北.

- 음지(陰支)는 차갑고, 양지(陽支)는 따뜻하다. 서북(西北)은 차갑고, 동남(東南)은 따뜻하다. 금수(金水)는 차갑고, 목화(木火)는 따뜻하다.
- 기운을 얻은 차가움은 따뜻함을 만나야 발현하고, 기운을 얻은 따뜻함은 차가움을 만나야 완성된다.
- 차가움이 극심하고 따뜻함이 지극할 때, 그 안에 한두 가지 징후나 형상이 나타나면 결코 좋을 리가 없다.
- 만약 오양(五陽)이 자월(子月)을 만나면 일양(一陽)의 때이니 만물이 잉태하고, 양(陽)이 양(陽)의 자리에 올랐으므로, 동쪽도 좋고 서쪽도 좋다.
- 오음(五陰)이 오월(午月)을 만나면 일음(一陰)의 때이니 만물이 수장(收藏)되고, 음(陰)이 음(陰)의 자리에 올랐으므로, 남쪽도 좋고 북쪽도 좋다.

임철초 日

한난(寒暖)은 만물을 생성하는 이치이다. 그러므로 오직 서북(西北)의 金水만을 차갑다고 여기고 동남(東南)의 木火만을 따뜻하다고 여겨서는 안 된다. 기운의 징조를 자세히 살펴보면, 상승(上昇)하는 기운은 반드시 하강(下降)으로 변하고, 수렴(收斂)하고 닫히는 기운은 반드시 열고 펼치는 기운으로 바뀐다.

그러나 질(質)이 형성되는 것은 형(形)의 변화에 따라 결정되니, 양(陽)이 생겨나려면 반드시 음(陰)의 기반이 있어야 한다. 양(陽)은 만물이 자라나도록 주관하지만, 음(陰)이 없으면 완성할 수 없다. 마치 형체가 완성되지 않으면 의미 없이 생겨나는 것과 같다. 음(陰)은 만물의 완성을 주관하지만, 양(陽)이 없으면 생겨날 수 없으니, 바탕이 생기지 않으면 어떻게 완성할 수 있겠는가. 오직 음양(陰陽)이 균형을 이루며 조화롭게 변화해야만 비로소 만물을 제대로 길러낼 수 있다.

마찬가지로, 하나의 양(陽)만 있고 이를 완성할 음(陰)이 없거나, 하나의 음(陰)만 있고 이를 생하게 할 양(陽)이 없다면, 이는 마치 홀로 있는 과부와 홀아비와 같아 생성의 의미가 사라진다. 이처럼 음양(陰陽)의 배합(配合)뿐만 아니라, 한난(寒暖)의 기운 또한 한쪽으로 지나치면 안 된다.

하물며 사계절(四時)의 순서는 상생(相生)하며 이루어지는데, 어찌 子月에 양(陽)이 생하고 午月에 음(陰)이 생한다고만 고정하여 논할 수 있겠는가. 본문의 마지막 구절인 '과해서는 안 된다'는 말은 그저 '적절함에 머물러야 한다'는 뜻이다.

한(寒)이 비록 심하더라도 난(暖)이 그 안에 있어야 하고, 난(暖)이 비록 지극하더라도 한(寒)에 뿌리가 있어야 비로소 만물을 생성할 수 있다. 만약 한(寒)이 심한데 난(暖)에 기운이 없고, 난(暖)이 지극한데 한(寒)에 뿌리가 없다면 만물을 키워내는 오묘한 이치는 없을 것이다.

그리고 지나치게 차가운 사주는 오히려 따뜻함이 없는 것을 좋다고 여기고, 지나치게 따뜻한 사주는 오히려 차가움이 없는 것이 마땅하다고 여긴다. 이는 대체로 한(寒)이 극(極)에 달하면 난(暖)의 기미가 되고, 난(暖)이 극(極)에 달하면 한(寒)의 조짐이 되기 때문이다. 이른바 '음(陰)이 극에 달하면 양(陽)이 생하고, 양(陽)이 극에 달하면 음(陰)이 생한다'는 것은 바로 천지자연의 이치이다.

戊	庚	丙	甲		
寅	辰	子	申		
壬	辛	庚	己	戊	丁
午	巳	辰	卯	寅	丑

[206] 조후 / 통관

이 사주는 金은 차갑고 水는 냉하며, 木은 시들고 土는 차갑다. 만약 寅時가 아니라면 年月의 木火가 뿌리가 없어 작용할 수 없었을 것이다. 이른바 차가움이 비록 심하지만 따뜻함이 기운을 얻는 것이 중요하다. 이로써 논하건대, 중요하게 여기는 글자는 寅이다.

땅의 기운이 상승하고 木火가 절처(絶處)에서 생(生)을 만났으니, 하나의 양기(陽氣)로 언 땅이 녹게 되었다. 그러나 움직이지 않으면 丙火 역시 불이 붙지 못한다. 그 묘함은 寅申이 멀리서 충(沖)하여 움직이게(動) 함에 있으니, 그 움직임이 火를 생(生)하게 한다. 무릇 사주에서 가깝게 충(沖)하는 것은 극(剋)하는 것이고, 멀리서 충(沖)하는 것은 동(動)하는 것이다.

더욱 기쁜 것은 운이 동남(東南)으로 흐른 것이니, 과거 급제(科甲)하고 벼슬이 태수(太守)에까지 이르렀다. 이른바 '차가운 기운을 얻었을 때 따뜻함을 만나 발현한다'는 것이 바로 이것을 말한다.

甲庚丙己
申辰子酉
庚 辛 壬 癸 甲 乙
午 未 申 酉 戌 亥

[207] 조후 / 전왕

이 사주는 金은 차갑고 水는 냉하며, 土는 얼었고 木은 시들었다. 앞 사주와는 기본 구조가 비슷하지만, 큰 차이가 있는데, 앞에는 寅木이 있어 火가 뿌리를 내릴 수 있었지만, 이 사주는 寅木이 없어 火가 절지(絶地)에 임한다. 이처럼 차가움이 극심하여 따뜻함의 기운이 없는 경우, 오히려 따뜻함이 없는 것을 좋게 본다는 이치가 적용된다.

이러한 이유로 인생의 초반인 乙亥 운에는 북방(北方)의 水 기운이 들어와 기쁨은 있고 근심은 없었다. 하지만 甲戌 운에 들어서자 戌에 숨어있던 丁火가 丙火의 뿌리가 되면서 형벌(刑), 초상(喪), 파산(破), 소모(耗) 등 흉한 일이 많았다. 그러나 壬 운이 와서 丙火를 극(剋)하여 제거해 주고, 申 운에 들어가 관직을 얻어 나라의 녹을 받게 되었다. 癸酉 운에는 재물과 사업이 날마다 늘어나는 좋은 운을 맞았다. 그러나 辛未 운에 남방(南方)으로 운이 바뀌면서, 未에 丙火가 땅을 얻어 뿌리를 내리자 여러 방면으로 파산하고 재물이 소모되는 일이 많았다. 결국 庚午 운에 寅年을 만나니 木火가 함께 맹렬하게 들어오면서 사망하게 되었다.

壬丙丙丁
辰午午丑
庚 辛 壬 癸 甲 乙
子 丑 寅 卯 辰 巳

[208] 조후 / 격국

이 사주는 불꽃이 남방(南方)의 리(離)에 있어 매우 뜨겁고, 겁재(劫財)와 양인(陽刃)을 다시 만나 따뜻함이 지극하다. 한 점의 壬水가 있지만, 본디 맹렬한 火를 제어하기에는 역부족이다.

그러나 다행히도 이 壬水가 辰 위에 앉아 있어 자신의 뿌리가 되는 수고(水庫)에 통근한다. 더욱이 기특한 것은 연지(年支)에 丑土가 있다는 점이다. 丑은 북방의 습토(濕土)로, 金을 생(生)하고 火의 기운을 흐리게 하며 水를 축적하는 역할을 한다. 이처럼 따뜻함이 지극하지만 차가움이 뿌리를 내릴 수 있었으니, 바로 이것이 사주가 가진 묘미이다.

이 사람은 과거 급제(科甲)로 출신하여 봉강(封疆)의 벼슬에까지 이르렀다. 다만 한 가지 아쉬운 점은 운의 길이 순탄하지 못하여 기복이 많았다는 것이다.

癸	丙	丁	癸		
巳	午	巳	未		
辛	壬	癸	甲	乙	丙
亥	子	丑	寅	卯	辰

[209] 조후 / 전왕

이 사주는 지지(地支)가 남방(南方) 火이고, 巳時에 태어나 따뜻함이 지극하다. 천간(天干)에 두 개의 癸水가 있지만, 지지(地支)에는 전혀 뿌리가 없다. 이른바 따뜻함이 지극하나 차가움은 뿌리가 없는 상황이니, 거꾸로 차가움이 없는 것을 좋다고 여긴다.

이러한 까닭에 초반 운인 丙辰 운에는 윗사람의 음덕(蔭德)에 힘입어 복을 누렸다. 乙卯와 甲寅 운에는 水의 기운은 설기(洩氣)되고 火의 기운은 강해지면서 가업이 새롭게 늘었다. 그러나 癸丑 운에 차가운 기운이 비로소 뿌리를 내리자, 오히려 부모가 모두 돌아가시고 자식들 또한 잃는 참혹한 비극을 겪었다. 결국 壬子 운에 화재로 인한 재앙을 만나 집이 파산하고 사망하였다.

30. 조습(燥濕)

지도유조습 생성품휘 인도득지 불가편야

地道有燥濕 生成品彙 人道得之 不可偏也

지도(地道)에는 마름과 젖음이 있어 온갖 종류의 만물을 생성하지만, 사람이 그것을 얻을 때 치우쳐서는 안 된다.

原注

過於濕者, 滯而無成; 過於燥者, 烈而有禍. 水有金生, 遇寒土而愈濕; 火有木生, 遇暖土而愈燥, 皆偏枯也. 如水火而成其燥者吉, 木火傷官要濕也; 土水而成其濕者吉, 金水傷官要燥也. 間有土濕而宜燥者, 用土而後用火; 金燥而宜濕者, 用金而後用水.

- 지나치게 습한 사람은 정체되어 이루는 것이 없고, 지나치게 건조한 사람은 맹렬하여 재앙이 있다.
- 水는 金의 생조를 받아 차가운 土를 만나면 더욱 습해지고, 火는 木의 생조를 받아 따뜻한 土를 만나면 더욱 건조해지니, 모두 한쪽으로 치우친 것이다.
- 만약 水火가 조화되어 건조함을 이루면 길(吉)하고, 木火 상관(傷官)은 습함을 필요로 하며, 土水가 조화되어 습함을 이루면 길(吉)하고, 金水 상관(傷官)은 건조함을 필요로 한다.
- 간혹 土가 습하여 마땅히 건조해야 하는 경우가 있는데, 이때는 土를 쓴 후에 火를 쓴다. 金이 건조하여 마땅히 습해야 하는 경우가 있는데, 이때는 金을 쓴 후에 水를 쓴다.

임철초 日

조습(燥濕)은 水와 火가 서로를 완성하는 것을 일컫는다. 그러므로 주(主)에는 주기(主氣)가 있으므로 안으로 오행(五行)을 숨기지 않고, 국(局)에는 국기(局氣)가 있으므로 반드시 밖으로 사주(四柱)를 꿰뚫는다. 습(濕)은 음기(陰氣)이니 마땅히 조(燥)함을 만나야 완성되고, 조(燥)는 양기(陽氣)이니 마땅히 습(濕)함을 만나야 생겨난다.

이런 까닭에 木이 여름(夏令)에 태어나면, 그 가진 에너지를 밖으로 발산하여 겉은 여유로우나 속은 실로 허탈하다. 반드시 壬癸를 빌려 이를 생하게 하고, 丑辰 습토(濕土)를 빌려 이를 북돋아야 火가 맹렬하지 않고, 木이 마르지 않으며, 土가 마르지 않고, 水가 마르지 않아야 생성(生成)의 의미가 있게 된다.

그러나 만약 未戌 조토(燥土)를 보면, 오히려 火를 돕고 火를 어둡게 할 수 없으니, 비록 水가 있더라도 또한 힘을 쓰지 못한다.

오직 金만이 백 번 단련시켜도 그 색이 변하지 않는다. 金이 겨울(冬令)에 태어나면 비록 기운이 설기(洩氣)되고 휴수(休囚)될지라도, 마침내 丙丁을 써서 차가움을 대적하고, 未戌 조토(燥土)를 써서 습함을 제거한다. 그래야 火가 어두워지지 않고, 水가 미치지 않으며, 金이 차갑지 않고, 土가 얼지 않아 만물을 키워낼 기틀이 마련된다.

그러나 만약에 丑辰 습토(濕土)를 보면, 水를 돕고 水를 제어하지 못하니, 비록 火가 있더라도 역시 힘을 쓰지 못한다. 이것이 바로 땅이 만물을 생성하는 오묘한 이치이다.

丙庚辛丙					
子辰丑辰					
丁	丙	乙	甲	癸	壬
未	午	巳	辰	卯	寅

[210] 조후 / 전왕

이 사주를 속된 견해로 보면, 차가운 金이 火를 좋아하므로, 천간에 두 개의 丙火가 투출했고 하나의 살(殺)은 청하게 남아있으니, 木火 운에는 명예와 이익을 모두 얻었을 것이라고 추론할 수 있다.

그러나 사주의 지지에 거듭하여 습토(濕土)가 있고, 연간(年干)의 丙火는 辛과 합하여 水로 변하고, 시간(時干)의 丙火 또한 뿌리가 없다. 오직 차갑고 축축한 기운만 있을 뿐이며, 생하고 발하려는 뜻이 전혀 없다. 이 사주는 水를 써야만 하고 火를 써서는 안 된다.

따라서 초반 운인 壬寅과 癸卯 운에는 土를 제어하고 水를 보호하여 의식주가 상당히 풍족했다. 그러나 丙午와 丁未의 20년에 이르러서는 아내와 자식이 모두 죽고, 가업은 완전히 파산했다. 결국 머리를 깎고 중이 되었다.

丙庚壬丁					
戌戌子未					
丙	丁	戊	己	庚	辛
午	未	申	酉	戌	亥

[211] 강약 / 조후

이 사주는 水의 기세로 논하자면 중동(仲冬) 子月이니 水가 매우 왕한 상태이다. 다행스럽게도 지지에 거듭된 조토(燥土)가 있어, 족히 습한 기운을 제거할 수 있다. 또한 子와 未가 서로 극하여 子가 壬를 돕지 못하게 하고, 丁壬이 합하여 壬이 丙를 극하지 못하게 한다.

중년의 土와 金 운에는 관청에 들어가 일을 보았으나, 계획을 세우고 실행함에 좌절이 있었고, 처한 상황 또한 뜻과 달랐다. 丁未 운에 이르러 남방(南方)의 火가 왕성해지자 추천받아 벼슬길에 나아갔고, 丙午까지 20년에 걸쳐 기이한 만남을 얻어 주목(州牧)까지 벼슬이 올랐다.

庚	甲	丁	癸
午	午	巳	未

辛	壬	癸	甲	乙	丙
亥	子	丑	寅	卯	辰

[212] 조후 / 전왕

이 사주는 甲午 일주로, 지지에 巳午未가 모두 있어 조열함이 극에 이르렀다. 천간의 金과 水는 뿌리가 없으니, 오히려 火의 맹렬함을 더욱 격발시키는 결과를 초래한다. 따라서 오직 火의 기운에 순응해야만 했다.

초반의 木火 운에는 그 기세에 순응하여 재물과 기쁨이 더욱 늘어났다. 그러나 癸丑 운에 이르러 형벌(刑), 초상(喪)이 있었고 좌절을 겪으며, 여러 방면으로 파산과 소모가 많았다. 壬子 운에 들어서는 충돌과 격발이 더욱 심해져, 사람의 목숨을 해하고 불로 인한 재앙을 만났다. 결국 집이 파산하고 사망하였다.

庚	甲	丁	癸
午	辰	巳	丑

辛	壬	癸	甲	乙	丙
亥	子	丑	寅	卯	辰

[213] 강약 / 조후

이 사주는 앞의 사주와 辰과 丑 두 글자만 다르다. 丑은 북방(北方)의 습토(濕土)이니 火의 기운을 흐리게 하고 水를 쌓아둘 수 있다. 癸水는 통근하며 丑에 올라탔고, 辰 또한 습토(濕土)이면서 木의 여기(餘氣)이므로 일간(日干)이 뿌리를 내릴 수 있다. 庚金이 비록 水를 생하여 용신(用神)을 돕지는 못하지만, 癸水는 여기(餘氣) 위에 앉아 있으므로 용신으로 작용할 수 있다.

초반 운에 木이 왕성하여 일간을 돕고 용신을 보호하니, 인생이 평화롭고 순탄했다. 癸丑 운에 이르러 북방(北方)의 水 기운이 들어오고, 이어지는 壬子, 辛亥 30년 동안 경영하는 일이 뜻대로 되고 사업이 마음에 들었다.

31. 은현(隱顯)

길 신 태 로 기 쟁 탈 지 풍 흉 물 심 장 성 양 호 지 환
吉神太露 起爭奪之風 凶物深藏 成養虎之患

길신(吉神)이 너무 드러나면 빼앗으려는 다툼이 일고, 흉물(凶物)이 깊이 숨어 있으면 호랑이를 키우는 우환이 생긴다.

原注

局中所喜之神, 透於天干, 歲運不能不遇忌神, 必至爭奪, 所以有暗用吉神爲妙. 局中所忌之神, 伏藏於地支者, 歲運扶之沖之, 則其爲患不小, 所以忌神明透, 制化得宜者吉.

- 사주에서 희신(喜神)이 천간에 드러나면, 세운(歲運)에서 기신(忌神)을 만나지 않을 수가 없으니, 반드시 다툼이 일어나게 된다. 그러므로 길신(吉神)은 은밀하게 쓰는 것이 묘하다.
- 사주에서 기신(忌神)이 지지에 숨어 있으면, 세운에서 그것을 돕거나 충하니, 그로 인한 우환이 작지 않다. 그러므로 기신(忌神)은 명확하게 드러나서 제화(制化)가 마땅하게 이루어지는 것이 길하다.

임철초 日

길신(吉神)이 너무 드러나 빼앗으려는 다툼이 이는 것은, 천간(天干)의 기운이 한곳에 집중되어 겁탈(劫奪)하기 쉽기 때문이다. 이는 마치 재물에 자물쇠가 없어 누구나 얻어 쓸 수 있는 것과 같다. 가령 천간에 甲乙이 재물(財物)이 될 때 세운(歲運)에서 庚辛을 만나면 다툼이 일어난다. 이때 반드시 천간에 먼저 丙丁 관성(官星)이 있어 되돌려 극(剋)해야 해가 없다. 만약 丙丁 관성이 없더라도 壬癸 식상(食傷)을 얻어 합화(合化)함도 가능하다. 그러므로 길신(吉神)은 마땅히 지지(地支)에 깊이 숨는 것이 길(吉)하다.

흉물(凶物)이 깊이 숨어 호랑이를 키우는 근심이 되는 것은, 지지(地支)의 기운은 뒤섞여 있어 제화(制化)하기 어렵기 때문이다. 이는 마치 집안의 도둑은 막기 어려워 화(禍)를 키우는 것과 같다. 가령 지지의 寅 중 丙이 겁재(劫財)가 될 때 세운(歲運)에서 申을 만나 충(沖)하면, 비록 木을 극할 수 있더라도 결국 丙을 없애지는 못한다. 세운(歲運)에서 亥子를 만나면 여전히 寅木을 생하고 합하니, 도리어 火의 뿌리를 더욱 북돋게 된다. 그러므로 흉물(凶物)은 차라리 천간(天干)에 명확하게 드러나야 제화(制化)하기 쉽다.

길신(吉神)이 깊이 숨어 있으면 평생의 복(福)이 되고, 흉물(凶物)이 깊이 숨어 있으면 시작부터 끝까지 화(禍)가 되는 것이다. 요컨대 길신(吉神)이 드러나더라도 통근(通根)하여 당령(當令)한 자는 드러나도 해가 없다. 흉물(凶物)이 깊이 숨어 있어도 때를 잃어 휴수(休囚)한 자는 숨어 있어도 방해되지 않는다.

귀곡자(鬼谷子)가 말하기를, "음양(陰陽)의 도(道)는 일월(日月)과 더불어 그 밝음을 합하고, 천지(天地)와 더불어 그 덕을 합하며, 사시(四時)와 더불어 그 순서를 합한다"고 하였다. 삼명(三命)의 이치(理致)는 진실로 이에 근본을 둔다. 만약 깊이 생각하고 밝게 분별하지 않으면, 누가 그 요령(要領)을 얻을 수 있겠는가.

辛丙辛己
卯子未卯
乙 丙 丁 戊 己 庚
丑 寅 卯 辰 巳 午

[214] 강약 / 격국

丙火가 未月에 태어나 火의 기운이 한창 왕성하다. 관성(官星)이 일지 아래에 앉아 있지만, 未土에 의해 상진(傷盡, 관성이 사라진 상태) 되었다. 따라서 오직 천간의 辛金을 써야 하는데, 나쁜 것은 未土가 조토(燥土)라서 金을 생할 수 없고, 또한 겁재(劫財)와 양인(陽刃)을 몰래 감추고 있다는 점이다. 연간(年干)의 己土는 본디 金을 생할 수 있었지만, 아래에 인수 지지에 앉아 있다. 이른바 길신(吉神)은 드러나 있으나, 흉물(凶物)은 깊이 감추어져 있는 사주인 것이다.

초반 운인 己巳와 戊辰 운은 土가 왕성한 땅이니, 재물과 기쁨이 사방에서 모여들어 일마다 마음먹은 대로 되었다. 그러나 丁卯 운으로 바뀌자 土와 金이 모두 상해 연달아 세 번 화재를 만났고 또 자식 일곱을 잃었다. 丙寅 운에는 아내와 자식 모두 극(剋)을 당했고, 결국 밖으로 나가 종적을 알 수 없게 되었다.

丙丁乙壬
午丑巳午
辛 庚 己 戊 丁 丙
亥 戌 酉 申 未 午

[215] 강약

丁火 일주가 맹하(孟夏) 巳月에 태어나니 사주에 겁재(劫財)가 왕성하고 효신(梟神)을 만났다. 천간의 壬水는 뿌리가 없어 쓸모가 없다. 가장 기쁜 것은 丑 중에 한 점의 재성(財星)이 깊이 감추어져 창고로 돌아갔다는 점이다. 丑은 습토(濕土)이므로 火의 기운을 설기(洩氣)할 수 있다. 이 덕분에 재물을 서로 빼앗는

풍조가 없을 뿐 아니라, 오히려 생하고 생하는 관계가 형성되었다.

초반 운이 丙午와 丁未여서 미천한 집안에서 태어나 학문과 거리가 멀었다. 그러나 중년의 30년간 서방(西方)의 土金 운을 만나 겁재(劫財)의 기운을 화(化)하여 재성(財星)을 생(生)하니, 재물이 십여만이나 불었다. 이른바 '길한 기운(吉神)이 깊이 감추어져 있으니, 평생의 복(福)'이라고 하는 것이 바로 이것이다.

32. 중과(衆寡)

강 중 이 적 과 자 세 재 거 기 과
強衆而敵寡者 勢在去其寡
강 과 이 적 중 자 세 재 성 호 중
強寡而敵衆者 勢在成乎衆[34)]

강한 다수(強衆)가 소수와 맞설(敵寡) 때, 그 기세는 소수를 제거하는 데 뜻이 있고, 강한 소수(強寡)가 다수와 맞설(敵衆) 때, 그 기세는 다수의 힘을 가진 듯 보이려는 데 있다.

原注

強寡而敵衆者, 喜強而助強者吉; 強衆而敵寡者, 惡敵而敵衆者滯.

- 강한 소수가 다수와 맞설 때, 강한 소수를 기뻐하고 강한 소수를 도우면 길하다.
- 강한 다수가 소수와 맞설 때, 소수의 적을 미워하고 다수와 맞서려 하면 정체된다.

34) 抑強扶弱者常理, 用強捨弱者元機.

임철초 日

중과(衆寡)의 논리는 강약(强弱)의 의미이다. 반드시 일주(日主)와 사주(四柱)를 나누어 논해야 한다.

가령 일주(日主)를 중과(衆寡)로 나눌 때, 만약 일주(日主)가 火인데 寅卯 巳午月에 태어나고, 관성(官星)은 水이며, 사주(四柱)에 재성(財星)이 없고, 도리어 土 식상(食傷)이 있다면, 설령 재성(財星)이 있더라도 뿌리가 없어 관(官)을 생할 수 없다. 이는 일주(日主)가 무리 지은 다수(黨衆)이고 이들이 관성(官星)의 소수(寡)와 맞서는 격이니, 그 기세는 관(官)을 완전히 제거하는 데 있다. 세운(歲運)은 마땅히 다수(衆)를 돕고 소수(寡)를 억눌러야 길(吉)하다.

사주(四柱)를 중과(衆寡)로 나눌 때는 사주(四柱)의 강약(强弱)으로 나눈다. 그러나 또한 일주(日主)와 부합해야 하니, 서로 반대되어 등지는 일이 없어야 묘(妙)하다. 가령 水가 관성(官星)인데 휴수하여 기운이 없고, 土가 상관(傷官)인데 당령하여 때를 얻었다면, 그 기세는 충분히 관성(官星)을 제거할 만하니, 세운(歲運) 역시 관(官)을 제압하는 것이 아름답다. 이 경우 일주(日主)는 火인데 통근(通根)하여 기운을 얻어야 土를 생할 수 있고, 혹 木이 있어 土를 극하더라도 일주가 스스로 木을 변화시키고 돌고 돌아 상생하니, 이를 소위 일주가 부합한다고 말하는 것이다.

강한 소수(强寡)가 다수와 맞설(敵衆) 때라는 것은 가령 일주가 火인데 비록 당령하지 못했더라도 뿌리가 있고 앉은 자리가 왕성해 다수인데, 관성(官星)은 水이고 비록 제때를 얻지 못했지만 재성(財星)의 생조를 얻거나, 혹은 재성(財星)이 당령하거나 재국(財局)을 이루면, 관성(官星)이 비록 소수(寡)지만 재성(財星)의 도움을 얻어 강(强)해진 셈이다. 이때 세운(歲運)은 마땅히 강한 소수(寡)를 돕고 다수(衆)를 억눌러야 길(吉)하다.

비록 재성(財星)과 관성(官星)을 들어 논했지만, 나머지 경우도 모두 이와 같이 논한다.

辛戊乙戊
酉戌丑辰
辛 庚 己 戊 丁 丙
未 午 巳 辰 卯 寅

[216] 강약 / 격국

이 사주는 거듭된 두터운 土에 乙木은 뿌리가 없고 상관(傷官)이 또한 왕성하니, 그 기세가 족히 적은 관성(官星)을 대적할 만하다.

따라서 초반의 丙寅, 丁卯 운에는 관성(官星)이 득지(得地)하여 형벌(刑)과 재산 소모가 많았다. 戊辰 운에는 기회를 얻어 돈을 내고 벼슬길에 올랐다. 그리고 己巳까지 20년간 土가 金을 생하여 왕성해지자, 하급 관직에서 높은 벼슬에까지 올랐다. 그러나 未 운에 이르러 金이 손상되어 결국 사망하였다.

癸丁壬戊
卯卯戌午
己 戊 丁 丙 乙 甲 癸
巳 辰 卯 寅 丑 子 亥

[217] 강약 / 격국

이 사주는 상관(傷官)이 당령(當令)했으나 인성(印星)이 함께 있고, 관살(官殺)은 비록 드러났으나 뿌리가 없으니, 그 기세는 관(官)을 제거하는 데 있다.

초년 운이 북방(北方)으로 흘러 관성(官星)이 힘을 얻자 한 가지 일도 이루지 못했다. 그러나 丙寅과 丁卯 운에 火土를 생조하니 경영하여 거대한 재물을 일으켰다. 이어지는 戊辰과 己巳 운에 관살을 완전히 제거하니, 한 아들이 과거에 급제(登科)하였고 말년의 삶이 높고 빼어났다.

이 사주는 戌과 午가 火를 이끌어 내고, 일지와 시지에 인성(印星)을 만났으며, 일주(日主)가 지극히 왕성하다. 이와 같은 사주를 인성을 용신(用神)으로 쓴 것으로 추론해서는 안 되며, 또 관(官)을 제거하고 살(殺)을 남긴 것으로 논해서도 안 된다.

庚 丙 壬 癸					
寅 午 戌 丑					
丙	丁	戊	己	庚	辛
辰	巳	午	未	申	酉

[218] 강약 / 격국

丙火가 구월(九月, 戌月)에 태어나 일주(日主)가 때를 얻지 못했다. 그러나 양인(陽刃)에 앉아 있고 火局을 이루니, 이를 '강과(强寡, 강한 소수)'라고 부른다. 연월(年月)의 壬癸는 진기(進氣)이고, 癸水는 여기(餘氣)에 통근했고, 丑土는 火局을 설기하고 庚金을 생조하니, 壬癸가 다수(衆)이고 그 기세는 다수와 함께 성공하려는 데 있다.

따라서 辛酉와 庚申 운에 金이 水를 생하고 水가 왕성해지자 물려받은 재산이 풍족하고 즐거움을 누렸다. 己未 운으로 바뀌자 火土가 함께 왕성해져 부모가 모두 돌아가셨다. 戊午 운까지 20년은 가업을 파산하고 아내와 자식이 모두 상했다. 丙辰 운에 이르러서는 타향을 떠돌다 사망하였다.

33. 진태(震兌)

진 태 주 인 의 지 진 기 세 불 양 립 이 유 상 성 자 존

震兌主仁義之眞機 勢不兩立 而有相成者存[35)]

진(震, 木)과 태(兌, 金)는 인(仁)과 의(義)의 진정한 이치를 주관한다. 그 세력은 양립(兩立)할 수 없지만, 서로를 이뤄내는 것으로써 존재한다.

原注

震在內, 兌在外, 月卯日亥或未, 年丑或巳時酉是也. 主之所喜者在震, 以兌爲敵國, 必用火攻; 主之所喜者在兌, 以震爲奸宄, 備御之而已, 不必盡去, 不必興兵也. 兌在內, 震在外, 月酉日丑或巳, 年未或亥時卯者是也. 主之所喜者在兌, 以震爲游兵, 易於滅而不可黨震也; 主之所喜者在震, 以兌爲內寇, 難於滅而不可助兌也. 以水爲說客, 相間於上下, 或年酉月卯日丑時亥, 年甲月庚日甲時辛之例, 亦論主之所喜所忌者何如, 而論攻備之法. 然金忌木, 木不帶火, 木不傷土者, 不必去木也. 若木忌金, 而金强者不可戰, 惟秋金而木茂, 木終不能爲金之害, 反以成金之仁; 春木而金盛, 金實足以制木之性, 反以全木之義. 其月是木, 年日時皆金者, 不必問主之所喜所忌, 而亦宜順木之性. 凡月是金, 年日時皆是木者, 不必問主之所喜所忌, 而亦宜成金之性.

- 진(震, 亥卯未)이 안에 있고 태(兌, 巳酉丑)가 밖에 있을 때, 月이 卯이고 日이 亥 혹은 未, 年이 丑 또는 巳이고 時가 酉인 경우가 그러하다. 일주가 좋아하는 것이 진(震)에 있다면 태(兌)를 적국으로 삼으니, 반드시 火를 써서

35) 震兌勢不兩立, 而有相成者存.

공격해야 한다. 반대로 일주가 좋아하는 것이 태(兌)에 있다면 진(震)을 간사한 도적으로 삼아 방어만 하면 될 뿐, 반드시 모두 없애거나 군사를 일으킬 필요는 없다.

- 태(兌, 巳酉丑)가 안에 있고 진(震, 亥卯未)이 밖에 있을 때, 月이 酉이고 日이 丑 또는 巳, 年이 未 또는 亥이고 時가 卯인 경우가 그러하다. 일주가 좋아하는 것이 태(兌)에 있다면 진(震)을 떠도는 병사로 삼으니, 쉽게 멸할 수 있지만 진(震)을 편들어서는 안 된다. 반대로 일주가 좋아하는 것이 진(震)에 있다면 태(兌)는 내부의 적으로 삼으니 멸하기 어렵지만 태(兌)를 도와서는 안 된다.

- 水를 설객(說客, 선동가)으로 삼아 위아래를 이간시키기도 한다. 年이 酉이고 月이 卯이며 日이 丑이고 時가 亥이거나, 年이 甲이고 月이 庚이며 日이 甲이고 時가 辛인 경우처럼, 일주가 좋아하는 것과 꺼리는 것이 어떠한지에 따라 공격하고 방어하는 법을 논한다.

- 그러나 金이 木을 꺼리더라도, 木이 火를 갖고 있지 않고 木이 土를 상하게 하지 않는다면, 굳이 木을 제거할 필요는 없다.

- 만약 木이 金을 꺼리는데 金이 강하다면 金과 맞서 싸워서는 안 된다. 다만 가을의 金인데 木이 무성한 경우라면 木이 끝내 金에게 해를 끼칠 수 없으므로 오히려 金이 어짊(仁)을 이루게 된다. 또한, 봄의 木인데 金이 왕성한 경우라면 金이 실로 木의 성질을 제압할 수 있으므로 오히려 木이 의로움(義)을 갖추게 된다.

- 무릇 월이 木이고 연, 일, 시가 모두 金인 경우, 일주가 좋아하는 것과 꺼리는 것을 물을 필요 없이 木의 성질을 따르는 것이 마땅하다. 또한 월이 金이고 연, 일, 시가 모두 木인 경우, 일주가 좋아하는 것과 꺼리는 것을 물을 필요 없이 金의 성질을 이루는 것이 마땅하다.

임철초 日

진(震, 木)은 양(陽)이지만, 선천(先天)의 위치가 팔백(八白, 구궁에서 8과 흰색)에 있으니, 음(陰)은 본래 음(陰)이고 양(陽) 또한 음(陰)이다. 태(兌, 金)는 음(陰)이지만, 선천(先天)의 위치가 사록(四綠, 구궁에서 4와 녹색)에 있으니, 양(陽)은 본래 양(陽)이고 음(陰) 또한 양(陽)이다.

진(震)이 장남(長男)이 되는 것은 우레가 땅에서 일어나 곤(坤)의 시작에서 하나의 양(陽)이 생겨나는 이치와 같고, 태(兌)가 소녀(少女)가 되는 것은 산과 못이 기운을 통하여 건(乾)의 끝에서 세 개의 음(陰)이 생겨나는 이치와 같다. 장남(長男)이 소녀(少女)와 짝을 이루는 것은 천지(天地)가 만물을 생성하는 오묘한 작용이다. 만약 장녀(長女)가 소남(少男)과 짝을 이룬다면 양(陽)이 비록 생겨나더라도 음(陰)은 완성될 수 없다. 이러한 까닭에 태(兌)는 만물이 기뻐하는 바가 된다. 그 말이 지극하다! 이로써 진(震)과 태(兌)는 비록 양립(兩立)할 수 없지만, 또한 서로를 이뤄내는 뜻이 있다.

내가 자세히 연구해 보니 진(震)과 태(兌)의 이치에는 공격(攻), 완성(成), 윤택함(潤), 따름(從), 따뜻함(暖)의 다섯 가지가 있다. ① 봄 초기의 木은 木이 어리고 金은 단단하니, 火로써 공격(攻)한다. ② 봄 중기의 木은 木이 왕성하고 金은 쇠약하니, 土로써 완성(成)한다. ③ 여름의 木은 木의 기운이 설기(洩氣)되고 金은 건조하니, 水로써 윤택하게(潤) 한다. ④ 가을의 木은 木이 시들고 金은 예리하니, 土로써 따르게(從) 한다. ⑤ 겨울의 木은 木이 쇠약하고 金은 차갑게 얼어붙으니, 火로써 따뜻하게(暖) 한다. 이렇게 하면 양립(兩立)의 기세가 사라지고, 서로 인(仁)과 의(義)를 이뤄내는 기세가 있게 된다.

안과 밖을 나누어 논하는 것은 쇠약함과 왕성함이 서로 적대한다는 의미에 불과하다. 마땅히 설기해야 할 때는 설기하고, 제압해야 할 때는 제압해야 한다. 모름지기 金과 木의 의향을 살펴야 하고, 굳이 안과 밖을 나누는 것에 구애받을 필요는 없다.

乙	甲	庚	丙		
丑	申	寅	寅		
丙	乙	甲	癸	壬	辛
申	未	午	巳	辰	卯

[219] 강약 / 격국 / 조후

甲木이 입춘(立春) 후 4일에 태어났으니, 초봄의 아직 약한 木이다. 천지 기운이 차가워 아직 얼어 있는데, 일주가 申에 앉았고 월간에 庚金이 투출했으며 丑土가 옆에서 申金을 생하니, 이른바 목눈금견(木嫩金堅), 어린 木이 강한 金을 만난 형국이다.

이러한 사주는 火를 용신(用神)으로 삼아 공략해야 한다. 다행히 연간(年干)에 丙火가 투출했으니, 이는 삼양(三陽)이 개태(開泰)하고 만물이 다시 살아나는 형상이니 어찌 이다지도 묘하지 않겠는가.

초운인 辛卯와 壬辰 운은 丙火를 손상시켜 학문에 어려움이 있었다. 그러나 癸巳 운부터 운이 남방으로 흐르자 丙火가 왕성해지며 재물을 들여 감영(監營)에 들어갔고, 이어서 남궁(南宮)에까지 이르렀다. 甲午와 乙未 운에는 벼슬길에서 한 번의 파도도 만나지 않을 만큼 순탄했으나, 申 운에 이르러 결국 사망하였다.

丁	甲	己	庚		
卯	寅	卯	戌		
乙	甲	癸	壬	辛	庚
酉	申	未	午	巳	辰

[220] 강약 / 격국

甲木이 중춘(仲春) 卯月에 태어나고 녹(祿)에 앉고 양인을 만나니, 木은 왕성하고 金은 쇠약한 형국이다. 이러한 사주는 土를 용(用)하여 이루게 해야 비로소 土를 화(化)하여 金을 생(生)하고 木의 왕성한 기운을 다듬어 진정한 가치를 이룰 수 있다.

초년에 막직(幕職, 지방 종사관)에 있으면서 이익을 얻고 재물을 바쳐 벼슬길에 나섰다. 癸未 운부터 관직에 올라 甲申과 乙酉 운에는 木은 뿌리가 없고 金은 땅을 얻으니, 좌이(佐貳)를 거쳐 지현(知縣)으로 승진하고 주목(州牧)까지 올라갔다.

丁 甲 壬 庚
卯 辰 午 辰

戊 丁 丙 乙 甲 癸
子 亥 戌 酉 申 未

[221] 격국 / 조후

甲木이 중하(仲夏) 午月에 태어나 시간(時干)에 丁火가 드러났다. 이러한 사주는 '용수윤지(用水潤之)' 즉 水를 써서 적셔야 한다. 그러나 水 역시 金의 생함에 의지해야 하고, 金 또한 水의 보호를 받아야 한다.

더욱 묘한 것은 지지에 두 개의 辰土가 있어 火를 설기하고 金을 생하며 水를 쌓아둔다는 점이다. 이로써 일기(一氣)로 상생(相生)이 되어 오행이 모두 만족하게 되었다.

이 덕분에 일찍이 반수(泮水)에서 학문을 익히고 과거(科甲)에 연달아 급제했으며, 관찰사(觀察使)에까지 벼슬이 올랐다. 일생에 오직 丙戌 운만이 金과 水가 함께 손상되어 불리했고, 그 외에는 모두 순탄한 삶을 살았다.

乙 甲 甲 庚
丑 戌 申 戌

庚 己 戊 丁 丙 乙
寅 丑 子 亥 戌 酉

[222] 강약 / 격국 / 전왕

甲木이 맹추(孟秋) 申月에 태어났고 재(財)가 살(殺)을 생하니 살(殺)이 왕성하다. 비록 천간에 세 개의 甲乙이 투출했으나 지지에 뿌리를 내리지 못했다. 木은 시들고 金은 예리하니, 土를 써서 그 기세를 따라야 하며, 이로써 종살격(從殺格)이 된다.

戊 운에 무과(武科)에 급제하며 관직에 나섰다. 丁亥 운에는 木을 생하고 金을 극(剋)하여 여러 가지 형벌과 재물 손실을 겪었다. 그러나 戊子와 己丑 운에는 재(財)가 살(殺)을 왕성하게 생하니, 벼슬이 부장(副將, 부장군)까지 올랐다.

丙	甲	庚	辛
寅	子	子	酉

甲	乙	丙	丁	戊	己
午	未	申	酉	戌	亥

[223] 강약 / 조후

甲木이 중동(仲冬) 子月에 태어나 木은 쇠약하고 金은 차갑다. 火를 써서 따뜻하게 해야 하고, 火는 또한 金을 제압하는 역할을 한다. 더욱이 時에서 녹왕지를 만났으니, 일양(一陽)이 얼음을 녹이는 것과 같다. 이른바 '기운을 얻은 차가움이 따뜻함을 만나 발하는 것'이다. 그러므로 차가운 木은 반드시 火를 얻어야만 생기를 얻을 수 있다. 이 덕분에 과거(科甲)에 연달아 급제하였고, 벼슬이 시랑(侍郎)에까지 이르렀다.

위의 다섯 개 사주는 甲木을 예시로 들어 설명한 것이며, 乙木 또한 이와 동일한 논리로 논한다.

34. 감리(坎離)

감 리 재 천 지 지 중 기 성 불 독 성 이 유 상 지 자 재

坎離宰天地之中氣 成不獨成 而有相持者在[36)]

감(坎, 水)과 리(離, 火)는 천지(天地)의 중심 기운을 주관한다. 그 완성은 홀로 이루어지지 않으며, 서로를 받쳐주는 것으로써 존재한다.

原注

天干透壬癸, 地支屬離者, 乃爲旣濟, 要天氣下降; 天干透丙丁, 地支屬坎者, 乃爲未濟, 要地氣上升. 天干皆水, 地支皆火, 爲交媾, 交媾身强則富貴; 天干皆火, 地支皆水, 爲交戰, 交戰身弱, 豈能富貴? 坎外離內, 謂之未濟, 主之所喜在離, 要水竭, 主之所喜在坎, 則不詳; 離外坎內, 謂之旣濟, 主之所喜在坎, 要離降, 主之所喜在離, 要木和. 水火相間於天干, 以火爲主, 而水盛者存; 坎離相見於地支, 喜坎而坎旺者昌. 夫子午卯酉專氣也, 其相制相持之勢, 宜悉辨之; 若四生四庫之神, 皆所以黨助子午卯酉者, 其理亦可推詳.

- 천간에 壬癸가 드러나고 지지가 리(離, 火)에 속하면, 곧 수화기제(水火旣濟, 완성)가 되니, 하늘의 기운이 아래로 하강해야 한다. 천간에 丙丁이 드러나고 지지가 감(坎, 水)에 속하면, 곧 화수미제(火水未濟, 미완성)가 되니, 땅의 기운이 위로 상승해야 한다.
- 천간이 모두 水이고 지지가 모두 火이면 교구(交媾, 조화 융합)가 되니, 교

36) 坎離氣不並行, 而有相濟者在.

구(交媾)이며 일주가 강하면 부귀하다. 천간이 모두 火이고 지지가 모두 水이면 교전(交戰, 충돌 대립)이 되니, 교전(交戰)이며 일주가 약하면 어찌 부귀할 수 있겠는가?

- 감외리내(坎外離內; 離外坎內의 誤記)인 것을 미제(未濟)라 한다. 일주가 좋아하는 것이 리(離)에 있다면 水가 마르기를 바라야 한다. 일주가 좋아하는 것이 감(坎)에 있다면 이 구조는 좋지 않다.
- 리외감내(離外坎內)인 것을 기제(旣濟; 未濟의 誤記)라 한다. 일주가 좋아하는 것이 감(坎)에 있다면 리(離)가 하강하기를 바라야 한다. 일주가 좋아하는 것이 리(離)에 있다면 木이 조화를 이뤄야 한다.
- 水와 火가 천간에서 서로 섞여 있을 때, 火를 일주로 삼고 水가 왕성한 자는 살아남는다. 감(坎)과 리(離)가 지지에서 서로 만날 때, 감(坎)을 희신으로 쓰는데 감(坎)이 왕성한 자는 창성한다.
- 무릇 子, 午, 卯, 酉는 전일(專一)한 기운이니, 그 서로 제어하고 서로 지탱하는 기세를 마땅히 모두 분별해야 한다. 만약 사생(四生)과 사고(四庫)의 기운은 모두 子, 午, 卯, 酉를 돕는 바가 되니, 그 이치 또한 미루어 자세히 살펴볼 수 있다.

임철초 日

감(坎)은 양(陽)으로 선천(先天)의 위치가 오른쪽 칠(七)의 수에 해당하므로 양(陽)이 된다. 리(離)는 음(陰)으로 선천(先天)의 위치가 왼쪽 삼(三)의 수에 해당하므로 음(陰)이 된다. 감(坎)은 중남(中男)이 되는데, 천도(天道)가 아래로 내려와 구제하므로 일양(一陽)이 북쪽에 생겨나는 것이고, 리(離)는 중녀(中女)가 되는데, 지도(地道)가 위로 올라가 행하므로 이음(二陰)이 남쪽에 생겨나는 것이다.

리(離)는 태양의 본체가 되고, 감(坎)은 달의 본체가 된다. 하나는 적셔주고 다른 하나는 따뜻하게 하니, 水와 火가 서로 돕고 균형을 이룬다. 이는 남녀가 정을 섞어 교합하는 것과 같아 만물이 변화하고 생겨난다. 무릇 감(坎)과 리(離)는 해와 달이 본체이므로 사라짐도 멸함도 없이 천지의 중기(中氣)를 주재한다. 이로써 홀로 완성될 수 없고 반드시 서로 지탱해야 묘함이 있다.

서로 지탱하는 이치에는 오름(升), 내림(降), 화합(和), 해결(解), 제어(制)의 다섯 가지가 있다. ① 오름(升)은 천간에 리(離, 火)가 쇠약하고 지지에 감(坎, 水)이 왕성할 때, 반드시 지지에 木이 있어야만 땅의 기운이 상승한다. ② 내림(降)은 천간에 감(坎, 水)이 쇠약하고 지지에 리(離, 火)가 왕성할 때, 반드시 천간에 金이 있어야만 하늘의 기운이 하강한다. ③ 화합(和)은 천간이 모두 火이고 지지는 모두 水일 때, 반드시 木의 운이 와야만 화합할 수 있다. ④ 해결(解)은 천간이 모두 水이고 지지가 모두 火일 때, 반드시 金의 운이 와야만 해결할 수 있다. ⑤ 제어(制)는 水와 火가 천간과 지지에서 교전(交戰)할 때, 반드시 세운에서 그 강한 기운을 살펴 강한 쪽을 제어해야 한다. 이 다섯 가지는 감(坎)과 리(離)의 작용이 이와 같으니, 홀로 이루어지는 기세는 없어도, 서로 붙잡고 지탱하는 예(禮)와 지(智)의 성질을 갖게 된다.

戊丙己丙
子寅亥子
乙 甲 癸 壬 辛 庚
巳 辰 卯 寅 丑 子

[224] 강약 / 조후 / 통관

丙火가 맹동(孟冬) 亥月에 태어났고, 또 지지에 두 개의 子水를 만났다. 이로써 천간의 리(離, 火)는 쇠약하고 지지의 감(坎, 水)은 왕성해졌다. 그래서 寅木을 용신(用神)으로 써서 그 기운을 일으켜야만 한다.

壬寅 운에 이르러 동방(東方)의 木의 땅을 만나자, 학문에 정진하여 과거에 연달아 급제하였고, 卯 운에는 벼슬길에 나아가 관찰사(觀察使)에까지 올랐다. 이 모든 것은 운의 흐름이 동남(東南)으로 진행되었기 때문이다.

庚壬壬壬
戌戌寅午
戊 丁 丙 乙 甲 癸
申 未 午 巳 辰 卯

[225] 강약 / 조후

壬水가 맹춘(孟春) 寅月에 태어났고, 지지가 모두 火局을 이루었다. 비록 연월(年月)에 두 비견(比肩)이 투출했으나 모두 뿌리가 없다. 천간의 감(坎, 水)은 쇠약하고 지지의 리(離, 火)는 왕성한 형국이니, 庚金을 용신으로 써서 그 기세를 제압해야 한다.

안타깝게도 운의 흐름이 동남(東南)으로 가면서 외지에서 분주하게 40년을 보냈으나, 한 가지도 이룬 것이 없었다. 그러나 50세 이후 戊申 운이 오자 庚이 힘을 얻어 왕성해지며 기회를 만나 거대한 재물을 일으켰다. 세 명의 아내를 얻었고, 나이 이미 육순이었으나 연달아 세 아들을 두었다. 戌 운에 이르러 사망하였다.

丙丙丙丙
申子申子
甲癸壬辛庚己戊丁
辰卯寅丑子亥戌酉

[226] 강약 / 조후 / 통관

이 사주는 지지에 두 개의 申과 두 개의 子가 있어 水가 생(生)을 만나 왕성하고, 金 역시 水의 기운으로 논해야 한다. 반면 천간에 네 개의 丙火가 있으나 지지에 뿌리가 없으니, 리(離, 火)는 쇠약하고 감(坎, 水)은 왕성한 형국이다. 모름지기 木 운으로 이 기운을 화합시켜야 한다.

아쉽게도 운의 흐름이 순조롭지 못해 50년 동안 서북(西北)의 金水의 땅으로 흘렀다. 이로 인해 험난하고 어려운 일이 많았고, 형벌과 손상을 당하고 넘어지고 좌절하는 고난을 겪었다. 그러나 50세가 넘어 壬寅 운에 이르자 동방(東方)의 木의 땅을 만나 재물운이 트이고 사업이 흥했다. 癸卯와 甲寅 운에 이르러서는 수만의 재물을 일으켰다.

壬壬壬癸
寅午戌巳
丙丁戊己庚辛
辰巳午未申酉

[227] 강약 / 조후

壬午 일주가 戌月에 태어나고 지지에 火局을 이루었으며, 연지(年支)에 巳火가 있다. 이 사주의 천간은 모두 감(坎, 水)이고 지지는 모두 리(離, 火)이니, 반드시 金 운으로 그 기세를 풀어야 한다.

초년의 辛酉와 庚申 운에 적절한 金 기운을 얻어 기제(既濟)를 이루었다. 재살(財殺)의 세력이 해소되어 편안한 덕을 누리며 풍족한 의식주를 누렸다. 그러나 己未 운으로 바뀌자 형모(刑耗)가 비정상적으로 심해졌고, 戊午 운에는 재(財)와 살(殺)이 함께 왕성해지니 밖에 나갔다가 도적을 만나 목숨을 잃었다.

丙	壬	丙	壬		
午	子	午	子		
壬	辛	庚	己	戊	丁
子	亥	戌	酉	申	未

[228] 강약 / 조후

이 사주는 천간과 지지에서 水와 火가 서로 교전하며, 火가 월령(月令)을 잡고 있어 세력이 강하다. 水는 쇠약해졌지만, 다행히 土가 없어 일주를 직접 극(剋)하지 않는 것이 다행이다.

초년 丁未 운에 戊午年을 만나 천극지충(天剋地沖)을 이루니 재(財)와 살(殺)이 함께 왕성해졌다. 이로 인해 부모를 모두 잃고 떠돌아다니는 걸인이 되었다. 申 운으로 바뀌자 기회를 잡았고, 己酉 운에는 수만의 재물을 일구었다. 또한 아내를 얻고 자식을 낳아 가정을 이루었다.

제2부

六親論

육 친 론

6장 육친(六親)

35. 부처(夫妻)
36. 자녀(子女)
37. 부모(父母)
38. 형제(兄弟)
39. 하지장(何知章)
40. 여명장(女命章)
41. 소아(小兒)

35. 부처(夫妻)

부 처 인 연 숙 세 래 　희 신 유 의 방 천 재

夫妻因緣宿世來 喜神有意傍天財[37)]

부부의 인연은 전생으로부터 온 것이니, 희신이 타고난 재성의 곁에 뜻을 두었는지 본다.

原注

妻與子一也, 局中有喜神, 一生富貴在于是, 妻子在于是. 大率依財看妻, 如喜神卽是財神, 其妻美而且富貴; 喜神與財神不相妒忌亦好, 否則剋妻, 亦或不美, 或欠和. 然看財神, 又須活法, 如財神薄, 須用助財; 財旺身弱, 又喜比劫; 財神傷印者, 要官星; 財薄官多者, 要傷官. 財氣未行, 要沖者沖, 泄者泄; 財氣流通, 要合者合, 庫者庫. 若財神泄氣太重, 比劫透露, 及身旺無財者, 必非夫婦全美者也. 至於財旺身强者, 必富貴而多妻妾, 看者當審辨輕重何如.

- 아내와 자식은 하나로 같다. 사주에 희신(喜神)이 있다면 일생의 부귀가 여기에 달려 있고, 처자(妻子) 또한 여기에 달려 있다.
- 대체로 재성(財星)으로 아내를 보는데, 만약 희신이 곧 재성이라면 그 아내는 아름답고 부귀할 것이다. 희신과 재성이 서로 질투하지 않아야 좋은데, 그렇지 않다면 아내를 극하거나, 아름답지 못하거나, 화목하지 못할 것이다.

---

37) 夫妻姻緣宿世來, 喜神有意傍妻財.

- 그러나 재성을 보는 것은 또 활법(活法)이 필요하니, 예를 들어 재성이 약하면 재성을 돕는 것을 써야 하고, 재성이 왕성하고 신약(身弱)하면 다시 비겁(比劫)을 기뻐한다. 재성이 인성(印星)을 상하게 하면 관성(官星)이 필요하고, 재성이 약하고 관성이 많으면 상관(傷官)이 필요하다.
- 재성의 기운이 아직 발현되지 않았다면 충(沖)으로 충동시키거나, 설기(洩氣)시켜야 한다. 재성의 기운이 유통된다면 합(合)으로 묶거나, 고(庫)에 가두어야 한다.
- 만약 재성의 설기(洩氣)가 너무 심하거나, 비겁이 드러나거나, 신강(身强)한데 재성이 없다면, 반드시 부부가 온전히 아름답지는 못할 것이다.
- 재성(財星)이 왕성하고 일간이 강하다면, 반드시 부귀하고 처첩(妻妾)이 많을 것이니, 보는 자는 마땅히 경중(輕重)이 어떠한지 잘 살펴야 한다.

임철초 日

자평명리학에서 재성(財星)을 처(妻)로 보는 것은 올바른 이론이다. 재성이 '내가 극하는 것(我剋)'이고, 사람이 재물로써 나를 섬기게 되니, 이는 정론에서 비롯된 것이다. 하지만 재성을 아버지로 보는 것은 후대 사람들의 잘못된 견해이다. 만약 이를 확실한 이론으로 삼는다면, 시아버지와 며느리가 같은 오행에 속하게 되니 어찌 인륜(人倫)을 잃지 않겠는가? 비록 편재(偏財)와 정재(正財)로 나누어 설명하기도 하지만, 결국 억지에 불과하다. 재성의 편중됨과 바름은 음양의 구분에 불과하며, 다른 오행으로 바뀌는 것이 아니다. 또한 세상에 아랫사람이 윗사람을 범하는 이치는 없으므로, 이러한 점은 마땅히 분별하고 바로잡아야 한다.

만약 재성(財星)이 아버지이고, 관성(官星)이 자식이라면 인륜은 무너지게 된다. 시아버지와 며느리가 같은 오행에 속하는 것뿐만 아니라, 할아버지가 손자를 낳는 이치가 있겠는가? 그러므로 육친법은 지금 마땅히 다시 정해야 한다.

① 나를 생하는 것은 부모이고, 편인(偏印)과 정인(正印)이다. ② 내가 생하는 것은 자녀이고, 식신(食神)과 상관(傷官)이다. ③ 내가 극하는 것은 아내이고, 편재(偏財)와 정재(正財)이다. ④ 나를 극하는 것은 조부와 남편이고, 정관(正官)과 편관(偏官)이다. ⑤ 나와 같은 것은 형제이고, 비견(比肩)과 겁재(劫財)이다. 이 이치는 정당하고 순리적이며 변하지 않는 법칙이다.

재성을 아내로 논할 때, 재성이 맑으면 아내가 현명하고 능력이 뛰어나다. 재성이 탁하면 아내가 드세고 사납다. '맑음'이란 희신이 곧 재성이며, 다투거나 질투하지 않는 상태를 말한다. '탁함'이란 살(煞)을 생하고 인성을 파괴하며, 다툼과 질투가 심하여 무정한 상태를 말한다.

옛 서적들은 일간의 강약(衰旺)을 살피지 않고, 무조건 양인(陽刃)이나 겁재(劫財)가 있으면 아내를 극한다고 보았다. 그러나 그 이치를 따져보면 사실이 아니다. 반드시 일간의 강약과 사주의 희신, 기신을 구분하고, 사주 전체의 조합을 유연하게 보아야 한다.

예를 들어, ① 재성이 약하고 관성이 없는데 비겁이 많으면 아내를 극한다. ② 재성이 강하고 일간이 약한데 비겁이 없어도 아내를 극한다. ③ 관살(官殺)이 왕성하고 인성(印星)을 용신으로 쓰는데 재성(財星)을 보면, 아내가 외모는 부족하고 아내를 극한다. ④ 관살(官殺)이 약하고 일간(日主)이 강한데 재성을 보고 비겁(比劫)을 만나면, 아내는 아름답지만 극하게 된다. ⑤ 겁재(劫財)나 양인(陽刃)이 강하고 재성이 약한데 식상(食傷)이 있고 편인(梟印)을 만나면, 아내가 흉한 죽음을 맞을 수 있다. ⑥ 재성이 미약하고 관살이 강하며 식상이 없는데 인성(印綬)이 있다면, 아내가 약하고 병을 앓을 수 있다. ⑦ 겁재나 양인이 강하고 재성이 없는데 식상만 있다면, 아내가 현명하면 반드시 극하고, 외모가 부족하면 상하지 않는다. ⑧ 겁재나 양인이 강하고 재성이 가볍고 식상이 있으면, 아내가 현명하면 극하지 않지만, 외모가 부족하면 반드시 망한다. ⑨ 관성이 약하고 식상을 만났는데 재성이 있다면, 아내가 현명하고 극하지 않는다. ⑩ 관성이 약하고 식상이 강하며 인성이 있는데 재성을 만나면, 아내가 외모는 부족해도 극하지 않는다.

일간이 강하고 칠살(七殺)이 약한데 재성이 칠살을 돕거나, 관성이 약하고 상관(傷官)이 강한데 재성이 상관을 변화시키거나, 인성이 중첩되어 있는데 재성이 기운을 얻으면, 아내가 현명하고 아름다우며, 혹은 아내의 재물로 인해 부자가 될 수 있다.

칠살이 강하고 일간이 약한데 재성이 살을 돕거나, 관성이 많아 인성을 용신으로 쓰는데 재성이 인성을 파괴하거나, 상관이 인성을 차고 있는데 재성이 국(局)을 이루면, 아내가 현명하지 못하고 외모도 부족하며, 혹은 아내로 인해 화를 당하거나 몸을 다칠 수 있다.

① 일주가 재성에 앉아 있고 재성이 희신(喜神)이나 용신(用神)이라면, 반드시 아내의 재물을 얻는다. ② 일주가 재성을 기뻐하는데, 재성이 한신(閑神)과 합하여 재성으로 변화하면, 반드시 아내의 도움을 얻는다. ③ 일주가 재성을 기뻐하는데, 재성이 한신과 합하여 기신(忌神)으로 변화하면, 아내에게 외정(外情)이 있을 수 있다. ④ 일주가 재성을 싫어하는데, 재성이 한신과 합하여 재성으로 변화하면, 부부 사이가 화목하지 못하다.

이 모든 것은 사주 전체의 상황과 일주의 희신, 기신을 기준으로 논해야 한다. 만약 재성이 너무 떠다닌다면 재고(財庫)에 갈무리하여 저장하는 것이 좋고, 재성이 깊이 숨어 있다면 충동시켜 이끌어내는 것이 필요하다. 이러한 점들을 세밀하게 연구해야 한다.

丁 庚 乙 癸
丑 申 丑 卯

己 庚 辛 壬 癸 甲
未 申 酉 戌 亥 子

[229] 강약 / 조후

이 사주는 차가운 金이 앉은 자리에 녹(祿)을 갖고, 인수(印綬)가 당권(當權)을 잡고 있다. 火를 용신(用神)으로 삼아 추위에 대처해야 하는데, 연간(年干)의 癸水가 丁火를 극하니 병(病)이 된다.

전적으로 월간(月干)의 乙木에 기대는데, 乙木이 뿌리를 내렸고 水 기운을 설기하고 火를 생할 수 있으므로 이것이 희신(喜神)이다. 이 희신 乙木이 곧 재성(財星)이며, 재성이 합을 만나니 '재물이 나에게로 찾아온다'고 할 수 있다. 그의 아내는 현숙하고 근면했으며, 세 아들을 낳았고 아들들이 모두 학문에 힘썼다.

癸	丁	乙	丁		
卯	酉	巳	未		
己	庚	辛	壬	癸	甲
亥	子	丑	寅	卯	辰

[230] 강약 / 조후

丁火가 맹하(孟夏) 巳月에 태어났고, 사주 내에 효신(梟神)과 겁재(劫財)가 권세를 잡고 있다. 한 점의 癸水가 견제 세력은 되지 못하지만, 다행스러운 것은 좌하(坐下)의 酉金이 卯木을 충(沖)하여 제거하고 癸水를 생한다는 점이다.

출신은 빈한했지만, 癸 운에 입학하고 아내를 만났는데, 그 아내는 만금의 재물을 가진 여인이었다. 壬 운에 과거에 급제했고, 辛丑 운에는 지현(知縣)에 선출되었으며, 벼슬은 군수까지 지냈다.

이 사주에 만약 酉金이 없었더라면 명예는 물론 아내와 재물까지도 없었을 것이다.

壬	丙	庚	乙		
辰	申	辰	亥		
甲	乙	丙	丁	戊	己
戌	亥	子	丑	寅	卯

[231] 강약

丙火 일주가 계춘(季春) 辰月에 태어났고, 인수(印綬)는 뿌리를 내려 왕성하다. 일지(日支)에 재성(財星)을 깔고 앉았으며, 시간(時干)에 壬水가 투출했으니 반드시 乙木이 용신(用神)이다.

그러나 꺼려지는 것은 乙과 庚이 합하여 金이 된다는 점이다. 이는 칠살(七殺)을 생하고 인수를 파괴하는 작용을 한다. 그의 처는 어질지 못하며 질투가 많고 사나움이 정상적이지 않았다. 또한 자식도 두지 못하여 후사가 끊겼다. 이것은 재성으로 인해 발생한 해악이니, 가히 두렵지 않은가?

36. 자녀(子女)

자 녀 근 지 일 세 전　희 신 간 여 살 상 연

子女根枝一世傳 喜神看與殺相連[38)]

자녀는 뿌리와 가지처럼 한 세대를 걸쳐 전해지니, 희신이 관살과 연결되어 있는지를 본다.

原注

大率依官看子. 如喜神卽是官星, 其子賢俊, 喜神與官星不相妒亦好, 否則無子, 或不肖, 或有克. 然看官星, 又要活法, 如官輕須要助官; 殺重身輕, 只要印比; 無官星, 只論財; 若官星阻滯, 要生扶沖發; 官星洩氣太重, 須合助遙會; 若殺重身輕而無制者多女.

- 대체로 관성(官星)으로 자식을 본다. 만약 희신(喜神)이 곧 관성이라면 그 자식은 현명하고 뛰어나며, 희신과 관성이 서로 질투하지 않아야 좋은데, 그렇지 않으면 자식이 없거나, 불초(不肖)하거나, 극하는 일이 생길 수 있다.
- 그러나 관성을 보는 것은 또 활법(活法)이 필요하니, 예를 들어 관성이 약하면 마땅히 관성을 도와야 한다. 칠살(七殺)이 강하고 일간이 약하면 인성(印星)이나 비겁(比劫)이 필요하다. 관성이 없다면 오직 재성(財星)으로만 논한다. 만약 관성이 막히고 정체되면 생조(生助)하거나 충발(沖發)시켜야 한다. 관성이 설기(洩氣)가 너무 심하면 합(合)으로 돕거나 멀리서 회합(會合)시켜야 한다. 만약 칠살이 강하고 일간이 약하며 제어하는 것이 없다면 딸이 많을 수 있다.

---

38) 子女根枝一世傳, 喜神看與殺相聯.

임철초 日

관성(官星)을 자식으로 보는 견해는 자세히 살펴보면 윗사람을 범한다는 의심을 지울 수 없다. '관(官)'은 '다스린다'는 의미를 담고 있다. 조정에서 관리를 두어 백성을 다스리듯, 가정에서는 마땅히 웃어른을 중심으로 삼고 모든 행동이 조부모의 가르침을 따라야 한다. 이것이 올바른 이치이다. 관청의 다스림에 복종하지 않으면 역적이고, 조부모의 가르침을 따르지 않으면 불효자이다. 명(命)은 이치인데, 어찌 관성을 자식으로 보아 윗사람을 범할 수 있단 말인가? 어찌 사주를 논하면서 임금도 없고 아버지도 없을 수 있단 말인가? '아버지가 계시면 자식이 마음대로 할 수 없다'는 속담처럼, 만약 관성을 자식으로 본다면 아버지가 오히려 자식에게 다스림을 받게 되니, 아버지가 마음대로 할 수 없게 된다. 그러니 흔히 말하는 부모를 극한다는 속설은 이치에 맞는다고 할 수 없다.

따라서 육친법을 다시 정한다. ① 나를 생하는 것은 부모(인성), ② 내가 생하는 것은 자녀(식상), ③ 내가 극하는 것은 아내(재성), ④ 나를 극하는 것은 조부이자 남편(관살), ⑤ 나와 같은 것은 형제(비겁)이다. 이 이치는 정당하고 순리적이며 변하지 않는 법칙이다.

특히 식상을 자녀로 보는 것은 고서(古書)에서도 "식신이 있으면 오래 살고 처와 자식이 많다", "시에 칠살(七殺)이 있으면 본래 자식이 없다", "식신이 제복을 받으면 자식이 많다"고 하여 확실한 근거가 된다. 하지만 이 또한 고정된 법칙은 아니다. 만약 사주에 식상이나 관살이 없는 경우에는 어떻게 논해야 할까? 명리학은 한 가지에만 얽매이지 않고 항상 변통(變通)하는 것이 중요하다. 먼저 식상을 자녀로 확정한 후, 일주(日主)의 강약(衰旺)과 사주(四柱) 전체의 희신(喜神)과 기신(忌神)을 살펴 적용해야 한다. 희신이 칠살과 연결된 것을 보는 것이야말로 지극한 통변의 논리이다.

예를 들어, 일주가 강하고 인수가 없으며 식상이 있으면 자식이 많다. 일주가 강하고 인수가 많으며 식상이 약하면 자식이 적다. 그러나 일주가 강하고 인수가 많으며 식상이 약해도 재성이 있으면 자식이 많고 현명하다. 또한 일주가 강하고 인수가 많으며 식상이 없어도 재성이 있으면 자식이 많고 유능하다. 반대로 일주가 약하고 인수가 있고 식상이 없으면 자식이 많지만, 일주가 약하고 인수가 약하며 식상이 강하면 자식이 적다. 일주가 약하고 인수가 약하며 재성이 있으면 자식이 없을 수 있고, 일주가 약하고 식상이 강하며 인수가 없으면 역시 자식이 없다.

더 나아가 일주가 약하고 식상이 약하며 비겁이 없고 관성이 있으면 자식이 없을 수 있으며, 일주가 약하고 관살이 강하며 인수가 약하고 재성이 미약하게 숨어 있으면 딸이 많다. 일주가 약하고 칠살이 강하며 식상이 약한데 비겁이 있으면 딸이 많고 아들은 적다. 일주가 약하고 관살이 강하며 인성이나 비겁이 없으면 자식이 없을 것이다.

반면, 일주가 강하고 식상이 약한데 인성을 만나고 재성을 만나면 자식은 적지만 손자는 많다. 일주가 강하고 인수가 많으며 관살이 약한데 재성이 있으면 자식을 극하더라도 손자는 있다. 일주가 약하고 식상이 왕성한데 인성을 만나고 재성을 만나면 자식이 있어도 없는 것과 같다. 일주가 약하고 관살이 왕성한데 인성을 만나고 재성을 만나면 자식이 있어도 반드시 불효한다.

또한 일주가 강하고 인수가 없으며 식상이 숨어 있는데 관살이 있으면 자식이 많다. 일주가 강하고 비겁이 많으며 인수가 없고 식상이 숨어 있으면 자식이 많다. 이는 '모다멸자(母多滅子, 어머니가 많으면 자식이 망단다)'는 의미이다. 이는 다음과 같은 오행의 상극 관계를 통해 설명된다.

① 木이 많으면 火가 꺼지고, 金이 木을 극하면 火가 살아나는 것과 같다.
② 火가 많으면 土가 타버리고, 水가 火를 극하면 土가 살아나는 것과 같다.

③ 土가 무거우면 金이 묻히고, 木이 土를 극하면 金이 살아나는 것과 같다.
④ 金이 많으면 水가 스며들고, 火가 金을 극하면 水가 살아나는 것과 같다.
⑤ 水가 많으면 木이 뜨고, 土가 水를 극하면 木이 살아나는 것과 같다.

이러한 맥락에서 관살을 자식으로 보는 견해가 나오기도 한다. 이는 겉으로는 관살을 자식으로 보지만, 실제로는 식상을 자식으로 보는 것의 변형된 해석이며, 역국(逆局)에서 역으로 극하고 생하는 방식이다. 즉, 관살 자체가 자식이라는 의미는 아니다. 대체적으로 일주가 강하면 재성(財星)을 자식으로 보고, 일주가 약하면 인성(印綬)을 자식으로 본다. 이 모든 것은 나의 실험 결과이므로 감히 재정립하는 바이며, 자세히 추론해 보면 들어맞지 않는 경우가 없을 것이다.

癸	戊	辛	辛		
丑	戌	丑	丑		
乙	丙	丁	戊	己	庚
未	申	酉	戌	亥	子

[232] 강약 / 조후

이 사주는 일주가 왕하고 비겁(比劫)이 많지만, 연월에 상관(傷官)이 함께 투출하여 뿌리를 내렸다. 丑은 습토(濕土)로서 능히 물을 저장하고 金을 생한다. 또 戌은 화고(火庫)인데 일주에 임했으니, 추위로 얼어붙지는 않는다. 그러므로 가업이 부유하고 넉넉했으며, 다시 기쁜 것은 운이 서방으로 흘러 어그러지지 않는다는 점이다.

자식이 많다고 단정할 수는 있지만, 그 숫자를 헤아리기 어려웠다. 물어보니 16세부터 자식을 낳기 시작하여 매년 한 명씩 얻어 연달아 16명의 자식을 두었으나, 한 사람도 손상 없이 잘 자랐다고 한다.

이는 사주가 아름답기 때문이며, 인수가 없었으므로 辛金이 木과 火로부터 다투지 않고 맑고 윤택하여 잡스럽지 않았기 때문이다.

癸	丁	甲	癸		
卯	酉	子	亥		
戊	己	庚	辛	壬	癸
午	未	申	酉	戌	亥

[233] 강약

이 사주는 관살(官殺)이 월령을 잡고 있어 마땅히 종살(從殺)해야 할 것 같지만, 甲木이 투출한 것이 문제가 되어 부득이 인수(印綬)를 용신(用神)으로 삼아야 한다. 꺼려지는 것은 卯와 酉가 충(沖)을 한다는 점이다.

초년 甲木의 용신 운에서는 천간의 기운이 유정하여 가업이 풍족했지만, 지지(地支)의 협조가 이루어지지 않아 아내가 딸만 8명을 낳았고, 첩에게서도 딸만 8명을 낳았으나 끝내 아들을 두지 못했다.

이는 이른바 '일간이 약할 때(身衰)는 인수를 자식으로 삼아야 한다'는 이치에 해당하는데, 재성(財星)이 인성(印星)을 파괴했기 때문이다.

丁	戊	辛	乙		
巳	戌	巳	未		
乙	丙	丁	戊	己	庚
亥	子	丑	寅	卯	辰

[234] 강약 / 조후

戊土가 巳月에 태어나 사주 내에 火土가 왕성하다. 辛金은 투출했으나 뿌리가 없고, 시지(時支) 또한 巳이며, 丁火가 힘없는 辛金을 극한다. 사주 안에는 습기(濕氣)도 전혀 없다.

다시 혐오스러운 것은 연간(年干)의 乙木이 火를 도와 더욱 맹렬하다는 점이다. 이로 인해 두 명의 처를 극하고 열두 명의 아들을 낳았으나 모두 잃고 현재는 두 아들만 남았다.

甲	壬	癸	戊		
辰	戌	亥	子		
己	戊	丁	丙	乙	甲
巳	辰	卯	寅	丑	子

[235] 강약

壬水가 맹동(孟冬) 亥月에 태어났지만, 다행스럽게도 金이 없었다. 식신(食神)이 홀로 투출하여 학문적 성취가 있었다. 甲寅 운에 반궁(泮宮)에 입학했으며, 열 명의 아들을 두어 모두 잘 키웠다. 아내를 극하지 않은 것은 사주에 재성(財星)이 없는 덕분이다. 과거 시험인 추위(秋闈, 가을에 치르는 향시)에 불리했던 것은 지지에 寅과 卯가 없었기 때문이다. 이 사주에서 만약 戌土가 木으로 바뀌었다면, 높은 관직에 오를 수 있었을 것이다.

辛	辛	丙	庚		
卯	亥	戌	寅		
壬	辛	庚	己	戊	丁
辰	卯	寅	丑	子	亥

[236] 강약

辛金이 戌月에 태어나 인성(印星)이 월령을 잡았다. 또한 寅은 戌과 함께 천간의 丙火를 생한다. 庚과 辛 비겁(比劫)은 아래의 亥水를 생하지 못한다. 亥와 卯와 합(合)하여 木을 이루니, 사주 전체가 재성(財星)과 관성(官星)으로 국(局)을 이루었다.

그 결과, 두 명의 처와 네 명의 첩을 두었으며, 세 아들을 낳았으나 모두 극했고, 열두 명의 딸을 두었으나 또 그중 아홉을 극했다. 다행스러운 것은 가을 金이 유기(有氣)하여 가업은 풍요로웠다.

丁	戊	丁	丁
巳	戌	未	酉

辛	壬	癸	甲	乙	丙
丑	寅	卯	辰	巳	午

[237] 강약 / 조후

土가 여름에 태어나 인수(印綬)가 중후하다. 사주 안에는 水氣가 전혀 없고, 마른 土는 金을 생할 수 없다.

그 결과 세 명의 처와 다섯 명의 아들을 모두 극했다. 그러나 丑 운이 오자 습토(濕土)가 火 기운을 어둡게 하고 金을 생하여 금국(金局)을 이루니, 한 아들을 두어 길렀다.

이러한 여러 사주를 살펴보건대, 식신(食神)과 상관(傷官)이 자식임을 명확히 알 수 있다. 무릇 자식의 있고 없음은 명(命) 속에 정해진 이치가 있다. 명리학에서 자식의 수는 일반적으로 다섯 가지로 본다. 水는 하나, 火는 둘, 木은 셋, 金은 넷, 土는 다섯이다. 월령을 잡은 오행은 그 수가 배가 되고, 휴수(休囚)된 오행은 그 수가 절반으로 줄어든다. 이처럼 가감하는 것 외에 자식의 수가 더 많아지는 경우는 타고난 천명 때문이다.

丁	甲	辛	辛
卯	辰	卯	卯

乙	丙	丁	戊	己	庚
酉	戌	亥	子	丑	寅

[238] 강약

이 사주는 봄의 木 기운이 웅장하고 강한데 金이 두 개나 투출했지만 뿌리가 없다. 다행인 점은 丁火가 투출하여 辛金을 극제한다는 것이다. 이로 인해 己丑, 戊子 운 중에는 자식을 두었으나 기르지 못했고, 재산도 거의 파산되어 소모되었다. 丁亥 운에는 지지에서 목국(木局)을 이루고 천간의 丁火를 도우니, 자식과 재산이 동시에 불어났고, 丙戌 운에는 더욱 길하여 다섯 아들을 두었고 가업이 새롭게 번성했다.

이를 통해 보면, 팔자의 용신(用神)이 곧 자식이 될 수 있음을 알 수 있다. 예를 들어, 용신이 火라면, 그 자식은 반드시 木火 운이나 세운에 얻게 될 것이다. 혹 木火 운에 낳지 않은 경우라면, 필시 그 출생한 아이의 사주에 木火 기운이 많거나 木火 일주(日主)일 것이다. 만약 그렇지 않다면 기르기 어렵거나, 기른다 해도 불초(不肖)할 수 있다. 이는 필자가 여러 번 시험하여 확인한 바 있다.

그러므로 사주 내에서 용신 하나로 아내, 재물, 자식, 관록뿐만 아니라 수명까지도 모두 궁통(窮通)할 수 있으니, 용신 한 글자를 정하는 것에 어찌 소홀할 수 있겠는가?

37. 부모(父母)

부 모 혹 륭 여 혹 체 세 월 소 관 과 비 세

父母或隆與或替 歲月所關果非細[39)]

부모가 혹 융성하고 혹 쇠퇴하는 것은 연(年)과 월(月)에 관계되어 있으니, 그 영향이 결코 작지 않다.

原注

子平之法, 以財爲父, 以印爲母, 以斷其吉凶, 十有九驗, 然看歲月爲緊. 歲氣有益于月令者, 及歲月不傷夫喜神者, 父母必昌. 歲月財氣斲喪於時干者, 先剋父; 歲月印氣斲喪於時支者, 先剋母. 又須活看其局中之大勢, 不可專論財印, 中間有隱露其興亡之機, 而不必在於財印者. 與財生印生之神, 而損益舒配得所, 及陰陽多寡之論, 無有不驗.

- 자평명리의 법은 재성(財星)으로 아버지를 삼고, 인성(印星)으로 어머니를 삼아 그 길흉을 판단하니 열에 아홉은 적중하지만, 연(年)과 월(月)을 보는 것이 더욱 중요하다.
- 연(年)의 기운이 월령(月令)에 이롭거나, 연월의 기운이 희신(喜神)을 손상시키지 않는다면 부모가 반드시 번창한다.
- 연월의 재성(財星)이 시간(時干)에 의해 손상되면 먼저 아버지를 극하고, 연월의 인성(印星)이 시지(時支)에 의해 크게 손상되면 먼저 어머니를 극한다.

---

39) 父母或興與或替, 歲月所關果非細.

- 또한 그 사주 전체의 큰 흐름을 유연하게 보아야 하며, 재성과 인성만을 전적으로 논해서는 안 된다. 사주 안에는 부모의 흥망성쇠를 암시하는 기미가 숨겨져 있으며 이는 재성과 인성에만 국한되는 것이 아니다.
- 재성(財星)과 인성(印星)을 생하는 오행과의 관계, 그리고 이들의 손익과 조화, 음양의 많고 적음을 논하면 적중하지 않음이 없다.

임철초 曰

부모는 자신이 태어난 근본이므로, 사주의 연(年)과 월(月)에 의해 그 운세가 좌우되며, 이를 통해 흥하고 쇠하는 변화가 일정하지 않음을 아는 것이 정확하고 변하지 않는 이치이다. 그러나 원주(原注)에서 재성(財星)을 아버지로, 인성(印星)을 어머니로 보며 단순히 극(剋)하는 관계로 부모를 논하고 있는데, 이는 너무 단편적이고 모호하여 대개 속설의 오류이다. 어찌 '극한다'는 단어를 부모에게 적용할 수 있겠는가?

이제부터 '상친(喪親, 부모를 잃음)', '형처(刑妻, 아내를 극함)', '극자(剋子, 자식을 극함)'로 다시 고쳐 정함이 지극히 이치에 맞는 것이다.

예를 들어 ① 연월(年月)에서 관인상생(官印相生)하고 일시(日時)에서 재상(財傷)이 범해지지 않으면, 위로는 부모의 음덕을 입고 아래로는 자식의 영광을 누린다. ② 그러나 연월에서 관인상생하지만 일시에서 형상(刑傷)이나 충(沖)이 있다면, 조상의 유업을 탕진하고 가문의 명예를 실추시킨다. ③ 연간에 관성(官星), 월간에 인성(印星)이 있거나, 월간에 관성, 연간에 인성이 있으면 조상이 청렴하고 고귀한 분이다. ④ 일주(日主)가 관성을 기뻐하는데 시일(時日)에서 재성을 만나거나, 일주가 인성을 기뻐하는데 시일(時日)에서 관성을 만나면 반드시 조상보다 뛰어나 가문을 일으킨다. ⑤ 반대로 일주가 관성을 기뻐하는데 시일(時日)에서 상관(傷官)을 만나거나, 일주가 인성을 기뻐하는데 시일(時日)에서 재성을 만나면 반드시 조상의 유업을 망치고 가문의 명예를 더럽힌다.

① 연간에 재성, 월간에 인성이 있고 일주가 인성을 기뻐하는데 시일(時日)에서 관성이나 인성을 만나면 부모가 가업을 일으켜 부유해졌음을 알 수 있다. ② 연간에 상관, 월간에 인성이 있고 일주가 인성을 기뻐하는데 시일(時日)에서 관성을 만나면 부모가 자수성가했음을 알 수 있다. ③ 연간에 인

성, 월간에 재성이 있고 일주가 인성을 기뻐하는데 시간(時干)에서 관성을 만나면 부모가 파산했음을 알 수 있으며, ④ 시일(時日)에 인성을 만나면 자수성가하여 가정을 이룬다.

① 연간에 관성, 월간에 인성이 있고 일주가 관성을 기뻐하는데 시일(時日)에서 재성을 만나면 부유한 집안에서 태어나 이미 이룬 것을 지키는 사주다. ② 연간에 상관, 월간에 겁재(劫財)가 있거나, 연간에 인성, 월간에 겁재가 있고 일주가 재성을 기뻐하는데 시일(時日)에 재성 또는 상관을 만나면 어렵고 궁핍한 환경에서 태어나 자수성가하는 명이다. ③ 연간에 겁재, 월간에 재성이 있고 일주가 재성을 기뻐하면 조상으로부터 풍요로운 유산을 물려받지만, 일주가 겁재를 기뻐하면 청고(淸高)하지만 가난하다. ④ 연간에 관성, 월간에 상관이 있고 일주가 관성을 기뻐하는데 시일(時日)에서 관성을 만나면 반드시 크게 발전하지만, 시일(時日)에서 겁재를 만나면 반드시 파산한다.

결론적으로 재성, 관성, 인성이 연월에 위치하면서 일주의 희신(喜神)이 되면, 부모가 비록 귀하지는 않아도 반드시 부유하다. 반대로 일주의 기신(忌神)이 되면, 가난하지 않아도 반드시 천하게 된다. 이를 자세히 살펴야 한다.

己	丙	乙	癸
丑	子	丑	卯

己	庚	辛	壬	癸	甲
未	申	酉	戌	亥	子

[239] 강약 / 격국

이 사주는 관(官)과 인수(印綬)가 투출하여 녹(祿)을 얻었고, 재성(財星)은 고장(庫藏)에 저장되어 있으니, 격국이 아름답다.

하지만 꺼려지는 점은 丑時의 상관(傷官)이 제멋대로 날뛰고, 관성(官星)은 쇠퇴하는 기운을 만났으며, 일주(日主)가 쇠약하다는 것이다. 다행히 乙木이

火를 생하며 관성(官星)을 보호하고 있다. 연월이 관인상생(官印相生) 하는 구조이니 출신 또한 관가(官家)였다.

亥 운에 반궁(泮宮)에 입학했으나, 壬戌 운에는 水 기운이 뿌리를 내리지 못해 재산 손실이 막심했다. 결국 돈으로 벼슬을 얻어 관직에 나갔지만, 청렴한 규율을 지키지 못했다. 酉 운에 이르러 재성(財星)이 인수(印綬)를 파괴하면서, 결국 국가의 형벌을 받고 말았다.

丙	戊	丁	乙		
辰	午	亥	卯		
辛	壬	癸	甲	乙	丙
巳	午	未	申	酉	戌

[240] 강약

戊土가 맹동(孟冬) 亥月에 태어나 재성(財星)이 왕성하고, 관성(官星)과 인수(印綬)가 모두 맑고 녹(祿)을 만났다. 일간(日干)은 왕성하고 생조를 받으니, 사주가 순수하여 아름답고, 오행의 생화(生化)가 유정하다. 희신(喜神)과 용신(用神) 모두 강한 기운을 가지고 있으므로, 운의 흐름이 사주를 깨뜨리지 못한다.

이 사주는 관가(官家) 출신으로, 연이어 과거에 급제했고, 다섯 아들 또한 모두 관직에 올라 부귀와 복수(福壽)를 누린 명조이다.

戊	戊	辛	丁		
午	子	亥	巳		
乙	丙	丁	戊	己	庚
巳	午	未	申	酉	戌

[241] 강약

이 사주는 사주 안에 火가 세 개, 土가 두 개 있어 겉보기에는 왕성해 보인다. 그러나 亥와 子가 월령을 잡고 있어 인성(印綬)을 충극(沖剋)하고 있으며, 천간의 火土는 기운이 약하고 설기(洩氣)되어 허약하다는 것을 알아야 한다.

그의 조상은 큰 부자였으나, 아버지 대에 이르러 가업이 파산했다. 게다가 초년 운이 서방 金 지대로 흘러 왕성한 水 기운을 더욱 생조(生助)하니, 반평생 동안 좌절을 겪으며 뜻을 이루지 못했다. 그러나 丁未 운으로 바뀌면서 운이 남방으로 흘러 丙午 운까지 20년간 이어지자, 원하는 사업을 크게 이루어 십여만 냥의 재물을 모았다.

癸	丙	辛	乙		
巳	辰	巳	亥		
乙	丙	丁	戊	己	庚
亥	子	丑	寅	卯	辰

[242] 강약

이 사주는 일간이 지지(地支)에 두 개의 녹(祿)을 갖고 권세를 잡았으며, 연간(年干)의 인수(印綬) 또한 뿌리를 내렸다. 일반적인 명리가들은 이를 일간(日干)이 왕하다고 보고 재성(財星)을 용신으로 삼아 명예와 재물을 모두 얻을 것이라고 판단할 수 있다.

그러나 丙火가 孟夏(맹하) 巳月에 태어났으므로 火 기운이 강하지만, 연간의 인수는 월간의 재성(財星)에 의해 손상된다. 또한 연월의 巳亥가 충(沖)이 되어 록을 파괴하고 火 기운을 없애버리니, 金水가 오히려 생조를 받고 木火는 세력을 잃게 된다. 더욱이 일간이 앉은 자리 辰土는 명주(命主)의 원신(元神)을 빼앗고, 시간(時干)의 癸水가 개두하여 巳火마저 손상시키니, 필연적으로 일간이 약하다고 판단해야 한다. 따라서 巳火를 용신으로 삼아야 한다.

초년 운은 동방의 木土 지지(地支)로 흘러 조상으로부터 물려받은 재산이 풍부했다. 그러나 丙子 운에는 火가 뿌리를 내리지 못하고 관성(官星)이 강해져 재산 손실이 매우 컸다. 丑 운에는 金을 생하고 火 기운을 설기하여 극심한 형극(刑剋)이 따랐고, 가업의 십중팔구가 파산했으며, 부부 모두 사망했다.

38. 형제(兄弟)

형 제 수 폐 여 수 흥 　제 용 재 신 간 중 경
兄弟誰廢與誰興 提用財神看重輕

형제 중 누가 쇠하고 누가 흥할지는 월령의 용신과 재성의 경중을 본다.

原注

敗財比肩羊刃, 皆兄弟也. 要在提綱之神, 與財神喜神較其重輕, 財官弱, 三者顯其攘奪之迹, 兄弟必强; 財官旺, 三者出其助主之功, 兄弟必美; 身與財官兩平, 而三者伏而不出, 兄弟必貴; 比肩重而傷官財殺亦旺者, 兄弟必富. 身弱而三者不顯, 有印, 而兄弟必多; 身旺而三者又顯, 無官, 而兄弟必衰.

- 패재(敗財, 겁재), 비견(比肩), 양인(羊刃)은 모두 형제이다. 형제의 길흉은 제강(提綱, 월령)의 신(神)과 재성(財星), 희신(喜神)의 강약을 비교하여 판단한다.
- 재성(財星)과 관성(官星)이 약하면 이 세 가지(겁재, 비견, 양인)가 재물을 빼앗고 다투는 성향을 드러내니, 형제가 반드시 강한 것이다.
- 재성과 관성이 왕성하면 이 세 가지가 일주(日主)를 돕는 역할을 하여 형제 관계가 좋을 것이다.
- 일주와 재성, 관성이 모두 균평하고, 이 세 가지(겁재, 비견, 양인)가 숨어 드러나지 않으면 형제가 귀할 것이다.
- 비견이 강하고 상관(傷官), 재살(財殺) 또한 왕성하다면 형제가 부유할 것

이다.

- 일주가 약한데 이 세 가지(겁재, 비견, 양인)가 드러나지 않고 인성(印星)이 있다면 형제가 많을 것이다.
- 일주가 왕한데 이 세 가지(겁재, 비견, 양인)가 또 드러나고 관성(官星)이 없다면 형제가 쇠퇴할 것이다.

임철초 日

비견(比肩)은 형을, 겁재(敗財)는 아우를 상징하며, 건록(建祿)과 양인(陽刃) 또한 같은 맥락으로 형제로 논한다.

만약 ① 칠살(殺)이 왕하고 식신(食神)이 없는데, 혹 칠살이 강하고 인성(印)이 없는데, 겁재가 칠살과 합을 이룬다면 반드시 아우의 도움을 받게 된다. ② 칠살이 왕하고 식신이 약할 때, 혹 인성이 약하고 재성을 만났을 때, 비견이 칠살에 대항하면 반드시 형의 도움을 받는다.

반면, ③ 관성(官)이 약하고 상관(傷官)이 강한데 비겁(比劫)이 상관을 생조하거나, 칠살을 지나치게 제어하고 비겁이 식신을 생조하면 반드시 형제 때문에 어려움을 겪는다. ④ 재성이 약하고 겁재가 강한데 인성이 상관을 제압하면 '사마천의 근심(재물의 손실)'을 면치 못한다. ⑤ 재성과 관성이 힘을 잃고 겁재와 양인이 제멋대로 날뛰면 '주공의 근심(난세의 불안)'이 있을 수 있다.

⑥ 재성이 칠살을 생조하고 비겁이 일간(身)을 돕는다면 형제와 함께 크게 번영할 수 있다. ⑦ 칠살이 강하고 인성이 없으며, 일주가 쇠약하고 상관이 숨어 있다면 형제간에 탄식할 일이 없을 것이다. ⑧ 칠살이 왕성하고 인성이 숨어 있으며 비견이 기운이 없다면, 아우는 공경하나 형은 반드시 쇠퇴한다. ⑨ 관성이 왕성하고 인성이 약하며 재성이 기운을 얻으면, 형은 사랑스러우나 아우는 성공하지 못한다.

⑩ 일주가 비록 쇠약해도 인성이 월령을 잡고 강하면 형제가 많다. ⑪ 일주가 왕성하고 편인(梟)과 비겁이 거듭 나타나며 관성이 없다면 혼자서 모든 일을 책임져야 한다.

⑫ 재성이 약하고 겁재가 강한데 식상이 겁재를 설기하면 '한 말의 곡식과 한 자의 베를 다투는 시름(가난과 다툼)'은 없을 것이다. ⑬ 재성이 약한데

겁재를 만나고 관성이 뚜렷하다면 '콩깍지로 콩을 삶는 노래(형제간의 비극)'를 부르지 않게 될 것이다. ⑭ 편인과 비겁이 중첩되고 재성이 약하며 칠살이 숨어 있다면 '깃털이 꺾이는 슬픈 울음(형제의 불행)'을 면치 못한다. ⑮ 일주가 쇠약해도 인성이 있고 재성이 겁재를 만난다면, 오히려 형제들이 서로 다투어 빼어남을 허락받는다.

결국 월령의 희신과 기신을 논하는 것보다, 일주가 좋아하는 오행과 싫어하는 오행(愛憎)에 전적으로 의지해야 한다. 재성, 관성, 인성이 연월에 위치하며 일주의 희신이 되면, 부모가 귀하지는 않아도 반드시 부유할 것이다. 반대로 일주의 기신이 되면 가난하지 않아도 반드시 천하게 된다. 이를 자세히 살펴야 하며, 정확하게 판단하면 틀림없이 들어맞을 것이다.

丁 丙 壬 丁
酉 子 寅 亥

丙 丁 戊 己 庚 辛
申 酉 戌 亥 子 丑

[243] 강약

丙火가 寅月 초봄(春初)에 태어났으니, 상화(相火)의 기운은 있으나 왕성하다고는 볼 수 없다. 월간의 壬水는 亥와 子에 뿌리를 내려 칠살(七殺)은 왕성하지만 제어할 것이 없다.

다행스러운 것은 丁壬이 합하여 木 기운으로 변하고 寅亥가 합하여 인수(印綬)로 변하니, 이는 어려운 상황을 오히려 은혜로 바뀌는 것이다. 시지(時支)의 재성(財星)은 관성(官星)을 생하고 인성(印星)을 극하지만, 시간의 丁火가 위를 덮고 있어 재성이 木을 극하지 못하게 한다.

그 결과, 한 어머니에게서 태어난 7명의 형제가 모두 학문에 뜻을 두었고, 형제간에 사랑하고 공경하는 관계를 유지하였다.

		庚	丙	戊	癸
		寅	午	午	巳
壬	癸	甲	乙	丙	丁
子	丑	寅	卯	辰	巳

[244] 강약

이 사주는 양인(陽刃)이 월령을 잡고 있어 기운이 왕성하다. 여기에 꺼림칙한 것은 戊와 癸가 합하여 火로 변하고, 재성(財星)은 겁재들에게 재물을 빼앗긴다. 그 결과, 형제 6명 모두 제대로 된 인물이 되지 못해 견디기 힘든 누(累)를 끼쳤다.

나의 사주는 연월일이 위와 모두 같고 壬辰時로 하나만 다르다. 여기선 약한 칠살(弱殺)이 형제를 견제하는 힘이 되지 못하므로 6형제 중 똑똑한 사람은 일찍 죽었고, 나머지는 불초(不肖)하여 서로에게 피해를 주다가 결국 가정이 파탄 났다.

결론적으로, 겁재와 양인이 너무 왕성하고 재성과 관성의 기운이 없다면, 형제복이 적다. 비록 형제가 있더라도 없는 것만 못하다. 그러나 관살이 너무 왕성해도 형제에게 상처와 해로움이 있다. 반드시 일간(身)과 재성(財)이 함께 왕성하고, 관성(官)과 인성(印)이 뿌리를 내려야 형제간에 우애를 돈독히 할 수 있다.

39. 하지장(何知章)

하 지 기 인 부 재 기 통 문 호
何知其人富 財氣通門戶

어떻게 그 사람이 부자임을 아는가? 재성의 기운이 문호(門戶, 월령)에 통했기 때문이다.

原注

財旺身强, 官星衛財, 忌印而財能壞印, 喜印而財能生官, 傷官重而財神流通, 財神重而傷官有限, 無財而暗成財局, 財露而傷亦露者, 此皆財氣通門戶, 所以富也. 夫論財與論妻之法, 可相通也, 然有妻賢而財薄者, 亦有財富而妻傷者, 看刑沖會合. 但財神清而身旺者妻美, 財神濁而身旺者家富.

- 재성(財星)이 왕성하고 일주(日主)가 강하며 관성(官星)이 재성을 보호할 때, 인성(印星)이 기신인데 재성이 인성을 극제하고 있을 때, 인성이 희신인데 재성이 관성을 생하고 있을 때, 상관(傷官)이 강한데 재성으로 잘 유통될 때, 재성이 강한데 상관이 적절히 절제될 때, 재성이 없는데도 은밀히 재국(財局)을 이울 때, 재성이 천간에 드러나고 상관 또한 드러나서 통할 때, 이들 모두 재성의 기운이 문호(門戶)에 통했다고 보아 부자가 되는 사주이다.
- 무릇 재물과 아내를 논하는 법은 서로 통하는 부분이 있다. 하지만 아내는 현명해도 재물이 박한 자도 있고, 재물은 풍부해도 아내가 상하는 자

도 있으니 형충회합(刑沖會合)을 면밀히 살펴야 한다.

- 다만 재성이 청하고 일주가 강한 자는 아내가 아름답고, 재성이 탁하고 일주가 강한 자는 집안이 부유하다.

임철초 日

① 재성(財星)이 왕성하나 일주(日主)가 약하고 관성(官星)이 없는 경우에는 반드시 식상(食傷)이 있어야 한다. ② 일주와 재성이 모두 왕성한데 식상이 없는 경우에는 반드시 관성과 칠살(七殺)이 있어야 한다. ③ 일주와 인성(印綬)은 왕성하나 식상이 미약한 경우에는 재성이 국(局)을 이루어야 한다. ④ 일주는 왕성하나 관성이 쇠약하고 인성이 중첩된 경우에는 재성이 월령(月令)을 잡아야 한다. ⑤ 일주와 겁재(劫財)는 왕성하나 재성과 인성이 없고 식상이 있는 경우, ⑥ 혹은 일주가 약하고 재성은 강한데 관성과 인성이 없고 비겁(比劫)이 있는 경우, 이들은 모두 재성의 기운이 문호에 통했다고 본다.

재성은 곧 배우자이므로 함께 논할 수 있다. 재성의 기운이 맑으면 배우자가 아름답고, 탁하면 집안이 부유해진다는 이치는 옳으나, 아직 깊이 논하지 못한 부분이 있다.

예를 들어, 일주가 강하고 인성이 있는데 관성이 기운을 설기하고 사주에 식상이 보이지 않는 경우, 재성이 관성을 생조하더라도 식상이 없으므로 재성의 뿌리가 얕다. 이때는 배우자가 아름다울 뿐 재물이 많지는 않다. 일주가 강하고 인성이 없는데 관성이 약하고 상관(傷官)을 만났을 경우, 재성이 상관의 기운을 설기하여 관성을 생조하면 재성의 뿌리가 튼튼해지고 관성도 도움을 얻는다. 이 경우에는 배우자가 아름다울 뿐 아니라 재물도 풍족하다.

일주가 강하고 관성은 약하며 식상이 거듭 나타나는데 재성이 관성과 연결되지 않은 경우, 집안은 부유해도 배우자의 모습은 부족할 수 있다. 일주가 강하고 관성이 없는데 식상이 강하고 재성이 겁재와 연결되지 않은 경우, 인성이 없으면 배우자와 재물이 모두 아름답고, 인성이 있으면 재물은 왕성하나 배우자에게 해가 될 수 있다. 이 네 가지 경우를 세밀하게 연구해야 한다.

辛	壬	丙	甲		
亥	寅	子	申		
壬	辛	庚	己	戊	丁
午	巳	辰	卯	寅	丑

[245] 강약

壬水가 중동(仲冬) 子月에 태어나 양인(陽刃)이 당권(當權)하였는데, 연월의 木火는 뿌리가 없고, 일지(日支) 식신(食神)은 충파(沖破)되었으니 평범한 것처럼 보인다. 그러나 다행스러운 점은 일지 寅과 시지 亥가 木火의 생지(生地)가 되며, 寅과 亥가 합(合)하여 木火의 기운이 더욱 왕성해진다는 점이다. 또한 子와 申이 회국(會局)하여 식신이 오히려 생부(生扶)를 얻으니, 이것이 이른바 '재기통문호(財氣通門戶)'가 된다. 이로 인해 백여만 냥의 큰 부를 얻었다.

무릇 큰 부자의 사주는 재성(財星)이 많기 때문이 아니라, 재성이 생화(生化)하여 유정(有情)함이 중요하다. 이것이 곧 '재기통문호'이다. 만약 재성이 왕지(旺地)에 임했으나 일주(日主)가 실령(失令)하여 관성(官星)을 꺼려할 때는 반드시 비겁(比劫)이 도와주어야 아름다운 사주가 된다.

戊	癸	丙	壬		
午	亥	午	申		
壬	辛	庚	己	戊	丁
子	亥	戌	酉	申	未

[246] 강약

癸水가 중하(仲夏) 午月에 태어났고 午時를 만나니 재성(財星)과 관성(官星)이 매우 왕성하다. 다행히 일주가 지지에서 힘을 얻었고, 연간의 겁재(劫財)가 장생(長生)에 앉아 있는 것이 묘하다. 재성(財星)이 기운이 있지만, 오행에 木이 없어 水의 기운이 설기되지 않고 火도 생조를 받지 못하니, 壬水를 쓸 수 있다.

게다가 운이 서북방으로 흘러 金水가 힘을 얻으니, 물려받은 재산은 많지 않았지만 스스로 40~50만 냥의 재물을 모았다. 한 명의 처와 네 명의 첩을 두었으며, 여덟 아들을 두었다.

하 지 기 인 귀 관 성 유 리 회

何知其人貴 官星有理會

어떻게 그 사람이 귀(貴)한지 아는가? 관성(官星)이 이치에 맞게 조화를 이루었기 때문이다.

原注

官旺身旺, 印綬衛官, 忌劫而官能去劫, 喜印而官能生印, 財神旺而官星通達, 官星旺而財神有氣, 無官而暗成官局, 官星藏而財神亦藏者, 此皆官星有理會, 所以貴也. 夫論民與論子之法, 可相通也, 然有子多而無官者, 身顯而無子者, 亦看刑衝會合. 但官星清而身旺者必貴; 官星濁而身旺者必多子; 至於得象得氣得局得格者, 妻子富貴兩全.

- 관성(官星)과 일주(日主)가 모두 왕하고, 인성(印星)이 관성을 보호할 때, 겁재(劫財)가 기신인데 관성이 겁제를 제거할 때, 인성이 희신인데 관성이 인성을 생조할 때, 재성(財星)이 왕성하여 관성으로 통달할 때, 관성이 왕성하여 재성이 기운이 유기할 때, 관성이 없는데도 은밀히 관국(官局)을 이룰 때, 관성이 숨어 있고 재성 또한 숨어 있을 때, 이들 모두 관성(官星)이 이치에 맞게 조화를 이루므로 귀하게 된다.
- 무릇 백성(民)을 논하는 법과 자식(子)을 논하는 법은 서로 통하는 부분이 있다. 그러나 자식은 많아도 관직이 없는 자가 있고, 신분은 높아도 자식이 없는 자도 있으니 형충회합(刑沖會合)을 면밀히 살펴야 한다.
- 다만 관성이 청하고 일주가 강한 자는 반드시 귀할 것이고, 관성이 탁하고 일주가 강한 자는 반드시 자식이 많을 것이다. 득상(得象), 득기(得氣), 득국(得局), 득격(得格)한 자는 처자(妻子)가 모두 부귀를 누릴 것이다.

임철초 日

① 일주(日主)는 강하고 관성(官星)은 약한데 재성(財星)이 관성을 생조하는 경우 ② 관성은 강하고 일주가 약한데 관성이 인성(印綬)을 생조하는 경우 ③ 인성은 강하고 관성은 쇠약한데 재성이 능히 인성을 극제하는 경우 ④ 인성은 약하고 관성이 강한데 재성이 나타나지 않는 경우 ⑤ 겁재(劫財)가 강하고 재성은 약한데 관성이 겁재를 제거하는 경우 ⑥ 재성이 인성을 손상시키는데 관성이 인성을 생조하는 경우 ⑦ 관성을 용신(用神)으로 삼을 때 관성과 재성이 모두 지지에 숨어 있는 경우 ⑧ 인성을 용신으로 삼을 때 인성과 관성이 모두 천간에 드러나 있는 경우, 이런 사주들은 모두 관성(官星)이 조화를 이루어 귀하게 된다.

만약 일주, 관성, 인성이 모두 왕성하고, 사주에 식상(食傷)이 전혀 섞이지 않고, 재성도 나타나지 않으면 격국이 가장 맑다. 그러나 관성의 기운은 인성에게로, 인성의 기운은 일주에게로만 향하여, 결국 나(日主) 하나만을 생하게 되므로 관직은 있으나 자식이 없는 경우가 많다. 설령 식상이 조금 섞여 있더라도 인성에 의해 극제되므로 자식을 얻기는 어렵다.

반대로 일주와 관성은 왕성하고 인성은 약한데, 식상이 지지에 은밀히 숨어 관성을 손상시키지 않고 인성에게 극제되지도 않는다면 자연히 귀하고 자식도 얻게 된다.

만약 일주가 강하고 관성이 약하며 식상이 강한데, 인성은 있고 재성이 인성을 극하거나, 재성은 없어도 은밀히 재성국(財星局)을 이루면 귀하지는 않아도 자식이 많고 반드시 부자가 된다.

하지만 일주가 강하고 관성은 약한데 식상은 강하고 재성은 없으면 자식은 있어도 반드시 가난하다. 또한 일주가 약하고 관성은 강하며 식상이 강한데 인성까지 없다면 가난할 뿐 아니라 자식도 없다. 혹 인성이 있어도 재성을 만나면 이와 같은 결과가 나타난다.

辛丁癸癸
亥卯亥卯

丁 戊 己 庚 辛 壬
巳 午 未 申 酉 戌

[247] 강약 / 격국

이 사주는 관살(官殺)이 힘을 얻어 본래는 두려운 명조다. 그러나 다행히 지지에서 인성국(印星局)을 이루어, 그 기운을 교묘하게 빌려 水의 기세를 순조롭게 통하게 하니, 관성(官星)이 이치에 맞게 조화를 이루었다.

단, 아쉬운 것은 초년 운이 庚申 辛酉 金 운으로 흘러 관살을 생조하고 인성을 파괴했기 때문에 공명(功名)을 이루지 못하고 좌절을 겪었다. 그러나 己未 운에 이르러 지지에서 인성국이 완전해지고 천간에 식신(食神)이 투출하니, 그야말로 승승장구하여 벼슬이 상서(尙書)에까지 올랐다.

이처럼 사주가 좋아도 반드시 운을 만나야 성공할 수 있다. 만약 좋은 운을 만나지 못했다면 한 명의 가난한 선비에 불과했을 것이다.

壬丙丁癸
辰午巳酉

辛 壬 癸 甲 乙 丙
亥 子 丑 寅 卯 辰

[248] 강약 / 격국

丙火가 맹하(孟夏) 巳月에 태어나 지지에 녹(祿)과 왕(旺)을 깔아 매우 강한 기운을 가졌다. 다행인 점은 巳와 酉가 합하여 金을 끌어내어 재성(財星)이 관성(官星)을 생조하고, 관성은 겁재(劫財)를 제압하고 있다. 더욱 묘한 것은 時에 투출한 壬水가 관성을 돕고 세우니 수화기제(水火旣濟)를 이루었다.

30세 이후 운이 북방 水의 땅으로 흘러 과거에 급제하고 벼슬길에 오르니, 명예와 재물이 모두 빛났다. 이 사주는 관살혼잡(官殺混雜)을 꺼릴 필요가 없다. 일주가 강한 사람은 오히려 관살이 혼잡하여야 발전할 수 있기 때문이다.

己 辛 丙 甲
丑 酉 寅 午
壬 辛 庚 己 戊 丁
申 未 午 巳 辰 卯

[249] 강약

이 사주는 재성이 왕지(旺地)에 임하고 관성은 장생지(長生地)가 되었다. 일주가 녹지(祿地)에 앉았고 인성에 통근하니, 천간 네 글자는 지지에서 모두 녹왕(祿旺)을 만난 것이다. 오행에 水 기운이 없으므로 맑고 순수하다. 봄의 金이라 비록 약하지만, 時에 인성이 통근하고 용신(用神)으로 쓰임이 기쁘다.

庚 운이 일주를 돕자 癸酉年에 과거에 급제하였다. 午 운에는 칠살이 왕성해져 질병과 불운으로 형상(刑喪)을 당하였다. 辛 운 己卯年에 다시 과거에 급제하여 사림(詞林)에 들었으며, 그 이후 운이 金水로 흘러 일주를 도우니 벼슬길은 그 한계를 헤아릴 수 없게 되었다.

甲 庚 辛 乙
申 辰 巳 巳
乙 丙 丁 戊 己 庚
亥 子 丑 寅 卯 辰

[250] 강약

庚金이 입하(立夏)에서 5일이 지나 태어나서 土가 사령하였고 火는 아직 힘을 얻지 못했다. 일주 庚金은 앉은 자리에서 생조를 받으니 튼튼하고, 또 시지(時支) 申에 의해 생조와 방조를 받으니 신강(身强)하며, 칠살(七殺)은 약하다.

하지만 꺼려지는 것은 재성(財星)이 천간에 드러났고, 뿌리는 없으며 겁재(劫財)를 만났다는 점이다. 이 때문에 출신이 빈한했다.

그러나 丁 운으로 바뀌면서 관성(官星)의 원신(元神)이 드러났고, 戊寅, 己卯 두 해에 재성이 뿌리를 얻어 희신(喜神)과 용신(用神)이 함께 오니 과거에 연이어 급제하여 한림원(翰林院)에 들어갔다.

명리서에 이르기를, "칠살을 변화시켜 권위로 삼으면(殺化權) 반드시 가난한 집안에서 귀한 객이 나온다"고 했으니, 바로 이 사주를 두고 한 말이다.

하 지 기 인 빈 재 신 반 부 진
何知其人貧 財神反不眞[40)]

어떻게 그 사람이 가난한지 아는가? 재성(財神)이 오히려 진실하지 못하기 때문이다.

原注

財神不眞者, 不但洩氣被劫也, 傷輕財重氣淺, 財輕官重財氣洩, 傷重印輕身弱, 財重劫輕身弱, 皆爲財神不眞也. 中有一味淸氣, 則不賤.

- 재성(財星)이 진실하지 못하다는 것은, 단순히 재성이 설기(洩氣)되거나 겁재(劫財)에 당하는 것만이 아니다.
- 상관(傷官)은 약한데 재성(財星)은 강하고 일주의 기운이 약한 경우, 재성(財星)은 약한데 관성(官星)은 강하여 재성의 기운이 설기되는 경우, 상관(傷官)은 강하고 인성(印星)은 약하고 일주(日主)가 약한 경우, 재성(財星)은 강하고 겁재(劫財)는 약한데 일주(日主)가 약한 경우, 이들 모두 재성이 진실하지 못한 경우이다.
- 그러나 사주에 한 가지라도 맑은 기운(淸氣)이 있으면 천(賤)해지는 않는다.

---

40) 何知其人貧, 財神終不眞.

임철초 日

재성(財星)이 진실하지 못한 경우, 즉 '재신불진(財神不眞)'에는 아홉 가지가 있다. ① 재성이 강하지만 식상(食傷)도 많은 경우, ② 재성이 약해서 식상을 반기는데 인성(印綬)이 강한 경우, ③ 재성은 약하고 겁재는 강한데 식상이 나타나지 않는 경우, ④ 재성이 많아 겁재를 반기는데 관성(官星)이 겁재를 제압하는 경우, ⑤ 인성을 반기는데 재성이 인성을 파괴하는 경우, ⑥ 인성을 꺼리는데 재성이 관성을 생조하는 경우, ⑦ 재성이 희신인데 재성이 한신(閑神)과 합하여 변해버리는 경우, ⑧ 재성이 기신인데 한신(閑神)과 합하여 재성으로 변해버리는 경우, ⑨ 관살(官殺)이 왕성해 인성을 반기는데 재성이 국(局)을 이루는 경우이다. 이 아홉 가지는 재성이 진실하지 못한 정당한 이치이다.

그러나 가난한 사람은 많고, 부유한 사람은 적다. 가난에도 여러 종류가 있고 부유함에도 여러 종류가 있어 한 가지로 단정할 수 없다. 가난하지만 귀한 사람, 가난하지만 올바른 사람, 가난하고 천한 사람으로 구분할 수 있다.

예를 들어 재성은 약하고 관성은 쇠약한데 식상을 만나고 인성도 있거나, 인성을 반기지만 재성이 인성을 파괴하고 관성이 이를 해결해 주는 경우는 귀하지만 가난한 명이다. 또한 관살이 왕성하고 일주가 약한데 재성이 관살을 돕는 경우에는 인성이 있으면 쉽게 과거에 급제하고, 인성이 없으면 평생 선비의 자리에 머무는 청빈한 격이 된다.

한편, 재물이 많으면 탐욕스러워지고, 관성이 왕성하면 벼슬을 구하려는 마음이 생기는 사람들이 있기 마련이다. 합하지 않아야 할 것들이 합하고, 따르지 않아야 할 것을 억지로 따르지만 합하여 변하지 않고 종하여 진실되지 못한 명들이 있다. 이러한 명들은 부귀한 사람을 보면 아첨하고 재물을 보면 은혜와 의리를 잊으니, 가난하고 천한 명이라고 할 수 있다. 설령 요행으로 부자가 되더라도 귀하게 여길 수 없다.

가업을 망치고 집안을 파산시키는 명들은 처음 볼 때는 좋은 것처럼 보일 수 있다. 재관(財官)이 모두 아름답거나, 천간(天干)과 지지(地支)가 모두 맑거나, 살인상생(殺印相生)이 되거나, 재가 왕지에 임하는 경우들이 그러하다. 그러나 재물과 관직이 삶을 윤택하게 할 수 있어도, 반드시 일주가 왕성해야만 재와 관을 감당할 수 있다. 만약 지나치거나 부족하면 모두 진실하지 못하게 되어 재물을 흩트리고 소모시킬 수는 있으나 결국 부귀를 이룰 수는 없다. 이러한 격국이 가장 많으니 세밀하게 연구해야 한다.

	辛	戊	戊	壬	
	酉	戌	申	子	
甲	癸	壬	辛	庚	己
寅	丑	子	亥	戌	酉

[251] 강약 / 격국

戊土가 맹추(孟秋) 申月에 태어났고 지지에 서방(西方)의 기운을 모두 갖추고 있으면서 水 기운을 유행시켰다. 격국이 아름다우므로 큰 부잣집에서 출생하였다. 하지만 꺼려지는 것은 연간의 壬水가 회국(會局)에 뿌리를 내려 '재성이 오히려 참되지 않은(財星反不眞)' 사주가 되었고, 게다가 운의 흐름도 서북방의 金水 지지로 흘러간다는 점이다. 그러므로 재물을 가볍게 여기고 의리만을 중히 여기니 재산 소모가 정상적이지 않았다.

戊 운에 반궁(泮宮)에 들었고 자식을 얻었으나, 辛亥, 壬子 운에는 견디기 어려운 가난을 겪었다.

己	丁	甲	癸		
酉	巳	寅	卯		
戊	己	庚	辛	壬	癸
申	酉	戌	亥	子	丑

[252] 강약

이 사주는 재성은 감추고 칠살(七殺)은 드러냈으니 살인상생(殺印相生)이 되었고, 마치 구슬을 꿰듯 연속적으로 상생하는 구조라 귀격으로 보였다. 그래서 조상에게 물려받은 재산이 20여만 냥이나 되었다.

하지만 연간의 칠살(殺)이 뿌리가 없는데, 그 맑은 기운을 인성이 모두 빼앗아갔으니, 癸水가 용신으로 쓸 수 없음이 명백하다. 酉金 재성을 용신으로 삼아야 하는데, 위를 덮고 있는 土가 유정한 듯 보여도 木은 왕하고 土는 허약한 상태에서 상화(相火)의 생조를 받으므로, 巳酉가 재성국(財星局)을 이루지 못한다. 따라서 재성(財星)이 진실하지 못한 사주가 되었다.

壬子 운에는 金 기운을 설기하여 木을 생하니, 한 번의 실패로 재산이 잿더미가 되었다. 亥 운에는 인성이 장생지(長生地)를 만나 결국 굶어 죽었다.

庚	丙	壬	庚		
寅	寅	午	午		
戊	丁	丙	乙	甲	癸
子	亥	戌	酉	申	未

[253] 강약 / 격국

이 사주는 여름의 火 기운이 金을 만났으니 '재자약살격(財滋弱殺格)'의 구조이다. 두 지지가 혼잡되지 않고 칠살(七殺)과 양인(陽刃)이 맑으니, 명예와 재물이 모두 빛날 것처럼 보인다.

그러나 지지가 木과 火로 이루어져 金과 水를 실어 나르지 못했으니, 수레바퀴 자국에 고인 물처럼 미약한 水 기운에 불과하다. 이는 火 기운을 제어하기는커녕 오히려 재성(財星)의 기운만 설기한다. 여름의 庚金은 쇠약해졌으니 재성(財星)이 진실하지 못한(財之不眞) 사주임을 알 수 있다.

초년의 癸未, 甲申, 乙酉 운의 土金에는 의식주가 풍족했다. 하지만 丙戌

운에는 지지에 화국(火局)을 모두 이루니, 처를 극하고 자식을 해치는 일이 발생했으며, 수만 냥의 재산을 모두 잃었다. 丁亥 운에는 壬寅과 합하여 木 기운이 되므로 고통을 견디지 못하고 사망했다.

壬 庚 乙 乙
午 寅 酉 卯

己 庚 辛 壬 癸 甲
卯 辰 巳 午 未 申

[254] 강약

가을의 金 기운이 월령을 잡았으나 재(財)와 관(官)이 함께 왕성하다. 식신(食神) 壬水가 빼어난 기운을 토해내니, 전체적으로는 부귀할 명처럼 보인다.

하지만 재성이 지나치게 무겁고 관성이 회국(會局)을 이루니 일주(日主)가 오히려 약해져 재와 관을 감당하지 못한다. 오로지 양인(陽刃)과 겁재(劫財)의 도움이 필요하지만, 卯가 충하고 午가 극하니 壬水는 火를 극하지 못하고 오히려 일주의 기운만 설기하여 재성(財星)이 진실하지 못한(財星不眞) 사주가 되었다.

초년 운인 甲申은 일주에게 녹왕(祿旺)이 되니 어린 나이에 학당에 들어갔다. 그러나 그 이후 운이 남방으로 흘러 가난을 감당하지 못하게 되었다.

庚 癸 丙 辛
申 巳 申 丑

庚 辛 壬 癸 甲 乙
寅 卯 辰 巳 午 未

[255] 강약

이 사주는 일주가 앉은 자리에 재성의 녹(祿)을 갖고 있고, 칠살(七殺)은 하나만 맑게 있으니 좋은 사주처럼 보인다. 그러나 꺼려지는 점은 인성(印星)이 지나치게 많고, 丑土는 金을 생하고 火를 설기한다. 또한 丙과 辛이 합하여 水가 되면서 재성을 빼앗아 가는데, 지지에서 巳와 申이 또다시 합하여 水가 되니 재성 모두가 진실하지 못하게 된다.

초년 운인 乙未와 甲午는 木과 火가 함께 왕성하여 조상에게 물려받은 재산이 풍족했다. 하지만 癸巳 운에 들어서면서 모두 申과 합하게 되니, 한 번의 실패로 재산을 모두 잃고 결국 걸인이 되었다.

乙 丁 乙 庚
巳 丑 酉 辰

辛 庚 己 戊 丁 丙
卯 寅 丑 子 亥 戌

[256] 강약

丁火 일주가 時에서 왕지(旺地)를 만나고 두 인성(印星)이 일주를 생하니, 火의 기운이 치열하고 金이 겹겹이 쌓여 부격(富格)으로 보인다. 그러나 월간의 乙木은 庚金을 따라가고 지지에는 금국(金局)을 이루었으니, 사주 전체가 재성(財星)이 되어 오히려 재성이 진실하지 못한(反不眞) 사주가 되었다.

조상에게 물려받은 재산은 풍족했다. 丙戌, 丁亥 운에는 비겁(比劫)이 일주를 도우니 마음먹은 대로 기쁜 일이 많았다. 그러나 戊子, 己丑 운에는 金을 생하고 火의 기운을 어둡게 하므로 재물과 사람이 모두 흩어졌고, 굶주림과 추위 속에서 사망했다.

하 지 기 인 천 관 성 환 불 견

何知其人賤 官星還不見[41)]

어떻게 그 사람이 천한지 아는가? 관성(官星)이 결국 보이지 않기 때문이다.

原注

官星不見者, 不但失令被傷也. 身輕官重, 官輕印重, 財重無官, 官重無印者, 皆是官星不見也. 中有一味濁財, 則不貧; 至于用神無力而忌神太過, 敵而不受降, 助旺欺弱, 主從失宜, 歲運不輔者, 旣貧且賤.

- 관성(官星)이 보이지 않는다는 것은, 단지 월령을 잃거나 손상되는 것만이 아니다.
- 즉, 일주(身)가 약하고 관성이 강한 경우, 관성이 약하고 인성(印星)이 강한 경우, 재성(財星)이 강한데 관성이 없는 경우, 관성이 강한데 인성이 없는 경우, 이들 모두 관성이 보이지 않는 것이다.
- 이 가운데 탁한 재성(濁財)이라도 있으면 가난하지는 않다.
- 그러나 용신(用神)이 무력하고 기신(忌神)이 지나치게 강하여 대적해도 이기지 못하고, 왕성한 기운이 약한 기운을 괴롭히고, 주(主)와 종(從)이 마땅함을 잃고, 세운(歲運)이 돕지 않는 자는 가난하고 또한 천하게 된다.

41) 何知其人賤, 官星總不見.

임철초 日

원주의 해석이 너무 간략하여, 이를 더 세밀하게 살펴볼 필요가 있다. 부귀한 사람 중에도 천한 경우가 있고, 빈천한 사람 중에도 귀한 경우가 있기 때문에 '천하다'는 것을 쉽게 단정하기 어렵기 때문이다.

① 일주(身)가 약하고 관성이 왕성한데, 인성(印綬)으로 관성을 설기하지 않고 오히려 상관(傷官)으로 억지로 관성을 제압하는 경우가 있다. ② 또한 일주가 약하고 인성이 미약한데, 관성으로 인성을 생조하지 않고 오히려 재성(財星)으로 인성을 파괴하기도 한다. ③ 재성은 많고 일주가 약한데, 비겁(比劫)으로 일주를 돕지 않고 오히려 비겁이 기신이 되어 재성을 빼앗는 경우도 있다. 이러한 사주를 가진 사람들은 성현의 가르침을 잊고 조상의 덕을 생각하지 않아 재앙이 닥치고 자손에게까지 해를 끼치게 된다.

① 일주가 약하고 인성이 약한데 관성은 왕성하고 재성은 없거나, ② 일주가 강하고 관성이 약한데 재성이 나타나지 않는 경우가 있다. 이러한 사주를 가진 사람들은 가난하고 어려워도 절개를 바꾸지 않으며, 부귀를 만나도 그 뜻을 바꾸지 않는다. 예의에 어긋난 행동을 하지 않고, 의롭지 않은 재물은 취하지 않는다. 그러므로 재물을 탐하고 비단을 바꾸려 하며 황금 골짜기를 욕망하는 자는, 마침내 어느 날 비리가 드러나 죽임을 당하게 되며, 단표(簞瓢, 대바구니와 표주박)를 즐기고 누추한 삶을 달게 여기며 사는 자는, 끝내 천 년에 걸친 아름다운 명예를 받게 된다.

관성이 보이지 않는(官星不見) 이치를 세 등급으로 나누어 볼 수 있다. ① 관성은 약하고 인성은 강하며 일주가 왕성한 경우, ② 또는 관성은 강하고 인성은 약하며 일주가 약한 경우, ③ 관성과 인성이 모두 평온하지만 일주가 힘을 잃은 경우는 관성불견(官星不見)의 상급이다.

① 관성은 약하고 겁재는 강한데 재성이 없는 경우, ② 관살(官殺)은 강한

데 인성이 없는 경우, ③ 재성은 약하고 겁재는 강한데 관성이 숨어 있는 경우는 관성불견의 중급이다.

① 관성을 반기는데 재성이 인성을 파괴하거나, ② 관살이 강하고 인성이 없는데 식상으로 억지로 제압하는 경우, ③ 관성이 많아 재성을 꺼리는데 재성이 국(局)을 이루거나, ④ 관성을 반기는데 관성이 다른 신과 합하여 상관(傷官)으로 변하는 경우, ⑤ 또는 관성을 꺼리는데 다른 신과 합한 관성이 다시 관성으로 변하는 경우는 관성불견의 하급이다.

이처럼 관성의 조화를 세밀하게 연구하면 귀하고 천함을 명확히 구분할 수 있을 뿐 아니라, 그 사람의 현명함과 어리석음 또한 알 수 있게 된다.

甲 丁 壬 丁
辰 亥 子 丑

丙 丁 戊 己 庚 辛
午 未 申 酉 戌 亥

[257] 강약 / 조후

丁火가 중동(仲冬) 子月에 태어나 壬水가 천간에 드러났고, 지지는 모두 亥, 子, 丑의 북방 기운으로 이루어져 관성(官星)이 왕성한 격이다.

辰土 또한 습토(濕土)이므로 水 기운을 제압하지 못하고 도리어 火 기운을 어둡게 하니 일주가 허약해진다. 甲木 또한 여윈 나무라 자신을 돌볼 여유가 없으며, 습목(濕木)이어서 불꽃 없는 火 기운을 생조할 수도 없으니, 이는 이른바 청고한 모습이다. 역시 '관성이 진실하지 못한(官星反不眞)' 사주에 해당한다.

다행인 것은 사주에 金 기운이 없어 기세가 맑고 순수하다는 점이다. 이 사람은 학문을 참되고 순수하게 하였으며, 처세에 있어서도 구차함이 없었다. 후학을 가르치며 청빈한 삶을 고수했으니, 이는 관성이 탁하지만 그래도 '상급 관성불견(官星不見)'에 해당한다.

壬 丙 庚 丙
辰 午 寅 辰

丙 丁 戊 己 庚 辛
申 未 午 巳 辰 卯

[258] 강약

이 사주는 재성(財星)이 끊어져 뿌리가 없고, 관성(官星) 또한 힘이 없다. 게다가 운이 동남방으로 흘렀다.

어린 나이에 아버지를 여의고, 어머니가 재가하면서 다른 성(姓)을 따랐다. 하지만 몇 년 뒤 어머니마저 돌아가시자 소를 키우며 하루하루를 보냈다. 성장해서는 힘쓰는 일꾼으로 살다가 나중에 두 눈을 모두 잃어 일을 하지 못하게 되자 구걸하며 살았다.

癸 辛 甲 丁
巳 亥 辰 卯

戊 己 庚 辛 壬 癸
戌 亥 子 丑 寅 卯

[259] 강약

이 사주는 봄의 金이 火를 만났으니, 이치상으로는 마땅히 인성(印星)을 용신(用神)으로 삼아 칠살(七殺)을 변화시켜야 한다. 그런데 재성(財星)이 인성(印星)을 파괴하고, 癸水는 丁火를 극하며, 亥水는 巳火를 충하니, 칠살을 제어하는 듯 보인다. 그러나 봄의 水가 힘을 잃었고 木과 火가 함께 왕성하여, 水가 火를 극하지 못할 뿐만 아니라 도리어 木을 생하고 金의 기운을 설기한다는 것을 알지 못한다.

재(財)와 관(官)은 본래 몸을 영화롭게 하는 것이지만, 이 사주의 일주(日主)는 그것들을 감당하지 못한다. 비록 마음속으로만 구하고자 할 뿐, 실제로 무슨 이득이 있겠는가?

출신이 본래 미천하여 처음에는 연극을 배웠으나, 후에 목소리를 잃어 관청을 좇아다녔다. 사람은 매우 영리하고 아첨하는 데 능하여 벼슬아치를 따라 몇 년간 지내며 주인을 배신하고 큰 재물을 모았다. 결국 재물을 바쳐 종9품 벼슬을 샀고, 위세를 부리며 온갖 나쁜 짓을 저질렀다. 그러나 나중에 사건에 연루되어 관직에서 물러나게 되자, 예전처럼 쓸쓸하게 떠돌아다니는 신세가 되었다.

하 지 기 인 길 희 신 위 보 필
何知其人吉 喜神爲輔弼

어떻게 그 사람이 길한지 아는가? 희신(喜神)이 보필(輔弼)하기 때문이다.

原注

柱中所喜之神, 左右終始, 皆得其力者必吉, 然大勢平順, 內體堅厚, 主從得宜, 縱有一二忌神, 適來攻擊, 亦不爲凶, 譬之國內安和, 不愁外寇.

- 사주 중에서 희신(喜神)이 사주 초반부터 끝까지 좌우에서 모두 힘을 얻으면 반드시 길하다.
- 그리고 사주의 대세가 평탄하고 순조로우며, 내부가 견고하고, 주종(主從)이 마땅함을 얻었다면, 비록 한두 개의 기신(忌神)이 공격해 들어와도 흉하지 않다. 이는 마치 나라 안이 편안하고 화목하면 외적을 걱정하지 않는 것과 같다.

임철초 曰

희신(喜神)은 용신(用神)을 돕고 일주(日主)를 보좌하는 신이다. 사주에 먼저 희신이 있어야 용신이 힘을 얻고 평생 길함이 있고 흉함이 없다. 따라서 희신은 길신(吉神)이다. 만약 사주에 용신은 있지만 희신이 없는 경우, 운에서 기신(忌神)을 만나지 않으면 해롭지 않으나, 기신을 한 번 만나면 반드시 흉하게 된다.

예를 들어 戊土가 寅月에 태어나 寅 중의 甲木을 용신으로 삼을 때, 기신은 庚辛申酉의 金이 된다. 일주가 힘이 강하면 壬癸亥子의 水를 희신으로 삼는다. 그러면 金은 水를 생하느라 木을 극하지 않게 된다. 일주가 힘이 약하면 丙丁巳午의 火를 희신으로 삼는다. 그러면 金은 火를 두려워하여 木을 극하지 않게 된다. 만약 일주가 약하여 寅 중의 丙火를 용신으로 삼는다면, 천간에 丙火가 드러나는 것을 반긴다. 이때 水는 기신이 되고 비겁(比劫) 土은 희신이 된다.

그러므로 관성(官星)을 용신으로 쓰는 것과 인성(印星)을 용신으로 쓰는 것에는 차이가 있다. 관성을 용신으로 쓸 때, 일주가 강하면 재성(財星)을 희신으로 삼는다. 인성을 용신으로 쓸 때, 일주가 약하고 비겁이 있으면 후에 관성(官星)을 쓰고 희신으로 삼는다. 이 경우 비겁이 재성을 극하니, 인성은 손상되지 않고 관성은 그 도움을 받지 못한다.

사주에 용신(用神)은 있고 희신(喜神)이 없더라도, 용신이 득시하고 득령하여 기상이 웅장하고 대세가 견고하며, 사주가 안정되고 용신이 일주 가까이 붙어 다투거나 질투하는 기운이 없으면, 기신을 만나도 흉하지 않다.

반대로 사주에 희신(喜神)은 없고 기신(忌神)이 있으며, 기신이 숨어 있든 나타나든, 용신과 가까이 붙어 다투고 질투하고, 용신이 당령하지 못하고, 세운에서 기신을 끌어들여 기신을 돕고 세우는 경우도 있는데, 이는 마치 나라에 간신이 있어 외적과 내통하여 안팎으로 공격하는 것과 같으니 그 흉함이 즉시 나타난다. 여기서는 土 일주에 대해 논했지만, 다른 오행도 이와 같은 원리로 추론하면 된다.

己戊丙甲
未寅寅子
甲癸壬辛庚己戊丁
戌酉申未午巳辰卯

[260] 강약 / 격국

초봄의 土 기운은 허약하다. 칠살(七殺)이 왕성한데 재성(財星)까지 만났으니 丙火를 용신(用神)으로 삼아야 한다. 다행히 재성과 인성이 간격을 두고 있어 서로 이어져 상생하고 산란하지 않는다. 더욱 묘한 것은 未時가 일주를 돕는 희신(喜神)이 된다는 점이다.

사주가 순수하고 주체(일주)와 종속(칠살)이 마땅하니, 어린 나이에 과거에 급제하여 평생 길함만 있고 흉함은 없었다. 벼슬은 관찰사(觀察使)에 올랐고, 퇴임 후에도 유림(儒林) 속에서 넉넉하게 지냈다. 여섯 아들 모두 과거에 급제했으며, 부부가 해로하고 80세가 넘는 장수까지 누렸다.

戊庚己丙
寅辰亥申
丁丙乙甲癸壬辛庚
未午巳辰卯寅丑子

[261] 강약 / 조후

이 사주는 차가운 金이므로 火를 반기는데, 시지(時支)의 寅木이 火를 생하니 불꽃도 있다. 그러나 재성과 칠살을 용신(用神)으로 쓰려면 반드시 먼저 일주가 강해야 한다.

더욱 묘한 것은 연지(年支)에 녹(祿)을 깔고 앉았고, 세 개의 인성(印星)이 가까이 붙어 생조하니 일주가 강하다는 점이다. 또한 월령을 잡은 亥水가 왕성한데, 申金은 亥水를 생하느라 寅木을 충하는 것을 잊는다. 만약 火가 없었다면 土는 얼고 金은 차가웠을 것이고, 木이 없었다면 왕성한 水 기운 속에서 火가 힘을 잃었을 것이다. 따라서 火를 용신으로 삼고 木을 희신으로 삼는다. 木과 火 두 글자 중 하나라도 없어서는 안 될 중요한 역할을 한다.

이 때문에 평생 흉함이나 위험이 없었고, 과거에 급제하여 벼슬길에서도 파란 없이 승승장구하였다. 후손들도 모두 훌륭했으며, 수명은 80세를 넘겼다.

하 지 기 인 흉 기 신 전 전 공
何知其人凶 忌神輾轉攻

어떻게 그 사람이 흉한지 아는가? 기신(忌神)이 이리저리 돌아다니며 공격하기 때문이다.

原注

財官無氣, 用神無力, 不過無所發達而已, 亦無刑凶也. 至於忌神太多, 或刑或沖, 歲運助之. 輾轉攻擊, 局內無備禦之神, 又無主從, 不免刑傷破敗, 犯罪受難, 到老不古.

- 재성(財星)과 관성(官星)이 힘이 없고, 용신(用神)이 무력하다면, 이는 단지 발달하지 못할 뿐이지 큰 형벌이나 흉함은 없다.
- 그러나 기신(忌神)이 지나치게 많고, 혹 형(刑)하거나 혹 충(沖)하며, 세운(歲運)이 이를 도와 이리저리 공격할 때가 있다. 이때 사주 안에 이를 막아줄 신(神)이 없고, 또 주(主)와 종(從)이 마땅치 않다면, 형벌을 받고 손해를 보거나, 죄를 지어 고난을 겪게 되며, 늙어서까지 편안하지 못하게 된다.

임철초 日

기신(忌神)은 일주와 용신을 손상시키는 오행이다. 따라서 사주에 먼저 희신(喜神)이 있어야 기신이 힘을 쓰지 못한다. 기신이 '병(病)'이라면 희신은 '약(藥)'이 되는데, 병과 약이 모두 있으면 길(吉)하고, 병만 있고 약이 없으면 흉(凶)하다. 평생 길한 일은 적고 흉한 일이 많은 사람은 모두 기신이 득세했기 때문이다.

예를 들어 寅월에 태어난 사람이 甲木을 쓰지 않고 戊土를 쓴다면, 甲木은 월령을 잡은 기신이 된다. 이때 일주의 의향을 살펴 火로 기신을 설기하거나 金으로 기신을 제압하여 잘 다스려야 한다. 운에서 희신을 돕고 기신을 억제하는 기운이 오면 흉함이 길함으로 변할 수도 있다.

만약 운에서 희신을 돕거나 기신을 억제하는 기운이 오지 않고, 기신과 무리를 짓지도 않는다면, 그저 평생을 평범하게 살며 발전하지 못할 뿐이다. 그러나 火로 기신을 설기하지도 못하고, 金으로 기신을 제압하지도 못하는 상황에서 水 기운이 기신을 생조하고, 운에서마저 기신을 돕고 희신을 상하게 한다면, 사주와 운이 서로 얽혀 공격하는 꼴이 된다. 이럴 때는 온갖 흉한 일이 많아 늙어서도 편안하지 못하게 된다. 木에 대해 이렇게 논했지만, 다른 오행도 이와 같은 원리로 추론할 수 있다.

甲 丙 戊 乙
午 子 寅 亥

壬 癸 甲 乙 丙 丁
申 酉 戌 亥 子 丑

[262] 강약

丙火가 寅月에 태어나 인성(印星)이 월령(月令)을 잡았으며, 時에 양인(陽刃)이 왕성하다. 甲木과 乙木이 함께 힘을 얻어 천간에 드러났다. 사주에 金 기운이 없고, 寅과 亥가 합하여 木으로 변했으며, 子는 충파되어 관성(官星)이 쓸모없게 되었다.

이 사주는 반드시 월간의 戊土를 용신(用神)으로 삼아야 하는데, 기신(忌神)은 바로 甲木이다. 亥와 子의 水 기운이 오히려 왕성한 木을 생하니, 이는 '기신이 이리저리 돌아다니며 공격하는(忌神輾轉攻)' 구조이다.

초년 丁丑 운에는 용신인 土를 생조하여 10여만 냥의 조상 재산을 물려받았고, 즐거움이 마음먹은 대로였다. 그러나 丙子 운에는 火가 뿌리를 내리지 못해 부모를 모두 잃고 연이어 화재를 당했다. 乙亥 운에는 水와 木이 함께 왕성해져 또다시 화재를 만났고, 세 명의 처와 네 명의 아들을 잃었으며, 결국 물에 빠져 사망했다.

己 丙 庚 辛
丑 辰 寅 巳

甲 乙 丙 丁 戊 己
申 酉 戌 亥 子 丑

[263] 강약

丙火가 寅月에 태어나서 木 기운은 어리고 火 기운을 서로 돕고는 있어도 아직은 왕성하지 않다. 丑時는 명주(命主)의 원신(元神)을 설기(洩氣)하므로 寅木을 용신(用神)으로 삼아야 한다. 그러나 꺼려지는 점은 庚金 기신(忌神)이 천간에 드러나 약한 木이 金을 만난 것이고, 火는 허약한데 설기되는 셈이다.

초년 己丑과 戊子 운에는 金을 생하고 火를 설기하니, 어린 나이에 부모를 모두 잃고 고통을 견딜 수 없었다. 丁亥와 丙戌 운에는 火 기운이 서북의 戌亥에 있어 기신을 모두 제거하지 못했다. 이 때문에 갖은 풍상을 겪으면서도 가업을 조금씩 이룰 수 있었다. 그러나 乙酉 운에는 천간과 지지가 모두 기신으로 변하니, 처를 형극하고 자식을 극했으며, 물난리를 만나 사망했다.

하 지 기 인 수 성 정 원 신 후

何知其人壽 性定元神厚[42]

어떻게 그 사람이 장수하는지 아는가? 성정(性情)이 안정되고 원신(元神)이 두텁기 때문이다.

原注

靜者壽, 柱中無沖無合, 無缺無貪, 則性定矣. 元神厚者, 不特精氣神氣皆全之謂也, 官星不絕, 財神不滅, 傷官有氣, 身弱印旺, 提綱輔主, 用神有力, 時上生根, 運無絕地, 皆是元神厚處. 細究之, 大率甲乙寅卯之氣, 不遇沖戰洩傷, 偏旺浮泛, 而安頓得所者心壽. 木屬仁, 仁者壽, 每每有驗, 故敢施之於筆. 若貧賤之人而亦壽者, 以其稟得一個身旺, 或身弱而運行生地, 小小與他食祿不缺故耳.

- 성정이 안정된 사람(靜者)이 장수하니, 사주 중에 충(沖)과 합(合)이 없고, 결핍되거나 탐하는 기운이 없어야 성정(性情)이 안정된다.
- 원신(元神)이 두텁다는 것은 비단 정기(精氣)와 신기(神氣)가 모두 온전하다는 뜻만은 아니다. 관성(官星)이 끊어지지 않고, 재성(財星)이 소멸되지 않으며, 상관(傷官)이 기운이 있고, 일주(日主)가 약하더라도 인성(印星)이 왕성하고, 제강(提綱)이 일주를 보좌하며, 용신(用神)이 유력하고, 시주(時柱)에 뿌리를 내리고, 운(運)에 절지(絶地)가 없는 것, 이런 경우들이 모두 원신이 두터운 것에 해당한다.
- 세밀히 살펴보면, 대체로 甲, 乙, 寅, 卯의 기운이 충(沖), 전(戰), 설(泄), 상

42) 何知其人壽, 性定元氣厚.

(傷) 되지 않고, 편중되어 허약하지 않으며, 제자리를 잘 잡고 있는 사람이 장수한다. 木은 인(仁)에 속하는데, 인(仁)한 사람이 장수한다는 것이 자주 증명되므로 이렇게 글로 옮기는 것이다.

- 만약 가난하고 천한 사람인데도 장수하는 경우가 있는데, 그가 신왕(身旺)하게 타고났거나, 또는 신약(身弱)하더라도 생지(生地) 운으로 흘러 작은 복록(福祿)이라도 끊이지 않았기 때문이다.

임철초 日

어진 마음(仁), 평온함(靜), 너그러움(寬), 덕망(德), 두터움(厚), 이 다섯 가지는 모두 장수하는 징조이다. 사주가 제대로 자리를 잡고 오행이 균형을 이루며, 합(合)하는 것은 모두 한신(閑神)이고, 변화하는 것은 모두 용신(用神)이며, 충(沖)으로 제거되는 것은 모두 기신(忌神)이고, 남아있는 것은 모두 희신(喜神)인 경우, 결핍되거나 함정에 빠지지 않고, 한쪽으로 치우치거나 메마르지 않으면 성정이 안정된다. 성정이 안정되면 탐욕스러운 사사로운 마음이 생기지 않고 구차한 일을 하지 않는다. 너그럽고 온화하며 어짊과 덕을 겸비하게 되니, 부귀와 복, 장수를 모두 누리지 않을 수 없다.

원신(元神)이 두텁다는 것은 관성은 약하지만 재성을 만난 경우, 재성은 약하지만 식신(食神)을 만난 경우, 일주가 왕성한데 식상(食傷)이 빼어난 기운을 발하는 경우, 일주가 약한데 인성(印綬)이 힘을 얻는 경우 등을 의미한다.

이러한 사주는 희신(喜神)이 모두 월지(月支)의 기운을 얻고, 기신(忌神)이 모두 힘을 잃은 상태이다. 월지와 시지가 서로 유정(有情)하고, 운의 흐름이 희신과 용신을 거스르지 않는다면 모두 원신이 두터운 경우에 해당하니, 이를 세밀하게 살펴야 한다.

사주가 맑고 순수하면 반드시 부귀하고 장수하며, 사주가 혼탁하고 섞여 있으면 반드시 가난하고 천해도 장수하게 된다.

丙甲癸辛
寅子巳丑
乙丙丁戊己庚辛壬
酉戌亥子丑寅卯辰

[264] 강약

이 사주는 巳火에서 기운을 일으켜 丑土를 생하고, 丑土는 辛金을 생하고, 辛金은 癸水를 생하며, 癸水는 甲木을 생하고, 甲木은 丙火를 생한다. 甲木은 寅에, 癸水는 子에, 丙火는 巳에 각각 녹(祿)을 두어 모든 오행이 뿌리가 깊다. 또한 관(官)은 재성(財星)의 자리에 앉았고, 재성은 식신(食神)의 생조를 만났으니, 오행의 근본 기운(元神)이 모두 두텁다.

사주팔자가 모두 뿌리를 내리고 생왕(生旺)하며, 위아래와 좌우가 서로 정(情)이 있으니, 그 사람은 강함과 부드러움을 겸비하고 어짊과 덕망을 갖추었다. 벼슬은 삼품에 이르렀고, 재산은 백만 냥에 달했으며, 아들을 13명이나 두었고, 수명은 100세에 이르도록 질병 없이 편안하게 생을 마쳤다.

戊丙乙己
子寅亥酉
丁戊己庚辛壬癸甲
卯辰巳午未申酉戌

[265] 강약

이 사주는 酉金에서 기운을 일으켜 亥水를 생하고, 亥水는 寅과 합하여 丙火를 생하며, 丙火는 戊土를 생하니 오행의 근본 기운(元神)이 모두 두텁다.

향시(鄕試)에서 급제하여 관찰사(觀察使)에 이르렀다. 성품이 너그럽고 방정했으며, 9명의 아들과 24명의 손자를 두었다. 재산은 백만 냥이 넘었고, 수명은 120세에 이르도록 질병 없이 편안하게 생을 마쳤다.

壬	壬	辛	己
寅	寅	未	酉

癸	甲	乙	丙	丁	戊	己	庚
亥	子	丑	寅	卯	辰	巳	午

[266] 강약

이 사주는 未土에서 기운을 일으켜 辛金을 생하고, 辛金은 壬水를 생하며, 壬水는 寅木을 생하니, 생(生)하고 화(化)하는 흐름이 유정(有情)하다. 이로 인해 근본 기운(元神)이 두텁고 순수하다.

특히 반가운 것은 火 기운이 숨겨져 있어 드러나지 않는 점이다. 이 사람은 어린 나이에 과거에 급제하여 삼품 벼슬에 올랐다. 품행이 단정하고 방정하며 겸손하고 어질었다. 8명의 아들과 19명의 손자를 두었고, 수명은 96세에 이르렀다.

丙	庚	庚	丁
子	辰	戌	未

甲	乙	丙	丁	戊	己
辰	巳	午	未	申	酉

[267] 강약

이 사주는 丁火에서 기운을 일으켜 土를 생하고, 土는 金을 생하며, 두 개의 재물 창고(財庫)를 갖고 있으니 일주가 강해져 관성(官)을 용신(用神)으로 삼는다. 중년의 운 또한 사주와 조화를 이루어 배반하지 않았다.

이로 인해 어린 나이에 향시(鄕試)에 합격하여 명예와 재물을 모두 빛냈다. 성품은 굳세고 명쾌하여 결단력이 있었고, 남을 속이거나 각박한 마음이 없었다.

하지만 아쉽게도 木 기운이 없어 火의 근본 기운(元神)이 부족했다. 이 때문에 손자 대에는 가지가 무성했지만, 자식을 많이 잃는 근심을 면하지 못했다.

庚乙戊乙
辰卯寅未
庚辛壬癸甲乙丙丁
午未申酉戌亥子丑

[268] 강약 / 격국

이 사주는 지지가 모두 동방(東方)의 기운으로 이루어져 정확한 곡직인수격(曲直仁壽格)이다. 전체적인 흐름을 보면 재성(財星)과 관성(官星)이 힘을 얻어 명예와 재물이 넉넉할 것처럼 보인다.

하지만 오행에 火 기운이 나타나지 않아 재성의 근본 기운(元神)이 허약하다. 또한 寅卯辰은 동방의 木이 왕성한 방위이므로 관성(官星)의 뿌리도 약하다.

이 때문에 평생을 힘들게 노력하며 살았고, 재산을 채 모으기도 전에 먼저 써야 할 일이 생기곤 했다. 그러나 평생 의리를 앞세워 재물을 가볍게 여겼으며, 교만하거나 아첨하지 않고 옛 도리를 지키며 청빈하게 살았다. 4명의 아들 모두 훌륭했으며, 수명은 94세였다.

庚戊甲癸
申戌寅丑
戊己庚辛壬癸
申酉戌亥子丑

[269] 강약

戊戌 일주가 庚申時를 만나니 식신(食神)이 힘을 얻었다. 칠살(七殺)이 왕성하지만 인성(印星)이 없으니 강한 식신으로 충분히 제압할 수 있는 구조다. 8~9명의 아들을 두었고, 그중 3~4명이 귀하게 되어 일품(一品) 벼슬에 오르니, 이는 土와 金의 기운이 서로 유정(有情)했던 덕분이다.

그러나 이 사주는 탐욕과 악행을 동시에 지녔는데, 이는 칠살(七殺)의 기운이 제대로 변화되지 못했기 때문이다. 사치스럽고 음란하여 예의를 몰랐던 것은, 火 기운이 나타나지 않고 水 기운이 힘을 얻었기 때문이다.

寅과 申이 충(沖)하여 丙火가 반드시 손상되고, 丑과 戌이 형(刑)하여 丁火가 상하니, 예(禮)를 상징하는 火 기운이 이미 다쳤다. 게다가 천간의 癸水가 드러나 일주(日主)가 癸水와 합하려는 마음에 주변을 돌아보지 않았으니, 어찌 예의가 남아 있었겠는가. 예의가 없으니 악행을 저지르지 않는 곳이 없었다. 만약 연간의 癸水가 丁火였다면 인덕(仁德)이 없는 사람은 되지 않았을 것이다.

그가 누렸던 부귀와 장수는 모두 申時의 공덕과 조상의 덕 때문이었다. 하지만 결국 머리에 낙두저(落頭疽)라는 병이 생겨 사망했다. 이는 악행을 많이 저지르면 하늘이 벌한다는 것을 알게 해준다.

戊 己 庚 戊
辰 卯 申 辰
丙 乙 甲 癸 壬 辛
寅 丑 子 亥 戌 酉

[270] 격국 / 조후

이 사주는 토금(土金) 상관격(傷官格)이다. 辰 중의 癸水가 정재(正財)의 창고에 쌓였고, 申 중의 壬水 정재는 생조를 얻었다. 비록 겁재(劫財)가 왕성하지만 재물을 빼앗지 못한다. 또한 土의 기운이 모두 金으로 귀속되었고, 상관(傷官)이 재성으로 변화하며 은밀하게 재물을 생하니, 여기에 칠살(七殺)이 홀로 권력을 잡은 구조다. 이 때문에 남다른 권모술수를 지녔다.

지지가 모두 음습한 기운이라 일을 꾸미는 데 거짓과 속임수가 많았고, 평생 재물을 가장 중요하게 여겨 인의(仁義)는 부족했다. 40세가 넘도록 두 명의 첩을 두었으나 자식이 없었고, 90세 넘게 장수했다. 재물을 목숨처럼 아꼈지만, 사망 후 40여만 냥의 가산은 모두 흩어지고 말았다.

이를 자세히 살펴보면, 재성이 지나치게 쌓여 있을 뿐 유통되지 못했기 때문이다. 재물이 유통되지 못한 것은 가을의 金 기운이 土를 만나 더욱 견고해지면서 생하는 기운을 끊어버렸기 때문이다. 대개 재물은 많지만 자식이 없는 사주가 모두 이와 비슷하다. 자식이 없는 사람은 성격이 인색하고 못나서, 재물이 흩어지면 세상 사람들이 가져간다는 것을 모른다.

만약 부자이면서 자식이 없는 사람이 재물을 가볍게 여기고 가난한 친족들에게 많이 나누어주어 부족한 사람을 돕는다면, 어찌 자식이 없음을 걱정하겠는가? 이 사주처럼 金 기운이 지나치게 강하고 水 기운이 드러나지 않아 '생생(生生)의 묘'를 얻지 못했다면, 재물을 흩어버려 金 기운이 스스로 유통되도록 해야 자식을 얻을 수 있었을 것이다.

하지만 재물을 베푸는 것에도 공과(功過)가 있다. 승려나 도인에게 재물을 뿌리는 것은 허물이 될 뿐 공덕이 없지만, 친족에게 재물을 나누는 것은 공덕이 되고 허물이 되지 않는다. 덕을 닦아 복을 받는 것은 인간의 노력으로 충분히 만회할 수 있고, 선행을 하여 좋은 기운을 받는 것은 하늘의 마음을 감동시키기 어렵지 않다.

수명은 오복(五福) 중 으뜸이지만, 수명이 길어도 자식이 없다면 결국 무익하다. 부귀와 장수를 누리며 자식이 없는 것은, 가난하고 장수하며 자식이 있는 것보다 못하다.

하 지 기 인 요 기 탁 신 고 료

何知其人夭 氣濁神枯了

어떻게 그 사람이 요절하는지 아는가? 기(氣)가 탁하고 신(神)이 고갈되었기 때문이다.

原注

氣濁神枯之命, 極易看, 印綬太旺, 日主無着落, 財殺太旺, 日主无依倚, 忌神與喜神雜而戰, 四柱與用神反而絕, 沖而不和, 旺而無制, 濕而滯, 燥而鬱, 精流氣洩, 月悖時脫, 此皆無壽之人也.

- 기(氣)가 탁하고 신(神)이 고갈된 명(命)은 쉽게 알아챌 수 있다.
- 인성(印綬)이 너무 왕하여 일주(日主)가 의지할 곳이 없는 경우, 재성(財星)과 칠살(七殺)이 너무 왕성하여 일주가 기댈 곳이 없는 경우, 기신(忌神)과 희신(喜神)이 섞여 싸우는 경우, 사주와 용신(用神)이 서로 맞지 않아 단절되는 경우, 충(沖)이 많아 화합하지 못하는 경우, 왕성한 기운을 제어하지 못하는 경우, 사주가 습하여 막히고 정체된 경우, 사주가 건조하여 울체되는 경우, 정(精)이 흐르고 기(氣)가 새는 경우, 월(月)의 기운이 어긋나고 시(時)의 기운이 멀어지는 경우, 이들은 모두 장수하지 못하는 사람들이다.

임철초 曰

'기탁신고(氣濁神枯)'의 명조는 알아보기 쉬운 것 같으면서도 가장 어려운 것 중 하나다. '기탁신고' 네 글자를 나누어 설명해 보도록 한다.

'탁(濁)'은 약하다(弱)는 의미로 볼 수 있다. 기운이 탁하다(氣濁)는 것은 일주(日主)가 월령(月令)을 잃고, 용신(用神)은 힘이 약하며, 기신(忌神)은 강한 상태를 말한다. 월지와 시지가 서로 조화롭지 못하고, 연지와 일지가 화합하지 않으며, 충(沖)해야 할 때는 충하지 않고, 합(合)해서는 안 될 때 오히려 합한다. 또한 운의 흐름이 희신(喜神)과 용신에게는 무정(無情)하고, 오히려 기신과 한패가 되는 경우다. 이러한 경우 장수하지는 못하지만 자식은 있을 수 있다.

정신이 고갈되었다(神枯)는 것은 일주가 약한데 인성(印綬)이 너무 강한 경우, 일주가 강한데 일주를 극하거나 설기하는 기운이 전혀 없는 경우, 인성을 중요하게 쓰는데 재성(財星)이 인성을 파괴하는 경우, 일주가 약하고 인성이 없는데 식상(食傷)이 거듭 쌓여 있는 경우, 金이 차갑고 水가 냉한데 土가 습한 경우, 火가 치열하고 土가 건조하여 木이 마르는 경우다. 이들은 모두 단명하고 자식도 없는 사람들이다.

辛	丙	乙	乙
卯	辰	酉	丑

己	庚	辛	壬	癸	甲
卯	辰	巳	午	未	申

[271] 강약

이 사주는 세 개의 인성(印星)이 일주를 돕고, 辰과 酉가 합(合)하여 충(沖)이 일어나지 않는다. 사주에 水 기운이 없어 중격(中格) 정도로 보이지만, 지지(地支)가 모두 습토(濕土)여서 火 기운을 어둡게 하고 金을 생한다.

辰은 木의 여기인데도 酉와 합하여 재성(財星)이 되니, 木이 뿌리를 내릴 수 없다. 또한 辰과 酉가 합하여 金으로 변하면 오히려 木에게 손해를 준다. 천간의 두 乙木이 지지에 뿌리를 내리지 못하니, 木 기운이 쇠약해졌음을 알 수 있다. 이렇게 보면 일주가 허약한 상태이다.

午 운에는 酉金을 극하고 卯木을 보호하니 아들을 하나 얻었다. 그러나 辛巳 운에는 金局을 모두 이루어 인성(印星)을 파괴하니, 원기(元氣)가 크게 손상된다. 재성(財星)이 극에 달하면 반드시 반작용이 일어나게 마련이다. 결국 부부가 함께 사망했다.

	戊	辛	戊	己	
	戌	亥	辰	丑	
壬	癸	甲	乙	丙	丁
戌	亥	子	丑	寅	卯

[272] 강약

이 사주는 중중한 후토(厚土)에 약하고 여린 金이 파묻힌 형국이다. 오행에 木이 없어 굳어진 土를 헤쳐낼 이로움을 얻지 못했다. 한 점의 亥水마저 힘을 잃었고, 지장간(地藏干)에 숨어 있는 甲木과 乙木도 끌어내지 못한다.

그러나 봄의 土는 기운이 허약하므로, 암장된 재성(財星)을 용신(用神)으로 삼을 수 있다. 초년 운이 동방 木 기운의 땅으로 흘러 부모의 도움을 받아 여유롭게 지냈다. 寅 운에 아들을 하나 얻었지만, 乙丑 운에 土 기운이 다시 뿌리를 내리자 결국 요절했다.

	壬	甲	壬	壬	
	申	寅	寅	寅	
戊	丁	丙	乙	甲	癸
申	未	午	巳	辰	卯

[273] 강약

봄의 木 기운이 거듭 녹(祿)의 지지에 뿌리를 내렸는데, 申時를 만나니 時의 칠살(七殺)이 맑아 보이는 듯하다. 그러나 木은 왕성하고 金은 약하여, 반드시 火 기운이 있어야 아름다워진다는 것을 간과한 것이다.

천간의 세 壬水로 인해 寅 중의 丙火가 극을 받으니, 정신이 고갈되었다(神枯)는 것을 알 수 있다. 丙 운이 오자 세 壬水가 丙火를 회극(回剋)하여 가업을 모두 잃었고, 자식도 없이 사망했다.

무릇 水와 木이 함께 왕성한데 土가 없을 때는 火 운을 가장 꺼리니, 火를 만나면 병이 생기거나 심하면 형벌을 받게 된다. 만약 일반적인 견해대로 申金을 용신으로 삼는다면, 丙火가 金을 극하여 해롭다고 말할 수 있다. 하지만 丙火가 金을 극하여 해롭다면, 그 앞의 乙巳 운에는 巳火가 申金을 극하고 寅巳申 삼형(三刑)까지 이루는데 어찌 도리어 아름다웠겠는가?

癸	癸	辛	辛		
丑	酉	丑	丑		
乙	丙	丁	戊	己	庚
未	申	酉	戌	亥	子

[274] 강약 / 조후

이 사주는 겹겹이 쌓인 습토(濕土)에 겹겹이 차가운 金 기운이 있어, 癸水는 탁하고 얼어붙었다. 이른바 음(陰)이 깊고 한(寒)이 지극한 상태로, 털끝만큼도 생할 기운이 없으니 '기탁신고(氣濁神枯)'의 명조이다. 따라서 이 사람은 매우 우매하여 한 가지 일도 이룬 것이 없었다.

戊戌 운에 土 기운이 金을 생하고 水를 극하니, 결국 요절했다. 일반적인 명리가들은 천간이 맑고, 金과 水가 모두 깨끗하며, 지지에 세 친구가 있으니 살인상생(殺印相生)을 이루어 귀격(貴格)이라고 판단한다.

하지만 이전 사주에서 봄의 木 기운을 약한 金이 쪼개고 다듬으면 큰 그릇을 만들 수 있고, 명예와 재물을 겸비한 격국으로 보았으나, 요절할 명조임을 알지 못했다. 요절하는 명조들이 모두 이와 같은 부류에 속한다. 학문을 하는 자들은 마땅히 이를 깊이 연구해야 할 것이다.

40. 여명장(女命章)

논 부 논 자 요 안 상 기 정 평 화 부 도 장
論夫論子要安祥 氣靜平和婦道章
삼 기 이 덕 허 호 어 함 지 역 마 반 추 상
三奇二德虛好語 咸池驛馬半推詳[43)]

남편과 자식을 논할 때는 안정을 요하고, 기운이 고요하고 평화로운 것이 부인의 도리이다.

삼기(三奇)와 이덕(二德)은 헛되고 듣기 좋은 말이며, 함지(咸池)와 역마(驛馬)는 절반만 믿을 만하다.

原注

局中官星明順, 夫貴而吉, 理自然矣. 若官星太旺, 以傷官爲夫, 官星太微, 以財爲夫; 比肩旺而無官, 以傷官爲夫; 傷官旺而無財官, 以印爲夫, 滿局官星欺日主者, 喜印綬而夫不剋身也; 滿局印綬洩官星之氣者, 喜財星而身不剋夫也. 大體與男命論子論貴之理相似. 局中傷官清顯, 子貴而親, 不必言也. 若傷官太旺, 以印爲子; 傷官太微, 以比肩爲子, 印綬旺而無傷官者, 以財爲子也; 財神旺而洩食傷者, 以比肩爲子也. 不必專執官星而論夫. 專執傷食而論子. 但以安祥順靜爲貴, 二德三奇不必論, 咸池驛馬縱有驗, 總之于理不長. 其中究論, 不可不詳.

- 사주에서 관성(官星)이 밝고 순하면 남편이 귀하고 길하다는 것은 이치상

---

43) 女命須要論安祥, 氣靜平和婦道彰, 二德三奇虛好話, 咸池驛馬漫推詳.

당연하다.

- 만약 관성이 너무 강하면 상관(傷官)을 남편으로 보고, 관성이 너무 약하면 재성(財星)을 남편으로 본다. 비견이 강한데 관성이 없으면 상관(傷官)을 남편으로 보고, 상관이 강한데 재성이나 관성이 없으면 인성(印星)을 남편으로 본다.
- 사주에 관성이 가득하여 일주(日主)를 극하는 경우, 인성(印綬)을 희신으로 삼으면 남편이 나를 극하지 않는다. 사주에 인성(印綬)이 가득하여 관성의 기운을 설기하는 경우, 재성(財星)을 희신으로 삼으면 내가 남편을 극하지 않는다. 대개 남명(男命)에서 자식과 명예를 논하는 이치와 비슷하다.
- 사주에서 상관(傷官)이 맑고 뚜렷하면 자식이 귀하고 잘 따른다는 것은 말할 필요도 없다.
- 만약 상관이 너무 강하면 인성(印星)을 자식으로 보고, 상관이 너무 약하면 비견(比肩)을 자식으로 본다. 인성이 강한데 상관이 없으면 재성(財星)을 자식으로 보고, 재성이 강하여 식상의 기운을 설기하면 비견(比肩)을 자식으로 본다.
- 반드시 관성만을 고집하여 남편을 논할 필요는 없고, 식상만을 고집하여 자식을 논할 필요도 없다. 다만 안정되고 편안하며 순조롭고 고요한 것을 귀하게 여긴다.
- 삼기(三奇)나 이덕(二德) 같은 것은 따질 필요가 없고, 함지(咸池)나 역마(驛馬) 같은 신살(神殺)이 아무리 맞더라도 이치에 맞지 않는 경우가 많다. 그러므로 그 속뜻을 자세히 살피지 않을 수 없다.

임철초 日

여자의 명(命)은 먼저 남편을 의미하는 관성(官星)의 흥하고 쇠함을 살펴야 귀하고 천함을 알 수 있다. 그다음으로 사주의 격국이 맑은지 탁한지를 살펴 현명하고 어리석음을 알 수 있다. 음란하고 사악하며 질투심이 많은 성정은 사주의 기운을 벗어나지 않으며, 곧고 정숙하며 단정한 성품 또한 오행의 이치 속에 있다.

따라서 살필 때는 정교해야 정숙한 부인을 잘못 단정하는 일이 없고, 자세히 연구해야 음란하고 더러운 운명이 정론 앞에서 벗어날 수 없다. 삼기(三奇)나 이덕(二德)은 헛된 좋은 말이고, 함지(咸池)나 역마(驛馬)는 후세 사람들이 잘못 전한 말이다.

시부모에게 불효하는 것은 재성(財星)이 약하고 겁재(劫財)가 강하기 때문이며, 남편을 공경하지 않는 것은 관성이 약하고 일주가 강하기 때문이다. 관성이 뚜렷하면 남편이 훌륭하고, 사주의 기운이 안정되고 평화로우면 부덕(婦德)이 유순하다.

① 사주에 관성이 너무 강한데 비겁(比劫)이 없으면 인성(印星)을 남편으로 본다. ② 비겁은 있는데 인성이 없으면 식상(食傷)을 남편으로 본다. ③ 관성이 너무 약하고 상관(傷官)이 있으면 재성(財星)을 남편으로 본다. ④ 재성이 없고 비겁이 강하면 역시 식상을 남편으로 본다. ⑤ 사주에 비겁이 가득하고 인성과 관성이 없으면 다시 식상을 남편으로 본다. ⑥ 사주에 인성이 가득하고 관성과 식상이 없으면 재성을 남편으로 본다. ⑦ 상관이 강하고 일주가 약하면 인성을 남편으로 본다. ⑧ 일주가 강하고 식상이 많으면 재성을 남편으로 본다. ⑨ 관성이 약하고 인성이 강하면 역시 재성을 남편으로 본다. 재성은 남편에게 은혜로운 별이므로, 여명 사주가 강하고 관성이 없더라도 재성이 월령을 얻거나 국을 이루면 훌륭한 사주이다.

남편을 형극(刑剋)하는 경우 또한 생극의 이치가 존재한다. ① 관성이 약하고 재성이 없는데 일주가 강하고 상관이 무거우면 반드시 남편을 극한다. ② 관성이 약하고 재성이 없는데 비견이 강하면 반드시 남편을 속인다. ③ 관성이 약하고 재성이 없는데 일주가 강하고 인성이 무거우면 반드시 남편을 속이고 극한다. ④ 관성이 약하고 인성이 많으며 재성이 없으면 반드시 남편을 극한다. ⑤ 비겁이 강한데 관성이 없고, 인성이 강한데 재성이 없으면 반드시 남편을 극한다. ⑥ 관성이 강한데 인성이 약하면 반드시 남편을 극한다. ⑦ 비겁이 강한데 관성이 없고, 상관이 있으며 인성이 무거우면 반드시 남편을 극한다. ⑧ 식신이 많고 관성\이 약하며 인성이 있는데 재성을 만나면 반드시 남편을 극한다.

무릇 여명에서 남편을 뜻하는 별은 곧 용신(用神)이며, 자식을 뜻하는 별은 곧 희신(喜神)이다. 그러므로 오직 관성만으로 남편을, 식상만으로 자식을 논해서는 안 된다.

자식이 많고 귀한 경우는 ① 일주가 강하고 상관도 강한데 인성이 없고 재성이 있으면 자식이 많고 귀하다. ② 일주가 강하고 상관도 강한데 재성과 인성이 없으면 자식이 많고 강하다. ③ 일주가 강하고 상관이 약한데 인성이 있고 재성이 국을 이루면 자식이 많고 부유하다. ④ 일주가 강하고 식상이 없는데 관성이 국을 이루면 자식이 많고 현명하다. ⑤ 일주가 강하고 식상이 없는데 재성이 있고 관살이 없으면 자식이 많고 유능하다. ⑥ 일주가 약하고 식상이 무거운데 인성이 있고 재성이 없으면 반드시 자식이 있다. ⑦ 일주가 약하고 식상이 약한데 재성이 없으면 반드시 자식이 있다. ⑧ 일주가 약하고 재성이 약한데 관성과 인성이 강하면 반드시 자식이 있다. ⑨ 일주가 약하고 관성이 강한데 재성이 없고 인성이 있으면 반드시 자식이 있다. ⑩ 일주가 약하고 관성이 없는데 상관과 겁재가 있으면 반드시 자식이 있다.

자식이 적거나 없는 경우는 ① 일주가 강하고 인성이 있는데 재성이 없으면 자식이 반드시 적다. ② 일주가 강하고 비견이 많으며 관성이 없고 인성이 있으면 자식이 반드시 적다. ③ 일주가 강하고 인성이 무거운데 재성이 없으면 자식이 반드시 없다. ④ 일주가 약하고 상관이 무거운데 인성이 약하면 자식이 반드시 없다. ⑤ 일주가 약하고 재성이 무거운데 인성을 만나면 자식이 반드시 없다. ⑥ 일주가 약하고 관살이 강하면 자식이 반드시 없다. ⑦ 일주가 약하고 식상이 강한데 인성이 없으면 자식이 반드시 없다. ⑧ 火 기운이 타오르고 土가 메마르면 자식이 없다. ⑨ 土와 金이 습하여 정체되면 자식이 없다. ⑩ 水가 넘치고 木이 부목하면 자식이 없다. ⑪ 金이 차갑고 水가 차가우면 자식이 없다. ⑫ 인성이 겹겹이 쌓여 있으면 자식이 없다. ⑬ 재성과 관성이 너무 강하면 자식이 없다. ⑭ 식상이 사주에 가득하면 자식이 없다. 이와 같이 자식이 없는 사주가 자식을 두는 경우 반드시 남편을 극하거나, 남편을 극하지 않더라도 자식이 요절한다.

음란하고 사악한 경우도 역시 사주의 오행을 연구해야 한다. ① 일주가 강하고 관성이 약하며 재성이 없어 일주가 관성을 대적할 수 있는 경우, ② 일주가 강하고 관성이 약하며 식상이 무거운데 재성이 없어 일주가 관성을 깔볼 수 있는 경우, ③ 일주가 강하고 관성이 약한데 일주의 기운이 다른 곳으로 흘러가는 경우, ④ 일주가 강하고 관성이 약한데 관성의 기운이 일주와 합하여 변하는 경우, ⑤ 일주가 강하고 관성이 약한데 관성의 기운이 일주의 세력에 의지하는 경우, ⑥ 일주가 강하고 재성이 없는데 식상이 있고 인성을 만나 일주가 홀로 주인이 되는 경우, ⑦ 일주가 강하고 재성이 없으며 관성이 약한데 식상이 무거워 관성이 의지할 곳이 없는 경우, ⑧ 일주가 강하고 관성의 뿌리가 없으며 일주가 관성을 돌아보지 않고 재성과 합하여 떠나가는 경우, ⑨ 일주가 약하고 식상이 무거운데 인성이 약한 경우, ⑩ 일주가 약하고 식상이 무거운데 인성이 없고 재성이 있는 경우, ⑪ 식상이 월령을 잡고 재성과 관성이 힘을 잃은 경우, ⑫ 관성이 재성의 도움을 받지 못하고, 비견이 식상을 생하는 경우, ⑬ 사주에 상관이 가득하고 재성이 없는 경우, ⑭ 사주에 상관이 가득하고 인성이 없는 경우, ⑮ 사주에 비겁이 가득하고 식상이 없는 경우, ⑯ 사주에 인성이 가득하고 재성이 없는 경우, 이러한 경우들은 모두 음란하고 천박한 명조에 해당한다.

결론적으로 상관(傷官)은 거듭되는 것이 좋지 않으니, 거듭되면 반드시 경박하고 아름다운 외모에 음란한 경우가 많다. 상관이 있는데 일주가 약하면 인성(印星)이 있고, 일주가 강하면 재성(財星)이 있는 사람은 반드시 총명하고 아름다우며 정숙하다.

여명(女命)을 감정하는 것은 서로 관계됨이 적지 않으니, 함부로 음란하다고 단정하여 신의 노여움을 사지 않도록 해야 한다. 또한 모든 명조를 똑같이 볼 수 없다. 조상들의 악행이나 집안의 기운이 쇠락해서, 또는 남편이 불초해서, 혹은 시어머니가 불량해서, 어려서부터 가정교육을 제대로 받지 못해서, 또는 나쁜 습관에 물들어 가정의 법도를 지키지 못하고 방자하게 행동해서일 수도 있다. 절에 가서 향을 피우거나, 연극을 보고 노랫소리를 듣는 등 남녀가 뒤섞인 곳에 출입하다 보면 처음에는 아래에서 이야기를 듣다가 나중에는 내실에서 공연을 보게 되고, 처음에는 효와 절의에 대한 이야기를 듣다가 점차 음란하고 추잡한 말에까지 이르게 되니, 어찌 마음에 동요가 없겠는가. 그러므로 집안을 다스리는 첫 번째 일은 내실의 법도를 엄숙하게 하는 데 있다. 내실 안에서 농담하는 소리가 나오지 않아야 부부간에 화목하고, 방 안에서 웃음소리가 들리지 않아야 서로 공경하는 풍속이 드러날 것이다. 집안을 다스리는 사람은 이를 신중히 하지 않을 수 없다.

丁	壬	甲	戊
未	寅	寅	申

丙	丁	戊	己	庚	辛	壬	癸
午	未	申	酉	戌	亥	子	丑

[275] 강약

壬水가 맹춘(孟春) 寅月에 태어났으니, 土는 허약하고 木은 왕성하여 칠살을 제압하는 기운이 지나치다(制殺太過). 寅申이 충(沖)하는 것은 본래 木 기운이 억제되는 것이지만, 木은 왕성하고 金은 약한 목왕금결(木旺金缺)의 상황이라 도리어 金이 손상된다는 것을 알지 못한 것이다.

이 때문에 戊土는 의지할 뿌리가 사라졌고, 일주(日主)인 壬水는 그 성질대로 행동하게 된다. 시주(時柱)에 있는 재성(財星)이 세력을 얻었으므로 자연히 재(財)를 좇아가는 흐름이 된다. 이로 인해 남편을 상하게 하고 일도 실패했으며, 자식을 버리고 다른 사람을 따라 도망갔다.

丁	甲	乙	丁
卯	午	巳	未

癸	壬	辛	庚	己	戊	丁	丙
丑	子	亥	戌	酉	申	未	午

[276] 강약

甲午 일주가 巳月에 태어나 지지가 남방 火 기운으로 이루어졌고, 천간에 두 丁火가 드러나 화세(火勢)가 맹렬하여 기운이 지나치게 설기된다. 사주에 水 기운이 없으므로, 겁재(劫財)를 용신(用神)으로 삼아야 한다.

그러나 초년 운이 다시 火 기운으로 흘러, 일찍이 남편을 잃었다. 이 사람은 매우 총명하고 아름다웠지만, 성격이 경박하고 가벼워 수절(守節)할 수 없는 사주였다. 戊申 운이 오자, 사주 내의 木火 기운과 운의 土金 기운이 서로 다투어 이루 말할 수 없는 어려움을 겪었다.

戊丙己戊
戌辰未戌
辛壬癸甲乙丙丁戊
亥子丑寅卯辰巳午

[277] 강약 / 전왕

이 사주는 온통 상관(傷官)으로 이루어져 있다. 인성(印星)인 木이 나타나지 않았으므로 어쩔 수 없이 순국(順局), 즉 종격(從格)이 되어 이 사람은 아름다운 미모와 총명함을 가졌다. 하지만 사주에 金 기운이 없고, 土 기운은 지나치게 두텁고 건조하다. 辛金이 남편을 뜻하는 별인데, 戌 묘고 속에 갇혀 있으니 음란할 수밖에 없는 명(命)이다.

첫 번째 남편은 흉사하였고, 다시 다른 남자를 따라갔으나 2~3년도 못 되어 또 극(剋)했다. 乙卯 운이 오자, 왕성한 土 기운을 거스르므로 결국 목을 매어 자살했다.

丙戊乙戊
辰戌丑午
丁戊己庚辛壬癸甲
巳午未申酉戌亥子

[278] 강약

戊土가 丑月에 태어나 土 기운이 왕하므로 木을 용신으로 써야 하는데, 木 기운이 시들고 말라 쓸 수 없다. 또한 丑은 금고(金庫)이고 辛金이 숨어 있으니 乙木은 뿌리를 내릴 수 없다. 게다가 辰戌이 충(沖)하여 辰 속에 숨겨진 관성(官星)의 뿌리가 뽑혔다. 여기에 인성(印星)이 일주를 생하니, 일주(日主)는 관성(官星)을 능멸하기에 충분하다.

이는 남편을 뜻하는 부성(夫星)을 안중에 두지 않고 내버려두는 명이다. 또한 중년 운이 서방 金 기운으로 흐르면서 그 음란하고 천박함을 감당할 수 없을 정도가 되었다.

庚	丁	丙	己
戌	亥	寅	亥

甲	癸	壬	辛	庚	己	戊	丁
戌	酉	申	未	午	巳	辰	卯

[279] 강약

丁火가 寅月에 태어나 木이 당권(當權)하고 火 또한 같이 왕성하니, 亥水 관성(官星)을 남편으로 삼아야 하는 것이 분명하다. 하지만 연지(年支)의 亥水는 寅과 합하여 木으로 변했고, 일지(日支)의 亥水는 반드시 생조가 필요한데, 時의 천간에 있는 庚金은 격리되어 있고, 마른 흙인 戌土가 亥水를 극하니 생조할 뜻이 없다. 이 때문에 일주인 丁火의 마음이 자연스럽게 庚金에게로 향하게 된다. 따라서 이 사주는 음란하고 천박했다.

丁	庚	癸	丁
亥	子	丑	未

辛	庚	己	戊	丁	丙	乙	甲
酉	申	未	午	巳	辰	卯	寅

[280] 강약

차가운 金은 火를 반기지만, 이 사주는 지지에 亥子丑이 모두 있어 북방 水 기운이 왕성하다. 또한 월간(月干)의 癸水는 丁火를 극하고, 丑未가 충(沖)하여 丁火의 남은 기운마저 사라진다.

오행에 木 기운이 없으니 未土는 생하고 화하는 정(情)을 얻지 못했다. 時의 천간에 있는 丁火 또한 뿌리가 없어 허약하니 어찌 庚金을 제압할 수 있겠는가. 일주(日主)의 정(情)이 丁火를 돌아볼 형편이 아님을 알 수 있다. 그러므로 水처럼 일정한 성질 없이 이리저리 불려 다녔고, 수양버들처럼 흔들거리는 삶을 살았다.

乙	庚	癸	丁
酉	子	丑	丑

辛庚己戊丁丙乙甲
酉申未午巳辰卯寅

[281] 강약 / 조후

庚金이 계동(季冬) 丑月에 태어났으니, 차가운 金은 火를 반긴다. 게다가 時에 양인(陽刃)이 있고 인성(印星)이 당권(當權)했으니, 火를 용신(用神)으로 삼아 추위를 막기에 충분하다. 그러나 월간(月干)의 癸水가 녹(祿)의 지지(子)에 뿌리를 내려 丁火 관성(官星)을 완전히 극하니, 일주(日主)는 남편을 능멸하기에 충분하다.

時에서 乙木을 만났는데, 이를 반가워하며 합(合)하니, 그 마음이 반드시 재성(財星)으로 향하게 되었다. 그러므로 남편을 배신하고 떠나갔으며, 그 음란하고 더러운 행실을 감당할 수 없을 지경이었다.

丙	辛	壬	丁
申	巳	子	丑

庚己戊丁丙乙甲癸
申未午巳辰卯寅丑

[282] 강약 / 격국

壬水가 丁火 칠살(七殺)을 합하여 없애고, 丙火 정관(正官)이 일지(日支)에 녹(祿)을 얻었으니, 겉보기에는 아름다운 사주처럼 보인다. 이 때문에 양반 가문에서 태어났고, 미모가 뛰어나고 빼어난 아름다움이 양귀비에 버금간다고 칭송받았다. 4~5살 때부터 미모가 수려하더니, 13~14살에는 더욱 요염해져 그림 속 미인과 같았다.

18살에 순박하고 학문을 좋아하던 선비에게 시집갔으나, 남편은 아내의 미모에 빠져 학문을 포기하고 사랑에 탐닉했다. 결국 폐결핵을 앓다가 죽었다. 그 후에도 이 여인은 음란함을 감당치 못하고 몸을 망치고 명예를 더럽혔다. 의지할 곳이 없어져 결국 목을 매어 자살했다.

이는 사주에 합(合)이 많았기 때문이다. 십간(十干)의 합 가운데 丙과 辛이 합하면 관성(官星)이 상관(傷官)으로 변하여 '탐합망관(貪合忘官)'이라 한다. 또한 巳와 申이 합하는 것도 상관으로 변하고, 丁과 壬이 합하면 재성(財星)으로 암암리에 변한다. 이처럼 합이 많다는 것은 장차 맞이할 丙火 관성(官星)을 돌보지 않는다는 것이 분명하다. 그녀의 마음은 반드시 丁과 壬 한쪽에만 향하고 있었다. 하물며 천간과 지지가 모두 합하고 있으니, 가는 곳마다 모두 마음에 드는 남자들이 있는 것이다.

戊 癸 戊 戊
午 酉 午 子
庚 辛 壬 癸 甲 乙 丙 丁
戌 亥 子 丑 寅 卯 辰 巳

[283] 강약

癸水가 午月에 태어났고 재성(財星)과 관성(官星)이 함께 왕성하다. 좌하(坐下)에 인성(印星)이 있고 연지(年支)에 녹(祿)을 얻었으니 중화(中和)를 이루었다고 볼 수 있다.

하지만 천간에 세 개의 戊土가 드러나 癸水 일주를 서로 합하려고 하니, 일주의 마음은 갈 곳을 정하지 못한다. 지지에는 두 개의 午火가 酉金 인성을 파괴하고, 재성과 관성의 세력이 뚜렷하게 나뉘지 않으니, 일주인 癸水의 마음은 자연스럽게 재성의 기세로 향하게 된다. 연간(年干)에 있는 정관(正官)은 재성의 기운을 얻지 못했으므로, 그 힘이 월간(月干)과 시간(時干)의 관성(官星)을 당해내지 못한다. 따라서 일찍 본 정식 남편을 돌보지 않게 된 것이다.

乙卯 운에 이르자 木이 火를 생해 火 기운이 왕성해지니, 월간과 시간의 두 戊土는 생조를 받지만, 연간의 戊土는 생조를 받지 못하고 오히려 극을 받게 된다. 이로 인해 그녀의 남편은 병을 얻어 죽었다. 그 후에는 음란하기가 상식을 넘을 정도였으니, '너무 예쁜 여자는 사람에게 재앙을 가져온다(尤物禍人)'는 말이 정말이었다.

丙 乙 辛 乙
戌 亥 巳 未
己 戊 丁 丙 乙 甲 癸 壬
丑 子 亥 戌 酉 申 未 午

[284] 강약 / 격국

연월일 여섯 자만 보면, 乙木이 巳月에 태어나 상관(傷官)이 월령을 잡았다. 가장 다행스러운 점은 일지(日支)에 亥水 인성(印星)이 있어 巳火를 충(沖)함으로써 상관을 제압하는 것이다. 이는 일주(日主)를 돕는 역할뿐만 아니라, 辛金을 보호하고 지켜주고 있다.

이것이 바로 '상관용인격(傷官用印格)'이며, 칠살(七殺)이 홀로 맑게 살아있는 모습이다. 이 때문에 미모뿐 아니라 재주도 뛰어나 서화(書畵)에 모두 능통했다.

하지만 결국 아쉬운 점은 戌時가 바로 옆에서 亥水를 극하고 있다는 것이다. 한여름의 맹렬한 볕(巳火)에 드러난 辛金이 손상되니, 이미 남편과 자식에게 불리함을 알 수 있다. 이로 인해 평생 성격이 온전치 못하고 흠이 많았다.

乙 癸 戊 丁
卯 丑 申 巳
丙 乙 甲 癸 壬 辛 庚 己
辰 卯 寅 丑 子 亥 戌 酉

[285] 강약 / 격국

이 사주는 관성(官星)과 식신(食神)이 녹(祿)에 앉았고, 인성(印星)이 월령(月令)을 얻어 생조를 받고 있다. 재성(財星)이 관성을 생조하니 관성이 왕성하고, 인성이 손상되지 않았으며, 인성은 월령을 얻어 일주(日主)를 충분히 돕는다. 또한 식신이 힘을 얻고 한 기운으로 흘러 서로 상생(相生)하여, 오행이 고르게 분포되고 안정되고 순수하다. 그 결과 남편은 영화를 누리고 자식은 귀하게 되어 두 대(代)에 걸쳐 일품(一品) 벼슬에 봉해지는 영광을 얻었다.

丙	甲	癸	己
寅	辰	酉	亥

辛庚己戊丁丙乙甲
巳辰卯寅丑子亥戌

[286] 강약 / 격국

이 사주는 8월(酉月)에 태어났고, 관성(官星)을 재성(財星)이 돕고 있다. 寅時에 태어나 甲木이 연지(年支)와 시지(時支)에서 녹(祿)과 생(生)을 만났다. 火와 水가 천간에 드러났지만 서로 극하는 기세가 없고, 생하고 화하는 정(情)이 있다.

재성(財星)이 힘을 얻고 사주가 모두 뿌리를 내려 오행이 흩어지지 않고, 기운이 안정되고 화평하며 순수하다. 생화(生化)가 유정(有情)하니, 남편은 영화를 누리고 자식은 귀하게 되어 일품(一品) 벼슬에 봉해졌다.

甲	丁	壬	辛
辰	巳	辰	酉

庚己戊丁丙乙甲癸
子亥戌酉申未午巳

[287] 강약

이 사주는 상관(傷官)이 비록 왕성하지만, 酉와 합(合)하여 金으로 변하니 관성(官星)의 근본 기운이 오히려 두터워졌다. 巳火 또한 酉와 함께 공금(拱金)하여 辰土를 이끌어내니, 재성(財星)의 근본 기운이 더욱 견고해졌다. 時에 인성(印星)이 드러나 일주(日主)를 빛나게 생조하고, 辰土 상관을 제압해 준다.

그 결과 木은 마르지 않고, 火는 맹렬하지 않으며, 水는 메마르지 않고, 土는 건조하지 않으며, 金은 연약하지 않아 사주의 기운이 안정되고 화평하다. 그 덕분에 남편은 영화를 누리고 자식은 귀하게 되어 일품(一品) 벼슬에 봉해지는 영광을 얻었다.

甲壬癸己
辰辰酉巳
辛庚己戊丁丙乙甲
巳辰卯寅丑子亥戌

[288] 강약 / 격국

이 사주는 가을의 水 기운이 근원에 통하고 인성(印星)이 월령(月令)을 얻었다. 관살(官殺)이 비록 왕성하지만, 적절하게 제화(制化)되고 합(合)되어 사납지 않다. 더욱 묘한 것은 時에 甲木이 드러나 칠살(七殺)을 제어하고 수기(秀氣)를 뿜어내어 한 줄기 순수한 기운을 이루었다는 점이다. 따라서 인품이 단정하고 경서(經書)에 정통했다.

운의 흐름에 火 기운이 없어 관성을 돕지 않고 인성을 상하게 하지 않았으니, 남편은 귀하고 현달했으며, 자식 또한 빼어나고 아름다워 이품(二品) 벼슬에 봉해지는 영광을 누렸다.

癸乙壬庚
未亥午辰
甲乙丙丁戊己庚辛
戌亥子丑寅卯辰巳

[289] 강약 / 조후

木이 午月에 태어나 火의 기세가 맹렬하고 金은 연약한 시기이다. 다행히도 壬癸水가 뿌리가 깊어 火를 제압한다. 辰土는 火의 기운을 설기하며 金을 생하니, 火와 土가 모두 맹렬하거나 건조하지는 않는다. 또한 水와 木도 마르거나 넘치지 않고, 서로 이어져 상생하니 맑고 순수한 사주이다.

여성 중에서도 재주가 뛰어났고, 아들을 셋 낳았다. 남편이 경관(京官)으로 관직 생활을 하는 동안 집안은 청빈하였지만, 그녀는 집에서 자녀 교육에 힘썼다. 그 결과 두 아들이 과거에 합격하였는데, 한 아들은 갑과(甲科)까지 합격하였다. 남편은 낭중(郎中) 벼슬에 올랐고, 아들은 어사(御史)가 되었으니, 2대에 걸쳐 봉작을 받는 영화를 누렸다.

壬 乙 戊 庚
午 酉 寅 辰
庚 辛 壬 癸 甲 乙 丙 丁
午 未 申 酉 戌 亥 子 丑

[290] 강약 / 조후

乙木이 초봄에 태어나 木은 어리고 金은 견고하다. 가장 기쁜 것은 午時를 만나 칠살(七殺)을 제압하고 몸을 보호하여 차가운 木이 따뜻한 볕을 향하는 것이다.

관성(官星)과 인성(印星)이 모두 맑고, 재성(財星)이 관성을 생조하면서 인성을 손상시키지 않는다. 사주가 순수하고 평화로운 덕분에 남편의 관직이 이품(二品)에 올랐다. 다섯 아들과 스물세 명의 손자를 두었으며, 평생 질병 없이 부부가 함께 팔순(八旬)이 넘도록 건강하게 살다 평온하게 생을 마감했다. 그의 후손들 또한 모두 귀하게 되었다.

위의 모든 사례는 관성(官星)을 남편으로 삼아 풀이한 것이다.

甲 丁 癸 丙
辰 丑 巳 辰
乙 丙 丁 戊 己 庚 辛 壬
酉 戌 亥 子 丑 寅 卯 辰

[291] 강약

丁火가 巳月에 태어나 癸水 부성(夫星)이 맑게 드러났다. 시간(時干)의 甲木 인성(印星) 또한 홀로 맑다. 이 때문에 품격이 단정하고 몸가짐이 정결했다.

아쉬운 점은 丙火가 너무 왕성하여 상관(傷官)을 생조하니, 이로 인해 남편과 일찍 헤어졌다. 그러나 다행스러운 것은 巳와 丑이 합하여 金을 이끌어내니 재성(財星)이 용신(用神)이 된다.

일주(日主)가 강하니 재성으로 자식을 삼는데, 자식 교육에 힘써 두 아들 모두 이름을 떨치고 귀하게 되었다. 결국 삼품(三品) 벼슬에 봉해지는 영예를 얻었다.

戊 癸 辛 丙
午 酉 卯 寅
癸 甲 乙 丙 丁 戊 己 庚
未 申 酉 戌 亥 子 丑 寅

[292] 강약

癸水가 중춘(仲春) 卯月에 태어나니 기운이 설기되고, 재성(財星)과 관성(官星)이 함께 왕성하여 일주(日主)가 유약하다. 따라서 인성(印星)을 남편으로 삼아야 하는데, 인성이 맑아 용신(用神)으로도 사용된다.

이 여성은 성품이 단정하고 근검절약했으며 길쌈에도 부지런했다. 丑 운에 火 기운을 설기하여 金을 생하니, 연이어 두 아들을 낳았다. 戊子 운에는 午火를 충(沖)하여 酉金을 손상시키지 않으니, 남편이 과거를 보아 갑과(甲科)에 올랐다. 그러나 丁亥 운으로 바뀌자마자 녹(祿)이 끊겼다.

이 사주의 병(病)은 실질적으로 재성(財星)이 왕하다는 것이다. 천간의 辛金을 丙火가 합(合)하는 것도 마땅치 않고, 지지의 酉金을 午火가 옆에서 극하고 卯가 충(沖)하는 것도 꺼리는 것이다. 게다가 寅과 卯가 당권(當權)하여 火를 생하는 것도 혐오스럽다. 丁亥 운에 寅과 합하여 木으로 변해 왕성한 기운을 돕고, 丁火가 辛金을 극하니 남편의 녹(祿)이 끊어지는 것이 당연했다.

癸 丙 辛 辛
巳 子 卯 丑
己 戊 丁 丙 乙 甲 癸 壬
亥 戌 酉 申 未 午 巳 辰

[293] 강약

丙火가 중춘(仲春) 卯月에 태어났으니, 火는 상(相, 다음 계절)이고 木은 왕(旺, 계절의 氣)인 때라 중화(中和)의 모습을 얻었다. 연월(年月)에 두 개의 재성(財星)이 드러나고, 지지에는 巳丑이 합하여 金이 되니 재성(財星)이 왕성하여 관성(官星)을 생한다. 관성은 녹(祿)을 얻었으므로, 인성(印星)을 남편으로 삼아 진신(眞神)을 용신(用神)으로 사용한다.

성품이 근면하고 검소하여 길쌈으로 남편의 학업을 도왔으며, 맛있는 음식으로 시부모를 봉양하여 기쁨을 드렸다.

甲午 운에 이르러 일주를 돕고 인성을 보호하니, 남편이 연이어 과거에 급제하여 갑방(甲榜)에 올랐고, 부인도 의인(宜人)이라는 품계를 받았다. 그러나 그 수명은 酉 운까지였으니, 금국(金局)이 되어 卯를 충(沖)하자 녹(祿)이 끊어지고 사망했다.

丙	丙	癸	丁				
申	辰	卯	酉				
辛	庚	己	戊	丁	丙	乙	甲
亥	戌	酉	申	未	午	巳	辰

[294] 강약

丙火가 중춘(仲春) 卯月에 태어났고 관성(官星)은 드러났으나 재성(財星)은 숨어 있다. 인성(印星)이 월령(月令)을 얻고 비겁(比劫)이 일주를 도우니 겉보기에는 신왕한 듯하다.

하지만 아쉬운 점은 卯酉가 충(沖)하고, 癸와 丁도 서로 극하는 것이다. 이로 인해 木과 火의 기운이 손상되고 金과 水의 기운은 남게 된다. 비록 시간(時干)의 丙火에게 도움을 받는 것 같지만, 그 丙火 또한 申 위에 있어 자신의 안위조차 돌보기에 바쁘다.

다행히 辰 속에 여기(餘氣)가 있어 한 점의 미약한 싹이라도 봄의 기운이 존재하니, 오히려 보조(輔)하는 것을 용신(用神)으로 삼아야 한다. 앞선 사주보다 기운이 더 약하므로 인성(印星)을 남편으로 삼는다. 이 사람은 단정하고 그윽하며, 학문에 능통하고 사리에 밝았다.

丙午 운에 이르자 酉金을 파괴하니 남편이 과거에 급제하고, 두 아들을 낳아 사품(四品)의 봉작을 받았다. 그러나 40세 이후 戊申 운에 접어들자, 火의 기운이 설기되고 金을 생하니, 남편의 녹(祿)이 끊어졌다.

己戊庚癸
未午申丑
戊丁丙乙甲癸壬辛
辰卯寅丑子亥戌酉

[295] 강약 / 격국

戊土가 맹추(孟秋) 申月에 태어났고, 사주에 겁재(劫財)와 인성(印星)이 거듭 많다. 식신(食神)이 월령(月令)을 잡고 있으니 식신(食神)을 남편으로 삼는다.

그 빼어난 기운을 설기(洩氣)하는 癸水는 다시 土를 윤택하게 하고 金을 생하니, 맑고 빼어난 기운이 흐르는 명조(命造)가 되었다. 이로 인해 인품이 단정하고 큰 도리를 알았다. 비록 농가에서 태어나 가난했지만, 길쌈을 하며 남편을 돕고 시부모에게 효도했다.

癸亥 운에 이르러 남편이 향시(鄕試)에 합격하고 연이어 갑방(甲榜)에 올라 황당(黃堂)이라는 높은 벼슬에까지 올랐다. 남편이 귀하게 되었지만 귀부인 행세를 하지 않고, 집에서는 여전히 평범한 옷을 입고 집안일을 했다. 네 아들을 두었는데 모두 아름답고 훌륭했다. 그러나 丙 운에 이르자 식신(食神)을 빼앗기고 남편의 녹(祿)이 끊어졌다.

己戊庚癸
未戌申未
戊丁丙乙甲癸壬辛
辰卯寅丑子亥戌酉

[296] 강약 / 조후

이 사주는 앞선 사주와 未와 戌 두 글자만 다르고 나머지는 모두 같다. 未와 丑은 모두 土이지만, 午가 戌로 바뀐 것은 火 기운을 버리고 金을 용신(用神)으로 삼기에 적절한데, 어째서 오히려 앞선 사주보다 못하는가?

그 이유는 丑은 북방의 습한 흙이라 능히 金을 생하고 화火의 기운을 약하게 하며 水를 저장할 수 있다. 반면 未는 남방의 마른 흙이므로 金을 약하게 하고 火를 도우며 水를 말려버리기 때문이다. 또한 午는 비록 火이지만 丑土를 만나면 흙을 생하는 것을 탐내고, 戌은 비록 土이지만 火을 품고 있어 더욱 건조하게 한다.

다행히도 가을의 金 기운이 용신(用神)이 되므로 이 사주 역시 귀한 명(命)인 것은 틀림없다. 비록 출신은 가난했지만, 인품이 단정하고 삼갈 줄 알며 가정을 부지런하고 검소하게 꾸려나갔다. 남편은 향시(鄕試)에 합격하여 현령(縣令) 벼슬을 지냈고, 두 아들을 두었다.

壬	戊	辛	己
戌	辰	未	酉

己戊丁丙乙甲癸壬
卯寅丑子亥戌酉申

[297] 강약

土가 왕한데 여름에 태어났고, 金 기운이 수기(秀氣)를 뿜어내고, 또한 木이 없는 것은 기쁜 것이고, 부귀(富貴)한 명조이다. 그래서 벼슬하는 집안에서 태어나 시서(詩書)에 통달하고 예절 교육을 받았다.

酉 운에 이르자 남편을 뜻하는 金 기운이 녹왕(祿旺)을 얻으니, 아들 하나를 낳았고 남편은 과거에 급제했다. 하지만 甲戌 운이 오자 형충(刑沖)으로 인해 丁火가 나타나고, 안방에 눈서리가 내리듯 집안이 몰락했다. 젊은 나이에 홀로 되었으나 굳게 절개를 지키고 고통 속에서 자식 교육에 힘써 이름을 떨치게 했다. 子 운에는 아들이 과거에 급제하여 군수(郡守) 벼슬에 올랐고, 어머니는 자색(紫色) 고명(誥命)으로 봉작을 받았다. 수명은 寅 운까지였으니 金의 절지(絶地)에서 생을 마감했다.

甲	癸	壬	丁
寅	丑	子	亥

庚己戊丁丙乙甲癸
申未午巳辰卯寅丑

[298] 강약 / 조후

癸水가 중동(仲冬) 子月에 태어나 지지에 亥, 子, 丑이라는 북방의 기운이 모두 있으니, 水의 기세가 범람한다. 한 점의 丁火는 뿌리가 없지만, 가장 다행인 것은 寅時를 만나 넘치는 물을 받아들이고 그 빼어난 기운을 설기(洩氣)하여 맑아지는 것이다.

甲木 용신을 남편(夫星)으로 삼는데 녹(祿)에 앉아 있으므로 이 사람은 총명하고 아름다웠으며 단정하고 조용했다. 더욱이 운의 흐름이 동남쪽의 木火의 땅으로 흘렀으니, 남편은 영화를 누리고 자식은 뛰어나며 복과 은덕이 넉넉했다.

丁 乙 丙 乙
亥 卯 戌 卯
甲癸壬辛庚己戊丁
午丑辰卯寅丑子亥

[299] 강약

乙木이 계추(季秋) 戌月에 태어났지만, 사주에 두 개의 녹(祿)을 얻어 왕성하고 亥와 卯가 다시 합하여 木局을 이루었다. 사주 안에 金이 없으므로 일주가 매우 강하다. 다행히 丙丁火가 나란히 드러나 木의 기운을 설기(洩氣)하고 土를 생하는 것이 좋다. 이 사주에서는 재성(財星)을 남편으로 삼는데, 이 여성은 위인이 단정하고 온화했다.

남편은 과거에 합격하여 금당(琴堂)이라는 높은 벼슬에 올랐고, 세 아들을 두었다. 수명은 壬 운까지였다.

辛 丁 甲 戊
丑 未 寅 寅
丙丁戊己庚辛壬癸
午未申酉戌亥子丑

[300] 강약

丁火가 봄의 월령 寅月에 태어나 인성(印星)이 너무 많다. 가장 다행인 것은 丑時를 얻어 재성이 재고를 깔고 앉아 있으니 충(沖)으로 未 중의 비견(比肩)과 인성(印星)을 제거하여 재성(財星)이 생기를 얻었다. 이 사주에서는 辛金 용신을 남편(夫星)으로 삼고, 丑土를 자식으로 삼아야 한다.

초년 운은 북방의 水 지지로 흘러 金 기운이 설기(洩氣)되고 木 기운이 생조를 받아 출신이 미약했다. 그러나 庚戌, 己酉, 戊申의 30년간 土金 운에는 남편이 큰 재물을 일구었으며, 세 아들을 낳아 모두 귀하게 되었다. 이 여성은 공인(恭人)의 봉작을 받는 영예를 얻었다.

이는 인성(印星)을 버리고 재성(財星)을 취한 사례이다. 또한 남편이 자식의 도움을 받았기 때문에 후손이 영화롭게 발전했다.

癸 辛 己 壬
巳 丑 酉 辰

辛 壬 癸 甲 乙 丙 丁 戊
丑 寅 卯 辰 巳 午 未 申

[301] 강약

辛金이 중추(仲秋) 酉月에 태어나 지지에 金局을 모두 이루었으나, 사주에 木이 없다. 火 기운이 이미 金으로 이뤄져 버렸으니, 관성(官星)을 쓰는 이치는 사라졌다.

다행히 壬과 癸의 水 기운이 함께 드러나 그 빼어난 기운을 설기(洩氣)한다. 이 때문에 이 사람은 총명하고 단정하며 신중했고, 시(詩)와 예(禮)에도 꽤 밝았다.

아쉬운 것은 19세부터 丁未 운으로 운이 흘러 남방의 火가 왕성한 곳으로 나아갔다는 점이다. 火는 土를 생하고 水를 압박하는데, 세운(歲運) 庚戌年에 지지(地支)가 모두 水를 극하니, 자식도 두지 못하고 일찍 죽었다.

己 乙 丙 甲
卯 卯 寅 午

戊 己 庚 辛 壬 癸 甲 乙
午 未 申 酉 戌 亥 子 丑

[302] 강약

왕성한 木이 火를 만나니, 통명(通明)한 형상이다. 묘하게도 사주에 金과 水가 전혀 없어 순수하고 잡됨이 없다. 이 여성은 위인이 단정했다.

이 사주에서는 丙火 용신을 남편으로 삼는데, 아쉽게도 운의 흐름이 북방의 水 지지로 향해 수명 역시 길지 않았다. 세 아들을 두었으나 한 아들만 남았고, 壬 운에 丙火를 극하여 생을 마감했다.

만약 앞선 두 사주가 운이 순행(順行)했다면 장수했을 뿐만 아니라, 만약 남자 사주였다면 명예와 이로움을 모두 얻었을 것이고, 여자 사주였다면 남편은 영화롭고 자식은 귀했을 것이다.

己	乙	壬	丁
卯	卯	寅	未

庚	己	戊	丁	丙	乙	甲	癸
戌	酉	申	未	午	巳	辰	卯

[303] 강약

봄의 나무(木)가 숲을 이루어 왕성함이 극에 달했다. 시간(時干)의 己土는 뿌리가 없어 丁火를 남편으로 삼아야 한다. 丁壬이 합하여 木이 되는 것은 水 기운을 제거하는 데는 좋지만, 木으로 변화하는 것은 적절하지 않다. 따라서 출신이 빈한한 집안이었다.

그러나 다행스럽게도 운의 흐름이 남방의 火 지지로 향하니, 남편을 돕고 집안을 일으켰을 뿐만 아니라 자식도 많았다. 수명은 申 운까지였으니, 壬水가 힘을 얻으면서 생을 마감했다.

이 사주는 앞선 사주와 비교하면 사주 자체의 좋고 나쁨은 미치지 못하지만, 행운(行運)이 배반하지 않았으므로 더 낫다고 할 수 있다. 그러므로 "사주가 좋은 것이 운이 좋은 것만 못하다(命好不如運好)"는 말이 남녀 모두에게 해당된다.

41. 소아(小兒)

논재논살논정신 사주화평역양성
論財論殺論精神 四柱和平易養成
기세유장무착상 살관수유불상신
氣勢攸長無斲喪 殺關雖有不傷身

재성과 칠살을 논할 때 정신을 논해야 하며, 사주가 화평하면 좋은 기운을 쉽게 기를 수 있다.

사주의 기세가 길고 끊어지지 않으면, 비록 칠살의 고비가 있을지라도 몸을 상하게 하지 않는다.

原注

財神不黨七殺, 主旺精神貫足, 干支安頓和平. 又要看氣勢, 如氣勢在日主, 而日主雄壯者; 氣勢在財官, 而財官不叛日主; 氣勢在東南, 而五七歲之前, 不行西北; 氣勢在西北, 而五七歲之前, 不行東南. 行運不逢斲喪, 此爲氣勢攸長, 雖有關殺, 亦不傷身.

- 재성(財神)이 칠살(七殺)과 한 무리가 되지 않고, 일주(日主)가 강하며 정신이 충만하고, 간지(干支)가 안정되고 평화로운 경우를 말한다.
- 또한 기세(氣勢)를 살펴야 하는데, 기세가 일주에 있고 일주가 튼튼한 경우, 기세가 재관(財官)에 있으면서 재관이 일주를 배반하지 않는 경우, 기세가 동남쪽에 있는데 5~7세 이전에 서북쪽으로 가지 않는 경우, 기세가 서북쪽에 있는데 5~7세 이전에 동남쪽으로 가지 않는 경우, 운의 흐름에서 꺾이거나 손상되지 않는다면 이것이 기세가 유장한 것이니, 비록 칠살의 고비가 있어도 몸을 상하게 하지 않는다.

임철초 日

어린아이의 명조를 보면, 맑고 기이하여 사랑스러운 아이는 키우기 어렵고, 혼탁하고 보기 싫은 아이는 쉽게 자라는 경우가 있다. 이는 비록 집안의 운수와 관련이 있지만, 근본 기운의 깊이와 얕음도 살펴야 한다.

아이의 명조는 마치 갓 나온 나무의 싹과 같아 잘 키워야 하는 것은 말할 필요도 없다. 그러나 아이가 태어나기 전, 부모가 방사를 삼가지 않아 태중에 독을 받은 경우도 있고, 태어난 후 지나치게 아끼거나 음식을 가리지 않고 먹이거나, 차고 더운 것을 조절해주지 못해 병이 많아지고 끝내 자라지 못하는 경우가 생긴다. 또한 악업을 쌓은 집안은 남은 복이 없어, 비록 아이의 명조가 맑고 순수해도 키우기 어렵다. 심지어 조상의 묘지나 음택(陰宅)에 문제가 생겨 아이가 요절하는 경우도 있다. 이처럼 아이의 명조는 감정하기 쉽지 않다.

이러한 몇 가지 요인을 제외하고 명조를 논하자면, 사주가 화평(和平)하고 한쪽으로 치우치거나 메마르지 않으며, 충극(沖剋)이 없어야 한다. 월지(月支)에 뿌리를 내리고 時의 기운이 관통하며, 칠살이 왕성할 때 인성(印星)이 있고, 인성이 약할 때 관성(官星)이 있으며, 관성이 쇠약할 때 재성(財星)이 있고, 재성이 약할 때 식상(食傷)이 있어야 한다. 생하고 화하는 기운이 유정(有情)하고 막힘없이 흘러야 한다.

혹은 하나의 신(神)이 용신(用神)이 되어 시종일관 서로 돕거나, 두 기운이 서로 정을 통하며 보호해야 한다. 운이 바뀌기 전에는 유년운이 평온하고, 운이 바뀐 후에는 운의 흐름이 평안해야 한다. 이것을 '기세가 길고 상하지 않는다(氣勢攸長)'고 하니, 이러한 아이는 자연히 쉽게 잘 자라게 된다. 이와 반대이면 키우기 어렵다. 그 외에 아이의 운명을 논할 때 사용하는 수많은 신살(神殺)은 모두 잘못된 것이니, 사람들을 현혹하는 데 사용될 뿐이다. 마땅히 이러한 신살을 모두 없애고 앞으로의 오류를 끊어야 한다.

丁	丙	癸	辛		
酉	子	巳	丑		
丁	戊	己	庚	辛	壬
亥	子	丑	寅	卯	辰

[304] 강약 / 격국

丙火가 巳月에 태어나 비록 건록(建祿)을 얻었지만, 오행에서 木의 생조가 없다. 천간에 재성(財星)과 관성(官星)이 이미 드러났으니, 지지에서 酉와 子를 다시 만나는 것은 좋지 않다.

더욱 좋지 않은 것은 金局을 이루어서, 巳火의 녹(祿)이 일간(日干)에 단단히 붙어 있지 못하게 했다는 점이다. 비록 丁火가 일주를 도울 수 있지만, 癸水에게 손상되었으니, 이른바 재다신약(財多身弱)에 관성까지 왕해지니 일주가 극도로 허약해졌다.

게다가 초년 운에서 壬 칠살(七殺)을 만났다. 辛亥年에는 천간에서 壬과 癸가 丙과 丁을 극하고, 지지에서는 亥가 巳火를 충(沖)하여 녹(祿)을 파괴하니, 뿌리가 한꺼번에 뽑혔다. 결국 감질(疳疾, 어린이 질병)을 얻어 사망했다.

辛	丙	己	癸		
卯	寅	未	丑		
癸	甲	乙	丙	丁	戊
丑	寅	卯	辰	巳	午

[305] 강약

앞 사주가 재성과 관성이 너무 왕성해 일찍 죽음에 이르렀던 것과 달리, 이 사주는 일지가 장생(長生)이고 여름에 태어나 재성(財星)과 관성(官星)이 용신(用神)이 된다. 상관(傷官)이 희신(喜神)이 되어 재성을 생하고 재성은 다시 관성을 생하니, 언뜻 보면 생화(生化)가 유정한 것처럼 보인다. 그러나 앞 사주가 재성이 많아 신약해져 관성이 칠살(七殺)로 변했던 것처럼, 이 사주는 재성은 절지(絶地)에 있고 관성은 휴수(休囚)되어 후한 복을 누리기 어려울까 염려된다.

癸水 관성을 기준으로 보면 未月에 태어나 火와 土가 건조하고 메마르

다. 비록 남은 기운인 丑 중에는 金과 水가 숨어 있지만, 己土가 머리 위에 있어 癸水를 상하게 하고, 丑과 未가 충(沖)하여 金과 水의 뿌리를 제거했다.

시주(時柱)의 辛金 또한 절지(絶地)에 있으니 있으나 마나 하다. 어찌 멀리 떨어진 癸水를 생할 수 있겠으며, 己土 역시 멀리 떨어진 金을 생조할 수 있겠는가? 게다가 운의 흐름이 동남쪽의 木火 지지로 가니, 결단코 가업을 지키지 못할 사람이다.

己 丙 壬 庚
亥 寅 午 戌

戊 丁 丙 乙 甲 癸
子 亥 戌 酉 申 未

[306] 강약 / 격국

丙火가 壬水 칠살(七殺)을 용신으로 쓰는데, 일주(身)는 강하고 칠살은 약하다. 칠살이 권력을 잡아야 하는데 재성(財星)이 약한 칠살을 도우니, 당연히 명예와 이익을 모두 얻을 것 같다.

아쉬운 점은 지지에 火局을 모두 갖추었고 寅과 亥가 합하여 木으로 변해 火를 생하는 것이다. 연월(年月)의 壬과 庚은 뿌리가 없어 생조받는 힘도 약하다.

丁巳年에 巳亥가 충하여 壬水의 녹(祿)을 제거하고, 丁壬이 합하여 용신을 제거하니 감증(疳症, 어린이 질병)으로 사망했다.

戊 壬 戊 壬
申 申 申 申

甲 癸 壬 辛 庚 己
寅 丑 子 亥 戌 酉

[307] 강약

壬水가 가을 월령(秋令)에 태어났고 지지에 모두 장생(長生)을 깔고 앉았다. 천간에는 壬水와 戊土가 각각 두 개씩 있어, 전체적으로 보면 지지가 한 가지 기운으로 가득하고 천간이 섞이지 않았으며(兩干不雜), 칠살(七殺)과 인성(印星)이 서로 생조하는 살인상생(殺印相生)의 대귀격(大貴格)처럼 보인다.

하지만 실상은 金이 많아 물이 흐려지고(金多水濁), 어머니가 많아 자식이 병든 격(母多子病)이다. 사주에 火剋金이 없으니 金은 도리어 水를 생하지 못하고, 戊土의 빼어난 기운만 金에게 모두 설기된다. 이른바 한쪽으로 치우친(偏枯) 사주이니, 반드시 기르기 힘들 것이라 했다. 명예와 이익이 모두 허망하다고 했는데, 과연 세 살 甲戌年에 사망했다.

戊 壬 甲 壬
申 申 辰 申

庚 己 戊 丁 丙 乙
戌 酉 申 未 午 巳

[308] 강약

壬水가 계춘(季春) 辰月에 태어나 살인상생(殺印相生)하는 듯하고, 지지에 세 개의 장생(長生)이 있으며, 식신(食神)이 칠살(七殺)을 제압하여 권력을 잡으니 분명 귀격(貴格)일 것처럼 보인다.

그러나 봄의 土는 기운이 허하고, 월간(月干)에 드러난 甲木 때문에 辰土는 극(剋)을 받을 뿐만 아니라 시간(時干)의 戊土 또한 극을 받는다. 오행에 火가 없으니 서로 생조하는 묘한 이치를 얻지 못했다. 역시 '어머니는 많고 자식은 병든(母多子病)' 형국이며, 한쪽으로 치우친(偏枯) 사주이다. 반드시 기르기 힘들 것이라 판단했는데, 후에 두증(痘症, 천연두)으로 사망했다.

壬 丁 壬 癸
寅 亥 戌 丑

丙 丁 戊 己 庚 辛
辰 巳 午 未 申 酉

[309] 강약

이 사주는 丁火가 음유(陰柔)한 기운인데 깊은 가을에 태어났고, 칠살(七殺)과 정관(正官)이 중첩되어 있으니, 얼핏 보면 반드시 키우기 어려울 것처럼 보인다.

그러나 묘한 것은 관살(官殺)이 비록 왕성하더라도, 다행히 戌月에 태어나 일주의 고(庫)에 뿌리를 두었으니 충분히 水 기운을 제압할 수 있다. 더욱 좋은 점은 사주에 金이 없어 시지(時支)의 寅木이 손상되지 않았다는 것이다. 이 寅木이 일간의 기운을 관통하여 충분히 水를 받아들일 수 있다.

따라서 쉽게 성인으로 자랄 뿐만 아니라 학문에서도 뜻을 이룰 수 있었다. 관살은 한 가지 종류인데, 관을 좋아하고 칠살을 미워하는 것이 아니다. 신약(身弱)하면 관도 칠살이 되고, 신왕(身旺)하면 칠살도 관이 된다. 이 사주가 좋은 이유는 재성(財星)이 없고 인성(印星)이 있기 때문이다.

"丁火가 寅에서 죽는다"는 주장은 매우 잘못된 것이다. 寅 중에 있는 甲木은 丁火의 적모(嫡母)인데 어찌 죽겠는가? 음간(陰干)은 생지(生地)가 사지(死地)가 되고, 사지(死地)가 생지(生地)가 된다는 주장은 명리학의 올바른 이론이 아니다.

과연 어린 시절부터 병치레 없이 총명함이 남달랐다. 甲戌年에 반궁(泮宮)에 들어갔고, 운의 흐름이 남방의 火土로 향하니, 칠살을 제압하고 일주를 도와 그 길함이 끝을 헤아릴 수 없게 되었다.

	己	丁	甲	壬	
	酉	酉	辰	戌	
庚	己	戊	丁	丙	乙
戌	酉	申	未	午	巳

[310] 강약

이 사주에 대해 개략적으로 말하면, 월간에 투간한 甲木은 봄의 木으로 충분히 일주 丁火를 생하고, 연간의 壬水는 그 木을 생하며, 일지와 시지가 일주 장생(長生)에 앉아 있으니 모두들 왕성하다고 볼 것이다.

그러나 아쉽게도 지지에 土와 金이 많아 천간의 水와 木의 뿌리가 약해졌다. 水와 木의 기운이 없으니 丁火는 견고하게 보호받지 못한다. 늦봄(季春)에 태어난 甲木은 이미 쇠퇴한 기운이고, 辰酉가 합하여 金으로 변하니, 甲木의 남은 기운은 이미 끊어졌다. 戊土가 떨어져 있어 金이 水를 생할 수 없고, 戊土는 壬水를 충분히 제압한다. 壬水가 극을 받으니 木을 생할 수 없으며, 辰酉 合金은 반드시 木을 극하니, 일주(日主)의 근원이 견고하지 못함을 알 수 있다.

혹자는 酉가 丁火의 장생(長生)이라고 말하는데, 이는 오행의 이치가 거꾸로 된 것이다. 酉 속에는 순수한 辛金만 있어 다른 기운이 섞이지 않으니, 金이 水를 생할 뿐, 火를 생할 리가 없다. 火가 酉의 위치에 이르면 사(死)로 끊어진 땅이 된다.

더욱 문제가 되는 것은 시간(時干)의 己土이다. 일주의 원기(元氣)를 빼앗아 가고, 金을 생하며 火의 기운을 설기(洩氣)한다. 水, 木, 火 세 가지 기운이 모두 허약하다. 결국 후일 癸酉年에 요절(夭折)하였으니, 이처럼 보면 어린 아이의 명(命)을 보는 것은 쉽지 않다.

7장 재덕은원(才德恩怨)

42. 재덕(才德)

덕 승 재 자　국 합 군 자 지 풍
德勝才者 局合君子之風
재 승 덕 자　용 현 다 능 지 상
才勝德者 用顯多能之象[44)]

덕이 재능을 앞서는 자는 그 격국이 군자의 풍모에 부합하고, 재능이 덕을 앞서는 자는 그 용신이 다재다능한 상으로 나타난다.

原注

清和平順, 主輔得宜, 所合者皆正神, 所用者皆正氣, 不必節外生枝, 不必弄假成眞, 財官喜神, 皆足以了其生平; 不生貪戀之私, 度量寬宏, 施爲必正, 皆君子之風也. 財薄而力量足以貪之, 官輕而心志必欲求之, 混濁被害, 主弱輔强, 爭合邪神, 三四用神, 皆心事奸貪, 作事僥倖, 皆爲多能之象. 大率陽在內, 陰在外, 不激不亢者爲德勝才, 如丙寅戊辰月日, 己卯癸卯年時者是; 陽在外, 陰在內, 畏勢趨利者, 爲才勝德, 如己卯己巳月日, 丙寅戊寅年時者是.

- 청아하고 평화로우며 순조로운 사주(命)는 주인과 보좌가 적절하고, 합(合)으로 나오는 것은 모두 정신(正神)이며, 쓰이는 것은 모두 정기(正氣)이다. 불필요하게 가지를 뻗지 않고, 거짓을 진짜로 만들 필요도 없다. 재성(財星)과 관성(官星), 그리고 희신(喜神)은 모두 평생의 뜻을 이루기에 충분하다. 탐하고 연연하는 사사로움이 없고, 도량이 넓고 커서 행하는 바

44) 德勝才者, 局全君子之風, 才勝德者, 用顯多能之象.

가 반드시 바르니, 모두 '군자의 풍모(君子之風)'이다.

- 재물이 약한데도 힘으로 탐하려 하고, 관직이 미미한데도 마음으로 기필코 구하려 한다. 탁하고 해로우며, 주(主)는 약하고 보좌는 강하다. 사신(邪神)과 다투어 합하고, 세 개나 네 개의 용신(用神)이 모두 마음속으로는 간사하고 탐욕스러우며, 일 처리에서 요행을 바라는 모습이니, 모두 '다재다능한 상(多能之象)'이다.
- 양(陽)이 안에 있고 음(陰)이 밖에 있어, 격렬하거나 지나치지도 않는 사람은 덕이 재능을 앞선다. 예를 들어 丙寅 戊辰 월일이며, 己卯 癸卯 연시인 경우가 이에 해당한다.
- 양이 밖에 있고 음이 안에 있어, 세력을 두려워하고 이익을 좇는 것이 재능이 덕을 앞선다. 예를 들어 己卯 己巳 월일이며, 丙寅 戊寅 연시인 경우가 이에 해당한다.

임철초 日

선(善)과 악(惡), 사(邪)와 정(正)은 오행의 이치에서 벗어나지 않는다. 군자(君子)와 소인(小人)은 사주(四柱)의 성정(性情)을 벗어나지 않는다.

양기(陽氣)가 움직여 펼쳐지면 빛나고 형통하는 의미를 볼 수 있고, 음기(陰氣)가 고요히 모여들면 포용하는 오묘한 이치를 깨달을 수 있다.

평화롭고 순수하며 격국이 바르고 청(淸)하면, 다투지 않고 질투하지 않는다. 합하여 제거되는 것은 모두 편기(偏氣)이고, 변화되어 나오는 것은 모두 '정신(正神)'이다. 관성(官星)을 기뻐하는데 재성(財星)이 능히 관성을 생하고, 재성(財星)을 기뻐하는데 관성(官星)이 능히 겁재(劫財)를 제압한다. 인성(印星)을 꺼리는데 재성(財星)이 능히 인성을 파괴하고, 인성(印星)을 기뻐하는데 관성(官星)이 능히 인성을 생한다. 양기(陽氣)가 성하고 음기(陰氣)가 쇠하며 양기(陽氣)가 권력을 잡으면, 쓰이는 것은 모두 양기(陽氣)이고 기뻐하는 것은 모두 양류(陽類)이다. 위아래에 교만하거나 아첨함이 없으니 모두 '군자의 풍모'이다.

편기(偏氣)가 잡란(雜亂)하고 약한 것을 버리고 강한 것을 쓰면, 다툼과 합(合)이 많다. 합하여 제거되는 것은 모두 정기(正氣)이고, 변화되어 나오는 것은 모두 '사신(邪神)'이다. 관성(官星)을 기뻐하는데 겁재(劫財)의 자리에 임하고, 재성(財星)을 기뻐하는데 인성(印星)의 위치에 자리한다. 인성(印星)을 꺼리는데 관성(官星)이 인성을 생하고, 인성(印星)을 기뻐하는데 재성(財星)이 인성을 파괴한다. 음기(陰氣)가 성하고 양기(陽氣)가 쇠하며 음기(陰氣)가 권력을 잡으면, 쓰이는 것은 모두 음기(陰氣)이고 기뻐하는 것은 모두 음류(陰類)이다. 좌우로 권세나 재물을 좇으니 모두 '다재다능한 상(象)'이다. 그러나 기세가 평화롭고 용신(用神)이 분명하면 행하는 바 또한 반드시 바르게 된다.

丁庚戊癸
丑寅午酉

壬 癸 甲 乙 丙 丁
子 丑 寅 卯 辰 巳

[311] 강약

庚金이 중하(仲夏) 午月에 태어나 정관(正官)인 丁火가 녹(祿)을 얻었고, 연지와 시지인 酉와 丑에 뿌리를 내렸으니 중화(中和)의 기운을 바르게 얻은 사주다.

寅과 午의 재성과 관성이 합을 이루어, 재성이 인수를 파괴하지 않고 관성이 인수를 능히 생한다. 재성, 관성, 인수 세 글자가 생화(生化)하여 서로 거스르지 않는다. 癸水가 戊土와 합을 하여 음탁(陰濁)한 기운이 제거되었다. 그러므로 품행이 단정하고 항상 옛 도리를 지켰다. 일찍이 학문에 입문하여 스승 없이 스스로 도리를 깨우쳤다.

丁酉年에 과거에 급제했으나 지현(知縣)으로 발령받은 것을 사양하고 부임하지 않았다. 스스로 가르치는 일에 뜻을 두어 가난 속에서도 즐거움을 느끼며 도를 지켰다.

사람들이 그에게 작은 것에 만족한다고 말하자, 그는 이렇게 말했다. "공명이란 반드시 높은 과거에 급제하여 높은 자리에 올라야만 얻는 것이 아니다. 공을 이루면 이름은 저절로 드러나는 법이다. 더군다나 나는 나라를 다스리는 재능이 없으니 교직에 나아가 의식주 걱정 없이 내 뜻대로 행하며 임금의 은혜를 저버리지 않는 것만으로도 족하다."

甲己庚丙
戌亥子寅

丙 乙 甲 癸 壬 辛
午 巳 辰 卯 寅 丑

[312] 조후

己土가 중동(仲冬) 子月에 태어나 차갑고 습한 몸이 되었다. 水는 차갑고 木은 말랐으며, 庚金이 또 木을 극하고 水를 생하니 혼탁해 보인다. 그러나 묘하게도 연간(年干)에 丙火가 투출하여 한 줄기 양(陽) 기운으로 추위를 녹여주니, 겨울에 태어난 명조에 더없이 좋은 것이고, 庚金의 탁한 기운을 제거하고, 己土가 따스하고 온화해지는 것뿐만 아니라 甲木 역시 싹을 틔우게 되는 점이 기쁘다.

또한 묘한 것은 戌時의 따뜻한 흙이니, 넘치는 탁한 水를 평정하고 말라붙은 木을 길러주며 일주(日主)의 뿌리 또한 튼튼하게 한다는 점이다. 게다가 甲己合은 중화(中和)된 합이므로, 처세가 단정했다.

그는 항상 옛 도리를 지키고 겸손하며 온화하고 후덕한 성품을 지녔으며, 고루한 군자의 풍모도 있었다. 다만 水의 기세가 너무 왕성하여 큰 공명을 얻지 못하고 늠공(廩貢, 유생)에 그쳤다는 점이 아쉽다.

	甲	己	辛	丙	
	子	卯	丑	戌	
丁	丙	乙	甲	癸	壬
未	午	巳	辰	卯	寅

[313] 조후

이 사주는 水는 차갑고, 金은 서늘하며, 土는 얼어붙고, 木은 메말랐다. 연간(年干)에 丙火가 투출하여 한 줄기 양(陽) 기운으로 추위를 녹이는 듯 보여 아름답고 좋은 것처럼 보인다.

하지만 丙火와 辛金이 합하여 水로 변하니, 양(陽)의 기운이 변하여 음(陰)의 기운이 된 것이며 도리어 한습한 기운을 더욱 증진시킨다. 양(陽)은 본래 바른 기상인데, 도리어 음흉하고 사악한 기운으로 변했다.

이 사람의 인품은 탐욕이 많고 염치도 없었으며, 간사한 꾀와 모략이 끊임없이 나왔다. 재물을 좇아 세력을 만들고 부귀한 자를 만나면 아첨했다. 권세와 이익을 탐하고 교만하였으니, 이는 '다재다능한 상(多能之象)'이기 때문이다.

43. 분울(奮鬱)

국 중 현 분 발 지 기 자 신 서 의 창
局中顯奮發之機者 神舒意暢
상 내 다 침 매 지 기 자 심 울 의 회
象內多沈埋之氣者 心鬱志灰[45]

사주에 분발할 기미가 나타나면 정신이 편안하고 뜻이 시원하게 펼쳐지고, 사주에 침체된 기운이 많으면 마음이 울적하고 뜻이 재처럼 식어버린다.

原注

陽明用事, 用神得力, 天地交泰, 神顯精通, 必多奮發; 陰晦用事, 情多戀私, 主弱臣强, 神藏精洩, 人多困鬱. 若純陽之勢, 身旺而財官旺者必奮; 純陰之局, 身弱而官殺多者多困.

- 양(陽)의 기운이 주도하여 작용하고, 용신(用神)이 힘을 얻으면 천지가 화합하고 조화를 이루니, 신기(神機)가 뛰어나게 발휘되어 반드시 크게 분발하고 발전한다.
- 음(陰)의 기운이 침체되어 작용하면, 사적인 욕심에 연연하는 마음이 많아진다. 주체는 약하고 보좌하는 기운은 강하며, 정신은 숨겨지고 기운은 빠져나가니, 사람은 답답하고 곤궁해지는 경우가 많다.
- 만약 순양(純陽)의 기세를 갖추고 일주(日主)가 왕성하며 재성(財星)과 관성(官星) 또한 왕성하다면 반드시 크게 분발한다. 반면 순음(純陰)의 국면에서 일주가 약하고 관살(官殺)이 많다면 어려움을 겪는 경우가 많다.

---

45) 局中顯奮發之機者, 神舒意暢, 局內多沉埋之氣者, 心鬱志灰.

임철초 日

억눌리고 침울함이 없이 시원하고 편안한 사람은 사주 원국이 지나치게 강하거나 지나치게 약하지 않고, 용신이 모두 기운을 얻고, 희신이 모두 힘을 얻는다. 기신은 모두 때를 잃거나 세력을 잃고, 한신이 기신과 편들지 않고 오히려 희신과 용신에 이롭다. 합하는 것이 꺼려질 때 충(沖)을 만나고, 충하는 것이 꺼려질 때 합(合)을 만나는 식이다. 음(陰)의 본체를 가지고 양(陽)을 쓰는 경우, 마치 북방에서 일양(一陽)이 생겨나듯이 음이 생겨야 양이 완성된다. 亥 중의 甲木이 그러하다. 여기에 세운(歲運)이 사주의 격국을 돕고 용신을 부조해야만 반드시 크게 분발하고 편안하며 상쾌할 수 있다.

시원하고 편안함은 적고 억눌리고 침울함이 많은 사람은 사주 원국이 지나치게 강하거나 지나치게 약하고, 용신이 모두 때를 잃고, 희신이 모두 무력하다. 기신은 모두 때를 얻고 세력을 얻고, 한신이 겁재를 점유하고 희신이 도리어 기신을 돕는다. 합하는 것이 좋을 때 충을 만나고, 합하는 것이 꺼려질 때 오히려 합을 만나는 식이다. 양(陽)의 본체를 가지고 음(陰)을 쓰는 경우, 마치 남방에서 이음(二陰)이 생겨나듯이 양이 생겨야 음이 완성된다. 午 중의 己土가 그러하다. 여기에 세운(歲運)이 희신을 돕고 기신을 제거하지 못한다면 반드시 답답하고 곤궁해진다.

그러나 사주 원국이 비록 음침해도 운의 흐름이 밝고 긍정적으로 흘러가면 또한 편안하고 상쾌할 수 있다. 반대로 사주 원국이 비록 밝고 긍정적이어도 운의 흐름이 음침하고 어둡게 흐르면 또한 곤궁하고 답답해진다. 그러므로 운의 흐름을 더욱 신중하게 살펴야 한다.

예를 들어, 亥 중의 甲木을 용신으로 쓸 때 천간에 壬水나 癸水가 있다면 운에서는 戊寅이나 己卯가 좋다. 천간에 庚金이나 辛金이 있다면 운에서는 丙寅이나 丁卯가 좋다. 천간에 丙火나 丁火가 있다면 운에서는 壬寅이나 癸

卯가 좋다. 천간에 戊土나 己土가 있다면 운에서는 甲寅이나 乙卯가 좋다.

午 중의 己土를 용신으로 쓸 때 천간에 壬水나 癸水가 있다면 운에서는 戊午나 己未가 좋다. 천간에 庚金이나 辛金이 있다면 운에서는 丙午나 丁未가 좋다. 천간에 甲木이나 乙木이 있다면 운에서는 庚午나 辛未가 좋다. 이는 지지에 감춰진 신을 기준으로 논한 것이며, 드러난 지지도 동일하게 적용된다.

예를 들어, 천간의 木을 용신으로 쓰는데 지지에 水가 왕성하다면 운에서는 丙寅이나 丁卯가 좋다. 천간에 水가 있다면 운에서는 戊寅이나 己卯가 좋다. 지지에 金이 많다면 운에서는 甲戌이나 乙亥가 좋다. 천간에 金이 있다면 운에서는 壬寅이나 癸卯가 좋다. 지지에 土가 많다면 운에서는 甲寅이나 乙卯가 좋다. 천간에 土가 있다면 운에서는 甲子나 乙丑이 좋다. 지지에 火가 많다면 운에서는 甲辰이나 乙巳가 좋다. 천간에 火가 있다면 운에서는 壬子나 癸丑이 좋다.

이렇게 운세를 배합하면 싸움의 걱정이 없고 제화(制化)의 조화가 생긴다. 반대로 하면 좋지 않다. 세밀하게 연구하면 깊은 이치를 알게 될 것이다.

辛 壬 甲 戊
亥 子 子 辰

庚 己 戊 丁 丙 乙
午 巳 辰 卯 寅 丑

[314] 강약 / 조후

壬水가 중동(仲冬) 子月에 태어나 삼지(三支)에 녹왕(祿旺)을 만났으니, 이른바 '곤륜의 水'처럼 그 기세가 강하다. "순조로움을 따를 수는 있으나 거스르려 해서는 안 된다"는 말처럼, 다행스럽게도 子辰이 수국(水局)을 이루어 戊土의 뿌리가 견고하지 못하다.

월간의 甲木을 용신으로 삼아 범람하는 水를 설기해야 한다. 이것이 바로 사주 안에 분발할 기운이 나타나 있는 것이다. 운의 흐름이 丙寅, 丁卯로 나아가니, 차가운 木이 火를 만나 싹을 틔우며 발영(發榮)하는 형상이다.

음한(陰寒)한 金土의 기운을 제거하는 초년에 갑과(甲科)에 급제하고 한림원에서 이름을 떨쳤다. 그러나 戊辰 운은 水의 성질을 거스르니, 이 운에서 수명이 다했다.

癸	癸	丙	甲		
亥	亥	子	申		
壬	辛	庚	己	戊	丁
午	巳	辰	卯	寅	丑

[315] 강약

癸水 일주가 중동(仲冬) 子月에 태어나 왕지(旺地)를 세 개나 만났으니 그 기세가 넓고 크다. 다행스러운 점은 甲木과 丙火가 함께 투출하여 지지(地支)에서 절처봉생(絶處逢生)한다는 것이다.

木, 土, 火가 서로 호위하니, 金을 만나면 유행하여 소통하고, 水를 얻으면 온화해지고, 木을 얻으면 싹을 틔워 발영하며, 火를 얻으면 생조받는다.

용신은 반드시 甲木으로 삼아야 하니, 이는 '분발할 기운(奮發之機)'이다. 戊寅 운에 청운의 꿈이 바로 이루어졌고, 己卯 운에는 벼슬길이 더욱 빛났다. 庚辰과 辛巳 운에는 비록 제화(制化)의 조화만 있을 뿐 생조하고 돕는 기운이 없으니 벼슬길이 주춤거렸고, 다음 운로로 전환하지 못했다.

壬	丁	庚	甲		
寅	亥	午	申		
丙	乙	甲	癸	壬	辛
子	亥	戌	酉	申	未

[316] 강약

이 사주는 천간의 네 글자가 모두 지지에 녹왕(祿旺)을 가졌는데, 오직 일주만이 월령을 잡은 녹(祿)이니 충분히 재성과 관성을 감당할 수 있다. 청(淸)하면서도 두터우니, 정기(精氣)는 풍족하고 정신(精神)은 왕성하다. 그러므로 동서남북 어느 방향의 운이 와도 허물이 없다.

출신 가문의 유산이 백여만에 달했고, 초년에 갑과(甲科)에 급제했으며, 벼슬은 방백(方伯, 관찰사)에 이르렀다. 육순이 넘어 관직에서 물러나 한가로운 생활을 즐겼다. 한 명의 처와 네 명의 첩, 열세 명의 자녀를 두었으며, 만년이 아름다웠고 수명은 90세를 넘겼다.

癸	癸	乙	癸		
丑	丑	丑	丑		
己	庚	辛	壬	癸	甲
未	申	酉	戌	亥	子

[317] 강약 / 조후

이 사주는 천간에 癸가 세 개 있고 지지는 丑 하나로 이루어졌다. 식신(食神)이 맑게 투출했고 살인상생격(殺印相生格)이라 하니, 모두가 명예와 재물이 온전할 것이라 말한다.

그러나 나는 이렇게 말한다. 癸는 지극히 음(陰)의 기운이고, 또한 계동(季冬)에 태어났다. 지지가 모두 습토(濕土)이며, 흙이 습하니 癸水는 약해져 도랑물에 불과하다. 게다가 水와 土가 얼어붙어 음습하고 정체되어 생겨나고 발산할 기미가 전혀 없다. 따라서 명예와 재물 모두 허망했다. 무릇 부귀할 사주는 한난(寒暖)이 적당하고 정신이 분발해야 하며, 음습하고 정체되어 편고(偏枯)한 모습으로는 부귀할 수 없다.

壬申年에 부모가 모두 돌아가시고, 공부도 제대로 하지 못했으며, 어떤 사업도 지킬 수 없었다. 사람 또한 음약하여 아무것도 하지 못하고 결국 걸인이 되었다.

44. 은원(恩怨)

양 의 정 통 중 유 매 수 연 요 립 의 심 추
兩意情通中有媒 雖然遙立意尋追
유 정 각 피 인 이 간 원 기 은 중 사 불 회
有情却被人離間 怨起恩中死不灰[46)]

두 마음이 서로 통하고 그 안에 중매가 있으면, 비록 멀리 떨어져 있어도 마음으로 찾아 좇는다.
정은 있으나 도리어 남에게 이간질당하면, 원망은 은혜 속에서 피어나고 죽어도 사그라지지 않는다.

原注

喜神合神, 兩情相通, 又有人引用生化, 如有媒矣, 雖是隔遠分立, 其情自相和好, 則有恩而地怨, 合神喜神雖有情, 而忌神離間, 求合不得, 終身多怨. 至于可憎之神, 遠之爲妙; 可愛之神, 近之尤切. 又有一般邂逅相逢者, 得之不勝其樂; 私情偷合者, 去之亦足爲奇.

- 희신(喜神)과 합신(合神)이 만나서 두 기운이 서로 통하고, 또 다른 요소들이 생조(生助)하며 이끌어주는 경우는 마치 중매쟁이가 있는 것과 같다. 비록 멀리 떨어져 있더라도 그 기운들이 스스로 서로 화합하고 조화를 이루어, 은혜가 있으니 원망할 것이 없다.
- 합신(合神)과 희신(喜神)이 비록 서로 통하는 마음(有情)을 가지고 있어도, 기신(忌神)이 중간에서 이간질하면 합하고자 해도 뜻을 이루지 못하고,

---

46) 兩意情通中有媒, 雖然遙立意尋追, 有情卻被人離間, 怨起中間死若灰.

결국 평생 동안 원망이 많아진다.

- 미워할 만한 기운(可憎之神)은 멀리하는 것이 좋고, 사랑할 만한 기운(可愛之神)은 가까이하는 것이 더욱 절실하다. 또한 우연히 만나게 되는 인연도 있는데, 이를 얻으면 이루 말할 수 없는 즐거움이 있다. 몰래 정을 통하는 인연도 있는데, 이를 끊어내는 것 또한 기이한 일이다.

임철초 日

명리에서 은혜(恩)와 원망(怨)은 곧 희신(喜神)과 기신(忌神)을 의미한다.

일주가 좋아하는 오행(희신)이 멀리 떨어져 있을 때, 합신(合神)이 변화하여 가까이 다가오는 경우가 있다. 이를 '두 마음이 서로 통하니 그 안에 중매가 있는 것과 같다'고 한다. 희신이 멀리 떨어져 있어도 주변 오행(旁神)이 이끌어주어 서로 화합하게 되면, 이는 은혜가 있고 원망할 것이 없는 상황이 된다.

한신(閑神)만 있고 희신이 없는 경우에, 한신이나 기신이 합하여 희신으로 변한다면 이를 '뜻밖에 만나게 되는 인연(邂逅相逢)'이라고 한다.

희신이 멀리 떨어져 일주와 비록 정(情)은 있으나, 한신이나 기신이 그 사이를 가로막아 일주와 희신이 서로를 돌보지 못할 때가 있다. 이때 한신이나 기신이 합하여 희신으로 변한다면 이를 '몰래 정을 통하는 인연(私情牽合)'이라고 한다.

더 나아가, 만약 유정한 희신이 일주와 가깝게 붙어 있는데, 합하여 기신으로 변하는 경우가 있다. 또는 희신이 일주와 가깝게 붙어있지 않지만 일주에게 유정하고, 그 사이에 기신이 가로막거나, 희신이 간신과 합하여 기신을 돕는다면, 이는 '남에게 이간질당하여 은혜가 원망으로 변하고 죽어도 잊히지 않는 마음'과 같다.

예를 들어, 일주가 시간(時干)의 丙火를 희신으로 삼는데, 월간(月干)에 壬水가 기신으로 투출한 경우를 보자. 만약 연간(年干)의 丁火가 壬水와 합하여 木으로 변한다면, 이는 기신을 제거할 뿐만 아니라 오히려 희신을 생조하는 것이다.

또 다른 예로, 일주가 연간의 庚金을 희신으로 삼는데, 비록 정은 있으나 멀리 떨어져 있다. 이때 월간의 乙木이 庚金과 합하여 가까이 다가오게 된다. 이는 간신이 희신으로 변화하여 마치 중매쟁이가 있는 것과 같다.

일주가 火를 희신으로 하는데 사주 내에 火가 없고 오히려 癸水라는 기신이 있는 경우를 상정해 보자. 이때 戊土가 癸水와 합하여 희신으로 변한다면 이를 '뜻밖에 만나게 되는 인연(邂逅相逢)'이라고 한다.

일주가 金을 희신으로 하는데, 오직 연지(年支)에 酉金이 있어 일주와 멀리 떨어져 있다. 일주가 巳에 앉아 기신이 가깝게 붙어 있는데, 丑 지지와 회합하여 金이라는 희신을 이룬다면 이를 '몰래 정을 통하는 인연(私情牽合)'이라고 한다. 이 외의 경우도 이와 같이 미루어 판단할 수 있다.

戊 戊 甲 丁
午 戌 辰 酉

戊 己 庚 辛 壬 癸
戌 亥 子 丑 寅 卯

[318] 강약

이 사주는 土가 거듭 두터운데 甲木은 퇴기(退氣)에 있어 흙을 파헤쳐 소통하기가 불가능하다. 土의 정기(精氣)는 연지(年支)인 酉金에 있으며, 이는 土 기운을 설기(洩氣)하여 맑고 영롱하게 만들기 때문이다.

金이 火를 만났으나 丁火의 뜻 또한 일주(日主)를 생조하고자 한다. 비록 그렇지만 두 기운은 멀리 떨어져 있어 서로 정을 통하기 어려웠다. 다행스럽게도 辰土와 酉金이 합하여 가까워지게 하니, 중간에 중매를 둔 것과 같다.

초년 운 癸卯와 壬寅 운에는 희신(喜神)을 이간질하는 기운이 강해 공명(功名)이 없고 형상(刑傷)과 곤고(困苦)가 심했다. 그러나 辛丑 운 중에는 기운이 조화롭게 변화하고 金局을 이루면서 학문에 입문하여 연이어 갑과(甲科)에 급제했다. 庚子, 己亥, 戊戌 등 서북방의 土金 운에는 벼슬이 상서(尙書)에까지 올랐다.

丙	丁	乙	丁
午	丑	巳	酉

己	庚	辛	壬	癸	甲
亥	子	丑	寅	卯	辰

[319] 강약 / 조후

丁火가 巳月 午時에 태어나 비겁(比劫)이 왕성하다. 또 木의 생조를 받으니 그 기세가 맹렬하다. 연지(年支)의 酉金은 일주의 희신(喜神)이나 멀리 떨어져 있고, 丁火가 개두(蓋頭)하고 巳火가 겁탈하니 무정해 보인다.

그러나 다행인 것은 좌하(坐下)의 丑土이다. 맹렬한 火라도 습토(濕土)를 만나면 생육하는 성질을 가지고 자애심이 생긴다. 巳酉丑으로 金局을 이루어 金 기운을 庫(고) 안으로 귀속시키니 그 정이 화평하고 유정하다.

다만, 재성(財星)이 와서 나를 취하는 것이 특별할 수는 없지만, 火의 기운을 설기(洩氣)하여 수기(秀氣)를 토하는 힘이 강력하다. 갑과(甲科)에 급제하여 벼슬이 번얼(藩臬, 지방 장관)에 이르렀고, 명예와 재물이 모두 온전했다.

甲	丙	戊	癸
午	辰	午	酉

壬	癸	甲	乙	丙	丁
子	丑	寅	卯	辰	巳

[320] 강약 / 조후

丙火가 午月 午時에 태어나 왕성함을 알 수 있다. 癸水 하나로는 탁하게 할 능력이 없고, 戊土와 합하여 맹렬한 火의 기운을 돕는다. 연지(年支) 酉金은 辰土와 합하여 유정(有情)한 관계를 이루는 것인데, 午火가 중간에서 이간질하여 합하려 해도 이루어지지 않는다.

이것이 이른바 '원한이 은혜 속에서 피어나는(怨起恩中)' 경우이다. 게다가 운의 흐름이 동남방의 火木으로 가니, 일생 동안 형상(刑傷)과 파모(破耗)를 겪었다. 재물이 없는 것이 오히려 다행인 지경이었다. 세 명의 처와 일곱 자식을 극했으며, 네 차례의 화재를 만났고, 寅 운에서 사망했다.

45. 한신(閑神)

일 이 한 신 용 거 마　불 용 하 방 막 동 타
一二閑神用去麼 不用何妨莫動他
반 국 한 신 임 한 착　요 긴 지 장 작 자 가
半局閑神任閑著 要緊之場作自家

한두 개의 한신(閑神)을 써서 없애버릴까? 사용하지 않아도 괜찮으니 건드리지 말지어다.

사주 절반의 한신(閑神)은 그냥 내버려 두어라. 요긴한 순간에는 스스로 역할을 할 것이다.

原注

喜神不必多也, 一喜而十備矣; 忌神不必多也. 一忌而十害矣. 自喜忌之外, 不足以爲喜, 不足以爲忌, 皆閑神也. 如以天干爲用; 成氣成合, 而地支之神, 虛脫無氣, 沖合自適, 升降無情; 如以地支爲用, 成助成合, 而天干之神, 游散浮泛, 不礙日主, 主陽輔陽, 而陰氣停泊, 不沖不動, 不合不助; 主陰輔陰, 而陽氣停泊, 不沖不動, 不合不助. 日月有情, 年時不顧, 日主無害, 日主無氣無情; 日時得所, 年月不顧, 日主無害, 日主無沖無合, 雖有閑神, 只不去動他, 但要緊之地, 自結營寨. 至於運道, 只行自家邊界, 亦足爲奇.

- 희신(喜神)은 많을 필요가 없다. 하나의 희신만 있어도 열 가지를 갖추는 것과 같다. 기신(忌神) 또한 많을 필요가 없다. 하나의 기신만 있어도 열 가지 해로움이 따른다.

- 희신과 기신 외에, 좋다고 할 수도 없고 나쁘다고 할 수도 없는 것들은 모두 한신(閑神)이다.
- 가령, 천간을 용신으로 삼아 그 기운이 형성되고 합을 이루었는데, 지지의 신(神)이 허약하고 기운이 없으며, 충(沖)하거나 합(合)해도 자연스럽고, 오르내림이 무정하다면 이는 한신이다. 마찬가지로 지지를 용신으로 삼아, 그 기운이 생조를 받거나 합을 이루는데, 천간의 신(神)이 흩어지고 떠다니며 일주(日主)에 방해가 되지 않는다면 이는 한신이다.
- 일주가 양(陽)을 보조하고 양을 도우려 하는데, 음(陰)의 기운이 정체되어 충하거나 움직이지 않고, 합하거나 돕지 않는다면 이는 한신이다. 일주가 음(陰)을 보조하고 음을 도우려 하는데, 양(陽)의 기운이 정체되어 충하거나 움직이지 않고, 합하거나 돕지 않는다면 이는 한신이다.
- 일주와 월주가 유정해도 연주와 시주가 돌보지 않거나, 일주에 해가 없어도 일주가 기운이 없거나 정이 없다면 이는 한신이다. 일주와 시주가 제자리를 얻었어도 연주와 월주가 돌보지 않거나, 일주에 해가 없어도 일주에 충이 없거나 합이 없다면 이는 한신이다.
- 비록 한신이 있어도 그저 움직이지 않게 두면, 정작 중요한 순간에는 스스로 진영을 갖추게 된다. 운(運)의 흐름에 있어서도 단지 자신의 경계 안에서만 움직여도 충분히 기이한 일이 될 수 있다

임철초 日

용신이 있다면 반드시 희신이 있다. 희신이란 격국을 돕고 용신을 보좌하는 오행이다. 하지만 희신이 있다면 또한 반드시 기신도 있다. 기신이란 격국을 파괴하고 용신을 손상시키는 오행이다. 용신, 희신, 기신 외의 모든 오행은 한신이다.

한신은 사주에 다수가 존재하기에 '한두 개'나 '사주의 절반'이라고 표현하기도 한다. 한신은 사주의 본체(體)와 용신을 해치지 않고, 희신을 방해하지 않는다면 굳이 움직일 필요가 없다. 그대로 한가롭게 두는 것이다.

세운(歲運)에서 격국이 깨지고 용신이 손상될 때, 희신이 격국과 용신을 돕고 보호하지 못하는 위급한 순간을 '요긴한 순간'이라 한다. 이때 한신이 세운의 흉신(凶神)과 기신을 제압하고 변화시키며 격국과 용신을 구제할 수 있다. 혹은 한신이 세운의 오행과 합하여 희신이나 용신으로 변함으로써 격국을 돕고 용신을 보좌한다면, 이는 '나의 한 가족'과 같게 된다.

이 글의 원문에서 중요한 부분은 마지막 구절인 "요긴한 순간에는 스스로 역할을 할 것이다"이다. 원문 주석이 다소 오류가 있는 것 같다. "비록 한신이 있어도 그저 움직이지 않게 두면, 정작 중요한 순간에는 스스로 진영을 갖추게 된다. 운의 흐름에 있어서도, 그저 자신의 경계 안에서만 움직여도 충분히 기이한 일이 될 수 있다"고 한다면, 이는 한신이 스스로 역할을 하는 것이 아니라 오히려 도적처럼 경계해야 할 대상이 될 수도 있다. 일반적인 이치가 아니다.

예를 들어, 木을 용신으로 쓸 때, 木이 강하다면 火를 희신으로, 金을 기신으로, 水를 구신(仇神)으로, 土를 한신으로 본다. 木이 약하다면 水를 희신으로, 土를 기신으로, 金을 구신으로, 火를 한신으로 본다. 이처럼 용신은 반드시 희신의 도움과 한신의 지원을 받아야만 세력을 얻어 기신을 두려워하지 않게 된다. 木에 대한 논리가 이러하니, 다른 오행도 마찬가지로 추론할 수 있다.

丙	甲	戊	庚
寅	寅	子	寅

乙	甲	癸	壬	辛	庚	己
未	午	巳	辰	卯	寅	丑

[321] 강약 / 조후

甲木이 子月에 생하니 두 양(陽)이 진기(進氣)를 얻었다. 왕성한 인수가 일간을 생하고, 지지에 寅 세 개가 받쳐주니 송백(松柏)처럼 왕성하면서도 견고한 체질이다. 한 점의 庚은 절지(絶地)에 임하였으므로 木을 극하는 것이 불가능하고, 도리어 기신(忌神)이 된다.

차가운 木이 양(陽)을 향하고, 시간(時干)에 丙이 깨끗하게 투출하니 얼어붙은 추위에 대적할 만하다. 이는 木의 맑고 빼어난 기운을 설기하는 용신(用神)이 된다.

겨울의 火는 본래 허약하나 寅木이라는 희신(喜神)이 돕고, 월간의 戊는 능히 水를 제어하고 金을 생하므로 한신(閑神)이 된다. 水는 구신(仇神)인데 丙火의 청순함이 좋다.

卯 운에 水를 설기하고 火를 생하니 초년에 과거에 급제했다. 壬辰, 癸巳 운에는 한신이 극제와 합을 하여 벼슬길이 평탄했다. 甲午, 乙未 운에는 火 기운이 왕성한 곳이니 벼슬이 상서(尙書)에까지 올랐다.

庚	甲	丁	甲
午	寅	卯	子

癸	壬	辛	庚	己	戊
酉	申	未	午	巳	辰

[322] 강약

甲木이 중춘(仲春) 卯月에 태어나 지지에 녹(祿)과 양인(陽刃)을 만났으며, 천간에 비견(比肩)이 투출하였으니 왕함이 극에 달했다. 시상의 庚은 뿌리가 없으니 기신(忌神)이 되고, 월간의 丁이 용신(用神)이 되니 빛나는 기운에 통하고 있다. 그러므로 일찍이 청운의 길이 열렸고 벼슬이 관찰사에 이르렀다. 애석한 것은 한신(閑神)인 土가 없다는 점이다.

운의 흐름 중 壬申 운에는 金水가 왕성해져 체(體)와 용신(用神)을 함께 손상시키니 화를 면치 못했다.

출 문 요 향 천 애 유　하 사 군 채 자 의 류

出門要向天涯游 何事裙釵恣意留[47)]

문을 나서면 천애(天涯, 하늘 끝, 세상 끝)**를 향해 떠돌며 유랑하고자 하는데, 무슨 일로 치마와 비녀**(裙釵, 여인)**가 제멋대로 붙잡는가?**

原注

本欲奮發有爲者也, 而日主有合, 不顧用神, 用神有合, 不顧日主, 不欲貴而遇貴, 不欲祿而遇祿, 不欲合而遇合, 不欲生而遇生, 皆有情而反無情, 如裙釵之留不去也.

- 본래 분발하여 유위(有爲)하고자 하였으나, 일주(日主)가 합(合)이 있어 용신(用神)을 돌아보지 않고, 용신이 합이 있어 일주를 돌아보지 못한다. 귀(貴)를 원치 않아도 귀함을 만나고, 복록(祿)을 원치 않아도 복록을 만나며, 합(合)을 원치 않아도 합을 만나고, 생(生)을 원치 않아도 생을 만난다.
- 모두 유정(有情)한 듯하나 도리어 무정(無情)한 것이 마치 치마와 비녀(여인)가 붙잡아 떠나지 못하게 하는 것과 같다.

47) [적천수집요] 판본에는 이 원문과 다음 원문이 '반신(絆神)'편으로 따로 구분되어 있다. 반신의 반(絆)은 묶어놓은 줄이란 뜻인데 合으로 묶인 글자를 반신이라 한다. 기반(羈絆)이라고도 부르며, 용신(用神)과 간합(干合)된 십성을 칭한다.

임철초 日

이는 탐합불화(貪合不化, 합을 탐하여 묶여 변화하지 못한다)의 의미다. 이미 합했다면 변화해야 마땅하다. 변화하여 희신이 되면 명예와 재물이 뜻대로 따르고, 변화하여 기신이 되면 재앙에 반드시 이른다. 합했으면서도 변화하지 않는 것을 반주유련(伴住留連, 짝을 이루어 머뭇거린다)이라 한다. 이는 저것을 탐하고 이것을 꺼려 큰 뜻을 품고 유위(有爲)하게 나아가지 못하는 상태이다.

일주(日主)가 합을 하면 용신(用神)이 자신을 돕는 것을 원치 않고, 오히려 그 큰 뜻을 꺼린다. 용신(用神)이 합을 하면 일주(日主)가 유위하게 되는 것을 원치 않고, 그 성공을 돕지 않는다.

또한 합하는 오행이 진정으로 변화할 수 있는 것인데도, 오히려 합에 따르는 오행을 도와 변화하지 않는 경우도 있다. 그리고 일주가 힘이 약해(休囚) 본래 종(從)할 수 있는 것인데도, 합하는 오행의 도움을 받아 종하지 못하는 경우도 있다. 이 모든 것이 유정한 듯 보이지만 도리어 무정한 것이니, 마치 치마를 붙잡고 멋대로 머물게 하는 여인과 같다.

丙	戊	庚	乙		
辰	辰	辰	未		
甲	乙	丙	丁	戊	己
戌	亥	子	丑	寅	卯

[323] 강약

戊土가 계춘(季春) 辰月에 태어나 乙관성을 천간에 드러냈다. 乙은 未에 뿌리를 두고 辰의 여기(餘氣)에도 뿌리가 있으니 본래 용신이 될 만하다. 그러나 꺼려지는 것은 乙이 庚과 합한다는 점이다. 이는 합을 탐하여 기신(忌神)을 극하지 않는 것을 의미한다. 일주(日主)의 희신(喜神)임에도 나(일주)를 돕는 것을 원치 않으니, 합해도 변화하지 않는 것이다. 庚 역시 작용할 수 있다.

또한 丙이 천간에 당당히 있어, 21세까지는 작은 시험에도 불리했고 시서(詩書)마저 버렸다. 생산적인 일은 하지 않고 술 마시는 것을 일삼았다.

그리고 이렇게 말했다. "높은 수레와 큰 깃발도 나에게는 영예가 되지 못하며, 밭두둑이 이어진 넓은 땅도 나에게는 큰 부가 되지 못한다. 오직 이렇게 기쁘고 즐거운 성정을 유지하며 내 입과 몸에 적당한 것을 누리는 것으로, 내 삶을 마치면 족하다."

辛丙癸丁
卯戌卯丑

丁 戊 己 庚 辛 壬
酉 戌 亥 子 丑 寅

[324] 강약

丙火가 중춘(仲春) 卯月에 태어나 인수는 바르고 관성은 맑으며 일주가 생왕하니, 관성으로 용신 삼기에 족하다. 그러나 꺼려지는 것은 丙과 辛이 합을 하여 용신이 나(일주)를 돕는 것을 돌아보지 않는다는 점이다.

辛金은 유연하여 丙火를 만나면 겁을 내지만, 부드러움으로 강한 기운을 제압하고 연연케 하여 버리지 못하게 한다. 이로 인해 노력하며 뜻을 펴는 데 방해가 된다. 다시 꺼려지는 것은 卯와 戌이 합하여 변화한 오행이 겁재(劫財)가 된다는 점이다.

이러한 이유로 어려서는 글공부를 하였으나, 뒤에는 주색에 빠져 학문을 폐지하고 재산마저 탕진했으며, 결국 주색으로 인해 몸까지 망쳤다. 한 가지 일도 이룬 것이 없었다.

불 관 백 설 여 명 월 임 군 책 마 조 천 궐
不管白雪與明月 任君策馬朝天闕[48)]

하얀 눈과 밝은 달은 상관말고, 그대여, 말을 채찍질하여 하늘 궁궐을 향해 나아가라.

原注

日主乘用神而馳驟, 無私意牽制也, 用神隨日主而馳驟, 無私情羈絆也. 足以成其大志, 是無情而有情也.

- 일주(日主)가 용신(用神)을 타고 빠르게 나아가니, 사사로운 뜻(私意)에 얽매이지 않음이요, 용신이 일주를 따라 빠르게 나아가니, 사사로운 정(私情)에 얽매이지 않음이라.
- 이는 그 큰 뜻을 이루기에 충분하니, 무정(無情)한 듯하나 실은 유정(有情)함이다.

48) 出門要向天涯遊, 何似裙釵恣意留, 不管白雲與明月, 任君策馬上皇州.

임철초 日

이는 충(沖)을 만나 쓰임을 얻는다는 의미이다. 충하면 움직이고, 움직이면 빠르게 나아간다.

사주에서 용신(用神)과 희신(喜神) 외에 일주(日主)와 다른 오행이 서로 탐하고 얽혀 있을 때, 용신이나 희신이 충하여 그 얽매임을 제거한다. 그러면 일주는 사사로운 마음에 얽매여 제지당함이 없이 희신(喜神)의 세력을 타고 빠르게 나아간다.

사주에서 용신이나 희신이 다른 오행과 서로 탐하고 얽혀 있을 때, 일주가 다른 오행을 충극(沖剋)하여 제거할 수 있다. 그러면 희신은 사사로운 정에 얽매이지 않고 일주를 따라 빠르게 나아간다.

이것은 무정한 듯 보이나 도리어 유정한 것이니, 마치 대장부의 뜻이 사사로운 정에 얽매이지 않고 큰 뜻을 이루는 것과 같다.

丙 丙 辛 丁
申 寅 亥 卯

乙 丙 丁 戊 己 庚
巳 午 未 申 酉 戌

[325] 강약

이 사주는 살(殺)이 비록 월령을 잡고 있지만, 인수(印綬) 역시 왕성하고 비겁(比劫)이 함께 투출했으니 일간이 강해(身旺) 충분히 살(殺)을 용신으로 쓸 수 있다.

살을 용신으로 쓸 때 합살(合殺)은 적절하지 못하다. 합하면 기운이 묶여 제 기능을 하지 못하기 때문이다. 게다가 辛金까지 일주(日主)에 가까이 있어, 일주의 정(情)이 탐련기반(貪戀羈絆), 즉 사사로운 것에 얽매여 발목 잡히는 상황이 되었다.

다행스러운 점은 丁火 겁재(劫財)가 辛金을 극하여 제거한다는 것이다. 이는 일주가 사사로운 탐심에 빠지지 못하게 한 것이며, 申金은 寅木을 충동하여 일주가 다른 것에 얽매일 뜻이 없게 한 것이다. 더 묘한 것은 申金이 살(殺)을 스스로 윤택하게 하여, 일주가 희신과 용신에 의지하여 치고 나갈 수 있게 한 점이다.

戊申 운에 과거 시험인 갑과(甲科)에 등과하고 큰 뜻을 펼칠 수 있었다.

庚 壬 丙 辛
戌 寅 申 巳

庚 辛 壬 癸 甲 乙
寅 卯 辰 巳 午 未

[326] 강약

壬水가 申月에 태어나 비록 가을 물에 근원을 통하고 있지만, 재성과 칠살 또한 함께 왕성하다. 따라서 申金으로 용신을 삼아야 한다. 다만, 천간의 丙과 辛이, 그리고 지지의 巳와 申이 합을 이루었고, 합한 후에는 水로 변하여 일간(日干)의 세력을 돕는 것이 가하다.

합하고도 변화하지 않으면 묶이는 것이 되니 일주를 돌보지 않는 것인데, 이는 희신과 내가 용신으로 삼는 것이 된다. 또한 金은 월령을 잡고 있고 火는 뿌리를 박고 있으니, 단지 사사로운 탐심에 묶여 있을 뿐 화합하려는 의사는 없다.

묘한 점은 일주가 스스로 丙火를 극한다는 것이다. 丙火는 한가롭게 辛과 합만 하고 있을 수 없고, 寅은 나아가 申金을 충동하니 申金은 木을 극하게 된다. 이어서 丙火의 뿌리가 도리어 뽑히니, 일주 壬은 진실로 사사로움에 얽매이지 아니하여 용신이 일주를 쫓아가니 치고 달려 나간다.

癸巳 운에 연이어 과거에 급제했고, 벼슬은 관찰사에 이르렀으니 큰 꿈을 이룬 것이다.

8장 종화순반(從化順反)

46. 종상(從象)
47. 화상(化象)
48. 가종(假從)
49. 가화(假化)
50. 순국(順局)
51. 반국(反局)
52. 전국(戰局)
53. 합국(合局)

46. 종상(從象)

종 득 진 자 지 론 종 종 신 우 유 길 화 흉
從得眞者只論從 從神又有吉和凶

종(從)함을 얻음이 진실된 자는 오직 종(從)만을 논할 뿐이니, 종하는 신(神)에서 또한 길함과 흉함이 있다.

原注

日主孤立無氣, 天地人元, 絕無一毫生扶之意, 財官强甚, 乃爲眞從也. 旣從矣, 當論所從之神. 如從財, 只以財爲主; 財神是木而旺, 又看意向, 或要火要土要金, 而行運得所者吉, 否則凶, 餘皆仿此, 金不可剋木, 剋木財衰矣.

- 일주(日主)가 고립되어 기운이 없고, 천지인(天地人) 삼원(三元)에 한 터럭의 생부(生扶)하려는 뜻도 없이, 재성(財星)과 관성(官星)이 극히 강하면, 곧 진정한 종격(從格)이다.
- 이미 종(從)하였다면, 마땅히 종하는 신(神)을 논해야 한다.
- 예를 들어 종재격(從財格)이라면, 오직 재성(財星)을 위주로 삼는다. 재신(財神)이 木인데 왕성하다면, 또다시 의향(意向)을 보아 혹 火를 요하거나, 土를 요하거나, 金을 요하는데, 운(運)이 마땅함을 얻은 자는 길하고, 그렇지 않으면 흉하다.
- 나머지도 모두 이에 준한다. 金이 木을 극하는 것은 불가하니, 木을 극하면 재성(財星)이 쇠약해진다.

임철초 日

종격(從格)의 형태는 하나가 아니며, 단지 재성(財星)이나 관성(官星)만을 논할 것이 아니다.

일주(日主)가 고립되어 기운이 없고, 사주에 생조(生助)하거나 부축하는 뜻이 전혀 없으며, 사주 전체가 관성(官星)으로 가득하면 '종관(從官)'이라 한다. 사주 전체가 재성(財星)으로 가득하면 '종재(從財)'라 한다.

예를 들어, 일주가 金이고 재성이 木인데, 봄철에 태어났고 또 水의 생조까지 있다면 태과(太過), 즉 너무 지나치게 왕성한 경우이다. 이때는 火로써 기운을 설기시켜야 좋다. 이 경우, 여름철에 태어나 火가 왕성하게 木의 기운을 설기하면 水로써 木을 생조해야 좋다. 겨울철에 태어나 水가 많아 木이 떠내려가는 형국이라면 土로써 배양하고 火로써 따뜻하게 해야 길하다. 이와 반대되면 반드시 흉하다. 이것이 바로 종신(從神)도 길흉이 있다는 말이다.

또한 종왕(從旺), 종강(從强), 종기(從氣), 종세(從勢)의 이치가 있는데, 이는 종재나 종관보다 훨씬 추산하기 어렵다. 더욱이 신중하게 살펴야 한다. 이 네 가지 종격은 다른 책들에는 실려 있지 않지만, 내가 세운 이론이며 시험해본 결과 확실했으니 헛된 말이 아니다.

'종왕(從旺)'이란, 사주팔자(四柱)에 모두 비견(比肩)과 겁재(劫財)가 있고, 관살(官殺)의 극제(剋制)가 없으며, 인수(印綬)의 생조(生助)가 있는 경우를 말한다. 극도로 왕성한 기운을 따르는 것이므로, 비견·겁재 운이나 인수 운으로 가면 길하다. 만약 사주에 인수가 약하다면 상관(傷官)이나 식신(食神) 운도 괜찮다.

관살 운을 만나면 범왕(犯旺)이라 하여 흉한 재앙이 즉시 닥치고, 재성(財星)을 만나면 겁재 무리가 서로 다투어 구사일생(九死一生)의 위기를 겪는다.

‘종강(從强)’이란, 사주팔자에 인수(印綬)가 거듭 있고 비견(比肩)과 겁재(劫財)가 더하여 쌓여 있으며, 일주(日主)가 다시 월령을 얻어 왕성하고, 재성(財星)이나 관살(官殺)의 기운이 터럭만큼도 없는 경우를 말한다. 이는 두 기운이 마음을 같이하여 극도로 강한 상태이다. 이러한 사주는 순응해야지 거스르면 안 된다.

이러한 경우 순수하게 비견·겁재 운으로 가면 길하고, 인수 운도 좋다. 반면 식상(食傷) 운은 사주 내에 인수가 식상을 충극(沖剋)하므로 반드시 흉하다. 또한 재성이나 관성 운은 강한 신(神)의 노여움을 건드리는 것이므로 크게 흉하다.

‘종기(從氣)’란, 재성, 관성, 인수, 식상 등을 논하지 않는다. 예를 들어, 기세가 木火에 있다면 木火 운으로 가야 하고, 기세가 金水에 있다면 金水 운으로 가야 한다. 이와 반대되면 반드시 흉하다.

‘종세(從勢)’란, 일주(日主)가 뿌리가 없고, 사주팔자에 재성(財星), 관살(官殺), 식상(食傷)이 함께 왕성하며 강약이 뚜렷하지 않은 경우를 말한다. 또한 일주를 생조하거나 돕는 비견(比肩)이나 인수(印綬)가 없으며, 특정 한 오행에 종(從)하기도 어렵다. 이런 경우에는 오직 화해(和解)시키는 방법만이 있다.

운의 흐름을 볼 때는 재성, 관살, 식상 중에서 어떤 오행이 특히 왕성한지를 살펴서, 그 왕성한 오행의 세력을 따라야 한다. 만약 이 세 가지가 강약의 구분 없이 균등하다면, 재성 운으로 가서 식상의 기운을 끌어내고 재성과 관살의 세력을 돕는 것이 길하다. 관살 운은 그다음으로 좋고, 식상 운은 또 그다음이다. 만약 비견이나 인수 운으로 가면 반드시 흉하다는 것은 의심할 여지가 없으며, 여러 번 시험해 본 결과 그렇다.

丙乙丙戊
戊未辰戊
壬 辛 庚 己 戊 丁
戌 酉 申 未 午 巳

[327] 전왕

乙木이 계춘(季春) 辰月에 태어나 뿌리를 未土에 내렸고 辰土는 여기(餘氣)이므로 재다신약(財多身弱)처럼 보인다. 다만 사주가 모두 재성(財星)이고 그 세력으로 보아 반드시 종(從)해야 한다.

봄 土의 기운은 허(虛)하지만 丙火는 실(實)하며, 丙火는 곧 木의 수기(秀氣)이고 土는 火의 수기(秀氣)이니, 세 오행이 모두 건전하다. 金이 없어 기운을 설기시키지 않고 水의 얽힘도 없으며, 다시 기쁜 것은 운로(運路)가 남방 火 지대(地帶)로 흘러 수기(秀氣)를 유행시키는 것이다.

그러므로 과거에 급제하여 단지(丹墀, 궁궐 뜰)에서 일하였고, 그의 뛰어난 문장으로 쓴 상소문이 3천개를 넘었으며, 그의 이름은 금방(金榜, 과거 급제자 명단)에 올랐고 오두관(鰲頭冠, 장원 급제자) 5백인 안에 들었다.

戊庚壬壬
寅寅寅寅
戊 丁 丙 乙 甲 癸
申 未 午 巳 辰 卯

[328] 전왕

庚金이 맹춘(孟春) 寅月에 태어나 네 지지가 모두 寅木이니, 戊土가 비록 생(生)하더라도 죽은 것과 다름없다.

다행히 두 壬水가 연(年)과 월(月)에 투출하여 庚金의 기운을 끌어내 약한 木을 생조하니 종재격(從財格)이 된다. 이는 또한 수기(秀氣)가 유행하는 모습이다.

더욱이 기쁜 것은 운의 흐름이 동남방(東南方)으로 흘러 사주에 거스르지 않는다는 점이다. 木 또한 영화롭게 번성하였으므로 일찍이 과거에 급제하여 벼슬이 황당(黃堂, 지방 장관)에 올랐다.

	乙	壬	庚	丙	
	巳	午	寅	寅	
丙	乙	甲	癸	壬	辛
申	未	午	巳	辰	卯

[329] 전왕

壬水가 맹춘(孟春) 寅月에 태어나 木이 월령을 잡았고, 丙火는 생지(生地)에 놓였다. 한 점 庚金은 절지(絶地)에 있는데 丙火가 강한 힘으로 녹여버린다. 이는 진정한 종재격(從財格)이 되어 水가 木을 생하고, 木이 火를 생하니 수기(秀氣)가 유행한다. 이로써 과거에 급제하여 벼슬이 시랑(侍郎)에 올랐다.

무릇 종재격은 반드시 식상(食傷)이 기운을 설기하여 빼내는 것(吐秀)이 중요하다. 이렇게 되면 공명(功名)이 현달할 뿐만 아니라 일생 동안 큰 기복이나 흉한 재앙이 없다.

대개 종재격에서 가장 꺼리는 것은 비견(比肩)이나 겁재(劫財) 운인데, 사주 중에 식상이 있으면 능히 생화(生化)하여 재성을 생하기 때문에 묘한 것이다. 만약 식상이 기운을 설기하여 빼내는 것(吐秀)이 없다면 학문(글공부)을 이룰 수 없고, 비견이나 겁재 운을 한 번만 만나더라도 생화하는 정이 없으므로 반드시 기복과 형액(刑厄)이 따르게 된다.

	丙	庚	壬	丁	
	戌	午	寅	卯	
丙	丁	戊	己	庚	辛
申	酉	戌	亥	子	丑

[330] 전왕

庚金이 寅月에 태어나 지지에 모두 火局을 이루었으니, 재성(財星)이 살(殺)을 생하여 살(殺)이 왕성하다. 일주를 생조하거나 돕는 기운이 터럭만큼도 없다. 월간의 壬水는 丁火와 합하여 木으로 변화하고, 다시 火의 세력을 따르니 모두 살(殺)의 무리가 된다. 이는 종살격(從殺格)이 진실로 성립된 것이다.

향방(鄕榜, 지방 과거)에 급제하여 지현(知縣, 현령)으로 발탁되었다. 酉 운에는 부모님 상을 당했고, 丙 운에는 벼슬길에서 연이어 승진했다. 그러나 申

운에 잘못을 저질러 관직에서 물러났다.

乙	乙	辛	辛		
酉	酉	丑	巳		
乙	丙	丁	戊	己	庚
未	申	酉	戌	亥	子

[331] 전왕

乙木이 계동(季冬) 丑月에 태어났는데, 지지에 온전히 금국(金局)을 이루고 천간에 두 辛金이 투출했으니, 종살격(從殺格)이 진정으로 성립되었다.

戊戌 운에는 연이어 과거에 급제하여 한림원(翰林院)에 나아갔다. 丁酉, 丙申 운에는 火가 절각(截脚)되어 힘을 쓰지 못하고 金이 득지(得地)하니 벼슬길에 연이어 승진했다. 그러나 乙未 운에는 금국을 충파(沖破)하고 木이 뿌리를 얻게 되어 관직에서 물러나고 사망했다.

乙	甲	乙	癸		
亥	寅	卯	卯		
己	庚	辛	壬	癸	甲
酉	戌	亥	子	丑	寅

[332] 전왕

甲木이 중춘(仲春) 卯月에 태어나 지지에 두 卯의 왕지(旺地)와 寅의 녹지(祿地), 그리고 亥의 생지(生地)를 만났고, 천간에는 두 乙이 돕고 癸가 생조하니 왕성함이 극에 달했다. 그러므로 그 왕성한 신(神)을 종(從)해야 한다.

초행 甲 운에는 반궁(泮宮)에 들어 학문에 정진했고, 癸丑 운은 북방의 습토(濕土)이니 역시 水의 기운이 강하여 과거에 급제했다. 壬子 운에는 인성(印星)의 조력이 있었으며, 辛亥 운은 金이 뿌리를 내리지 못하고 지지에서 木의 생왕(生旺)이 이어지니 벼슬이 황당(黃堂, 지방 장관)에 올랐다. 그러나 庚戌 운에 들어서면서 土金이 함께 왕성해져 그 왕성한 신을 거역하게 되므로 허물을 면할 수 없었다.

甲	丙	甲	丙		
午	午	午	午		
庚	己	戊	丁	丙	乙
子	亥	戌	酉	申	未

[333] 전왕

丙火가 중하(仲夏) 午月에 태어나 네 지지가 모두 양인(陽刃)이고, 천간에는 丙火와 甲木이 함께 드러났으므로 강왕함이 극에 달했다. 이는 '순응해야지 거스르면 안 된다(可順不可逆)'는 원칙이 적용되는 경우이다.

초운인 乙未 운에는 어린 시절부터 반궁(泮宮)에서 학문을 익혔고, 丙 운에 과거에 급제했다. 그러나 申 운에 큰 병을 얻어 위기에 처했으나, 丁 운에 다시 과거에 급제했다. 酉 운에는 자식에게 어려움이 있었고, 戊戌 운까지는 벼슬길이 평탄했다. 그러나 亥 운에는 왕성한 기운을 범하여 전쟁터에서 사망했다.

丁	庚	癸	癸		
亥	申	亥	酉		
丁	戊	己	庚	辛	壬
巳	午	未	申	酉	戌

[334] 전왕

庚金이 맹동(孟冬) 亥月에 태어나 水 기운이 당권(當權)했고, 金은 녹왕(祿旺)을 만났다. 시(時)의 丁火는 뿌리가 없고 사주 안에 金水가 기세를 잡았으니, 역시 金水를 따르는 것으로 논해야 한다. 丁火는 오히려 병(病)이 된다.

처음 운이 癸亥 바뀔 때 丁火를 제거하니 즐거움이 저절로 편안했고, 壬戌 운에는 반궁(泮宮)에 입학을 했으나, 상복 입을 일이 거듭 생겼는데, 이는 戌土가 水를 제압하려 했기 때문이다. 辛酉, 庚申 운에는 과거에 급제하여 벼슬길에 나아가 금당(金堂, 궁궐이나 관청)에 올랐다. 己未 운에는 운이 남방(南方)으로 바뀌어 火土가 한꺼번에 닥쳐 큰 잘못을 저지르고 관직에서 물러났다. 戊午 운에는 더 많은 재산 손실을 겪다가 사망했다.

甲癸壬丙 寅巳辰戌
戊丁丙乙甲癸 戌酉申未午巳

[335] 전왕

癸水가 계춘(季春) 辰月에 태어났는데, 사주 안에는 재성(財星), 관성(官星), 상관(傷官) 세 가지가 함께 왕성하다. 인성(印星)은 숨겨져 있고 힘이 없으니 일주(日主) 또한 기운이 없고 뿌리도 없다. 오직 관성(官星)이 월령을 잡았으니 마땅히 관성의 세력을 따라야 한다. 다행히 일지(坐下)의 재성(財星)이 상관(傷官)의 기운을 끌어내 유통시킨다.

甲午 운에는 火局을 모아 관성을 생하니 출세길이 곧바로 열렸고, 乙未 운에는 벼슬길로 나아갔다. 申酉 운에는 丙丁火가 천간에 드러나면서 벼슬길이 평탄했다. 戊戌 운에는 벼슬이 관찰사(觀察使)에 올랐다. 亥 운에는 일주를 돕고 巳火를 충하여 제거하니 사망했다. 이는 이른바 '약함이 극에 달하면 돕는 것이 불가하다'는 이치에 해당한다.

丙丙乙癸 申申丑酉
己庚辛壬癸甲 未申酉戌亥子

[336] 전왕

丙火가 丑月에 태어나 申 위에 임하니 쇠(衰), 절(絶)하여 기운이 없다. 酉丑이 金局을 이루고, 월간 乙木은 말라 시들고 뿌리가 없다. 관성(官星)과 일지(坐)의 재성(財星)은 상관(傷官)이 화생(化生)하여 金水의 세력을 이루었다.

癸亥 운 중에 반궁(泮宮)에 들어 과거에 급제했다. 辛酉, 庚申 운은 인성(印星)을 제거하고 관성(官星)을 생하니 현령(縣令)을 거쳐 주목(州牧)으로 승진했으며 벼슬운이 풍요로웠다. 그러나 己未 운은 남방의 조토(燥土)이니 관성을 손상하고 겁재(劫財)를 도우므로 사망했다.

47. 화상(化象)

화 득 진 자 지 론 화 화 신 환 유 기 반 화
化得眞者只論化 化神還有幾般話

합화(合化)함을 얻음이 진실된 자는 오직 화(化)함을 논할 뿐이지만, 화신(化神)에도 또 몇 가지의 이야기가 있다.

原注

如甲日主生於四季, 單遇一位己土, 在月時上合之, 不遇壬癸甲乙戊, 而有一辰字, 乃爲化得眞. 又如丙辛生於冬月, 戊癸生於夏月, 乙庚生於秋月, 丁壬生於春月, 獨自相合, 又得龍以運之, 此爲眞化矣. 旣化矣, 又論化神. 如甲己化土, 土陰寒, 要火氣昌旺; 土太旺, 又要取水爲財, 木爲官, 金爲食傷. 隨其所向, 論其喜忌, 再見甲乙, 亦不作爭合妒合論. 蓋眞化矣, 如烈女不更二夫, 歲運遇之, 皆閑神也.

- 만약 甲 일주가 사계(四季)에 태어나, 홀로 己土를 만나, 월간이나 시간에서 합(合)을 이루는데, 壬, 癸, 甲, 乙, 戊를 만나지 않고, 辰 글자 하나를 보면, 진정한 화(化)함을 얻은 것이다.
- 또 丙辛이 겨울(冬月, 水)에 태어나거나, 戊癸가 여름(夏月, 火)에 태어나거나, 乙庚이 가을(秋月, 金)에 태어나거나, 丁壬이 봄(春月, 木)에 태어나, 홀로 서로 합(合)을 이루고, 용(龍, 辰上의 化五行)을 얻어 운행(運行)하면, 이것이 진정한 화(化)라고 한다.
- 이미 화(化)했다면, 또 화신(化神)을 논한다. 예를 들어 甲己가 합하여 土로

화(化)하였다면 土가 음(陰)하고 차가우니 火의 기운이 왕성해야 한다. 土가 너무 왕성하다면 다시 水를 취하여 재성(財星)으로 삼고, 木을 취하여 관성(官星)으로 삼으며, 金을 취하여 식상(食傷)으로 삼는다.

- 그 향하는 바에 따라 희기(喜忌)을 논하고, 다시 甲이나 乙을 보더라도, 역시 쟁합(爭合)이나 투합(妒合)으로 논하지 않는다. 진정으로 화(化)하였으니, 마치 열녀(烈女)가 두 남편을 섬기지 않는 것과 같아 세운(歲運)에서 만나도 모두 한신(閑神)으로 여긴다.

임철초 曰

합화(合化)의 근원은 옛날 황제가 환구(圜丘)에서 하늘에 제사 지낼 때인데, 하늘에서 십간(十干)이 내려왔고, 이에 대요(大撓)에게 명하여 십이지(十二支)를 만들어 짝지었다. 그래서 일간(日干)을 천간(天干)이라 하는데, 그 합(合)의 원리는 곧 하늘은 하나이고 땅은 둘, 하늘은 셋이고 땅은 넷, 하늘은 다섯이고 땅은 여섯, 하늘은 일곱이고 땅은 여덟, 하늘은 아홉이고 땅은 열의 의미를 따른다. 숫자로 미루어 보면, 甲은 1, 乙은 2, 丙은 3, 丁은 4, 戊는 5, 己는 6, 庚은 7, 辛은 8, 壬은 9, 癸는 10이다. 낙서(洛書)에서 5가 중앙에 있으니, 1에 5를 더하면 6이 되므로 甲과 己가 합한다. 2에 5를 더하면 7이 되므로 乙과 庚이 합한다. 3에 5를 더하면 8이 되므로 丙과 辛이 합한다. 4에 5를 더하면 9가 되므로 丁과 壬이 합한다. 5에 5를 더하면 10이 되므로 戊와 癸가 합한다. 합하면 화(化)하는데, 화(化) 역시 반드시 다섯 번째 土를 얻은 후에야 이루어진다. 이 다섯 번째 土는 바로 辰이다. 辰土는 봄에 위치하며 시기는 삼양(三陽)에 해당하는데, 만물을 생육하는 본체로서 기운이 열리고 움직인다. 움직이면 변하고, 변하면 화(化)하는 것이다.

또한 십간의 합이 다섯 번째 辰의 위치에 이르면 화기(化氣)의 원신(元神)이 드러난다. 따라서 甲己는 甲子에서 시작하여 다섯 번째 위치에서 戊辰을 만나 土로 화하고, 乙庚은 丙子에서 시작하여 다섯 번째 위치에서 庚辰을 만나 金으로 화하고, 丙辛은 戊子에서 시작하여 다섯 번째 위치에서 壬辰을 만나 水로 화하고, 丁壬은 庚子에서 시작하여 다섯 번째 위치에서 甲辰을 만나 木으로 화하고, 戊癸는 壬子에서 시작하여 다섯 번째 위치에서 丙辰을 만나 火로 화한다. 이것이 상합(相合)하고 상화(相化)하는 진정한 근원이다. 근세에 전해지는 바가 적어, 단지 용(龍, 辰)을 만나면 화한다고만 알고 다섯 번째를 만나면 화한다는 것은 알지 못한다. 辰이 용(龍)이라는 설은 단순히 상징하는 의미일 뿐이다. 만약 辰이 진정한 용이라면 辰年에 태어난 사람은 비를 내릴 수 있고, 寅年에 태어난 사람은 호랑이라 반드시 사람을 해친다는 말이 될 것이다.

화상(化象)의 작용에는 또한 희기(喜忌)와 배합(配合)의 이치가 있으므로, 화신(化神)에도 여러 가지 이야기가 있는 것이다. 단순히 화한 신(神)은 그 신(神)을 만나면 좋다고 고집하여 논할 것이 아니다. 즉, 화상(化象) 또한 그 쇠왕(衰旺)을 살펴보고, 허실(虛實)을 살피며, 희기(喜忌)를 관찰해야 한다. 그래야 길흉이 분명하게 나타나고 좋고 나쁨을 명확히 알 수 있다.

만약 화신(化神)이 왕성하고 남음이 있다면, 화신(化神)의 기운을 설기(洩氣)하는 오행을 용신으로 삼는 것이 좋다. 화신(化神)이 쇠약하고 부족하다면, 화신(化神)을 생조(生助)하는 오행을 용신으로 삼는 것이 좋다. 예를 들어 甲己가 土로 화하고 未戌월에 태어나 土가 조열(燥熱)하고 왕성한데, 천간에 丙丁이 투출하고 지지에 巳午가 감춰져 있다면 이를 '유여(有餘, 남음이 있다)'라 한다. 이때 다시 火土 운으로 가면 반드시 태과(太過)하여 불길하다. 반드시 그 의향을 따라야 한다. 사주에 水가 있다면 金 운으로 가야 하고, 사주에 金이 있다면 水 운으로 가야 한다. 金과 水가 모두 없다면 土의 세력이 너무 왕성하므로 반드시 金으로 설기시켜야 한다. 火土가 지나치게 조열하다면 水를 띠는 金 운으로 가서 윤택하게 해야 한다. 丑辰월에 태어나 土가 습하고 약하며, 火가 비록 있어도 허(虛)하고, 水는 본래 없지만 실(實)하거나, 간지(干支)에 金水가 섞여 있다면 이를 '부족(不足)'이라 한다. 이때도 역시 그 의향을 따라야 한다. 사주에 金이 있다면 火 운으로 가야 하고, 사주에 水가 있다면 土 운으로 가야 한다. 金水가 함께 나타나 너무 허하고 습하다면 火를 띠는 土 운으로 가서 실하게 만들어 화신을 돕는 것이 길하다.

쟁합(爭合)과 투합(妒合)에 대한 설은 잘못된 주장이다. 이미 합하여 화(化)했다면, 이는 정숙한 부인이 의로운 남편을 만나 한 번 정하면 끝까지 가는 것과 같아서 두 마음을 품지 않는다. 戊己를 보면 그 오행과 동류(同類)이고, 甲乙을 만나면 나의 본래 기운이니 서로 양보하는 의리가 있다. 합하지만 화하지 않는다면 억지로 합하려는 의미이므로 좋지 않은 짝이다. 戊己가 많으면 다투고 질투하는 기풍이 일어나고, 甲乙이 많으면 강약의 성질이 더욱 심해진다. 甲己의 합이 이와 같으니, 나머지도 미루어 짐작할 수 있다.

己 甲 甲 乙
巳 辰 申 丑

戊 己 庚 辛 壬 癸
寅 卯 辰 巳 午 未

[337] 화기격

연월(年月) 천간의 甲과 乙이 월령을 잡은 申金 위에 있고, 丑 안에 있는 辛金이 이들을 제압하고 다스리니 서로 다투거나 질투하는 기미가 보이지 않는다. 시간(時干)의 己土는 왕성한 지지에 임했고 일주와 친밀하게 합하니, 합화(合化)된 기운이 진실하여 '진화(眞化)'라고 할 수 있다. 다만 가을 金이 월령을 잡고 있어 화신(化神, 즉 甲己 합화로 이루어진 土 기운)이 설기되어 부족한 상태이다.

午 운에 이르러 화신(化神)을 도우니, 지방 과거인 향방(鄕榜)에 급제했다. 辛巳 운에는 金火土 기운이 함께 왕성해지면서 황갑(黃甲)에 올라 과거 급제자들의 연회인 경림연(瓊林宴)에 참석했고, 한림원(翰林院)에 들어갔으며, 벼슬은 황당(黃堂)에 올랐다. 庚辰 운에는 庚金이 乙木과 합하여 비겁(比劫)을 제압하고 변화시키니, 벼슬이 번얼(藩臬)이라는 지방 고위직에 이르렀다.

	己	甲	壬	戊	
	巳	辰	戌	辰	
戊	丁	丙	乙	甲	癸
辰	卯	寅	丑	子	亥

[338] 화기격

甲木이 계추(季秋) 戌月에 태어나 土 기운이 왕성하게 권세를 잡았다. 이는 壬水를 극하고 제거하며, 비겁도 없어 합화된 신(神)이 진실하고 화기(化氣) 또한 여유롭다. 다만 아쉬운 점은 운의 흐름이 동북방 水木 지대(地帶)로 향하여 공명(功名)이나 벼슬길이 앞서 언급된 사주들만 못하다.

丑 운 丁酉年에 金局을 은밀히 이루어 화신(化神)의 기운을 설기시키니 수기(秀氣)를 드러내어 과거에 급제했다. 戊戌年에는 다시 과거에 합격했으며, 벼슬은 주목(州牧, 지방장관)에 이르렀다.

	甲	壬	丁	己	
	辰	午	卯	卯	
辛	壬	癸	甲	乙	丙
酉	戌	亥	子	丑	寅

[339] 화기격

壬水가 중춘(仲春) 卯月에 태어나 화신(化神)이 참되다. 가장 기쁜 점은 甲木 원신(元神)이 천간에 드러나 화기(化氣)가 유여하다는 것이다. 화기가 유여하면 마땅히 설기해야 한다. 이 화신(化神)의 수기(秀氣)를 토로하는 데 기쁜 점은 앉은 자리가 午이고, 午는 辰土를 생하여 수기를 유행시킨다는 것이다.

어린 나이에 과거에 급제하여 한림원에서 이름을 높였다. 애석한 점은 중년 운에서 水 왕지(旺地)를 만나 발탁되지 못하고 현령(縣令)으로 관직을 마쳤다는 것이다.

癸	壬	丁	己
卯	午	卯	卯

辛	壬	癸	甲	乙	丙
酉	戌	亥	子	丑	寅

[340] 화기격

이 사주는 앞선 사주와 卯자 하나만 바뀌었다. 화상(化象)이 참되고 화신(化神)도 유여하다.

혐오스러운 점은 癸 겁재(劫財)가 재물을 다투는 것이고, 연간(年干)의 己土가 투출했으나 원격으로 뿌리가 없어 癸水를 제거하지 못하며, 午火로는 기운을 유행시키지 못한다는 것이다. 癸水는 진정한 '탈표지객(奪標之客)', 즉 합격을 가로채는 자가 된 것이다. 비록 지방 과거인 향방(鄉榜)에 급제했으나 끝내 벼슬길에 나아가지는 못했다.

壬	癸	戊	丙
戌	巳	戌	戌

甲	癸	壬	辛	庚	己
辰	卯	寅	丑	子	亥

[341] 화기격

癸水가 계추(季秋) 戌月에 태어나 丙火가 천간에 드러나고 뿌리(通根)를 얻었으니, 합화진격(合化眞格)이다. 혐오스러운 점은 시(時)에 투출한 壬水가 丙火를 극하는 것이다.

단지 향방(鄉榜) 중과(中科)에 올랐다. 卯 운에는 壬水가 절지(絶地)에 놓이니 지현(知縣, 현령)으로 발탁되어 세 번 연이어 임명되었으나 승진은 하지 못했다. 역시 壬水가 재(財)를 빼앗아 가는 연고이다.

48. 가종(假從)

진 종 지 상 유 기 인 가 종 역 가 발 기 신
眞從之象有幾人 假從亦可發其身[49)]

진종(眞從)하는 상(象)이 몇 명이나 있겠는가? 가종(假從)도 역시 그 몸을 일으킬 수 있다.

原注

日主弱矣, 財官强矣, 不能不從; 中有比助暗生, 從之不眞. 至於歲運財官得地, 雖是假從, 亦可取富貴, 但其人不能免禍, 或心術不端耳.

- 일간이 약하고 재성과 관성이 강하여 따르지 않을 수 없으나, 그 가운데 비견이나 인수의 은밀한 생조가 있다면 진실로 따르는 것이 아니다.
- 세운에서 재성과 관성이 득지하면 비록 가종이라 하더라도 부귀를 취할 수 있지만, 그 사람은 재앙을 면하기 어렵거나 심술이 바르지 못할 뿐이다.

49) 眞從之家有幾人, 假從亦可發其身.

임철초 日

가종격(假從格)은 뿌리가 얕고 힘이 약해 스스로 설 수 없는 사람과 같다. 사주에 비견(比肩)과 인수(印綬)가 있지만 제 역할을 못 하고, 일주(日主) 또한 의지할 곳이 없어 결국 남에게 의탁할 수밖에 없는 경우를 말한다. 그 형태가 다양하여 단순히 재성(財星)이나 관성(官星)만을 논하지 않는다. 진종격(眞從格)과 큰 틀에서는 비슷하지만 미묘한 차이가 있다.

사주에 재성과 관성이 월령을 얻어 왕성하고, 일주가 허약하여 기운이 없으며, 비록 비견과 인수가 생조하려 해도 사주 내에 식신(食神)이 재성을 생하여 재성이 다시 인성을 극하거나, 혹은 관성이 비견을 극한다면 일주가 의지할 곳이 없다. 결국 재성이나 관성의 세력에 의지할 수밖에 없다.

재성의 세력이 왕성하면 종재격(從財格)이 되고, 관성의 세력이 왕성하면 종관격(從官格)이 된다. 종재격은 식상이나 재성이 왕성한 운으로 흐르면 발흥할 수 있고, 종관격은 재성이나 관성의 운으로 흐르면 역시 흥할 수 있다. 사주의 의향을 살펴 운의 흐름을 배합하는 것이 중요하다.

가종격은 운의 흐름만 안정되면 '가(假)'가 '진(眞)'의 운으로 바뀌어 부귀를 누릴 수도 있다. 여기서 '진(眞)'의 운이란 무엇일까?

종재(從財)의 경우, 비견과 겁재가 재물을 나누어 다투려 할 때 관살(官殺) 운으로 가면 반드시 귀하게 되고, 식상 운으로 가면 반드시 부자가 된다. 인수가 몰래 생조할 때는 재성 운으로 가야 하고, 관살이 재성의 기운을 설기할 때는 식상 운으로 가야 한다.

종관살(從官殺)의 경우, 비견과 겁재가 일주를 도울 때는 관성 운에 이름이 높아지고, 식상이 관성을 극하려 할 때는 재성 운에 녹봉이 두터워진다. 인수가 관성의 기운을 설기할 때는 재성 운으로 인성을 극해야 한다.

이것을 '가(假)가 진(眞)의 운을 만난다(假行眞運)'고 하는데, 귀하지 않더라도 부자가 되며, 이와 반대되는 운으로 가면 흉하다. 이는 아마도 그 사람이 세속의 이익을 쫓고 의리를 꺼려하며, 마음 씀씀이가 올바르지 않기 때문일 것이다.

만약 사주와 운이 서로 거스르지 않고, '가(假)'를 억누르고 '진(眞)'를 돕는다면, 비록 미천한 집안 출신이라도 가문을 일으킬 수 있으며, 하는 일 또한 반드시 올바를 것이다. 이것이 바로 '근원은 탁하나 흐름은 맑은(源濁流淸)' 형상이니 깊이 연구해야 한다.

癸	己	乙	癸		
酉	亥	卯	巳		
己	庚	辛	壬	癸	甲
酉	戌	亥	子	丑	寅

[342] 가종격

봄 土가 허약하고 힘이 없는데 칠살(殺) 기운이 권력을 잡고 재성(財星) 또한 왕지(旺地)를 만났다. 다행인 점은 巳와 亥가 충(沖)하여 인성(印星)을 파괴한다는 것이다. 격국이 자신을 버리고 종살격(從殺格)을 이루었다. 다만 卯와 酉가 충살(沖殺)하고 巳와 酉가 반회 金局을 이루니 진정한 종살격으로 논할 수는 없다. 이 때문에 출신이 한미했다.

묘한 점은 亥水가 중간에서 간격을 두었으므로 이른바 '源濁流淸(원탁류청)'의 형상이 되었다. 이로 인해 집안을 일으켰고 무리 가운데서 뛰어나 어려서부터 학문에 정진했다.

壬子 운에 연이어 과거에 급제하여 중시(重試)를 거쳐 황당(黃堂)을 지내고 관찰사로 승진했다. 辛亥 운에는 金은 허약하고 水는 실하여 서로 생조하니 어려움 없이 벼슬길이 평탄했다. 앞으로 庚戌 운이 오면 土와 金이 함께 왕성해지므로 水와 木이 함께 손상되어 예상치 못한 풍파를 면할 수 없을 것이다.

壬	丙	壬	丁		
辰	申	寅	丑		
丙	丁	戊	己	庚	辛
申	酉	戌	亥	子	丑

[343] 가종격

丙火가 초봄에 태어나 木은 연약하고 火는 허하다. 연약한 木이 옆에서 金을 만나 서로 충(沖)당하니 뿌리가 모두 뽑혔다. 申金은 또 辰土의 생부함을 만나 살(殺) 기운이 더욱 왕성하니 종살격(從殺格)을 이루었다.

용신인 재성(財星)이 더욱 묘한 것은 연지(年支)의 丑土가 金을 생하고 火의 기운을 어둡게 한다. 그러므로 출신이 관가(官家)였고 일찍이 과거에 급제했다. 운의 흐름이 서북 金水 방면으로 가니 벼슬이 관찰사까지 올랐다. 비록 土 운을 만나더라도 여전히 金이 있어 이를 설기(洩氣)하고 변화시키니, 험난한 일이 없었다.

癸	戊	己	乙		
亥	辰	卯	卯		
癸	甲	乙	丙	丁	戊
酉	戌	亥	子	丑	寅

[344] 가종격

戊土가 중춘(仲春) 卯月에 태어나 木이 월령을 잡았다. 일지(坐下)의 辰土는 水를 머금고 木을 기르며, 사주에 金 기운이 전혀 없다. 또한 亥時가 되어 水가 왕성하여 木을 생하는데, 火가 없어 생화(生化)시키지 못하니 종관격(從官格)으로 보아 신약(身弱)으로 논하지 않는다.

비록 과거 급제 출신은 아니지만, 운의 흐름이 丙子, 乙亥로 가니 벼슬길에서 연이어 승진하여 봉강(封疆, 국경을 지키는 관료)에까지 이르렀다. 癸酉 운에 관직에서 물러나고 사망했다.

庚	辛	丙	丁		
寅	亥	寅	卯		
庚	辛	壬	癸	甲	乙
申	酉	戌	亥	子	丑

[345] 가종격

辛金이 맹춘(孟春) 寅月에 태어났는데, 천간에 丙, 丁, 庚, 辛이 투출하여 음양이 서로 극한다. 또한 金은 절지(絶地)에 있고 火는 생지(生地)에 있으며, 지지에는 寅木이 월령을 잡았다. 일지(日支)와 시지(時支)의 寅과 亥가 합(合)하여 木이 되니, 이 격(格) 역시 종살격(從殺格)이 된다.

운의 흐름이 水 지대(地帶)로 향하니 木을 생하고 火를 도와 흉한 곳이 하나도 없었다. 이로 인해 과거에 급제하여 연이어 승진했으며, 현령(縣令)을 거쳐 군수(郡守)에 이르렀다. 또한 세 아들을 두었고 모두 잘 키웠다.

丁	己	乙	癸		
卯	未	卯	亥		
己	庚	辛	壬	癸	甲
酉	戌	亥	子	丑	寅

[346] 가종격

己土가 중춘(仲春) 卯月에 태어났는데, 봄의 木이 월령을 잡고 회국(會局)했다. 시간(時干) 丁火는 연간(年干)의 癸水에게 극을 당해 제거되고, 未土는 木局으로 변하니 부득이 종살격(從殺格)으로 보아야 한다.

과거 급제 출신으로 벼슬이 관찰사에 이르렀다.

49. 가화(假化)

가 화 지 인 역 다 귀 고 아 이 성 능 출 류

假化之人亦多貴 孤兒異姓能出類[50)]

가화(假化)인 사람도 또한 귀(貴)할 수 있는데, 고아(孤兒)나 다른 성씨(姓氏)일 지라도 무리 중에서 두각을 나타낼 수 있다.

原注

日主孤弱而遇合神眞, 不能不化, 但暗扶日主, 合神又虛弱, 及無龍以運之, 則不眞化. 至於歲運扶起合神, 制伏忌神, 雖爲假化, 亦可取富貴, 雖是異姓孤兒, 亦可出類拔萃, 但其人多執滯偏拗, 作事迍邅, 骨肉欠遂.

- 일간이 고립되고 약한데 합신(合神)이 진실하면 화하지 않을 수 없으나, 일간을 은밀히 돕고, 합신이 또 허약하거나, 용(龍, 辰上의 化五行)을 얻지 못하고 운행하면, 진실한 화(化)가 아니다.
- 세운에서 합신을 일으키고 기신을 제압하면 비록 가화(假化)라 하더라도 부귀를 취할 수 있다.
- 비록 성이 다른 고아라 하더라도 뛰어난 재능이나 업적으로 출중할 수 있지만, 그 사람은 고집스럽고 비뚤어져 일을 처리함에 어려움이 많고, 가족과의 관계가 만족스럽지 못하다.

50) 假化之人亦可貴, 孤兒異姓能出類.

임철초 日

가화(假化)의 국면은 그 상(象)이 한결같지 않다. 합신(合神)이 진실하나 일주가 고독하고 약한 경우가 있고, 화신(化神)이 유여하나 일간이 뿌리를 가지고 있는 경우가 있다. 합신이 진실하지 않고 일주가 뿌리가 없는 경우가 있으며, 화신이 부족하고 일주가 기(氣)가 없는 경우도 있다. 이미 화신과 합했는데 일주가 겁재나 인성의 생부(生扶)를 얻은 경우도 있고, 이미 합화했는데 한신(閑神)이 와서 화기(化氣)를 상하게 하는 경우도 있다.

그러므로 가화는 진화보다 훨씬 어렵고, 더욱 세밀하게 연구해야 한다. 그래야만 가화의 기틀을 얻을 수 있다.

예를 들어 甲己 합의 경우, 丑月이나 戌月에 태어났다면 합신은 비록 진실하나 일주가 고독하고 도움을 받지 못해 화하지 않을 수 없다. 그러나 가을과 겨울은 기운이 수렴하여 차갑고, 또 금기(金氣)가 은밀히 설기(洩氣)하니, 세운(歲運)에서 반드시 火를 만나 차고 습한 기운을 제거해야 중기(中氣)가 온화해진다.

辰月이나 未月에 태어났다면, 화신은 비록 유여하나 辰은 木의 여기(餘氣)이고 未는 통근하며 신고(身庫)이니, 木이 뿌리가 없다고 할 수 없다. 그러나 봄과 여름은 기운이 펼쳐지고 따뜻하며, 또 水와 木이 숨은 뿌리를 가지고 있으니, 세운에서 반드시 土金의 땅을 만나 木의 뿌리를 제거해야 다툼이 없게 된다.

예를 들어 乙庚 합의 경우, 일주가 木인데 여름에 태어났다면, 합신은 비록 진실하지 않으나 일주가 설기되어 뿌리가 없고, 土가 건조하여 金을 생하지 못하니, 세운에서 반드시 水를 대동한 土를 만나야 火를 설기하고 金을 양육할 수 있다. 겨울에 태어났다면, 金이 설기되어 부족하고 木이 水를 받아들이지 못해 기(氣)가 없으며, 비록 土가 있어도 얼어붙어 金을 생하고

水를 멈추게 하지 못하니, 세운에서 반드시 火를 대동한 土를 만나야 해동되어 기운이 온화하고 金이 생을 받아 차갑지 않게 된다.

예를 들어 丁壬 합의 경우, 일주가 丁인데 봄에 태어났다면 壬水는 뿌리가 없으므로 반드시 丁과 합한다. 그러나 木이 왕성하면 스스로 火를 생할 수 있으니, 丁火는 오히려 壬水를 따라 木으로 화하지 않는다. 혹은 비겁의 도움을 받는다면, 세운에서 반드시 水를 만나야 火가 제압되어 木이 이루어진다.

예를 들어 丙辛 합의 경우, 일주가 火인데 겨울에 태어났고, 金水가 거듭되어 이미 합하고 화했다. 그런데 사주에 土가 있어 은밀히 나의 화신을 손상시키는 것이 꺼림칙하다. 습토(濕土)는 비록 水를 멈추게 하지 못하나, 水는 결국 혼탁하고 맑지 않으니, 세운에서 반드시 金土를 만나야 기운이 유행하여 水를 생하고 화신이 스스로 진실해진다.

이와 같이 배합하여 가화(假化)를 진화(眞化)로 만들면 또한 명예와 이익을 모두 얻고 선조의 명성을 빛내고 후손에게 좋은 영향을 끼칠 수 있다. 요컨대 격국과 형상이 진실하지 않으면 어릴 적 고독하고 고생을 겪거나 일찍부터 좌절을 겪게 된다. 그렇지 않으면 그 사람은 고집이 세고 망설이며, 만약 세운이 가화(假化)를 억제하고 진화(眞化)를 돕지 못하면 일생 동안 하는 일이 답보 상태에 머물고 명예와 이익을 얻지 못한다.

己	甲	甲	己
巳	子	戌	卯

戊	己	庚	辛	壬	癸
辰	巳	午	未	申	酉

[347] 가화격

천간의 두 甲이 두 己를 만나 각자 합했다. 지지의 卯戌合이 비록 火로 변하기는 어렵더라도 土를 생하니 다툴 의사가 전혀 없다. 비록 이는 가화(假化)이지만, 매우 유정하고 어그러지지 않았다.

未 운에서 子水를 극하고 파괴함으로

써 지방 과거에 급제했고, 庚午, 己巳 운에는 화신(化神)을 생조하니 벼슬길에 나아가 금당(琴堂)에 이르렀다.

己	甲	丙	甲		
巳	申	子	子		
壬	辛	庚	己	戊	丁
午	巳	辰	卯	寅	丑

[348] 조후 / 가화격

甲木이 중동(仲冬) 子月에 태어나 인수가 월령을 잡았다. 본디 살인상생의 구조이나, 일지(坐下)가 절지(絶地)이므로 허함이 극에 달해 水의 생조를 받지 못한다.

己土를 만나 합을 탐하는데, 합신(合神)이 비록 진실하더라도 실령(失令)했으니 반드시 丙火의 생조를 받아야 추위로 응결된 기운을 해동할 수 있다. 혐오스러운 점은 왕성한 水가 월령을 잡고 있으니 火 또한 허약하고 힘이 없어 화신(化神)을 생조할 능력이 없다는 것이다.

화신이 가짜이면서도 맑지 못해 인품이 단정하지 못했다. 庚辰 운 甲午年에 木을 극하고 土를 생함으로써 지방 과거인 향방(鄕榜)에 합격했지만, 벼슬은 하지 못했다.

己	甲	丁	甲		
巳	戌	丑	寅		
癸	壬	辛	庚	己	戊
未	午	巳	辰	卯	寅

[349] 강약 / 가화격

甲木이 丑月에 태어나 己土가 뿌리를 얻어 왕성한 위치에 있다. 연주(年柱)에 녹(祿)과 비견이 있고, 丁火가 마땅히 서로 생조하고 있어 다툼의 기세는 없다. 비록 이는 가화(假化)이지만, 유정하고 어지럽지 않다.

庚辰 운에 과거에 급제하고 연이어 승진했다. 辛巳, 壬午 운은 남방 火 지대이니 화신(化神)을 생조하여 벼슬이 황당(黃堂)에 이르렀다.

戊	癸	辛	甲
午	亥	未	寅

丁	丙	乙	甲	癸	壬
丑	子	亥	戌	酉	申

[350] 강약 / 가화격

癸水가 계하(季夏) 未月에 태어나 木火가 함께 왕하다. 월간의 辛金은 기운이 없어 水를 생하지 못한다. 일주가 비록 왕지(旺地)에 임했지만 火土가 양쪽에 가까이 있고, 시간(時干)의 戊土와 합신(合神)이 참되고 또 왕하다. 하지만 일주는 합하려 해도 따르지 않으려 한다.

초운 壬申, 癸酉는 金水가 함께 왕하므로 감당할 수 없는 고생을 했다. 甲戌 운에는 火局을 모두 모으니 밖에 나가 큰 기회를 잡아 크게 얻었다. 乙亥 운은 水가 木의 설기(洩氣)를 만나고 지지에서 회국(會局)하니 이로(異路)에서 명성을 이루었고 재물도 풍부했다. 丙子 운으로 바뀌어 火가 뿌리를 얻지 못하니 시행착오로 관직에서 물러나고 壬子年에 사망했다.

辛	壬	丁	甲
亥	辰	卯	辰

癸	壬	辛	庚	己	戊
酉	申	未	午	巳	辰

[351] 강약 / 가화격

壬水가 중춘(仲春) 卯月에 태어나 비록 시(時)에서 녹(祿)과 인수를 만났지만, 화신(化神)이 월령을 잡았고 연간(年干)에 화신의 원신(元神)이 투출했다. 시간(時干)의 辛金은 뿌리 없는 절지(絶地)에 임했으므로 丁火 합신(合神)이 충분히 극한다. 辛金이 水를 생할 수 없다면 亥水를 壬水의 녹왕지(祿旺地)라 할 수 없고, 甲木의 장생지(長生地)라 함이 옳다. 일간은 부득이 합(合)하고 화(化)한다.

운의 흐름이 남방 火 지대이니 학업에 정진했고, 의식도 넉넉했으며, 과거 시험에서 합격했다. 그러나 壬申, 癸酉 운은 金水가 파국(破局)하므로 벼슬길뿐 아니라 형액(刑厄)과 재산 손실까지 있었다.

이처럼 가화(假化)는 매우 흔한 현상이다. 만약 이를 신약(身弱)으로 보고 인성(印)을 용신으로 삼는다면 잘못된 분석이다.

50. 순국(順局)

일 출 문 래 지 견 아 오 아 성 기 구 문 려
一出門來只見兒 吾兒成氣構門閭
종 아 불 관 신 강 약 지 요 오 아 우 득 아
從兒不管身强弱 只要吾兒又得兒[51)]

문을 나가보니 오직 아이만 보이고, 나의 아이가 기운을 이루어 집안을 가득 채우고 있다.
아이를 따름에 신강 신약을 논하지 않고, 바라건대 나의 아이가 또 다른 아이를 얻기를 바란다.

原注

此與成象從象傷官不同, 只取我生者爲兒. 如木遇火, 成氣象, 如戊己日遇申酉戌, 成西方氣, 或巳酉丑全會金局, 不論日主强弱, 而又看金能生水氣, 轉成生育之意. 此爲流通, 必然富貴.

- 이것은 성상(成象), 종상(從象), 상관(傷官)과는 또 다르며, 오직 내가 생(生)하는 것만을 자식으로 취한다. 비유하자면 木이 火를 만나 기상(氣象)을 이루는 것과 같다.
- 예를 들어 戊己 일주가 申酉戌을 만나 서방의 기운을 이루거나, 巳酉丑이 완전하게 金局을 이루는 것이다. 일주(日主)의 강약을 논하지 않고, 또 金이 수기(水氣)를 생하여 다시 생육(生育)의 뜻으로 바뀌는 것을 말한다.
- 이것은 흘러서 통하는 것이니, 반드시 부귀하게 된다.

---

51) 一出門來要見兒, 見兒成氣轉相楣, 從兒不論身强弱, 只要吾兒又遇兒.

임철초 日

'순(順)'이란 내가 그것을 생한다는 뜻이며, '오직 아이만 보인다(只見兒)'는 것은 식상(食傷)이 많다는 뜻이다. '집안을 가득 채우고 있다(構門閭)'는 것은 월령(月令)에 식상이 놓여있다는 뜻이다. 월(月)은 사주의 문호(門戶)와 같으므로, 반드시 식상이 제강(提綱)에 있어야 한다.

이러한 경우 일주의 강약은 따지지 않는다. 사주에 비견(比肩)이나 겁재(劫財)가 있더라도 여전히 식상을 생조하는 데 쓰인다. '내 아들이 다시 아들을 낳는다'는 것은 사주에 반드시 재성(財星)이 있어 생육의 의미를 이루어야 함을 뜻한다. 만약 자기 자신이 평범하고 하는 일 없이 지냈더라도, 자손이 번성하여 가문을 일으키고 다시 재성 운으로 흐르면 '아들이 다시 손자를 낳는' 형상이 되어 자손의 영광을 누릴 수 있다. 그래서 이를 순국(順局)이라고 한다.

종아격(從兒格)은 종재격(從財格)이나 종관격(從官格)과는 다르다. 그러나 식상이 재성을 생하여 다시 생육을 이루면, 수기(秀氣)가 유행하여 명예와 이익을 모두 이룰 수 있다. 그래서 식상은 자식이고, 재성은 손자이다. 손자는 조상을 극할 수 없으니, 편안하게 영화를 누릴 수 있다.

만약 관성(官星)을 보는 것은 손자가 다시 아들을 낳는 형상이므로, 증조부(즉 일주)는 반드시 상해를 입게 된다. 그래서 관살(官殺)을 보면 반드시 자신에게 해가 된다. 인수(印綬)를 보는 것은 나의 부(父, 인수가 父母)가 되므로, 아버지가 나를 생하고 나에게는 능력이 생기고, 그러니 어찌 자식을 용납하겠는가. 자식은 반드시 재앙을 만나게 되어 생육의 의미가 사라지고 그 화(禍)가 즉시 이른다.

이 때문에 종아격은 가장 꺼리는 것이 인수(印綬) 운이고, 다음으로 꺼리는 것이 관성(官星) 운이다. 관성은 재성의 기운을 설기할 수 있고, 또한 일주를 극할 수 있으며, 식상은 또 관성과 화목하지 못해 생육의 의미를 잊고 다툼의 기풍을 일으킨다. 이는 인명(人命)을 해치지 않으면 재물을 흩어지게 만든다.

丙	癸	壬	丁		
辰	卯	寅	卯		
丙	丁	戊	己	庚	辛
申	酉	戌	亥	子	丑

[352] 강약 / 가종격

癸水가 맹춘(孟春) 寅月에 태어나 지지에 寅卯辰 동방(東方)의 기운을 모두 갖추니, 水木 종아격(從兒格)이 되었다. 시(時)의 丙火가 용신이니, 이는 이른바 '자식이 또 그의 자식을 둔 것'과 같다.

다만, 월간(月干)의 壬水가 병(病)이 되는데, 다행히 丁火가 합(合)하여 木으로 변화하니 도리어 丙火를 생조한다. 이를 '생육의 정으로 전환되었다'고 한다.

일찍이 과거에 급제하여 한림원(翰林院)에 몸을 담았고 벼슬은 봉강(封疆)이었다. 그러나 申 운에 木과 火가 절지(絶地)에 이르러 사망했다.

丙	癸	癸	丁		
辰	卯	卯	巳		
丁	戊	己	庚	辛	壬
卯	戌	亥	子	丑	寅

[353] 강약 / 가종격

癸水가 중춘(仲春) 卯月에 태어났는데 木이 왕성하여 월령을 잡았다. 사주에 金이 없으니 역시 水木 종아격(從兒格)이 되었다. 寅 운은 지지가 동방(東方)의 기운을 모두 갖추니, 甲戌年에 반궁(泮宮)에 들어갔고 丙子年에 지방 과거(향방)에 급제했다.

앞선 사주보다 못한 것은 월간(月干)의 癸水가 재물을 다투는 쟁재(爭財)의 양상인데, 이를 제압하거나 합하는 글자가 없기 때문이다. 다행히 재성(財星)의 세력이 있으니 벼슬길은 형통할 것이다.

	戊	丙	丁	己	
	戌	戌	丑	未	
辛	壬	癸	甲	乙	丙
未	申	酉	戌	亥	子

[354] 가종격

丙火가 계동(季冬) 丑月에 태어나 사주 전체가 모두 土이니 종아격(從兒格)이 되었다. 丑 안의 辛金 재성이 용신인데, 하나의 현기(玄機)가 속에 감추어져 있다고 말한다.

혐오스러운 점은 丁火가 천간에 드러나 未戌에 뿌리를 내린 것이니, 기신(忌神)이 깊고 중하여 출세길이 원만하지 못했다. 묘한 점은 중년 운이 癸酉, 壬申으로 흘러 희신(喜神)과 용신이 함께 와서 벼슬길이 순탄했다.

	戊	丙	辛	己	
	戌	戌	未	未	
乙	丙	丁	戊	己	庚
丑	寅	卯	辰	巳	午

[355] 조후 / 가종격

丙火가 계하(季夏) 未月에 태어나 사주 전체가 土이니 종아격(從兒格)이다. 월간의 辛金이 홀로 뛰어나니, 이를 '자식을 따르면서 또 자식을 본다(從兒又見兒)'라고 한다.

전체적인 모습을 보면 앞선 사주보다 좋아 보이나, 부귀공명이 도리어 못 미쳤다. 그 이유는 다음과 같다.

앞선 사주는 金이 비록 드러나지 않았어도 丑 안에 삼동(三冬)의 습한 土이므로 火의 기운을 어둡게 하고 金을 기를 수 있었다. 그러나 이 사주는 辛金이 드러났음에도 한여름인 구하(九夏)에 태어나 金을 녹이며 뿌리가 견고하지 못하다. 또한 未와 戌 안의 丁火가 당권하고 있으니, '흉한 기운이 깊이 숨어 있다'는 것이다.

게다가 운의 흐름도 동남쪽 木火 지대이니, 비록 지방 과거인 향방(鄕榜)에 급제했으나 평생 교수(敎授)로 마쳤다.

丙	甲	丁	甲		
寅	午	丑	午		
癸	壬	辛	庚	己	戊
未	午	巳	辰	卯	寅

[356] 조후 / 가종격

甲木이 계동(季冬) 丑月에 태어났으나, 火가 허할 것 같으면서도 다행히 염열(炎熱)한 기운에 뿌리를 내려 종아격(從兒格)이 되었다.

木이 비록 진기(進氣)하고 녹(祿)과 비견(比肩)을 만나 몸을 돕지만, '종아(從兒)는 신강신약을 논하지 않는다'고 하였으니 신약(身弱)으로 논하지 않는다.

앞선 사주는 조열함이 지나쳤는데, 이 사주는 습한 土가 조열한 기운을 만나 '지윤천화(地潤天和)', 즉 땅이 촉촉하고 하늘이 온화하여 생육이 잘 된다. 이 덕분에 연이어 과거에 급제했고, 벼슬이 시랑(侍郎)에 올랐다.

壬	戊	辛	辛		
子	申	丑	丑		
乙	丙	丁	戊	己	庚
未	申	酉	戌	亥	子

[357] 강약 / 가종격

戊土가 계동(季冬) 丑月에 태어났는데 辛金이 천간에 둘이나 투출하고 뿌리(통근)를 내렸다. 일지(坐下)의 申金과 壬水는 왕하지만 생조를 받아 순수하여 볼만하다.

일찍부터 학문에 정진했다. 亥 운에 북방(北方)의 기운을 모두 모으니 높은 과거 시험(秋桂)에 합격했다. 그러나 戊戌 운으로 바뀌면서 조토(燥土)에 뿌리를 내려 壬水를 제거했고, 丙寅年에는 申金을 충극하여 제거하니 壬水의 뿌리가 끊어져 체(體)와 용(用)이 모두 손상되어 사망했다.

辛	戊	庚	庚
酉	申	辰	子

丙	乙	甲	癸	壬	辛
戌	酉	申	未	午	巳

[358] 강약

戊土가 계춘(季春) 辰月에 태어나 庚金과 辛金이 중첩되었으니 종아격(從兒格)이 되었다. 다행인 점은 지지에서 재성(財星)이 국(局)을 이루어 생육의 정(情)이 있다는 것이다.

앞선 사주와 크게 다르지 않지만, 이 사주는 중년 운이 土金으로 흘러 재성을 생조하기 때문에 과거에 급제하고 연이어 승진했으며 벼슬은 군수를 지냈다. 앞선 사주가 단명했던 이유는 운의 흐름이 불리했기 때문이다.

壬	辛	辛	壬
辰	亥	亥	寅

丁	丙	乙	甲	癸	壬
巳	辰	卯	寅	丑	子

[359] 가종격

辛金이 맹동(孟冬) 亥月에 태어나 壬水가 월령을 잡았고, 재성은 생왕(生旺)을 만났다. 金이 水가 모두 왕성하니 종아격(從兒格)이 되었다. 이 사람은 독서를 할 때 한눈에 여러 줄을 읽을 정도로 뛰어났다.

甲寅 운에 과거에 급제했고, 乙卯 운에는 서랑(署郎, 임시직 관리)을 지내고 나아가 황당(黃堂, 지방관)을 지냈다. 丙辰 운에는 관성과 인수가 함께 오니, 戊戌年에 인수가 충동하여 상관(傷官)을 깨뜨리니 사망했다.

辛	辛	辛	壬
卯	卯	亥	子

丁	丙	乙	甲	癸	壬
巳	辰	卯	寅	丑	子

[360] 가종격

辛金이 맹동(孟冬) 亥月에 태어나 水 기운이 월령을 잡았다. 비록 천간에 辛金이 세 개나 투출했지만 지지가 절지(絶地)이므로 종아격(從兒格)이 되었다. 이 사람은 독서를 할 때 한 번 읽으면 바로 외울 정도로 뛰어났다.

일찍이 학문에 입문했고, 甲寅 운에 재물을 바쳐 벼슬길에 나아가 현령이 되었다. 乙卯 운에는 벼슬길이 순조로웠지만, 丙辰 운에 과실로 인해 잘못을 저질렀고, 戊年에 왕성한 土 기운이 水를 극하여 사망했다.

종아격(從兒格)은 운의 흐름이 거스르지 않고 재성(財星)을 만나면 부귀를 얻지 못하는 경우가 없다. 또한 수기(秀氣)가 유행하여 사람은 반드시 총명하고 뛰어나며, 학문 또한 정밀하고 순수하다.

51. 반국(反局)

군 뢰 신 생 리 최 미 아 능 구 모 설 천 기

君賴臣生理最微 兒能救母洩天機

모 자 멸 자 관 두 이 부 건 하 위 우 파 처

母慈滅子關頭異 夫健何爲又怕妻[52)]

임금이 신하에 의지해 살아난다는 것은 가장 미묘한 이치이고, 자식이 어머니를 구한다는 것은 하늘의 기밀을 누설하는 것이다.

어머니의 사랑이 자식을 멸하는 것은 관건이 다르기 때문이고, 남편이 굳건한데도 어찌하여 또 아내를 두려워하는 것인가?

原注

木君也, 土臣也. 水泛木浮, 土止水則生木, 木旺火熾, 金伐木則生火, 火旺土焦, 水克火則生土; 土重金埋, 木克土則生金, 金旺水濁, 火克金則生水, 皆君賴臣生也, 其理最妙.

- 木은 임금(日主)이면, 土는 신하이다. 水가 넘쳐 木(임금)이 뜨면, 土(신하)가 水를 막아야 木(임금)이 살아난다.
- 木이 왕성하고 火가 거세면, 金이 木을 쳐야 火가 살아난다.
- 火가 왕성하여 土가 그을리면, 水가 火를 이겨야 土가 살아난다.
- 土가 무거워 金이 묻히면, 木이 土를 이겨야 金이 살아난다.
- 金이 왕성하여 水가 탁해지면, 火가 金을 이겨야 水가 살아난다.
- 이 모두 임금이 신하에 의지해 살아나는 것이니, 그 이치가 가장 묘하다.

---

52) 君賴臣生理最微, 兒能生母洩天機, 母慈滅子關頭異, 夫健何爲又怕妻.

임철초 日

'임금이 신하에 의지해 살아난다(君賴臣生)'는 경우는 인수(印綬)가 너무 왕성할 때 일어난다. 이는 일주(日主)를 기준으로 설명할 수 있다. 예를 들어, 일주가 木이고 사주 내의 土가 신(臣)이라고 가정해 보자. 사주에 壬癸亥子와 같이 水 기운이 넘쳐흐르면, 木 기운은 오히려 허해진다. 水가 木을 생하지 못할 뿐만 아니라, 木 또한 水를 감당하지 못하고 떠다니게 된다.

이러한 경우 반드시 土(신하)를 사용해 水를 막아야 木(임금)이 뿌리를 내리고 水 또한 비로소 木을 생할 수 있으며, 木도 水를 받아들일 수 있다. 이는 재성(財星)을 취하여 인수를 깨뜨리는 것으로, '윗사람을 거스른다'는 의미가 있어서 반국(反局)이라고 한다. 비록 일주를 기준으로 논했지만, 사주 전체 구조에도 동일하게 적용된다.

예를 들어, 水가 관성(官星)이고 木이 인수일 때, 水 기운이 너무 왕성하면 역시 木을 뜨게 할 수 있다. 이때도 土를 만나야 水를 받아들일 수 있어 '거꾸로 생하는(反生)' 묘함을 이룬다. 이치가 매우 미묘한 부분이다. 火土金水 모두 동일하게 적용하여 논할 수 있다.

戊	甲	壬	壬		
辰	寅	子	辰		
戊	丁	丙	乙	甲	癸
午	巳	辰	卯	寅	丑

[361] 강약

甲木이 중동(仲冬) 子月에 태어났지만, 일지에 녹지(祿地)를 가졌으므로 떠다니지 않을 듯했으나 水의 세력이 너무 왕성했다. 辰土가 비록 水를 머금고 있지만, 戊土가 천간에 투출한 것이 다행이다. 辰은 木의 여기(餘氣)이고, 충분히 水를 막고 뿌리를 내리게 한다. 이를 '군뢰신생(君賴臣生), 임금이 신하에 의지해 살아난다'고 하는 것이다.

이 덕분에 일찍이 과거에 급제했고 한림원에서 이름을 떨쳤다. 더욱 묘한 것은 운의 흐름이 남방 火 지대로 향했으므로 벼슬과 녹봉이 헤아릴 수 없을 정도로 많았다.

戊	甲	壬	壬		
辰	子	子	戌		
戊	丁	丙	乙	甲	癸
午	巳	辰	卯	寅	丑

[362] 강약

甲木이 중동(仲冬) 子月에 태어났다. 앞선 사주는 일지(坐)가 寅이라 실했으나, 이곳은 일지(坐)가 子라 허함이 다르다.

다행인 점은 연지(年支)가 火를 대동한 戌土이니, 辰土에 비해 역량이 크게 앞선다. 대개 戌土의 뿌리가 견고하면, 일주의 허약함을 충분히 보완할 수 있다.

운의 흐름도 역시 앞선 사주와 같으니, 벼슬 또한 비슷하여 상서(尙書)에까지 올랐다.

己	辛	戊	己		
亥	酉	辰	巳		
壬	癸	甲	乙	丙	丁
戌	亥	子	丑	寅	卯

[363] 강약

이 사주는 진제독(陳提督)의 것이다. 辛金이 辰月에 태어나 土가 비록 중첩되었으나, 봄의 土이므로 기운은 열려도 엉성하다.

木은 여기(餘氣)가 있고 亥 중의 甲木은 생지(生地)에 있다. 辰酉는 편치 못한 조합이지만, 서로 상생하여 도리어 木의 근원을 돕는다. 巳火를 멀리서 충(沖)하여 戊己土를 생하지 못하게 한다. 이 또한 '군뢰신생(君賴臣生)'의 경우이다.

그가 학문으로 나아가지 못한 것은 木의 원신이 천간에 투출하지 못했기 때문이다. 그러나 생화(生化)가 어그러지지 않고, 운의 흐름 또한 동북 水木

지대로 향했으므로 무관(武官)으로서 뛰어나게 출세할 수 있었다.

庚	己	丁	戊
午	卯	巳	午

癸	壬	辛	庚	己	戊
亥	戌	酉	申	未	午

[364] 조후

己土가 맹하(孟夏) 巳月에 태어났고 사주에 인수가 월령을 잡았다. 火가 왕성하여 土는 바짝 마르고 또 木을 태워버린다.

庚子年에 과거 시험(春闈)에 합격한 것은 金을 대동한 水가 충분히 火의 열기를 제어하고 윤토(潤土)를 만들었기 때문이다. 그러나 품위를 높이지 못하고 벼슬길이 순탄치 못했던 것은 사주 안에 水가 없었기 때문이다.

原注

木爲母, 火爲子. 木被金傷, 火克金則生木; 火遭水克, 土克水則生火; 土遇木傷, 金克木則生土; 金逢火煉, 水克火則生金; 水因土塞, 木克土則生水, 皆兒能生母之意. 此意能奪天機.

- 木은 어머니이면 火는 자식이다. 木(어머니)이 金에게 상처받으면, 火(자식)가 金을 극하여 木(어머니)을 살린다.
- 火가 水에게 극을 당하면, 土가 水를 극하여 火를 살린다.
- 土가 木에게 상처받으면, 金이 木을 극하여 土를 살린다.
- 金이 火에게 제련되면, 水가 火를 극하여 金을 살린다.
- 水가 土에게 막히면, 木이 土를 극하여 水를 살린다.
- 이것이 모두 자식이 어머니를 살리는 이치이다. 이러한 이치로 하늘의 기틀을 엿볼 수 있게 한다.

임철초 日

'자식(兒)이 어머니(母)를 살린다'는 이치는 계절(時候)에 따라 구분하여 논해야 한다.

木이 겨울에 태어났을 때는 춥고 시들어 있으며, 金水를 만나면 반드시 얼어붙는다. 金이 木을 극할 뿐만 아니라, 水 역시 木을 극할 수 있다. 이때는 반드시 火가 金을 극하고 水의 얼음을 녹여야 木이 따뜻한 기운을 얻어 생기를 되찾는다.

火가 초봄이나 늦겨울에 태어났을 때는 木은 연약하고 火는 허약하다. 火가 水를 꺼릴 뿐만 아니라, 木 또한 水를 꺼린다. 이때는 반드시 土가 와서 水를 막고 木의 정기를 북돋아 주어야 火가 생조를 받고 木 역시 번성한다.

土가 늦봄이나 초겨울에 태어났을 때는 木은 단단하고 土는 허약하다. 비록 火가 있더라도 습한 土를 생할 수 없다. 이때는 반드시 金을 사용하여 木을 베어내야 火가 힘을 얻고 土 또한 생조를 받는다.

金이 늦봄이나 초여름에 태어났을 때는 木은 왕성하고 火는 강렬하다. 이때는 반드시 水가 와서 火를 극해야 하며, 또한 木을 촉촉하게 하고 土를 윤택하게 하여 金이 생조를 받는다.

水가 가을이나 겨울에 태어났을 때는 金이 많고 水는 약하며, 土가 곤방(坤方, 서남쪽)에 있어 水를 막을 수 있다. 이때는 반드시 木을 사용하여 土를 뚫어야 水의 기세가 통달하여 막힘이 없어진다.

이처럼 어머니와 자식이 서로 의지하는 정(情)이 이루어진다.

만약 木이 여름이나 가을에 태어나고, 火가 가을이나 겨울에 태어나며, 金이 겨울이나 봄에 태어나고, 水가 봄이나 여름에 태어나는 경우라면 이는 모두 휴수(休囚)의 위치에 있어 스스로 남는 기운이 없다. 어찌 나를 생하는 오행(印綬)을 써서 나를 극하는 오행(官殺)을 제어할 수 있겠는가. 비록 일주에 대해 논한 것이지만, 사주 내의 모든 오행에 동일하게 적용하여 논할 수 있다.

庚	甲	丙	甲		
午	申	寅	申		
壬	辛	庚	己	戊	丁
辛	未	午	巳	辰	卯

[365] 강약 / 조후

초봄의 木은 약한데 녹(祿)인 寅이 쌍으로 충하고, 시간(時干)에 庚金이 투출하니 木은 연약하고 金은 견고하다. 이 사주는 丙火가 생지(生地)를 만나 왕성한 기운에 임하고 있어 다행이다. 특히 묘한 것은 오행에 水가 없다는 점이다. 이를 '아능구모(兒能救母)', 즉 '자식이 어머니를 구한다'고 말한다. 이 덕분에 庚申이 甲木을 손상시키지 못한다.

巳 운에 이르러 丙火의 녹지(祿地)가 되니, 지방 과거인 향방(鄕榜)에 급제했다. 庚午 운에는 중앙 과거인 갑과(甲科)에 급제했고, 辛未 운에는 벼슬이 현감(縣監)에 올랐다. 전반적으로 庚金이 천간에 드러나 머리를 덮고 있는 것이 흠이 되어 더 이상 승진하기는 어려웠다. 壬申 운에는 벼슬길이 순탄치 못했을 뿐만 아니라, 목숨까지도 두려운 상황에 처했다.

丙	乙	丙	甲		
戌	酉	子	申		
壬	辛	庚	己	戊	丁
午	巳	辰	卯	寅	丑

[366] 강약 / 조후

乙木이 중동(仲冬) 子月에 태어나 비록 상위(相位, 상왕휴수의 相)에 있으나 한겨울이라 시들하고 무성하지 못하다. 또한 지지에는 서방 金 기운이 가득하고 재성까지 방자하다. 다행히 丙火가 나란히 투출하여 金이 차갑지 않고 水도 얼지 않으니, 차가운 木이 따뜻한 양지(陽地)를 향한 격이다. 이를 두고 '아능구모

(兒能救母)'라 한다.

이 사람은 성품이 강개(慷慨, 의기가 드높고 굳셈)하여 비록 사업을 했지만 그 규모가 평범한 사람들을 뛰어넘었다. 창업하여 10여만 냥을 벌었으나, 학문적으로는 불리했다. 이는 戊土가 칠살(殺)을 생하고 인수를 파괴했기 때문이다.

甲壬乙丙
辰辰未辰
癸壬辛庚己戊丁丙
卯寅丑子亥戌酉申

[367] 강약

壬水가 계하(季夏) 未月에 태어나 휴수지(休囚之地)에 놓였으나, 다행히 세 개의 辰土를 만나 신고(身庫)에 뿌리를 내렸다. 辰土는 능히 水를 보존하고 木을 기르니, 甲乙木이 나란히 투출하여 뿌리를 내리고 土를 제압한다. 이는 이른바 '아능생모(兒能生母)'인 것이다.

약간 흠이 되는 것은 丙火가 木의 기운을 설기 해버리고 土를 생한다는 점이다. 이로 인해 공명(功名)은 과거 급제자 신분(一衿)에 불과했다. 그러나 묘한 점은 중년과 만년 운이 동북 水木 지대로 흘렀다는 것이다. 이 덕분에 재물을 납부하여 벼슬길에 나아가 번얼(藩臬, 지방 장관직)에 올랐고, 재산은 백만 냥을 넘겼다.

辛己乙癸
未卯卯卯
己 庚 辛 壬 癸 甲
酉 戌 亥 子 丑 寅

[368] 강약 / 조후

己土가 중춘(仲春) 卯月에 태어나 네 개의 살(殺)이 월령을 잡으니, 일주가 극도로 허탈하다. 그러나 다행인 점은 습토(濕土)라 능히 木을 생할 수 있어, 木이 왕성해도 근심이 되지 않는다. 만약 戊土였다면 절대로 지탱하지 못했을 것이다. 더욱 묘한 것은 未土에 뿌리(통근)가 충분하여 辛金을 용신으로 삼아 살(殺)을 제압할 수 있으니, 이는 '아능생모(兒能生母)'의 격이 된다.

癸酉年에 이르러 辛金이 녹지(祿地)를 얻어 지방 과거인 향방(鄕榜)에 급제했다. 庚戌年에 벼슬길에 나아가 현령을 지냈다. 다만, 연간(年干)의 癸水가 꺼림칙한데, 이는 金의 기운을 설기하고 木을 생하기 때문이다. 이로 인해 벼슬길이 뛰어나지 못했고, 벼슬하는 동안 재물을 전혀 모으지 못했으며, 청렴하고 강직한 관리로서 인품이 단정하고 방정했다.

原注

木母也, 火子也, 太旺謂之慈母, 反使火熾百焚滅, 是謂滅子. 火土金水亦如之.

- 木이 어머니이면, 火는 자식이다.
- 너무 태왕한 木은 '자애로운 어머니(慈母)'라고 불리지만, 오히려 火를 너무 뜨겁게 달구어 모든 것을 태워 없앤다.
- 이것을 '자식을 멸하는 것(滅子)'이라고 말한다.
- 火, 土, 金, 水 또한 이와 같다.

임철초 曰

'어머니의 인자함이 자식을 멸한다(母慈滅子)'는 이치는 '임금이 신하에 의지해 살아난다(君賴臣生)'는 의미와 비슷하다. 자세히 살펴보면 둘 다 인수(印綬)가 왕성한 구조라는 공통점이 있다. 그러나 핵심적인 차이점이 있다.

'군뢰신생(君賴臣生)'은 사주에 인수가 비록 왕성하더라도, 재성(財星)이 힘이 있어서 재성으로 인수를 극할 수 있는 경우이다.

반면 '모자멸자(母慈滅子)'는 비록 재성이 있다 하더라도 기운이 없어서, 재성으로 인수를 극할 수 없는 경우이다. 이럴 때는 오직 어머니(인수)의 성품에 순응하며(종강) 그 자식(일주)을 도울 방도를 찾아야 한다. 세운(歲運)이나 대운(大運)이 어쨌든 비겁(比劫)의 지지로 흘러야 어머니는 인자하고 자식은 편안할 수 있다. 만약 재성(財星)이나 식상(食傷)과 같은 것이 나타나 어머니(印綬)의 성품을 거슬러서, 생육의 의미가 사라지면 재앙을 면하기 어렵다.

甲	丁	甲	癸
辰	卯	寅	卯

丙	丁	戊	己	庚	辛	壬	癸
午	未	申	酉	戌	亥	子	丑

[369] 강약 / 조후

이 사주를 일반적으로 살인상생(殺印相生)이라거나 신강살천(身强殺淺)이라 하여 金水 운에 명예와 재물을 모두 얻을 것이라 말한다. 하지만 이는 癸水의 기운이 모두 甲木으로 흘러갔고, 지지에 寅卯辰 동방(東方)이 모두 갖추어져 목다화식(木多火熄)이 되고 모자멸자(母慈滅子)가 되는 이치를 모르는 판단이다.

초년 운인 癸丑, 壬子 운에는 木을 생하고 火를 극하여 형상(刑傷)과 재물손실(破耗)을 겪었다. 辛亥, 庚戌, 己酉, 戊申 운에는 土가 살아나고 金이 왕성해져 木의 왕성한 기운을 거스르고 대들었다. 이로 인해 넘어지고 쓰러지는 등 비정상적인 상황을 겪었으며, 몸을 보존할 곳조차 없었다. 그렇기 때문에 60세 이전에는 한 가지도 이룬 것이 없었다.

그러나 丁未 운에 일주인 乙木을 돕는 기운이 살아나 '순모지성(順母之性)'이 되어 기회를 만났다. 이때 첩을 얻어 연달아 두 아들을 낳았고, 丙午 운까지 20년간 수만 금의 재물을 모았다. 수명은 90세가 넘었다.

戊	辛	丙	戊		
戌	丑	辰	戌		
壬	辛	庚	己	戊	丁
戌	酉	申	未	午	巳

[370] 강약 / 조후

辛金이 계춘(季春) 辰月에 태어나 사주에 온통 土이므로 丙火 관성은 그 원신이 모두 설기되었다. 이는 토중금매(土重金埋), 즉 '흙이 무거워 금이 파묻힌 격'이며, 모자멸자(母慈滅子), 즉 '어머니의 인자함이 자식을 멸하는 격'이다.

초년 운인 火土 운에는 형상(刑傷)과 파패(破敗, 실패)를 겪어 모두 탕진하고 남은 것이 없었다. 그러나 庚申 운으로 바뀌면서 일주를 도와 일으키고 어머니(印綬)의 기운에 순종하니 크게 얻을 기회가 찾아왔다. 辛酉 운에는 辰과 丑을 공합(拱合)하여 재물을 바치고 벼슬길에 나아갔다. 하지만 壬戌 운에는 土가 다시 힘을 얻으니 잘못을 저질러 관직에서 물러났다.

戊	辛	戊	丙		
戌	丑	戌	戌		
甲	癸	壬	辛	庚	己
辰	卯	寅	丑	子	亥

[371] 강약

이 사주는 앞선 사주와 월지가 戌 자(字)로 바뀐 것 외에는 차이가 없다. 초년 운인 己亥, 庚子, 辛丑까지 金水 운에는 丑土가 金을 길렀으므로 부귀한 집안에서 태어나 辛 운에 재물을 바쳐 관직에 나아갔다.

하지만 壬 운으로 바뀌면서 水木이 함께 오니 어머니(印綬)의 성정을 거스르게 되었다. 그가 '土가 중하면 木을 만나야 반드시 좋다'고 생각하여 억지로 벼슬에 나아갔던 것이, 결국 범법 행위를 저질러 관직에서 물려나는 결과를 초래했다.

壬	甲	壬	壬		
申	子	寅	子		
戊	丁	丙	乙	甲	癸
申	未	午	巳	辰	卯

[372] 강약 / 조후

이 사주를 두고 속설에서는 木이 寅月에 태어나고 시(時)에 칠살(七殺)이 홀로 맑으니 이름도 드높고 큰 녹봉을 얻을 것이라고 말한다. 하지만 이는 초봄에 약한 木이 아직 추위가 풀리지 않아 水를 제대로 받아들이지 못한다는 것을 모르고 하는 소리다. 시지(時支)의 申金은 壬水의 생지(生地)이며, 또 子와 공합(拱合)하여 水가 되니 모자멸자(母慈滅子)가 되었다.

안타까운 것은 운의 흐름에서 木의 도움이 없고 火를 만나니 水와 싸움이 된다는 점이다. 도리어 명예와 이득을 세우지 못할 사주인 것이다. 초운 癸卯와 甲辰은 동방 木 지대이니 어머니(印綬)의 성품에 순종하고 자식(日主)을 도왔다. 이 시기에는 큰 음덕과 보호를 받았다. 하지만 乙巳 운부터 남방 火 운이 시작되자, 부모가 모두 사망하고 재산도 흩어지고 사람들도 떠났다. 丙午 운에는 水火가 교전하여 가업을 모두 파산시키고 사망했다.

原注

木是夫也, 土是妻也. 木雖旺, 土能生金而克木. 是謂夫健而怕妻. 火土金水如之, 其有水逢烈火而生土, 火逢寒金而生水. 水生金者, 潤地之燥; 火生木者, 解天之凍. 火楚木而水竭, 土滲水而木枯, 皆反局, 學者細須詳其元妙.

- 木은 남편이면, 土는 아내이다. 木(남편)이 비록 왕성하더라도, 土(아내)는 金을 생하여 木을 극할 수 있다.
- 이것을 '남편이 굳건한데도 아내를 두려워한다(夫健怕妻)'라고 말한다. 火, 土, 金, 水도 이와 같다.
- 그중에는 水(남편)가 맹렬한 火(아내)를 만나도 土를 생하고, 火(남편)가 차가운 金(아내)을 만나도 水를 생하는 경우가 있다.
- 水가 金을 생하는 것은 메마른 땅을 윤택하게 하는 것이고, 火가 木을 생하는 것은 하늘의 얼어붙음을 해소하는 것이다.
- 火가 木을 베어내면 水가 고갈되고, 土가 水를 침투시키면 木이 마른다.
- 모든 것이 반국(反局)이니, 배우는 사람은 그 미묘한 이치를 자세히 살펴야 한다.

임철초 日

木은 남편이고, 土는 아내이다. 木이 왕성하고 土가 많더라도 金이 없으면 두려워할 것이 없다. 그러나 庚申이나 辛酉 글자가 나타나 土가 金을 생하고 金이 木을 극하면, 이것이 바로 '남편이 굳건한데도 아내를 두려워한다(夫健怕妻)'는 이유이다. 세운(歲運)에서 金을 만나도 동일하게 논한다.

甲寅, 乙卯 일주는 남편이 굳건한 경우인데, 사주에 土가 많고 그 안에 또 金이 있거나, 또는 甲 일간이 寅月에, 乙 일간이 卯月에 태어났는데 월, 년, 시에 土가 많고 천간에 庚辛 金이 투출한 경우는 남편이 굳건한데 아내를 두려워한다고 말한다. 만약 木의 기운이 약하고 土가 중하면, 비록 金이 나타나지 않아도 남편은 쇠약하고 아내는 왕성한 것이니 역시 아내를 두려워하는 격이다. 오행 모두 동일하게 논한다.

水가 土를 살린다는 것은 水가 火의 맹렬함을 제어하기 때문이며, 火가 水를 살린다는 것은 火가 金의 차가움을 막기 때문이다. 水가 金을 살린다는 것은 土의 건조함을 윤택하게 하기 때문이며, 火가 木을 살린다는 것은 水의 얼음을 녹이기 때문이다. 이를 오행전도(五行顚倒)라고 한다.

火가 왕성하고 건조한 土를 만나면 水가 고갈되니, 火가 능히 水를 극한다. 土가 건조한데 金이 중첩되면 水가 스며들어 사라지니, 土가 능히 木을 극한다. 金이 무거운데 水가 넘치면 木이 시들어 마르니, 金이 능히 木을 극한다. 水가 거센데 木이 왕성하면 火가 꺼지니, 水가 능히 土를 극한다. 木이 많고 火가 맹렬하면 土가 바싹 타니, 木이 능히 金을 극한다. 이를 상극전도(相剋顚倒)라고 한다.

이러한 것들은 모두 오행이 전도(顚倒)되는 깊은 기미(機微)이니, 이것도 반국(反局)이라 한다. 학자들은 이 오묘한 이치를 자세히 살펴야 한다. 명리학의 미묘하고 깊은 오묘함이 여기에 모두 드러나 있다.

辛 甲 戊 己
未 寅 辰 亥

壬	癸	甲	乙	丙	丁
戌	亥	子	丑	寅	卯

[373] 강약

甲寅 일주가 계춘(季春) 辰月에 태어나 사주에 土가 많다. 시간(時干)에 辛金이 투출하여 土가 金을 생하니, 金은 木를 극한다. 이는 이른바 '부건파처(夫健怕妻)', 즉 '남편이 굳건한데도 아내를 두려워하는' 격이다.

초년의 木火 운은 土金을 제거하니, 일찍이 학문에 입문했고 연이어 과거에 급제했다. 甲子, 癸亥 운은 인수가 왕성하고 생조를 받으니, 일주는 충분히 그 재성(財星)과 관성(官星)을 감당할 수 있었다. 이로 인해 벼슬길이 빠르게 승진했다.

辛 甲 戊 己
未 子 辰 巳

壬	癸	甲	乙	丙	丁
戌	亥	子	丑	寅	卯

[374] 강약

甲木이 계춘(季春) 辰月에 태어나 木의 여기(餘氣)이고 앉은 자리에 인수가 있으니 중화(中和)의 형상(象)을 이루었다. 재성이 중첩하여 월령을 잡고 시간(時干)에 관성이 드러났으니, 왕성한 土가 金을 생한다. 이는 '부건파처(夫健怕妻)'가 되었다.

초운 木火는 그 土金을 제거했으므로 일찍이 학문에 입문하여 과거에 연이어 급제했다. 그러나 벼슬길에서 높은 품계를 받지 못한 것은 단지 土가 병(病)이 되기 때문이다.

앞선 사주는 亥가 있고 일지(坐)가 녹(祿)이며 지지가 이 사주보다 더 건장했다. 반면 이 사주는 子와 未가 서로 해(害)하고 인수를 파괴하며, 앞선 사주는 寅이 능히 土를 제압하고 인수를 보호한다.

	庚	丁	辛	乙	
	戊	巳	巳	亥	
乙	丙	丁	戊	己	庚
亥	子	丑	寅	卯	辰

[375] 강약

이 사주는 대상서(戴尙書)의 것이다. 丁巳 일주가 맹하(孟夏) 巳月에 태어났고, 월간과 시간에 庚辛 金이 나란히 투출했으며 지지에서도 다시 생조를 받는다. 巳亥가 충하여 火는 제거되고 金은 살아남으니, '남편은 굳건한데도 아내를 두려워하는(夫健怕妻)' 격이 되었다.

다행스러운 점은 운의 흐름이 동방 木 지대로 향하여 인수가 몸을 돕고 부조했기 때문에 천하 으뜸의 과거에 급제했고, 벼슬길에 파란이 없었다. 그러나 子 운에 이르자 두 개의 巳火가 제압을 받고 사망했다.

	癸	戊	甲	癸	
	丑	戌	子	亥	
戊	己	庚	辛	壬	癸
午	未	申	酉	戌	亥

[376] 강약 / 조후

戊戌 일주가 亥年 子月에 태어나, 월간에 甲木이 투출하여 생조를 받는다. 水가 木을 생하고 木이 土를 극하니, '남편은 굳건한데도 아내를 두려워하는(夫健怕妻)' 격이다.

가장 기쁜 것은 일지(坐下)의 戌土가 조토(燥土)라는 점이다. 그 안에 丁火 인수가 감춰져 있으므로, 재성이 비록 왕해도 인수를 파괴하지 못한다. 이를 두고 '오묘한 기미가 어둠 속에 숨겨져 있다(玄機暗裏存)'고 말한다. 다만 꺼림칙한 점은 지지가 북방 水 기운으로 재성이 너무 왕성하다는 것이다. 이는 '사물이 극에 달하면 반드시 반전한다(物極必反)'는 이치와 같으니, 비록 벼슬은 방백(方伯, 지방 장관)에 이르렀어도 관직 생활의 재물은 풍부하지 못했다.

甲 戊 癸 癸
寅 午 亥 亥

丁 戊 己 庚 辛 壬
巳 午 未 申 酉 戌

[377] 강약

이는 창제독(倉提督)의 사주이다. 戊午 일주가 亥年 亥月에 태어나고 시(時)에 甲寅을 만났으니 칠살(七殺)이 왕하다. 재성(財星)과 칠살이 제멋대로 날뛰니 '남편은 굳건한데도 아내를 두려워하는(夫健怕妻)' 격이다. 안타깝게도 인성(印星)이 드러나 있어 재성이 능히 인성을 파괴한다. 이 때문에 학문적으로는 나아가기 어려웠다.

다행히 寅과 午가 합하여 인수(印綬)를 이루니, 극(剋)하는 곳에서 오히려 생(生)을 만난 격이다. 살(殺)이 인수로 화(化)하니 무관(武官)으로 뛰어나게 출세했다.

내가 보기에 '남편이 굳건한데 아내를 두려워하는(夫健怕妻)' 사주는 귀하게 현달한 사람이 매우 많았다. 그 이치를 자세히 살펴보면, 핵심은 바로 '굳건할 건(健)' 자의 묘함에 있다. 만약 일주(日主)가 굳건하지 못하다면, 이는 재물은 많으나 몸이 약한 재다신약(財多身弱) 격이 되어 평생 고생하게 된다.

'남편이 굳건한데 아내를 두려워하는' 것은 두려워하는 것 같으면서도 실제로는 두려워하지 않는, 마치 남편과 아내가 서로 이끌어주고 따르는 이치와 같다. 운에서 일주를 돕고 왕성하게 하는 곳을 만나면 자연히 출세하여 남들보다 뛰어나게 된다.

만약 남편이 굳건하지 못한데 아내를 두려워한다면, 반드시 타고난 성품이 도리를 넘어서게 된다. 남자는 욕심에 이끌려 강인함을 잃고, 여자는 기쁨에 들떠 순종함을 잊게 되니, 어찌 부귀를 누릴 수 있겠는가.

52. 전국(戰局)

천 전 유 자 가 지 전 급 여 화

天戰猶自可 地戰急如火

천간(天干)의 싸움은 오히려 그런대로 괜찮지만, 지지(地支)의 싸움은 불과 같이 급하다.

原注

干頭遇甲庚乙辛, 謂之天戰, 而得地支順靜者無害; 地支寅申卯酉, 謂之地戰, 則天干不能爲力. 其勢速凶, 蓋天主動, 地主靜故也. 庚申甲寅乙卯辛酉之類是也, 皆見謂之天地交戰, 必凶無疑, 遇歲運合之會之, 視其勝負, 亦有可存可發者. 其有一沖兩沖者, 只得一個合神有力, 或無神庫神貴神, 以收其動氣, 息其爭氣, 亦有佳者. 至于喜神伏藏死絕者, 又要沖動引用生發之氣.

- 천간에서 甲과 庚, 乙과 辛을 만나면 이를 '천전(天戰)'이라고 한다. 그러나 지지가 순조롭고 안정적이면 해가 없다.
- 지지에서 寅과 申, 卯와 酉를 만나면 이를 '지전(地戰)'이라고 한다. 이때는 천간이 힘을 쓸 수 없다.
- 그 기세가 빠르게 흉해지는 것은, 대개 하늘은 동(動)을 주관하고, 땅은 정(靜)을 주관하기 때문이다.
- 庚申, 甲寅, 乙卯, 辛酉 등과 같은 경우가 그러하며, 천간과 지지에서 모두 충이 나타나면 '천지교전(天地交戰)'이라 부른다. 이는 반드시 흉함이

틀림없다.

- 세운이나 대운에서 합(合)하거나 회(會)하는 것을 만나면, 그 승부를 보고 좋은 기운이 보존되거나 발현될 수도 있다.
- 하나 또는 둘이 충하는 경우, 단지 하나의 합신(合神)이 유력하거나, 혹은 충을 해소하는 신(神)이나 고신(庫神), 귀신(貴神)이 없더라도, 그 동하는 기운을 거두고 다투는 기운을 가라앉히면 또한 좋은 경우가 있다.
- 희신(喜神)이 엎드려 숨어 죽거나 끊어지는 경우에 이르러서는, 다시 충을 통해 움직여 이끌어내고 생하고 발하는 기운이 필요하다.

임철초 日

천간(天干)은 기운이 순수하고 지지(地支)가 안정되면 제어하고 변화시키기 쉽다. 그래서 '천간의 싸움(天戰)'은 그럭저럭 괜찮다. 하지만 지지는 기운이 복잡하고, 천간이 비록 순조롭고 안정되어도 제어하고 변화시키기 어렵다. 그래서 '지지의 싸움(地戰)'은 불처럼 급박하다.

또한 천간은 움직여야 하고 고요해서는 안 된다. 움직여야 쓸모가 있고, 고요하면 기운이 더욱 전일(專一)해진다. 지지는 고요해야 하고 움직여서는 안 된다. 고요해야 쓸모가 있고, 움직이면 뿌리가 뽑혀버린다. 반드시 합신(合神)이 유력하거나 회신(會神)이 국을 이루어 움직이는 기운을 쉬게 해야 한다. 또는 고신(庫神)이 움직이는 신(神)을 거두어들이고 고요한 신을 안정시켜야 한다. 이를 '동(動)한 가운데 정(靜)을 돕는다'고 하는 것이며, 흉한 것을 길하게 변화시키는 것이다.

甲寅, 庚申, 乙卯, 辛酉, 丙寅, 壬申, 丁卯, 癸酉와 같은 종류는 천지(天地)가 서로 싸우는 경우이다. 비록 합신(合神)이나 회신(會神)이 있더라도 움직이는 기운을 쉬게 할 수 없다. 그 기세가 빠르게 흉해진다. '둘이 하나를 충하지 않는다'는 말은 잘못된 이야기이다. 두 개의 寅이 하나의 申을 만나면, 하나의 寅은 충하여 사라지고 하나의 寅은 남는다. 만약 두 개의 申이 하나의 寅을 만나면, 비록 충하지 않더라도 金이 많고 木이 적어 木을 모두 극할 수 있다. 그러므로 천간은 '극(剋)'을 논하고, 지지는 '충(沖)'을 논하지만, 충(沖)은 곧 극(剋)이다. 이는 분명한 이치인데, 어찌 의심할 수 있겠는가.

용신(用神)이 숨겨져 있거나, 용신이 합되어 묶여 있는데 사주에 이를 이끌어내는 신(神)이 없으면, 오히려 충(沖)하여 움직이게 해야만 비로소 쓰임이 발현될 수 있다. 그러므로 합(合)에도 적절한 경우가 있고 그렇지 않은 경우가 있으며, 충(沖)에도 적절한 경우가 있고 그렇지 않은 경우가 있다. 반드시 깊이 연구해야 할 부분이다.

	辛	丁	乙	癸	
	亥	未	卯	酉	
己	庚	辛	壬	癸	甲
酉	戌	亥	子	丑	寅

[378] 강약

이 사주는 이도사(李都司)의 것이다. 丁火가 중춘(仲春) 卯月에 태어났고, 지지에 木局이 모두 갖추어져 있으며, 癸水가 酉 지지에 앉아 있다.

겉보기에는 재성(財星)이 약한 살(殺)을 자윤(滋潤)하고 살인상생격(殺印相生格)인 듯하다. 하지만 卯酉 충(沖)으로 인해 인수국(印局)이 깨졌고, 천간에서는 乙木과 辛金이 교전하여 인수의 원신(元神)마저 손상되었다는 것을 모르고 하는 소리다. 결국 재성과 살이 제멋대로 날뛰는 형국이다.

辛 운 중 壬子年에 이르러 다시 재성과 살을 만나 법을 어기고 형벌을 받았다.

	己	乙	辛	癸	
	卯	卯	酉	酉	
乙	丙	丁	戊	己	庚
卯	辰	巳	午	未	申

[379] 강약

천간은 己乙辛癸이고, 지지는 두 개의 卯와 두 개의 酉이니 金은 예리하고 木은 시들었다. 천지가 서로 싸우고 金이 월령을 잡았는데, 도리어 己土의 생조까지 받는다. 木은 휴수(休囚)되었고 癸水는 木을 생하고 돕지 못한다.

중년 운인 남방 火 지대에서는 살(殺)을 제압하므로 특별한 경로(異路)로 출세하여 지현(知縣)에 올랐다. 그러나 辰 운에 이르러 金을 생하고 살을 도왔으니, 마침내 국법을 어기고 말았다.

甲 壬 壬 壬
辰 午 寅 申

戊 丁 丙 乙 甲 癸
申 未 午 巳 辰 卯

[380] 강약

壬水가 寅月에 태어나 연월에 비견이 둘 다 투출했고, 일지에 申金 생지를 만났으니 水의 기세가 근원에 통했다. 또한 초봄의 木은 연약하여 충(沖)을 만나는 것이 좋지 않아 보이지만, 다행히 일지의 午火가 능히 봄의 추위를 해소하여 木도 생기를 얻고 金 역시 제압을 받는다.

더욱 묘한 것은 시간(時干)에 甲木 원신(元神)이 투출하여 천간의 水 또한 돌아갈 곳이 있다는 점이다. 운이 대지로 흘러 생화(生化)의 정(情)이 있으니 다툼의 걱정이 사라졌다. 이 때문에 과거에 급제하여 이름난 지역으로 벼슬길에 나아갔다. 그러나 申 운에 이르러 寅木을 두 번 충(沖)하게 되자 사망했다.

辛 壬 壬 壬
丑 申 寅 申

戊 丁 丙 乙 甲 癸
申 未 午 巳 辰 卯

[381] 강약

천간의 세 壬水가 지지의 두 申金에 뿌리를 내렸다. 초봄의 약한 木은 두 申金의 협충(夾沖)을 감당하기 어렵게 되었다. 오행 중 火가 없으니 제어하고 변화시키는 기운이 부족하다. 더욱 꺼림칙한 것은 丑時의 습토(濕土)가 金을 생하니, 이른바 기운은 탁하고 정신은 말라붙은 형상이다.

초운 癸卯, 甲辰은 부족한 木을 도와주어 부모의 덕이 많았다. 乙巳 운에는 형(刑)과 충(沖)을 동시에 만나니 형상(刑傷)과 파패(破敗)를 겪었다. 丙午 운에는 무리 지은 비견들이 재물을 다투는데 천간에 木이 없어 이를 중재하지 못하고, 결국 가세가 파산하고 사망했다.

甲	戊	辛	乙
寅	申	巳	亥

乙	丙	丁	戊	巳	庚
亥	子	丑	寅	卯	辰

[382] 강약 / 격국

천간은 乙辛과 甲戊이고 지지는 寅申巳亥이니, 천지가 서로 싸워 좋지 않아 보인다.

하지만 다행히 천간의 乙辛은 혼잡된 관살(官殺)을 제거했고, 지지의 寅申은 제멋대로 날뛰는 살(殺)을 제압했다. 巳亥충은 인수(印綬)를 파괴하여 본래는 좋지 않지만, 입하(立夏) 후 10일이 지나 戊土가 사령(司令)하여 亥水가 제압당하니 巳火는 손상되지 않아 다행이다.

중년의 운로가 木火로 흘러 인수를 돕고 일주를 부조하니 연이어 과거에 급제하여 벼슬이 군수(郡守)에 이르렀다. 그러나 子 운에 亥水가 힘을 얻어 살을 생하고 인수를 파괴하자 사망했다.

庚	甲	辛	乙
午	子	巳	亥

乙	丙	丁	戊	己	庚
亥	子	丑	寅	卯	辰

[383] 강약

천간은 甲乙 庚辛이고 지지는 巳亥 子午이니 천지가 교전하는 사주다. 사주 안에서 火는 왕성하고 水는 쇠약한데, 인수가 관살의 생을 받는 것을 기쁘다고들 한다. 그러나 庚辛金이 巳午火 위에 있어 亥子水와는 아득히 멀리 떨어져 아무런 관계가 없다는 것을 모르는 판단이다.

이는 바로 극(剋)과 설(洩)이 섞여 나타나는 형국이다. 게다가 운의 흐름도 水 지대를 만나지 못했다. 이로 인해 형벌과 손실이 비정상적이었으며, 세 명의 아내와 네 명의 자식을 극(剋)했다.

丁丑 운에 이르러 子水가 합으로 제거되고, 火는 빛을 잃고 金을 생하니, 결국 한 가지 일도 이루지 못하고 사망했다.

53. 합국(合局)

합 유 의 불 의 합 다 불 위 기
合有宜不宜 合多不爲奇

합(合)에는 마땅한 것도 있고 마땅하지 않은 것도 있는데, 합(合)이 많다고 해서 기묘한 것은 아니다.

原注

喜神有能合而助之者, 如以庚爲喜神, 得乙合而助金; 凶神有能合而去之者, 如以甲爲凶神, 得己合去之; 動局有能合而靜者, 如子午相沖, 得丑合而靜, 生局有能合而成者, 如甲生于亥, 得寅合成, 皆是也. 若助起凶神之合, 如己爲凶神, 甲合之則助土, 羈絆喜神之合; 如乙是喜神, 庚合之則羈絆, 掩蔽動局之合, 丑未喜神, 子午合之則閉, 助其生局之合, 不喜甲木, 寅亥合之則助木, 皆不宜也. 大率多合則不流通, 不奮發, 雖有秀氣, 亦不爲奇矣.

- 희신(喜神)이 합하여 돕는 경우가 있다. 예를 들어 庚을 희신으로 삼을 때, 乙을 얻어 합하여 金을 돕는 것과 같다.
- 흉신이 합하여 제거되는 경우가 있다. 예를 들어 甲을 흉신으로 삼을 때, 己를 얻어 합하여 제거하는 것과 같다.
- 동적인 국면이 합하여 안정되는 경우가 있다. 예를 들어 子와 午가 서로 충(沖)할 때, 丑을 얻어 합하여 안정되는 것과 같다.
- 생조하는 국면이 합하여 완성되는 경우가 있다. 예를 들어 甲이 亥月에

태어났을 때, 寅을 얻어 합하여 木局을 이루는 것과 같다. 이 모든 것이 긍정적인 합의 예이다.

- 만약 흉신(凶神)의 합을 돕는 경우라면 좋지 않다. 예를 들어 己가 흉신인데 甲이 합하면 土를 돕는 것과 같다.
- 희신을 묶어 놓는 합의 경우도 마찬가지이다. 예를 들어 乙이 희신인데 庚이 합하면 乙木의 길한 작용을 묶어 놓는 것과 같다.
- 동적인 국면을 가리고 막는 합도 있다. 예를 들어 丑과 未가 희신인데 子와 午가 합하면 길한 작용을 닫히게 하는 것과 같다.
- 생조하는 국면의 합을 돕는 경우도 나쁜데, 甲木이 반갑지 않은데 寅과 亥가 합하여 木을 돕는 것과 같다.
- 이 모든 것은 바람직하지 않다. 대개 합이 너무 많으면 기운이 유통되지 못하고, 분발하지 못한다. 비록 수려한 기운이 있더라도 기이하게 여기지 않는다.

임철초 日

합(合)은 본래 좋은 일이지만, 합하는 것이 이로울 때 합해야 가장 좋다. 만약 합하는 것이 꺼려지는데 합하게 되면 충(沖)보다 더 흉할 수 있다. 왜 그럴까? 충하는 것을 만나 합으로 고요하게 하는 것은 쉽지만, 합된 것을 충으로 고요하게 하는 것은 어렵기 때문이다.

그러므로 ① 희신(喜神)을 능히 합하여 돕는 것이 아름답다. 예를 들어, 庚이 희신일 때 乙이 합하여 돕는 것이 그렇다. ② 흉신(凶神)을 능히 합하여 제거하는 것이 더욱 아름답다. 예를 들어, 甲이 흉신일 때 己가 합하여 제거하는 것이 그렇다. ③ 한신(閑神)이나 흉신이 능히 합하여 희신으로 변하는 경우도 있다. 예를 들어, 癸가 흉신이고 戊가 한신인데, 戊癸가 합하여 火가 되어 희신이 되는 것이 그렇다. ④ 한신이나 기신(忌神)이 능히 합하여 희신으로 변하는 경우도 있다. 예를 들어, 壬이 한신이고 丁이 기신인데, 丁壬이 합하여 木이 되어 희신이 되는 것이 그렇다. ⑤ 子午가 서로 충하는데, 희신이 午에 있을 때 丑이 합하여 고요하게 하는 것이나, 寅申이 서로 충하는데 희신이 寅에 있을 때 亥가 합하여 고요하게 하는 것 모두 적절하다.

그러나 ① 기신이 합하여 오히려 도와주는 경우도 있다. 己가 기신인데 甲이 합하면 기신을 돕는 합이 된다. ② 乙이 희신인데 庚이 합하면 흉한 것에 연연하여 발휘되지 못하는 합(戀凶之合)이 된다. ③ 희신과 한신이 합하여 기신으로 변하는 경우도 있다. 丙이 희신이고 辛이 한신인데, 丙辛이 합하여 水가 되어 기신이 되는 것이 그렇다. ④ 한신과 기신이 합하여 흉신으로 변하는 경우도 있다. 壬이 한신이고 丁이 기신인데, 丁壬이 합하여 木이 되어 흉신이 되는 것이 그렇다. ⑤ 卯酉가 서로 충하는데 희신이 卯일 때 辰이 합하여 金으로 변하여 여전히 木을 극하는 경우나, 巳亥가 서로 충하는데 희신이 巳에 있을 때 申이 합하여 水로 변하여 여전히 火를 극하는 경우 모두 적절하지 못하다.

대체로 기신은 합하여 제거되는 것이 좋고, 희신은 합하여 들어오는 것이 좋다. 만약 기신이 합하는데도 제거되지 않거나, 희신이 합하는데도 들어오지 않으면 좋은 것이라 할 수 없다. 오히려 얽매이고 탐하여 연연하며 쓸모없게 될 뿐이다. '들어오고 들어오지 못함'은 곧 '변화하고 변화하지 못함'을 의미한다. 이를 세심하게 살펴야 한다.

乙丙庚辛
未子寅亥
甲 乙 丙 丁 戊 己
申 酉 戌 亥 子 丑

[384] 격국 / 조후

이 사주는 주중당(朱中堂)의 것이다. 丙子 일주가 초봄에 태어나 火는 허약하고 木은 연약하다. 용신은 木이고 기신은 金인데, 가장 다행스러운 점은 亥水가 金을 유통시켜 寅木과 합하고 木을 생한다는 것이다. 시지(時支)의 未土는 또 乙木을 얻어 뿌리를 내리면서 탁기를 제압하니, 탁한 기운은 제거되고 맑은 기운만 남아 중화되고 순수하다.

그는 위인이 관후(寬厚, 너그럽고 인정이 많음)하고 화평(和平)하여, 일생을 벼슬 속에서 편안하게 지냈다.

辛壬庚戊
丑寅申子
丙 乙 甲 癸 壬 申
寅 丑 子 亥 戌 酉

[385] 강약

壬寅 일주가 맹추(孟秋) 申月에 태어나 가을 水에 근원을 두고 인수가 거듭 많다. 戊土와 丑土는 능히 金을 생하고 水를 제압하지 못하므로 있어도 쓰지 못한다. 단지 水의 순수한 성정을 좇아 寅木이 용신이다.

癸 운에는 金의 기운을 설기하여 木을 생하니 학문에 입문했다. 亥 운에

는 지지가 북방 水 기운으로 흐르면서 습체(濕滯)된 丑土의 병을 제거하고 또 寅木과 생합하니, 과거에 급제하여 한림원(翰林院)에서 이름을 떨쳤다. 다만 寅申 충이 水의 기운을 상하게 하여 지현(知縣)으로 강등되었다. 甲子 운에는 水木이 함께 와 벼슬길이 편안했다. 乙 운에는 庚金과 합하여 병(病)을 키우니 파직되어 고향으로 돌아갔다. 丑 운에는 金을 생하므로 사망했다.

丁	丙	壬	丁		
酉	午	寅	亥		
丙	丁	戊	己	庚	辛
申	酉	戌	亥	子	丑

[386] 강약

丙午 일주가 寅月에 태어났고, 천간에 丁火가 둘 다 투출했으니 그 왕성함을 알 수 있다. 壬水는 亥에 뿌리를 내렸으니 살인상생격이다. 하지만 꺼림칙한 것은 丁壬合과 寅亥合이 기신인 木으로 변한다는 점이다. 이로 인해 겁재와 양인이 제멋대로 날뛰고, 무리 지은 겁재들이 재물을 다툰다.

초년 운인 북방 金水 운에는 물려받은 재산이 풍부했다. 그러나 戊戌 운에는 다시 火局을 이루면서 金水를 모두 극진(剋盡)하여 소진시켰으니, 가업이 파산하고 자신도 사망하였다.

丙	戊	甲	己		
辰	寅	戌	亥		
戊	己	庚	辛	壬	癸
辰	巳	午	未	申	酉

[387] 강약

이 사주는 사시랑(謝侍郎)의 것이다. 戊土 일주가 계추(季秋) 戌月에 태어나 土가 사령(司令)하고, 겁재와 인수가 함께 투출했으니 일주가 왕하다고 볼 수 있다. 그러나 甲木이 진기(進氣)를 얻었고, 지지에 장생(長生)과 녹왕(祿旺)을 만났으며, 辰은 木의 여기(餘氣)로서 火의 기운을 설기하여 木을 기른다. 金이 없어서 이를 제압하지 못하므로 살(殺)의 기세가 왕성하다.

다행스러운 점은 甲木과 己土가 합(合)하여 일주가 그 극(剋)을 받지 않는다는 것이다. 더욱 묘한 것은 중년 운이 土金으로 흘러 제화(制化)가 적절했으니, 명예가 드높고 녹봉이 많았다.

丙	戊	甲	己		
辰	寅	戌	巳		
戊	己	庚	辛	壬	癸
辰	巳	午	未	申	酉

[388] 강약 / 조후

이 사주는 앞선 사주와 亥 글자 하나만 다르다. 곧 土에 水의 윤택함이 없으므로 木을 기르기 어렵고 甲己合 또한 좋지 않다. 살(殺)에 기세가 없고 겁재만 제멋대로 날뛴다.

壬申 운에는 비록 생화(生化)의 기운이 있었으나 급제하지는 못했다. 중년 운에 또다시 土金을 만나 아내와 자식을 극하고 가업은 조용히 사라졌으며, 巳 운에 사망했다. 털끝만큼의 차이가 천 리의 결과를 가져왔다.

丙	甲	壬	丁		
寅	子	寅	未		
丙	丁	戊	己	庚	辛
申	酉	戌	亥	子	丑

[389] 조후

甲木이 寅月 寅時에 태어나 木 기운이 약하고 허하다. 丙火로 해동하여 추위를 물리치는 것이 용신이다. 壬水는 丙火를 극하니 기신인데, 가장 다행스러운 점은 丁壬合이 木으로 변하여 도리어 丙火를 생한다는 것이다.

癸酉年은 본래 불길했지만, 己土 운이었기에 癸水를 극할 수 있었다. 그래서 과거 시험에 급제했고, 戊 운 卯年에는 갑과(甲科)에 올랐다. 아쉽게도 운의 흐름이 짧아 크게 쓰이지는 못했다.

甲	甲	壬	丁
子	戌	寅	亥

丙	丁	戊	己	庚	辛
申	酉	戌	亥	子	丑

[390] 강약

甲木이 寅月에 태어났으니 때를 얻어 월령을 잡았다. 만약 丁火를 용신으로 삼으려 해도 壬水가 합으로 제거하고, 戌土를 용신으로 삼으려 해도 寅亥 합이 戌土를 생조하고 극(剋)하니, 일생 동안 성공과 실패가 일정하지 않았다. 형액과 손실이 많았다. 하지만 다행히 중년 운이 사주를 배신하지 않아 그럭저럭 따뜻하고 배부를 수 있었다.

이처럼 합(合)이 사주의 이치에 맞으면 명예와 재물이 넉넉하지만, 합이 마땅치 못하면 형상(刑傷)과 파패(破敗)가 따른다.

9장 군신모자(君臣母子)

54. 군상(君象)

군 불 가 항 야 귀 호 손 상 이 익 하
君不可抗也 貴乎損上以益下

군주를 거역할 수 없으며, 위를 덜어 아래를 더해줌이 귀하다.

原注

日主爲君, 財神爲臣. 如甲乙日主, 滿局皆木, 內有一二土氣, 是君盛臣衰, 其勢要多方以助臣, 火生之, 土實之, 金衛之, 庶下全而上安.

- 일주(日主)는 군(君)이 되고, 재성(財星)은 신(臣)이 된다.
- 만약 甲乙 일주인데, 국중에 모두 木이고 그 안에 한두 개의 土 기운이 있다면, 이는 군(君)은 성하고 신(臣)은 쇠한 형세이다.
- 그 기세로 여러 방면에서 신(臣)을 도와야 한다. 火로 생하고, 土로 실하게 하며, 金으로 지켜줘야 비로소 아래가 온전해지고 위가 편안해진다.

임철초 曰

군주를 거역할 수 없다는 것은 위를 범하는 이치는 없다는 것이다. '위를 덜어낸다(損上)'는 것은 '위를 설기시킨다(洩上)'는 의미이지, 극(剋)하여 제압한다는 것이 아니다. 윗사람의 기운이 설기되면 아랫사람은 이득을 얻는다.

예를 들어, 甲乙 일주를 군주로 삼고 사주 전체가 木으로 가득하고, 그 안에 土 기운이 한두 개만 있다면, 군주(木)는 왕성하고 신하(土)는 극히 쇠약하다. 그 형세가 어떠하겠는가? 오직 군주의 성품에 순응하여 火로써 운행해야 한다. 火가 운행하면 木의 기운이 설기되고, 土는 생조(生助)를 받으니, 이것이 '윗사람을 손상시켜 아랫사람을 이롭게 하는(損上以益下)' 것이다. 그래야 윗사람(군주)은 지나치게 강해지지 않고, 아랫사람(신하)은 편안해진다.

만약 金으로써 木을 보호하려 한다면, 이는 군주를 거역하는 것이다. 게다가 木이 왕성하면 金은 스스로 이지러지게 된다. 군주(木)는 여전히 거역할 수 없으며, 오히려 그 노여움을 사게 되고 신하(土)는 더욱 기운이 빠진다. 이뿐만 아니라 이익은 없고 해로움만 있다. 어찌 윗사람만 편안하며 아랫사람이 온전할 수 있겠는가?

乙 甲 丙 甲
亥 戌 寅 戌

壬 辛 庚 己 戊 丁
申 未 午 巳 辰 卯

[391] 강약 / 격국

甲 일주가 寅月에 태어나고 亥水의 생조와 비겁(比劫)의 도움을 받으니, 연지와 일지의 戌土는 허약하다. 이를 '군성신쇠(君盛臣衰, 임금은 강하고 신하는 약하다)'라고 한다.

가장 기쁜 것은 월간에 丙火가 투출하여 임금(甲木)의 성정에 순종하는 것이다. 그러면 戌土가 丙火의 생조를 받아 안정되니, 윗사람도 편안하고 아랫사람도 온전하게 된다.

己巳 운에는 火土가 함께 왕성하여 과거에 연이어 급제했다. 庚午, 辛未 운에는 火가 뿌리를 얻고 金은 뿌리가 없었다. 또한 丙火가 빛을 발하니 庚辛金은 임금(甲木)에게 대항할 수 없었고, 午未火는 신하(戌土)를 능히 생조하여 벼슬이 번얼(藩臬, 지방 고위직)에까지 이르렀다. 그러나 壬申 운에 申金이 寅木을 충(沖)하고 壬水가 丙火를 극(剋)하니 임금의 성정을 거역한 것이 되어 사망했다.

乙	甲	甲	甲		
亥	寅	戌	子		
庚	己	戊	丁	丙	乙
辰	卯	寅	丑	子	亥

[392] 강약

甲寅 일주가 계추(季秋) 戌月에 태어나니 왕성한 土가 사령한다. 봄의 허약한 土와는 비교할 수 없다. 이곳의 戌土 하나가 다른 곳의 두 개를 당할 만하다. 亥時에 태어나니 또 천간이 모두 木이 되어 '군성신쇠(君盛臣衰, 군주는 강하고 신하는 쇠약하다)'의 형국이다.

꺼림칙한 것은 사주 안에 火가 없어 비겁(比劫)들이 재물(財星)을 다투는 형국이 되며, 신하(土)를 돕는 것이 없다는 점이다. 이는 윗사람이 불안하여 아랫사람이 어려움을 겪는 상황을 의미한다.

초년 운인 북방 水 왕지는 군주(木)의 세력만 도우므로 형액(刑厄)과 재산 탕진을 겪었고, 조상으로부터 물려받은 가업을 보전하지 못했다. 丁丑 운에는 火土가 함께 오니 가업을 점차 일으켰다. 그러나 戊寅, 己卯 운에는 土가 뿌리가 없고 木이 왕지에 임하니 세 차례의 화재로 인해 기복이 심했고, 처와 자식을 극했으며, 卯 운에 사망했다.

55. 신상(臣象)

신 불 가 과 야 귀 호 손 하 이 익 상
臣不可過也 貴乎損下而益上

신하는 지나치게 강해지면 안 되며, 아래를 덜어 위를 더해줌이 귀하다.

原注

日主爲臣, 官星爲君. 如甲乙日主, 滿盤皆木, 內有一二金氣, 是臣盛君衰, 其勢要多方以助金. 用帶土之火, 以洩木氣; 用帶火之土, 以生金神, 庶君安臣全. 若木火又盛, 無可奈何, 則當存君之子, 少用不氣, 一路行火地, 方得發福.

- 일주(日主)는 신(臣)이 되고, 관성(官星)은 군(君)이 된다.
- 만약 甲乙 일주인데, 사주에 온통 木 기운뿐이고 그 안에 한두 개의 金 기운이 있다면, 이는 신(臣)은 강성하고 군(君)은 쇠약한 형세이다.
- 이런 경우에는 여러 방면으로 金을 도와야 한다. 土를 대동한 火를 써서 木 기운을 설기하고, 火를 대동한 土를 써서 金을 생해야 비로소 군(君)이 편안하고 신(臣)이 온전할 수 있다.
- 만약 木과 火 기운이 다시 왕성하여 어찌할 도리가 없다면, 군(君, 관성)의 자식(子息, 식상)을 보존하고 기운을 적게 쓰는 한편, 계속 火 운으로 나아가야 비로소 발복할 수 있다.

임철초 曰

신하가 지나치게 강해질 수는 없으며, 반드시 덕으로 교화시켜야 한다. 그래야 신하가 순종하고 군주가 편안해진다.

예를 들어 甲乙 일주인데 사주 전체가 木으로 가득하고, 그 안에 金 기운이 한두 개만 있다면, 신하(木)는 왕성하고 군주(金)는 극히 쇠약한 상태이다. 만약 金 운이 와서 신하를 극제(剋制)하려 한다면, 이는 쇠약한 세력으로 위엄을 부리는 격이 된다. 반드시 윗사람을 거역하려는 뜻이 생길 것이다.

이럴 때는 반드시 火를 띠는 土 운이 와야 한다. 木이 火를 보면 서로 생하여 신하의 마음이 순종해지고, 金이 土를 만나 이득을 얻으니 군주의 마음이 편안해진다.

만약 水木이 함께 왕성하고 火土가 보이지 않는다면, 군주의 자손을 보전하는 방편으로 계속 水木 운이 와도 군주를 편안하게 할 수 있다. 만약 木火가 함께 왕성하다면, 신하의 마음에 순응하여 계속 火 운이 와도 군주를 편안하게 할 수 있다.

이것이 바로 '신하가 왕성하나 성품이 순종하고, 군주가 쇠약하나 인자하면 윗사람도 편안하고 아랫사람도 온전하다'는 의미이다. 만약 순수하게 土金을 써서 자극하려 한다면, 이는 윗사람을 편안하게 하고 아랫사람을 온전하게 하는 뜻이 아니다.

庚 甲 甲 戊
午 寅 寅 寅

庚 己 戊 丁 丙 乙
申 未 午 巳 辰 卯

[393] 강약 / 전왕

甲寅 일주가 연월 모두 寅이며, 사주 전체에 木 기운이 가득한데, 시에 있는 庚金은 뿌리(통근)가 없으니 '신성군쇠(臣盛君衰, 신하는 왕성하고 군주는 쇠약하다)'가 심하다.

다행히 午時에 태어나 木 기운을 유통시키며, 戊土는 약하지만 뿌리가 있으므로 신하의 마음에 순종한 것이다.

또한 丙辰, 丁巳, 戊午, 己未 운을 만나니 土를 대동한 火가 되어 생화(生化)하고 혼란스럽지 않았다. 이에 '신순군안(臣順君安, 신하는 순종하고 군주는 편안하다)'하였다. 일찍이 과거에 급제하여 벼슬이 시랑(侍郎)에 이르렀다. 그러나 庚申 운에는 신하를 제대로 쓸 수 없게 되어 사망했다.

辛	甲	乙	癸		
未	寅	卯	卯		
己	庚	辛	壬	癸	甲
酉	戌	亥	子	丑	寅

[394] 강약 / 전왕

甲寅 일주가 연월에 卯를 가졌고, 乙과 癸가 천간에 드러났다. 未土는 또 남방의 조토(燥土)이며 木의 고장(庫藏)으로 뿌리 역할을 하니, 金을 생하는 土가 아니다. 그러므로 辛金인 군주(君)가 무능하다는 것을 알 수 있다. '마땅히 군주의 자손만이 존재해야 한다'고 했으니 癸水가 용신(用神)이다.

운로에서 甲寅, 癸丑 운을 만나니 조상으로부터 물려받은 재산이 여러 방면으로 풍부했고, 壬子, 辛亥 운에는 명예와 재물이 모두 온전했다. 庚戌 운에는 土金이 함께 왕성해지니 신하(臣)에게 용납되지 못하며 범법하여 관직에서 물러났고, 재산 탕진과 자식을 극하고 사망했다.

甲	戊	戊	戊		
寅	午	午	午		
甲	癸	壬	辛	庚	己
子	亥	戌	酉	申	未

[395] 강약 / 전왕

이 사주는 戊午가 세 번 나타나고, 時의 칠살(七殺)이 비록 녹지(祿地)에 앉아 있으나 사주 안에 水가 없으며 火土가 조열(燥熱)하다. 이는 '신성군쇠(臣盛君衰, 신하가 왕성하고 군주가 쇠약하다)'의 형국이다.

또한 寅午가 회국(會局)하여 木이 火의 기세를 따르니, 火는 일주를 생하게 된다. 임금의 은혜가 비록 크지만, 일주의 의향은 도리어 甲木(임금)을 마음에 두지 않는다.

그렇기에 운이 서방 金 지대로 흘러갔음에도 공명(功名)이 현달할 수 있었다. 이는 사정(私情)은 깊고 컸으나 임금의 은혜를 마음에 두지 않았기 때문이다. 운이 水 왕지(旺地)를 만나서는 '존군지자(存君之子, 인수)'의 도리를 다하지 못해 잘못을 저지르고 관직에서 물러났다.

己	己	丙	甲
巳	酉	子	寅

壬	辛	庚	己	戊	丁
巳	午	辰	卯	寅	丑

[396] 강약 / 조후

己酉 일주가 중동(仲冬) 子月에 태어났고, 甲寅 관성(官星)은 子水에서 녹(祿)을 얻고 생조를 받으며, 子水 재성(財星)은 월령을 잡았으니 왕성한 재성이 관성을 생한다. 시(時)에서 인성(印星)을 만났으니 이른바 '군신양성(君臣兩盛, 군주와 신하가 모두 왕성하다)'이다.

더욱 좋은 것은 월간에 丙火가 드러났다는 점이다. 차가운 土가 따뜻한 陽을 지향하며, 이 火가 다시 일주를 생하니 군주의 은혜가 크다 할 수 있다. 일찍이 과거에 급제하여 한림원(翰林院)에서 이름을 날렸다.

일주(日主)가 앉은 자리는 酉金이며 巳時의 협력을 얻었고, 火가 생해주고, 金이 보호하며, 水가 길러주니, 일주의 힘이 재성을 극할 정도로 충분하다. 그래서 그는 벼슬을 하면서 재물을 중히 여기고 군주의 은혜를 잊어버렸다.

56. 모상(母象)

지 자 모 휼 고 지 도 시 유 과 질 무 강 지 경

知慈母恤孤之道 始有瓜瓞無疆之慶[53)]

어머니의 자애와 외로운 아이를 돌보는 도리를 알아야 비로소 자손(瓜瓞)이 끊이지 않고 번성하는 경사가 있다.

原注

日主爲母, 日之所生者爲子. 如甲乙日主, 滿柱皆木, 中有一二火氣, 是母旺子孤, 其勢要多方以生子孫, 成瓜瓞之綿綿, 而後流發于千世之下.

- 일주(日主)는 모(母)가 되고, 일주가 생하는 것은 자(子)가 된다.
- 만약 甲乙 일주인데, 기둥마다 온통 木 기운뿐이고 그 안에 한두 개의 火 기운이 있다면, 이는 모(母)는 왕성하고 자(子)는 외로운 형세이다.
- 이런 경우에는 여러 방면으로 자손을 생해야 하니, 자손(瓜瓞, 식상)이 면면히 이어지듯 번성케 해야, 후에 천대 아래로 흘러 발복할 수 있다.

53) 知慈母恤孤之道, 方有瓜瓞無疆之慶.

임철초 日

모중자고(母衆子孤)는 어머니는 많고 자식은 외로운 상황을 말한다. 이 경우 단순히 자식이 어머니의 세력을 믿는 것뿐만 아니라, 어머니의 마음 또한 자식에게 의지하게 된다. 따라서 어머니와 자식 둘 다 억누르면 안 되며, 오직 자식의 세력을 도와야 한다. 그렇게 하면 어머니는 인자해지고 자식은 더욱 번성하게 된다.

예를 들어, 일주(日主)가 甲木이나 乙木으로 어머니가 되고, 사주 안에 火 기운이 한두 개밖에 없는데 나머지는 모두 木으로 가득하다면, 이는 어머니는 많고 자식(火)은 병든 상태이다.

이런 경우, 첫째 水를 보면 안 된다. 水를 보면 자식(火)이 반드시 손상된다. 둘째, 金을 보면 안 된다. 金을 보면 어머니(木)의 성질을 건드려 모자(母子) 관계가 불화해지고 자식의 세력은 더욱 외로워진다.

오직 火를 띠는 土(帶火之土, 未戌) 운으로 가야만 어머니의 성품이 반드시 인자해지고, 그 마음이 자식에게 향한다. 그래야 자식이 어머니의 뜻에 순종하여 손자(孫, 土)를 낳아 대대로 번성할 수 있다. 만약 水를 띠는 土(帶水之土, 丑辰) 운으로 간다면 어머니의 마음이 변하여 오히려 자식을 용납하지 않게 된다.

己 乙 甲 戊
卯 卯 寅 午

庚 己 戊 丁 丙 乙
申 未 午 巳 辰 卯

[397] 강약 / 전왕

乙卯 일주가 寅月 卯時에 태어나 사주 전체가 木으로 가득하고, 오직 연지(年支)에 午火만 있으니 '모중자고(母衆子孤, 어머니는 많고 자식은 외로운)' 형국이다.

다행히 그 자식(火)이 회합하여 寅午 반합(半合)을 이루니, 어머니(木)의 성품이 인자해져 자식(火)에게 향한다. 자식(火) 또한 어머니의 뜻에 순종하여 戊土의 손자(孫子)를 낳을 수 있다. 더욱이 운에서 火土를 만나니, 어린 나이에 과거에 급제하여 궁궐에 들어가 이름을 떨쳤다. 벼슬은 시랑(侍郎)에 이르렀다. 그러나 庚申 운에 들어서자 어머니(木)의 성정을 거스르게 되어 사망했다.

乙	甲	丙	癸		
亥	寅	辰	卯		
庚	辛	壬	癸	甲	乙
戌	亥	子	丑	寅	卯

[398] 강약 / 조후

甲寅 일주가 계춘(季春) 辰月에 태어나 지지에 동방(東方)을 모두 갖추었고, 亥시에 출생하니 한 점 丙火가 허약하다. 이는 '모중자고(母衆子孤, 어머니는 많고 자식은 외로운)' 형국이다.

辰土는 습토(濕土)로서 火를 가리고 木을 기르며, 게다가 癸水까지 천간에 투출하고 시(時)에 亥水가 왕성하니, 어머니(木)는 자애(慈愛)롭고 자식을 불쌍히 여기는 마음이 없고 도리어 자식(火)을 멸하려는 뜻만 있다.

초년운인 乙卯, 甲寅은 丙火를 생조하고 어머니가 자식을 사랑하는 마음이 있었으므로 행복하게 살았다. 그러나 癸丑 운은 水를 동반하는 土이므로 어머니의 마음은 반드시 변한다고 보았다. 이로 인해 자식(火)은 편안할 수 없었고 파산과 재앙이 끊이지 않았다. 壬子 운에 이르러서는 그 자식(火)에게 극심한 해를 입어 가정이 파괴되고 사람들이 뿔뿔이 흩어졌으며, 결국 자살로 생을 마감했다.

57. 자상(子象)

지 효 자 봉 친 지 방 　시 극 해 성 대 순 지 풍

知孝子奉親之方 始克諧成大順之風

효자가 부모를 봉양하는 방법을 알아야 비로소 대순(大順)의 풍모를 조화롭게 이룰 수 있다.

原注

日主爲子, 生日者爲母. 如甲乙滿局皆是木, 中有一二水氣, 爲子衆母衰. 其勢要多方以安母. 用金以生水, 用土以生金, 則成母子之情, 爲大順矣, 設或無金, 則水之神依乎木, 而行木火金盛地亦可.

- 일주(日主)는 자(子)가 되고, 일주를 생하는 것은 모(母)가 된다.
- 만약 甲乙 일주인데, 사주에 온통 木 기운뿐이고 그 안에 한두 개의 水 기운이 있다면, 이는 자식은 많고 어머니는 쇠약한 것이다.
- 이런 경우에는 여러 방면으로 모(母)를 편안하게 해야 한다. 金을 써서 水를 생하고, 土를 써서 金을 생하면, 모자(母子)의 정이 이루어져 크게 순조로워질 것이다.
- 만약 金이 없다면, 水의 신(神)은 木에 의지하므로, 木火金 기운이 왕성한 운으로 나아가는 것도 또한 괜찮다.

임철초 日

자식은 많고 어머니는 쇠약한(子衆母衰) 상황에서는 어머니의 마음이 자식에게 의지하므로, 반드시 어머니의 마음을 편안하게 해야 한다. 그렇다고 자식의 성품을 거스르지는 말아야 한다.

예를 들어, 甲木이나 乙木 일주인데 사주 전체에 木 기운이 가득하고 그 안에 水 기운이 한두 개 있다면, 이를 '자식은 많고 어머니는 고독하다(子衆母孤)'고 한다. 이럴 때는 어머니(水)의 마음이 자식(木)에게 의지하므로, 반드시 어머니의 마음을 편안하게 해야 한다.

첫째, 土를 보면 안 된다. 土를 보면 자식(木)이 아내(재성, 土)에게만 빠져 어머니를 돌보지 않게 되므로, 어머니가 편안하지 않다. 둘째, 金을 보면 안 된다. 金을 보면 어머니(水)의 세력이 강해져 자식(木)을 용납하지 않게 되므로, 자식이 반드시 거역하게 된다.

오직 水를 띠는 金 운으로 가야 한다. 그렇게 하면 金이 木을 극하지 않고 水를 생하니, 어머니의 마음이 반드시 자식에게 의지하고 자식의 마음 또한 어머니에게 순종하게 된다. 이로써 크게 화합하는 기풍을 이룰 수 있다.

만약 土를 띠는 金 운으로 간다면, 자식의 아내 성품이 반드시 사나워져 어머니와 자식 모두 편안할 수 없다. 사람의 일 또한 모두 이와 다르지 않다.

이 네 가지 장(章)은 비록 木을 위주로 논했지만, 火, 土, 金, 水 오행도 이와 같다.

乙	甲	乙	癸
亥	寅	卯	亥

己	庚	辛	壬	癸	甲
酉	戌	亥	子	丑	寅

[399] 강약 / 전왕

甲寅 일주가 중춘(仲春) 卯月에 태어나 亥卯, 寅亥가 공합(拱合)하여 사주 전체가 木으로 가득한데, 연간(年干)의 癸水는 세력이 없으니 자식(木)은 왕성하고 어머니(水)는 고독하다. 그러나 그 마음이 木에 의지하니 이른바 '모자(母子)가 정답게 협력한다'는 격이다.

초운인 甲寅, 癸丑 운에는 부모의 음덕이 풍부했고, 어린 나이에 반궁(泮宮)에 들어갔다. 壬子 운에는 지방고시에 급제했으며, 辛亥 운은 金水 상생(相生)이므로 현령(縣令)을 거쳐 성목(省牧)으로 천거되었다. 庚戌 운에는 土金이 함께 왕성해지니 어머니와 자식(水木)이 불안정해져 착오를 범하고 관직에서 물러난 후 사망했다.

甲	甲	己	乙
子	寅	卯	亥

癸	甲	乙	丙	丁	戊
酉	戌	亥	子	丑	寅

[400] 강약 / 전왕

甲寅 일주가 중춘(仲春) 卯月에 태어나 사주 전체가 木으로 가득하고, 亥卯는 木局을 이루었다. 시지(時支)의 子水는 쇠약함이 극에 달하여 그 마음이 木에 의지한다. 일주(甲木)는 己土와 사적인 연정(私情)에 빠져 어머니(水)를 돌보지 않는다.

丁丑 운에는 火土가 함께 오니 도리어 어머니를 용납하지 못한다. 옛말에 이르기를 "부인이 어질지 못하면 그 가정은 화목할 수 없다"고 했으니, 형액(刑厄)과 재산 탕진이 있었다. 丙子 운은 火가 뿌리를 내리지 못하여 허물없이 편안했고, 甲戌 운은 또 土가 왕성함을 만나니 파산과 재앙이 끊이지 않았다. 乙亥, 癸酉 운에는 火를 생하여 패하지 않았으니, 후처에게서 자

식을 얻고 가문을 크게 일으켰다. 壬申 운은 만년에 더욱 아름다웠는데, 金水 상생(相生)의 연고이다.

10장 통변(通辯)

58. 성정(性情)
59. 질병(疾病)
60. 출신(出身)
61. 지위(地位)
62. 세운(歲運)
63. 정원(貞元)

58. 성정(性情)

오 기 불 려　성 정 중 화　탁 란 편 고　성 정 괴 역

五氣不戾 性情中和 濁亂偏枯 性情乖逆[54)]

오기(五氣)가 어그러지지 않으면 성품과 감정이 중화(中和)를 이루고, 탁하고 혼란스러우며 치우치거나 메마르면 성품과 감정이 어그러지고 뒤틀린다.

原注

五氣在天, 則爲元亨利貞; 賦在人, 則仁義禮智信之性, 惻隱, 羞惡, 辭讓, 是非, 誠實之情, 五所不戾者, 則其存之而爲性, 發之而爲情, 莫不中和矣, 反此者乖戾.

- 오기(五氣)가 하늘에 있으면 원(元) · 형(亨) · 이(利) · 정(貞)이 되고, 사람에게 부여되면 인(仁) · 의(義) · 예(禮) · 지(智) · 신(信)의 성품이 된다.
- 측은(惻隱, 木), 수오(羞惡, 金), 사양(辭讓, 火), 시비(是非, 水), 성실(誠實, 土)의 정(情)이 오행에 어긋나지 않는다면, 이것을 보존하면 성(性)이 되고, 발현하면 정(情)이 되어 중화(中和)를 이루지 않음이 없을 것이다.
- 이와 반대되는 것은 어그러지고 뒤틀린 것이다.

54) 五行不戾, 惟正清和, 濁亂偏枯, 性情乖逆.

임철초 曰

다섯의 기운(氣運)은 선천(先天) 낙서(洛書)에 있는 기운이다. 양(陽)은 네 바른 곳에 거하고 음(陰)은 네 모퉁이에 거한다. 土는 간(艮, 동북 丑)과 곤(坤, 서남 未)에 의지하여 머문다. 이것은 후천(後天)의 정위(定位)에 의한 것이다.

동방은 木에 속하고 계절은 봄이며 사람에게는 인(仁)이 된다. 남방은 火에 속하고 계절은 여름이며 사람에게는 예(禮)가 된다. 서방은 金에 속하고 계절은 가을이며 사람에게는 의(義)가 된다. 북방은 水에 속하고 계절은 겨울이며 사람에게는 지(智)가 된다.

곤(坤)과 간(艮)은 土가 된다. 곤(坤)은 서남에 머무르며 火生土를 하고 이어 土生金을 한다. 간(艮)은 동북에 머무르며 만물이 모두 土에 의해 주관되니, 겨울이 다하고 봄이 올 때 土가 아니면 水를 멈출 수 없고, 土가 아니면 木을 심을 수 없다. 이는 인의예지(仁義禮智)의 성품이 신(信)이 아니면 이루어질 수 없는 것과 같다. 그러므로 성인(聖人)이 역(易)에서 간(艮)을 동북에 두신 것은, 곧 신(信)으로써 그것을 완성한다는 취지이다.

사람에게 부여된 것은 모름지기 오행(五行)이 어그러지지 않고, 중화(中和)되고 순수해야 하며, 그렇게 되면 측은(惻隱), 사양(辭讓), 성실(誠實)한 마음이 생긴다. 만약 치우치고 메마르며, 혼탁(混濁)하여 지나치거나 미치지 못하면, 이는 곧 시비(是非), 괴역(乖逆), 교만(驕傲)한 성품이 생기는 것이다.

戊甲丙己
辰子寅丑

庚 辛 壬 癸 甲 乙
申 酉 戌 亥 子 丑

[401] 강약

甲子 일주가 맹춘(孟春) 寅月에 태어났다. 木은 당령(當令)하지만 태과(太過)하지 않다. 火는 천간에 있으나 맹렬하지 않다. 水는 비록 적으나 고갈되지 않았다. 金은 본래 없지만 암장(暗藏)되어 있어 火의 극을 받지 않는다. 土를 만나 상생하니, 싸움 없는 풍토에서 상생의 아름다움만 있다.

그러므로 위인(爲人)이 구차하지 않고, 교만이나 아첨이 없다. 인심이 각박하지도 않으며, 품행에 겸양과 공손을 갖추었다. 인후(仁厚)한 성품이었다.

乙己丁己
丑卯卯酉

辛 壬 癸 甲 乙 丙
酉 戌 亥 子 丑 寅

[402] 강약 / 조후

己卯 일주가 중춘(仲春) 卯月에 태어났다. 土는 허하고 부족하며, 木은 많고 金은 결핍되어 있다. 陰火는 습한 土를 생하기에 부족하니, 예(禮)와 의(義)가 허탈하다.

이 팔자는 순음(純陰)으로, 한결같이 권력 있는 사람의 비위나 맞추고, 자기 이익을 위해 남에게 손해를 입히는 데 마음을 두었다. 남이 재앙을 당한 것을 다행으로 여기고 남의 불행을 즐거워하는 마음을 싹 틔운다.

甲	丙	乙	丙
午	子	未	戌

辛	庚	己	戊	丁	丙
丑	子	亥	戌	酉	申

[403] 강약 / 조후

丙火가 계하(季夏) 未月에 태어나 화염(火焰)으로 土가 조열(燥熱)하다. 천간의 甲乙은 火의 열기를 돕는 마른 木이 되었다. 더욱 꺼려지는 것은 子水가 午火와 충(沖)하고 격발(激)하여 급박하며, 치우치고 메말라 혼란스러운 모습이다.

성정은 괴팍하고, 처세는 교만하고 방자함이 많았다. 또한 성격이 급하고 조급하기가 바람을 탄 불과 같았다. 성정이 순할 때는 천금이라도 아깝지 않을 것 같았으나, 성정을 거스르면 겨자씨 하나도 쪼개려는 듯 답답하였다. 이로 인해 가업은 파산하고 아무것도 남지 않았다.

화 열 이 성 조 자 우 금 수 지 격

火烈而性燥者 遇金水之激

火가 맹렬하고 성정이 조열(燥熱)한 것은 金水의 격발(激發)을 만났기 때문이다.

原注

火烈而能順其性, 必明順, 惟金水激之, 其燥急不可禦矣.

- 火가 맹렬하더라도 그 성품을 순하게 할 수 있다면, 반드시 밝고 순조로울 것이다.
- 그러나 金과 水가 이를 자극하면 그 조급함을 막을 수 없다.

수 분 이 성 유 자 전 금 목 지 신
水奔而性柔者 全金木之神

水가 날뛰는데도 성정(性情)이 유순한 것은 금목지신(金木之神)을 모두 갖추었기 때문이다.

原注

水盛而奔, 其性至剛至急, 惟有金以行之, 木以納之, 則柔矣.

- 水가 왕성하게 흐르고 솟구치면 그 성질이 지극히 굳세고 지극히 빠르지만, 오직 金으로써 그것을 운행시키고, 木으로써 그것을 받아들여야만 부드러워질 것이다.

임철초 日

水의 성정은 본래 부드러우나, 그 세차게 부딪치고 내달리는(沖奔) 기세가 굳세고 급함이 으뜸이다. 만약 火를 만나 충돌하거나 土가 극하여 水와 부딪치면, 그 성정을 거역하게 되니 더욱 굳세진다.

'분(奔)'이란 왕성함이 극에 달한 기세를 뜻한다. 이때는 金을 사용하여 그 기세에 순응하거나, 木을 사용하여 그 막힌 것을 풀어줘야 한다. 이른바 '그 왕한 세력에 따른다(從其旺勢)'는 뜻이며, 이렇게 난폭하게 날뛰는 오행을 받아들이면, 그 성품이 도리어 유순하게 된다. 굳센 가운데서도 덕이 있고, 나아가기는 쉬워도 물러나기는 어려울 것이다. 비록 지혜가 교묘하고 능력이 다양하더라도 어질고 올바른 뜻을 버리지 않을 것이다.

庚	壬	甲	癸
子	申	子	亥

戊	己	庚	辛	壬	癸
午	未	申	酉	戌	亥

[406] 강약 / 전왕

壬申 일주가 子月에 태어나고 연시에 亥子가 있으며 천간에는 癸庚이 투출했으니, 그 세력이 너무 강해 막을 수 없는 상태이다. 월간의 甲木은 시들고 마른 상태인데, 다시 金에게 벌목의 대상이 되었으니, 水를 받아들이기에는 역부족이다. 도리어 庚金을 용신으로 삼아 그 왕성한 세력에 순응해야 한다. 그래서 사람이 강함과 부드러움을 겸비했고, 인덕을 갖추었으며, 독실하게 행동하고 학문을 쌓으면서도 명예를 구하지 않았다.

초년 癸亥 운에는 그 왕성한 기운을 따랐으므로 조상의 유업이 대단히 좋았다. 壬戌 운에는 水가 뿌리를 내리지 못하고 戌土가 충격을 가하니 형벌, 상모, 파괴, 손실이 있었다. 庚申과 辛酉 운에는 관학에 입학하여 생원 자격을 얻었고, 네 명의 아들을 얻었으며 가업은 나날이 번창했다. 己未 운으로 바뀌어서는 그 지나치게 강한 세력을 충격하므로 연이어 세 아들을 잃고 다시 재산을 잃고 패가망신했으며, 戊 운에 사망했다.

壬	壬	壬	壬		
寅	辰	子	寅		
戊	丁	丙	乙	甲	癸
午	巳	辰	卯	寅	丑

[407] 강약 / 전왕

천간에 네 개의 壬이 子月에 태어나 돌진하는 기세(從旺格)를 이루었다. 가장 기쁜 것은 寅時인데, 이는 辰土의 막힘을 뚫어주고 壬水 왕신(旺神)을 받아들이기 때문이다.

그러므로 교만하거나 방자함이 없었고, 글공부를 특히 좋아하여 한 번 읽은 글은 잊지 않았으며, 앉은 자리에서 만 마디 말을 쏟아낼 정도의 뛰어난 재주를 가졌다.

甲寅 운에 반궁(학교)에 들어갔고, 乙卯 운에 과거에 급제했으나 주위의 불운으로 배운 바를 제대로 펼치지 못했다. 丙辰 운에는 왕성한 水를 충격하고 재물을 다투는 상황이 되어 사망했다.

戊	壬	癸	癸		
申	子	亥	未		
丁	戊	己	庚	辛	壬
巳	午	未	申	酉	戌

[408] 강약 / 전왕

壬子 일주가 亥月 申時에 태어나고 연월에 癸水가 모두 드러났으니, 그 세력이 너무 강해 거스를 수 없다. 단지 그 기세에 순종해야 하며, 그 흐름을 거역하는 것은 불가하다. 다만, 戊와 未土가 水의 성질을 거역하는 것이 문제이다.

그 사람은 시비가 많고, 일을 해도 끝을 맺지 못하며, 아무 데나 거리낌이나 두려움 없이 잘 나섰다.

초년 壬戌 운에 土가 왕성하니 부모를 모두 잃었다. 辛酉와 庚申 운에는 土를 설기하고 水를 생하니, 비록 무뢰하고 사벽한 행위는 있었으나 요행히 흉한 재앙은 면할 수 있었다. 己未 운으로 바뀌어서는 土를 돕고 水를 극했으므로, 한 가족 다섯 식구 모두가 화재로 불타 죽었다.

목 분 남 이 연 겁

木奔南而軟怯

木이 남쪽(火)으로 도망가면 연약하고 겁이 많다.

原注

木之性見火爲慈, 奔南則仁之性行於禮, 其性軟怯. 得其中者, 爲惻隱辭讓, 偏者爲姑息, 爲繁縟矣.

- 木의 성질은 火를 보면 자애로워지고, 남쪽으로 향하면 인(仁)의 성질이 예(禮)에 따라 행해지니, 그 성질이 부드럽고 약해진다.
- 그 중용을 얻은 사람은 측은지심(惻隱之心)과 사양지심(辭讓之心)의 덕을 가지지만, 치우친 사람은 고식(姑息, 지나치게 너그러움)하거나, 번욕(繁縟, 지나치게 형식적)하게 된다.

임철초 日

木이 분주(奔走)하다 함은 남쪽(南方, 火)으로 나아가는 것이니, 설기(洩氣)가 지나치게 많다는 뜻이다.

사주에 金이 있다면 반드시 水를 얻어 기운이 유통(流通)되어야 한다. 그렇게 되면 火는 맹렬하지 않게 된다. 그러나 만약 金이 없다면, 반드시 辰土라도 얻어 火의 기운을 거두어야 그 중화(中和)를 이룰 수 있다. 그렇게 되면 그 사람은 공손하고 예의 바르며, 화평(和平)하고 절도 있는 인품을 가질 수 있다.

만약 水가 없이 土로 火를 구제한다면, 土는 다시 火를 어둡게 하여 설기가 지나치게 된다. 이는 자신의 총명함만을 믿고, 변덕스러운 행동을 마구 하여 항상 일정하지 않은 경우가 많으니, 여인(婦人)의 인(仁)함을 이루게 된다.

丙	甲	壬	庚		
寅	午	午	辰		
戊	丁	丙	乙	甲	癸
子	亥	戌	酉	申	未

[409] 강약 / 조후

甲午 일주가 午月에 태어나 '목분남방(木奔南方)'의 형세다. 비록 일주가 時에서 녹왕(祿旺)을 만났으나, 丙火 또한 생지(生地)이며 寅午가 합하여 火局을 이루니 일주에게는 이로운 것이 아니다.

가장 기쁜 것은 월에 투출한 壬水가 火를 조절한다는 점이다. 그러나 壬水 역시 庚金의 생조가 없었다면 丙火를 극하는 용신(用神)으로 쓸 수 없었을 것이다. 또한 庚金은 辰土가 없었다면 水를 생할 수 없었을 것이니, 이 사주의 묘미는 바로 辰에 있다. 辰은 火를 어둡게 하고 木을 부양하며 水를 축장하고 金을 생하기 때문에 火는 치열하지 않고 木은 마르지 않으며 金은 녹아 없어지지 않고 水는 고갈되지 않는다. 오로지 辰 한 글자에 힘입어 중화(中和)의 상태를 얻을 수 있는 것이다.

申 운에는 壬水가 생지(生地)를 만났고, 乙酉 운에는 왕성한 金이 水를 생하니 반궁(학교)에 들어 넉넉해졌으며 향시(鄕試)에 합격했다. 丙戌 운에는 火와 土가 나란히 왕성하여 막힘이 중중하였다. 丁亥 운에는 壬水가 득지(得地)하여 복건성(閩) 지방의 재상이 되어 덕과 가르침을 함께 펼치며 백성을 교화하였다. 이른바 강함과 부드러움이 서로 조화를 이루고(剛柔相濟), 인(仁)과 덕(德)을 함께 갖춘 것이다.

丙	甲	甲	丙		
寅	申	午	戌		
庚	己	戊	丁	丙	乙
子	亥	戌	酉	申	未

[410] 조후

甲申 일주가 午月에 태어나고 丙火가 두 개나 투간했으며 지지에서 火局을 이루니 '목분남방(木奔南方)'이다.

마른 조토(燥土)가 火를 어둡게 하니 金을 생할 수 없고, 水가 없으니 申金은 극을 받아 소진되었으니, 성품이 지극히 유약해졌다. 그 사람은 사적인 은혜에만 매달리고, 큰일이나 옳은 일은 알 바 아니었다. 작은 일에도 여우처럼 의심하여 결단을 내리지 못했다. 이른바 심성이 의심이 많고, 작은 이익을 탐하며, 대의를 등 돌렸으니 한 가지도 이루지 못했다.

금 견 수 이 유 통

金見水以流通

金이 水를 만남으로써 유통(流通)하게 된다.

原注

金之性, 最方正, 有斷制執毅, 見水則義之性行而爲智, 智則元神不滯, 故流通. 得氣之正者, 是非不苟, 有斟酌, 有變化; 得氣之偏者, 必泛濫流蕩.

- 金의 성질은 가장 방정하고, 결단하고 제어하며 굳건함이 있다. 水를 보면 의(義)의 성질이 행해져 지혜로워지니, 지혜로우면 원신(元神)이 막히지 않아 고로 유통된다.
- 그 기운의 바름을 얻은 사람은 시비를 함부로 하지 않고, 헤아림이 있으며 변화가 있다. 그 기운이 치우친 사람은 반드시 넘쳐흐르며 떠돌아다닐 것이다.

임철초 日

金은 강건하면서도 바름을 중심으로 하는 주체이다. 큰일을 감당할 수 있고, 큰 계획을 결단할 수 있다. 水를 만나면 기운이 흘러 굳세고 곧은 성품을 통하게 하여 지혜를 발휘할 수 있다.

기운의 바름(正)을 얻은 것은 金이 왕성하면서 水를 만나는 경우이다. 그 사람은 안으로는 반듯하고 밖으로는 원만하다. 임기응변으로 변화의 기미를 알아 세상을 살아감에 다치지 않게 하며, 청렴하고 은혜롭다. 세상에 나아가 도를 행하는 일과 물러나 숨는 일이 스스로 중용(中庸)에 합하며, 실천하는 덕목이 잘 간직되어 있다.

기운의 지나침(偏)을 얻은 것은 金이 약하면서 水가 왕성한 경우이다. 그 사람의 행동은 황당하고, 입으로는 옳다고 하면서도 마음은 옳지 않은 협잡(挾雜)하는 술수로 남을 머뭇거리게 하려는 뜻이 있다.

乙	庚	癸	甲
酉	子	酉	申

己	戊	丁	丙	乙	甲
卯	寅	丑	子	亥	戌

[411] 강약

庚金 일주가 酉月에 태어났고, 또 年과 時에 申酉가 있으니 가을철의 金 기운이 매우 예리하고 날카롭다. 기쁜 것은 일지의 子水가 癸水 원신(元神)을 드러내 金의 기운을 유통시키고 그 정화(精華)를 설기한다는 점이다.

그 사람은 큰일을 맡아도 일을 처리하는 방법을 알았으며, 처세가 복잡하면서도 주장이 약하지 않았다. 또 강개심(慷慨心)이 있어 베풀기를 좋아했고, 자신을 억제하며 많은 사람에게 이익이 되도록 행동했다.

丙	庚	壬	壬
子	辰	子	申

戊	丁	丙	乙	甲	癸
午	巳	辰	卯	寅	丑

[412] 강약

庚金 일주가 중동(仲冬) 子月에 태어나고 천간에 壬水 두 개가 투출했고, 지지에는 水局을 이루고 있다. 金은 쇠약하고 水는 왕성하니, 본래 한쪽으로 치우친 상태이다. 더욱 문제 되는 것은 시간(時干)에 丙火가 투출하여 국면을 혼란스럽게 만들었다는 점이다.

金은 의리(義)를 주관하여 방정하고(方), 水는 지혜(智)를 맡아 원만하다(圓). 金은 많고 水가 적으면, 지혜는 원만하되 행동은 방정하고, 水가 넘치고 金이 쇠약하면, 방정한 기운은 끊어지고 원만하고 지혜로운 마음이 왕성해진다.

중년 운에 火土를 만나 壬水의 성질을 충격하니, 형상이 부서지고 재산이 흩어졌으며 사람이 떠났다. 반평생을 간사한 꾀와 사기로 살며 사람을 유인하여 재물을 갈취했으나, 모두 허비했다.

무릇 사람은 궁극적으로 부귀를 이루고자 하지만, 그 운수는 이미 정해져 있다. 군자의 즐거움은 군자만이 얻을 수 있고, 소인의 좁은 마음은 스스로 소인을 만드는 것이다.

최요자 서수환남
最拗者 西水還南

가장 비틀어진 것은 서쪽의 水가 남쪽으로 되돌아가는 것이다.

原注

西方之水, 發源最長, 其勢最旺, 無土以制之, 木以納之, 如浩蕩之勢. 不順行, 反行南方, 則逆其性, 非强拗而難制乎?

- 서방의 水는 발원지가 가장 길고 그 기세가 가장 왕성하여, 土로써 그것을 제어하지 않고 木으로써 그것을 받아들이지 않으면, 마치 걷잡을 수 없는 기세와 같다.
- 순리대로 흐르지 않고 오히려 남쪽으로 흐른다면 그 본성을 거스르는 것이니, 억지로 비틀어 어렵게 제어하는 것이 아니겠는가?

임철초 日

가을의 水는 곤륜산에서 그 근원이 비롯되니, 그 세력이 호탕하여 막을 수가 없다. 역시 그 성품에 따르는 것이 옳다고 하여 木을 사용하여 받아들인다. 이는 곧 지혜로운(智) 성품으로 어짊(仁)을 실천하는 것이다.

가령 土를 사용하여 水를 억제하려 하다가, 만약 水의 진정한 성정을 제대로 얻지 못하면, 도리어 충격을 받아 이리저리 날뛰는 환란이 있을 것이다. 그 성질을 오히려 거역하게 하여 강제로 꺾으려 하니, 남방(南方)으로 되돌아가는 상황에 이른다면 그 충격하는 세력을 정리하고 멈추기가 매우 어렵다. 강제로 꺾으려 하면 정상이 아니니, 인자(仁慈)함과 예의(禮義)의 성품은 전혀 없을 것이다.

甲	壬	庚	癸		
辰	申	申	亥		
甲	乙	丙	丁	戊	己
寅	卯	辰	巳	午	未

[413] 강약

壬申 일주가 亥年 申月에 태어났다. 亥는 천문(天門)이고 申은 천관(天關)이니, 곧 천하(天河)의 입구이다. 또한 정유(正酉)방의 水는 발원이 가장 길다. 기쁜 것은 時의 천간 甲木이 辰土 위에서 뿌리내려 木을 기르니, 족히 水를 받아들인다고 본다. 이렇게 되면 지(智)의 성품이 나아가 인(仁)이 되고 예(禮) 또한 함께 갖추어질 것이다.

그 사람은 기이할 정도로 놀라운 품격과 능력이 있었으나, 교묘하게 이익을 챙기는 뛰어난 재주는 없었다. 중년에 남방 火 운을 만나 甲木이 생화(生化)를 얻으니, 명예와 이익이 모두 완전했다.

丙	壬	庚	癸		
午	子	申	亥		
甲	乙	丙	丁	戊	己
寅	卯	辰	巳	午	未

[414] 강약

壬子 일주가 亥年 申月에 태어나니, 서방의 水 기운이 호탕하여 막을 수 없는 세력이지만 돌아갈 곳이 없다. 時의 丙午가 충극하여 그 성정을 거스르니, 그 사람은 억지를 부리고 무례하다. 게다가 운로(運路)도 남방의 火土 지대(地帶)로 나가니, 가업을 파하고 있을 곳조차 없었다. 午 운에는 남의 아내를 강탈하고 사람을 때려죽이기까지 했다.

속인(俗人)들은 혹 丙火를 용신(用神)으로 삼아 火土 운을 만나면 좋다고 말한다. 이는 金水 동심(同心)이라 '따를 수는 있어도 거스를 수는 없다(可順而不可逆)'는 것을 알지 못한 것이다.

반드시 木 운을 만나야 생화(生化)가 유정(有情)하여 흉한 재앙을 면할 수 있다. 그리고 그 사람도 역시 예의를 알게 될 것이다.

지 강 자 동 화 전 북
至剛者 東火轉北

지극히 강한 것은 동쪽의 火가 북쪽으로 바뀌는 것이다.

原注

東方之火, 其氣焰欲炎上, 局中無土以收之, 水以制之, 焉能安焚烈之勢? 若不順行而反行北方, 則逆其性矣, 能不剛暴耶?

- 동방의 火는 그 기세가 위로 치솟으려 하는데, 사주 내에 土로써 그것을 거두어들이고 水로써 그것을 제어함이 없으니, 어찌 맹렬히 타오르는 기세를 편안하게 할 수 있겠는가?
- 만약 순리대로 흐르지 않고 오히려 북방으로 흐른다면 그 본성을 거스르는 것이니, 어찌 강포하고 사납지 않겠는가?

임철초 曰

동방(東方)의 火란, 火가 맹렬하게 날뛰고 거기에 木의 세력까지 더해져 그 뜨거움이 치솟는 성질을 누구도 막을 수 없다는 뜻이다. 오로지 그 강렬한 성품에 따르는 것이 옳다.

습토(濕土)를 용신(用神)으로 삼아 火의 기운을 거두게 되면, 곧 굳세고 치열한 성질이 자애로운 덕으로 변화하게 된다. 하지만 만약 한번 방향을 틀어 북쪽으로 가고자 한다면, 어찌 불사르고 맹렬한 기세를 억제할 수 있겠는가. 그렇게 되면 반드시 강폭하고 무례해진다.

따라서 土가 火의 기운을 거두어들이는 역할을 할 수 없다면, 오히려 火木의 운로(運路)로 나아가 그 기세를 따르는 것이 좋다. 그래야만 자애롭고, 양보하며, 측은히 여기는 마음을 잃지 않을 수 있다.

己	丙	甲	丙
丑	午	午	寅

庚	己	戊	丁	丙	乙
子	亥	戌	酉	申	未

[415] 강약/조후

丙午 일주가 午月 寅年에 태어나고 연월에 甲과 丙이 투출하니, 그 열기가 타올라 염상(炎上)하는 기세를 막을 수 없다. 가장 묘한 것은 시지(時支)에 丑土가 있는 것이니, 습한 土로서 기운을 거두어주어 그 맹렬한 성질이 교만이나 아첨에 이르지 않았다.

그 사람은 용모가 뛰어나고 교양이 있었으며, 운로에서 土金을 만나니 丑土의 화생(化生)에 힘입어 과거에 연달아 급제하고 벼슬은 군수에 이르렀다.

庚	丙	丙	丁
寅	午	午	卯

庚	辛	壬	癸	甲	乙
子	丑	寅	卯	辰	巳

[416] 강약 / 전왕

丙午 일주가 午月에 태어나고 年과 時에 寅卯가 있다. 庚金은 뿌리가 없으니 있어도 쓸 수 없다. 격국은 염상격(炎上格)을 이루었다. 사주에 土의 수기(秀氣)가 없으므로 글공부에 불리하여 행오(行伍, 병사) 출신이 되었다.

卯 운에 관직을 얻었고, 壬 운에 실직했다. 寅 운에는 군의 공으로 별안간 도사(都司)로 승진했다. 辛丑 운에는 생화지기(生化之機)가 없어 무기력했다. 庚子 운에는 午 양인(陽刃)을 충격하는데, 다시 甲子年을 만나 양인을 쌍으로 충(沖)하니 군(軍)에서 사망했다.

순 생 지 기 우 격 신 이 항

順生之機 遇擊神而抗

순생(順生, 순행)의 기틀은 격신(擊神)을 만나면 항거하게 된다.

原注

如木生火, 火生土, 一路順其性情次序, 自相和平: 中遇擊神, 而不得遂其順生之性, 則抗而勇猛.

- 예를 들어 木이 火를 생하고, 火가 土를 생하는 것처럼, 한 길로 그 성정의 순서에 따라 흘러가면 스스로 조화롭고 평화롭다.
- 그러나 중간에 충극(沖剋)하는 기운을 만나 순리대로 생(生)하는 본성을 이루지 못하게 되면, 곧 맞서 싸우며 용맹해진다.

임철초 曰

순응해야 할 것은 마땅히 순응하고, 거슬러야 할 것은 마땅히 거슬러야 한다. 이렇게 하는 것이 화평(和平)이며 성품이 순조롭다. 예를 들어, 木이 왕성하여 火를 얻어 기운을 소통하면 순응하는 것이 되고, 土를 얻어 움직이게 되면 생하는 것이 된다. 이럴 때 金水가 격발(激發)하는 것을 보면 마땅하지 않다.

木이 쇠약하고 水를 만나면 생하는 것이 되니 도리어 순응하는 것이 된다. 金은 水를 도와주니 거역하는 가운데서도 생하는 것이다. 이럴 때 火土의 격발을 보면 마땅하지 않다.

내가 생하는 것은 순응하는 것이고, 나를 생하는 것이 거역하는 것이다. 왕성한 사주라면 순응함이 마땅하고, 쇠약한 사주라면 거역함이 마땅하니, 곧 성품이 바르고 뜻은 화평하다.

만약 격발하는 신(神)을 만난다면, 왕성한 자는 용감하고 급하게 되고, 쇠약한 자는 나약해질 것이다. 만약 격국(格局)에서 순응함과 거역함의 질서를 얻었다면, 그 내재된 성품이 겉으로 드러난 뜻이 본래 화평할 것이다. 그러나 세운(歲運)이나 대운(大運)에서 격발하는 것을 만나면 역시 능히 변화하여 강하거나 약하게 될 것이니, 마땅히 세밀하게 연구해야 한다.

壬	甲	丙	己
申	寅	寅	亥

庚	辛	壬	癸	甲	乙
申	酉	戌	亥	子	丑

[417] 강약

甲寅 일주가 寅月에 태어나 木이 왕성한데, 丙火가 투출하여 순생(順生)의 기틀을 잡았으니 환하게 빛이 통하는 모습을 띠었다. 독서를 잘하여 눈만 스쳐도 모두 외웠다. 문제 되는 것은 時에서 金水의 격발을 만나는 것이고, 연간(年干)

의 己土가 허약하여 水를 제압하지 못하는 점이다.

게다가 초년 운이 북방의 水의 땅이니, 공명(功名)뿐만 아니라 다른 일들도 어려움이 따랐고, 재산과 가족을 잃었다. 辛丑 운에는 水를 생조하며 충격하고 丙火를 합거(合去)하니 사망했다.

壬	甲	戊	庚		
申	午	寅	寅		
甲	癸	壬	辛	庚	己
申	未	午	巳	辰	卯

[418] 강약 / 전왕

甲午 일주가 寅月에 태어나고 戊土가 드러났는데, 寅午가 회국(會局)하니 순생(順生)의 기틀을 잡았다. 덕성이 강개(慷慨)하고 도량이 넓었다.

문제 되는 것은 時에서 金水의 격발을 만나는 것이니, 독서를 미완성으로 그쳤으며 재산 손실이 많았다. 게다가 중년 운이 고르지 못했으므로 뜻만 있었을 뿐 펼칠 수 없었다.

도리어 기쁜 것은 봄의 金이 왕성하지 못한 것이며, 火土가 뿌리를 내려 체용(體用)이 손상되지 않은 점이다. 후에 자손은 계속하여 번창했다.

역 생 지 서　견 한 신 이 광

逆生之序 見閑神而狂[55)]

역생(逆生)의 차례에서 한가한 신(神)을 보면 미쳐 날뛴다.

原注

如木生亥, 見戌酉申則氣逆, 非性之所安, 一遇閑神, 若巳酉丑逆之, 則必發而爲狂猛.

- 예를 들어 木이 亥에 태어났는데, 戌, 酉, 申을 보면 기운이 거슬리니, 본성이 편안하지 않다.
- 한신(閑神)을 한 번 만나는데, 만약 巳, 酉, 丑이 그것을 거스른다면 반드시 터져 나와 미친 듯이 맹렬해질 것이다.

55) 逆折之序, 見閒神而狂.

임철초 日

거역해야 할 때는 마땅히 거역하고, 순종해야 할 때는 마땅히 순종하는 것이 곧 성질이 바르고 뜻에서 서로 화목함에 이른다.

만약 木이 지나치게 왕성한데 水의 생조를 얻는다면, 이는 거역하는 것이다. 이때 金으로 이를 제어하면, 오히려 거역하려는 것을 돕는 셈이다. 따라서 己丑과 같은 한신(閑神)을 보는 것은 마땅치 않다.

만약 木의 쇠약함이 지나친데 火를 얻어 움직인다면, 도리어 거역하는 것이다. 이때 土로서 변화해야만 거역하는 가운데서도 순응하는 것이라 한다. 辰未와 같은 한신을 보는 것은 마땅치 않다.

이렇듯 지나치게 왕하거나 지나치게 쇠약하면, 이에 왕한 것에 따르거나 약한 것에 따라야 하는 이치가 있다. 앞서의 행동들은 왕성함과 쇠약함 속에서 중화(中和)의 뜻을 얻은 것이 아니다.

만약 왕성한 것이 지나치면서 한신을 보게 되면 반드시 미쳐 날뛸 것이며, 쇠약한 것이 지나치면서 한신을 보게 되면 반드시 임시변통의 계책이 될 것이다. 세운이나 대운에서 보아도 이와 같다. 火土金水 또한 이와 같다.

	甲	甲	辛	壬	
	子	寅	亥	子	
丁	丙	乙	甲	癸	壬
巳	辰	卯	寅	丑	子

[419] 강약 / 전왕

甲寅 일주가 亥月에 태어나니 水는 왕성하고 木은 견고하여 지극히 왕한 상태이다. 한 점 辛金은 水의 세력을 따를 뿐 그 성정을 거역하지 않으므로 편안하면서도 화평하다. 역생(逆生)의 순서로 보아 다시 묘한 점은 土가 없어 水의 성정을 거역하지 않는 것이다.

초년 운이 북방(北方) 운이었으므로 반궁(학교)에 들어 과거에 급제했다.

甲寅과 乙卯 운에는 그 왕성한 기운을 따랐으니 이름난 지역의 벼슬길로 나아갔다. 丙辰 운에는 오히려 水局을 이루려는 정(情)이 있었으니, 비록 관직을 잃었으나 흉한 일은 면했다. 丁巳 운에는 한신(閑神)의 충격을 만나 그 성질과 순서에 거역되어 사망했다.

己	甲	辛	壬		
巳	寅	亥	寅		
丁	丙	乙	甲	癸	壬
巳	辰	卯	寅	丑	子

[420] 강약 / 전왕

甲寅 일주가 寅年 亥月에 태어나고 辛金이 水에 순응하니, 木의 성질에 거역되지 않아 역생지서(逆生之序)에 해당한다. 문제가 되는 것은 巳時의 한신(閑神)이다. 火土로 충극하면 그 성질에 거스르는 것이 되면서도, 또한 水를 제압하지 못한다.

초운 壬子 운에는 조상의 유업이 풍성했다. 癸丑 운에는 지지에서 한신이 뭉쳤으므로 재산 손실이 많았다. 甲寅과 乙卯 운에는 재물과 사람이 모두 늘어났다. 丙辰 운에는 火土를 도우며 발복하는 듯했으나, 처자를 모두 잃었고 화재까지 만났다. 자신은 전광증(顚狂症, 정신 질환)으로 물에 뛰어들어 사망했다.

己	甲	丁	戊		
巳	寅	巳	戌		
癸	壬	辛	庚	己	戊
亥	戌	酉	申	未	午

[421] 강약 / 전왕

甲寅 일주가 巳月에 태어나 丙火가 사령(司令)했다. 비록 좌하에 녹지(祿地)가 있으나, 일주의 정기(精氣)가 모두 누설되었으니 火가 왕성하여 木이 불타는 형국이다. 土를 반겨 그쪽으로 흘러간다. 이는 일주가 쇠약함이 극에 달했으니 약한 기운을 따라간다는 이치로 풀어야 한다.

초운 戊午와 己未는 그 火土의 성정에 순응했으므로 조상의 유업이 자못 풍부했고, 자신도 일금(一衿, 유생 신분)을 얻었다. 庚申 운은 火의 성질을 거역하고 土를 설기시키는 운이라 불리했다. 癸亥 운에서 火 세력을 충격했으므로 사망했다.

양 명 우 금 울 이 다 번

陽明遇金 鬱而多煩

양명(陽明, 밝고 맑은 火, 위와 대장을 주관하는 경락)**이 金을 만나면 울체되고 번뇌가 많아진다.**

原注

寅午戌爲陽明,有金氣伏於內,則成其鬱鬱而多煩悶.

- 寅午戌은 양명(陽明)이 되는데, 그 안에 金 기운이 잠복해 있으면 울체되고 번민이 많아진다.

임철초 日

양명(陽明)한 기운은 본시 펼쳐져야 이루는 것이 많다. 만약 습토(濕土) 속에 암장(暗藏)된 金을 만나게 되면, 이러한 火는 金을 극할 수 없고, 金 또한 水를 생하기 어렵다. 그리하여 근심과 답답함이 생기니, 일생 뜻을 얻는 자는 적고 뜻을 잃는 자가 많다. 마음은 답답하고 뜻은 재가 되어 이는 번민이 많기 때문이다.

반드시 음습(陰濕)하고 탁(濁)한 운으로 순수하게 가야 하고, 金水의 성품을 이끌고 소통시켜야 비로소 소원하는 바를 이루게 된다.

庚	丙	丙	乙		
寅	午	戌	丑		
庚	辛	壬	癸	甲	乙
辰	巳	午	未	申	酉

[422] 강약 / 격국

丙火 일주가 지지에 寅午戌을 모두 갖추고 있어 식신(食神)이 생왕(生旺)하다. 사주국에 나타난 진신(眞神, 戌 본기)을 용신(用神)으로 삼으니 격국이 가장 아름답다.

초운 乙酉와 甲申 운에는 丑 속에 내장되었던 金의 기운을 끌어내니, 가업이 자못 풍부했고 일금(一衿, 유생 신분)을 얻었다. 가장 꺼려지는 것은 지지가 火局을 이루었고, 庚金은 절지(絶地)에 앉았고, 비견(比肩)은 서로 다투어 쟁재(爭財)하니, 庚金이 역할을 할 수 없다는 점이다. 丑 중의 辛金마저 안으로 엎드려 울체되어 있으니, 이로써 열 번이나 과거에 응시했으나 급제하지 못했다. 또한 소년 시절에 운로가 남방으로 흘러, 세 번의 큰 화재를 겪었고, 네 번이나 처를 잃었고, 다섯 자식을 잃었다. 만년에는 몸이 고독하고 가난했다.

己	丙	丙	壬
丑	寅	午	戌

壬	辛	庚	己	戊	丁
子	亥	戌	酉	申	未

[423] 강약

丙寅 일주가 午月에 태어나 火局을 모두 갖추었으니 양명(陽明)의 모습이다. 이는 록겁인(祿劫刃)이 당권(當權)했는데, 壬水는 뿌리가 없으니 있어도 쓸 수 없다. 앞 사주보다 많이 모자란다. 丑 속의 辛金이 숨겨져 답답하게 억눌려져 있다.

기쁜 것은 운로가 서북방 음탁지(陰濁地)로 나아간 것이어서, 이부상서(吏部尙書)의 집에서 태어나 십여만의 재물을 모았다. 이로(異路)로 벼슬길에 나가 주목(州牧)에 이르렀으니, 명예와 이익을 모두 얻어 크게 창달했다.

음 탁 장 화 포 이 다 체
陰濁藏火 包而多滯

음탁(陰濁, 탁하고 습한 기운, 몸 안에 끈적한 노폐물)**이 火를 암장하고 있으면 막히고 정체되는 것이 많아진다.**

原注

酉丑亥爲陰濁, 有火氣藏於內, 則不發輝而多滯.

- 酉丑亥는 음탁(陰濁)이 되는데, 그 안에 火 기운이 감추어져 있으면 발휘되지 못하고 막히고 정체되는 것이 많아진다.

임철초 日

음(陰)하고 어두운 기운은 본시 분발하기 어렵다. 만약 습한 木이 암장(暗藏)된 火를 만난다면, 음기(陰氣)가 지나치게 왕성해 불꽃 없는 火를 살리기가 불가능하다. 그리하여 습하고 막히는 환란을 일으킨다.

그러므로 마음은 욕심내어 빨리 이루려는 뜻은 있으나 목적에 이르지 못한다. 일에 임해서는 형식과 엄격함에 결단력이 부족하며, 심성에는 의심이 많다. 반드시 양명(陽明)한 운로(運路)로 순수하게 흘러야 하고, 木火의 기운을 이끌어 소통(疏通)시켜야만 비로소 활짝 열려 통달할 수 있다.

壬	癸	辛	癸		
戌	丑	酉	亥		
乙	丙	丁	戊	己	庚
卯	辰	巳	午	未	申

[424] 강약 / 조후

이것은 진방안(陳榜眼)의 사주이다. 癸水가 중추(仲秋) 酉月에 태어났는데, 지지에 酉亥丑이 모두 있으니 음탁(陰濁)한 사주이다. 천간에 三水 一辛이 있는데 戌時를 만나니 '음탁장화(陰濁藏火)'가 되었다. 亥 중의 습한 木은 불꽃을 가진 火가 없어 살아날 수 없다.

기쁜 것은 운로가 동남방 양명지(陽明地)로 진행하여, 덮여 감추어졌던 火 기운을 끌어내어 정갑(鼎甲)의 지위에 올랐고, 본래의 뜻을 모두 펼칠 수 있었다.

癸	癸	辛	丁
亥	亥	亥	丑

乙	丙	丁	戊	己	庚
巳	午	未	申	酉	戌

[425] 강약 / 조후

지지가 三亥 一丑이고 천간에 二癸 一丁이니 음탁(陰濁)함이 지극하다. 연간(年干)의 丁火가 비록 암장으로 싸 놓지는 못했지만 허약하여 불꽃을 내지 못한다.

亥 중의 甲木이 丁火를 인도하여 살릴 수 없으나, 기쁜 것은 운로가 남방으로 운행하여 양명지(陽明地)가 된다는 점이다. 또한 丙午와 丁未 유년(流年) 운을 만나 과거에 연달아 급제했고, 벼슬은 관찰사였다.

癸	辛	己	辛
巳	酉	亥	丑

癸	甲	乙	丙	丁	戊
巳	午	未	申	酉	戌

[426] 강약 / 조후

지지가 모두 丑亥酉이고 월간은 습한 土이며 辛癸가 드러났으니, 음탁한 기운의 사주이다. 시지(時支)의 巳火는 본래 사주를 따뜻하게 할 수 있으므로, 대략적인 모습이 앞선 사주보다 더 나은 것 같다.

그러나 巳酉丑이 모두 金局을 이루니, 亥 중의 甲木이 손상되고, 巳火와 丑土로 재관(財官)을 취하려 해도 효신(梟神)으로 인해 겁재(劫財)를 생하고 말았다. 비록 火土 운으로 흘렀다 해도 도와주고 이끌어 주지 못하니 출가하여 중이 되었다.

양인국 전즉령위 약즉파사
羊刃局 戰則逞威 弱則怕事
상관격 청즉겸화 탁즉강맹
傷官格 淸則謙和 濁則剛猛
용신다자 정성불상
用神多者 情性不常
시지고자 호두사미
時支枯者 虎頭蛇尾

양인국은 싸우면 위세를 부리고, 약하면 일을 두려워한다.

상관격은 맑으면 겸손하고 온화하나, 탁하면 강하고 사납다.

용신(用神)이 많은 사람은 성정이 일정치 않다.

시지(時支)가 마른 사람은 시작은 거창하나 끝이 흐지부지하다.

原注

羊刃局, 凡羊刃, 如是午火, 干頭透丙, 支又會戌會寅, 或得卯以生之, 皆旺. 透丁爲露刃, 子沖爲戰, 未合爲藏, 再逢亥水之克, 壬癸水之制, 丑辰土之洩, 則弱矣. 傷官格, 如支會傷局, 干化傷象, 不重出, 無食混, 身旺有財, 身弱有印, 謂之淸, 反是則濁, 夏木之見水, 冬金之得火, 淸而且秀, 富貴非常.

- 양인국(羊刃局)의 경우, 무릇 양인(羊刃)은 예를 들어 午火라면, 간두(干頭)에 丙이 투출하고, 지지(地支)에서 다시 戌과 寅을 만나거나, 혹은 卯를 얻어 생조를 받으면 모두 왕성하다.
- 丁이 투출하면 양인의 칼날이 드러난 것이고, 子가 충하면 전투가 일어나는 것이며, 未와 합하면 감추는 것이다. 여기에 다시 亥水의 극을 만나거나, 壬癸水의 제압을 받거나, 丑辰土의 설기(洩氣)를 당하면 곧 약해진다.

- 상관격(傷官格)은 예를 들어 지지에서 상관이 모인 국을 이루고, 천간에서 상관의 형상으로 변화하며, 거듭 출현하지 않고, 식신(食)과 섞이지 않으며, 신왕(身旺)할 때 재성(財)이 있거나, 신약(身弱)할 때 인성(印)이 있으면, 이를 청(淸)하다고 이른다.
- 이와 반대이면 곧 탁(濁)하다고 말한다. 여름 木이 水를 보거나, 겨울 金이 火를 얻으면, 맑고 빼어난 것이며, 부귀(富貴)가 비상하다.

임철초 日

양인국(羊刃局)은 왕(旺)하면 마음이 높고 뜻이 오만하고, 싸우면(戰) 세력을 믿고 위세를 부리며, 약(弱)하면 의심이 많아 일을 두려워하고, 합(合)하면 억지로 감정을 꾸미고 남과 다르게 행동한다.

예컨대, 丙 일주가 午로 양인을 삼는데, 천간에 丁火가 투출되면 이를 '드러난 양인'이라 한다. 지지에 寅戌이 있거나 卯의 생조를 만나고, 천간에 甲乙이 투출하거나 丙火의 도움을 받으면 모두 '왕하다'고 본다.

반대로, 지지에서 子를 만나 충하거나, 亥나 申을 만나 제압을 받거나, 丑이나 辰을 얻어 설기되거나, 천간에 투출한 壬癸가 극하거나, 己土를 만나 설기되면 모두 '약하다'고 본다. 지지에서 未를 얻어 합이 되거나, 巳를 만나 도움을 받으면 '중화되었다'고 본다.

상관격은 반드시 진(眞)과 가(假)을 구분해야 한다. 진상관(眞傷官)은 일간(日干)이 약한데 인성(印星)이 있으며 재성(財星)이 보이지 않으면 맑음(淸)을 얻었다고 한다. 가상관(假傷官)은 일간이 왕한데 재성(財星)이 있으며 인성(印星)이 보이지 않으면 귀함(貴)을 얻었다고 한다.

진상관은 월지(月支)가 상관이거나, 지지가 합하여 상관국을 이루고 천간에 투출한 경우이다. 가상관은 전체가 비겁(比劫)인데 관성(官星)이 없어 이를 제압하지 못하거나, 관성이 있더라도 그 기세가 비겁을 능히 대적하지 못하는 경우이다.

이런 사주에서 식신 상관을 불론하고 모두 용신(用神)이 될 수 있으며, 없더라도 아름답다. 다만 인성(印星)을 보는 것은 좋지 않다. 인성을 보면 상관을 파괴하여 흉하게 되기 때문이다.

무릇 상관격이 맑고 용신으로 쓰임을 얻으면, 그 사람은 공손하고 예의 바르며, 온화하고 절도에 맞아 인재가 뛰어나고 학문이 깊다. 이와 반대되는 경우는 오만하고 교만하며, 강하고 무례하여 강한 것으로 약한 자를 업신여기고, 세력에 아첨하고 이익을 좇는다.

용신(用神)이 많은 사람은 변함없이 지속하려는 의지가 적고, 옮겨 변하려는 마음이 많다. 시지(時支)가 마른 사람은 여우처럼 의심이 많아 결단력이 부족하고, 처음에는 부지런하나 끝은 게으르다.

여름 木이 水를 본다면 반드시 먼저 金이 있어야 水의 근원이 된다. 겨울의 金이 火를 만나면 반드시 신왕하고 木이 있어야 火에 불꽃이 생긴다. 이렇게 되면 부귀를 의심할 필요 없다. 그러나 만약 여름 水가 金이 없고, 겨울 火가 木이 없다면, 이는 맑지만 메마른 형상이라 명예와 이익이 모두 허망할 것이다.

壬 丙 甲 丙
辰 申 午 寅

庚 己 戊 丁 丙 乙
子 亥 戌 酉 申 未

[427] 강약 / 조후

丙火가 午月에 태어나 양인국(羊刃局)인데, 寅申 충(沖)을 만났다. 寅과 더불어 火局을 이루고 방조(幫助)를 만났으니 왕성하다는 것을 알 수 있다. 가장 기쁜 것은 辰時에 壬水가 투출한 것이고, 다시 묘한 것은 申辰이 火 기운을 설기(洩氣)하고 金을 생하고 水局을 이룬다는 점이다.

이는 바르게 수화기제(水火既濟)를 얻은 것이니, 일찍이 과거에 급제하여 벼슬길에 연달아 올랐다. 병관(兵官)과 형권(刑權)의 중임을 맡아 생살대권(生殺大權)을 쥐었다.

		壬	丙	甲	丙
		辰	寅	午	申
庚	己	戊	丁	丙	乙
子	亥	戌	酉	申	未

[428] 강약

이 사주는 앞선 사주와 거의 같지만, 차이점이 있다. 앞 사주는 일지 아래 申金이 반합(半合)하여 壬水를 생하니 유정(有情)했다. 그러나 이 사주는 申이 연지(年支)에 있어 멀리 떨어져 있고, 또 비겁(比劫)으로부터 겁탈을 당했다.

申 운에 칠살을 생하고, 다시 甲子年에 회합하여 살국(殺局)을 이루고 양인(羊刃)을 충극하니 중시(重試)와 향시(鄕試)에 급제했다. 그러나 이후로는 벼슬길이 막혀 버렸으니, 앞 사주와는 하늘과 땅 차이다. 이는 申金이 壬水의 기운에 바로 연결되지 못했기 때문이다.

		戊	丙	戊	戊
		戌	辰	午	子
甲	癸	壬	辛	庚	己
子	亥	戌	酉	申	未

[429] 강약

丙 일주에 午 양인이 당령하였으니 강한 것처럼 보이나 子水가 충하고 辰 습토가 설기하니 약하다는 것을 쉽게 알 수 있다. 천간 세 개의 戊는 일주의 정화(精華)를 빼앗으며, 게다가 운로도 서북방 金水의 땅으로 흐르니 양인이 더욱 많은 적을 만나게 되니, 그는 공명이 순조롭지 않았고, 좌절하여 뜻을 이루지 못했고, 또 재물도 모을 수 없었다.

그래도 甲寅年에 회합으로 火局을 이루고 두터운 土를 소토시키니 은과(恩科)에 급제할 수 있었다.

壬 庚 乙 庚
午 午 酉 午

辛 庚 己 戊 丁 丙
卯 寅 丑 子 亥 戌

[430] 강약

이것은 화중당(和中堂)의 사주이다. 庚일주가 중추(仲秋)酉月에 태어났는데, 지지에 관성(官星)이 세 개나 보이니 酉金 양인(羊刃)이 극을 받고 오행에 土가 없어 약하다는 것을 알 수 있다. 기쁜 것은 시상(時上)의 壬水가 보호하고 수기(秀氣)를 토해내는 점이다. 그러므로 총명하였고 권세가 중에서도 가장 뛰어났다.

다만 월간(月干)에 乙木이 드러나 재물에 연연하여 쟁합(爭合)하니, 평생 사랑하는 재물 때문에 급류용퇴(急流勇退)할 줄 몰랐다. 다만 재물(財)이 양인(羊刃) 자리에 임했으나 일주(日主)가 관성(官星)의 영향권에 있으니, 관성(官星)은 능히 양인(羊刃)을 제극(制剋)하므로 재물은 반드시 관성(官星)을 생한다. 관성(官星)은 임금의 상(象)이므로, 운이 庚寅으로 흐를 때 金이 절지(絶地)이고, 관성(官星)은 생공(生拱)을 받으니 그 재물은 모두 관성으로 귀속되었다.

이로 미루어 보건대 재물은 사람을 해롭게 하는 물건이기도 하다. 이른바 욕심을 절제하지 못하면 불나비가 불 속으로 날아들어 분신하고 끝을 내는 것과 같고, 성성이(원숭이)가 술을 즐기다가 자기 일생을 망치게 되는 것과 같으니 후회해도 소용없다.

戊 壬 丙 己
申 辰 子 丑

庚 辛 壬 癸 甲 乙
午 未 申 酉 戌 亥

[431] 강약/조후

이것은 인제대(印提臺)의 사주이다. 壬水가 子月에 태어났는데, 관살이 함께 드러나 뿌리를 내렸으니 오로지 삼합 水局에 의지하여 양인을 돕는다. 이른바 '殺과 印이 모두 왕하다'는 상황이다. 아쉬운 것은 木이 없어 水의 기운을 토해내지 못하므로 출신은 한미하였다. 다행히 丙火가 얼어붙은 기운을 녹여주는 역할을 한다. 그러므로 이 사람은 관후(寬厚)하고 화평(和平)한 행오(行伍) 출신이었다.

癸酉 운에는 양인을 돕고 몸을 강하게 하니 관직을 얻었다. 壬申 운에는 일 년 만에 아홉 번이나 승진하여 벼슬이 최고 품계에까지 이르렀다. 未 운으로 바뀌어서는 양인을 제극하고, 丁丑年에 火土가 함께 왕성하며 다시 子水를 극합(剋合)하니 사망했다.

庚	甲	乙	辛
午	子	未	卯

己	庚	辛	壬	癸	甲
丑	寅	卯	辰	巳	午

[432] 강약 / 조후

이것은 계중당(稽中堂)의 사주이다. 甲子 일주가 未月 午時에 태어나니, 이른바 '하목(夏木)이 水를 만나 상관(傷官)이 인수(印綬)를 차고 앉은 것'이다. 기쁜 것은 卯木이 未土를 극하는 것인데, 子水가 손상되지 않고 충분히 午를 충(沖)할 수 있어서 병(病)도 있지만 약(藥)도 있고, 탁함(濁)을 제거하고 맑음(淸)을 두는 것이다.

천간의 甲乙 庚辛은 각각 문호를 따로 세웠으므로 혼잡이라 논할 수 없으니, 인수(印綬)의 자양(滋養)이 희신(喜神)이 되었다. 다시 묘한 점은 운로가 동북방의 水木의 땅으로 흐르니 체용(體用)에 마땅하여 일생 벼슬길이 평탄했다.

庚	甲	壬	庚
午	戌	午	午

戊	丁	丙	乙	甲	癸
子	亥	戌	酉	申	未

[433] 강약 / 조후

甲木이 午月에 태어나고 지지에 三午一戌이 되니 화염(火焰)하고 토조(土燥)하여 상관(傷官)이 방자하다. 월간의 壬水는 뿌리가 없으니 오로지 庚金이 水를 생하는 것에만 의지했다. 그러므로 과거에 연달아 급제했으나 벼슬길은 어정쩡했는데, 지지가 모두 火이기 때문이다. 또한 천간의 金水와 木은 뿌리내릴 곳이 없으니, 이는 신(神)은 남아도 정(精)이 부족한 까닭이다.

庚	庚	丙	甲
辰	辰	子	子

壬	辛	庚	己	戊	丁
午	巳	辰	卯	寅	丑

[434] 강약 / 조후

이것은 주시랑(周侍郎)의 사주이다. 庚金이 중동(仲冬) 子月에 태어나니 金水가 차갑고 냉랭하다. 월간의 丙火는 연간의 甲木이 생하니, 차가운 추위를 녹여준다. 이른바 '동금득화(冬金得火)'인 셈이다. 다만 子와 辰이 쌍으로 공(拱)하니, 일주가 반드시 허(虛)하게 되어 용신(用神)이 丙火가 되지 못하고 辰土가 된다. 비견(比肩)이 또한 돕는다.

운로 庚辰과 辛巳에 벼슬길에서 연달아 급제했다.

丁	辛	壬	丁
酉	巳	子	巳

丙	丁	戊	己	庚	辛
午	未	申	酉	戌	亥

[435] 강약 / 조후

이것은 웅중승학붕(熊中丞學鵬)의 사주이다. 辛金이 중동(仲冬) 子月에 태어나니 金은 차갑고 水는 왕성하다. 설기(洩氣)가 지나치므로 오로지 酉時가 몸을 돕는 데 의지하며, 巳酉가 반합(半合)하여 돕는다.

천간의 丁火는 추위를 대적하여 얼어붙은 기운을 녹이는 역할에 불과하니, 丁火로 용신을 삼지 않고 반드시 酉金으로 용신을 삼아야 한다. 그러므로 운로가 土金 지대(地帶)에서 벼슬길이 현혁(顯赫)하게 빛났고, 丁未로 운이 바뀌어서는 일에 실패가 있었다.

무릇 '동금희화(冬金喜火)'는 그 사주를 따뜻하게 하는 데 의미가 있을 뿐, 火를 용신으로 삼으라는 뜻은 아니다.

59. 질병(疾病)

오 행 화 자　일 세 무 재
五行和者 一世無災

오행이 조화로운 자는 일생동안 재앙이 없다.

原注

五行和者, 不特全而不缺, 生而不克, 只是全者宜全. 缺者宜缺, 生者宜生, 剋者宜剋, 則和矣. 主一世無災.

- 오행이 조화롭다는 것은, 단순히 오행이 모두 있으면서 빠진 것이 없고, 생(生)하면서 극(剋)하지 않는 것만을 의미하는 것은 아니다.
- 오히려, 있는 것은 마땅히 온전해야 하고, 없는 것은 마땅히 없어야 하며, 생하는 것은 마땅히 생해야 하고, 극하는 것은 마땅히 극해야 한다. 그것이 비로소 조화로운 것이다.
- 이러한 사람은 일생 동안 재앙이 없을 것이다.

임철초 日

오행은 하늘에서는 오기(五氣)가 되어 청(靑), 적(赤), 황(黃), 백(白), 흑(黑)이며, 땅에서는 오행이 되어 목(木), 화(火), 토(土), 금(金), 수(水)이다. 사람에 있어서는 오장(五臟)이 되어 간(肝), 심(心), 비(脾), 폐(肺), 신(腎)이다.

사람은 만물(萬物)의 영장(靈長)으로 오행을 온전히 얻으니, 겉으로는 머리와 얼굴에 나타나 하늘의 오기(五氣)를 본뜨고, 안으로는 오장육부에 드러나 땅의 오행을 본뜨니, 그러므로 작은 하늘이라 할 수 있다. 이 때문에 오장육부는 각각 오행의 음양(陰陽)에 배속되어 속하게 된다. 무릇 한 장(臟)은 한 부(腑)와 짝을 이루는데, 부(腑)는 모두 양(陽)에 속하므로 甲, 丙, 戊, 庚, 壬이 되고, 장(臟)은 모두 음(陰)에 속하므로 乙, 丁, 己, 辛, 癸가 된다. 혹 조화롭지 못하거나, 너무 지나치거나 부족하면 질병에 풍(風), 열(熱), 습(濕), 조(燥), 한(寒)의 증세가 있다. 반드시 오미(五味)로 조화롭게 하면 또한 해결될 수 있는 것이 있다.

오미(五味)는 시고(酸), 쓰고(苦), 달고(甘), 맵고(辛), 짠맛(鹹)이다. 신맛(酸)은 木에 속하므로 많이 먹으면 '근육'을 상하게 한다. 쓴맛(苦)은 火에 속하므로 많이 먹으면 '뼈'를 상하게 한다. 단맛(甘)은 土에 속하므로 많이 먹으면 '살'을 상하게 한다. 매운맛(辛)은 金에 속하므로 많이 먹으면 '기운'을 상하게 한다. 짠맛(鹹)은 水에 속하므로 많이 먹으면 '피'를 상하게 한다. 이것이 오미의 상극(相剋)이다.

그러므로 오행이 조화로우면 평생 재앙이 없다고 말한다. 이는 단지 팔자(八字)의 오행만 조화로워야 하는 것이 아니라, 곧 오장육부의 오행 또한 조화로워야 한다. 팔자 오행의 조화는 세운(歲運)으로 조화롭게 하고, 오장육부 오행의 조화는 오미(五味)로 조화롭게 하는 것이다. '화(和)'는 '해결하다'는 의미이다. 만약 오행이 조화롭고 오미가 조절되면 재앙과 질병이 없을 것이다.

그러므로 오행의 조화는 상생(生)만 하고 상극(剋)하지 않거나, 완전하여 부족함이 없는 것이 조화로운 것이 아니다. 그 요점은 왕성한 기운을 설기(洩氣)하고, 넘치는 것을 덜어내는 데 귀함이 있다. 넘치는 왕성한 기운을 덜어내면, 부족한 약한 기운이 이로움을 얻게 되는데, 이것을 조화(和)라고 한다. 만약 왕성한 기운을 강제로 제압하려 하면, 소수가 다수를 당해내지 못해 그 성질을 건드려 왕성한 기운은 줄어들지 않고 약한 기운이 도리어 상하게 된다.

이러한 이유로 왕성함이 지나친 것은 설기하는 것이 마땅하고, 지나치지 않으면 극하는 것이 마땅하다. 약한 기운이라도 뿌리가 있으면 돕는 것이 마땅하고, 뿌리가 없다면 도리어 극하는 것이 마땅하다. 무릇 팔자는 반드시 한 글자라도 힘이 있어 제화(制化)가 적절하게 이루어져야 평생 재앙이 없을 것이다. 이는 오행이 모두 갖춰져 부족함이 없거나 상생만 하고 상극하지 않는 것이 아름답고 조화롭다는 것이 아니다.

庚	戊	甲	癸
申	戌	寅	未

丙	丁	戊	己	庚	辛	壬	癸
午	未	申	酉	戌	亥	子	丑

[436] 강약 / 격국

戊土가 寅月에 태어나 木은 왕성하고 土는 허약하다. 다행히 일주가 戌土에 앉아 통근했으니 金을 용신으로 삼아 제살(制殺)할 수 있다. 庚金 역시 녹지(祿地)에 앉아 있으니 힘으로 능히 벌목을 할 만하다. 이른바 '너무 지나치지 않은 것은 마땅히 극해야 한다(不太過者 宜剋也)'는 것이다. 비록 연간(年干)의 癸水가 살(殺)을 생하지만, 未土 위에서 제극되고 있으므로 木을 생하는 것이 불가능하다. 좋아하는 것은 도움을 얻고, 미워하는 것은 제거됨을 얻으니 비로소 오행이 조화롭다.

또한 흘러가는 운로도 체용(體用)을 배신하지 않아, 수명이 90을 넘겨서도 눈과 귀가 총명했고 혼자서도 외출할 수 있었다. 자식은 왕성하고 손자도 많았으며, 명리(名利)와 복수(福壽)를 모두 갖추었으며 평생 재앙이나 질병이 없었다.

甲	戊	庚	甲
寅	寅	午	寅

丙	乙	甲	癸	壬	辛
子	亥	戌	酉	申	未

[437] 강약

사주 안에 칠살(七殺)이 다섯 개나 보인다. 庚金 하나는 午 위에 뿌리도 없으니, 이른바 '약한 기운이 뿌리가 없다면 마땅히 그것을 제거해야 한다(弱神無根 宜去之)'는 것이고, 또한 '왕성한 기운이 너무 지나치면 마땅히 그것을 설기해야 한다(旺神太過 宜洩之)'고 했으니, 午火를 용신(用神)으로 삼아야 화평해질 것이다.

기쁜 것은 午火가 당령하였고 水 기운이 전혀 없다는 점이다. 비록 운에서 金水를 만난다 하더라도 격국을 깨뜨리지 못하니 근심이 없고, 운이 木火로 흐르면 명예와 이익을 모두 얻을 것이다. 이는 신(神)이 충족하면 정기(精氣)가 스스로 생겨나기 때문이다. 이로써 부귀(富貴)와 복수(福壽)를 누리며 일생을 재앙 없이 살았고, 자식이 번성하고 손자가 많아 후사 또한 모두 아름다웠다.

乙	癸	丙	甲
卯	亥	子	子

壬	辛	庚	己	戊	丁
午	巳	辰	卯	寅	丑

[438] 강약

癸亥 일주가 연월에 子를 깔고 앉았으니 왕성함을 알 수 있다. 가장 기쁜 것은 卯時로써 그 정수를 설기시켜는 것이니, 안에 있는 기운을 밖으로 발현시키기 때문이다. 木 기운이 넘치므로 火가 허약하더라도 용신(用神)으로 사용한다.

이것은 이른바 '정(精)이 족하니 신(神)이 왕성하다'는 것이다. 다행히 土金의 혼잡이 없다. 만약 土가 있다면 火를 설기하고 水를 멈추게 할 수 없으므로, 도리어 木과 화합하지 못할 것이다. 만약 金이 있다면 木을 손상하고 더욱이 水 기운의 광활함(汪洋)을 돕게 된다.

이 사주가 일생 재앙이 없었던 것은 土金의 혼잡이 없었기 때문이다. 늙어서 음식을 씹지도 못하고 통째로 삼킬 정도였는데도 더 건강했고, 눈과 귀가 총명하며 보행에도 건강하여 사람들이 50대인 줄 착각할 정도였다. 명예와 재물이 모두 온전했고 자손이 많았다.

혈 기 난 자 생 평 다 질
血氣亂者 生平多疾[56)]

혈기(血氣)가 어지러운 자는 평생 질병(疾病)이 많다.

原注

血氣亂者, 不特火勝水, 水克火之類; 五氣反逆, 上下不通, 往來不順, 謂之亂, 主人多病.

- 혈기가 혼란하다는 것은, 비단 火가 水를 이기거나, 水가 火를 극하는 등의 관계에만 그치지 않는다.
- 오기(五氣)가 거꾸로 거스르고, 상하가 통하지 않으며, 왕래가 순조롭지 못한 것을 일러 혼란하다고 하는 것이다. 이러한 사람은 주로 질병이 많게 된다.

56) 血氣亂者, 平生多疾.

임철초 日

혈기(血氣)가 혼란하다는 것은 오행이 서로 등지고 순조롭지 못하다는 것을 이른다. 오행에서 水를 혈(血)이라 논하고, 인신(人身)에서 맥(脈)을 곧 혈(血)이라 한다. 심포(心胞, 심장을 둘러싼 막)가 혈(血)을 주관하므로 수족궐음경(手足厥陰經, 경락 중 2종)과 통한다. 심(心)은 丁火에 속하고, 심포는 혈을 주관하며, 방광(膀胱)은 壬水에 속한다. 丁壬이 서로 합(合)하므로 심(心)이 능히 신(腎)과 아래로 교류하면 丁壬이 木으로 변화하여 신기(神氣)가 저절로 충족되고, 기제(既濟)의 상생(相生)을 얻어 혈맥(血脈)이 유통되어 질병이 없을 것이다. 그러므로 팔자는 극하는 곳에서 생을 만나고, 거스르는 가운데서 순조로움을 얻는 것을 귀하게 여겨 아름답다고 하는 것이다.

만약 좌우가 서로 싸우고, 상하가 서로 극하며, 희신이 거스름을 만나거나, 순함을 만나는 경우는 ① 火가 왕성하여 水가 마르고, 火가 능히 木을 태운다거나, ② 水가 왕성하여 土가 무너지고, 水가 능히 金을 잠기게 한다거나, ③ 土가 왕성하여 木이 부러지고, 土가 능히 火를 어둡게 한다거나, ④ 金이 왕성하여 火가 허약해지고, 金이 능히 土를 상하게 한다거나, ⑤ 木이 왕성하여 金이 이지러지고, 木이 능히 水를 스며들게 하는 것이다. 이것은 오행이 전도(顚倒)되어 서로 극하는 이치이니, 이를 범하는 사람은 반드시 재앙과 질병이 많을 것이다.

庚	丁	乙	丙
戌	未	未	申

辛	庚	己	戊	丁	丙
丑	子	亥	戌	酉	申

[439] 강약 / 조후

丁 일주가 계하(季夏) 未月에 태어났는데, 未戌은 조토(燥土)이므로 火를 어둡게 하고 金을 생하는 것이 불가능하다. 丙火는 충분히 木을 불사르고 金을 극하니, 土는 말라 火를 설기(洩氣)시키지 못한다. 申 중의 壬水 또한 손상되었으니, 그 정기(精氣)가 고갈되어 쓸모없게 되었다.

그러므로 처음에는 질환이 담화(痰火)였다. 亥 운에는 水가 원국의 왕성한 火를 대적하지 못하고 木만 생하여 火를 간접적으로 도왔다. 이는 찻잔의 작은 물로 수레의 섶나무를 도와 불을 지피는 격이라 火의 세력이 더욱 맹렬하게 노했으므로, 피를 토하고 죽었다.

甲	丙	丁	壬
午	申	未	寅

癸	壬	辛	庚	己	戊
丑	子	亥	戌	酉	申

[440] 강약 / 조후

丙火가 未月 午時에 태어났는데, 연간(年干)의 壬水는 뿌리가 없고 申金은 멀리 떨어져 있어 壬水를 생할 수 없게 되었다. 또한 寅이 충(沖)하고 午가 겁탈하니 폐기(肺氣)가 이지러질 것이고, 아울러 丁壬 합화(合化)하여 木이 되니 火를 도와 심화(心火)만 더욱 왕성해지고 신수(腎水)는 고갈될 것이다. 그러므로 병이 유설(遺泄, 정기가 빠져나감)에 있었고 담수(痰嗽, 가래와 기침)까지 겹쳤었다.

戌 운에는 火局으로 변하니 폐기는 더욱 끊어지고 신수는 더욱 말랐으므로 피를 토하고 죽었다.

壬	丙	丙	甲
辰	寅	寅	辰

壬	辛	庚	己	戊	丁
申	未	午	巳	辰	卯

[441] 억부 / 조후

木이 월령(月令)을 얻어 火가 생조를 받았다. 辰土는 습토이므로 능히 水를 저장하고 있으나, 丙寅으로부터 극을 받아 비위(脾胃)가 손상되니 金 기운은 저절로 끊겼다. 木이 많아 水가 스며들면 신수(腎水) 역시 고갈된다.

庚 운에 이르러도 木이 왕성하여 金이 이지러지니, 金水를 함께 만나면 木火金이 더욱 방자해져 피를 토하고 죽었다.

이 사주는 木火가 뜻을 같이하므로, 순하게 따라야 하며 거슬러서는 안 된다. 오히려 壬水를 기신으로 삼는다. 그래서 초년 운인 丁卯, 戊辰, 己巳는 오히려 어렵지 않았다.

기 신 입 오 장 이 병 흉

忌神入五臟而病凶

기신(忌神)이 오장(五臟)에 들어가면 병(病)이 흉하다.

原注

柱中所忌之神, 不制不化, 不沖不散, 隱伏深固, 相克五臟, 則其病凶. 忌木而入土則脾病, 忌火而入金則肺病, 忌土而入水則腎病, 忌金而入木則肝病, 忌水而入火則心病. 又看虛實, 如木入土, 土旺者, 則脾自有餘之病, 發於四季月; 土衰者, 則脾有不足之病, 發於春冬月. 餘皆仿之.

- 사주에서 기신(忌神)이 제압되지 않고, 변화되지도 않으며, 충(沖)으로 흩어지지도 않고, 깊이 숨어 굳건하게 오장(五臟)을 상극(相剋)하면, 그 질병은 흉하다.
- 木을 꺼리는데 土로 들어가면 비장(脾臟)에 병이 들고,
- 火를 꺼리는데 金으로 들어가면 폐장(肺臟)에 병이 들고,
- 土를 꺼리는데 水로 들어가면 신장(腎臟)에 병이 들고,
- 金을 꺼리는데 木으로 들어가면 간장(肝臟)에 병이 들고,
- 水를 꺼리는데 火로 들어가면 심장(心臟)에 병이 든다.
- 또한 허실(虛實)을 보아야 한다. 예를 들어 木이 土로 들어가는데, 土가 왕성한 사람이라면 비장(脾臟)에 저절로 남음(실증)의 병이 생겨 사계절(환절기)에 발병하고,

- 土가 쇠약한 사람이라면 비장(脾臟)에 부족함(허증)의 병이 생겨 봄, 겨울에 발병한다. 나머지도 모두 이와 같이 본다.

임철초 日

기신(忌神)이 오장(五臟)에 들어간다는 것은, 음탁(陰濁)한 기운이 지지(地支)에 묻혀 숨어 있다는 것을 말한다. 음탁함이 깊이 잠복하면 제압하기도 어렵고 변화시키기도 어려우니, 병이 되면 가장 흉하다. 만약 그 기운이 희신이 되면 평생 재앙이 없지만, 기신이 되면 평생 질병이 많다.

① 土는 비위(脾胃)를 주관한다. 비위는 완만함을 좋아하고 조화로움을 좋아하는데, 木을 꺼리면서 土에 들어가면 조화롭고 완만하지 못해 병이 생긴다. ② 金은 대장(大腸)과 폐(肺)를 주관한다. 폐는 거두어들이는 것을 좋아하고 대장은 통하는 것을 좋아하는데, 火를 꺼리면서 金에 들어가면 폐기(肺氣)가 위로 역류하고 대장이 통하지 못하여 병이 생긴다. ③ 水는 방광(膀胱)과 신장(腎臟)을 주관한다. 방광은 윤택함을 좋아하고 신장은 견고함을 좋아하는데, 土를 꺼리면서 水에 들어가면 신장(腎臟)이 마르고 방광이 건조해져 병이 생긴다. ④ 木은 간(肝)과 담(膽)을 주관한다. 간은 조화롭게 펼쳐지는 것을 좋아하고 담은 평온함을 좋아하는데, 金을 꺼리면서 木에 들어가면 간이 급해져 火를 만들고 담은 차가워져 병이 생긴다. ⑤ 火는 소장(小腸)과 심장(心臟)을 주관한다. 심장은 너그러움을 좋아하고 소장은 거두어들이는 것을 좋아하는데, 水를 꺼리면서 火에 들어가면 심장이 너그럽지 못하고 소장이 느슨해져 병이 생긴다.

또한 기운의 남음(有餘)과 부족함(不足)을 살펴보아야 한다. 예를 들어, 土가 너무 왕성하면 木이 土에 들어가지 못하니, 비위(脾胃)에 스스로 넘치는 병이 생긴다. 비장(脾臟)은 본래 습함(濕)을 꺼리고 위장(胃臟)은 본래 차가움(寒)을 꺼리는데, 만약 土가 습하면서 넘친다면 그 병은 봄과 겨울에 발생하며, 오히려 火로써 건조하게 하는 것을 꺼린다. 土가 건조하면서 넘친다면 그 병은 여름과 가을에 발생하며, 오히려 水로써 윤택하게 하는 것을 꺼린다. 만약 土가 허약하면 약한 木으로도 능히 土를 소통시킬 수 있다. 만약 土가 습하면서 부족하다면 그 병은 여름과 가을에 발생한다. 土가 건조하면서 부족하다면 그 병은 겨울과 봄에 발생한다.

무릇 허약하고 습한 土가 여름과 가을의 건조함을 만나거나, 봄과 겨울의 습함을 만나면, 木은 뿌리를 내려 더욱 무성해지고 土는 그 극함을 받아 더욱 허약해진다. 만약 허약하고 습한 土가 다시 허약하고 습한 시기를 만나거나, 다시 허약하고 건조한 시기를 만나면, 木은 반드시 허하여 뜨고 뿌리를 내리지 못하므로 土는 오히려 그 극함을 두려워하지 않게 된다. 나머지도 모두 이와 같다.

乙	丙	己	庚
未	子	丑	寅

乙	甲	癸	壬	辛	庚
未	午	巳	辰	卯	寅

[442] 조후

丙火가 계동(季冬) 丑月에 태어나고 子水를 깔고 앉았으니 火는 허약하여 불꽃에 힘이 없다. 따라서 木을 용신(用神)으로 삼는다. 木은 시들고 메말랐고, 두 곳에 양기(陽氣)가 있지만 새싹을 틔우지 못하고 있다. 庚金은 투출했지만 절지에 앉아 병이 깊지 않다. 꺼려지는 것은 월지 丑土인데, 庚金이 통근했고, 丑중에 辛金이 숨겨져 있으니 기신(忌神)이 오장에 깊이 들어간 형국이다. 또한 己土는 庚金의 적모(嫡母)이니, 火를 어둡게 하고 金을 생하므로 능히 寅을 파괴할 수 있다.

子水는 신장(腎臟)에 해당하는데 丑이 합하여 木을 생하지 못하게 하고, 土로 변하여 金을 돕는다. 丑土의 병폐는 金을 생하는 것뿐만 아니라 水에게도 해를 끼친다. 이에 따라 질병은 간(肝)과 신장(腎臟)이 모두 이지러졌다고 할 수 있다.

卯 운에는 丑土를 능히 파괴하므로 이름이 궁장(宮牆, 과거 급제)에 올랐다.

그러나 乙 운에는 庚과 합하고 巳丑이 합하여 金局을 이루니, 허손증(虛損症)을 치료하지 못하고 사망했다.

壬 辛 辛 丁
辰 未 亥 亥

乙 丙 丁 戊 己 庚
巳 午 未 申 酉 戌

[443] 강약

辛金이 맹동(孟冬) 亥月에 태어났는데, 丁火는 비견을 극하고 제거하니 일주(日主)는 고립되어 도움이 없다. 상관(傷官)이 투출하고 월령(月令)을 얻었으니, 명주(命主)의 원신(元神)을 빼앗아 간다.

용신은 土가 되고 火가 아니다. 未는 木의 창고이면서 뿌리가 되고, 辰은 木의 여기(餘氣)이므로 모두 乙木을 소장하고 있는 기신(忌神)이다. 연과 월의 두 亥는 木의 생지(生地)이며 亥未가 木을 끌어내니, 기신이 오장(五臟)으로 들어가 육부(六腑)로 돌아간다. 이와 같이 논한다면 비장(脾臟)이 허하고 신장(腎臟)을 설기(洩氣)하니, 그 병은 머리가 어지럽고 유설(遺洩)이 있을 것이다. 또 다시 뒤에서 기운이 치밀어 오르기도 하여 열흘도 편안함이 없을 것이다.

己酉 운에는 일주가 녹(祿)을 받아 생원 시험에 합격하고 득자(得子)도 하였다. 戊 운에는 壬水를 극하고 제거하므로 넉넉했으나, 申 운에 壬水가 생을 만나 병세가 더욱 중하였고, 丁 운에는 일주가 극을 당해 사망했다.

위의 두 사주를 살펴보면, 그 병증과 팔자 오행의 이치가 명확하게 일치함을 알 수 있다. 진실로 깊이 마음을 다해 세밀하게 연구한다면, 그 수명(壽命), 요절(夭折), 가난(窮), 성공(通)을 어찌 미리 정할 수 없겠는가?

객 신 유 육 경 이 재 소
客神遊六經而災小

객신(客神)이 육경(六經, 경락)에서 유행해도 재앙이 작다.

原注

客神比忌神爲輕, 不能理沒, 游行六道, 則必有災. 如木游於土之地而胃災. 火游於金之地而大腸災, 土行水地膀胱災, 金行木地膽災. 水行火地小腸災.

- 객신(客神)은 기신(忌神)보다 가벼워 병세가 이치적으로 깊이 잠복하지 못한다. 그래도 작더라도, 육도(六道, 六經)를 유행(遊行)하면 반드시 재앙이 있다.
- 만약에, 木이 土의 영역에 흐르면 위(胃)에 재앙이 있고, 火가 金의 영역에 흐르면 대장(大腸)에 재앙이 있으며, 土가 水의 영역에 흐르면 방광(膀胱)에 재앙이 있고, 金이 木의 영역에 흐르면 담(膽)에 재앙이 있으며, 水가 火의 영역에 흐르면 소장(小腸)에 재앙이 있다.

임철초 曰

객신(客神)이 육경(六經)을 돌아다닌다는 것은, 양기(陽氣)가 허(虛)하여 천간(天干)에 떠 있다는 것을 말한다. 양기(陽氣)가 허하게 드러나면 제압하기도 쉽고 변화시키기도 쉬우므로, 재앙이 반드시 작다. 이는 마치 병이 겉에 드러나 외감(外感)이 발산되기 쉬워 큰 근심에 이르지 않는 것과 같다. 그래서 재앙이 작다고 하는 것이다.

그 병의 근원을 따져보면, 여전히 오행과 음양으로부터 장부(臟腑)를 구분해야 한다. 오장(五臟)을 논하는 방법 또한 천간(天干)을 객신(客神)이라 하여 허(虛)하다고 논하거나, 지지(地支)를 기신(忌神)이라 하여 실(實)하다고 논해서는 안 된다. 반드시 허(虛)한 가운데 실(實)이 있고, 실(實)한 곳에 도리어 허(虛)가 있다는 이치를 깊이 연구해야 한다. 그래야 그 재앙과 길흉이 명확하게 증명될 것이다.

丙	庚	甲	壬
戌	午	辰	辰

辛	庚	己	戊	丁	丙	乙
亥	戌	酉	申	未	午	巳

[444] 강약

庚午 일주가 辰月 戌時에 태어나니, 봄의 金으로 살(殺)이 왕성하다. 용신은 土이다. 월간의 甲木은 본래 객신(客神)이었으나, 두 개의 辰이 水를 축장하고 木을 암장하고 있으니, 육경(六經)을 유행하지 못하고, 오장(五臟)에 들어섰다. 연간의 壬水는 甲木을 생하느라 丙火를 극하지 못한다.

초년 운은 남방이라 土를 생하니 비위(脾胃)에 병은 없었다. 하지만 오수연금(熬水煉金), 즉 木이 水를 설기하고 火가 金을 제련하므로 약한 병증이 있었다. 戊申 운에 이르니 土金이 함께 왕성해지니 사주 내 木에 병이 생긴다. 木은 주로 풍증(風症)을 주관한다. 金이 능히 木을 극하므로 이어지는 근

酉, 庚戌 운까지 30년간 10여만 냥의 재물을 모았지만, 辛亥 운에는 결국 金이 뿌리내리지 못하고 木이 장생(長生)을 만나니 홀연히 풍병(風病)이 생겨 사망했다.

庚	壬	戊	癸		
戌	寅	午	丑		
壬	癸	甲	乙	丙	丁
子	丑	寅	卯	辰	巳

[445] 강약 / 조후

壬寅 일주가 午月 戌時에 태어나니, 왕성한 칠살(七殺)이 재국(財局)을 만나 칠살을 더욱 방자하게 만든다. 이로써 객신(客神)은 午火가 아니고 寅木이니 그 火 세력을 돕고 객신이 변하여 기신(忌神)이 되었다. 또 천간도 戊癸가 합하여 火로 변하니 金水가 함께 손상된다.

乙卯 운에 이르자 金水가 절지에 임하여, 폐(肺)와 신장(腎)이 모두 허약해지는 병을 얻었다. 목이 막히고 기침을 심하게 하다가, 甲戌年 정월(正月, 寅月)에 木과 火가 함께 왕성해지면서 사망하였다.

庚	丙	庚	乙		
寅	子	辰	亥		
甲	乙	丙	丁	戊	己
戌	亥	子	丑	寅	卯

[446] 강약 / 조후

丙子 일주가 계춘(季春) 辰月에 태어나 습한 土가 사령하니, 水를 축장하고 木을 길러주며, 木이 용신이다. 木의 장생인 亥, 여기인 辰, 방조하는 寅을 만났다. 乙木은 비록 庚金과 합하기는 하나 화(化)하지는 않으니, 庚金은 천간에 뜬 객신(客神)이 되었다. 庚金은 장부 깊이 들어가지 못하고 육경(六經)에서 작용한다.

水는 정(精)인데 亥子 둘을 만났고, 辰은 또 水를 품고 있다. 木은 기(氣)인데 춘령(春令)의 여기(餘氣)를 받고 있으며, 寅亥가 생합(生合)한다. 火는 신(神)

인데, 때마침 오양(五陽)의 진기(進氣)를 만났다. 연월에 기운이 통근하고 생시(生時)에까지 관통하니, 정(精)·기(氣)·신(神) 세 가지가 모두 충족되니 나쁜 기운이 침범할 곳이 없다.

행운(行運) 또한 배신하지 않았으므로 일생을 질병 없이 살았고, 명예와 이로움도 풍부했다. 다만 土가 허습지(虛濕地)에 있고 金을 설기시키니, 이로 인해 비위(脾胃)가 허하고 차가워 설사병 정도는 피할 수 없었다.

목 불 수 수 자 혈 병

木不受水者血病

木이 水를 받아들이지 못하는 사람은 혈(血)에 병(病)이 생긴다.

原注

水東流而木逢沖, 或虛脫, 皆不受水也, 必主血病. 蓋肝屬木, 納血不納則病.

- 水가 동쪽(木)으로 흐르는데 木이 충(沖)을 만나거나, 혹은 허탈(虛脫)하면, 모두 水를 받아들이지 못하는 것이니, 반드시 혈액 질환을 주관한다.
- 대개 간(肝)은 木에 속하는데, 피를 받아들이지 못하면 곧 병이 된다.

임철초 日

봄의 木이 水를 받아들이지 않는 것은, 火가 그 기운을 펼쳐 번성하게 해주기를 바라기 때문이며, 겨울의 木이 水를 받아들이지 않는 것은, 火가 얼어붙은 것을 녹여주기를 바라기 때문이다.

여름의 木이 뿌리를 내리고 水를 받아들이는 것은, 火의 맹렬함을 덜고 땅의 건조함을 윤택하게 하기 위함이며, 가을의 木이 뿌리를 내리고 水를 받아들이는 것은, 金의 날카로움을 설기하고 칠살의 완고함을 변화시키기 위함이다.

봄과 겨울인데 기운이 왕성한 木은 오히려 쇠약해져야 水를 받아들일 수 있고, 여름과 가을인데 기운이 약해진 木은 오히려 왕성해져야 水를 받아들일 수 있다. 이와 반대라면 水를 받아들이지 못하고, 水를 받아들이지 못한다면 피가 원활하게 순환하지 못하여 혈병(血病)에 이르게 된다.

己	乙	丁	丁		
卯	亥	未	亥		
辛	壬	癸	甲	乙	丙
丑	寅	卯	辰	巳	午

[447] 강약 / 격국 / 조후

乙木이 未月에 태어나니 기운이 쇠퇴하는 달이다. 게다가 연월에 丁火가 모두 드러나 기운을 너무 많이 빼앗겼다. 가장 좋은 점은 시지에 녹(祿)이 있어 뿌리를 내리고 亥水의 생조를 받을 수 있다는 것이다. 또한 조열한 土를 윤택하게 하고, 또한 묘한 것은 회국(會局)하여 일주를 도우니 광휘(光輝)의 모습이 되었다.

甲辰 운에 이르러 호방거수(虎榜居首, 과거 시험에서 좋은 성적을 얻음)가 되더니 연달아 과거에 급제했다. 이는 식신용인격(食神用印格)을 취한 것이다.

丁	乙	乙	丙
亥	巳	未	戌

辛	庚	己	戊	丁	丙
丑	子	亥	戌	酉	申

[448] 강약 / 조후 / 전왕

乙木이 未月에 태어났는데, 천간에 丙丁이 투출하여 巳戌에 뿌리를 내렸으니 기운을 지나치게 설기한다. 이로 인해 水의 생조를 받아들이지 못하고, 亥水가 도리어 병이 되었다. 격국은 순국(順局)으로 종아(從兒)가 되었다.

처음 丙申, 丁酉 운에는 丙丁이 천간에 드러나 평탄하게 보냈다. 그러나 戊戌 운에는 亥水를 극진(剋盡)시키니 명예와 재물을 모두 얻었다. 己亥 운에 水 운을 만나자 팽창병(膨脹病, 복부 팽창)이 생겼다. 단지 사주에 火가 왕성하고 또 조토(燥土)를 만났으니, 水가 돌아갈 곳이 없어 이와 같은 병을 얻어 사망했다.

토 불 수 화 자 기 상

土不受火者氣傷

土가 火를 받아들이지 못하는 사람은 기(氣)가 상한다.

原注

土逢沖而虛脫, 則不受火, 必主氣病, 蓋脾屬土而容火, 不容則病矣.

- 土가 충(沖)을 만나거나 허탈(虛脫)하면, 火를 받아들이지 못하는 것이니, 반드시 기(氣) 질환이 생긴다.
- 대개 비장(脾臟)은 土에 속하며 火를 받아들이는데, 火를 받아들이지 못하면 곧 병이 된다.

임철초 日

건조하고 단단한 土가 火를 받아들이지 않는 것은 水의 윤택하게 함을 기뻐하기 때문이다. 허약하고 습한 土가 火를 받아들이지 않는 것은 水의 극함을 꺼리기 때문이다.

겨울의 土가 뿌리를 내리고 火를 받아들이는 것은 얼어붙은 하늘을 녹이고 땅의 습기를 제거하기 위함이고, 가을의 土가 뿌리를 내리고 火를 받아들이는 것은 金의 넘치는 기운을 제어하고 土의 설기된 기운을 보충하기 위함이다.

지나치게 건조하면 땅이 윤택하지 못하고, 지나치게 습하면 하늘의 기운이 조화롭지 못하다. 이 때문에 火를 받아들이지 못하고 木을 용납하지 못한다. 지나치게 건조하면 반드시 기운이 손상되고, 지나치게 습하면 반드시 비장(脾臟)이 허약해지니, 받아들이지 못하면 곧 병이 된다.

己	戊	辛	己		
未	戌	未	巳		
乙	丙	丁	戊	己	庚
丑	寅	卯	辰	巳	午

[449] 강약

戊土가 未月에 태어나 중첩된 土이다. 다행히 천간에 火가 없는데 辛金이 투출했다. 이는 속의 기운을 밖으로 발산시키는 것으로, 모든 정화(精華)가 辛金에 있다.

己巳, 戊辰 운에는 金을 생하고 유정(有情)하니 명예와 재물이 풍부했다. 丁卯 운에는 辛金이 손상되고, 지지에 火土가 함께 왕성해지니 土를 소통시키 못하고 도리어 火의 세력을 따르니 土는 더욱 왕성해졌다. 辛은 폐(肺)에 속하는데 폐가 손상되니 혈맥(血脈)이 원활하게 통하지 못하여, 결국 기(氣)와 혈(血)이 모두 허약해져 사망하게 되었다.

壬	己	己	庚
申	亥	丑	辰

乙	甲	癸	壬	辛	庚
未	午	巳	辰	卯	寅

[450] 강약 / 전왕

己亥 일주가 丑月에 태어나니 허습지(虛濕地)이다. 辰丑에 水를 축장하고 金을 암장하고 있는데, 庚壬이 투출하여 뿌리를 내렸다. 다만 그 허약하고 습한 기운(虛濕之氣)대로 내버려 둘 수밖에 없어, 도리어 水를 용신(用神)으로 삼아 종재격(從財格)이 되었다.

초년 庚寅, 辛卯 운에는 천간의 金이 水를 생하고 지지에서는 土를 극하니 부모의 음덕이 풍부했다. 壬辰, 癸巳 운에는 사업과 재물이 나날이 늘어났고, 이름이 궁장(宮牆)의 명열(名列)에 올랐다. 巳 운에는 처를 극하고 재물을 잃었다.

이 사주는 사주 내에 火가 없고 申時를 얻어 壬水를 생하니 격국이 가종재(假從財)가 성립된다. 그러므로 조상의 유업이 풍족했고, 공부하여 관직에 나아갔으며, 처자 모두 온전했다. 만약 한 번이라도 火를 보게 되면, 재다신약(財多身弱)이 되어 한 가지도 이루지 못했을 것이다.

甲午 운에 이르러 木이 뿌리 없는데도 火를 따르게 되었고, 己巳年에 火土가 함께 왕성해져 기혈(氣血)이 반드시 손상되었고, 뱃속에 피가 나는 장위혈증(腸胃血症)을 앓다가 사망했다.

금수상관 한즉냉수 열즉담화
金水傷官 寒則冷嗽 熱則痰火

화토인수 열즉풍담 조즉피양
火土印綬 熱則風痰 燥則皮癢

논담다목화 생독울화금
論痰多木火 生毒鬱火金

금수고상이신경허 수목상승이비위설
金水枯傷而腎經虛 水木相勝而脾胃泄[57)]

金水 상관은 차가우면 냉수(冷嗽, 냉으로 인한 기침)**가 있고, 뜨거우면 담화**(痰火, 열로 인한 가래)**가 생긴다. 火土 인수는 뜨거우면 풍담**(風痰)**이 생기고, 건조하면 피부 가려움이 생긴다. 가래**(痰)**가 많아짐은 木火로 논하고, 독**(毒)**이 생겨 울체됨은 火金으로 논한다. 金水가 고갈되어 손상되면 신장**(腎)**과 경락**(經)**이 허해지고, 水木이 서로 이기면 비장**(脾)**과 위장**(胃)**이 설사한다.**

原注

凡此皆五行不和之病, 而知其病, 知其人, 則可以斷其吉凶. 如木之病何如, 又看木是日主之何神, 若木是財而能發土病, 則斷其財之衰旺, 妻之美惡, 父之興衰. 亦不必顯驗, 然有可應則六親與事體又不相符者, 殆以病而免其咎者也.

- 무릇 이 모든 것들은 오행이 조화롭지 못하여 생기는 병이니, 그 병을 알고 그 사람을 알면 곧 길흉을 판단할 수 있다.
- 예를 들어 木의 병이 어떠한지 알아챘을 때, 또한 木이 일주(日主)에게 어떤 십신(十神)이 되는지 살펴야 한다.

57) 金水傷官, 寒則冷嗽, 熱則痰火, 火土印綬, 熱則風痰, 燥則皮癢, 論痰多木火, 生毒鬱火金, 金水枯傷而腎經虛, 水土相勝而脾胃洩.

- 만약 木이 재성(財星)인데 능히 土의 병을 유발한다면, 곧 그 재물의 쇠왕(衰旺)과 아내의 미추(美惡), 아버지의 흥망(興衰)을 판단할 수 있다.
- 반드시 뚜렷하게 증험(證驗)될 필요는 없으나, 병이 응할 만한데도 육친(六親)이나 일의 본체(事體)와는 서로 맞지 않는 경우가 있다.
- 이는 아마도 육친에게 가야 할 그 허물(咎, 재앙)을 질병(病)으로 인하여 면한 것일 수도 있다.

임철초 曰

금수상관(金水傷官)인데, 지나치게 차가운 자는 그 기운이 맵고 서늘하고 진기(眞氣)에 손상이 있으니 반드시 차가움으로 인한 기침, 냉수(冷嗽)가 발생한다. 금수상관인데, 지나치게 뜨거운 자는 水가 火의 기세를 이기지 못한 것이므로 火가 반드시 金을 극한다. 水가 火를 이기지 못하면 심장(心)과 신장(腎)이 서로 소통하지 못하게 되고, 火가 능히 金을 극하면 폐(肺)가 손상된다. 겨울의 차가움에 약한 火가 위로 타오르므로 열로 인한 가래, 담화(痰火)가 발생한다.

화토인수(火土印綬)인데, 지나치게 뜨거운 자는 木이 火를 쫓아가니 왕해진 것이다. 火가 왕성하여 木을 불태우고 木은 풍(風)에 속하므로 신경 장애로 인한 마비 증상, 풍담(風痰)이 발생한다. 화토인수인데, 지나치게 건조한 자는 火가 타올라서 土가 메마른 것이다. 土는 윤택하면 혈맥(血脈)이 유통되어 영위(營衛, 영기와 위기, 영양공급과 방어기제)가 조화로워지는데, 피부는 土에 속하고 土는 따뜻함을 좋아하니 따뜻함이 곧 윤택함이다. 그러나 지나치게 건조하면 피부가 가렵고, 지나치게 습하면 종기(瘡)가 생긴다. 여름의 土는 마땅히 습해야 하고, 겨울의 土는 마땅히 건조해야 하니, 이러면 사람에게는 병이 없고, 만물에게는 생장이 일어난다. 土의 경우 요컨대, 火가 많으면 주로 가래(痰)가 발생하고, 水가 많으면 주로 기침(嗽)이 발생한다.

木火가 많아 가래(痰)가 생기는 자는 火가 왕성한데 木을 만난 것으로, 木이 火의 기세를 따르니 金이 木을 극하지 못하고 水가 火를 이기지 못하는 것이다. 火가 반드시 金을 극하니 폐(肺)를 상하게 하고, 金이 아래로 신장(腎) 즉 水를 생하지 못하고, 木은 다시 水의 기운을 설기하므로 신장(腎)의 水가 반드시 메마른다. 음기(陰氣)가 허약해서 火가 타오르면 가래(痰)가 발생한다.

독(毒)이 생겨 울체되는 것이 火金 때문이라는 것은 火가 맹렬하여 水가 마르고, 火는 반드시 木을 태우며, 木이 火에 타버리면 土는 반드시 마르고 건조해진다. 건조해진 土는 金을 취약하게 하니, 金이 안에서 울체되고, 취약해진 金이 火를 만나면 폐(肺)의 기운이 위로 역류하고, 폐의 기가 역류하면 간(肝)과 신장(腎)이 모두 손상되고, 간과 신장이 손상되면 혈맥(血脈)이 순환하지 못하고, 여기에 칠정(七情)의 우울함까지 더해지면 독(毒)이 생겨난다.

土가 건조하면 金을 생하지 못하고, 火가 뜨거우면 스스로 水를 마르게 하니 신장(腎臟) 경락이 반드시 허약해진다. 土가 허약하면 水를 제어하지 못하고, 木이 왕성하면 土를 극할 수 있으니 비위(脾胃)가 반드시 손상된다. 무릇 모든 오행이 조화롭지 못하여 생기는 병은 자세히 연구하면 반드시 응험(應驗)할 것이다.

그러나 이는 사람의 일과도 서로 통할 수 있으니, 단순히 질병으로만 국한시켜 논하면 안 된다. 만약 병증이 팔자와 서로 부합하지 않는다면, 그 육친(六親)의 길흉이나 사체(事體, 삶의 영역)의 순탄함과 막힘을 깊이 연구해야 하며, 반드시 응험(應驗)할 것이다.

예를 들어, 일주가 金이고 木이 재성(財星)인데, 사주에 火가 왕성하면, 일주 金은 그 재물을 감당하지 못하고, 재성 木은 반드시 火를 생하여 칠살(七殺)을 돕게 되니, 도리어 일주에게 기신(忌神)이 된다. 설령 水가 있다 해도 水는 여전히 木을 생하니 결국 金 기운은 더욱 허약해진다. 金은 대장(大腸)과 폐(肺)를 주관하는데, 폐가 손상되고 대장이 원활하지 못하며, 아래로 신장(腎)의 水를 생하지 못하고, 木은 水를 설기하고 火를 생하니, 반드시 신장(腎)과 폐(肺)가 모두 손상되는 병을 일으킨다.

그러나 이러한 병증이 없는 경우도 있을 수 있는데, 반드시 재물이 많이 깨지고 흩어지며, 의식(衣食)이 넉넉하지 못함이 그 허물이 된다. 그러나 또한 병이 없으면서 재물이 왕성한 경우도 있을 수 있는데, 그 아내는 반드시 못생기고 흉측하거나, 자식이 어리석고 못났을 것이다. 단연코 반드시 한 가지는 응험할 것인데, 그중에서도 아내와 자식이 모두 훌륭하고 병도 없으며 재물운까지 왕성한 경우가 있다면, 이는 세운과 대운이 내내 土金으로 흘러 보좌한 묘함 때문이다. 또한, 사주에 金水와 木火가 고르게 조화되어 있는데도, 폐와 신장의 병을 얻거나, 재물이 많이 깨지거나, 아내가 못생기고 자식이 못난 경우가 있다면, 이는 세운과 대운이 쭉 木火로 흘러 金水가 손상되었기 때문이다. 마땅히 자세히 미루어 살펴야 하며, 한 가지에만 집착하여 논해서는 안 된다.

己	辛	壬	壬
丑	酉	子	辰

戊	丁	丙	乙	甲	癸
午	巳	辰	卯	寅	丑

[451] 조후

辛金이 중동(仲冬) 子月에 태어나 금수상관(金水傷官)이 되었다. 사주 안에 火기운이 전혀 없어 金은 차고 水는 냉랭하며 土는 습하여 얼어있다.

초기에 냉수병이 있었으나, 상관(傷官)이 인수를 잡았고 격국이 순수하고 맑았다. 글공부를 할 때 한 번만 봐도 외웠으며, 어린 나이에 과거에 급제했다. 甲寅과 乙卯 운에는 水를 설기(洩氣)하니 가업이 크게 번창했다. 丙辰 운에는 水火가 서로 극(剋)하여 병을 얻었고, 丙寅年에는 火金이 왕성해져 水를 격동시키니 이때 약증(瘧症, 몸이 마르는 병)이 심해져 사망했다.

壬	辛	丙	己
辰	酉	子	丑

庚	辛	壬	癸	甲	乙
午	未	申	酉	戌	亥

[452] 강약 / 조후

金水 상관인데 丙火가 투출하여 얼어붙은 한랭함이 제거되었다. 그러므로 냉기에서 오는 기침병은 없을 것이다.

癸酉 운에 넉넉한 환경에서 입학하여 향시(鄕試)에 합격했다.

혹자가 "金水 상관은 관성(官星)을 기뻐한다고 했는데, 어째서 金水 운인 癸酉에 공명(功名)을 얻었습니까?"라고 묻기에, 내가 답하기를 "金水 상관이 火를 기뻐한다는 것은 그 사주를 따뜻하게 하는 데 불과할 뿐, 용신(用神)으로 취하라는 말은 아닙니다."라고 하였다.

火를 용신으로 취하는 경우는 열에 한두 개 정도이며, 水를 용신으로 하는 경우가 열에 여덟아홉이다. 火를 용신으로 취하는 경우는 반드시 木火가 함께 와야 하고, 일주(日主)가 왕성함이 중요하다. 그러나 이 사주에서는 일주가 비록 왕성하지만, 사주 안에 木이 희소하고 허약한 火가 뿌리가 없으니 반드시 水를 용신으로 취해야 하는 것이다.

壬申 운에는 교습(教習)을 거쳐 지현(知縣)이 되었다. 辛未 운 丁丑年에는 火土가 함께 왕성하고 壬水가 합거(合去)되니 子水가 손상되어 병을 얻고 사망했다.

丙	庚	丙	甲
戌	子	子	戌

壬	辛	庚	己	戊	丁
午	巳	辰	卯	寅	丑

[453] 강약 / 조후

庚金이 子月에 태어났는데 丙火가 모두 드러났다. 지지에 두 戌 조토(燥土)가 있으니 丙火의 고장(庫藏)에 뿌리를 내린 것이다. 또 甲木이 있어 丙火를 생하니 과열된 정도다.

운로가 戊寅, 己卯에 火와 관련된 환담(患痰)이 생겼다. 庚辰 운에는 비견(比肩)이 몸을 돕고 지지에 습토(濕土)를 만나니 그 병은 약을 쓰지 않아도 나을 것이다.

재물로 벼슬길에 나아갔다. 辛巳 운에는 장생지(長生地)이니 명예와 이익을 모두 얻었다. 이에 火를 용신으로 쓰지 않은 것은 몸이 쇠약했기 때문이다. 무릇 金水 상관에서 火를 용신으로 쓰는 것은 반드시 몸이 왕성하고 재물(財)을 만나는 것이 중요하다. 중화(中和)된 사주는 水를 용신으로 삼고, 쇠약한 사주는 土를 용신으로 삼는 것이 중요하다.

丙	己	庚	己
寅	亥	午	巳

甲	乙	丙	丁	戊	己
子	丑	寅	卯	辰	巳

[454] 강약 / 조후

己土가 중하(仲夏) 午月에 태어나 火土 인수격이다. 己土는 본래 습토(濕土)인데, 일지 亥水까지 만났다. 丙火가 투출하여 생조를 받고, 연월에 녹왕함까지 만났지만 이 사주는 열(熱)하나 조(燥)하지는 않다.

寅亥가 化木하여 火를 생하는 것은 여름철에는 꺼리는 것이다. 게다가 운로가 동남 木 지대(地帶)로 흐르니, 木은 풍(風)에 속하는 고로 병환은 풍질(風疾)일 것이다. 또 巳亥는 음체(陰體)로 양(陽)을 쓰는데 午를 만나 생조를 받으니 심장(心臟)과 소장(小腸)은 왕성할 것이다.

亥가 寅의 설기(洩氣)를 만난 것은 庚金이 아래로 생할 수 없어 신기(腎氣)가 도리어 손상될 것이므로, 병환은 유설증(遺泄症)일 것이다. 다행히 몸 관리를 잘했으므로 병세가 악화되지는 않았다.

己丑 운은 북방 지대로 운이 흘러 앞서의 병이 모두 나았다. 甲子, 癸亥水 지대에서는 늙었어도 노익장을 과시하여 첩을 들이고 자식까지 두었으며, 재물도 수만 냥을 벌었다.

丁戊戊辛
巳戌戌未
壬 癸 甲 乙 丙 丁
辰 巳 午 未 申 酉

[455] 강약/격국/조후

戊土가 戌월에 태어났는데, 未戌은 모두 火를 대동한 조토(燥土)이고 時에 丁巳를 만나 화토(火土) 인수격이 되었다. 戌은 본래 조토(燥土)이고 인수(印綬)가 생조하지만, 때가 가을이 저물어가는 늦가을(季秋)이다. 이는 조(燥)하다고는 하나 열(熱)하지는 않다.

연간의 辛金은 丁火에게 극을 당해 힘을 잃으니, 辛은 폐(肺)에 속하고 조토는 金을 생하지 못한다. 이로 인해 처음에 생긴 병은 담증(痰症)이었는데, 폐(肺)가 손상된 까닭이다. 그 병이 크게 악화되지 않았던 것은 운로가 丙申, 丁酉 서방 金 지대로 흘러갔기 때문이다. 乙未, 甲午 운에는 木火 상생으로 土가 더욱 건조해져 이 무렵에 사피풍(蛇皮風)을 얻었으니, 이는 이른바 가려움증(皮癢) 종류이다.

癸巳 운은 水가 뿌리가 없어 火를 극하고 그 불꽃을 깨뜨리지 못하니, 그 병으로 사망했다. 이는 火土가 癸水를 바싹 말려 신장(腎臟)에 절(絶)이 온 예이다.

乙己丁己
丑亥丑丑
辛 壬 癸 甲 乙 丙
未 申 酉 戌 亥 子

[456] 조후

己土가 계동(季冬) 丑月에 태어나 지지에 丑이 세 개 모이니 일주가 본래 왕성하지만, 차고 습함이 지나치다. 丁火는 뿌리가 없으니 그 차고 습한 기운을 제거할 수 없고, 乙木은 시들고 말라 쓸 수 없다. 그리하여 글공부를 할 수 없었다.

己土는 비장(脾臟)에 속하는데 차고 습하다. 그러므로 어려서부터 창독(瘡毒, 종기나 부스럼)이 많았다.

癸酉, 壬申 운에는 재물(財)이 비록 매우 왕성했으나 양쪽 다리에 한습창(寒濕瘡, 차고 습해서 생기는 종기)이 생겨 수십 년간 낫지 못했다. 또 중기(中氣)가 크게 어긋났던 것은 乙木이 시들고 말라버렸기 때문이다.

庚 甲 己 丙
午 戌 亥 戌
乙 甲 癸 壬 辛 庚
巳 辰 卯 寅 丑 子

[457] 강약 / 조후

甲木이 亥月에 태어나 인수가 비록 월령을 잡았으나, 사주에 土가 많아 水를 극한다. 천간의 庚金은 뿌리가 없고 亥水와는 멀리 떨어져 있으며, 戌 중의 辛金은 갇혀서 극만 받는다. 또 午와 丙은 戌 중 丁火를 끌어내니, 亥水가 戌土로부터 제압받아 火를 극할 수 없다. 이를 울화금(鬱火金)이라 한다.

庚金은 대장(大腸)에 속하는데 丙火가 극하고, 辛金은 폐(肺)에 속하는데 午火가 공격하며, 壬水는 방광(膀胱)에 속하는데 戌土가 손상시키니, 이른바 화독(化毒)이 속을 공격한다는 것이다.

甲辰 운에는 木이 다시 火를 생하고, 辰이 戌을 충(沖)하여 戌 중 辛金을 드러내니 午火의 극상을 입었다. 이로 인해 폐옹(肺癰, 폐에 생기는 종기)이 생겨 사망했다.

甲 甲 癸 庚
戌 午 未 寅
己 戊 丁 丙 乙 甲
丑 子 亥 戌 酉 申

[458] 강약 / 조후

목화상관(木火傷官) 사주에 인수가 용신인데, 庚金이 癸水 인수를 바싹 붙어 생하니 순수하다. 글공부를 한 번 하면 잊지를 않았다.

아쉬운 것은 庚과 癸 두 천간이 지지에 뿌리를 내리지 못한 것이다. 또한 문제가 되는 것은 戌시인데, 합국(會局)하여 火를 끌어내니 金水만 손상되는 것이 아니라 木까지 과열시켜 명주(命主)의 원신(元神)이 완전히 설기된다. 이로 인해 어려서부터 병약한 증세가 있었다.

폐와 신장이 손상된 상태에서 丙戌 운이 오자 水를 압박하고 金을 극하여 요절했다.

戊	庚	乙	癸		
寅	戌	卯	酉		
己	庚	辛	壬	癸	甲
酉	戌	亥	子	丑	寅

[459] 강약

春木이 당권(當權)하여 비록 卯酉 충(沖)이라도 木이 왕성하여 金이 이지러진다. 土 역시 손상을 입었는데, 다시 문제가 되는 것은 卯戌과 寅戌이 합하여 살(殺)로 변하는 점이다.

명주는 본래 비허폐상(脾虛肺傷), 즉 비위(脾胃)가 허약하고 폐(肺)가 손상되는 질병이 있을 수 있으나, 일생 동안 병이 없었다. 다만 酉가 약하고 卯가 강하므로, 처는 비록 극하지 않았어도 음란하고 외설적이라 말하기 어려울 정도였다. 두 아들을 낳았으나 모두 불초하여 비적(匪賊)과 같은 무리였다. 그는 이러한 이유로 병을 면할 수 있었고, 재물 역시 왕성했다.

60. 출신(出身)

외 외 과 제 매 등 륜 일 개 원 기 암 리 존
巍巍科第邁等倫 一個元機暗裏存[58)]

높고 큰 과거시험에서 일반적인 등급을 뛰어넘어 합격하는 것은 하나의 원기(元機)가 은밀하게 숨겨져 있기 때문이다.

原注

凡看命看人之出身最難, 如狀元出身, 格局清奇迥異, 若隱若露, 奇而難決者, 必有元機, 須搜尋之.

- 사주를 보며 사람의 출신을 판단하는 것이 가장 어렵다.
- 예를 들어 장원급제자의 출신은 격국(格局)이 맑고 기이하며 남다르다.
- 운세가 숨겨진 듯 드러난 듯하여 기이하고 판단하기 어려운 경우, 반드시 원기(元機, 으뜸가는 기틀)가 있으니, 모름지기 이를 찾아야 한다.

58) 巍巍科第邁等倫, 一個元機暗裏尋.

임철초 日

명(命)에서 사람의 출신(出身)을 논하는 것은 최고로 어렵다. 그래서 '현묘한 기틀(玄機)'이 존재한다고 하는 것이다. 현묘한 기틀이란, 단순히 격국(格局)이 맑고 기이하여 빼어나거나 용신(用神)의 진가(眞假)를 구분하는 것만을 뜻하지 않는다. 반드시 지지(地支)에 숨어서 명(命)을 사령하는 신(神)을 살펴서, 이것이 용신(用神)과 희신(喜神)을 품고 있는지, 한신(閑神)과 기신(忌神)이 서로 싸우지 못하게 하고, 도리어 생하고 돕는 정(情)이 있는지를 깊이 연구해야 한다.

또한, 격국 자체는 본래 뛰어난 점이 없는데도 명예가 여러 군중을 뛰어넘는 경우가 있다. 이런 경우 반드시 먼저 선조의 덕(世德)이 아름다운지 추한지를 연구하고, 다음으로 산천의 영험하고 빼어난 기운이 있는지를 논해야 한다. 그러므로 빼어난 기운을 타고나는 것(鍾靈毓秀)이 선대의 덕으로부터 이어진 것이므로 사주만으로 논할 수는 없다.

따라서 선대의 덕과 심성(心田)이 첫째이고, 산천의 기운이 둘째이며, 명(命)의 격이 셋째이다. 그러나 명(命)을 보는 요점은 살인상생(殺印相生)이 귀(貴)하다거나, 관인쌍청(官印雙淸)이 아름답다는 것만이 아니다. 만약 칠살(七殺), 인성(印星), 재성(財星), 관성(官星)이 현저하게 드러나 사람들의 눈길을 끄는 것은 반드시 좋은 사주가 아니다.

만약 용신이 미약하고, 희신이 숨어 있으며, 빼어난 기운이 깊이 감춰진 사주는 처음 볼 때는 별다른 장점이 없어 보이나, 보면 볼수록 정신(精神)이 깃들어 있는 것을 알 수 있으며 그 안에 반드시 현묘한 기틀이 있다. 마땅히 자세히 살펴 찾아내야 한다.

戊己壬壬
辰未寅辰
戊 丁 丙 乙 甲 癸
申 未 午 巳 辰 卯

[460] 강약 / 격국 / 조후

己土가 맹춘(孟春) 寅月에 태어나 관성(官星)이 월령을 잡았다. 천간에 재성(財星)이 덮어주니 관성을 생함이 유정(有情)하다. 그러나 초봄이므로 己土는 습하고 냉한데, 연월의 壬水는 자기 고장(庫藏)에 뿌리를 내렸다. 다행히 寅 중의 丙火가 사령(司令)하여 용신(用神)이 되니, 비록 암장(暗藏)되었어도 생조를 받고 있다. 이를 '원기암리존(元機暗裏存)'이라 한다.

丙 운에 원신(元神)이 드러나니, 戊辰年에 시간(時干)의 비겁을 도와 壬水를 극거(剋去)했다. 이로써 丙火가 극을 받지 않아 천하의 대괴(大魁), 즉 과거에 장원으로 급제했다. 세간에서는 관성(官星)이 드러나지 못했고 재성(財星)은 가볍고 겁재(劫財)는 무거우니 평범한 사주라고 말한다.

丙甲甲壬
寅戌辰戌
庚 己 戊 丁 丙 乙
戌 酉 申 未 午 巳

[461] 강약

甲木이 계춘(季春) 辰月에 태어나 木의 여기(餘氣)이다. 또한 비견(比肩)과 녹(祿)이 옆에서 도우는데, 時에 丙火가 홀로 드러나 빛을 통하고 순수하다. 연간 壬水는 일지(日支)의 조토(燥土)에게 제거되었고, 또 비견이 설기하여 연달아 상생하니 丙火는 다시 그 세력을 얻었다.

戊 운에 戊의 원신(元神)이 드러나 壬水를 제거하자, 두 번이나 모든 뛰어난 인재들을 통틀어 으뜸이 되었고, 삼원(三元, 향시, 회시, 전시)에서 모두 장원급제하였다. 그의 벼슬길은 크게 높은 품계를 받지 못했는데, 운로가 서방 金의 땅이므로 土를 설기하고 水를 생하기 때문이었다.

庚	丁	丁	甲
戌	卯	丑	寅

癸	壬	辛	庚	己	戊
未	午	巳	辰	卯	寅

[462] 강약 / 격국

丁火가 계동(季冬) 丑月에 태어났는데 사주 안에 인수가 중첩되어 있다. 이는 약한 가운데 강하게 변한 형태이니, 충분히 재성(財星)을 용신(用神)으로 삼을 수 있다. 庚金은 허약하게 드러나 본래 자신의 기운을 제대로 발휘할 수 없다. 다행인 것은 丑 속에 암장된 辛金을 용신으로 삼는다는 점인데, 이 역시 '현묘한 기틀이 숨어 있다(元機暗裏存)'는 의미이다.

丑은 일주(日主)의 수기(秀氣)이니, 능히 비견(比肩)이 생조할 수 있고, 또 卯戌이 합(合)하니 丑土는 손상되지 않는다. 그러므로 고위 관직(身居鼎右)에 오르고 탐화(探花, 과거 시험의 세 번째 급제자)로 급제했다.

辛	庚	壬	丁
巳	子	子	亥

丙	丁	戊	己	庚	辛
午	未	申	酉	戌	亥

[463] 강약

庚金이 중동(仲冬) 子月에 태어났는데 상관(傷官)이 너무 왕성하여 설기(洩氣)가 지나치다. 따라서 용신은 土로 삼아야 하는데, 丁火에 있는 것이 아니며, 사주 내의 火는 단지 사주국을 따뜻하게 하는 역할에 불과하다.

사주에 土가 없으니, 巳 중의 戊土를 취해야 한다. 水가 왕성하여 火를 극하지만, 火는 능히 土를 생할 수 있다. 이것 역시 '현묘한 기틀이 숨어 있다(元機暗裏存)'는 이유 때문이다.

戊 운 丙辰年에 火土가 서로 상생하니, 巳 속의 원신(元神)이 함께 드러났다. 그리하여 역시 정우(鼎右), 즉 고위 관직에 올랐다.

청 득 진 시 황 방 객 수 존 탁 기 역 중 식

清得盡時黃榜客 雖存濁氣亦中式[59)]

청한 기운이 최고조에 달했을 때 과거 시험에 급제하지만, 비록 탁한 기운이 있어도 역시 시험을 통과하곤 한다.

原注

天下之命, 未有不清而發科甲者, 清得盡者, 非必一一成象, 雖五行盡出, 而能安放得所, 生化有情, 不混閑神忌客, 決發科甲. 卽有一二濁氣, 而清氣或成一個體段, 亦可發達.

- 천하의 운명 중 맑지 않고 과거 시험에 합격하는 경우는 없다. 맑음이 지극히 다한 사람은 반드시 하나하나 완벽한 형상을 이루지는 않지만, 비록 오행이 모두 드러나더라도 각자의 자리에 안정적으로 자리 잡고 서로 유정하게 생화(生化)하며, 쓸모없는 신(神)이나 꺼리는 기운이 섞이지 않으면 반드시 과거 시험에 합격한다.
- 비록 한두 가지 탁한 기운이 있더라도 맑은 기운이 하나의 온전한 체(體)를 이루면 역시 발전할 수 있다.

59) 清得靜時黃榜客, 雖雜濁氣亦中式.

임철초 日

‘청기(清氣)를 온전히 얻는다’는 것은 한 가지 오행만으로 이루어진 상(象)이 아니다. 두 기운이 모두 맑고 순수함을 뜻한다. 비록 다섯 가지 오행이 모두 나타나더라도, 맑은 기운(清氣)이 홀로 생왕(生旺)을 만나거나, 진신(眞神)이 용신(用神)이 되거나, 맑은 기운이 깊이 감춰져 있다면 과거에 급제하여 이름을 떨친다.

만약 맑은 기운이 월령(月令)을 장악하고, 한신(閑神)과 기신(忌神)이 사령(司令)하지 않거나 깊이 감춰지지 않아 세운(歲運)에서 제화(制化)된다면, 역시 과거에 급제하여 높은 벼슬에 오른다.

맑은 기운이 월령을 장악하고 비록 탁한 기운(濁氣)이 있더라도 제자리에 잘 놓여 희용신(喜用神)을 침범하지 않는다면, 비록 크게 급제하지 못해도 과거에 합격한다.

맑은 기운이 비록 월령을 얻지 못했더라도 한신(閑神)이나 객신(客神)이 탁한 기운에 가담하지 않고 맑은 기운을 돕거나, 세운(歲運)에서 잘 안배된다면 역시 과거에 합격할 수 있다.

	丙	己	乙	戊	
	寅	卯	卯	辰	
辛	庚	己	戊	丁	丙
酉	申	未	午	巳	辰

[464] 강약 / 격국

평부려(平傅臚)의 사주다. 己土가 卯月에 태어나니 칠살(七殺)이 월령(月令)을 잡아 왕성하다. 乙木 원신(元神)이 투출했고, 지지는 모두 동방 木 기운으로 이루어져 있다. 시간의 丙火도 생왕(生旺)한데, 사주 안에 金水가 섞이지 않아 ‘청기를 온전히 얻었다(清得盡)’고 할 수 있다.

만약 金이 단 하나라도 보였다면, 木을 극하지 못할 뿐더러 金 스스로 손상될 것이다. 이는 왕성한 기운을 거슬러 괜히 불화를 일으키는 것이니, 온전하지 못하다고 본다.

(원서에는 丙辰時로 기록되어 있으나 오류이므로 丙寅時로 수정하였다.)

甲庚己癸
申子未未

癸 甲 乙 丙 丁 戊
丑 寅 卯 辰 巳 午

[465] 강약 / 조후

庚金이 未月에 태어나 조토(燥土)라 金을 생하기 어렵다. 그러나 다행히 일지(日支)의 子水가 원신(元神)을 연간(年干)에 드러냈고, 삼복(三伏) 더위에 찬 기운이 생길 때이니 土가 윤택해져 金을 생할 수 있다.

비록 그러하나 土는 왕성하고 水는 쇠약하다. 다시 묘한 점은 申時에서 회국(會局)하여 土를 설기하고 金을 생조하는 데 있다. 또 火가 천간에 드러나지 않은 것이 좋으니, '청기를 온전히 얻은(清得盡)' 사주이다.

초운 戊午, 丁巳, 丙 운까지는 土를 생하고 水를 핍박하니 공명(功名)은 어정쩡했고 가업은 파탄이 났다. 그러나 辰 운에 水국을 모두 모으자 향시(鄕試)에 합격했다. 乙卯 운에는 己未 土를 제거하니 황갑(黃甲)에 올라 사림(詞林)에 들었으며, 또 문병(文柄)을 장악하여 벼슬길이 현혁(顯赫)했다.

丁甲癸癸
卯午亥未

丁 戊 己 庚 辛 壬
巳 午 未 申 酉 戌

[466] 강약 / 조후

甲木이 亥月에 태어났는데 癸水가 모두 드러나 그 세력이 범람한다. 겨울의 木은 火를 반기는데, 더욱 기쁜 일은 卯時다. 丁火의 통근(通根) 외에도 일주(日主)가 왕성해지고 또 木局을 이루니, 水를 설기하여 火를 생하고 일주를 돕는 것이다. 더욱 좋은 점은 金이 없다는 것이다. 이로써 '청기를 온전히 얻은(清

得盡)' 사주가 되었다.

己未 운에 이르러 癸水를 제압하고, 丙辰年에 남궁(南宮)에 급제하며 한림원에 들어갔다. 관직은 청요직(淸要職)에 올랐다.

乙	癸	己	壬		
卯	卯	酉	辰		
乙	甲	癸	壬	辛	庚
卯	寅	丑	子	亥	戌

[467] 강약

癸卯 일주가 식신(食神)이 너무 많다. 기운을 설기(洩氣)할 뿐만 아니라, 칠살(七殺)을 제압하는 것 또한 지나치다. 다행인 것은 가을의 水가 뿌리를 깊이 내려 인수를 용신(用神)으로 쓸 수 있다는 점이다. 더욱 좋은 점은 辰酉가 합(合)하여 金의 기운이 더욱 견고해진 것이다. 또한 사주에 火기운이 전혀 없으니 '청기를 온전히 얻은(淸得辰)' 사주가 되었다.

그러므로 벼슬길에 올라 한림원에서 이름을 날렸다. 다만 중간에 木 운을 만나 출세길이 시원치 못할까 염려된다.

丙	庚	甲	己		
子	子	戌	亥		
戊	己	庚	辛	壬	癸
辰	巳	午	未	申	酉

[468] 강약

庚金이 戌月에 태어났는데 지지에 子와 亥 두 글자가 있고, 丙火 또한 드러났다. 이는 극(剋)과 설(洩)이 동시에 작용한다는 의미다. 다행히 인수가 왕성한 월에서 월령을 잡았으니, 비록 甲木이 火를 생하고 土를 극하는 것이 꺼림칙하지만, 甲己가 합(合)하여 土로 변화하니 '청기를 온전히 얻은(淸得辰)' 사주가 되었다.

己巳年에는 인수(印綬)가 생조하고, 甲木의 장생지이기도 한 亥水를 충거(沖去)하니 이름이 안탑(安塔, 과거 급제자의 명단)에 올랐다.

辛	庚	丙	己		
巳	子	子	亥		
庚	辛	壬	癸	甲	乙
午	未	申	酉	戌	亥

[469] 강약

庚金이 중동(仲冬) 子月에 생하였는데 지지에 두 개의 子水와 한 개의 亥水가 있고 丙火가 투출하여 극과 설을 함께 한다. 기쁜 것은 己土가 투출하여 火를 설기하고 金을 생하며 오행에 木이 없으니 청득진(淸得盡)이 되었다.

己巳年에 인성이 생부하니 한림원에서 이름을 높였으나 부족한 것은 인수가 당령(當令)하지 못하였고 己土는 멀리 있어 허하므로 지현(知縣)으로 강등되었다.

壬	丙	壬	丙		
辰	子	辰	申		
戊	丁	丙	乙	甲	癸
戌	酉	申	未	午	巳

[470] 강약 / 격국

丙火가 계춘(季春) 辰月에 태어났는데, 두 개의 칠살(七殺)이 드러났고 지지에는 칠살국을 이루었다. 다행히 辰土가 월령을 잡아 칠살을 제압하고, 辰 중의 木이 여기(餘氣)로 존재하며 일주를 생하니, 병이 되는 것은 申金이었다.

이 사주에는 '완전한 아름다움(盡美)'은 없다. 그럼에도 불구하고 타고난 자질이 보통 사람을 뛰어넘었다.

丁卯年에 칠살을 합(合)하고 인수(印綬)가 뿌리를 얻으니 향시(鄕試)와 과거에 급제했다. 辛未年에는 子水를 제거하고 木火가 모두 여기를 얻으니 춘위(春衛, 과거 시험의 하나)에도 합격했다. 그러나 申金이 문제되어 귀한 반열에서 크게 쓰이지 못했고, 다시 꺼려지는 것은 운로가 서방으로 흘러 주색(酒色)으로 세월을 보냈다는 점이다.

(이 사주는 왕연매(王衍梅)의 사주와 비슷하다.)

乙	壬	壬	戊
巳	子	戌	午

戊	丁	丙	乙	甲	癸
辰	卯	寅	丑	子	亥

[471] 강약 / 쌍둥이

壬水가 戌月에 태어나 水의 기운이 진기(進氣)인데, 일지(日支)에서 양인(陽刃)까지 일주를 돕는다. 연간의 칠살(七殺)은 비견(比肩)이 감당하고 막으니, 이른바 몸(身)과 칠살(殺)이 모두 적당하다.

이 사주의 병(病)은 午에 있으니 子水를 충(沖)하기 때문이며, 또 꺼려지는 것은 巳이다. 巳가 子水에 막혀 칠살을 생하지 못하므로 戌 중의 辛金을 용신(用神)으로 쓴다. 이들은 쌍둥이인데 함께 과거에 급제하여 진사(進士)에 올랐다.

戊	乙	辛	庚
寅	卯	巳	戌

丁	丙	乙	甲	癸	壬
亥	戌	酉	申	未	午

[472] 강약 / 쌍둥이

乙木이 巳月에 태어나 상관(傷官)이 월령을 잡았다. 이로써 충분히 관성(官星)을 제압하고 칠살(七殺)을 항복시킨다. 앉은 자리의 녹지(祿地)는 일주를 돕고 寅時까지 되었으니 등라계갑(藤蘿繫甲)의 형세가 되었다.

庚辰年에는 지지가 모두 동방 木 기운이 되니 향시(鄕試)에 합격했지만, 과거 급제는 하지 못했다. 이는 단지 사주에 인수(印綬)가 없고, 戊土는 火를 설기하여 金을 생하기 때문이다.

이들은 쌍둥이인데, 그 동생은 卯時에 태어났다. 비록 녹(祿)을 얻었으나, 寅 중 甲木의 유력함에는 미치지 못한다. 이는 암장된 기운이 더 아름답기 때문이다. 그래서 늦게 己亥年에 인수(印綬)가 생조를 받자 비로소 향시(鄕試)에 합격했다.

甲	戊	乙	癸		
寅	午	卯	亥		
己	庚	辛	壬	癸	甲
酉	戌	亥	子	丑	寅

[473] 강약 / 전왕

戊土가 중춘(仲春) 卯月에 태어나 녹(祿)에 임한 관살(官殺)이 왕성하다. 또 재성(財星)이 뿌리를 얻어 생조한다. 비록 일지(日支)의 午火 인수(印綬)라도 허약한 土는 그 생조를 받아들이지 못한다. 따라서 격국은 자기 명(命)을 버리고 종살격(從殺格)이 되어야 한다. 관과 살이 이미 같은 흐름을 따르니 혼잡하다고 논하지 않는다.

子 운에 午火를 충극(沖剋)하고, 庚子年에는 金이 水를 생하여 왕성해지면서 午火를 모두 제거했다. 이로써 향시(鄕試)에 합격했다.

癸	庚	壬	戊		
未	寅	戌	子		
戊	丁	丙	乙	甲	癸
辰	卯	寅	丑	子	亥

[474] 강약 / 격국

庚金이 戌月에 태어나 인성(印星)이 월령을 잡았으니 金 또한 기운이 있다. 용신(用神)은 水로 하고, 火로는 삼지 못한다.

庚申年에 壬水가 생조를 받고 또 土 기운을 설기(洩氣)하니 북위(北闈)에서 과거에 급제했다. 다만 戊土 원신(元神)이 드러난 것이 꺼림칙하여 춘위(春闈)에는 불리했다. 게다가 중년 운의 木火는 재성(財星)이 많아 재물이 소모되었다.

戊	辛	己	戊
子	亥	未	子

乙	甲	癸	壬	辛	庚
丑	子	亥	戌	酉	申

[475] 강약 / 조후 / 병약

辛金이 계하(季夏) 未月에 태어났는데, 사주 안에 비록 조토(燥土)가 많다. 그러나 묘하게도 일지(日支)에 亥水가 있으니, 연과 시의 子水 또한 土를 윤택하게 하고 金을 기르는 역할을 한다. 능히 未土를 끌어들여 木局을 이루어 木을 용신(用神)으로 삼는다.

丁卯年에는 木局을 모두 모으니, 이는 병(病)이 있는 곳에 약(藥)을 얻은 격이다. 그 결과 극위(棘闈, 과거 시험)에서 급제했다.

수 재 불 시 진 범 자 청 기 환 혐 관 불 기
秀才不是塵凡子 清氣還嫌官不起[60)]

수재(秀才)는 속세의 평범한 사람이 아니나, 청기(淸氣)로 도리어 관직에 오르지 못함을 한탄한다.

原注

秀才之命, 與異路人貧人富人之命, 無甚大別, 然終有一種清氣處, 但官星不起, 故無爵祿.

- 수재의 명은 다른 길을 가는 사람, 가난한 사람, 부유한 사람의 사주와 크게 다르지 않지만, 결국 일종의 청기가 있다.
- 다만 관성이 일어나지 못하면 높은 벼슬과 녹봉이 없을 수 있다.

60) 秀才不是塵凡子, 清氣只嫌官不起.

임철초 日

수재(秀才)의 명(命)은 다른 길로 성공한 사람이나 가난하고 부유한 사람과 큰 차이가 없지만, 자세히 살펴보면 반드시 맑은 기운(淸氣)이 존재한다.

관성(官星)이 제대로 발현되지 못한다는 것은 관성이 천간에 드러나지 않았다는 의미만은 아니다. 예를 들어, ① 관성이 너무 왕성하여 일주(日主)가 그 관성을 감당하지 못하는 경우, ② 관성이 너무 약하여 일주를 극하지 못하는 경우, ③ 관성이 왕성하여 인성(印星)을 용신으로 삼는데 재성(財星)을 만나는 경우, ④ 관성이 쇠약하여 재성(財星)을 용신으로 삼는데 겁재(劫財)를 만나는 경우 등이 있다. ⑤ 또한 인성(印綬)이 많아 관성의 기운을 설기하는 경우, ⑥ 관성이 많으나 인수가 없는 경우, ⑦ 관성이 천간에 드러났으나 뿌리가 없고 지지에서 실어주지 못하는 경우, ⑧ 관성이 상(傷)의 자리에 앉거나 상이 관성의 자리에 앉는 경우, ⑨ 관성이 기신(忌神)인데 재성(財星)을 만나거나 관성이 희신(喜神)인데 상관(傷官)을 만나는 경우 등도 모두 관성이 제대로 발현되지 못했다고 본다. 이런 경우 비록 맑은 기운이 있더라도 평생토록 일금(一衿, 생원 혹은 진사)에 불과할 것이다.

부유하면서 수재인 사람은 일주가 왕성하고 재성도 왕성하지만, 관성과 소통이 안 되는 경우이다. 혹은 상관(傷官)이 재성만 돌보고 관성은 돌보지 않는 경우도 있다. 가난하면서 수재인 사람은 일주가 왕성하지만 관성이 약하고 재성이 겁재에게 극을 받는 경우이다. 또는 재성과 관성이 너무 왕성한데 인성(印綬)이 나타나지 않거나, 상관이 인성을 용신으로 삼는데 재성은 보이고 관성이 보이지 않는 경우도 해당한다.

학문이 매우 뛰어나지만 끝내 수재 신분조차 얻지 못하고 평생 유생(儒生)으로 늙는 사람들도 있다. 이들 역시 맑은 기운이 존재한다. 격국은 원래 과거에 급제할 만했지만, 단지 운의 흐름이 고르지 못하여 그 맑은 기운을 해쳤기 때문에 평생 동안 자신의 뜻을 펼치지 못하는 것이다. 또한 격국은 본래 과거에 급제할 만하지만 운의 흐름이 좋지 않아 여러 번 시험에 낙방하고 결국 평생 수재에 머물며 출세의 길을 얻지 못하는 경우도 있다.

반대로 격국이 본래 특별히 뛰어난 점이 없는데도 연이어 과거에 급제하는 경우가 있다. 이는 운의 흐름이 시종일관 적절하여 그 맑은 기운과 관성을 돕고, 탁한 기운이나 기신(忌神)을 제거했기 때문이다.

戊	乙	壬	癸
寅	卯	戌	巳

丙	丁	戊	己	庚	辛
辰	巳	午	未	申	酉

[476] 강약 / 격국

乙卯 일주가 계추(季秋) 戌月에 태어났어도 寅時까지 도우니 약하지 않아 충분히 巳火 수기(秀氣)를 용신으로 삼아 戌土 화고(火庫)로 거둘 수 있다. 壬癸가 천간에 드러나 극하니 격국에 본래 내세울 만한 특징이 없다.

辛金이 월령을 잡았으니 壬水는 진기(進氣)에 근원이 통했다. 다행히 時에서 戊土가 투출하여 탁한 기운을 제거하고 맑은 기운은 머무르게 한다. 그러므로 문망(文望)이 고산북두(高山北斗)와 같았고 품행은 양옥정금(良玉精金)과 같았다.

중년 운에서 火를 만나니 丙子年에 우공(優貢)에 뽑혔다. 그러나 아쉽게도 子水가 뿌리를 얻어 청운(青雲)의 꿈을 이룰 수는 없었다.

	乙	甲	庚	癸	
	亥	申	申	未	
甲	乙	丙	丁	戊	己
寅	卯	辰	巳	午	未

[477] 강약

甲申 일주가 맹추(孟秋) 申月에 태어났는데, 庚金이 두 곳에서 녹왕(祿旺)을 만났다.

다행히 亥時에서 절처봉생(絶處逢生)이 되어 칠살(七殺)을 순화시킴이 유정(有情)하다. 癸水 원신(元神)이 투출하니 그 맑음 또한 알 수 있다. 다만 꺼림칙한 것은 칠살의 세력이 너무 왕성하여 일주가 허약하니, 가살(假殺)로 권세를 삼지 못한다.

그러므로 입신양명(立身揚名)하려 했으나 끝내 이루지 못했고, 평생 동안 늠공(廩貢), 즉 나라에서 주는 녹을 받는 학자 신분에만 머물렀다.

	己	丁	甲	壬	
	酉	巳	辰	午	
庚	己	戊	丁	丙	乙
戌	酉	申	未	午	巳

[478] 강약 / 격국

丁火가 계춘(季春) 辰月에 태어났는데, 관성(官星)이 비록 드러났으나 일지(日支)에 뿌리가 없어 그 기운이 木으로 돌아간다. 일주가 왕지(旺地)에 임했고, 時에서 재성(財星)이 합을 이루어 유정(有情)하나 관성과는 소통되지 않는다.

게다가 중년 운로가 土金으로 흐르니 재물은 넘쳤지만, 관성에는 손실이 있었다. 공명은 일금(一衿, 진사, 선비)에 불과했으나 가업은 수십만이었다.

만약 연지(年支)가 酉가 되고 시지(時支)가 午로 바뀌었더라면 명예와 재물이 모두 빛났을 것이다.

丁	丙	乙	癸		
酉	午	卯	未		
己	庚	辛	壬	癸	甲
酉	戌	亥	子	丑	寅

[479] 강약

丙午 일주가 卯月에 태어나 사주 안에 木火가 모두 왕성하다. 관(官)은 상관(傷官) 위에 있고, 한 점의 재성(財星)은 겁탈당했다. 이른바 재물은 겁탈당하고 관은 손상된 격이다. 壬 운에 비록 유생의 옷(一衿)을 입었으나 가난을 견디기 어려웠다.

子 운에는 충(沖)을 당하고, 또 未가 파(破)를 만나 배우자를 극했다. 辛 운은 丁火에 합거(合去)되어 자식을 극했고, 亥 운에는 木局을 이루어 火를 생하니 사망했다.

甲	壬	庚	戊		
辰	申	申	申		
丙	乙	甲	癸	壬	辛
寅	丑	子	亥	戌	酉

[480] 강약

이 사주를 보면 칠살(殺)은 인수(印綬)를 생하고, 인수는 일주(身)를 생하는데, 맑은 식신(食神)이 드러나 연주(年柱)처럼 이어져 상생하니 맑고도 순수하다. 학문이 뛰어나고 품행이 단정했다. 아쉽게도 火가 없으니 맑기는 하지만 기운이 부족한 작은 관직(少神)에 머물렀다.

土를 용신으로 쓰면 金이 많아 설기되고, 木을 용신으로 쓰면 金이 날카로워 木이 시든다. 게다가 운로가 金水 지대(地帶)로 흘러 60여 년간 독서만 했을 뿐 아무것도 이룬 것이 없었다. 집이 가난하여 40여 년간 타지에서 학문을 가르치는 동안 과거에 급제한 제자들이 나왔지만, 자신은 단 한 자락의 성과도 내지 못했으니, 이것은 운명(命)이 아닐 수 없다.

戊	壬	癸	己
申	申	酉	亥

丁	戊	己	庚	辛	壬
卯	辰	巳	午	未	申

[481] 강약

이 사주는 관살(官殺)이 함께 천간에 드러났으나 뿌리가 없고 金水가 매우 왕성하다. 앞 사주의 순수함에 비하면 훨씬 못 미치는 격이다.

다행인 것은 그 운로가 남방 火土로 흐른다는 점이다. 이로 인해 정기(精氣)도 충분하고 정신(精神)도 왕성하다. 未 운에 이르러 일찍부터 궁궐에서 학문을 익혔고, 午 운에는 연이어 과거에 급제했다. 己巳, 戊辰 운에는 벼슬길이 크게 열렸으니, 이는 앞 사주와는 비교할 수 없는 엄청난 차이이다. 결국 사주 명(命)이 좋아서가 아니라, 실제로 운(運)이 좋았기 때문이다.

이 로 공 명 막 설 경　일 간 득 기 우 재 성
異路功名莫說輕 日干得氣遇財星

이로공명(異路功名, 옆길로 출세하는 것)일지라도 가볍다고 말하지 말라, 일간이 득기(得氣)하고 재성(財星)을 만났기 때문이다.

原注

刀筆得成名者, 與不成名者之異, 必是財星得個門戶, 通得官星, 中有一種清徹之氣, 所以得出身, 其老于刀筆而不能出身者, 終是財星與官不相通也.

- 칼과 붓으로 성공하는 사람과 성공하지 못하는 사람의 차이는, 필히 재성이 문호를 얻어 관성과 통하고 그 안에 맑고 깨끗한 기운이 있기 때문에 출세할 수 있다.
- 반면 칼과 붓을 오랫동안 다루었음에도 출세하지 못하는 사람은 결국 재성과 관성이 서로 통하지 못하기 때문이다.

임철초 曰

이로공명(異路功名), 즉 정식 과거 시험이 아닌 다른 길로 공명(功名)을 얻는 경우가 있다. 문필로 성공하는 자가 있고, 재물을 바쳐 벼슬에 나아가는 자가 있다. 비록 차이는 있으나, 모두 일간(日干)이 기운이 있고 재성(財星)과 관성(官星)이 서로 통하는 데서 벗어나지 않는다.

혹은 ① 재성이 용신(用神)이 되어 암암리에 관성이 국(局)을 이루거나, ② 관성이 재성의 자리에 숨어 두 기운이 정을 통하는 경우도 있다. 혹은 ③ 관성이 쇠약한데 재성을 만나 두 신(神)이 조화롭거나, ④ 인성(印星)이 왕성하고 관성이 쇠약한데 재성이 인성을 파극(破印)하는 경우, 또는 ⑤ 일주가 왕성하고 관성이 없는데 식상(食傷)이 재성을 생하는 경우, 혹은 ⑥ 일주가 쇠약하고 관성이 왕성한데 식신(食神)이 관성을 제압하는 경우도 있다. 반드시 한 가지 종류의 '맑고 순수한 기운(淸純之氣)'이 있어야만 벼슬길에 나아갈 수 있다. 그 벼슬길의 높고 낮음은 격국(格局)의 기세(氣勢)와 운로(運路)의 손익(損益)을 살펴야 알 수 있다.

반면 벼슬길에 나아가지 못하는 자들은 ① 일간(日干)이 너무 왕성하고 재성이 가볍고 식상이 없는데, 관성을 반기지만 관성이 소통되지 않거나 아예 없는 경우이다. 또는 ② 일간이 너무 약한데 재성과 관성이 함께 왕성한 경우, ③ 재성과 관성이 비록 소통되더라도 상관(傷官)이나 겁재(劫財)가 이를 점거하는 경우, ④ 재성이 용신이 되나 암암리에 겁재국을 이루는 경우, ⑤ 인성을 반기는데 재성을 만나거나 인성을 꺼리는데 관성을 만나는 경우 등이 해당한다. 이러한 경우들은 모두 벼슬길에 나아갈 수 없다.

		戊	甲	壬	己
		辰	寅	申	巳
丙	丁	戊	己	庚	辛
寅	卯	辰	巳	午	未

[482] 강약

甲木이 맹추(孟秋) 申月에 태어나 칠살(七殺)이 월령(月令)을 잡았다. 巳火 식신(食神)은 己土를 탐하여 생하므로 申金을 극하는 것을 잊는다. 게다가 戊己土가 함께 드러나 인수를 파괴하고 칠살을 생한다. 그러므로 조상의 업을 잇기 어렵고 글공부도 계속하지 못했다.

다행히 가을 水가 뿌리에 통하고, 일지(日支)에 녹왕함이 있다. 비록 명충(明沖)으로 극하지만 암합(暗合)과 암회(暗會)로 서로 상생하니, 부서(部書)를 경유하여 벼슬길에 나아갔다. 丁卯, 丙寅 운에는 일주(身)를 돕고 칠살을 제압하니 관찰사(觀察使)에 올랐다.

		丁	乙	丙	庚
		丑	卯	戌	午
壬	辛	庚	己	戊	丁
辰	卯	寅	丑	子	亥

[483] 강약 / 격국

乙卯 일주가 계추(季秋) 戌月에 태어났고, 丙丁火가 함께 천간에 드러나 뿌리를 내렸다. 오행으로 水가 없으니 庚金은 있어도 논할 필요가 없다. 가장 기쁜 것은 재성(財星)을 고장(庫藏)에 가둔 것이고, 木火가 통명(通明)된 것이다. 그러므로 성정이 효도와 우애가 있었으며, 행실 또한 매우 두터웠다.

부서(部書)를 경유하여 벼슬길에 나아가 주목(州牧)에 이르렀다. 이 사람이 글공부를 할 수 없었던 것은 庚金이 丑에 뿌리를 내렸기 때문이다.

癸	戊	庚	己
亥	申	午	丑

甲	乙	丙	丁	戊	己
子	丑	寅	卯	辰	巳

[484] 강약 / 격국 / 조후

戊土가 午月에 태어나 인성(印星)이 월령(月令)을 잡았다. 時에서 癸亥를 만났으니 일주가 기운을 얻고 재성(財星)을 만난 격이다. 다만 金기운이 너무 왕성하고, 연지(年支)에 습토(濕土)가 있어 火를 가리고 金을 생하므로 일주가 오히려 약해졌다. 이 때문에 인수가 암장되어 글공부를 할 수 없었다.

재물을 바쳐 벼슬길에 나아갔는데, 丁卯, 丙寅 운에는 木이 火의 기세(氣勢)를 따르니 생하고 변화함에 패함이 없어 벼슬이 황당(黃堂, 고위 관직)에 올랐다. 다행히 午火 진신(眞神)을 용신(用神)으로 얻었으니, 위인이 충후(忠厚)하고 화평(和平)했다. 乙丑 운에는 火의 기운을 흐리게 하고 金을 생하므로 사망했다.

丙	戊	甲	壬
辰	戌	辰	子

庚	己	戊	丁	丙	乙
戌	酉	申	未	午	巳

[485] 강약 / 격국

戊戌 일주가 계춘(季春) 辰月에 태어나 時에 火土를 만났으니 일주가 기운을 얻었다. 비록 봄의 허약한 土이지만 칠살(殺)까지 드러나 뿌리를 내렸고, 壬水가 뿌리를 얻어 곁에서 상생한다. 이를 일주(身)와 칠살(殺)이 함께 균형을 이룬다고 하는데, 일주만 강하고 칠살이 약한 것이 아니다. 천간의 壬水가 丙火를 극하므로 글공부에는 불리했다.

다행히 초운이 남방으로 흘러 재물을 바치고 벼슬길에 나아가 명구(名區)에서 대읍(大邑)까지 다스렸다. 다만 재성(財星)이 드러나 칠살을 생하는 것이 병인데, 장래 운로가 서방으로 흘러 水를 생하고 火가 절지(絶地)가 될까 염려된다. 이로 인해 그 사람은 사치하기를 좋아하고 검소할 줄을 몰랐다.

만약 급히 흐름을 알고 물러나지 않았다면, 불측한 풍파를 면할 수 없었을 것이다.

庚	丙	甲	癸		
寅	戌	寅	巳		
戊	己	庚	辛	壬	癸
申	酉	戌	亥	子	丑

[486] 강약

丙火가 맹춘(孟春) 寅月에 태어났다. 드러난 관성(官星)을 용신으로 삼는데 맑고 순수하다.

아쉬운 것은 金水가 멀리 떨어져 있어 상생(相生)하지 못하는 것이고, 또 木火가 함께 왕성하여 金水가 뿌리가 없는 것이다. 그러므로 글공부를 계속하지 못하고 재물을 바쳐 현령(縣令)이 되었다.

재성(財星)과 관성(官星)이 문호(門戶)를 통하지 못했는데, 戌 운 丁丑年에 火土가 월령을 잡자 질병을 얻어 사망했다.

丁	辛	甲	壬		
酉	酉	辰	辰		
庚	己	戊	丁	丙	乙
戌	酉	申	未	午	巳

[487] 강약 / 조후

辛金이 계춘(季春) 辰月에 태어났으나, 지지에는 모두 辰酉가 있고 천간에는 壬丁이 드러났으니 겉보기에는 아름다운 사주 같다. 그러나 지지에 습토(濕土)가 金을 만나 丁火가 뿌리 없이 허탈하다는 것을 알지 못한다. 甲木이 비록 능히 火를 생하지만, 지지에서 辰酉가 합하여 金으로 변하니 한가하게 火를 도울 수 없다.

재물을 바치고 부(部)에 소속되었으나, 재물을 많이 탕진했을 뿐 아니라 결원(缺員)도 없었다. 壬水는 甲木을 생하므로 물려받은 재산이 수십만에 달했으나, 단지 운로가 土金으로 흐르기 때문에 가업의 쇠퇴를 면치 못했고 자식 두는 것도 어려웠다.

61. 지위(地位)

대 각 훈 로 백 세 전　천 연 청 기 발 기 권
臺閣勛勞百世傳 天然清氣發機權[61]

재상의 공로가 백세토록 전해지는 것은 타고난 청기(清氣)가 기틀과 권세로 드러났기 때문이다.

原注

能如人之出身, 至于地位之在大小, 亦不易推. 若夫爲公爲卿, 清中又有一種權勢出入矣, 不專在一端而論.

- 사람의 출신을 아는 것과 지위의 높고 낮음을 추론하는 것은 쉽지 않다.
- 만약에 공(公)과 경(卿)의 높은 관직에 오르는 경우는 맑은 기운 속에서도 또 다른 권세의 미묘한 작용이 존재한다.
- 단순히 한 가지 측면만으로 논할 수는 없다.

---

61) 臺閣勳勞百世傳, 天然清氣顯機權.

임철초 日

재상(宰相)의 반열에 오르거나 지방을 다스리는 중책(封疆之任)을 맡는 이들은 맑은 기운(淸氣)이 천성적으로 발현되고, 빼어난 기운(秀氣)이 순수함에서 나온다. 사주 안의 모든 요소가 희신(喜神)과 유정(有情)하고, 격국(格局)에는 싫어할 만한 것이 하나도 없다. 쓰는 것은 모두 진신(眞神)이고, 반기는 것은 모두 진기(眞氣)이다. 이를 일컬어 '맑은 기운이 현묘한 권세를 드러낸다(淸氣顯機權)'고 한다.

이들은 도량(度量)이 넓고 만물을 포용하며, 행동이 순수하여 사사로움을 탐하지 않는다. 백성을 윤택하게 하는 덕이 있고, 무거운 책임을 맡아 멀리까지 이룰 만한 재능을 품고 있다.

戊	戊	庚	庚
午	辰	辰	申

[488] 강약 / 조후

이는 동중당(董中堂)의 사주이다. 타고난 맑은 기운(天然淸氣)은 庚金에 있다.

[2번 사주 해석 참고]

甲	己	丙	甲
子	丑	寅	子

[489] 강약 / 격국 / 조후

이는 유중당(劉中堂)의 사주이다. 타고난 맑은 기운(天然淸氣)은 丙火에 있다.

[193번 사주 해석 참고]

乙丙壬壬
未子寅申

[490] 강약 / 격국

이는 철상서(鐵尙書)의 사주이다. 타고난 맑은 기운(天然淸氣)은 乙木에 있다.

[194번 사주 해석 참고]

庚庚丁己
辰申卯亥

[491] 강약 / 격국

이는 진시랑(秦侍郎)의 사주이다. 타고난 맑은 기운(天然淸氣)은 丁火에 있다.

[24번 사주 해석 참고]

병 권 해 치 변 관 객 인 살 신 청 기 세 특

兵權獬豸弁冠客 刃煞神淸氣勢特[62)]

병권(兵權)을 쥐고 해치(獬豸) 변관 쓴 사람은 양인과 칠살의 기운이 청하고 기세가 뛰어나다.

原注

掌生殺之權, 其風紀氣勢, 必然超特, 淸中精神自異, 又或刃殺兩顯也.

- 생살(生殺)의 권한을 쥐면, 그 풍기와 기세가 필연적으로 뛰어나고 특별하다.
- 청(淸)한 가운데에서도 정신이 스스로 비범하며, 또한 양인과 칠살이 함께 드러나기도 한다.

62) 職掌兵權豸冠客, 刃殺神淸氣勢特.

임철초 曰

생살여탈(生殺予奪)의 권한과 병권(兵權) 및 형벌의 중임을 맡은 자는 그 정신과 맑은 기운(淸氣)이 자연히 빼어나고 특별하다. 반드시 양인(刃)이 왕성하여 칠살(殺)에 대적하는 기세가 있어야 한다. 사주 안에 칠살은 왕성한데 재성(財星)이 없고, 인수(印綬)가 양인을 용신(用神)으로 삼거나, 인수는 없어도 양인이 있는 경우를 '살인신청(殺刃神淸)'이라 한다.

기세가 바뀌어 양인이 월령을 잡으면 문관(文官)이면서도 생살여탈의 임무를 맡게 된다. 양인이 왕하다는 것은 예를 들어, 봄에 甲木이 卯양인을 쓰거나 乙木이 寅양인을 쓰는 것, 여름에 丙火가 午양인을 쓰거나 丁火가 巳양인을 쓰는 것, 가을에 庚金이 酉양인을 쓰거나 辛金이 申양인을 쓰는 것, 겨울에 壬水가 子양인을 쓰거나 癸水가 亥양인을 쓰는 것과 같다.

만약 양인이 왕성하여 칠살에 대적하지만 사주 안에 식신(食神)이나 인수(印綬)가 없고 재성(財星)과 관성(官星)만 있다면, 기세는 특별하나 신기(神氣)가 맑지 못하다. 이는 무장(武將)의 운명이다.

만약 양인이 월령을 잡지 못하고 비록 칠살에 대적할 수는 있어도, 병권(兵權)을 잡지 못할 뿐만 아니라 귀하게 드러나지도 못한다. 그 사람은 악을 미워함이 지나치게 엄격하며, 양인이 왕성하고 칠살이 약해도 역시 그러하다. 반드시 오만하고 교만할 것이다.

丙	庚	己	壬
戌	午	酉	寅

乙	甲	癸	壬	辛	庚
卯	寅	丑	子	亥	戌

[492] 강약

庚 일주가 丙時인데 지지에 생왕함을 만났다. 寅木이 壬水를 받아들이니 칠살(殺)을 제압할 수 없다. 오로지 酉金 양인(陽刃)에만 의지하는데, 양인이 월령을 잡았으니 용신(用神)이 된다. 멀리 떨어진 寅木이 합국(合局)을 이루지 못하도록 막았다.

이는 정확히 양인과 칠살의 기운이 맑고 기세가 특별하다. 일찍이 과거에 급제하여 여러 곳의 병형(兵刑) 임무를 장악했고, 벼슬은 형부상서(刑部尙書)였다.

壬	丙	壬	庚
辰	子	午	戌

戊	丁	丙	乙	甲	癸
子	亥	戌	酉	申	未

[493] 강약

丙子 일주가 月과 時에 壬水를 드러내니 세 방면으로 적을 둔 셈이다. 사주 안에 木이 없어 水의 기운을 설기하여 火를 생하지 못하고, 오히려 庚金이 있어 土의 기운을 설기하여 水를 생한다. 그러므로 오로지 午火 양인(陽刃)에만 의지해야 하는데, 양인이 월령을 잡아 용신(用神)이 되었다.

다시 기쁜 것은 戌 조토(燥土)가 水를 제압하고 火와 합국(合局)하는 것이다. 지방 향시(鄕試) 출신으로, 丙戌, 丁亥 운에 벼슬이 안찰사에 올랐다.

戊	壬	戊	乙
申	辰	子	卯

壬	癸	甲	乙	丙	丁
午	未	申	酉	戌	亥

[494] 강약

壬辰 일주인데 천간의 두 칠살(殺)이 辰에 뿌리를 내렸다. 연간의 乙木은 말라 죽어가므로 水의 기운을 설기할 뿐 土를 제압하지 못한다. 그러니 일주는 극(剋)과 설(洩)을 동시에 받는다. 가장 기쁜 것은 子水가 월령(月令)을 잡고 합국(會局)을 이루어 살인신청(殺刃神淸)이 된 것이다.

酉 운에는 水를 생하고 木을 극하며, 또 辰과 합하여 칠살을 변화시키므로 과거에 급제했다. 甲申, 癸 운에는 벼슬길이 크게 열려 안찰사(按察使)까지 지냈다. 未 운에는 양인(陽刃)이 제극(制剋)을 받으니 사망했다.

庚	甲	辛	丙
午	申	卯	辰

丁	丙	乙	甲	癸	壬
酉	申	未	午	巳	辰

[495] 강약

甲申 일주가 중춘(仲春) 卯月에 태어나 관성(官星)과 칠살(七殺)이 함께 천간에 드러나 뿌리를 내렸다. 일주와 시주는 사절지(死絶地)에 해당하므로, 반드시 卯 양인(陽刃)을 용신(用神)으로 쓸 수밖에 없다.

다행히 丙火가 辛金을 합(合)하여 관살혼잡(官殺混雜)의 걱정이 없어졌고, 卯木이 辛金의 극을 받지 않게 되었으니, 인살신청(刃殺神淸)이 되었다. 게다가 운로가 남방 火 지대(地帶)로 흘러 과거에 급제하여 얼헌(臬憲, 감사나 도지사에 해당하는 고위 관직)에 올랐다.

분 번 사 목 재 관 화 청 순 격 국 신 기 다

分藩司牧財官和 淸純格局神氣多[63)]

지방을 나누어 다스리는 목민관(牧民官)은 재성과 관성이 조화롭고, 맑고 순수한 격국(格局)이고 신기(神氣)가 많다.

原注

方面之官,財官爲重,必淸奇純粹,格正局全,又有一段精神.

- 한 지방의 관리는 재성과 관성이 중요하고, 반드시 맑고 기이하며 순수해야 한다.
- 격국(格局)이 바르고 국(局)이 완전해야 하며, 또한 일정 단계의 정신(精神)이 있어야 한다.

63) 分藩司牧財官和, 淸奇純粹局全多.

임철초 日

지방관(方面之任) 및 주현(州縣)의 관리들은 비록 재성(財星)과 관성(官星)을 중요하게 여기지만, 반드시 격국(格局)이 맑고 순수해야 하며, 일주(日元)가 생왕(生旺)하고 신(神)과 기(氣)가 충만해야 한다. 그런 후에야 재성과 관성이 조화로워 정기(精氣), 신기(神氣), 정신(精神) 세 가지를 모두 갖추게 된다.

또한, 관성이 왕성하고 인성(印星)이 있거나, 관성이 쇠약하고 재성이 있거나, 재성이 왕성하고 관성이 없거나, 인성(印星)이 왕성하고 재성이 있는 경우 등이 있다. 이는 좌우로 서로 통하고 위아래가 거스르지 않으며, 뿌리가 연월에 통하고 기운이 일시에 관통하는 경우이다. 일주와 칠살(殺)이 균형을 이루거나, 칠살이 강한데 인성(印星)을 만나거나, 칠살이 약한데 재성을 만나는 경우도 모두 해당된다. 이러한 사람들은 반드시 백성을 이롭게 하고 만물을 구제하려는 마음을 가지고 있다. 이와 반대되는 경우는 적합하지 않다.

壬	癸	乙	丁
子	酉	巳	丑

己	庚	辛	壬	癸	甲
亥	子	丑	寅	卯	辰

[496] 강약

癸水가 巳月에 태어났으니 火土가 비록 왕성하다. 그러나 묘하게도 지지에 金局을 갖추었다. 재성, 관성, 인성 세 가지가 모두 생조된다. 다시 기쁜 것은 子時에 겁재와 비견이 도와주니 '정신이 왕성하고 족하다(精神旺足)'고 한다.

더욱 기쁜 것은 중년의 운로가 북방으로 운행하니 이로출신(異路出身)할 사주다. 벼슬은 군수(郡守)로서 명예와 재물이 모두 온전했다. 일곱 아들이 모두 벼슬을 했다.

	乙	丁	戊	丙	
	巳	酉	戌	寅	
甲	癸	壬	辛	庚	己
辰	卯	寅	丑	子	亥

[497] 강약 / 격국

丁火가 戌月에 태어나 사주 안에 木火가 중중하다. 상관격에 재성(財星)을 용신(用神)으로 쓰는데 격국이 아름답다. 부서(部書) 출신으로 벼슬은 현령(縣令)이었다.

아쉬운 점은 사주 안에 水가 없고, 戌土는 조토(燥土)이므로 金을 생할 수 없으며 오히려 火만 어둡게 한다는 것이다. 木이 생화(生化)하여 火가 왕성하니 巳酉 합금(合金)의 공로가 헛것이 되었다. 이 때문에 처첩을 통해 열 아들을 두었으나 모두 극해 버렸다.

	戊	辛	庚	丙	
	子	巳	寅	子	
丙	乙	甲	癸	壬	辛
申	未	午	巳	辰	卯

[498] 강약 / 격국

辛金이 寅月에 태어나 재성(財星)은 왕성한데 식신(食神)을 만났다. 또한 겁재와 인수(印綬)가 일주(身)를 도와 중화(中和)되고 순수하니 정신이 모두 만족스럽다.

처음 보기에는 신약(身弱)한 것 같지만, 자세히 살펴보면 木은 약하고 火는 허약한데 인수(印綬)가 드러나 뿌리를 내렸으므로 관성(官星)을 용신(用神)으로 삼기에 충분하다.

중년 남방 火 운에는 이로출신(異路出身)하여 벼슬이 황당(黃堂, 고위 관직)에 이르렀다.

甲	戊	丙	丁		
寅	寅	午	亥		
庚	辛	壬	癸	甲	乙
子	丑	寅	卯	辰	巳

[499] 강약 / 조후

戊土가 午月에 생하고, 국 중에 편관이 비록 왕하나 인성이 태중하다. 木은 火의 세를 좇으나 火는 木을 연소시키는데 한 점 亥水는 木을 생하고 火를 극할 수 없다.

癸 운에서 丁을 극하고 甲을 생하니 북방 출신의 호적으로 연이어 과거에 합격하였고, 이름난 지역의 지방관으로 나갔다. 辛 운은 丙을 合하니 벼슬길이 순조로웠고, 丑 운에는 水를 극하므로 병이 들어 벼슬에서 고별하였다.

辛	甲	戊	己		
未	子	辰	巳		
壬	癸	甲	乙	丙	丁
戌	亥	子	丑	寅	卯

[500] 강약

甲子 일주가 계춘(季春) 辰月에 태어났으니, 木의 여기(餘氣)이며 일지(坐下)의 인성(印綬) 위에 앉았다. 관성(官星)이 맑게 드러났고, 또 子辰이 인수를 합(合)하여 유정(有情)하다. 다시 묘한 것은 운로가 동북 수목지(水木地)로 흘러 공명(功名)이 갑방(甲榜)에 올랐다.

다만 子 인수가 未에 의해 파(破)되는 것이 흠이라 벼슬길에 막힘이 있었다. 늙어서는 교직에 몸담았다.

편 시 제 사 병 수 령 야 종 청 탁 분 형 영

便是諸司並首領 也從清濁分形影

심지어 모든 관리와 수령들도 사주의 청탁(清濁)에 따라 그 모습과 그림자가 나누어진다.

原注

至貴者莫如天也, 得一以清, 而位乎上, 故膺一命之榮, 莫不得清氣. 所以雜職或佐貳首領等官, 豈無一段清氣? 而與濁氣者自別. 然清濁之形影難解, 不專是財官印綬內有清濁, 凡格局氣象用神合神, 日主化氣從氣神氣精氣, 以序收藏, 發生意向, 節度性情, 理勢源流, 主從之間皆有之. 先于皮面, 尋其形影, 得其形而遂可以尋其精髓, 乃論大小尊卑.

- 지극히 귀한 것으로 하늘만 한 것이 없으며, 하늘은 하나를 얻음으로써 맑아졌고 가장 높은 곳에 위치하는 것이다. 그러므로 사람이 처음 관직에 나가는 영광을 받음에 있어, 맑은 기운을 얻지 않은 자가 없다.
- 그러니 잡직(雜職)이나 혹은 좌이(佐貳) 또는 수령(首領) 등의 관리들이 어찌 한 조각의 맑은 기운이 없겠는가? 그들은 탁한 기운을 가진 사람들과는 본질적으로 다르다.
- 그러나 맑음과 탁함의 형체와 그림자는 이해하기 어렵다. 단지 재성, 관성, 인성 내에만 청탁이 있는 것이 아니다.
- 격국(格局), 기상(氣象), 용신(用神), 합신(合神), 일주의 화기(化氣)와 종기(從氣), 신(神氣)과 정기(精氣)에 이르기까지, 모든 것이 질서정연하게 수장(收藏)되고 발현되는 의향(意向), 절도 있는 성정(性情), 이치와 형세의 근원과

흐름, 주(主)와 종(從)의 관계 사이에 모두 청탁이 존재한다.

- 우선 겉으로 드러나는 모습에서 그 형체와 그림자를 찾고, 그 형체를 얻어야 비로소 그 정수(精髓)를 찾을 수 있다. 이에 따라 크고 작음, 높고 낮음을 논하게 된다.

임철초 日

명(命)이란 것은 천지 음양 오행의 정기가 모여 이루어진 것으로, 맑은 기운은 귀함이 되고, 탁한 기운은 천함이 된다. 그래서 잡직이나 좌이 등의 관원들 역시 한 번의 명예를 얻은 것이므로, 비록 격국이 바르고 맑으며 진신(眞神)을 용신으로 쓰는 팔자가 아닐지라도, 그 기상(氣象)과 격국(格局)의 틀에서 충(沖)하고 합(合)하는 이치(理氣) 안에 반드시 한 점의 맑은 기운이 있기 마련이다.

비록 맑은 기운과 탁한 기운의 형체와 그림자를 분별하기 어렵다고 하더라도, 하늘은 맑고 땅은 탁하다는 이치에서 벗어나지 않는다. 천간(天干)은 하늘을 상징하고, 지지(地支)는 땅을 상징한다. 지지에서 천간으로 상승하는 기운은 가볍고 맑은 기운이며, 천간에서 지지로 하강하는 기운은 무겁고 탁한 기운이다.

천간의 기운은 본래 맑으므로 탁함을 꺼리지 않으나, 지지의 기운은 본래 탁하므로 반드시 맑아지려 해야 한다. 이것이 명리학에서 변통(變通)을 귀하게 여기는 까닭이다. 천간은 탁해도 지지가 맑으면 귀하게 되고, 지지가 탁해도 천간이 맑으면 천하게 된다.

지지의 기운이 상승하는 것은 그림자(影)이며, 천간의 기운이 하강하는 것은 형체(形)이다. 이 상승과 하강의 형체와 그림자, 그리고 충(沖), 합(合), 제(制), 화(化)의 작용 속에서 그 맑음과 탁함을 분별하고, 그 경중을 따져 존귀함과 비천함을 논할 수 있다.

丙	戊	壬	壬
辰	戌	寅	辰

戊	丁	丙	乙	甲	癸
申	未	午	巳	辰	卯

[501] 강약 / 조후

戊土가 寅月에 태어나 木은 왕성하고 土는 허약하다. 천간의 두 壬水는 丙火를 극하고, 寅木은 丙火를 생한다. 이는 천간의 기운이 탁하여 재성(財星)이 인수(印綬)를 파괴하므로 글공부를 계속하지 못했다.

다행인 것은 寅木이 水를 받아들이고 火를 생한다는 점이다. 일지(日支)의 戌土는 조토(燥土)이므로 壬水가 충분하지 못하게 한다. 이 사주의 맑은 기운은 寅木에 있으며, 이로(異路) 출신으로 벼슬길에 나아갔고, 丙 운에 현령(縣令)으로 승진했다.

丁	甲	癸	壬
卯	寅	丑	午

己	戊	丁	丙	乙	甲
未	午	巳	辰	卯	寅

[502] 강약 / 조후

甲木이 丑月에 태어나 水와 土가 추위에 얼어붙었다. 본래 火로써 차가움을 녹이는 것이 좋다. 다시 좋은 점은 일시(日時)에 寅卯의 기운이 왕성하고, 丁火가 수기(秀氣)를 밖으로 드러낸다는 것이다. 그러니 맑음은 火에 있다. 꺼림칙한 것은 壬癸水가 드러나 丁火가 반드시 손상된다는 점이다.

그러므로 글공부의 뜻을 이어가지 못했다. 그러나 지지에 水가 없으니 천간이 비록 탁하더라도 지지의 午火를 따라 맑음을 유지했다. 이로(異路) 출신으로 戊午 운에 癸水를 합하고 壬水를 제압하니, 병이 있어도 약을 만난 격이 되어 지현(知縣, 현의 군수)으로 승진했다.

己	丙	乙	壬		
丑	子	巳	辰		
辛	庚	己	戊	丁	丙
亥	戌	酉	申	未	午

[503] 강약

丙火가 巳月에 태어났으니 간지에 칠살(殺)과 인성(印)의 맑음을 가지고 있다. 꺼림칙한 것은 丑時인데, 子水를 합거(合去)하면 壬水가 힘을 잃고, 합한 후 상관(傷官)을 도와 일주를 설기(洩氣)하니, 한 점의 乙木이 土를 소토(疎土)시키지 못한다.

이로(異路) 출신으로 도적을 잡은 공로가 있었지만, 임금의 뜻과 합치되지 않아 승진은 하지 못했다.

丁	癸	丙	乙		
巳	酉	戌	酉		
庚	辛	壬	癸	甲	乙
辰	巳	午	未	申	酉

[504] 강약

癸酉 일주가 戌月에 태어나 지지에 관성(官星)과 인수(印綬)가 상생(相生)하니 맑다는 것을 알 수 있다. 꺼림칙한 것은 천간의 丙火 재성(財星)이 뿌리를 얻은 것이고, 게다가 乙木이 火를 도와 金을 극한다는 점이다. 그래서 글공부를 계속하지 못했으나, 다행히 가을 金이 세력이 있어 이로(異路) 출신으로 벼슬길에 나아갔다.

巳 운에 재성을 만나 인수를 파괴하니, 아버지의 상을 당해 고향으로 돌아갔다.

戊戊戊甲
午子辰申
甲 癸 壬 辛 庚 己
戌 酉 申 未 午 巳

[505] 강약

戊子 일주가 辰月 午時에 태어나 천간에 세 개의 戊土가 모였으니 왕성하다. 甲木은 퇴기(退氣)인데다 절지(絶地)에 앉았으므로 용신이 되지 못한다. 도리어 혼잡으로 논한다. 이 사주의 정기(精氣)는 지지의 申金에 있으니, 土의 기운을 설기하여 정영(精英)하게 만든다.

아쉬운 것은 봄의 金이 왕성하지 못한 것이다. 하지만 다행히 子水가 午火를 충파(沖破)하여 土를 윤택하게 하고 金을 기른다. 비록 재물을 바쳐 좌이(佐貳, 정식 관리를 돕는 부관)가 되었으나, 벼슬길은 순조로웠다.

庚壬甲癸
戌子子巳
戊 己 庚 辛 壬 癸
午 未 申 酉 戌 亥

[506] 강약 / 조후

壬子 일주가 중동(仲冬) 子月에 태어났는데, 천간에 庚金과 癸水가 드러났으니 그 기세가 넘쳐흐른다. 甲木은 뿌리가 없어 水를 받아들이지 못하고, 巳火는 많은 水가 함께 극하니 역시 작용하기 어렵다. 그러므로 여러 번 재물을 들여 벼슬을 사려했으나 빈자리를 찾지 못했다.

비록 시지(時支)의 戌土가 넘쳐흐르는 기세를 막아선다 해도 庚金에게 설기당하고, 게다가 중년 운의 辛酉, 庚申이 土를 설기하여 水를 생하니, 겁재와 양인이 제멋대로 날뛰어 뜻만 가졌을 뿐 이룰 수는 없었다.

62. 세운(歲運)

휴 수 계 호 운 우 계 호 세
休囚係乎運 尤係乎歲
전 충 시 기 숙 항 화 호 시 기 숙 절
戰沖視其孰降 和好視其孰切[64)]

휴수(休囚)는 운(運)에 달려있고, 더욱이 세(歲)에 달려있다.

싸움(戰)이나 충돌(沖)은 어느 쪽이 굴복하는지 보고, 화합(和)이나 좋음(好)은 어느 쪽이 더 절실한지 본다.

原注

日主譬如吾身, 局中之神, 譬之舟馬引從之人, 大運譬所蒞之地, 故重地支, 未嘗無天干. 太歲譬所遇之人, 故重天干, 未嘗無地支. 必先明一日主, 配合七字, 權其輕重, 看喜行行何運, 忌行何運. 如甲日以氣機看春, 以人心看仁, 以物理看木, 大率看氣機而餘在其中. 遇庚辛申酉字面, 如春而行之於秋, 斲伐其生生之機, 又看喜與不喜, 而行運生甲伐甲之地, 何斷其休咎也. 太歲一至, 休咎卽顯, 於是詳論戰沖和好之勢, 而得勝負適從之機, 則休咎了然在目.

- 일주(日主)는 비유하자면 내 몸과 같다. 사주의 다른 글자들(局中之神)은 비유하자면 선박이나 말, 그리고 나를 따르는 사람들과 같다.
- 대운(大運)은 비유하자면 내가 당도한 땅과 같으니, 그러므로 지지(地支)를 중요하게 여기나 천간(天干)이 없는 것은 아니다. 태세(太歲)는 비유하

64) 休咎係乎運, 尤係乎歲, 衝戰視其孰降, 和好視其孰切.

자면 내가 만난 사람과 같으니, 그러므로 천간(天干)을 중요하게 여기나 지지(地支)가 없는 것은 아니다.

- 반드시 먼저 일주를 명확히 하고, 나머지 일곱 글자를 배합하여 그 경중을 헤아린 다음, 어떤 운(運)을 만나야 기뻐하고 어떤 운을 만나야 꺼리는지를 보아야 한다.
- 예컨대 甲日은 기운의 흐름으로 보면 봄과 같고, 사람의 마음으로 보면 인(仁)과 같으며, 만물의 이치로 보면 나무와 같다. 대체로 기운의 흐름을 보되 나머지는 그 안에 포함되어 있다.
- 만약 庚辛申酉 글자를 만난다면, 봄이면서 가을을 지나가는 것과 같아 그 생생한 기운이 꺾이고 베이게 된다. 이때 다시 무엇이 희신인지 기신인지를 살피고, 운(運)이 甲을 생하는 곳으로 가는지 甲을 극하는 곳으로 가는지에 따라 길흉을 판단한다.
- 태세(太歲)는 한 번 도달하면 길흉이 즉시 드러나게 되니, 이에 전투(戰沖)와 화합(和好)의 세력을 자세히 논하여 승패와 따름의 기틀을 얻으면 길흉이 명확히 눈앞에 보이게 된다.

임철초 日

부귀는 비록 격국에서 정해지지만, 궁통(窮通, 궁핍함과 통달함)은 실로 운의 흐름에 달려있다. 소위 '명(命)이 좋은 것이 운(運)이 좋은 것만 못하다'는 말이다. 일주(日主)는 나의 몸과 같고, 사주 안의 희신(喜神)과 용신(用神)은 내가 쓰는 사람과 같다. 운의 흐름은 내가 처하는 땅과 같으므로 지지(地支)를 중요하게 본다. 천간(天干)이 거스르지 않고 서로 생하고 돕는 것이 좋다.

그래서 하나의 대운은 10년을 통채로 보아야 하며, 절대 위와 아래를 잘라서 보지 말아야 한다. 또한 '개두(蓋頭)'나 '절각(截脚)'이 되지 않아야 한다. 만약 위와 아래를 잘라서 보거나, 개두나 절각을 논하지 않으면 길흉이 제대로 맞지 않는다.

예를 들어, ① 木 운을 반길 때는 반드시 甲寅, 乙卯여야 한다. 다음으로는 甲辰, 乙亥, 壬寅, 癸卯가 좋다. ② 火 운을 반길 때는 반드시 丙午, 丁未여야 한다. 다음으로는 丙寅, 丁卯, 丙戌, 丁巳가 좋다. ③ 土 운을 반길 때는 반드시 戊午, 己未, 戊戌, 己巳여야 한다. 다음으로는 戊辰, 己丑이 좋다. ④ 金 운을 반길 때는 반드시 庚申, 辛酉여야 한다. 다음으로는 戊申, 己酉, 庚辰, 辛巳가 좋다. ⑤ 水 운을 반길 때는 반드시 壬子, 癸亥여야 한다. 다음으로는 壬申, 癸酉, 辛亥, 庚子가 좋다.

천간이 지지를 생하게 하는 것이 좋고, 지지가 천간을 생하게 하지 않는 것이 좋다. 천간이 지지를 생하면 음덕이 두텁고, 지지가 천간을 생하면 기운이 설기된다.

무엇이 '개두(蓋頭)'인가? 예를 들어, 木 운을 반기는데 庚寅, 辛卯를 만나는 경우, 火 운을 반기는데 壬午, 癸巳를 만나는 경우, 土 운을 반기는데 甲戌, 甲辰, 乙丑, 乙未를 만나는 경우, 金 운을 반기는데 丙申, 丁酉를 만나는 경우, 水 운을 반기는데 戊子, 己亥를 만나는 경우이다.

무엇이 '절각(截脚)'인가? 예를 들어, 木 운을 반기는데 甲申, 乙酉, 乙丑, 乙巳를 만나는 경우, 火 운을 반기는데 丙子, 丁丑, 丙申, 丁酉, 丁亥를 만나는 경우, 土 운을 반기는데 戊寅, 己卯, 戊子, 己酉, 戊申을 만나는 경우, 金 운을 반기는데 庚午, 辛亥, 庚寅, 辛卯, 庚子를 만나는 경우, 水 운을 반기는데 壬寅, 癸卯, 壬午, 癸未, 壬戌, 癸巳를 만나는 경우이다.

개두(蓋頭)는 천간이 지지를 극하는 것인데, 운에서 지지를 중요하게 보므로 길흉이 절반으로 줄어든다. 절각(截脚)은 지지가 천간을 극하는 것인데, 지지가 천간을 실어주지 못하므로 10년 내내 좋지 않다.

만약 木 운을 반기는데 庚寅, 辛卯를 만났다고 가정해 보자. 庚辛金은 본래 흉한 운이지만, 金이 寅卯에서 절지(絶地)가 되므로 뿌리가 없다고 한다. 비록 10할의 흉함이 있더라도 그 절반이 줄어든다. 만약 원국 천간에 丙丁火가 드러나 되갚아 극할 수 있다면 또 절반이 줄어든다. 혹은 다시 태세(太歲)에서 丙丁火를 만나 庚辛金을 제압한다면 흉함이 없어진다. 寅卯木은 본래 길한 운이지만, 개두(蓋頭)로 庚辛金의 극을 받으므로 비록 10할의 길함이 있더라도 역시 절반이 줄어든다. 만약 원국 지지에 申酉金의 충이 있다면 길함이 없을 뿐만 아니라 오히려 흉해진다.

또 예를 들어, 木 운을 반기는데 甲申, 乙酉를 만났다고 가정해 보자. 木이 申酉에서 절지(絶地)가 되므로 실어주지 못한다고 한다. 따라서 甲乙 운이 좋지 않다. 만약 원국 천간에 또 庚辛이 드러나거나, 태세(太歲) 천간에서 庚辛을 만난다면 반드시 흉함이 의심할 여지가 없다. 그래서 10년 내내 흉하다. 만약 원국 천간에 壬癸가 드러나거나, 태세(太歲) 천간에서 壬癸를 만난다면, 金을 설기하고 木을 생할 수 있으므로 곧 평화롭고 흉함이 없어진다. 따라서 운에서 길운을 만났는데도 길함이 나타나지 않거나, 흉운을 만났는데도 흉함이 나타나지 않는 것은 개두와 절각 때문이다.

태세(太歲)는 1년의 길흉을 관장하는데, 마치 내가 만나는 사람과 같다.

그래서 천간을 중요하게 보지만, 지지를 살펴보지 않을 수 없다. 비록 태세가 희신(喜神)과 생극(生剋) 관계를 가지더라도, 일주나 운과 충극(沖剋)하는 것은 좋지 않다. 가장 흉한 것은 천간극지충(天剋地沖), 즉 세운(歲運)이 운을 충극하는 것이다. 일주가 왕성하다면 비록 흉해도 큰 문제가 없지만, 일주가 휴수(休囚)하다면 반드시 흉한 재앙을 입게 된다. 일주가 세운을 극하는 경우, 일주가 왕성하면 허물이 없지만, 일주가 휴수(休囚)하면 반드시 흉하다. 세운이 일주를 범하는 경우도 마찬가지로 논한다. 그러므로 태세는 화합해야 하며, 운 한 가지만으로 논할 수 없다. 예를 들어, 운에서 木이 길한데 세운에서 木을 만나 오히려 흉한 경우가 있는데, 이는 모두 전충(戰沖)하고 화합하지 못하기 때문이다. 이것에 의거하여 추론하면 길흉이 모두 들어맞을 것이다.

丁	庚	丁	庚
丑	辰	亥	辰

癸	壬	辛	庚	己	戊
巳	辰	卯	寅	丑	子

[507] 강약

庚辰 일주가 亥月에 태어나 천간에 丁火가 함께 드러났다. 辰과 亥는 甲乙木을 암장하고 있으니, 火를 용신(用神)으로 삼기에 충분하다.

초년의 戊子, 己丑 운은 火의 기운을 흐리게 하고 金을 생하니 원하는 바를 이루지 못했다. 庚 운 중 丙午年에는 庚金이 寅 지지에 앉아 절각(截脚)되었고, 천간의 두 丁火는 하나의 庚金을 충분히 대적할 수 있었다. 게다가 丙午年이므로 庚金을 완전히 극하니 그해에 진출하여 합격했다. 丁未年에는 연달아 지현(知縣)으로 발령받았다. 寅 운에는 관직의 재물이 꽤 풍부했다. 辛卯 운은 절각되니 사주 안의 丁火가 극하여 벼슬이 군수(郡守)에 올랐다. 壬辰 운에는 고장(庫藏)에 뿌리를 둔 水가 강력해지니, 壬申年에 두 丁火가 모두 손상되어 사망했다.

丁	庚	戊	乙		
丑	辰	子	未		
壬	癸	甲	乙	丙	丁
午	未	申	酉	戌	亥

[508] 조후

庚辰 일주가 子月에 태어났는데, 未土가 子水를 천파(穿破)한다. 천간의 木火는 모두 辰과 未의 여기(餘氣)이니, 木을 용신으로 삼고 火를 생하기에 충분하다. 丙 운에 반궁(泮宮)에 들어갔고, 乙 운 중 癸酉年에 癸水가 戊土를 합하여 火로 변하고, 酉金은 丁火의 장생지(長生地)이니 모두가 이 해에 반드시 성공할 것이라고 한다.

그러나 乙酉는 절각지(截脚地)의 木이니 木이라고 할 수 없고 실제로는 金이며, 癸酉年은 水가 金의 생조를 받았고 또 겨울철이니 어찌 능히 火로 변할 수 있겠는가. 丁火는 반드시 극상될 것이 의심할 여지가 없으며, 酉金 안에는 모두 金뿐이며 火의 사지(死地)라는 것을 모르고 하는 말이다. 酉金이 陰火의 장생지라는 속설을 전하는 것도 잘못된 것이다.

더욱 우려스러운 것은 그 해 8월의 월건이 辛酉였는데, 사주 안의 木火가 모두 손상되므로 예측하지 못한 재앙을 막아야 하는 상황이었다. 결국 그 해 성안(省中)에서 사망했다.

丁	丙	乙	戊		
酉	寅	卯	子		
辛	庚	己	戊	丁	丙
酉	申	未	午	巳	辰

[509] 강약 / 조후

丙寅 일주가 卯月에 태어나 木火가 함께 왕성하니, 土金이 모두 손상되었고 水 역시 휴수(休囚)되었다.

유년 시절 丙辰, 丁巳 운에는 조상으로부터 물려받은 재산을 모두 탕진했다. 戊午, 己未 운은 조토(燥土)이다. 따라서 金을 생할 수도 火를 설기하지도 못하니, 사업에서 막대한 재물을 모두 탕진하고 타지로 도망갔다. 그러나 庚申, 辛酉 20년 동안은 기이하게도 이익을 얻어 10여만 냥의 재물을 벌어들였다.

甲	丙	癸	丙		
午	午	巳	申		
己	戊	丁	丙	乙	甲
亥	戌	酉	申	未	午

[510] 강약 / 조후

丙午 일주가 巳月 午時에 태어나 군비쟁재(群比爭財), 즉 여러 비겁들이 재물을 다투는 형국이 되었고, 癸水는 말라붙었다.

초운인 甲午 운에는 양인과 겁재가 제멋대로 날뛰니 부모가 일찍 사망했다. 乙未 운에는 양인을 도우니 가업이 완전히 망했다. 丙申, 丁酉 운에는 火가 개두(蓋頭)하였고, 사주 안의 巳午火가 돌아가며 金을 극하니 가난이 더욱 심해졌다. 戊戌 운에 이르러서야 점차 기반을 다질 수 있었다.

하 위 전
何爲戰

무엇을 전(戰)이라 하는가?

原注

如丙運庚年, 謂之運伐歲, 日主喜庚, 要丙降, 得戊得己(丙)者吉; 日主喜丙, 則歲不降運, 得戊己(巳)以和爲妙. 如庚坐寅午, 丙之力量大, 則歲運亦不得不降, 降之亦保無禍. 庚運丙年, 謂之歲伐運, 日主喜庚, 得戊己(巳)以和丙者吉; 日主喜丙, 則運不降歲, 又不可用戊己洩丙助庚. 若庚坐寅午, 丙之力量大, 則運自降歲, 亦保無患.

- 丙運 庚年은 '운이 세를 극하는 것(運伐歲)'이라 말한다. 만약 일주가 庚을 기뻐한다면, 丙의 항복이 중요하다. 戊己를 얻어 丙을 설기하면 길하다.
- 만약 일주가 丙을 기뻐한다면, 이때는 庚 세운이 丙 운을 항복시키면 안 된다. 戊己를 얻어 화합하는 것이 묘하다.
- 만약 庚이 寅午에 앉았다면, 丙의 역량이 크기 때문에 庚 세운 역시 항복하지 않을 수 없다. 항복하더라도 화를 면할 수 있다.
- 庚運 丙年은 '세가 운을 극하는 것(歲伐運)'이라 말한다. 만약 일주가 庚을 기뻐한다면, 戊己를 얻어 丙의 기운을 조화시키는 것이 길하다.
- 만약 일주가 丙을 기뻐한다면, 대운이 세운에게 굴복하지 않으므로, 戊己를 사용하여 丙을 설기하고 庚을 돕게 해서는 안 된다.
- 만약 庚이 寅午에 앉았다면, 丙의 역량이 크기 때문에 庚 운이 스스로 丙 세운에 항복할 것이다, 항복하더라도 근심을 면할 수 있다.
- (원주 한문에서 괄호 속 글자가 원문인데 오류일 수 있다.)

임철초 日

'전(戰)'은 극(剋)하는 것을 말한다. 예를 들어, 丙 운에 庚年을 만나는 것은 '대운이 세운을 극한다(運剋歲)'고 한다. 만약 일주가 庚金을 반긴다면, 丙火가 子辰에 앉고 庚金이 申辰에 앉아야 한다. 또한 사주 안에 戊己가 있어 丙火를 설기하거나, 壬癸가 있어 丙火를 극하면 길하다. 그러나 丙火가 午寅에 앉고 사주 안에 水土로 제어하거나 조화시키는 것이 없다면 반드시 흉하다.

만약 庚 운에 丙年을 만나는 것은 '세운이 대운을 극한다(歲剋運)'고 한다. 일주가 庚金을 반긴다면 흉하고, 丙火를 반긴다면 길하다. 庚金을 반기는 경우, 庚金이 申辰에 앉고 丙火가 子辰에 앉아야 한다. 또한 사주 안에 水土로 제어하거나 조화시키는 것이 있으면 길하다. 이와 반대되는 경우는 반드시 흉하다. 丙火를 반기는 경우도 이에 의거하여 추론하면 된다.

庚	丙	甲	辛
寅	辰	午	卯

戊	己	庚	辛	壬	癸
子	丑	寅	卯	辰	巳

[511] 강약 / 격국

丙火가 午月에 태어나 양인(陽刃)이 월령을 잡으니 왕성하다. 지지에 寅卯辰 동방(東方)이 모두 있어 土는 木의 기운을 따른다. 庚辛金은 둘 다 통근(通根)하지 못했다.

초운인 癸巳, 壬辰 운에는 金이 생조(生助)를 만나 가업이 넉넉하고 즐거움이 여전했다. 辛卯 운에는 金이 절각(截脚)되었으니 형액(刑厄)과 재산 탕진을 겪었고, 가업은 10개 중 8, 9개가 망했다.

庚 운 丙寅年에는 처를 극했다. 이는 庚金이 寅에 앉아 절각되었고, 丙寅 태세(太歲)가 庚金 운을 극했기 때문이다. 또 庚金이 절지(絶地)인데 丙火는

생지(生地)이며, 사주 안에도 木火의 기세를 제어하거나 조화시키는 신(神)이 없었다. 甲午月에 木이 火의 기세를 따르니 흉한 화(禍)가 연속되었고, 병까지 생겨 사망했다.

乙	乙	甲	辛
酉	卯	午	卯

戊	己	庚	辛	壬	癸
子	丑	寅	卯	辰	巳

[512] 강약 / 격국

乙木이 午月에 태어났는데, 일주의 녹(祿)인 卯를 酉가 옆에서 충한다. 월간의 甲木은 절지(絶地)에 놓였고, 오행의 水가 없으니 여름 火가 월령을 잡고 기운을 설기한다. 상관격(傷官格)에 겁재(劫財)를 용신(用神)으로 쓰는데, 꺼리는 것은 金이다.

초운인 壬辰, 癸巳 운에는 인수(印綬)가 드러나 생조(生助)하니 평탄하게 지냈다. 辛卯 운 辛酉年에는 연지(年支)의 卯木을 충거(沖去)하니 형액(刑厄)을 당하고 가산이 파괴되었다.

庚 운 丙寅年에는 金이 꺼려지는 오행인데, 丙火가 극하여 제거했다. 사주 안에 土와 水가 없어 丙火를 설기하거나 제어하지 못했다. 또한 火가 생지(生地)를 만났고 金은 절지(絶地)에 있었으니, 반궁(泮宮, 지방학교)에 들어갔고 이마의 주름살을 펼 수 있었다.

하 위 충
何謂沖

무엇을 충(沖)이라 하는가?

原注

如子運午年, 謂之運沖歲, 日主喜子, 則要助子, 又得年之干頭, 遇制午之神, 或午之黨多, 干頭遇戊甲字者必凶. 如午運子年, 謂之歲沖運, 日主喜午, 而子之黨多, 干頭助子者必凶; 日主喜子, 而午之黨少, 干頭助子者必吉, 若午重子輕, 則歲不降, 亦無咎.

- 子運 午年과 같은 경우를 '운이 세를 충한다(運沖歲)'고 말한다. 일주가 子를 기뻐한다면, 곧 子를 도와야 하며, 또한 연의 간두에서 午를 제압하는 신을 만나야 한다. 혹 午의 세력(黨)이 많고, 간두에서 戊나 甲 글자를 만난다면 반드시 흉하다.
- 午運 子年과 같은 경우를 '세가 운을 충한다(歲沖運)'고 말한다. 일주가 午를 기뻐하는데 子의 세력(黨)이 많고, 간두에서 子를 돕는다면 반드시 흉하다. 일주가 子를 기뻐하는데 午의 세력이 적고, 간두에서 子를 돕는다면 반드시 길하다. 만약 午가 무겁고 子가 가볍다면 세(歲)가 굴복하지 않아도 또한 허물은 없다.

임철초 曰

'충(沖)'은 깨뜨리는 것을 말한다. 예를 들어, 子 운에 午年을 만나는 것을 '운이 세운을 충한다(運沖歲)'고 한다. 일주가 子水를 반긴다면, 子 운의 천간에 庚金이나 壬水가 오고, 午 세운의 천간에 甲木이나 丙火가 오면 허물이 없다. 그러나 子 운의 천간에 丙火나 戊土가 오고, 午 세운의 천간에 庚金이나 壬水가 오면 허물이 있다. 일주가 午火를 반긴다면, 子 운의 천간에 甲木이나 戊土가 오고, 午 세운의 천간에 甲木이나 丙火가 오면 길하다. 그러나 子 운의 천간에 庚金이나 壬水가 오고, 午 세운의 천간에 甲木이나 丙火가 오면 흉하다.

만약 午 운에 子年을 만나는 것을 '세운이 운을 충한다(歲沖運)'고 한다. 일주가 午火를 반긴다면, 午 운의 천간에 丙火나 戊土가 오고, 子 세운의 천간에 甲木이나 丙火가 오면 길하다. 그러나 午 운의 천간에 丙火나 戊土가 오고, 子 세운의 천간에 庚金이나 壬水가 오면 반드시 흉하다. 나머지는 이에 준하여 유추할 수 있다.

하 위 화

何謂和

무엇을 화(和)라 하는가?

原注

如乙運庚年, 庚運乙年, 則和, 日主喜金則喜, 日主喜木則不吉; 子運丑年, 丑運子年, 日主喜土則吉, 喜水則不吉.

- 乙運 庚年이나 庚運 乙年과 같은 경우는 '화합한다(和)'고 말한다. 일주가 金을 기뻐한다면 길하지만, 일주가 木을 기뻐한다면 길하지 않다.
- 子運 丑年이나 丑運 子年과 같은 경우는 일주가 土를 기뻐한다면 길하지만, 水를 기뻐한다면 길하지 않다.

임철초 日

'화(和)'는 합(合)하는 것을 말한다. 예를 들어, 乙 운에 庚年 또는 庚 운에 乙年이 합(合)하여 변화(化)할 수 있다면, 金을 반길 때 길하다. 그러나 합하더라도 변화하지 않으면 오히려 속박(羈絆)이 되어, 일주가 나를 반기는지 여부와 상관없이 좋지 않다. 庚金을 반길 때도 마찬가지다.

따라서 庚金을 반기는 경우, 반드시 金이 뿌리를 내리고 乙木이 뿌리가 없어야 합화(合化)하여 아름답다. 만약 子丑 합(合)처럼 변화하지 않는다면 水를 극하는 것이 되므로, 水를 반기는 사람은 반드시 좋지 않다.

하 위 호
何謂好

무엇을 호(好)라 하는가?

原注

如庚運辛年, 辛運庚年, 申運酉年, 酉運申年, 則好. 日主喜陽, 則庚與申爲好; 喜陰, 則辛與酉爲好. 凡此皆宜類推.

- 庚運 辛年이나 辛運 庚年, 申運 酉年, 酉運 申年과 같은 경우는 '좋다(好)'고 말한다.
- 일주가 양(陽)을 기뻐한다면 庚과 申이 좋고, 음(陰)을 기뻐한다면 辛과 酉가 좋다. 모든 이러한 것들은 미루어 알 수 있다.

임철초 日

'호(好)'는 같은 종류가 서로 만나는 것을 말한다. 예를 들어, 庚 운에 申年을 만나거나 辛 운에 酉年을 만나는 것은 '진정으로 좋다(眞好)'고 한다. 이는 지지(地支)의 녹왕지(祿旺地)로, 자신의 본래 기운이 뿌리로 돌아가는 것과 같아 마치 편안하게 거주할 수 있는 집과 같다.

만약 庚 운에 辛年을 만나거나 辛 운에 庚年을 만나는 것은 천간의 도움을 받는 것이니, 친구의 도움과 같다. 결국 아주 밀접한 관계는 아니다. 반드시 먼저 왕성한 운(旺運)이 통근(通根)해야 자연스럽게 의지하여 좋은 결과를 얻을 수 있다. 만약 운이 뿌리가 없다면, 세운이 쇠약해져도 의지할 곳이 없어 좋은 것이 아니다.

63. 정원(貞元)

조 화 기 어 원 역 지 어 정 재 조 정 원 지 회 배 태 사 속 지 기

造化起於元 亦止於貞 再肇貞元之會 胚胎嗣續之機

조화(造化)는 원(元)에서 일어나 또한 정(貞)에서 멈춘다. 다시 정(貞)과 원(元)이 순환을 시작하면, 계승하고 이어갈 기틀을 잉태한다.

原注

三元皆有貞元. 如以八字看, 以年爲元, 月爲亨, 日爲利, 時爲貞. 年月吉者, 前半世吉, 日時吉者, 後半世吉. 以大運看, 以初十五年爲元, 次十五年爲亨, 中十五年爲利, 後十五年爲貞. 元亨運吉者, 前半世吉, 利貞運吉者, 後半世吉, 皆貞元之道. 然有貞元之妙存焉, 非特絶處逢生, 北盡東來之意也. 至於人之壽終矣, 而旣終之後, 運之所行, 果所喜者歟? 則其家必興; 果所忌者歟? 則其家必替. 蓋以父爲貞, 子爲元也. 貞下起元之妙, 生生不息之機. 予著此論, 非欲人知考之年, 而示天下萬世, 實所以驗奕世之兆, 而知數之不可逃也. 學者勗之!

- 삼원(三元)에 모두 정원(貞元)이 있다.
- 예컨대 팔자(八字)로 보자면, 연을 원(元)으로 삼고, 월을 형(亨)으로 삼으며, 일을 이(利)로 삼고, 시를 정(貞)으로 삼는다. 연월(年月)이 길한 사람은 전반생이 길하고, 일시(日時)가 길한 사람은 후반생이 길하다.
- 대운(大運)으로 보자면, 처음 15년을 원(元)으로 삼고, 다음 15년을 형(亨)으로 삼으며, 중간 15년을 이(利)로 삼고, 후반 15년을 정(貞)으로 삼는다.

원형(元亨) 운이 길한 사람은 전반생이 길하고, 이정(利貞) 운이 길한 사람은 후반생이 길하니, 모두 정원(貞元)의 도(道)이다.

- 그러나 정원(貞元)의 묘함이 그 안에 존재하니, 이는 단순히 막다른 곳에서 살아남거나 북쪽이 다하면 동쪽이 오는 것과 같은 의미만은 아니다.
- 사람의 수명이 다하여 마쳤는데, 그 마친 이후에 운이 가는 곳이 과연 기뻐하는 것이라면 사후에 그 집안은 반드시 흥할 것이요, 과연 꺼리는 것이라면 그 집안은 반드시 쇠할 것이다. 대개 아버지를 정(貞)으로 삼고, 자식을 원(元)으로 삼기 때문이다. 정(貞) 아래에서 원(元)이 일어나는 묘함이 곧 생생불식(生生不息)하는 기틀이다.
- 내가 이 논(論)을 저술한 것은 사람들이 죽을 때를 알게 하려는 것이 아니라, 천하 만세에 실제로 대대로 이어지는 징조를 검증하고 정해진 수를 피할 수 없음을 알게 하려는 것이다. 배우는 자들은 힘쓸지어다.

임철초 日

정원(貞元)의 이치와 하도낙서(河洛圖書)의 뜻은 곧 선천(先天)과 후천(後天) 팔괘(八卦)의 자리 변화다. 선천 팔괘는 건(乾)이 남쪽에 있고 곤(坤)이 북쪽에 있다. 그래서 서북쪽에는 산이 많고 곤륜산(崑崙山)이 모든 산의 조상이며, 동남쪽에는 물이 많고 바다(大海)가 물이 돌아가는 곳이다. 이 때문에 물은 산에서 나오고 산은 물을 만나 멈춘다.

아홉 강이 땅으로 쏟아져 넘실대는 기세가 극에 달하지만, 그 근원을 거슬러 올라가면 모두 별자리다. 다섯 악산(五岳)이 하늘에 꽂혀 웅장하고 험준한 형상을 이루지만, 그 본래를 따지면 모두 곤륜산이다. 사람에게 조상과 부모가 있는 것과 마찬가지다. 비록 지류로 나뉘고 파생되어도 모두 한 줄기에서 나온다.

그러므로 일음(一陰)은 곤(坤)의 초효(初爻)에서 생겨나고, 일양(一陽)은 건(乾)의 초효에서 생겨난다. 이로 인해 리(離)는 해의 본체가 되고 감(坎)은 달의 본체가 된다. '정원(貞元)'의 이치는 납갑(納甲)에서 비롯되고, 납갑의 상(象)은 팔괘에서 나온다.

그래서 건(乾)은 아버지이고 곤(坤)은 어머니가 된다. 진(震)은 장남이 되어 아버지 건(乾)의 본체를 잇고 어머니 곤(坤)의 조짐을 따른다. 그러므로 달은 매월 28일부터 초이틀까지 달빛이 사라져 순전히 검은 상태가 되는데, 이것이 곤(坤)의 상이다. 곤은 '정(貞)'의 의미와 같다. 초사흘에는 달빛이 삼분(三分, 3할)쯤 밝아지는데, 일양(一陽)이 처음 생겨나는 것이니 진(震)의 상이다. 진(震)은 '원(元)'의 조짐이다. 초여드레(8일)에는 상현달이 되어 달빛이 육분(六分, 6할)쯤 밝아지는데, 이것이 태(兌)의 상이다. 태(兌)는 '형(亨)'의 이치와 같다. 열여덟째 날(18일)에는 달이 차서 삼분쯤 이지러지는데, 이것이 손(巽)의 상이다. 이는 '이(利)'의 의미와 같다.

이 때문에 정원(貞元)의 도(道)는 순환의 이치와 같아서, '성극이쇠(盛極而衰, 성함이 극에 달하면 쇠하고)하고, 비극이태(否極而泰, 막힘이 극에 달하면 통한다)하다'는 것은 이러한 뜻이다.

이 장의 뜻을 살펴보면, 사람이 세상에 사는 동안 운이 좋으면 번창하고 운이 흉하면 실패할 뿐만 아니라, 수명이 다한 후에도 행운(行運)은 계속된다. 그 운의 길흉을 보면 그 자손의 흥망성쇠를 알 수 있다. 그러므로 그 사람이 죽은 후에도 그 집안이 흥성하는 것은 사후 운이 반드시 길했기 때문이며, 그 집안이 쇠락하는 것은 사후 운이 반드시 흉했기 때문이다.

이러한 논리는 비록 조화(造化)에 정해진 바가 있지만, 운수를 피할 수 없음을 말한다. 자식 된 자는 부모의 돌아가신 해를 알지 못해서는 안 되며, 잘 계승하고 이어받아야 한다. 만약 돌아가신 부모의 사후 운이 길하다면 스스로 선대(先代)를 이어 후대(後代)를 열 수 있다. 만약 돌아가신 부모의 사후 운이 흉하다면 역시 분수를 지켜 경영하여 조화를 만회할 수 있다.

만약 조상의 부귀가 시서(詩書)에서 비롯되었다면, 자손이 부귀를 누리더라도 시서를 버리는 것은 안 된다. 만약 조상의 가업이 근검절약에서 비롯되었다면, 자손이 가업을 누리더라도 근검절약을 잊어서는 안 된다. 이는 마치 부상나무 가지를 잘라 자자나무에 접붙이면 마르지 않을 리 없고, 위수(渭水, 황하의 가장 큰 지류)의 물을 퍼서 경천(涇川, 황하의 다른 지류)에 붓는다면 탁해지지 않을 리 없는 것과 같다. 왜 그런가? 그 본원(本源)이 서로 부합하지 않기 때문이다. 배우는 자는 마땅히 깊이 생각해야 한다.

적천수천미
滴天髓闡微

春光 김기승

연세대학교·경기대학교 대학원을 졸업하였으며 교육학박사 및 직업학박사이다. 경기대학교와 KICU대학원 교수를 거쳐 현재 국제뇌교육종합대학원 동양학과 교수로 재직하며 석사, 박사를 배출하고 있다.
삼성반도체 E캠퍼스강사, 중국 연변주역학회 명예회장, 홍콩 후천동명리학회 명예회장, 선천적성평가원장을 역임하였고, 사)한국작명가협회 고문, 과학명리학회 회장으로 활동하고 있다.

주요저술서로는 〈격국용신정해〉, 〈명리학사〉, 〈과학명리〉, 〈명리학정론〉, 〈음양오행론의 역사와 원리〉, 〈십성의 기질과 사회성〉, 〈명리진로학습코칭〉, 〈명리와 직업선택〉, 〈현대사주심리학〉, 〈자원오행성명학〉, 〈자평 만세력〉 등이 있으며, 역서로 〈적천수천미〉, 〈명리약언〉, 〈궁통보감〉, 〈고금명인명감〉, 〈山陰 자평진전〉 등이 있고, 장편소설로 〈운명을 걷다〉, 〈두 번째 첫사랑〉이 있다.

文供 나혁진

경희대학교 국어국문학과 졸업, 시드니공과대학(UTS) 정보시스템 석사, 국제뇌교육종합대학원 동양학과에서 석사 및 동양학 박사를 취득하였다. 이후 국제뇌교육종합대학원 동양학과 명리진로상담 겸임교수로 재직하고 있다.
제약회사 이사로 근무하며, 한국점성명리학회를 통해 동서양 운명학 여러 분야에 대하여 연구 및 강의를 하고 있다. 주요 연구분야는 명리학사, 명리고전 연구 및 서자평 명리사상을 천착하고 있으며, 나아가 점성학과 타로, 민속학 등을 연구한다.
주요 저술서로는 〈명리학사〉, 〈현대사주심리학〉이 있고, 역서로 〈명리약언〉, 〈산음 자평진전〉, 〈적천수천미〉 등이 있다.

滴天髓闡微
적 천 수 천 미

초판 발행 2026년 1월 24일

지은이 김기승, 나혁진
펴낸이 방성열
펴낸곳 다산글방

출판등록 제313-2003-00328호
주소 서울특별시 마포구 동교로 36
전화 02-338-3630
팩스 02-338-3690
이메일 dasanpublish@daum.net
iebookblog@naver.com
홈페이지 www.iebook.co.kr

ISBN 979-11-6078-391-9 03150